David Stockman

Der Triumph der Politik

Die Krise der Reagan-Regierung
und ihre Auswirkung auf die
Weltwirtschaft

C. Bertelsmann

Aus dem Amerikanischen von:
Hans-Jürgen Baron von Koskull
(Kapitel 1–11)
Dr. Ulrich Rödel
(Kapitel 12 u. Epilog)
Prof. Dr. Werner Meißner
(Volkswirtschaftlicher Anhang)
Fachredaktion des gesamten Textes:
Dr. Ulrich Rödel

Titel der amerikanischen Originalausgabe:
»The Triumph of Politics«
© David Stockman
Published by arrangement with Harper & Row,
Publishers, Inc., New York N.Y. U.S.A.
Alle deutschen Rechte C. Bertelsmann Verlag GmbH,
München 1986/54321
Satz: Filmsatz Schröter GmbH, München
Druck und Bindung:
Mohndruck Graphische Betriebe GmbH, Gütersloh
ISBN 3-570-07131-6
Printed in Germany

Prolog

Der Präsident hatte Tränen in den Augen. Es war unverkennbar. Sie schimmerten feucht. Doch während er keinen Versuch gemacht hatte, sie zu verbergen, hatte ich es zunächst nicht einmal bemerkt. Ich hatte den Blick starr auf meinen Teller gerichtet, auf die Olive auf dem Häufchen Thunfischsalat. Ich hatte versucht, ihm das Unmögliche zu erklären – den Artikel in der Zeitschrift *Atlantic Monthly*. Ich hatte fünfzehn Minuten pausenlos unzusammenhängendes Zeug geredet. Es erschien mir wie eine Ewigkeit.

Die Presse hatte daraus über Nacht einen riesigen Skandal gemacht. Die Sache war zu einem regelrechten Melodrama aufgebauscht worden. Der Präsident sei in zynischer Weise verraten worden. Ich sei der Judas, der das Wirtschaftsprogramm des Präsidenten sabotiert und versucht habe, sein Ansehen zu erschüttern... Für ihn sei es ein Charaktertest... Mein Schicksal hinge am seidenen Faden... Er sei empört. Das hatten die Journalisten im Pressezimmer des Weißen Hauses lauthals verkündet, und das Gezeter wurde stündlich lauter.

Die Wirklichkeit im Ovalen Zimmer des Weißen Hauses sah anders aus. Wir saßen vor dem knisternden Kaminfeuer an einem kleinen Eßtisch. Wir hörten nur das leise Knacken der feuchten Holzscheite. Sonst war es still und ruhig. Ich war zum ersten und zum letzten Mal allein mit ihm zusammen.

Nachdem die Butler des Weißen Hauses die Suppe und den Thunfischsalat serviert hatten, wandte sich der Präsident der Frage zu, um die es jetzt ging. »Dave, wie erklären Sie sich das?« sagte er sanft. »Sie haben mir wehgetan. Warum?«

Meine Erklärung verlor sich sehr bald in einer kurzen Darstellung meiner Lebensgeschichte.

Ich war ebenso wie er in einer kleinen Stadt im Mittleren Westen aufgewachsen. Mein Großvater hatte mir die Grundwahrheiten des christlichen Glaubens und des Republikanismus beigebracht. Bald hatten mich die hellen Trompetenstöße Ronald Reagans fasziniert, mit denen er die Konservativen auf dem republikanischen Parteikongreß des Jahres 1964 mobilisierte.

Aber dann war ich auf dem College dem studentischen Radikalismus in die Hände geraten. Wie so viele Altersgenossen wandte ich mich dem Marxismus und dem Antiamerikanismus zu. Liberale Professoren und pazifistische Agitatoren zerstörten alles, woran ich geglaubt hatte.

Doch als die Radikalen gewalttätig wurden, ging mir endlich ein Licht auf. Ebenso wie sich Reagan in Kalifornien diesen Strömungen widersetzt hatte, tat ich es auch. Allmählich entdeckte ich, daß die Linke im Grunde totalitär war.

Schritt für Schritt suchte ich den Weg zurück dorthin, woher ich gekommen war. Ich entdeckte von neuem die Vorzüge des uneingeschränkten Kapitalismus, die Gefahren des sowjetischen Kommunismus und die Vorzüge und Ideale der amerikanischen Demokratie.

Zehn Jahre arbeitete ich im Weinberg des Capitol Hill – zuerst als Angestellter und dann als Kongreßabgeordneter. Ich bemühte mich nach Kräften, alles zu erfahren, was es über dieses Ungetüm, das wir als Bundesregierung bezeichnen, zu erfahren gibt. Ich vergrub mich in die Details ihrer zahllosen Programme, Verordnungen und bürokratischen Gepflogenheiten und entdeckte dabei, daß man überall auf Verschwendung, Unmäßigkeit und Ungerechtigkeit stieß. So sah ich ein, daß Ronald Reagan von Anfang an recht gehabt hatte.

Die Politiker zerstörten den amerikanischen Kapitalismus. Aus einer demokratischen Regierung machten sie eine große Wohltätigkeitsveranstaltung. Sie belasteten Arbeitnehmer und Arbeitgeber mit überhöhten Steuern und demoralisierenden und kostspieligen Verordnungen.

So wurde ich zum überzeugten Vertreter der Freien Marktwirtschaft und unterstützte uneingeschränkt Reagans Programm für eine Beschneidung der wuchernden staatlichen Bürokratie.

Die Rede des Präsidenten auf dem republikanischen Parteikonvent von 1980 war noch überzeugender gewesen als die, die er vor sechzehn Jahren gehalten hatte. Diesmal war ich selbst dabei. Ich beanspruchte wieder mein konservatives Geburtsrecht. Ich hatte mich an der Formulierung des kühnen Parteiprogramms für eine durchgreifende Reform der Wirtschaftspolitik beteiligt.

Die unerwartete Aufforderung, in der neuen Regierung mitzuarbeiten, werde, so sagte ich dem Präsidenten jetzt, für mich stets die größte Auszeichnung meines Lebens bleiben. Sie beweise, daß die Chancengleichheit in Amerika verwirklicht werde. Nur in Amerika könne der Sohn eines schlichten Farmers aus Scottdale, Michigan, von einem Präsidenten aufgefordert werden, ihm bei der Rettung der zugrundegerichteten Wirtschaft zu helfen.

Seither hätte ich Tag und Nacht an den Steuersenkungen und Etatkürzungen gearbeitet. Es gebe keine größere Herausforderung und keine wichtigere Aufgabe als die Umsetzung seiner Vision von der Zukunft der Nation in die politische Praxis unseres Landes. Und wir hätten Fortschritte zu verzeichnen.

Darum ging es in dem Artikel der Zeitschrift *Atlantic Monthly*, um den konservativen Idealismus. Er war Ausdruck meiner Erfahrungen im Ringen zwischen der Reagan-Revolution und den konventionellen Politikern, die sie auf jeder Ebene behinderten und sabotierten.

In unserem Kampf ging es um Ideen. Die Reagan-Revolution könne nie gewonnen werden, solange die Politiker und Meinungsmacher des Establishment sich weigerten, unsere Vorschläge unvoreingenommen anzuhören. Sie müßten überzeugt werden, daß eine gesunde Währung, niedrigere Steuersätze und eine umfassende Senkung der Staats- und Sozialausgaben und der Subventionen das einzige Rezept für ein anhaltendes wirtschaftliches Wachstum und sozialen Fortschritt seien.

Deshalb hatte ich mit dem Verfasser des *Atlantic Monthly*-Artikels, Bill Greider, gesprochen. Er war mein Freund und ein überzeugter Liberaler, aber er war unvoreingenommen. Seit Januar 1981 war er mein Prüfstein gewesen, und an seiner Reaktion hatte ich Woche für Woche den Wert »unserer« Argumente getestet und »ihre« Einwände kennengelernt. Das war nützlich gewesen. Die *Washington Post*, wo er als Redakteur arbeitete, hatte uns – zumindest gelegentlich – tüchtig in die Mangel genommen.

Aber wir waren so sehr mit der Auseinandersetzung zwischen unserer und ihrer Seite beschäftigt gewesen, daß wir es versäumt hatten, uns über die Grundregeln der Verwendung von Zitaten zu einigen.

In diesem Sinne hatte ich die ganze Zeit auf den Präsidenten eingeredet und die durch die Zeitschrift *Atlantic Monthly* ausgelöste Krise zu meiner Geschichte gemacht.

Dann blickte ich auf und sah dem Präsidenten in die Augen. Mir wurde klar, daß ich jetzt aufhören mußte. Ich hatte ihm aufrichtig meine Meinung gesagt, aber jetzt war es genug.

So schloß ich mit den Worten: »Sir, kein Wort mehr über diese Angelegenheit. Noch ein Ausrutscher, und ich werde alles verdorben haben.«

Der Präsident legte seine Hand auf die meine und sagte: »Nein, Dave, das ist es nicht, was ich will. Ich habe den ganzen Artikel gelesen. Er ist nicht das, was sie sagen. Ich weiß, die Zitate und das alles lassen ihn anders aussehen. Ich wünschte, Sie hätten ihnen das nicht gesagt. Aber Sie sind ein Opfer der von der Presse veranstalteten Sabotage. Man versucht Sie zu stürzen, weil Sie uns geholfen haben, bestimmte Dinge durchzusetzen.«

Dann stand der Präsident auf und reichte mir seine Hand. Ich ergriff sie und bemerkte zum ersten Mal, wie schmal, feingliedrig und — wie alt sie war. Sie erinnerte mich an die Hand meines Großvaters, die mich in meiner Jugend in das Lager von Ronald Reagan geführt hatte.

Einen Augenblick später sagte der Präsident: »Dave, ich möchte, daß Sie bleiben. Ich brauche Ihre Hilfe.«

Dann drehte er sich um und ging auf seinen Schreibtisch zu, blieb aber plötzlich stehen, als habe er sich an etwas erinnert. »Oh«, fuhr er fort, »die Burschen glauben, daß die Sache außer Kontrolle gerät. Sie wollen, daß Sie eine Presseverlautbarung entwerfen, um das alles zu erklären, und sie heute nachmittag der Presse vorlegen. Würden Sie das tun?«

Ich erklärte mich einverstanden. Mein einziges Mittagessen mit dem Präsidenten war zu Ende.

Die Abrechnung, die mir vorgelegt wurde, erfolgte später. Es war das metaphorische Pfund Fleisch, das die »Burschen« von mir verlangten

– Mike Deaver, Ed Meese, Jim Baker, Lynn Nofzinger und die Privatsekretärin des Präsidenten, Helene von Damm. Außer Baker hatten sie alle meine sofortige Entlassung verlangt und dem Präsidenten den ganzen Vormittag in den Ohren gelegen. Aber da er den Artikel gelesen hatte, konnte er sich nicht dazu entschließen.

Sie ließen aber nicht locker, und Mike Deaver war der beharrlichste: »Er ist anmaßend. Er ist arrogant. Er hat niemals zu diesem Team gehört. Wie können wir ihm das durchlassen?« Das waren die Anklagepunkte, die sie dem Präsidenten vorlegten.

Schließlich hatte Baker den anderen gesagt: »Mike hat recht, aber es wird nicht leicht sein, die Regierungsarbeit ohne ihn fortzusetzen. Herr Präsident, warum laden Sie ihn nicht zum Mittagessen ein und stellen fest, ob er etwas gelernt hat? Sie müssen zu einem eigenen Urteil kommen und uns noch heute Ihren Entschluß mitteilen.«

Kurz nach elf Uhr vormittags war ich plötzlich in das Büro von Baker bestellt worden. Als ich dort ankam, bot er mir kühl einen Platz an dem langen Tisch in seinem Eckbüro im Westflügel an. Ohne lange zu überlegen, zog ich denselben Stuhl am Ende des Tisches heraus, auf dem ich immer gesessen hatte – schräg gegenüber seinem Platz am Kopfende.

Elf Monate lang hatte ich dort fast täglich gesessen und die Gespräche des inneren Kreises der Mitarbeiter des Weißen Hauses beherrscht, die sich dort versammelten, um über strategische und Verfahrensfragen zu beraten. Wir nannten diese Gruppe die »LSG« *(Legislative Strategy Group)*. Diese prosaisch klingende Bezeichnung war nicht einmal im Organisationsplan des Weißen Hauses zu finden.

Aber die LSG stand in Wirklichkeit an der Spitze der ganzen Pyramide in Washington – jedenfalls zu jener Zeit. An Bakers Tisch war jeder Sieg auf dem Capitol Hill vorausgeplant worden. Dieser Gruppe war es gelungen, das in die Tat umzusetzen, was die Presse als die umfassendste Revolution in der nationalen Wirtschaftspolitik seit dem New Deal bezeichnete.

Aber heute war alles anders. Zwei Fuß von mir entfernt saß ein ganz anderer Jim Baker. Er hatte sich ohne ein Wort zu sagen in den Stuhl fallen lassen. Sein ganzes gewohntes Eröffnungsritual war vergessen. Kein unpassender Witz. Kein zwangloses Herumtanzen in dem geräumigen Büro, bevor er sich setzte. Kein gezielter Wurf mit einem aus Papier zusammengefalteten Flieger, der im Bogen durch den ganzen Raum segelte und mit absoluter Präzision in den Papierkorb fiel.

Diesmal war unsere Begegnung rein dienstlich. Seine Augen waren stählern und kalt.

»Mein Freund«, begann er, »ich möchte, daß Sie mir gut zuhören. Sie haben den Arsch in der Schlinge. Alle anderen verlangen, daß Sie sofort auf den Dunghaufen geworfen werden. Jetzt gleich. Heute nachmittag.«

»Wenn ich nicht gewesen wäre«, fuhr er fort, »wären Sie schon jetzt erledigt. Aber ich habe Ihnen eine letzte Chance verschafft, sich zu retten. Sie werden also ganz genau das tun, was ich Ihnen sage. Andernfalls ist es hier mit Ihnen zu Ende.«

Baker fuhr mit seiner Standpauke fort, ohne mit den Augen zu zwinkern. »Sie werden mit dem Präsidenten mittagessen. Es gibt einen ganz einfachen Auflauf. Und Sie werden den ganzen verdammten Teller auslöffeln. Dabei werden Sie der reumütigste Hundesohn sein, den diese Welt je gesehen hat.«

Dann fragte mich Baker, ob ich meinen Rollentext jetzt gelernt habe. Ich bejahte es kleinlaut und stand auf. Als ich durchs Zimmer ging und nach der Türklinke griff, drehte sich Baker noch einmal um und sagte: »Lassen Sie es mich noch einmal wiederholen, falls Sie es noch nicht verstanden haben. Wenn Sie durch die Tür des Ovalen Zimmers gehen, dann möchte ich sehen, wie Ihr trauriger Arsch über den Teppich schleift.«

Als ich die Treppe im Weißen Haus hinunterstolperte und zu dem großen Parkplatz an der Westseite hinausging, schwindelte es mir. Ich konnte mich kaum auf den Beinen halten. Mein Kopf platzte vor Angst und Wut. Noch nie in meinem ganzen Leben hatte mich jemand so rüde behandelt und so rücksichtslos gedemütigt.

Irgendwie kam ich wieder in mein Büro im alten, unmittelbar neben dem Weißen Haus gelegenen Bürogebäude der Exekutive und ließ mich in meinen Stuhl fallen.

Inzwischen hatte ich begriffen, was geschehen war. Baker stand nicht dahinter. Die anderen waren die Henker – besonders Deaver. Sie hatten einander in eine jener über Nacht entstehenden Paniken versetzt. Jim hatte nur versucht, mir durch diesen Schock deutlich zu machen, daß jetzt die Haifische gefüttert werden sollten.

So also gingen diese Leute vor. Die Wirklichkeit bot sich uns einmal täglich bei den Abendnachrichten. Jetzt wollten sie die »schlechte Nachricht« vom vergangenen Abend eliminieren. Es sollte reiner Tisch gemacht werden, um etwas Besseres darauf zu servieren. Baker wußte, daß ich eine Vorwarnung brauchte. In den siebzehn Stunden seit der CBS-Korrespondent Leslie Stahl die *Atlantic Monthly*-Geschichte »zwei Abende hintereinander« kommentiert hatte, war das Weiße Haus plötzlich in Fieberkrämpfe geraten.

Einen Tag zuvor war alles noch ganz anders gewesen. Ich hatte an einer Sitzung der LSG in Bakers Büro teilgenommen, und wir hatten uns köstlich über den *Atlantic Monthly*-Artikel amüsiert. Die Gruppe hatte mir sogar eine gerahmte Ehrenplakette für die »beste Titelgeschichte in der Dezembernummer 1981 von *Atlantic Monthly*« überreicht. Und sie alle hatten die gerahmte Ehrenurkunde unterschrieben – Ed Meese, Jim Baker, Don Regan, Dick Darman und Craig Fuller.

Ich hatte mich über Greider geärgert, weil er so unüberlegt mit den Zitaten umgegangen war, besonders mit dem, das das Kemp-Roth-Gesetz als Trojanisches Pferd bezeichnete. Ich hatte nicht sieben Monate rund um die Uhr gearbeitet, um die Reagan-Revolution in Gang zu bringen, weil ich glaubte, die Steuersenkungen würden nichts bringen.

Aber jetzt lagen überall im Pressezimmer des Weißen Hauses die Kopien der auf einem Blatt Papier zusammengestellten »Zitaten-sammlung« herum. Diese Zitate machten aus den fünfzig Seiten des schwer verdaulichen intellektuellen Kommentars, der in Greiders Artikel enthalten war, eine zynisch manipulierte Fälschung. Die Presse machte aus sechs Zitaten eine ganz neue These, die durch den Text des *Atlantic Monthly*-Artikels in keiner Weise gestützt wurde.

Mit der Wirklichkeit hatte das nichts zu tun. Wo waren die im Weißen Haus akkreditierten Journalisten elf Monate lang gewesen? Gab es nicht Hunderte von Politikern auf dem Capitol Hill, die sich wie verrückt gebärdeten, weil ich ihnen die richtigen Argumente geliefert hatte, für die von der Regierung vorgeschlagenen Steuer-senkungen und Ausgabenkürzungen zu stimmen? Hatte nicht die Presse selbst noch vor wenigen Monaten ausführliche Artikel dar-über geschrieben, wie ich im Februar das ganze umfangreiche Paket praktisch allein zusammengeschnürt hätte? Warf man mir nicht überall zu viel revolutionären Eifer und Dogmatismus vor, und beschuldigte man mich nicht, eine Art angebotsorientierter Robespierre zu sein? Glaubte man wirklich, ich hätte alle diese Kämpfe als Doppelagent durchstehen können, ohne dabei ertappt zu werden? Das Ganze wirkte wie eine Geschichte von Kafka.

Ich hatte geglaubt, die *Atlantic Monthly*-Geschichte werde schnell wieder in Vergessenheit geraten. Doch das war offensichtlich sehr naiv gewesen. Immerhin hatte ich zwei meiner intelligentesten, vertrauenswürdigsten und weltklügsten Freunde gebeten, den Artikel zu lesen und zu beurteilen.

»Köstlich«, sagte mein Freund, der Leitartikler George Will. »Es ist nur schade, daß die ganze Sache sehr schnell vergessen sein wird. Einige Ihrer Kollegen könnten etwas daraus lernen.«

Dick Darman sah die Dinge aus einer anderen Perspektive, die vielleicht seinen besonderen Auffassungen entsprach. »Danken Sie Gott für diese zufällig ausgewählten Zitate«, sagte er. »Niemand in dieser Stadt würde glauben, daß Sie so idealistisch und naiv sind, wie es dieser Artikel zeigt.«

Greiders Geschichte hatte allerdings Zweifel und Sorgen geweckt, aber das war im Weißen Haus nichts Neues. Ich hatte meine Kollegen monatelang mit der Warnung geärgert, daß es sehr schwer sein werde, den ganzen umfassenden Plan durchzuführen. »Er ist logisch – aber nicht ohne weiteres zu begreifen«, hatte ich immer wieder erklärt.

Greiders Geschichte handelte von einem radikalen Ideologen, der vor elf Monaten einen dramatischen Auftritt auf der Bühne des nationalen Regierungsapparats gehabt hatte. Er hatte meinen Idealismus und meine von bestimmten Grundsätzen geleiteten Auffassungen von der amerikanischen Politik fair und verständnisvoll dargestellt.

Er hatte mich richtig zitiert: »Wir werden schwache Ansprüche und nicht schwache Empfänger (von Zahlungen) angreifen.« Dieser Grundsatz bedeutete die Kürzung von Subventionen für große Firmen und für Empfänger von Lebensmittelmarken, die es nicht verdient hatten. In beiden Kategorien gab es eine Verschwendung, die wir uns nicht leisten konnten.

Meine These bestand darin, daß die sozialen Ziele des liberalen Establishments nur durch die Wiederbelebung eines nicht inflationären wirtschaftlichen Wachstums erreicht werden könnten. Man brauchte die steigende Flut, um alle Schiffe schwimmfähig zu machen. Das war der Grundgedanke, der hinter der Reagan-Revolution stand.

Im Sommer hatte ich mich von einigen Illusionen trennen müssen. Auch das hatte Greider begriffen. Aber meine Sorgen galten nicht dem Grundsatzprogramm des Präsidenten. Das Problem war das genaue Gegenteil. Die Politiker im Kongreß blockierten hartnäckig die tiefgreifenden Ausgabenkürzungen, mit denen die große Steuersenkung ausgeglichen werden mußte. Jetzt drohte dieser Widerstand zu einem Defizit zu führen, das unter Umständen außer Kontrolle geraten und die Wirtschaft schwer behindern konnte.

Ich hatte das von Anfang an befürchtet. Aber ich hatte nicht damit gerechnet, daß wir auf unserer Seite des Repräsentantenhauses auf so entschiedenen Widerstand stoßen würden. Ich war erschüttert, feststellen zu müssen, daß die Demokraten bei ihren Bemühungen, die Geldquellen auch weiter fließen zu lassen, und den Sozialstaat zu erhalten, so viel Unterstützung von den Republikanern bekamen. Ich machte mir Sorgen um eine mögliche Abstimmungsniederlage, nicht aber um unseren Wirtschaftsplan.

Ich hatte auch erkannt, daß wir durch meine Bemühungen, die Reagan-Revolution schon im Februar einzuleiten, zu rasch vorgegangen waren. Es mußten noch zahlreiche Kleinigkeiten erledigt werden. Die Ausgabenkürzungen, welche die Steuersenkungen ausgleichen sollten, erwiesen sich als größer und härter, als ich ursprünglich geglaubt hatte. Aber ich hatte Greider gesagt, daß sich diese Kleinigkeiten noch in Ordnung bringen ließen. Das Programm konnte wieder auf das richtige Gleis gebracht werden. Das würde einen langen und unerbittlichen Kampf bedeuten, aber ich hielt ihn für gewinnbar. Man konnte es in den vierhunderttausend Exemplaren der Zeitschrift nachlesen.

Ich wußte nur, daß Deaver und seine Leute es nicht gelesen hatten. Sie lasen nie etwas. Sie verstanden nichts von den ernstzunehmenden Ideen, die der Reagan-Revolution zugrunde lagen. Sie ging das kräftezehrende Geschäft des täglichen Ringens innerhalb des Regierungsapparats gegen die übermächtigen Tendenzen, die den Status quo erhalten wollten, nichts an.

Irgendwie fühlte ich mich ganz wohl, nachdem ich Bakers Züchtigung verdaut hatte. Ich wußte, ich hatte wesentliche Veränderungen bewirkt. Jetzt wollten mich die Leute im Weißen Haus wegen einer Metapher lynchen. Ich hatte sie schon in Aktion gesehen. Deaver und die anderen hatten das mit Außenminister Alexander Haig und anderen Kabinettsmitgliedern ebenso gemacht.

Ich hatte eine klare Vorstellung von ihrer Macht. Deshalb wußte ich auch, was ich zu tun hatte. Wenn sie den Unterschied zwischen der Wirklichkeit und einer Metapher nicht kannten, dann würde ich ihnen geben, was sie wollten: eine Gegenmetapher. Die Geschichte eines einsamen Mannes und seiner öffentlichen Selbsterniedrigung. Wenn ich die *Atlantic Monthly*-Geschichte nicht mit einer neuen verdrängte, dann würde die Haifischfütterung im Weißen Haus weitergehen.

Also spielte ich am gleichen Nachmittag die Rolle, welche die Public-Relations-Leute im Weißen Haus für mich vorgesehen hatten. Und der *Atlantic Monthly*-Skandal geriet in Vergessenheit.

Aber die eigentliche *Atlantic Monthly*-Geschichte sollte jetzt erst beginnen. Erst viel später erkannte ich, daß in den Stunden, als die *Atlantic Monthly*-Affäre am 12. November 1981 den Siedepunkt erreichte, die ganze Tragödie der Präsidentschaft Reagans nur allzu deutlich zum Ausdruck kam. Diese Episode ließ alle wesentlichen Gründe erkennen, warum das, was als die von einer Idee ausgehende Reagan-Revolution begonnen hatte, als unbeabsichtigter Versuch endete, die Mentalität des Wohlfahrtsstaates in der Wirtschaftspolitik zu bewahren. Schon damals ließ sich die von Grund auf falsche Finanzpolitik mit ihren schwerwiegenden Folgen für die amerikanische und für die Weltwirtschaft nicht mehr rückgängig machen. Das hätte ich in jenen für mich so bitteren Stunden wissen müssen. Aber ich wußte es nicht, denn mir war noch nicht klar, daß ich ebenso wie mein Hinrichtungskommando selbst ein Teil des Problems war.

Metapher und Wirklichkeit hatten einander von Anfang an widersprochen. Revolutionen erzeugen drastische und schmerzliche Veränderungen in einem etablierten Regime. Etwas Derartiges zu bewirken stand von Anfang an nicht auf der Tagesordnung von Ronald Reagan. Das war meine Aufgabe und die Aufgabe einer kleinen Gruppe von Intellektuellen, die sich der angebotsorientierten Wirtschaftspolitik verschrieben hatten.

Die Reagan-Revolution, wie wir sie definiert hatten, erforderte einen Frontalangriff auf den amerikanischen Wohlfahrtsstaat. Das war die einzige Möglichkeit, die massive Kemp-Roth-Steuersenkung auszugleichen.

Deshalb mußte alles, was die Bundesregierung in vierzig Jahren allen Teilen und Schichten der amerikanischen Gesellschaft an Zusagen, Subventionen, Berechtigungen und Sicherheitsnetzen gegeben hatte, zurückgenommen oder drastisch modifiziert werden. Eine echte wirtschaftspolitische Revolution bedeutete einen riskanten politischen Kampf gegen alle Wähler- und Interessengruppen, die in Washington vertreten waren – die Sozialhilfeempfänger, die Kriegsveteranen, die Farmer, die Lehrer, die Beamten auf allen Ebenen, die Bauindustrie und viele andere.

Hinter der Kemp-Roth-Steuersenkung und meinen dicken schwarzen Büchern mit den Etatkürzungen stand die zentrale Idee der Reagan-Revolution. Es war die Idee vom minimalen Staat – einem sparsamen und geizigen Gebilde, das unparteiische soziale Gerechtigkeit garantierte und nicht mehr. Die Vorstellungen von einer guten und gerechten Gesellschaft gründeten sich auf die Kräfte und das Produktionspotential freier Männer auf freien Märkten. Das neue Programm bemühte sich darum, die unbehinderte Erzeugung kapitalistischen Reichtums und die Ausweitung des privaten Wohlstands anzuregen, die sich automatisch aus einer solchen Entwicklung ergeben. Das war die Vorstellung von einem Land, das das Gegenteil des sich von Küste zu Küste erstreckenden Flickwerks aus gegenseitigen Abhängigkeiten, Schutzräumen, Absicherungen und Umverteilungen war, das die Politiker in diesem Lande in Jahrzehnten zusammengeschustert hatten.

Die eigentliche Reagan-Revolution hat nie eine Chance gehabt. Sie stellte sich gegen alle in der amerikanischen Demokratie verwurzelten übermächtigen Kräfte, Interessen und Impulse. Unser von Madison entworfenes Regierungssystem der gegenseitigen Kontrollen und Ausgewogenheiten, der Dreiteilung der Regierungsgewalt, der beiden Kammern der Legislative und der unendlichen Aufsplitterung der Macht ist reaktionär und nicht radikal. Es stützt sich weitgehend auf die dahinterstehende Geschichte. Langsam schreitet es Schritt für Schritt in die Zukunft. Es kann nicht mit einem gewaltigen revolutionären Satz nach vorn springen, ohne dabei aufs Gesicht zu fallen.

Das war die Wahrheit des *Atlantic Monthly*-Artikels. Bill Greider hatte mich dabei ertappt, wie mir das zum ersten Mal bewußt geworden war. Die Stellung des Präsidenten Reagan war nicht dadurch erschüttert worden, daß ich neuerdings daran zweifelte, ob die Reagan-Revolution Erfolg haben werde. Diese Erschütterung war vielmehr die unausweichliche Folge unseres Entschlusses, es überhaupt zu versuchen.

So ging es bei der *Atlantic Monthly*-Affäre zwar vordergründig um meine Person, die Gründe lagen aber viel tiefer, als die für die *public relations* verantwortlichen Männer im Weißen Haus glaubten oder als es die blutrünstigen Reporter im Pressezimmer mit ihrem böswilligen Geschnatter begreifen konnten.

In Wirklichkeit war Ronald Reagan durch meine und meiner Mitstreiter Bemühungen veranlaßt worden, am Vorabend seiner letzten und erfolgreichen Bewerbung um das Präsidentenamt in das falsche Lager zu stolpern. Er war ein Konsens-Politiker und kein Ideologe. Er hatte keine Veranlassung, eine Revolution auszurufen, denn das entsprach weder seinem Charakter noch seinen Neigungen.

Er neigte zur politischen Rechten. Daran bestand kein Zweifel. Aber seine konservative Vision war nur eine Vision. Er hatte einen Sinn für die Grundwerte und ein Gefühl für die richtige Richtung auf lange Sicht, aber er hatte keinen fertigen Plan für die Gestaltung einer radikalen Regierungsreform, kein konkretes Programm dafür, das Hier und Jetzt der amerikanischen Gesellschaft aus den Angeln zu heben und zu traumatisieren.

Letzteres war meine Aufgabe. Aber die weitere Tragödie bestand darin, daß er – aufgrund gewisser eigener Erfahrungen – nur die Hälfte dieser revolutionären Gleichung begriff. Er stellte sich hinter die Vorschläge von Kemp-Roth, weil sie augenscheinlich durch persönliche Erlebnisse bestätigt wurden. Aber diese anekdotischen Erfahrungen ließen sich nicht auf den Bereich seiner Regierungsaufgaben übertragen, und er verstand nichts von dem folgenschweren Rest meines Vorhabens.

Wie alle Revolutionäre wollten wir unser Programm aus der am Rande des politischen Spektrums angesiedelten Gruppe herausbekommen, wo es ausgebrütet worden war, und es einer breiteren Öffentlichkeit schmackhaft machen. Die gute neue Welt, die es den Menschen versprach, war zu schön, und ihre Verwirklichung war eine zu dringende Aufgabe, als daß man dieses strahlende Licht unter dem Scheffel ideologischer Schreiberlinge hätte verbergen dürfen.

Deshalb schlugen wir eine neue Tonlage an, die Musik in den Ohren eines jeden Politikers war. Wir stellten das Angenehme in den Vordergrund: die gewaltigen Steuererleichterungen. Das war die Seite unserer Doktrin, die den Wählern etwas zu geben versprach und ihnen nichts wegnahm.

Im Januar 1980 hatten die Wahlkampfmanager des Gouverneurs Reagan den Kandidaten für das Präsidentenamt für ein paar Tage in die Schule geschickt, damit er sich mit den aktuellen innenpolitischen Fragen vertraut machen sollte. Dabei überschütteten ihn Jack Kemp, Art Laffer und Jude Wanniski mit einer Flut von angebotsorientierten Glaubenssätzen.

Sie erläuterten ihm die Laffer-Kurve. Er nahm es auf wie eine Symphonie. Er wußte sofort, daß diese Leute recht hatten, und hat auch später nie einen Augenblick daran gezweifelt. Schließlich hatte er sich selbst einmal auf der Laffer-Kurve befunden. »Im Zweiten Weltkrieg habe ich im Film das große Geld gemacht«, erzählte er oft. Damals betrug der kriegsbedingte Zuschlag zur Einkommensteuer bis zu neunzig Prozent.

»Man konnte nur vier Filme machen, dann war man schon in der höchsten Steuerklasse«, erzählte er weiter. »Deshalb hörten wir alle nach vier Filmen auf zu arbeiten und fuhren aufs Land.«

Hohe Steuersätze führten dazu, daß weniger gearbeitet wurde. Bei niedrigen Steuersätzen wird mehr gearbeitet. Das wußte er aus persönlicher Erfahrung. Und so ausgedrückt hatte er recht.

Aber die Laffer-Kurve betraf die Staatseinnahmen, nicht das Filmgeschäft oder irgendwelche billigen Tricks. Sie war ein akademisches Paradigma. Ihre Umsetzung in die ökonomische Wirklichkeit des Jahres 1981 war ein kompliziertes und riskantes Unternehmen.

Eine Steuersenkung wird nur dann zu höheren Staatseinnahmen führen, wenn man damit in einer Wirtschaft beginnt, in der die Inflationsrate gleich Null ist. Wenn man unter diesen Voraussetzungen mehr Filme und Verbrauchsgüter produziert, erhöhen sich das Bruttosozialprodukt und die Staatseinnahmen.

Aber Ronald Reagan hatte eine von der Inflation aufgeblähte Wirtschaft geerbt. Die Preise waren um zwölf Prozent angestiegen. Das oberste Gebot war, die Inflation zu stoppen. Die amerikanische

Wählerschaft, sein alter traditioneller Konservatismus und die neue Doktrin der angebotsorientierten Wirtschaftspolitik (sie setzte Goldstandard und Null-Inflation voraus), sie alle verlangten das.

Wenn man jetzt die Inflation in der Wirtschaft beseitigt, geschieht etwas sehr Merkwürdiges: Alle bisherigen Berechnungen hinsichtlich der Staatseinnahmen erweisen sich als falsch. Das Verhältnis zwischen Einnahmen und Ausgaben gerät plötzlich vollkommen durcheinander.

Die Inflation zu stoppen bedeutet, daß man auch die allmähliche Verschiebung der Steuerklassen nach oben anhält. Verglichen mit einer stark inflationären Wirtschaft, die automatisch die Steuereinnahmen erhöht, weil die Einkommen in eine höhere Steuerklasse geraten, bewirkt eine Wirtschaft mit einer niedrigen Inflationsrate schon an sich eine beträchtliche »Steuersenkung«. Sie verringert in dramatischer Weise die durch die Inflation ausgelösten unerwarteten Gewinne des Finanzministeriums. Die Inflation war in der Tat der alleinige Grund gewesen, warum die amerikanische Bundesregierung noch halbwegs zahlungsfähig war, als Ronald Reagan den Amtseid leistete.

Sein neues radikales Wirtschaftsprogramm enthielt daher *zwei Steuersenkungen* – das Ende der durch die Inflation verursachten Zunahme der Steuerpflichtigen in den höheren Steuerklassen und dazu eine dreißigprozentige Senkung der Steuersätze. Die Laffer-Kurve konnte beides zugleich auch nicht annähernd verkraften. Um dafür zu sorgen, daß der Staatshaushalt die notwendigen Ausgaben decken konnte, waren drakonische Abstriche auf der Ausgabenseite unerläßlich – eine wesentliche und politisch schmerzliche Schrumpfung des amerikanischen Wohlfahrtsstaates.

Mein Projekt, das entscheidende und schmerzliche Veränderungen in der nationalen Wirtschaftspolitik vorsah, hätte zunächst Millionen von Menschen schwer getroffen. Es verlangte das abrupte Durchtrennen der Nabelschnüre von Abhängigkeiten, die jeden Winkel im ganzen Land mit Washington verbanden. Es verlangte rücksichtslose Eingriffe mit kurzfristig schmerzlichen Folgen, um auf lange Sicht die Wirtschaft zu beleben.

Eine Revolution zu beginnen erfordert, daß man Fairneß nach genauen abstrakten Grundsätzen definiert – nicht aber, daß man Leute bemitleidete, die Pech gehabt hatten. Es bedeutete, keine

Subventionen mehr für die Farmer oder die Geschäftsleute. Es erforderte die sofortige Einstellung der Sozialfürsorge für arbeitsfähige Arme. Es bedeutete, daß die Rentner nicht das Recht hatten, mehr Geld aus der Rentenversicherung zu beziehen, als sie eingezahlt hatten, solange sie im Arbeitsleben standen, und das war sehr viel weniger, als die meisten gegenwärtig bekamen.

Diese Grundsätze standen überall im Widerspruch zur politischen Realität. Im Lauf der Jahrzehnte hatten die Politiker Millionen von Bürgern dazu verführt, alle möglichen »Kühe« zu melken, Lebensmittelgutscheine, die Rentenversicherung, die Krankenhäuser für ehemalige Kriegsteilnehmer und vieles andere in Anspruch zu nehmen. Diese Leute bekamen mehr als ihnen zustand, als sie brauchten und als man ihnen schuldete. Wenn nun die Reagan-Revolution gelingen sollte, mußten alle diese Leute Opfer bringen. Das Projekt war daher mit den Entbehrungen und der Ungerechtigkeit belastet, die unerwartete Veränderungen mit sich bringen. Nur ein »eiserner Kanzler« hätte versucht, so etwas durchzusetzen. Von einer solchen Haltung war Ronald Reagan weit entfernt.

Sogar meine private Entlastung beim Mittagessen im Ovalen Zimmer durch einen väterlichen Ronald Reagan zeigte, weshalb eine Reagan-Revolution erfolglos bleiben mußte. Er hätte mich ebenso wie die anderen anbrüllen müssen – entweder wegen des schlechten Eindrucks, den die Sache nach außenhin machte, oder weil ich zugeben mußte, daß der Wirtschaftsplan gewisse Mängel hatte.

Aber Ronald Reagan war zu freundlich, zu höflich und zu sentimental, um so etwas zu tun. Er hat eine Schwäche für Leute, die Pech gehabt haben. Wenn andere Menschen in eine unangenehme Lage geraten sind, rührt ihn das mehr als alles andere. Obwohl er als Vertreter des rechten Flügels gilt, treten Ideologie und Philosophie stets in den Hintergrund, wenn er erfährt, daß ein menschliches Wesen verletzt worden sein könnte.

Deshalb konnte er sich auch nicht an die Spitze einer wirklichen Revolution in der amerikanischen Wirtschaftspolitik stellen.

Die nichtrevolutionären Instinkte und die Sentimentalität des Präsidenten wurden noch dadurch verstärkt, daß seine »Burschen« gewohnheitsmäßig zuviel in die Fernsehröhre glotzten. Das zeigte sich auch in der *Atlantic Monthly*-Episode.

Unser revolutionäres Projekt erforderte, daß wir Politiker, Interessengruppen und organisierte Wählergruppen, die unbeirrbar die nicht mehr zu verantwortenden großzügigen Ausgaben verteidigten, schonungslos unter Druck setzten. Dazu mußten wir hohe politische Risiken eingehen. Das Weiße Haus mußte zu einer Kanzel werden, von der aus lautstark aufrüttelnde Predigten gehalten wurden.

Damit die nichtorganisierten Steuerzahler, Arbeitnehmer und Arbeitgeber der Nation ihre Steuersenkung bekamen und behielten, mußte das Weiße Haus zum Drachentöter der organisierten Verschwender werden. Dabei durfte es den Wählergruppen, die etwas zu verlieren hatten, keinen Pardon geben, sondern mußte ihre Vorrechte beschneiden. Es mußte Namen nennen.

Aber die »Burschen« wollten nichts davon wissen. Das hätte noch schlimmere Folgen haben können als der Artikel in der Zeitschrift *Atlantic Monthly*. Es hätte bedeutet, daß die Zeit der Abendnachrichten um neunzehn Uhr eine schlimme Zeit würde. Und sie hätten auch nichts daran ändern können, wenn sie den Boten verprügelt hätten, der die schlechten Nachrichten brachte.

Das Problem lag darin, daß sie nichts von der wirklichen Substanz innenpolitischen Handelns verstanden. Die Männer aus Kalifornien – Mike Deaver, Ed Meese, Lynn Nofzinger – waren persönliche Gefolgsleute und Wahlhelfer. Auf ihren Spezialgebieten waren es tüchtige Leute. Aber sie waren Analphabeten, wenn es um politische Grundsatzfragen ging.

Sogar Jim Baker war nicht immun dagegen, von der Realität abzuweichen. Er hatte seine politischen Lektionen einigermaßen gelernt, aber man fürchtete auch sein politisches Fachwissen, und deshalb geriet er immer wieder ins Kreuzfeuer der Kritik.

Das zeigte sich in dramatischer Weise bei einem sich häufig wiederholenden symbolischen Vorfall während der Stabsbesprechungen in seinem Büro. Sie wurden oft am späten Nachmittag abgehalten. Neben meinem Platz lag stets ein Taschenrechner auf dem Tisch und an seinem die Fernbedienung für das Fernsehgerät. Aus einer gewissen Entfernung kann man diese Geräte nur schwer voneinander unterscheiden. Beide sind elektronische Wunder.

Aber um achtzehn Uhr dreißig kamen die ersten Abendnachrichten im Fernsehen. In diesem Augenblick hatte stets die Fernbedienung den Vorrang. Die Sitzung wandte sich von dem innenpolitischen Problem der Zahlen ab und den innenpolitischen Problemen auf dem Fernsehschirm zu.

Was diese Leute nicht begriffen, war die Tatsache, daß wir uns mit der Entscheidung für so gewaltige Steuersenkungen auch auf große innenpolitische Schwierigkeiten gefaßt machen mußten. Damit mußten wir uns abfinden oder auf die Steuersenkungen verzichten.

Deshalb verfehlten die für *public relations* zuständigen Leute im Weißen Haus auch ihr Ziel, wenn sie mich wegen der *Atlantic Monthly*-Affäre über die Klinge springen lassen wollten. Sie taten es in bester Absicht. Sie glaubten, ihre Loyalität gegenüber Ronald Reagan erfordere drastisches Vorgehen; das Übel müsse mit der Wurzel ausgerissen werden. Aber es war eine kleinliche Loyalität, die im größeren Zusammenhang eine profunde Illoyalität bedeutete.

Am 12. November 1981 hätte ich der Öffentlichkeit einen wertvollen Dienst leisten können. Ich wußte fast genug, um die ganze verdammte Geschichte in allen Einzelheiten zu erzählen – eine sehr viel alarmierendere Geschichte als alles, was in dem *Atlantic Monthly*-Artikel angedeutet worden war. Die letzten beiden Male war ich im Juli und Anfang September mit Bill Greider zusammengetroffen. Bis zum November war der Schleier der Illusionen zerrissen.

Die Entwicklungen in der Wirtschaft zeichneten sich immer deutlicher ab, ebenso aber auch der einfallsreiche Widerstand der Politiker im Kongreß. Ich wußte, wir standen vor dem Abgrund dreistelliger Milliardendefizite, einer Staatsverschuldung in Milliardenhöhe und destruktiver, tiefgreifender Erschütterungen der gesamten amerikanischen Wirtschaftsstruktur. Es zeigten sich bereits die wesentlichen Fehler, welche die fiskalische Stabilität der Nation schließlich zerrütten würden. Die Diagnose stand für mich schon fest. Nur um wie hohe Summen es sich am Ende wirklich handelte, würde sich erst später herausstellen.

Trotzdem verschloß die Regierung im November 1981 die Tür zu der Gefängniszelle ihrer katastrophalen Finanzpolitik und warf den Schlüssel weg. Der Präsident wollte nicht auf seine Steuersenkungen verzichten. Cap Weinberger klammerte sich verzweifelt an die 1,46 Milliarden Dollar seines Verteidigungsetats. Jim Baker lief mit einer Panzerfaust herum und handelte nach dem Motto, zuerst schießen und dann die Leute fragen, die Worte wie »soziale Sicherheit« in den

Mund genommen hatten. Deaver, Meese und die anderen ließen keine schlechte Nachricht ins Ovale Zimmer dringen oder auf dem Fernsehschirm erscheinen. Das gewaltige fiskalische Ungleichgewicht, welches die Nation belastete, wurde mit keinem Wort erwähnt oder korrigiert; es schwärte ganz einfach vor sich hin und wuchs ständig an.

1982 hatte ich erkannt, daß die Reagan-Revolution undurchführbar war. Sie war eine Metapher, die nichts mit der politischen und wirtschaftlichen Wirklichkeit zu tun hatte. Aber von der Ideologie angebotsorientierter Wirtschaftspolitik habe ich mich nie getrennt. Ich habe sie lediglich – zusammen mit anderen intellektuellen Wertsachen – in meinem Safe eingeschlossen. Sie ließ sich in der Welt der demokratischen Wirklichkeit, wo die Politiker das letzte und entscheidende Wort sprechen, nicht verwirklichen.

Deshalb habe ich mich jetzt auf die Seite der Politiker gestellt. Es ist uns gelungen, das Ausmaß der nationalen finanzpolitischen Katastrophe in bescheidenem Rahmen einzudämmen, und zwar gegen den Widerstand des Weißen Hauses. Mit vier verschiedenen Steuergesetzen haben wir die Staatseinnahmen um jährlich etwa achtzig Milliarden Dollar erhöhen können. Wir haben den Verteidigungsetat beschnitten. Es ist mir auch gelungen, einige Ausgabenkürzungen durchzusetzen. So haben wir das Defizit auf zweihundert Milliarden Dollar gesenkt.

Es war kein besonderes Vergnügen für mich, mit den Politikern im Kongreß gemeinsame Sache zu machen. Allein der Gedanke, daß all diese Geschäfte nur getätigt wurden, damit sie ihre Beute behalten und weiterhin Geld verschwenden konnten, war mir unangenehm. Ich weigerte mich, daran zu denken, neue Steuern erheben zu müssen, um die Farmer dafür zu bezahlen, daß sie darauf verzichteten, ihre Kühe zu melken, oder um es den Bauunternehmern zu ermöglichen, im Getto ein Luxushotel zu errichten.

Aber die Politiker im Kongreß hatten eine Tugend, die vieles wieder gutmachte. Sie waren bereit, sich der wirtschaftlichen und demokratischen Realität zu stellen. Die Träumer und Public-Relations-Experten im Weißen Haus waren es nicht.

Letztlich hat es in der nationalen Wirtschaftspolitik keine Reagan-Revolution gegeben. Alle die Nabelschnüre der gegenseitigen Abhängigkeit bestehen weiter, weil die Politiker gewählt werden, die sie erhalten wollen. Also muß man dafür zahlen. Das ist eine unverrückbare Tatsache. Die einzige Alternative wäre die wirtschaftliche und finanzielle Katastrophe.

Ich habe mich der Reagan-Revolution als radikaler Ideologe angeschlossen. Dabei ist mir die traumatische Lektion erteilt worden, daß eine solche Revolution nicht möglich ist. Am Schluß lasse ich die Politiker hochleben. Aber nur das.

In Wirklichkeit stellen die Politiker eine Bedrohung dar. Sie hören nie auf, unzulässige Regierungsvorhaben zu erfinden, welche die nationale Wirtschaft zur Ader lassen. Ihre sozialen Hilfsprogramme und ihre Freigiebigkeit sind eine Verschwendung, und das schadet unserer kollektiven Wohlfahrt und unserem Wohlstand. Die Politiker sehen niemals in die Zukunft und blicken sich niemals um. Ihr Horizont umfaßt zwei Jahre und einen Wahlbezirk.

Nur eines ist schlimmer: die ideologische Hybris. Es ist die Vorstellung, die Welt ließe sich dadurch verbessern, daß man sie über Nacht neu erschafft. Es ist der falsche Glaube, daß wir in einer kapitalistischen Demokratie weit in die Zukunft blicken und das Staatsschiff an einen exakten Zukunftsplan anketten können. Das ist unmöglich, und man hätte es nicht versuchen sollen.

Das Folgende ist die Geschichte der Lektionen, aus denen ich gelernt habe, warum das so ist.

1.

Die Odyssee eines Ideologen

»David!«

»Ja, Sir.«

»Du siehst ja schlimm aus. Alles sieht schrecklich aus.«

»Das habe ich nicht gewollt, Sir.«

»Das wird mir mehr weh tun als dir, aber eines Tages wirst du lernen, daß es hier darauf ankommt, was du tust, und nicht was du tun wolltest.«

Es war im Sommer 1958 Ende August. Wir hatten den ganzen Tag seit dem frühen Morgen die reifen roten Tomaten gepflückt, und jetzt war es Abend. Meine Hände waren mit Tomatensaft beschmiert, aber auch mein Gesicht, mein Hemd, meine Arme und mein Rücken. Das war der Grund für den Unwillen meines Vaters.

Er hatte seine fünf Kinder nach den strengen Grundsätzen der protestantischen deutschen Moral erzogen, aber selbst die Strafgerichte im Holzschuppen neben dem Stall konnten uns nicht daran hindern, am Abend nach der Arbeit ausgelassen und übermütig zu werden. Meine Brüder und ich hatten angefangen, uns mit Tomaten zu bewerfen, bis ein roter Hagel die Luft erfüllte. Natürlich bemerkte mein Vater die roten Flecken, und als der älteste von fünf Brüdern und einer Schwester sollte ich das Vorbild für die anderen sein. Deshalb bekam mein Hinterteil von Zeit zu Zeit den Riemen zu spüren.

Meine Familie bearbeitete die hundert Morgen Land in der Nähe von Scottdale, Michigan, seit mein Großvater in den siebziger Jahren des letzten Jahrhunderts mit dem Schiff aus Deutschland in die Vereinigten Staaten gekommen war. Außer einem Vetter, der uns in der Erntezeit half, hatten wir bei der Landarbeit keine fremde Hilfe.

Und geerntet wurde etwa alle zwei Wochen; Spargel im Frühjahr, Erdbeeren Anfang Juni, dann kamen die roten und etwas später die schwarzen Johannisbeeren. Im August wurden Tomaten und Pfirsiche geerntet, Trauben im September, der Mais im Oktober und die Sojabohnen im November. Dieser Rhythmus bestimmte unser Leben. Wir mußten schwer arbeiten. Entweder brachten wir die Ernte ein, oder sie verdarb. Deshalb nahm mein Vater das Leben auf dieser Welt auch so ernst. Für ihn war alles harte Arbeit. Ich war sein gelehriger Schüler, und schon im Alter von zehn Jahren – 1956 – konnte ich schneller pflücken als die Erwachsenen. Ich gewann alle Wettbewerbe und verdiente mir damit immer wieder die Anerkennung meiner Eltern. Meine Brüder fanden das nicht so gut und versuchten mich zu schlagen. Jeden Tag wurde einer bestimmt, der mich übertreffen sollte. Dieser arbeitete wie ein Tier, und wenn ich nicht hinsah, gaben ihm die anderen die von ihnen gepflückten Tomaten oder Beeren. Ich wußte zwar genau, was sie vorhatten, war aber zu stolz, das als Ausrede zu benutzen. Ich wollte sie alle schlagen, und es gelang mir auch, jedesmal.

Das Leben auf einer Farm fördert den Ehrgeiz. Man sieht deutlich den Erfolg seiner Arbeit – ein Feld, auf dem die Tomaten reifen, ein sorgfältig angelegter und sauber bearbeiteter Weingarten. Das sind die Dinge, die man mit Händen greifen kann, die beweisen, daß man seinen Willen und seine Ideen durchsetzen und seine Pläne verwirklichen kann. Auch ich wollte Farmer werden, weil ich glaubte, ich könnte ein besserer Farmer werden als mein Vater.

Hinter seinem Rücken nannten meine Brüder und ich ihn »Al der Knüppel« in Anlehnung an das Märchen vom Knüppel aus dem Sack. Er war gutmütig, aber praktisch und vorsichtig, und er machte den zweiten Schritt nicht vor dem ersten. Jeder Schritt mußte überlegt sein. Wir Brüder hielten uns für die großen Denker auf der Stockman-Farm. Wenn wir draußen irgendwo zusammensaßen, wälzten wir großartige Pläne. Fünf Morgen genügten nicht für eine gute Erdbeerernte. Dazu brauchte man eine zwanzigmal so große Fläche. Wenn wir erst groß waren, wollten wir das notwendige Land dazupachten, einen Teich anlegen und eine Bewässerungsanlage bauen. Mit zehn Milchkühen konnten wir keine großen Gewinne erzielen. Dazu brauchte man zweihundert. Wir waren unaufhörlich damit beschäftigt, solche Pläne zu schmieden, und schon als ganz kleiner

Junge glaubte ich, meine Eltern verstünden es nicht recht, ihre Chance zu nutzen.

Mein Großvater war in jeder Beziehung eine Ausnahme. Er hieß William H. Bartz. Zunächst hatte er dieselben hundert Morgen bearbeitet, war aber dann in die Politik gegangen. Er übernahm das Amt des Bezirksschatzmeisters und war ein im ganzen Staat bekannter und geachteter Mann. Er sah auffallend gut aus, und nur seine rauhen Hände verrieten, daß er einmal Farmer gewesen war.

Ich habe ihn schon als Kind oft in seinem Büro besucht. Dort stand ein nach meinem Eindruck riesiger Schreibtisch mit vielen Fächern, die ich begeistert untersuchte. Auf dem Schreibtisch lagen stets die neuesten Ausgaben konservativer Zeitungen und Zeitschriften wie *Human Events*, *Liberty Lobby*, *Christian Messenger* und andere.

Er hatte das Moody Bible Institute in Chicago besucht, und wenn er nicht mit seiner Buchführung beschäftigt war, predigte er das Wort Gottes. Großpapa Bartz nahm die Bibel wörtlich. Gott hatte die Welt in sechs Tagen erschaffen, was die atheistischen Wissenschaftler auch immer sagen mochten. Und Gott war Republikaner. Der Kapitalismus war die Lebensform freier Menschen; der New Deal ein sozialistischer Weg zur Verdammnis. Auf dem Lande gediehen Moral und Charakter, in den großen Städten die Sünde. Rauchen, Trinken, das Glücksspiel und die Verletzung der Sonntagruhe waren die Laster gefallener Sünder; Enthaltsamkeit und Kirchenbesuch kennzeichneten den Gerechten.

Trotz seines fundamentalistischen Christentums las er uns manchmal aus dem Alten Testament vor. Das Buch Amos gehörte zu meiner Lieblingslektüre. Ich höre noch seine Stimme, wenn sie sich volltönend zur Rechtschaffenheit bekannte und der Prophet Amos den Zorn des Allmächtigen über die verderbten Israeliten beschwor. Vielleicht habe ich etwas zuviel von dem alten Amos gelernt.

Im letzten Jahr an der Oberschule gewann ich einen vom Rat der Kirchen veranstalteten Aufsatzwettbewerb über das Thema »Was bedeutet die Gewaltlosigkeit für mich«. Meine Einleitung war eine Hymne auf Martin Luther King jr. und Mahatma Gandhi. Politisch standen diese beiden Männer links. Doch ich erblickte in ihnen die Verkörperung der christlichen Ideale, die mich mein Großvater gelehrt hatte. Alle Menschen waren Gottes Kinder und hatten Besseres verdient als Armut, Rassismus und menschenunwürdige Behandlung. Schon damals glaubte ich an eine bessere Welt.

Vielleicht ist Großpapa Bartz mit meinen ketzerischen Auffassungen nicht ganz einverstanden gewesen, aber er war davon überzeugt, daß es mir guttun würde, wenn ich das einwöchige Seminar in den fernen Städten New York und Washington besuchte, das ich als Preis in diesem Wettbewerb gewonnen hatte. Was er nicht wußte, war die Tatsache, daß diese Reise vom American Friends Service Committee veranstaltet wurde. Sein ältester Enkel, der zum guten Christen und guten Republikaner heranwachsen sollte, wurde von einer Gruppe linker Friedensapostel in die beiden sündigen Städte begleitet.

Das Seminar war eine intensive Einführung in die liberale Gedankenwelt, und die Themen waren die nukleare Abrüstung, die Rassenintegration und das ganze Dogma des Liberalismus. Aber mein Großvater beherrschte immer noch mein ganzes Fühlen und Denken, und ich erinnere mich noch genau an das Gefühl des Entsetzens, das mich packte, als ich in der Lobby des Gebäudes der Vereinten Nationen stand, der Bastion der Vorkämpfer für die »Eine Welt«, der Kommunisten und der linken Häretiker. Ich zitterte buchstäblich vor Furcht bei dem Gedanken an den Zorn Gottes, der mich treffen mußte, weil ich mich in diese Lasterhöhle begeben hatte, und das Schicksal von Lots Weib lag mir schwer auf der Seele.

Noch in der gleichen Woche fand ich mich in einer anderen Marmorhalle wieder, aber dieses Erlebnis löste andere Vorstellungen in mir aus. Es war die Rotunda des Capitols am oberen Ende der Freitreppe, die zum Sitzungssaal führt. Siebzehnjährige junge Männer haben den Kopf voll von lächerlichen und großartigen Gedanken, und ich war keine Ausnahme. Als ich die Büsten von Washington, Jefferson und Madison im steinernen Tempel der Regierung unserer Nation betrachtete, gab ich mir das Versprechen, eines Tages hierher zurückzukehren.

»Blödsinn!«

Professor Saltzman hatte dieses sehr eindeutige Urteil an den Rand einer schriftlichen Arbeit gekritzelt, die ich im Herbst 1964 im ersten Semester an der Michigan State University (MSU) abgeliefert hatte. In meinem Aufsatz hatte ich eine direkte Verbindung zwischen

Thomas Paines *Rights of Man* und Senator Barry Goldwaters *Conscience of a Conservative* nachzuweisen versucht, das hatte Professor Saltzman nicht gefallen.

In seiner ersten Vorlesung hatte er in seinem typischen Brooklyner Akzent erklärt, er sei ein kultivierter Jude, ein überzeugter Atheist und »als gebildeter Mensch« ein Sozialist. Der Computer der MSU hatte mich einem witzigen, scharfzüngigen, ungewöhnlich redegewandten Lästerer all dessen überantwortet, was Großvater Bartz mich gelehrt hatte. Professor Saltzman schien nicht besonders glücklich über seinen Lehrauftrag an dieser hinterwäldlerischen ländlichen Universität zu sein. Wenn er von seinem Podium ins Auditorium blickte, dann sah er all diese jungen Leute vor sich sitzen, denen ebenso wie mir noch das Heu in den Ohren steckte. Er war offensichtlich entschlossen, ihnen bei Gott – oder bei Jean-Paul Sartre – die Hölle heißzumachen.

Ich hatte mir fest vorgenommen, meinen Großvater nicht zu verraten. Oft vertiefte ich mich in das schöne Buch, das er mir zum Abschied geschenkt hatte, eine in Leder gebundene Bibel, auf deren Deckel mein Name in Goldbuchstaben prangte. Wenn ich mir die gepfefferten Schmähreden Professor Saltzmans gegen die Religion angehört hatte, ging ich in mein Zimmer und las ein Kapitel aus der Heiligen Schrift. Doch obwohl ich nach wie vor Zuflucht in der papierenen Welt der Propheten, der Könige und des Heilands suchte, die verwirrenden Gegenargumente begannen mit der Zeit immer schwerer zu wiegen. Meine Arbeit über den Scops-Prozeß kam mit an den Rand gekritzelten Anmerkungen zurück: »Besuchen Sie das geologische Institut!« »An welchem Tag hat Gott die Fossilien der Dinosaurier erschaffen?«

Auch meine politischen Überzeugungen gerieten unter Beschuß. Eines Abends holten uns die Eltern einer Freundin zum Abendessen in East Lansing ab. Sie lebten in einer vornehmen Gegend außerhalb von Chicago, waren Mitglieder des Country Club, fuhren einen neuen Lincoln Continental und waren teuer angezogen. Sie führten uns in das eleganteste Restaurant der Stadt in eine mir völlig fremde Welt, wo das Menü fünf Dollar kostete und Schnecken auf der Speisekarte standen.

Es war kurz vor den Präsidentschaftswahlen von 1964, und ich fing an, meine Meinung zum besten zu geben und zu erzählen, wie großartig Goldwater sei und wie er uns vor dem Sozialisten Johnson retten werde.

Die Leute waren wie vor den Kopf geschlagen. Goldwater war ein Extremist, ein gefährlicher Radikaler. Und anständige gebildete Menschen – wie meine Gastgeber – fürchteten sich vor ihm. Großvater hatte mich davon überzeugt, daß Goldwater die Nation retten werde. Und diese wohlhabenden Republikaner wollten mir jetzt erzählen, der Mann sei verantwortungslos. Ich kam vollkommen verwirrt nach Hause.

Nach einiger Zeit fand ich zu neuen Antworten. Der New Deal und die Große Gesellschaft (Great Society) sahen gar nicht so schlecht aus, wenn man sie sich von den Professoren an der MSU hatte erklären lassen. Armut, Rassismus und Kapitalismus waren schlimmer. Und mit bloßem Antikommunismus konnte man sie nicht beseitigen; er war nur der Vorwand für die Ausbeutung der verarmten Massen in der Dritten Welt durch die Vereinigten Staaten. So führten mich mein Idealismus und das Verlangen, einen Weg zu finden, die Welt zu verbessern, zur politischen Linken und zu den utopischen Versprechungen des Marxismus.

»Genossen«, lautete jetzt die Anrede in dem Brief an meine Brüder, »die Ereignisse überschlagen sich. Am Samstag gehen wir nach Detroit und treffen uns mit einigen anderen Gruppen, die Geld über die Windsorbrücke (nach Kanada) bringen werden, um es dem Canadian Friends Service Committee zu übergeben, das es nach Nordvietnam weiterleiten wird...« Am aufschlußreichsten an diesem inzwischen vergilbten Stück Papier sind vielleicht die beiden letzten Worte, mit denen ich meine beiden Brüder grüße: »Frieden, verdammt!«

Aus mir war jetzt ein ausgewachsener, wenn auch nicht ganz ausgereifter Neomarxist geworden. Ich trug schulterlange Haare und vertiefte mich in *The Village Voice*, *Ramparts* und Thomas Altizers *God Is Dead* sowie in die obligatorischen Klassiker von Camus, Ginsberg und die anderen Orakel der existentialistischen Langeweile. Es war meine Kaffeehaus-Periode. Wir versammelten uns im Studentenheim der methodistischen Kirche, aber unser Thema war nicht die Heilige Schrift.

Als ich zum Erntedankfest nach Hause kam, versuchte ich Großva-

ter Bartz davon zu überzeugen, daß die Schöpfungsgeschichte nicht
wörtlich zu nehmen sei. Himmel, was hatte ich damit angerichtet! Er
machte ein grimmiges Gesicht, als ich ihm sagte, im Alten Testament
ließen sich fünf historische Quellen erkennen, und eine von ihnen sei
auf das sumerische *Gilgamesch-Epos* zurückzuführen.

»Nun gut«, sagte er feierlich, »mir ist es gleich, was man dir erzählt
hat. Ich weiß, woran ich glaube. Die Bibel ist das offenbarte Wort
Gottes. Reich mir das Preiselbeerkompott herüber.«

Ich hatte ihn schon einige Zeit mit meinen neuen Ideen belästigt,
erreichte aber nichts damit. Schließlich mußte ich einsehen, daß es
keinen Zweck hatte. Er wollte sich nicht von mir aufklären lassen,
und deshalb beschloß ich, meine Weisheit für mich zu behalten.
Fünfzehn Jahre später im Weißen Haus sollte ich fast das gleiche
erleben.

1966 hatte sich unsere methodistische Studentengruppe stark mit
anderen radikalen akademischen Gruppen vermischt, darunter auch
mit den »Studenten für eine demokratische Gesellschaft«. Damit
wurde unser Radikalismus noch militanter. Zumal jetzt alle Kräfte
gegen den Vietnamkrieg mobilisiert werden mußten. Wir glaubten
zu erkennen, daß dieser Krieg kein unglücklicher Zufall war. Schuld
an ihm war ein korruptes, materialistisches, gewalttätiges kapitalisti-
sches System. Radikale Veränderungen waren das einzige Heilmittel.

Aber diese ganze ideologische Militanz war irgendwie trügerisch.
Schließlich war unser Ziel nicht die politische Revolution, sondern
die soziale und persönliche Befreiung. Es waren Petrus, Paulus und
Maria, die uns sagten, wohin wir gehen sollten. Unsere Bestimmung
war ein Land des Friedens, der menschlichen Gemeinschaft, der
Brüderlichkeit, des Altruismus, der klassen- und rassenlosen Harmo-
nie. Unbelastet durch das Opium des Massenkonsums sollte jedermann die Freiheit haben, bis zur höchsten Stufe der Maslowschen
Selbstaktualisierung aufzusteigen. Mit der Auflösung der Macht-
strukturen, der Neuverteilung des Reichtums und der Wiedererrich-
tung wahrer Spiritualität sollte der Himmel auf Erden verwirklicht
werden. Die Vervollkommnung des Menschen war zum Greifen
nahe. Die Naivität dieses von Emotionen bestimmten Marxismus
kannte keine Grenzen. Wir spiegelten uns auf der letzten Stufe der
historischen Dialektik eine Traumwelt vor.

Aber ich hatte mich trotz allem noch nicht ganz von meinem Großvater abgewandt. Obwohl ich schon tief in meiner ersten Revolution steckte, hielt mich sein langer Arm noch fest im Griff. Ich arbeitete fieberhaft für ihn, sprach mit den Leuten in der Nachbarschaft und den Studenten in ihren Wohnheimen – und wurde mit Bierdosen beworfen. In dem Hauptquartier für unser Vietnam-Sommerprojekt hingen Landkarten von allen Wahlkreisen. Wir waren entschlossen, den Massen zu sagen, welches bei den Wahlen von 1968 die richtigen Kandidaten waren, die dem Wahnsinn Einhalt gebieten würden. Aber die echten Radikalen in der Bewegung hielten dies – im Gegensatz zu den »liberalen Friedensfreunden« – für Zeitverschwendung oder bezeichneten es als *bullshit*. Der Wahlkampf war eine kleinbürgerliche Angelegenheit, manipuliert von der herrschenden Klasse. Wer den Krieg beenden wollte, mußte das ganze System zerstören.

Das konnte ich nicht akzeptieren. In meiner Jugend war ich im Büro meines Großvaters zu Hause gewesen, umgeben von den äußeren Symbolen der Demokratie, seinen Wahlkampfflugblättern, Broschüren und Streichholzheftchen mit dem Aufdruck:

GEBEN SIE IHRE STIMME

WILLIAM H. BARTZ

BEZIRKSSCHATZMEISTER

Jetzt entdeckte ich, daß sich trotz all meiner Neigungen zu einem Marxismus der sanften Art tief in meinem Herzen eine konservative Haltung verbarg, die mich daran hinderte, auf die Barrikaden zu gehen. Vielleicht war ich doch kein Revolutionär, sondern nur ein Demokrat im Kleinformat. Diese Leute, die mit dem Gewehr in der Hand alles verändern wollten, machten mich nervös. Rückblickend erinnerten sie mich an die Begründung, die Gary Cooper dem Kongreßausschuß für unamerikanische Aktivitäten dafür gegeben hatte, daß er den Kommunismus ablehnte: »Nach allem, was ich darüber gehört habe, gefällt er mir nicht, weil er kein Niveau hat.«

Gegen Ende desselben Jahres beobachtete ich, wie meine friedliebenden »Genossen« Steine, mit menschlichen Exkrementen gefüllte Beutel und alles, was sie zu fassen bekamen, auf die Polizisten warfen, die das Pentagon abgesperrt hatten, und sie als Faschisten und Schweine beschimpften, bis die Provokation schließlich wirkte und die Beamten mit ihren Knüppeln dazwischenschlugen. Den Randalierern war es nur darauf angekommen, Blut fließen zu sehen. Die Verletzten, die in der Menge untertauchten, zeigten ihre Wunden wie Stigmata. Ich hatte diese Bewunderer von Gandhi, Martin Luther King und Ho Chi Minh die ganze Nacht in einem Bus von Michigan nach Washington gefahren, damit sie die Kriegshetzer belagern konnten, aber plötzlich war ich nicht mehr so überzeugt davon, daß wir uns auf dem richtigen Niveau bewegten.

Kurz darauf nahm sich einer unserer Genossen das Leben oder starb an Diabetes. Niemand wußte es genau, doch auf einer Gedächtnisfeier bei Kerzenlicht stand jeder auf und erklärte, er sei nicht umsonst gestorben, seine Arbeit in der Bewegung werde ruhmreich weiterleben – und so weiter. Als ich an die Reihe kam, sagte ich, er sei gestorben, nicht mehr und nicht weniger, eine Bedeutung habe sein Tod nicht. Meine Genossen waren schockiert und empört, aber ich wußte bereits, daß meine revolutionäre Glut über Nacht erloschen war.

»Was sollen wir jetzt tun?« schrieb ich an meinen Bruder Steve. Er studierte in diesem Semester am Tuskegee-Institut in Alabama und hatte kürzlich als einziger Weißer in der Masse schwarzer Zuhörer erlebt, wie Stokeley Carmichael eine wütende Hetzrede gegen die »weißen Teufel« gehalten hatte. Er hatte die Stimmung in der Menge damit so aufgeputscht, daß ein Wort genügt hätte, und Steve wäre ein toter weißer Teufel gewesen. Dieses Erlebnis hatte ihn ziemlich erschüttert, und jetzt wußten wir beide nicht mehr, wohin wir uns wenden sollten.

»Wo finden wir Halt? Worauf sollen wir uns konzentrieren? Gott ist tot; die Ziele, für die wir kämpfen, sind hohl, vergänglich und oft zweitrangig. Wer oder was hat unsere Loyalität verdient? Wer kann die in uns schlummernden moralischen und intellektuellen Kräfte wecken? Kannst du diese Fragen beantworten?«

Am Schluß des Briefes schrieb ich: »Gib nicht auf und bewahre Dir den Glauben (ich hätte sagen sollen, *finde* den Glauben), Baby!!!«

Ich fand zu einer Art Glauben in der Bibliothek des Mannes, der zu meinem zweiten Mentor wurde. Es war Truman Morrison, Pastor an einer liberalen Kirche in der Nähe der Michigan State University. Das war ein hochgebildeter und ungewöhnlich intelligenter Mann. Was er über die Vietnamtragödie zu sagen hatte, klang sehr überzeugend, aber er war gegen einen einseitigen Truppenabzug der Vereinigten Staaten. Er unterstützte die Friedensbewegung, warnte aber vor den Gefahren des Radikalismus. Seine äußere Erscheinung war beeindruckend. Er war mehr als einen Meter neunzig groß, hatte volles dunkles Haar und Augen, die einen nicht mehr losließen, wenn er es nicht wollte. Er war die charismatische Persönlichkeit, an die ich mich wie selbstverständlich wandte, als ich Antworten auf bedrängende Fragen suchte. Er wurde zu meinem intellektuellen Vater.

Im Büro von Großvater Bartz hatten ganze Stapel von konservativen Zeitschriften gelegen, darunter auch einige recht verrückte. In der Bibliothek von Pastor Morrison fand man in den vom Fußboden bis zur Decke reichenden Regalen die ganze Literatur der westlichen Zivilisation: Politische Wissenschaft, Psychologie, Soziologie, Geschichte, Theologie und Philosophie. Von alten sumerischen Texten bis zur jüngsten Ausgabe von *Dissent* konnte man buchstäblich alles finden, und ich verschlang es gierig.

Pastor Morrison war ein Schüler des großen Sozialphilosophen Reinhold Niebuhr. Niebuhr war in den dreißiger Jahren ein Quasi-Marxist gewesen, hatte die Linke aber nach dem Kriege mit kräftiger und überzeugender Stimme aufgerufen, ein für allemal den Unterschied zwischen Demokratie und Totalitarismus zu erkennen. In dieser Frage gab es für ihn keinen Kompromiß. Er und die anderen Begründer der Gruppe Americans for Democratic Action hatten die meisten linken Intellektuellen von den stalinistischen Steppen wieder in die Gefilde der amerikanischen Politik zurückgeführt. In der Bibliothek von Pastor Morrison, wo ich Niebuhrs klassisches Werk *The Children of Light and the Children of Darkness* las, stellte ich fest, daß ich bis dahin nur die Traktate jener undemokratischen Linken gelesen hatte, die sich von überholten Vorstellungen nicht hatten trennen können.

Bei der Lektüre dieses Buches fiel es mir wie Schuppen von den Augen. Niebuhr übte vernichtende Kritik an jeder Form von Utopismus. Der Mensch kann nach seiner Auffassung nicht vollkommen sein, weil es ihm sein freier Wille gar nicht erlaubt, der ihn dazu verurteilt, zwischen Gut und Böse hin- und hergerissen zu werden. Die gesellschaftlichen Institutionen können seine Vervollkommnung nicht bewirken; die Mängel jeder Sozial- und Wirtschaftsordnung haben ihn aber auch nicht korrumpiert. Gegeben ist ein Zustand der

Erbsünde, von dem sich diese vergängliche Welt nicht befreien läßt, und kein von Menschen erdachter Plan, sei er nun revolutionär oder nicht, wird den Himmel auf die Erde bringen.

Niebuhr vermittelte mir eine schwache Vorstellung davon, was politisches Handeln bedeuten kann. Irrende Menschen, behindert durch ihre Fehler und Schwächen, aber getrieben von ihren positiven Anlagen und Möglichkeiten würden nie aufhören, darum zu ringen, aus einer unvollkommenen, aber verbesserungsfähigen Welt einen Ort zu machen, an dem es sich lohnt zu leben, auch wenn sich die Vollkommenheit, die sie anstrebten, nie erreichen ließ. Es gab keine Doktrin, die eine Antwort auf alle Fragen gab. Die Demokratie drängte den Menschen in kleinen Schritten vom Rand des Abgrunds zurück; doktrinäre Dogmen veranlaßten ihn, sich diesem Abgrund wieder zu nähern und sich manchmal sogar hinunterzustürzen.

Das alles ernüchterte mich und ließ mich die aufgebrachte Menge vor dem Pentagon verstehen. Aber wie hatte ich das alles vergessen können, als ich ins Weiße Haus kam?

Im Frühling meines letzten Studienjahres beantragte ich die Aufnahme an der theologischen Fakultät der Harvard University. Ich hätte mich auch nach einem Studienplatz an anderen Universitäten umgesehen, entschied mich aber für Harvard, da noch niemand in meiner Familie das College, geschweige denn die Universität besucht hatte, schien mir das Beste gerade gut genug für mich.

Als Theologiestudent in Harvard war ich vom Wehrdienst befreit – und ich schämte mich dessen nicht. Im Frühjahr 1968, einige Monate nach der Tet-Offensive, hatte sich jeder eine eigene Meinung über den Krieg gebildet, auch Walter Cronkite. Sogar die antitotalitären, von Niebuhr beeinflußten Außenpolitiker, mit deren Auffassungen ich mich inzwischen vertraut gemacht hatte – George Kennan und Hans Morgenthau –, sagten, der Krieg sei eine durch eine falsche Einschätzung der Lage entstandene Tragödie und diene nicht dem nationalen Interesse. Er rechtfertige nicht, daß amerikanisches Blut vergossen werde. Auch ich war nicht bereit, dieses Opfer zu bringen.

Nach gründlichem Nachdenken kam ich zu der Überzeugung, daß es die richtige Entscheidung war, in Harvard Theologie zu studieren. Ich würde mich auch weiterhin mit dem Antitotalitarismus beschäftigen und nicht die Waffe in die Hand nehmen, um den Menschen in

Südostasien ein bestimmtes politisches System aufzuzwingen. Doch dieser Krieg veränderte das Leben eines jeden einzelnen, auch derer, die sich nicht direkt daran beteiligten. Für mich eröffnete er die Möglichkeit, mich auf einen Beruf vorzubereiten, der mich schließlich nach Washington bringen sollte.

Harvard war eine Bibliothek des Pastors Morrison im vergrößerten Maßstab, aber das Leben dort war keineswegs so mönchisch, wie ich es mir vorgestellt hatte. Ich lernte bekannte Persönlichkeiten wie Richard Neustadt und John Kenneth Galbraith kennen. Für einen naiven jungen Mann aus der Provinz, der sich mehr mit Büchern als mit der wirklichen Welt beschäftigt hatte, war es ein unerhörtes Erlebnis, die gleiche Luft zu atmen wie diese Berühmtheiten. Schon sehr bald verspürte ich in mir den Wunsch, einen Platz auf der anderen Seite des politischen Spektrums zu finden und mich diesen Leuten anzuschließen.

Bis dahin waren alle Intellektuellen, die mich beeinflußt hatten, Vertreter der politischen Linken gewesen. Die Rechte hatte mich nicht interessiert, denn ich hielt sie für antiintellektuell und bigott. In Harvard entdeckte ich Walter Lippmann. Er war als junger Student in Harvard Atheist geworden und hatte sich kurze Zeit für den Sozialismus begeistern lassen. Im Alter von dreiundzwanzig Jahren hatte er die Zeitschrift *The New Republic* gegründet. Präsident Wilson forderte den noch nicht dreißigjährigen Journalisten auf, mit ihm nach Europa zu gehen und die berühmten Vierzehn Punkte zu entwerfen. Noch vor Vollendung des dreißigsten Lebensjahres nahm Lippmann aktiv an der Gestaltung der amerikanischen Außenpolitik teil. Mitte der dreißiger Jahre, als Fortschritt und Experimentierfreudigkeit auf der Tagesordnung standen, hatte er dann die Weisheit und Reife besessen, zu begreifen, daß die Voraussetzung für das Entstehen einer freien Gesellschaft eine freie Wirtschaft ist. »Welch ein Vorbild!« dachte ich.

In seiner vernichtenden Kritik am New Deal, *The Good Society*, setzte er sich für eine freie Wirtschaft und eine in ihren Befugnissen begrenzte konstitutionelle Regierung ein. Eine freie Gesellschaft und eine zentrale Planung widersprachen einander. Die Planwirtschaft mußte zum Totalitarismus führen. Sozialismus und Staatswirtschaft waren unvereinbar mit der echten Demokratie. Sehr bald machte ich mir seinen konservativen Realismus zu eigen, der für mich folgerichtiger war als alle Doktrinen der politischen Linken. Hier empfing ich neue Anregungen, nach meiner eigenen »Großen Doktrin« zu suchen, nach einer Antwort auf die Frage, wie die Welt eingerichtet sein sollte.

So erregend diese intellektuellen Entdeckungen auch waren, ich hatte bisher nur Sekundärliteratur gelesen und war weit entfernt von jeder praktischen Regierungsarbeit. Doch eines Tages stolperte ich bei der Arbeit an einem Aufsatz, der mit Originaldokumenten belegt werden mußte, über eine ganze Sammlung von Urkunden und Notizen aus dem Amt für Preiskontrolle, der Behörde für die Kriegswirtschaft und anderer Wirtschaftsbehörden aus dem Zweiten Weltkrieg. Nach Harvard zurückgekehrte Professoren hatten diese Dokumente in einer dunklen Ecke im Keller der Littauer-Bibliothek abgelegt, und dort waren sie, bis ich auf sie stieß, jahrzehntelang vergilbt und verstaubt.

Ich glaube nicht, daß der Entdecker des Grabes von Tutanchamun, Howard Carter, vormals erregter gewesen ist als ich. Die von mir entdeckten Kisten enthielten wahre Schätze: Es waren an die Präsidenten Roosevelt und Truman gerichtete Denkschriften, verfaßt von den politischen Größen jener Ära. Und es waren die ersten Originaldokumente, die ich je gesehen hatte. Als ich die auf dünnem Durchschlagpapier geschriebenen Kopien durchblätterte, die fast ebenso fragil schienen wie altägyptische Papyrusrollen, empfand ich stärker denn je das Verlangen, sobald wie möglich selbst nach Washington zu gehen.

Aber wie sollte mir das gelingen? Ich führte ein recht einsames Leben, hatte kein Geld, meine Hauptmahlzeit bestand meist nur aus Thunfisch und Makkaroni, und ich kannte kein einziges menschliches Wesen in ganz Washington, nicht einmal in den untersten Rängen der Regierungsbürokratie. Ich brauchte einen neuen Mentor, einen Rabbi, der mich auf den richtigen Weg brachte.

In dieser Zeit machte ich die Bekanntschaft eines Theologiestudenten, der als Babysitter im Hause von Daniel Patrick Moynihan lebte. Moynihan, ein ehemaliger Harvard-Professor, war damals innenpolitischer Chefberater im Weißen Haus unter Nixon. Richard Nixon hatte jedermann durch die Ernennung dieses Demokraten aus der Kennedy-Ära zum Mitglied seines Kabinetts in Erstaunen versetzt. Mein Freund erzählte mir, daß Moynihan, der unter den Studenten hohes Ansehen genoß, am Freitag abend, wenn er nach Hause kam, bis spät in die Nacht bei einem Glas Brandy über die jüngsten Entwicklungen im Weißen Haus berichtete. Ich hätte alles dafür gegeben, mein schäbiges Zimmer mit seiner Dachkammer in Moynihans Haus zu vertauschen.

Eines Tages, ich hatte einige Stunden im Keller der Littauer-Bibliothek zugebracht, bot sich mir die große Chance: Mein Bekannter mußte seinen Job als Babysitter aufgeben, um eine Stelle als Pastor anzunehmen, und die Moynihans brauchten einen Ersatz. Ich zog mich in die Bibliothek zurück und las jedes Buch, jeden Artikel, jede Monographie, jedes Flugblatt, jeden Brief und jede Notiz, die Moynihan verfaßt hatte. Ich las die Fußnoten, suchte die Literaturangaben heraus und las die angegebenen Zitate. Als ich an einem Sonntagnachmittag aufgefordert wurde, mich vorzustellen, kannte ich sein literarisches Werk besser als er selbst. In meinem Eifer hatte ich gar nicht daran gedacht, daß er mehr an einem Babysitter als an einem Assistenten interessiert sein könnte.

Doch das war jetzt gleichgültig. Als ich zur verabredeten Stunde erschien, den Kopf voll mit Zitaten und Erkenntnissen des Meisters, hatte Professor Daniel Patrick Moynihan etwas ganz anderes im Sinn. Zuerst führte er mich in die Küche und zeigte mir, wie man eine »Bloody Mary« herstellt. In seinem Arbeitszimmer mußte ich lernen, den Kamin zu heizen, und wurde in die Geheimnisse seiner Hausbar eingeweiht. Und damit hatte ich einen neuen Job – und den Rabbi mit den guten Beziehungen in Washington, den ich brauchte.

Fünf Tage in der Woche kam er nicht nach Hause, aber am Wochenende, wenn sich die Gäste spät abends verabschiedet hatten und die Kinder zu Bett gebracht waren, lud er mich ein, mit ihm am Kamin zu sitzen und einen oder auch zwei oder drei Brandys mit ihm zu trinken. Unsere Gespräche dauerten oft bis tief in die Nacht. Als typischer Ire hatte er die natürliche Gabe, spannende Geschichten zu erzählen. Sie handelten davon, wie er unter ärmlichen Verhältnissen aufgewachsen war, oder von den jüngsten Machtkämpfen im Westflügel des Weißen Hauses. Ich hatte inzwischen alle Ausgaben von *The Congressional Quarterly* aus den vergangenen zehn Jahren gelesen, um mich mit den einschlägigen Problemen vertraut zu machen.

Diese spätabendlichen Sitzungen waren ein Genuß für mich, doch schon nach wenigen Monaten kam es zu einem Ereignis, das mir einen noch tieferen Einblick in die – oft düsteren – Machenschaften verschaffte, die sich in Washington hinter den Kulissen abspielten. Moynihans berühmte Denkschrift mit dem Titel *Benign Neglect* (Wohlwollendes Versäumnis) wurde der Presse zugespielt.

Die durch diese Indiskretion ausgelöste große Erregung in der Öffentlichkeit überzeugte ihn davon, daß irgend jemand in seinen Papieren gestöbert hatte. Deshalb nahm er sie alle nach Hause mit. Nun lagen Hunderte von Dokumenten über die internen Beratungen im Weißen Haus in seiner Bibliothek. Er hatte mir zwar nie verboten, sie zu lesen, hatte es mir aber auch nicht erlaubt. Doch ich konnte der Versuchung nicht widerstehen. Spätabends oder wenn niemand in der Nähe war, verschlang ich sie gierig. Der Inhalt der Kisten im Keller der Littauer-Bibliothek erschien mir daneben wie Dokumente aus dem Mittelalter. Hier hatte ich die Aufzeichnung eines *amtierenden* Präsidenten vor mir. Je mehr ich las, desto mehr beschleunigte sich mein Puls. Ich *mußte* es irgendwie schaffen, ins Weiße Haus zu kommen.

Etwa um diese Zeit las ich, daß David Broder nach Harvard kommen werde, um dort ein Seminar abzuhalten. Ich hatte seine politischen Berichte in der *Washington Post* mit Interesse verfolgt und beeilte mich nun, mich für dieses Seminar vormerken zu lassen.

Ich bemühte mich nach Kräften, auf Broder einen guten Eindruck zu machen. Die Arbeit, die ich ablieferte, hatte die Ideen von James MacGregor Burns und E. E. Schattschneider zum Thema, die behaupteten, die amerikanische Demokratie zeige gewisse Schwächen, weil die politischen Parteien schwach seien und der Regierungsapparat deshalb von Sonderinteressen beherrscht werde. Es war eine Interpretation des Konflikts zwischen der Demokratie im Sinne Madisons und einer parlamentarischen Regierung, zwischen einem System mit starken Parteien und einer Gesellschaft, die in ungezählte Gruppen aufgespalten war, deren Horizont nicht über das Nächstliegende hinausreichte. Broder bezeichnete meinen Aufsatz als »bemerkenswert« und forderte mich auf, mich im Rahmen des Seminars mündlich dazu zu äußern. Gewöhnlich wurden in diesen Seminaren Gastvorträge von Politikern aus Washington gehalten. Zu ihnen gehörte auch der Kongreßabgeordnete John Anderson aus Illinois, der sich dadurch besondere Verdienste erworben hatte, daß er das

Repräsentantenhaus aus einer Sackgasse herausführte, in die es bei der Vorlage eines Wohnungsbaugesetzes hineingeraten war.

Kurz darauf wandte sich Anderson an Broder und sagte ihm, er suche einen »intelligenten jungen Mann mit neuen Ideen« und wäre dankbar, wenn Broder ihm jemanden empfehlen könnte. Broder erzählte mir davon, als ich ihn in seinem Büro aufsuchte. Ich konnte es kaum glauben. Ich sprang auf und begann zu stottern. Nun, Broder wußte genau, was zu tun war. Er nahm den Telefonhörer auf und rief Anderson an. Schon nach wenigen Minuten hatte er ein Vorstellungsgespräch für den kommenden Mittwoch verabredet. Ich war außer mir vor Freude und lief sofort nach Hause, um Liz Moynihan davon zu erzählen.

Liz stand in der Küche und rührte in einem großen Topf mit Spaghettisoße. Sie drückte mir den Löffel in die Hand und lief ans Telefon, um Pat in seinem Büro im Westflügel des Weißen Hauses anzurufen.

»Eine gute Nachricht!« antwortete er. »Im ganzen Kongreß gibt es nur wenige so intelligente und anständige Männer.« Der Zufall wollte es, daß Moynihan am nächsten Tag eine Verabredung mit Anderson im Weißen Haus hatte. Bei dieser Gelegenheit wollte er mich dem Abgeordneten besonders empfehlen. Ich war so benommen von den Eindrücken dieses Tages, daß ich die Spaghettisoße mit der bloßen Hand hätte rühren können, ohne es zu merken.

Am nächsten Tag brachte ich meinen einzigen Anzug zum Schneider, um ihn in Ordnung bringen zu lassen, kaufte ein weißes Hemd und bat meine Mutter telefonisch, mir fünfzig Dollar für die Flugkarte zu leihen. Die Zeit bis zum Mittwoch kroch dahin, als seien es hundert Jahre. Endlich saß ich im Taxi und erkannte am Horizont die Kuppel des Capitols. Vor sechs Jahren war ich mit den Quäkern hier gewesen und hatte mir, so lächerlich es damals war, geschworen, eines Tages nach Washington zurückzukehren. Aber jetzt war ich wirklich hier.

Obwohl Anderson nach einem intelligenten jungen Mann gesucht hatte, der neue Ideen mitbrachte, überhäuften mich seine Mitarbeiter sehr bald mit Bergen von Wählerpost, die ich bearbeiten mußte. Doch ich fand es herrlich. Das war das richtige für mich, und im übrigen hatte ich Zeit genug, mich auch mit wichtigeren Dingen zu beschäftigen. Meine Arbeit wurde anerkannt, und schon bald verdoppelte sich mein Gehalt von siebentausend auf fünfzehntausend Dollar im Jahr. Für einen armen Studenten war das ein unvorstellbar hoher Betrag.

Mit meinem Gehalt steigerte sich aber auch mein Ehrgeiz. Ich war jeden Tag als erster im Büro, um festzustellen, ob die Post etwas Interessantes gebracht hatte. Eines Tages kam ein Brief von John Ehrlichman an Anderson, in dem es hieß, das Weiße Haus brauche die Unterstützung des Kongresses für seine Vorschläge zum staatlichen Finanzausgleich, die auf den Widerstand des Vorsitzenden des Haushaltsausschusses des Repräsentantenhauses, Wilbur Mills, gestoßen waren.

Obwohl es sich wahrscheinlich nur um einen Routinebrief handelte, beschäftigte ich mich den ganzen Tag fieberhaft damit, tiefer in das Problem einzudringen. Als Anderson am nächsten Morgen fragte, wer etwas dazu ausarbeiten wolle, meldete ich mich.

Die Rede, die ich für ihn schrieb, trug den Titel »Weshalb irrt sich der Vorsitzende (Wilbur) Mills bei seiner Beurteilung des staatlichen Finanzausgleiches?«. Die Rede war ein durchschlagender Erfolg. Im Plenum des Repräsentantenhauses wird jeden Tag eine Menge heiße Luft abgelassen, aber diesmal berichtete sogar die *New York Times* darüber. Das Weiße Haus fühlte sich Anderson zu aufrichtigem Dank verpflichtet, und Ehrlichman bat ihn telefonisch, am folgenden Tag vorbeizukommen. Als Anderson mich fragte, ob ich ihn begleiten wolle, mußte ich mir das nicht lange überlegen.

Es war mein erster Besuch im Weißen Haus. Die gedämpfte Stille im Westflügel beeindruckte mich. Ich konnte mir nicht vorstellen, daß hier irgend jemand seine Stimme erhob.

Auf dem Rückweg klopfte mir Anderson auf die Schulter und sagte: »Wir werden ein großartiges Team sein.« Von nun an sollte ich nur noch die wirklich wichtigen Fragen bearbeiten. Der Weg nach oben stand mir offen.

Im Dezember 1971 kam Anderson auf die ausgefallene Idee, mich zum geschäftsführenden Direktor des Parteitags der Republikanischen Partei zu ernennen, wozu er als Leiter des Wahlausschusses berechtigt war.

Für einen fünfundzwanzigjährigen jungen Mann war das ein sehr einflußreicher Posten, und ich nahm das Angebot begeistert an. Allerdings hatte Anderson damit einen großen Fehler gemacht, der zeigte, wie wenig er von der praktischen Politik verstand. Noch vor einem Jahr hatten die alten Hasen auf dem rechten Flügel der Republikanischen Partei versucht, ihn als Leiter des Wahlausschusses abzulösen, weil er ihnen hinsichtlich der Bürgerrechte, des Schulgebets, der Abtreibung und anderer gesellschaftlicher Fragen zu »weich« erschien. Es wäre ihm besser bekommen, wenn er einen erfahrenen Parlamentsvertreter mit diesem Amt betraut hätte.

Nachdem ich vorher einen nicht sehr viel bedeutenderen Posten als ein Liftboy bekleidet hatte, war ich über Nacht in eine Stelle aufgerückt, die es mir erlaubte, auf dem Capitol Hill ein Wort mitzusprechen. Ich verfügte über einen großen Mitarbeiterstab, über ein Jahresgehalt von fünfundzwanzigtausend Dollar, und das alles nach weniger als achtzehn Monaten.

Jetzt war es meine Aufgabe, Anderson vor Schwierigkeiten mit seinen Kollegen auf dem rechten Parteiflügel zu bewahren. Deshalb suchte ich sofort nach einer Gelegenheit, mich um die Republikanische Partei verdient zu machen. Damit geriet ich jedoch in ein Dilemma. Ebenso wie Anderson interessierte ich mich nicht sehr für soziale Fragen. Es lag mir nicht, mich über die Abtreibung oder das Schulgebet aufzuregen. Wie Anderson war ich für Toleranz in allen gesellschaftspolitischen Dingen. Es gab nur ein Gebiet, auf dem Anderson mit seinen republikanischen Kollegen übereinstimmte: Wirtschaftspolitik. So beschloß ich, ihn hier ins Rampenlicht zu stellen, um zu verdeutlichen, daß er ein tapferer Kämpfer für die gute Sache seiner Partei war und sich mit zündenden Reden und Gesetzesvorschlägen im Plenum für sie einsetzte.

Ich stürzte mich mit der gewohnten Energie in die Wirtschaftspolitik. Dazu las ich alles, was mir in die Hände kam und wurde dabei zum Anhänger von F. A. Hayek, dem bedeutenden österreichischen Verfechter der Freien Marktwirtschaft.

Aber nicht nur Hayek, Milton Friedman und andere konservative Wirtschaftswissenschaftler bekehrten mich zu ihren Auffassungen. Nixon und sein Finanzminister John Connally experimentierten zu jener Zeit mit einer gegen den freien Markt gerichteten Wirtschaftspolitik. Sie hatten die traditionellen republikanischen ökonomischen Grundsätze auf den Kopf gestellt, Lohn- und Preiskontrollen eingeführt und den Goldstandard abgeschafft. Es war pervers. Alles, was die Verfechter der Freien Marktwirtschaft prophezeit hatten –

Warenverknappung, Engpässe, Behinderungen der Investitionstätigkeit, Verschwendung, Irrationalität und Beschleunigung der Inflation –, spielte sich jetzt vor meinen Augen ab. Ich ließ Dutzende von Fallstudien anfertigen. Die Erfahrungen, die ich im Wirtschaftslaboratorium von John Connally machte, bestärkten mich von neuem in meinen alten kapitalistischen Anschauungen.

Es gab aber auch noch andere Faktoren. Bei genauerer Untersuchung des Experiments von Nixon wurde mir klar, warum Lippmann recht gehabt hatte: Staatliche Wirtschaftskontrollen sind das bösartige Krebsgeschwür der Regierungsgewalt. Das Lohn-Preis-Programm bewies deutlich, daß die Unmöglichkeit, die Märkte zu kontrollieren, in einem atemberaubenden Tempo zur Expansion der Bürokratie, zu Zwangsmaßnahmen und Willkür führt, sobald diese Fehlentwicklung begonnen hatte.

An der wirtschaftlichen Basis kam es ständig vor, daß die Firmen als Folge von Streiks, Lagerräumungen, saisonalen Preisschwankungen, schlechtem Wetter und vielen anderen Unwägbarkeiten mit den von ihnen geforderten Preisfestsetzungen entweder zu hoch oder zu niedrig lagen. Für neue oder qualitativ verbesserte Produkte mußten Ausnahmeregelungen bei den Preiskontrollen zugelassen werden, aber keiner dieser rückständigen Wirtschaftsexperten konnte sagen, ob ein Produkt nur verbessert oder neu entworfen worden war. Dann gab es bestimmte »wesentliche und kritische« Warengruppen, die nicht der Preiskontrolle unterworfen waren. Doch auf welche Erzeugnisse diese Bestimmungen angewendet werden sollten, lag in den Händen der Anwälte der betroffenen Industrien und der Beamten in Washington.

Schließlich entstand ein derart aufgeblähter bürokratischer Kontrollapparat, daß der Willkür keine Grenzen mehr gesetzt werden konnten. Unerwartete Gewinne und Verluste steigerten sich und machten die Beteiligung am Wirtschaftsleben zu einem Glücksspiel. Die käuflichen Lobbyisten von der K-Street hatten es in der Hand zu entscheiden, wie die auf wirtschaftlichem Gebiet geltenden Verordnungen und Gesetze ausgelegt wurden.

Die Beschäftigung mit diesen Problemen zerstörte auch manche Illusionen, die ich mir über die Regierungstätigkeit gemacht hatte. Bisher hatte ich die Regierung als den aktiven und die Gesellschaft als den passiven Teil angesehen.

Die Nixonsche Lohn- und Preispolitik widerlegte alle diese Vorstellungen. Schließlich scheiterte sie an den starken Kräften, die von den nationalen und internationalen Märkten ausgingen. Ich erkannte jetzt, daß sich Regierung und Regierte gegenseitig beeinflußten. Diese Erkenntnis führte mich auch zur Entdeckung der Trennungslinie zwischen der politischen Rechten und Linken. Während ich versuchte, Anderson aus parteipolitischen Schwierigkeiten herauszuhalten, übersprang ich diese Trennungslinie, ohne je wieder zurückzublicken.

Die politische Rechte sieht die Geschichte und die Gesellschaft als gegebene Tatsachen an und bürdet die Beweislast denen auf, welche die politischen Instrumente des Staates dazu verwenden wollen, künstliche Veränderungen herbeizuführen. Die politische Linke beginnt mit einer Abstraktion, der Vorstellung von einer guten und gerechten Gesellschaft, die von denjenigen in Frage gestellt werden muß, die sich den Versuchen des Staates widersetzen, die gerechte Gesellschaft durchzusetzen. Der zweite Weg ist immer wieder der blutige. Der Konservatismus der Rechten stützt sich auf die Anerkennung der Komplexität und Zerbrechlichkeit der Wirtschafts- und Sozialordnung und die sich daraus ergebende Befürchtung, daß ein politisches Eingreifen mehr Schaden und Ungerechtigkeit bewirken kann als Nutzen. Im Gegensatz dazu entspringen die aktivistischen Impulse der Linken der Auffassung, eine freie Gesellschaft sei ihrem Wesen nach die Brutstätte aller Übel und Ungerechtigkeiten. Die Linke glaubt, die Gesellschaft habe die unbegrenzte Kapazität, alle Veränderungen zu absorbieren, die sie ihr aufzwingt. Nun sah ich, daß der guten Gesellschaft, von der Lippmann sprach, am besten mit einem kleineren, weniger aktivistischen Staatsapparat und einem dynamischeren, produktiveren und flexibleren Machtsystem gedient war. Der soziale Fortschritt hing sowohl davon ab, daß die Kräfte des freien Markts freigesetzt wurden, als auch davon, daß die Reichweite für die Einflußnahme des Staates vergrößert wurde.

Im Sommer 1972 überließ Senator George McGovern die Schlüssel zur Staatskasse allen möglichen Interessengruppen bei dem verzweifelten, aber vergeblichen Versuch, die alte demokratische Koalition wieder zu beleben. Ich beschloß, den Haushalt von McGovern zu analysieren und zu beweisen, daß seine Finanzpolitik die Vereinigten Staaten in den Bankrott treiben werde.

Das fiel mir nicht schwer, und meine Studie erregte, wie nicht anders zu erwarten, erhebliches Aufsehen in der Presse. Doch das wichtigste daran war der Nachweis, daß die unverantwortlichen Versprechungen McGoverns in Wirklichkeit nichts anderes waren als eine Zusammenstellung der von den einflußreichsten Interessengruppen geforderten gesetzgeberischen Maßnahmen. Jeder hatte seine besonderen Wünsche, von der Konferenz der amerikanischen Bürgermeister bis zur Lobby der Behinderten und den Hypothekenbanken. Hier erlebte ich, daß der Pluralismus der Interessengruppen, mit dem ich mich als Student in Harvard beschäftigt hatte und der meine Antwort auf den Marxismus gewesen war, außer Kontrolle geriet.

Ich beschloß, mich noch einmal mit der Lektüre eines der grundlegendsten Werke der modernen amerikanischen politischen Wissenschaft, *The End of Liberalism* von Theodore Lowi, zu beschäftigen. Nach seiner Theorie hatte der Pluralismus der Interessengruppen die amerikanische Regierungsform radikal verändert. Nach der im neunzehnten Jahrhundert entwickelten traditionellen Vorstellung von der konstitutionellen Demokratie bestand ein deutlicher Unterschied zwischen dem »Staat« und der »Gesellschaft«. Danach waren die angemessenen und wichtigen Funktionen der Regierung und die Macht des Staates klar begrenzt. Eine solche Demokratie erforderte präzise gesetzliche Vorschriften und begrenzte die dem Staat zugestandenen Machtbefugnisse. Sie setzte voraus, daß der Staat das Instrument der wahlberechtigten Bürger sei. Lowi bezeichnete diesen äußeren Rahmen als »Erste Republik«; innerhalb dieses Rahmens baute die Regierung Kanäle und Leuchttürme und erklärte Kriege.

Aber nach dem New Deal stürzte die Trennungslinie zwischen Staat und Gesellschaft zusammen wie die Mauern von Jericho. Interessengruppen übernahmen die bisher dem Staat zugebilligten Machtbefugnisse, und die Grenzen der Staatsmacht wurden nicht mehr durch die Verfassung festgelegt, sondern von den Ansprüchen, welche die organisierten Interessengruppen dem System aufzwingen konnten. Der Kongreß verzichtete auf seine Rolle als Gesetzgeber und beschränkte sich auf Gesetzesermächtigungen: Dem Präsidenten, den Bürokratien und Behörden wurden weitreichende Vollmachten übertragen, die sie ermächtigten, politische Richtlinien festzulegen, die aus irgendwelchen Gründen von irgendwelchen Wählergruppen bevorzugt wurden. So verlagerte sich die Vollmacht, die politische Linie zu bestimmen, von den Institutionen der Zentralregierung auf eine Fülle von Miniregierungen, die sich aus Vertretern des »eisernen Dreiecks« der Bürokratie, der Interessengruppen und der Kongreß-Unterausschüsse zusammensetzten.

Aus dem souveränen Staat war ein offener Basar geworden, seine fiskalischen und gesetzgeberischen Ressourcen wurden von organisierten Interessengruppen geplündert, die ihren Willen mit politischen Druckmitteln und den Methoden des Kuhhandels durchsetzten. Die Regierung war dem Volk nicht mehr verantwortlich, weil ihr die Instrumente des Regierens aus der Hand genommen worden waren, um den egoistischen Zwecken der Gilden und Syndikate der modernen Gesellschaft zu dienen, den Wirtschaftsverbänden, Gewerkschaften, Berufsverbänden und anderen organisierten Interessengruppen. Als ich Lowis Buch zum zweiten Mal las, nannte er dieses Phänomen inzwischen »Liberalismus der Interessengruppen«, wenige Jahre später fand er einen neuen Namen dafür – die »Zweite Republik«.

Zum zweiten Mal vermittelte mir Lowi ein klares Bild von der Lage. Die *Macht* war zum *Recht* geworden. Die Politik war kein ideologisches, geschweige denn ein von Idealismus geprägtes Bemühen, sondern nur noch ein Potpourri aus den Ansprüchen einzelner privater Gruppen, die sich als Vertreter der Regierung kostümiert hatten. Ein großer Teil dessen, was die amerikanische Regierung unternahm, war wertlos, suspekt und anrüchig. Hinter den von ihr ergriffenen Maßnahmen standen keine edlen Grundsätze, kein Idealismus, ja nicht einmal humanitäre Sentimentalität, und es kam den Beteiligten nur noch darauf an, durch organisierten Diebstahl ihr Schäfchen ins trockene zu bringen.

Meine Bemühungen, Anderson das Wohlwollen seiner republikanischen Kollegen zu erhalten, waren von Erfolg gekrönt. Ich wurde für ihn eine Art Adoptivsohn. Wenn er in seinen Wahlbezirk reiste, begleitete ich ihn, und er nahm mich in seinem Haus in Rockford, Illinois, auf. Auch in Washington lud er mich häufig zum Abendessen ein. Hätte ich damals irgendwelche persönlichen Probleme gehabt, dann wäre ich eher zu Anderson als zu meiner eigenen Familie gegangen. Aber ich war ehrgeizig, und mein Ehrgeiz steigerte sich. So sagte ich ihm eines Tages, ich hätte die Absicht, mich in absehbarer Zeit um ein Mandat als Kongreßabgeordneter zu bewerben. Der Gedanke schien ihm zu gefallen. Die meisten seiner Kollegen hielt er für töricht und engstirnig. Mir sagte er, es würde ihn freuen, wenn jemand wie ich als Abgeordneter seinem Lande dienen wolle. So hatte ich das Gefühl, mein Traum werde sich eines Tages vielleicht doch verwirklichen lassen.

Als sich die Watergate-Affäre immer mehr zuspitzte, wurden unsere Beziehungen noch enger. Wenn er aus dem schwer angeschlagenen Weißen Haus von einer Besprechung mit anderen republikanischen Parteiführern zurückkam, berichtete er empört über die makabren Dinge, die er im Beratungszimmer des Kabinetts erlebt hatte. Anstatt sofort in sein Büro zu gehen, kam er in solchen Fällen zuerst zu mir, um mir seine Erlebnisse in allen Einzelheiten zu schildern.

Eines Tages, nachdem er mir den Inhalt einer besonders beunruhigenden Besprechung mitgeteilt hatte, sagte er: »Ich glaube, Nixon lügt wie gedruckt.« Das war ganz zu Beginn der Krise, als man sich ein Verfahren wegen Amtsmißbrauchs gegen den Präsidenten noch nicht vorstellen konnte. Andersons Worte erschütterten mich.

Er war ein durch und durch anständiger Mensch, aber ich war so beschäftigt damit gewesen, selbst vorwärtszukommen, daß ich bisher noch nicht daran gedacht hatte, welcher Mut dazu gehört, seine Stellung zu riskieren, wenn man glaubt, es der Wahrheit schuldig zu sein. Ich habe viel von John Anderson gelernt, aber den Mut, den er in der Watergate-Episode gezeigt hat, habe ich niemals aufgebracht.

Im Kongreß gilt es als Todsünde, wenn der Mitarbeiter eines Abgeordneten sich selbst um einen Sitz im Repräsentantenhaus bewirbt. Würde das einreißen, dann müßten die Abgeordneten ständig auf der Hut sein. Und doch beschloß ich, mich 1975 in meinem Heimatbezirk für die Kongreßwahlen aufstellen zu lassen. Mein Gegner Hutchinson kannte sich nicht mehr vor Wut, als er es erfuhr. Bald hatte er auch einige seiner alten Kollegen gegen mich aufgebracht. Die Vorstellung, daß John Anderson einen Mann beschäftigte, der für einen der Ihren eine Bedrohung darstellte, war unerträglich. Ich verlor meinen Posten als geschäftsführender Direktor der Republikanischen Konferenz. Anderson behandelte mich jedoch auch weiterhin sehr freundlich und behielt mich noch einige Monate als Mitarbeiter in seinem Stabe. Als ich zum Wahlkampf nach Michigan abreiste, sagte ich ihm mit dem für mich inzwischen charakteristischen Selbstvertrauen, ich würde nach einem Jahr als sein Kollege nach Washington zurückkommen.

Ein ganzes Jahr war ich ununterbrochen damit beschäftigt, mich meinen Wählern bekanntzumachen, und meine zahlreichen Begegnungen mit den Bürgern im südlichen Michigan halfen mir entscheidend bei meiner Suche nach der ideologischen Wahrheit. Mehr als alles andere beeindruckte mich der gewaltige Kontrast zwischen dem Stolz, der Disziplin und Gewissenhaftigkeit dieser Menschen, die so hart arbeiten mußten, um das Einkommen und den Reichtum unseres Landes zu verdienen, und der geistlosen, inkonsequenten und unsystematischen Art, mit der in den politischen Hochburgen Washingtons damit umgegangen wurde. Bisher hatte ich mich rein intellektuell mit solchen Mißständen auseinandergesetzt, aber jetzt waren auch meine Gefühle angesprochen.

Vor allem als ich die Besitzer der Drugstores, der Tankstellen, der Reparaturwerkstätten, die Grundstücksmakler, Versicherungsvertreter, Vorarbeiter, Verkaufsleiter und Farmer kennenlernte, die im Mittelpunkt meines Wahlkampfes standen, wurde ich, was die Frage des Wohlfahrtsstaates betraf, immer mehr auf ihre Seite gezogen. Ich erkannte eine Grundtatsache, die sich entscheidend auf die letzte Phase meiner eigenen ideologischen Odyssee auswirken sollte: Bevor der Staat den Reichtum verteilen kann, muß die Gesellschaft ihn erzeugen. Wenn die Anreize und die Moral der unternehmungsfreudigen Bürger zu stark geschwächt werden, machen es die daraus resultierenden wirtschaftlichen Verluste unmöglich, soziale Gerechtigkeit zu verwirklichen.

Das Leben an der wirtschaftlichen Basis in dem kleinen Gemeinwesen meines Wahlbezirks hatte mich davon überzeugt, daß es allein auf die Privatinitiative des einzelnen ankam. Die erfolgreichsten Farmer, Grundstücksmakler, Industriellen und Anwälte verdienten mehr als ihre weniger vom Glück begünstigten Kollegen, weil sie mehr Fachwissen, Disziplin, Phantasie, Durchsetzungskraft und Hingabe in ihre Arbeit investierten.

Fast in jedem kleinen Ort gab es Männer, die es mit ihrer Tüchtigkeit geschafft hatten, Millionäre zu werden. In einem Fall stand der alte, kleine hölzerne Schweinestall immer noch neben den unübersehbaren Reihen von metallgedeckten modernen Schweinemastanlagen: Hier war in wenigen Jahren ein Riesenbetrieb entstanden, der viele Millionen Dollar umsetzte. In einem anderen Fall stand in der Mitte einer riesigen Möbelfabrik immer noch das kleine Holzhaus, in dem der Eigentümer sein Geschäft begonnen hatte. In einer dritten Fabrik inmitten bis an den Horizont reichender Maisfelder verluden die Lastwagen des Familienunternehmens Präzisions-Dampfventile zum Einbau in Ölraffinerien auf der ganzen Welt.

Diese Beispiele begegneten mir überall, und ich erkannte deutlich, was das für meine Doktrin bedeutete. Die Befriedigung des Verlangens des Unternehmers nach Anreizen und Gewinn war ebenso wichtig für ein funktionsfähiges Gesellschaftssystem wie die Befriedigung der Ansprüche der Armen auf Gerechtigkeit. Das eine ließ sich ohne das andere nicht erreichen.

Zum Glück zeigten die soliden Unternehmer in den kleinen Ortschaften des südlichen Michigan nicht die gleiche scheinheilige Haltung gegenüber der Regierungspolitik wie ihre Berufsverbände in Washington. Die guten Farmer, die sich an den Versammlungen der Farmergenossenschaften beteiligten und zur Wahl gingen, wußten, daß die Subventionsprogramme der Bundesregierung falsch waren. Sie verlangten nur ein Ende des Bürokratismus und der Inspektion, nicht aber höhere Subventionen, auf die sie sogar ganz verzichten wollten. Die Ärzte waren beunruhigt, weil es hieß, es seien Gesetze in Vorbereitung, nach denen Werbung und Preiswettbewerb gestattet werden sollten, aber die meisten von ihnen waren bereit, darüber hinwegzusehen, daß ich eine solche Entwicklung befürwortete, weil sie wußten, daß ich mich grundsätzlich einer übermäßigen Stärkung der Regierungsgewalt widersetzte. Es waren knieweiche, engstirnige Politiker und nicht der überwältigende Einfluß der Wählerschaft, die dafür verantwortlich waren, daß die quietschenden Räder des Regierungsapparats mit so viel unverdientem Fett geschmiert wurden.

Es stellte sich heraus, daß Hutchinson nicht besonders beliebt war. Er vertrat diesen Bezirk schon seit fünfzehn Jahren, aber für die meisten Wähler war er nur ein Name auf dem Stimmzettel und ein Gesicht bei den zu Ehren der Politiker gegebenen Festessen.

Anfang Februar 1976 hatte ich meinen offiziellen Wahlkampf begonnen. Schon am zweiten Tag begann um fünf Uhr morgens der Blitzkrieg. Um zehn Uhr dreißig hatte ich bereits an einem halben Dutzend Veranstaltungen teilgenommen. Ich war gerade ins Gerichtsgebäude gekommen, um einigen wichtigen Leuten die

Hände zu schütteln, als ich auf dem Flur ein lautes Durcheinander hörte. Es fiel das Wort »Hutchinson«, und ich lief hinaus, um zu sehen, was geschehen war.

Hutchinson hatte aufgegeben. Die Sache war entschieden. Er hatte erklärt, »die Sache macht mir keinen Spaß mehr«. Jetzt sollte mein Spaß beginnen.

Ich habe noch ein Foto vom Tage meines Wahlsiegs. Es ist von der Titelseite des *Herald Palladium* und zeigt, wie Großvater Bartz und ich nebeneinander stehen und die Hände zum Siegeszeichen erheben. Die fettgedruckte Schlagzeile lautet: STOCKMAN NEUES REPUBLIKANISCHES KRAFTWERK IM SÜDLICHEN MICHIGAN.

Wenn ich das Foto betrachte, sehe ich, wie zart und mager die dreiundachtzig Jahre alten Hände meines Großvaters waren.

Er hatte nicht mehr lange zu leben. Man hatte ihn ins Krankenhaus eingewiesen, und es bestand keine Hoffnung mehr auf Genesung. Er hatte zu meiner Vereidigung nach Washington kommen wollen, aber die Ärzte verboten es ihm.

Am Tag meiner Vereidigung rief ich ihn an. Er sagte mir, er sei stolz auf mich, denn ich hätte eine Laufbahn eingeschlagen, von der er sein ganzes Leben geträumt habe.

Im Dezember 1976 versuchte ich, mich in den Bewilligungsausschuß des Repräsentantenhauses wählen zu lassen, aber wie nicht anders zu erwarten, schlug dieser Versuch fehl. Die alten Hasen in der republikanischen Hierarchie sehen es nicht gern, wenn Neulinge in so einflußreichen Ausschüssen mitarbeiten.

Wäre es mir gelungen, in den Bewilligungsausschuß zu kommen, hätte ich vielleicht eine realistischere Einstellung zur Politik entwikkelt. Der Bewilligungsausschuß ist die Registrierkasse der »Zweiten Republik«. Hätte ich dort täglich erlebt, wie die Politiker jedes quietschende Rad einfetteten, dann hätte ich vielleicht erkannt, daß meine gegen die Politiker und gegen den Wohlfahrtsstaat gerichtete Ideologie niemals Erfolg haben würde.

Statt dessen landete ich im Handelsausschuß, und hier verschärfte sich meine kritische Einstellung gegenüber einer allzu mächtigen Regierung und der Staatswirtschaft. In jenen ersten Jahren der Amtszeit von Präsident Carter verlief die Frontlinie im Kampf zwischen Befürwortern und Gegnern einer dirigistischen Wirtschaft im Handelsausschuß, zwischen denen, nach deren Vorstellung die Regierung jeden Aspekt des amerikanischen Lebens beherrschen sollte, und denen, die das ablehnten.

Im Frühjahr 1977 verkündete Carter feierlich sein »moralisches Gegenstück zum Kriege«, den National Energy Plan. Mit diesem Plan sollte der Strom der ganzen Energie genau geregelt werden, der durch die amerikanische Wirtschaft floß, und es war ein eigenartiger Zufall, daß das Akronym, das dieses Unternehmen bezeichnete, NEP, genau das gleiche war, mit dem Lenin 1921 den Plan benannte, mit dem die russische Wirtschaft aus den anarchischen Zuständen herausgeführt werden sollte, in die sie durch die »Arbeitersowjets« geführt worden war.

Andere Pläne folgten, wie neue Verfügungen über den Umweltschutz, die jedes Nebenprodukt des technologischen Fortschritts als krebserregend bezeichneten; über Luftsäcke (als Unfallschutz) und Sondersteuern für Zufallsgewinne – ungezählte Verordnungen, mit denen die Art und Weise reguliert wurde, wie die Amerikaner leben und arbeiten sollten. Alle diese dirigistischen Initiativen waren von irgendeinem arroganten, überheblichen Beamten zusammengebraut worden, der zwar über gewisse englische Sprachkenntnisse verfügte, aber ein Gegner des freien Unternehmertums war. Ich konnte es kaum glauben, als ich es eines Tages erleben mußte, wie einer dieser unverschämten Wichte bei einer Anhörung im Kongreß mit der Faust auf den Zeugentisch schlug und verlangte, man solle ihm die absolute und uneingeschränkte Vollmacht erteilen, für *alle* in Amerika hergestellten Geräte den zulässigen Energieverbrauch festzulegen.

Das »moralische Gegenstück zum Kriege« und die damit verbundenen Vorschläge waren in Wirklichkeit das Verlangen, alle Ressourcen und die gesamte Wirtschaft der staatlichen Kontrolle zu unterstellen. Es war eine neomalthusianische Ideologie, die voraussetzte, daß wir auf allen Gebieten unter einem gefährlichen Mangel litten und nur der Staat damit betraut werden könne, sparsam mit unseren dahinschwindenden Reserven umzugehen. Durch unsere Verschwendungssucht gefährdeten wir das Weiterleben der Menschheit auf dieser Erde, und der Kapitalismus vergifte unsere Umwelt mit einer chemischen Zeitbombe.

Den Begriff Neomalthusianismus hatten natürlich *wir* geprägt; die Carter-Administration sprach von einer »Ära der Einschränkungen«. Das gegenwärtige Überangebot an Erdöl auf dem Weltmarkt widerlegt deutlich, wie idiotisch diese Haltung war, aber damals vertraten diese Leute ihre Auffassung mit einer Entschlossenheit, die der Enge ihres geistigen Horizonts entsprach. Der New Deal hatte diese dirigistischen Tendenzen angeregt. Zur Zeit der »Großen Gesellschaft« hatten sie neuen Auftrieb bekommen, und in der »Ära der Einschränkungen« war der Dirigismus zur unverzichtbaren Notwendigkeit geworden.

In den Schützengräben des Handelsausschusses kämpfte ich jeden Tag gegen dieses Ungeheuer und suchte es mit dem in der Schmiede der Freien Marktwirtschaft von F. A. Hayek gehämmerten Schwert zu vernichten.

Zwar gab es nur wenige Politiker, die auf meiner Seite standen, ich besaß aber in dem Kongreßabgeordneten Jack Kemp aus New York doch noch einen tüchtigen Mitstreiter, den ich kennengelernt hatte, als ich noch für John Anderson arbeitete. Jetzt suchte er nach Verbündeten zur Durchsetzung einer neuen Wirtschaftstheorie, die sich vollkommen mit den von mir entwickelten Auffassungen deckte. Sie wurde »angebotsorientiert« genannt und stand in scharfem Gegensatz zur »Nachfrageorientierung«, die vom Kongreß mit solchem Nachdruck gefordert wurde. Wir lebten nicht in einer Ära der begrenzten, sondern der unbegrenzten Möglichkeiten. Der Kapitalismus eröffnete uns eine nicht auszuschöpfende Fülle von Gelegenheiten. Wenn den Menschen genügend Anreize geboten wurden, war die Prosperität nicht aufzuhalten.

Mir war Kemp sehr sympathisch. Er war ein ungewöhnlicher Politiker, der sich die Zeit nahm, Bücher zu lesen und über ihren Inhalt zu sprechen. Sein Kopf war ebenso wie meiner voll von mitreißenden Theorien, historischem Wissen und Einsichten über die großen Zusammenhänge, und er beschränkte sich dabei nicht nur auf die Einzelheiten. Eines Tages unterhielten wir uns über die hochinteressanten Memoiren von Ludwig Erhard, in denen er schildert, wie eine vernünftige Währungsreform, niedrige Steuersätze und die Aufhebung von Außenhandelsbeschränkungen nach dem Kriege das Wirtschaftswunder in Deutschland bewirkt hatten. Seine Aufgeschlossenheit und Intelligenz ließen Kemp zum Leuchtturm in einem Nebelmeer werden. Ebenso wie ich hatte auch er versucht, eine eigene »Große Doktrin« zu finden.

Um Kemp hatte sich eine Reihe brillanter, bilderstürmender Theoretiker versammelt. Sie verfügten über intellektuelle Fähigkeiten und einen Ehrgeiz, der ebenso grenzenlos war wie das wirtschaftliche Wachstum, für das sie sich einsetzten. Eines Tages gab mir Kemp das Manuskript eines Buches, das der Welt erstaunliche neue Erkenntnisse bringen sollte, *The Way the World Works* von Jude Wanniski. Wanniski war Herausgeber von *The Wall Street Journal* gewesen und war ein hervorragender Polemiker. Sein Buch war für mich eine Offenbarung. Alles, was ich bisher über Wirtschaftsfragen gewußt oder gedacht hatte, wurde hier in ein neues System gebracht.

Wanniski war ein häufiger Gast in Kemps Büro. Hier lernte ich auch Professor Arthur Laffer kennen, den Vater der Theorie von der »Angebotswirtschaft«, einen scharfsinnigen Denker, sowie eine Reihe talentierter Mitarbeiter von Kongreßabgeordneten wie Craig Roberts, Steve Entin, John Mueller und andere. Sie alle haben bei den erregten Debatten in der Reagan-Ära eine bedeutende Rolle gespielt. Kemp war unser politischer Guru, Wanniski und Laffer unsere Cheftheoretiker. Unermüdlich arbeiteten wir zu jedem dirigistischen Vorschlag und zu jeder Initiative des Präsidenten Carter oder des Kongresses Gegenvorschläge aus. Das war eine erregende Arbeit. Unsere Ideen hätten den Lauf der Geschichte verändern können. Zum ersten Mal seit meiner Sturm- und Drangzeit in den Kaffeehäusern von Lansing hatte ich das Gefühl, Teil einer Bewegung zu sein. Meine revolutionäre Leidenschaft war von neuem entfacht.

Doch im Grunde war diese neue angebotsorientierte Theorie nur die Reinkarnation meines alten sozialen Idealismus in einem neuen und, wie ich glaubte, reiferen ideologischen Gewand. Ich war überzeugt, daß ein Neubeginn möglich sei. Die sich häufenden wirtschaftlichen und gesellschaftlichen Krisen ließen sich erfolgreich überwinden, und die aus einer überholten Tradition übernommenen Übel des Rassismus und der Armut konnten beseitigt werden, wenn wir uns von den Methoden abwendeten, die sie verursacht hatten oder ihren Fortbestand ermöglichten.

Vor allem aber konnte die Doktrin der angebotsorientierten Wirtschaftspolitik das Entstehen eines Idealismus bewirken, der den gegenwärtig vorherrschenden Zynismus und Pessimismus überwand. Diese pessimistische Haltung fand ihren deutlichen Ausdruck in Carters Darstellung unserer angeblich verhängnisvollen politischen Lage. Sie zeigte, wenn auch vielleicht ungewollt, allzu deutlich die unklaren und destruktiven Vorstellungen seiner Regierung und des größten Teils des offiziellen Washington von den Mängeln, Katastrophen, wirtschaftlichen Einschränkungen, nicht zu korrigierenden inflationären Tendenzen und unvermeidbaren finanziellen Debakel.

Das neue Evangelium der von der Angebotsseite beherrschten Wirtschaft war für uns der Hebel, mit dessen Hilfe sich eine Umkehr der herrschenden Tendenzen bewirken ließ, auch wenn das eine ungeheuer schwierige Aufgabe war. So wie wir diese Theorie formuliert hatten, verlangte sie mehr als nur *eine* entscheidende Maßnahme, wie die von Kemp-Roth geforderte Senkung der persönlichen Einkommensteuer um dreißig Prozent. Erst sehr viel später wurde diese Theorie von den oberflächlichen Journalisten, ihren Gegnern und bedauerlicherweise auch von einigen ihrer Verfechter auf diese einzige gesetzgeberische Initiative reduziert.

Doch damals in unserem fliegenden Kemp-Seminar bezog sich die angebotsorientierte Doktrin auf das gesamte Wirtschaftsleben. Sie verlangte nicht nur eine Steuersenkung, sondern eine ganze Reihe wirtschaftspolitischer Veränderungen, von der Aufhebung der Verordnungen für die Verwendung und Gewinnung von Erdgas bis zur Abschaffung der Mindestlöhne, zur Aufhebung der Milchmarktordnung, zum Verzicht auf die von den Bundesbehörden ausgestellten »Bedarfsbescheinigungen« für Lastkraftwagen, Krankenhäuser, Fluglinien und andere Unternehmungen, die sich wirtschaftlich produktiv betätigen wollten. Wir dachten sogar an eine Reform der Weltbank und vieles andere mehr.

Der ganze Katalog der wirtschaftspolitischen Reformen sollte das Versagen der Weltwirtschaft Ende der siebziger Jahre wettmachen. Dieses Versagen wurde im allgemeinen als eine »zur Stagnation führende Inflation« beschrieben – das gleichzeitige Auftreten einer galoppierenden Inflation und eines schrumpfenden Wachstums. Aber die konventionellen Wirtschaftstheoretiker hatten die Ursachen dieser Fehlentwicklung nicht erkannt und wußten auch nicht, mit welchen Mitteln sie bekämpft werden konnte.

Im allgemeinen machten sie ein geheimnisvolles neues *delirium oeconomens* dafür verantwortlich, eine Epidemie öffentlicher Irrationalität, ein psychisches Fieber und eine animalische Stimmung, die zu Lohn-Preis-Spiralen, überhöhtem Energieverbrauch, zu geringen Investitionen, egoistischen Spekulationen, unproduktiven Unternehmungen und vielen anderen Fehlleistungen führte. Aber in Wirklichkeit wurde das herrschende keynesianische Wirtschaftsmodell durch die praktische Erfahrung so deutlich entwertet, daß diejenigen, die es praktizierten – besonders die für die Wirtschaft zuständigen Leute in der Carter-Administration –, nichts anderes mehr tun konnten, als in Ermangelung einer vernünftigen Analyse törichtes Geschwätz zu produzieren.

Vor diesem Hintergrund der Doppelzüngigkeit und Unlogik bot die Synthese der angebotsorientierten Wirtschaftspolitik zwei überzeugende klassische wirtschaftliche Wahrheiten an.

Die erste Wahrheit erklärte, warum das reale wirtschaftliche Wachstum auf Null zurückzugehen drohte oder sogar ein deutliches Absinken des Lebensstandards signalisierte. Die natürliche Fähigkeit unserer kapitalistischen Wirtschaft zu expandieren und neuen Wohlstand und soziale Wohlfahrt zu erzeugen, wurde durch die gegen den freien Markt und die unternehmerische Initiative gerichteten Methoden des modernen Staates stark behindert. Der Markt war durch die verschwenderische Verteilung von Subventionen und protektionistische Maßnahmen ausgehöhlt worden. Seine wirtschaftlichen Arterien waren durch zu hohe Steuern und regulative Barrieren für Handel und Produktion sklerotisch geworden. Eine marktwirtschaftliche Lösung erforderte daher den radikalen Abbau der vom Staat errichteten, die wirtschaftliche Aktivität behindernden Barrieren – der überhöhten Steuersätze sowie aller anderen in die falsche Richtung führenden Maßnahmen der »Zweiten Republik«.

Was die Preisentwicklung und die finanzielle Seite der Bilanz betraf, so deuteten alle Indikatoren auf eine mit Riesenschritten herannahende Katastrophe hin. In der gesamten Weltwirtschaft war das Währungsgefüge durcheinandergeraten, und das zeigte sich in einer zweistelligen Inflation auf dem Gebrauchsgütermarkt, einer Massenflucht aus Kapitalanlagen in Geldwerte, am Überhandnehmen der Spekulationen bei Immobilien und anderen Sachwerten, einer in gefährlichem Maße anwachsenden Pyramide bei der Kreditaufnahme und einer schwindelerregenden Unbeständigkeit auf den Devisen- und Kapitalmärkten der Welt.

Die zweite klassische wirtschaftliche Wahrheit erklärte diese destruktive Superinflation in den Vereinigten Staaten und in der Weltwirtschaft. Ihre Ursache war das Unvermögen der Regierung der Vereinigten Staaten, die stabile Kaufkraft und den zuverlässigen Wechselkurs des Dollars aufrechtzuerhalten – der in der Weltwirtschaft herrschenden Währung für alle Transaktionen, Reserven und für jede Kapitalbildung. Und die Stabilität des Dollar mußte dadurch erreicht werden, daß sein Wert durch eine konstante Menge der von der Wirtschaft erzeugten Güter bestimmt wurde.

Wenn man die Theorie der angebotsorientierten Wirtschaft so zusammenfaßte, dann schloß sich die letzte Lücke bei meiner Suche nach der »Großen Doktrin«. Intellektuell und moralisch befriedigte diese umfassende wirtschaftspolitische Doktrin hohe Ansprüche. Sie setzte rigorose Maßstäbe für Gerechtigkeit und Fairneß und lieferte ein Rezept für wirtschaftliches Wachstum und Prosperität – den einzig gangbaren Weg für die wirksame Bekämpfung der Armut und sozialer Mißstände.

Das zeigte sich in dramatischer Weise, als die Chrysler Corporation gegen Ende meiner zweiten Amtszeit von der Regierung verlangte, sie solle das Unternehmen vor den Folgen der eigenen schlechten Geschäftsführung retten. Diese Aktion wurde unterstützt von einer ganzen Armee von Lobbyisten, die als Vertreter aller nur vorstellbaren örtlichen Interessengruppen auftraten, sich aber für kein erkennbares politisches Prinzip einsetzten.

Die Vorstellung, daß die Bundesregierung auf Anforderung ein nicht mehr leistungsfähiges, bankrottes Privatunternehmen refinanzieren sollte, war mir so zuwider, daß ich beschloß, nicht nur dagegen zu stimmen, sondern mich auch an die Spitze der Abgeordneten zu stellen, die einen solchen Versuch verhindern wollten. Deshalb meldete ich mich zu Wort und hielt im Plenum des Repräsentantenhauses meine leidenschaftlichste antidirigistische Rede. Als ich ein Jahr später ins Weiße Haus kam, hatte sich die in dieser Predigt zum Ausdruck gekommene Leidenschaft noch nicht gelegt:

»Wir müssen pragmatisch sein. Fassen Sie jetzt einen Entschluß und denken Sie erst später über die Konsequenzen nach. Lassen Sie alle schönen Theorien beiseite, nach denen ein solches Vorgehen aus politischen Gründen erforderlich ist.

Sorgen Sie sich nicht um die wirtschaftlichen Auswirkungen, die es haben wird, wenn Chrysler hohe Kredite gewährt werden. Andere werden dadurch aus dem Kreditmarkt verdrängt werden – kleine Unternehmer, Baufirmen, Autohändler, Farmer – und die Folge wird sein, daß in anderen Wirtschaftsbereichen die Produktion zurückgehen und die Arbeitslosigkeit zunehmen wird.

Diese kleinen Firmen und ihre Arbeiter sind keine Fiktion. Sie sind nur politisch unsichtbar.

In der ganzen Welt wird niemand, der bereit ist, Geld zu investieren, Chrysler zu Hilfe kommen; nicht die Banken, nicht die Versicherungsgesellschaften und auch nicht die Aktienmärkte . . . Es sei denn, Onkel Sam ist bereit, die Bürgschaft zu übernehmen . . .«

Trotz meines überheblichen Tons und des gerechten Zorns, der darin zum Ausdruck kam, fand meine Rede sogar den Beifall einiger Abgeordneter, die erklärt hatten, sie würden für die Gewährung der Staatsbürgschaft stimmen. Mein Widerstand veranlaßte viele, mich als »intelligenten« Politiker zu bezeichnen, was ein Widerspruch in sich ist.

Rückblickend bin ich nicht mehr so sicher, daß ich dieses Lob verdient habe. Ich hatte von einer bestimmten Wirtschaftsdoktrin gesprochen, aber dabei die harte Wahrheit übersehen. Die Chryslerbürgschaft wurde mit einer Mehrheit von über einhundert Stimmen genehmigt, weil die in Schwierigkeiten geratenen Wähler es so wollten. Und wenn sich das Repräsentantenhaus aus reinen Zweckmäßigkeitsgründen gegen alle grundsätzlichen Erwägungen für diese Maßnahme entschied, weshalb hätte ich nur ein Jahr später annehmen sollen, daß die gleichen Abgeordneten und die von ihnen vertretenen Wähler den strengen, ideologisch begründeten Sparmaßnahmen zustimmen würden, welche die Reagan-Revolution verlangte? Zwar hatte ich eine großartige Theorie entwickelt, war aber so sehr von ihr überwältigt, daß ich nicht mehr begriff, welche Regeln in der amerikanischen Regierungspolitik gelten.

2.

Eine neue Ära bricht an

Im September 1980 erlebte ich eine Überraschung. Die Wahlhelfer Reagans baten mich, ihnen bei der Vorbereitung des Kandidaten auf die politischen Debatten zu helfen, und diese Arbeit verschaffte mir, ohne daß ich damit gerechnet hatte, die Gelegenheit, meine »Große Doktrin« in der Praxis zu erproben. David Gergen, der selbst zum Debattenteam Reagans gehörte und mir telefonisch dieses interessante Angebot machte, sagte:

»Wir möchten, daß Sie die Rolle Ihres alten Vorgesetzten übernehmen.« Sie brauchten jemanden, der wußte, wie sich John Anderson auf Reagan einstellen würde. So sollte ich nun die einmalige Gelegenheit haben, den Kandidaten aus nächster Nähe zu sehen und die Persönlichkeiten des inneren Kreises kennenzulernen, die ich nur aus den Zeitungen kannte.

Ich sagte zwar sofort und ohne Zögern zu, fühlte mich aber nicht ganz wohl bei dem Gedanken, die Rolle meines Lehrers übernehmen zu müssen. Anderson würde es mit Sicherheit erfahren, und er würde sich wahrscheinlich übergangen fühlen. Das gefiel mir nicht, denn mir lag viel an Andersons Freundschaft, und ich wußte durchaus zu schätzen, was ich von ihm gelernt hatte. Aber was sollte ich tun? Andersons Kandidatur war hoffnungslos, und in diesem Augenblick kam es in erster Linie darauf an, einen entscheidenden Schlag gegen die Carter-Demokraten und ihre katastrophale Politik zu führen. Das war wichtiger als alles andere.

Um mich intensiv auf meine Aufgabe vorzubereiten, zog ich mich einige Tage zurück und beschäftigte mich rund um die Uhr mit Andersons Wahlpropaganda. Augenscheinlich war er in einigen Punkten von seinem bisherigen Standpunkt abgerückt, um den

Wählern sein Programm schmackhafter zu machen. Nachdem ich die Entwürfe für meine Vorträge fertiggestellt hatte, machte ich mich auf den Weg.

Senator John Warner und Elizabeth Taylor hatten ihr Landhaus in Wexford, Virginia, den Reagans zur Verfügung gestellt, damit sie auch an der Ostküste über die Möglichkeit verfügten, sich aus der Öffentlichkeit zurückzuziehen.

Ich war einigermaßen nervös, als ich vor dem Tor des weitläufigen Besitzes hielt. Von hier bis zum Haus führte ein drei Kilometer langer Fahrweg. Als ich ihn hinter mir gelassen hatte, steigerte sich meine Nervosität. Nun sollte ich also die Leute kennenlernen, die das Land regieren würden, wenn ihr Kandidat die Wahlen gewann.

Das gleiche Erlebnis hatte ich jedesmal, wenn ich auf der Leiter des beruflichen Erfolgs eine Stufe weiter nach oben gekommen war. Man glaubt immer, die unmittelbar über einem stehenden Persönlichkeiten seien Übermenschen. Das ist aber nur in den wenigsten Fällen so.

Die Gruppe, der ich hier begegnete, bestand nach dem ersten Eindruck aus ganz normalen Menschen. William Casey, der Wahlkampfleiter, fiel mir durch seine undeutliche Aussprache auf. Aber er mußte ein intelligenter Mann sein, denn sonst hätte er diesen Posten nicht bekommen.

Jim Baker wirkte wie ein tüchtiger Vorarbeiter mit dem Bleistift hinter dem Ohr. Er liebte es, obszöne Ausdrücke zu benutzen und zweideutige Witze zu erzählen, war hochgewachsen, korrekt angezogen und selbstsicher. Vor allem verstand er es, die Dinge voranzutreiben, und ich hatte den Eindruck, daß er genau wußte, was er tat.

Ed Meese war fast das genaue Gegenteil von Baker. Er war untersetzt, korpulent und nachlässig gekleidet. Er machte stets einen völlig entspannten Eindruck, und in seinen Augen bemerkte man ein verschmitztes Zwinkern. Er stand Reagan offensichtlich am nächsten, denn er hatte zehn Jahre eng mit ihm zusammengearbeitet, kannte daher die Gedankenwelt des Kandidaten am besten – und Reagan vertraute ihm. Meese hatte zu jedem Thema etwas zu sagen. Manchmal waren seine Bemerkungen nicht besonders hilfreich, aber ich führte das auf den mit dem Wahlkampf verbundenen Streß zurück.

Mike Deaver beteiligte sich kaum an den Gesprächen. Er sagte sehr wenig und äußerte sich nur zu wirklich bedeutsamen Fragen.

Ronald Reagan selbst, im karierten Hemd mit Cowboystiefeln und Mittelpunkt des ganzen Unternehmens, war außerordentlich liebenswürdig. Er wirkte allerdings ein wenig abgelenkt.

Alles sollte so realistisch wie möglich sein. Deshalb hatte man die Garage wie ein Fernsehstudio eingerichtet. An den Podiumsgesprächen nahmen vier, manchmal fünf Experten teil: John Tower für Verteidigungsfragen, Marty Anderson für Innenpolitik, Alan Greenspan für Wirtschaftspolitik, Howard Baker für allgemeine politische Fragen und Jeane Kirkpatrick für Außenpolitik.

Daneben beteiligten sich noch etwa zwanzig Personen an dieser Veranstaltung. Schließlich bat Ed Meese um Ruhe. Ich hatte keine besonders leichte Aufgabe, denn ich mußte mich den mir völlig fremden Auffassungen stellen und alles in einen sehr engen zeitlichen Rahmen pressen, innerhalb dessen die Debatte geführt werden sollte.

Reagan gab eine denkbar miserable Vorstellung. Ich war schokkiert. Er konnte die für seine Antworten vorgesehene Zeit nicht ausfüllen, und was er sagte, waren bedeutungslose Gemeinplätze.

Bei einer Frage handelte es sich um die bevorstehende MBFR-Konferenz (über einen beiderseitigen und ausgewogenen Truppenabbau). Nach ein paar Sätzen unterbrach er sich, lächelte und sagte: »Sie müssen mir schon verzeihen... Hier weiß ich einfach nicht weiter.«

Der Mann war zu bedauern, sein Mangel an Beweglichkeit beunruhigend.

Aber es war zu spät; Ronald Reagan war mein Kandidat, und da er sich für die angebotsorientierte Wirtschaftspolitik entschieden hatte, war er jetzt das Sprachrohr der Revolution. Jetzt kam es nur noch darauf an, ihn für die bevorstehenden Debatten auf Trab zu bringen.

Das Schlimme war, daß John Anderson, so selbstgerecht er sein mochte, ein aufgeweckter Bursche war. Er verfügte über ein enzyklopädisches Wissen und hatte es immer parat. Am Schluß unserer Sitzung dachte ich, »Anderson wird ihn *umbringen*. Der ganze Wahlkampf wird scheitern, und Jimmy Carter wird der Nutznießer dieser Katastrophe sein.«

Ich war nur als Schauspieler zu dieser Bühnenprobe gekommen, und deshalb war es nicht meine Aufgabe, bei der anschließenden Kritik die Führung zu übernehmen. Aber offenbar scheuten sich alle davor. Die Wahlhelfer faßten Reagan mit Samthandschuhen an. Niemand wagte es, ihm zu sagen, »das war eine unmögliche Antwort«.

Dabei ist Reagan gar nicht überempfindlich. Gelegentlich versuchte er, sich zu verteidigen, aber nur sehr zaghaft. Sie hätten ihm ohne weiteres sagen können, welche Ausrutscher ihm unterlaufen waren.

Wahrscheinlich hätte ich die ganze Vorstellung unterbrechen sollen, um den Teilnehmern einen seriösen Vortrag über unsere wirtschaftspolitischen Ziele zu halten, denn es hatte sich herausgestellt, daß der Kandidat nur die nebelhaftesten Vorstellungen von der angebotsorientierten Wirtschaft hatte und daß niemand in seiner näheren Umgebung mehr davon verstand als er.

Wenn spezifische politische Fragen behandelt wurden, suchte die ganze Gruppe nach möglichst verschwommenen Verallgemeinerungen. Die Landwirtschaftspolitik, der Umweltschutz, die Staatsbürgschaft für Chrysler, der Protektionismus in der Textilindustrie – diese Fragen berührten die Grundprinzipien der Angebotsorientierung, aber die Antwort lautete nur: Wir sind daran interessiert und werden uns noch eingehend damit beschäftigen.

Man konnte nicht auf jedem Gebiet den Helden spielen. Ich wußte, es ging darum, die Präsidentschaftswahlen zu gewinnen. Aber man gewinnt nicht das Vertrauen seiner Wähler, wenn sich das Wahlprogramm hinter schwammigen Formulierungen verbirgt. Doch bei jedem innenpolitischen Problem suggerierten die Wahlhelfer dem Kandidaten unverbindliche Antworten. Chrysler? Ist ein Symptom für die gescheiterte Wirtschaftspolitik Carters. Subventionen für die Landwirtschaft? Auch hier hat Carter versagt. Hilfe für die Großstadtsanierung? Ein weiteres Versagen Carters.

Das Ganze wurde in einem Ton abgehandelt, der mich beunruhigte. Die politische Argumentation erschöpfte sich in Schmähungen des Gegners und parteipolitischen Nörgeleien. Vielleicht hätte ich mich fragen sollen, ob die Anhänger Reagans wirklich Revolutionäre seien. Hier wurde nur nach politischen Sündenböcken gesucht.

Aber wenn die Sirenen des Ehrgeizes heulen, neigt man dazu, nur das Positive zu sehen. Gouverneur Reagan stand unerschütterlich hinter unserem Programm, redete Jack Kemp sich ein. Und seine Berater hatten die richtigen Slogans.

Ich glaubte damals, man müsse ihnen helfen, deutlicher zu artikulieren, weshalb eine radikale Wende in der Wirtschaftspolitik notwendig sei, und einen detaillierten Aktionsplan für die Verwirklichung dieser Politik formulieren. Deshalb beschloß ich, mich auch weiterhin am Wahlkampf zu beteiligen.

Im September 1980 war die amerikanische Politik bereits weitgehend von einer revolutionären Kettenreaktion ergriffen worden. Diese Entwicklung hatte erst vor wenigen Monaten begonnen.

»Jack sollte sich um die Präsidentschaftskandidatur bewerben«, erklärte Jude Wanniski ganz offen, »die Zukunft der westlichen Zivilisation steht auf dem Spiel.«

Als Wanniski 1979 diesen Ausspruch tat, konnte man noch nicht wissen, welcher Teil seiner Aussage unwahrscheinlicher sei, die Kandidatur von Jack Kemp oder die von Wanniski prophezeiten Aussichten.

Mich hat dieser Ausspruch damals nicht überrascht. Jack Kemp und unsere Gruppe von Vertretern der Angebotsorientierung hatten sich im Washington Circle Hotel versammelt, um über die Empfehlung Wanniskis zu sprechen.

Aber ich war sehr skeptisch, und zwar nicht nur im Hinblick auf die Präsidentschaftskandidatur meines Freundes Jack Kemp. Ich konnte es einfach nicht glauben, daß die Politiker in Washington bereit sein würden, die radikalen angebotsorientierten Doktrinen zu akzeptieren.

Ich hatte mir als junger Mann mit meinem revolutionären Eifer schon einmal die Finger verbrannt. Diesmal wollte ich zunächst handgreifliche Beweise sehen. Die neue Ära der kapitalistischen Prosperität und der Einschränkung der Regierungsgewalt war eine leuchtende Idealvorstellung. Aber ich zweifelte daran, daß sich dieses Ideal verwirklichen ließ, wenigstens in absehbarer Zeit.

Wanniski konnte mir hier nicht helfen. Er glaubte, er könne einen Wandel herbeiführen. Und dabei dachte er nicht nur an die Steuerpolitik; er wollte den Lauf der Geschichte ändern.

Ich dachte mir, »wie kann ein so intelligenter Bursche wirklich glauben, daß wenige Menschen den Lauf der Geschichte ändern können?« Wahrscheinlich hatte er nur übertrieben, um unsere Moral zu stärken.

Aber er wiederholte es immer und immer wieder. Es war sein

Mantra: »Der Umsturz der bestehenden Ordnung beginnt mit einem Menschen und mit einer Idee. Diese Idee überzeugt einen zweiten, dann einen dritten und dann einen vierten...« Ich hatte mich mit Lenins Reise von Zürich nach Rußland beschäftigt und wußte daher, daß Wanniski keinen historischen Unsinn redete. Die Politik kennt Kettenreaktionen; der sowjetische Präzedenzfall war allerdings nicht besonders ermutigend.

Und überhaupt, angesichts des großen und schwerfälligen Apparats der »Zweiten amerikanischen Republik«, war die Lage ganz anders. Auch die sogenannte Roosevelt-Revolution war nicht von einer radikalen Doktrin getragen worden. Sie war der verzweifelte Ausbruch eines Aktivismus gewesen, den ein willensstarker Politiker organisiert hatte, der bereit gewesen war, jede sich bietende passende Idee aufzugreifen. Für Wanniski und uns als Anhänger der Angebotsorientierung gab es keine passenden Präzedenzfälle. In der amerikanischen Demokratie vollzog sich jeder Wandel endlos langsam.

Ein paar Monate nach der Konferenz im Washington Circle Hotel rief mich Kemp an und sagte, er werde sich nicht um die Präsidentschaftskandidatur bewerben.

»Werden Sie sich das nicht doch noch einmal überlegen?«

»Nein, ich habe mit dem Reagan-Lager einen kleinen Vertrag geschlossen. Ich werde auf die Kandidatur verzichten, aber dafür werden wir die politische Linie entscheidend mitbestimmen.«

»Das klingt gut«, sagte ich und versuchte mir meine Bestürzung nicht anmerken zu lassen. »Aber Jack, ich kann es nicht glauben, daß Sie sich mit Reagan verbünden wollen.«

Das war sehr milde ausgedrückt. Nachdem ich den Hörer aufgelegt hatte, wußte ich nicht, ob ich lachen oder vor Wut auf den Tisch hauen sollte.

Ronald Reagan?

Dieser Mann war ideologisch noch rückständiger, als sein Alter es hätte vermuten lassen. Ich hielt ihn für einen verschrobenen Sonderling, dessen politische Basis aus den seltsamsten Randgruppen bestand, die die amerikanische Szene bevölkerten.

Ich vertrat die Auffassungen des konservativen Intellektuellen. Wie war es möglich, zugleich den wirtschaftlichen Aufschwung zu bewirken und uns die Russen vom Halse zu halten? Die sogenannte »moralische Mehrheit«, die es für gefährlich hielt, wenn Männer und

Frauen die gleiche Toilette benutzten, die das Schulgebet zu einer Grundsatzfrage machte und die ganze Litanei der »Neuen Rechten« herunterbetete, interessierte mich nicht. Im Grunde war ich, was die sogenannte soziale Frage betraf, ein unverbesserlicher Skeptiker. In dieser Hinsicht hatte ich meine Sturm- und Drangzeit noch nicht ganz überwunden. Meine marxistischen Neigungen hatten sich zum Indeterminismus verhärtet Ich glaubte nicht an den wirtschaftlichen Dirigismus, und ich glaubte auch nicht an einen moralischen Dirigismus.

Aber nun hatte mir ein guter Freund gesagt, er werde sich Reagan anschließen. Dabei verbündete er sich mit Jerry Falwell, mit den Leuten, die sich so leidenschaftlich dafür einsetzten, daß jeder Amerikaner berechtigt sein müsse, eine Waffe zu tragen, mit den religiösen Fundamentalisten, die die Schöpfungsgeschichte wörtlich nahmen, mit den antikommunistischen Hexenjägern und den schwachköpfigen Millionären aus Hollywood, für die Angebotsorientierung das gleiche bedeutete wie ein weiterer neuer Mercedes.

Deswegen überlegte ich jetzt, »wie soll uns dieser vorsintflutliche Mensch helfen? Er ist *genau* das, was das Establishment braucht, um unsere Ideen in Mißkredit zu bringen.«

Es waren die Meinungsmacher des Establishment, die überzeugt werden mußten, daß unsere Synthese aus einer harten Währung, niedrigen Steuern und einem Abbau des staatlichen Dirigismus eine intellektuell glaubwürdige und von vernünftigen Leuten entwickelte Idee sei. Das Establishment mußte lernen, daß sich die Inflation nicht mit Lohn- und Preiskontrollen abbauen ließ. Man mußte aufhören, Geld zu drucken. Man mußte lernen, daß wirtschaftliches Wachstum nicht durch eine Ausweitung des Wohlfahrtsstaates gefördert werden konnte. Man mußte damit beginnen, den Wohlfahrtsstaat abzubauen und die Steuern zu senken. Und ich fürchtete, diese Botschaft werde in den Händen des Gouverneurs von Kalifornien bei den Diskussionen über die Frage, »warum Johnny nicht beten kann«, verlorengehen.

Da mir Reagan nicht gefallen wollte, konnte ich Jack nur noch alles Gute wünschen und meinen täglichen Kampf gegen die dirigistischen Fehlentwicklungen im Repräsentantenhaus fortsetzen.

Doch dann machte mir Kemp Anfang 1980 eine erregende Mitteilung. Es sei gelungen, Reagan zu »bekehren«. Am Vorabend des

Wahlkampfes hatte es in Kalifornien ein ausführliches internes Gespräch gegeben. Ed Meese hatte beschlossen, den Gouverneur gründlich mit den theoretischen Grundlagen der Angebotsorientierung vertraut zu machen, damit er endlich begriff, worum es ging.

Kemp kam strahlend zu mir und brachte auch Jude Wanniski und Art Laffer mit. Jack erzählte, sie seien mehrere Tage mit Reagan zusammengewesen und hätten über den Goldstandard, die Steuersenkungen, die theoretischen Grundlagen der Angebotsorientierung, das Wirtschaftswachstum und über unser ganzes Programm gesprochen. Und Gouverneur Reagan habe begeistert zugestimmt. Kemp sagte, er habe ein intuitives »Gefühl« für die Laffer-Kurve. Er sagte nicht warum, aber ich hielt es für richtig, diese Möglichkeiten im Auge zu behalten.

Kemp glaubte jedenfalls, diese Gespräche mit Reagan hätten »historische« Bedeutung gehabt.

»Er ist zu neunzig Prozent auf unserer Seite«, rief er begeistert aus.

Meine Skepsis verlor ein wenig an Schärfe. Aber die entschiedenen Zweifel der republikanischen Politiker im Repräsentantenhaus stellten noch eine echte Barriere dar. Es war uns noch nicht gelungen, ihre Zustimmung zu der von Kemp und Roth entworfenen Einkommensteuer-Gesetzesänderung und zur gesamten angebotsorientierten Politik zu gewinnen. Doch ohne sie würde es keine marktwirtschaftliche Revolution geben, wie Jack Kemp sie im Sinn hatte, jedenfalls nicht in absehbarer Zeit.

Die Vorbehalte der republikanischen Parteibasis gegenüber den Kemp-Roth-Steuersenkungen machten mir Sorgen. Sie waren der am leichtesten durchzusetzende Teil der Revolution. Der Durchschnittswähler, der erfährt, daß sein Abgeordneter sich für eine dreißigprozentige Steuersenkung einsetzen will, wird kaum ans Telefon gehen, um in Washington anzurufen und diesen Abgeordneten dafür zur Rede zu stellen.

Wenn es uns also nicht gelang, die Politiker für die Steuersenkungen zu gewinnen, wie sollten wir dann den Rest unseres Programms verwirklichen? Meine »Große Doktrin« war für die Politiker eine regelrechte politische Roßkur. Die protektionistischen Barrieren mußten abgebaut werden. Man mußte auf übertriebene Maßnahmen für den Umweltschutz verzichten, ebenso aber auch auf das ungerechtfertigte Energiesparen.

Unser Programm bot Lösungen auf allen Gebieten an. Wie ließ sich die Gefährdung durch giftige Substanzen vermeiden? Man mußte vernünftige Gesetze zur Verminderung der Risiken erlassen. Was ließ sich für die Farmer tun? Man mußte ihnen klarmachen, daß sie ein Geschäft betrieben wie jeder andere. Sie mußten sich den Gegebenheiten des Marktes anpassen. Wie stand es mit der Stahlindustrie? Darüber brauchte man sich keine Sorgen zu machen, denn das Kapital würde von nun an in produktivere Industrien wie etwa im Silicon Valley abwandern.

Das waren die richtigen Antworten, aber sie waren politisches Dynamit. Es ist nicht leicht, die Farmer davon zu überzeugen, daß sie auf ihre Subventionen verzichten müssen, oder der Handelsflotte finanzielle Belastungen zuzumuten.

Außerdem planten wir eine einschneidende Reform der Geldpolitik. Und doch würden sich viele, die sich als überzeugte Konservative für eine harte Währung starkmachten, sofort für die Torheit einer Obergrenze der Zinssätze einsetzen. Aber damit hätten sie das genaue Gegenteil eines stabilen Geldwerts erreicht.

So versuchten wir, unsere Anhänger davon zu überzeugen, daß es richtig sei, den Wählern das Geschenk einer dreißigprozentigen Senkung der Einkommensteuer zu machen. Wenn sie sich weigerten, dem zuzustimmen, wie sollten wir sie dann dazu bewegen, sich hinter die härteren Forderungen unseres Programms zu stellen?

Der nächste entscheidende Schritt war, die Unterstützung der Parteibasis für die Kemp-Roth-Steuersenkung zu gewinnen. An dieser Stelle kam auch der Kongreßabgeordnete Phil Gramm ins Bild. Gramm war ein achtunddreißigjähriger ehemaliger Professor für Wirtschaftswissenschaften, der 1978 als Demokrat aus dem konservativen sechsten Wahlbezirk in Texas ins Repräsentantenhaus gewählt worden war.

Er wurde zum Mitglied des Ausschusses für die zwischenstaatlichen Wirtschaftsbeziehungen und den Außenhandel gewählt, wo er an meiner Seite einen Sitz in den unteren Rängen einnahm. Schon nach wenigen Wochen dankte ich Gott für diesen unerwarteten, umgänglichen, intelligenten und sympathischen neuen Verbündeten.

Gramm kannte den ganzen Katechismus der Angebotsorientierung in- und auswendig. Er begriff instinktiv den fundamentalen

Konflikt zwischen den törichten und verschwenderischen Unternehmungen der »Zweiten Republik« und den Gesetzen der kapitalistischen Prosperität und Freiheit.

Anders als eine große Zahl der Teilnehmer an meinem Seminar über angebotsorientierte Wirtschaft war er genau über alle Vorhaben der Bundesregierung unterrichtet. Um die Schlacht zu gewinnen, brauchte man mehr als einen allgemeinen Überblick über die Grundprinzipien unseres Kampfes gegen den Dirigismus.

Gramm wußte genau, daß hohe Spitzensteuersätze nur eine Manifestation des Problems des Wohlfahrtsstaates waren. Es mußten auch noch Hunderte ähnlicher politischer Fehler korrigiert werden, die der für die Aufstellung des Haushaltsplans und die Kontrolle der Wirtschaft zuständigen Bürokratie unterlaufen waren.

Phil Gramm war ebenso wie ich zutiefst davon überzeugt, daß Ausgabenkürzungen vorgenommen werden mußten. Zum Gelingen der Revolution war es notwendig, der gewaltigen Verschwendung Einhalt zu gebieten, die durch die Subventionierung nicht gerechtfertigter, vom Staat übernommener Aufgaben entstanden war. Wenn das geschah, konnten die Steuern gesenkt werden. Außerdem verlangte die kapitalistische Dynamik Steuersenkungen, die wiederum zu niedrigeren Staatsausgaben zwangen.

Also bemühten Phil und ich uns um Abstriche auf beiden Seiten des Budgets. Die wirtschaftlichen und politischen Gegebenheiten Anfang der achtziger Jahre gaben uns plötzlich die Gelegenheit, das zu versuchen.

In jenem überhitzten letzten Jahr der Carter-Administration lag die Inflationsrate bei dreizehn Prozent, und die Zinssätze näherten sich einundzwanzig Prozent. Die republikanische Parteibasis verlangte lautstark nach einem ausgeglichenen Haushalt. Das war keine schlechte Idee, aber nur wenn Einnahmen und Ausgaben zugleich *gesenkt* wurden und man die Ausgaben nicht auf dem gegenwärtigen Niveau hielt.

An diesem Punkt bestand der entscheidende Unterschied zwischen den Vertretern der Angebotsorientierung und den Politikern, die sich für den Wohlfahrtsstaat starkgemacht hatten. Auch die Carter-Administration bekannte sich zu einem ausgeglichenen Haushalt. Sie wollte dieses Ziel aber mit *höheren* Einnahmen und Ausgaben erreichen. Man mußte sich nur das »neugeborene« Konzept der Carter-

Administration unter dem Aspekt der fiskalischen Zurückhaltung ansehen, um zu erkennen, worum es hier ging. Der ausgeglichene Haushalt, den sie im Sinn hatte, sah Staatsausgaben in Höhe von zweiundzwanzig oder dreiundzwanzig Prozent des Bruttosozialprodukts vor. Das bedeutete gegenüber der Zeit vor 1970 einen um zwanzig Prozent vergrößerten Staatssektor.

Die beiden Hohenpriester der Angebotswirtschaft, Laffer und Wanniski, behaupteten gelegentlich, die Steuersenkungen würden sich automatisch bezahlt machen und die Einnahmen des Schatzamtes sich nach den Steuersenkungen sogar *erhöhen*. Ich habe ihnen das nie abnehmen können und vermute, daß sie es auch selbst nicht geglaubt haben.

Selbstverständlich hatten sie gute Gründe, sich von den bisher in der Republikanischen Partei geltenden Glaubenssätzen abzuwenden. Die Partei mußte sich von der unlogischen und abstrakten Vorstellung trennen, daß es in erster Linie und um jeden Preis darauf ankäme, den Haushalt auszugleichen. Das vom ehemaligen Präsidenten Hoover verkündete Gebot vom ausgeglichenen Etat war eine wirtschaftliche und politische Falle.

Wenn man unter allen Umständen auf einem ausgeglichenen Etat bestand, aber gleichzeitig alle die ungerechtfertigten finanziellen Verpflichtungen des Wohlfahrtsstaats akzeptierte, die im Lauf der Jahre entstanden waren, dann brachte man sich in große Schwierigkeiten. Man wurde zum Steuereintreiber für den Wohlfahrtsstaat, und das war auch vom politischen Standpunkt kaum die richtige Aufgabe einer konservativen Partei.

Die Männer der alten Garde haben das Dilemma, in dem sie sich befanden, niemals so gesehen. Und doch führten übergroße Vorsicht und Zuwachsdenken zu derselben Situation. Um sich aus der Falle zu befreien, brauchte man ein politisches Konzept, das den Wohlfahrtsstaat entschieden ablehnte. Das war nach meiner Auffassung die entscheidende Voraussetzung für das Gelingen der von uns geplanten wirtschaftspolitischen Revolution.

Laffer und Wanniski argumentierten inzwischen sehr geschickt, aber intellektuell unaufrichtig zur Frage der Defizite. Besonders Wanniski war sehr redegewandt und dazu ein passionierter Amateurpolitiker. Er hatte die orthodoxen Vorstellungen der Republikanischen Partei über Etatkürzungen als eine Theorie bezeichnet, deren

Anwendung in der Praxis dem Patienten so viel Schmerz zufügen werde wie eine Wurzelbehandlung beim Zahnarzt.

Sicher ließen sich Etatkürzungen politisch nur schwer durchsetzen, aber mir wollte gar nicht gefallen, daß Wanniski jetzt behauptete, die Ausgabenpolitik sei nicht das Wesentliche an unserem Programm. Man konnte dem Wähler unsere Absichten nicht verheimlichen. Die Geschenke der Regierung, auf die sie keinen Anspruch hatten, mußten zurückgenommen werden. Meine Theorie verlangte den Verzicht auf wesentliche Teile des Budgets der »Zweiten Republik«, die Kürzung aller Ausgaben, die aufgrund dirigistischer Maßnahmen notwendig geworden waren.

Deshalb mußten wir einen Weg finden, dem Wähler unsere Absichten verständlich und schmackhaft zu machen. Die Befreiung der amerikanischen Landwirtschaft von dem Wust der Subventionen und Preisstützungsmaßnahmen war zum Beispiel eine lohnende Aufgabe. Damit würden Arbeitskräfte und Kapital freigesetzt, die bisher einer unwirtschaftlichen Überproduktion gedient hatten und nun an anderer Stelle der nationalen Wirtschaft produktiv und gewinnbringend eingesetzt werden konnten. Das war das Evangelium, das wir predigen mußten. Daher gefiel es mir nicht, wenn Wanniski behauptete, diese und Dutzende von anderen grundsätzlich notwendigen Budgetkürzungen glichen einer politischen »Wurzelbehandlung«. Das Defizit im Bundesetat war in letzter Analyse nichts anderes als die verdorbene Frucht verfehlter Maßnahmen des etablierten Regierungsapparats. Unsere Aufgabe war es daher, die amerikanische Öffentlichkeit davon zu überzeugen, daß dieses Defizit ein Symbol dessen war, was radikal verändert werden mußte. Man durfte das Vertrauen in den Wohlfahrtsstaat nicht erhalten, wie es Laffer und Wanniski taten, wenn ich mit meinen Befürchtungen recht hatte.

Aber Jack Kemp gefiel die Tonart, in der sie sich zu dieser Frage äußerten. Sie hatten auch ihn dazu gebracht, sich immer deutlicher für einen nicht ausgeglichenen Etat auszusprechen und zu behaupten, die Steuersenkungen würden letzten Endes zu höheren Staatseinnahmen führen und auf ein Haushaltsdefizit käme es schließlich nicht so sehr an. Kemp hielt jetzt im Plenum des Repräsentantenhauses und auf Wahlversammlungen der Republikanischen Partei zündende Reden gegen alle Maßnahmen, die an die Wirtschaftspolitik des ehemaligen Präsidenten Hoover erinnerten.

Der republikanischen alten Garde wollte das nicht gefallen. Sie beunruhigte auch die Tatsache, daß das Weiße Haus Carters den »republikanischen Steuerplan«, wie die Kemp-Roth-Steuersenkungen inzwischen bezeichnet wurden, mit sichtlichem Erfolg als katastrophales Rezept für riesige Defizite und eine galoppierende Inflation brandmarkte.

Die meisten Republikaner ließen sich von dieser demokratischen Scheinheiligkeit nicht beeindrucken, sie verlangten jedoch Garantien dafür, daß die leidenschaftlichen Vertreter der Angebotsorientierung sie nicht in eine Falle lockten. Sie wollten wissen, ob wir die Ausgabenkürzungen und den Abbau des Defizits ernst nahmen. Sie wollten wissen, ob unsere Zahlen stimmten.

An dieser Stelle hätte die Kemp-Roth-Geschichte beendet sein müssen. Die republikanischen Politiker hätten seine Vorschläge höchstwahrscheinlich im Frühjahr 1980 zu den Akten gelegt und sich statt dessen für einen ausgeglichenen Etat entschieden, als Carter und die Demokraten einen eigenen Plan vorlegten.

Doch nun sprangen die beiden Vertreter der Angebotsorientierung in die Bresche, die eine Senkung der Staatsausgaben befürworteten. Gramm und ich beschlossen, nach Möglichkeit die sich vertiefende Kluft zwischen den Vertretern der Angebotsorientierung und den orthodoxen Konservativen bei den Republikanern und bei den Demokraten in den Südstaaten zu überbrücken. Also vertieften wir uns in die Details des Staatshaushalts und kamen dabei zu einem Lösungsvorschlag, der augenscheinlich sowohl einen ausgeglichenen Haushalt als auch eine wesentliche Steuersenkung brachte.

Die Ironie war, daß die republikanischen Politiker die Idee von der Angebotsorientierung von Anfang an mit Mißtrauen betrachtet hatten. Sie wußten instinktiv, daß sie mit massiven Steuersenkungen und Ausgabenkürzungen nicht würden leben können. Angesichts des Ausmaßes ihrer Skepsis hätte die Angebotsorientierung 1980 niemals das Kernstück des republikanischen Parteiprogramms, des Programms des Präsidentschaftswahlkampfes oder der Wirtschaftspolitik der neuen Reagan-Administration werden dürfen. Doch die von Wanniski in Gang gesetzte Kettenreaktion hatte begonnen. Kemp hatte seinen Beitrag geleistet. Jetzt mußten wir die republikanischen Politiker auf die Kemp-Roth-Steuersenkungen einschwören.

Gramm und ich arbeiteten mehr oder weniger rund um die Uhr,

um einen neuen Haushaltsplan aufzustellen und eine politische Koalition zusammenzubringen, die ihn unterstützte. Schließlich gelang es uns, einen ausgeglichenen Staatshaushalt vorzulegen, und wir beriefen für den 12. März 1980 eine Pressekonferenz ein. Hier wollten wir unsere »Zweiparteienkoalition für eine verantwortungsbewußte Finanzpolitik« vorstellen, und das würde, wie wir glaubten, als Sensation aufgefaßt werden.

Am Morgen des 12. März betraten wir beide mit unserem fünfzig Seiten starken Haushaltsplan den Konferenzraum. Wir nahmen unsere Plätze auf dem Podium ein, hinter uns an der Wand hingen riesige farbige Tabellen. Doch die Plätze vor uns waren leer. Außer unseren Mitarbeitern waren noch ein oder zwei gähnende Reporter erschienen, die im Sportteil ihrer Zeitungen herumblätterten.

»Das ist ja schrecklich«, flüsterte ich Gramm zu.

»Wahrscheinlich haben sie sich verspätet«, sagte er.

Wir gingen auf den Korridor hinaus, während unsere Pressesekretäre verzweifelt versuchten, jeden, dessen sie habhaft werden konnten, zu unserer Pressekonferenz zu bitten. Schließlich gelang es uns, einige Reporter davon zu überzeugen, daß sie ein wichtiges Ereignis versäumen würden, wenn sie nicht an dieser Veranstaltung teilnähmen. Die Pressekonferenz begann. Die einzigen Zeitungen, die darüber berichteten, waren eine Lokalzeitung aus Texas und die *Detroit News*.

Wir ließen aber nicht locker. Während der folgenden Wochen versuchten wir, unsere Ideen wie die Hausierer von Tür zu Tür zu verkaufen. Wir sagten unseren Parteifreunden: »Die Konservativen *müssen* eine Alternative bieten. Carter versucht, uns den Trumpf mit dem ausgeglichenen Haushalt aus der Hand zu nehmen, und Sie wissen, als was für ein Betrug sich das erweisen wird. Hier ist unser Plan, und er wird gelingen.«

Schließlich gelang es unserer Überredungskunst, fünfzig Persönlichkeiten für die Unterstützung unseres Haushaltsentwurfs zu gewinnen. Diese fünfzig bildeten den Kern der späteren Reagan-Koalition im Repräsentantenhaus.

Der Inhalt unseres von Angehörigen beider Parteien gebilligten Haushaltsplans für 1980 glich etwa dem ersten Reagan-Budget. Vor allem handelte es sich um Vorschläge für die Einsparung von mehreren Milliarden Dollar: Eine drastische Verringerung der Stellen im öffentlichen Dienst und die Reform des außer Kontrolle geratenen Programms der Lebensmittelgutscheine standen auf unserer Liste an oberster Stelle. Weitere Einsparungen sollten Kürzungen bei der Rückerstattung von Krankenversicherungskosten an die einzelnen Staaten und die Streichung der Beträge für die Anpassungen an die gestiegenen Lebenshaltungskosten für pensionierte Bundesbeamte bringen. Auch eine Reform der Arbeitslosenversicherung und die Streichung von Subventionen für die Schulspeisung von Kindern aus gut verdienenden Familien gehörten zu unserem Sparprogramm.

Unser Plan sah aber auch eine ganze Reihe kleinerer Abstriche vor. Dazu gehörten aus gutem Grund die Übernahme von Gerichtskosten durch die Staatskasse, Leistungen im Gesundheitswesen und für die schulische Weiterbildung, Subventionen für Mieten und Wohnungsbau, die Unterstützung von Beziehern niedriger Einkommen durch die Übernahme eines Teils der Stromkosten und vieles andere. Alle diese Einsparungen führten 1981 zu leidenschaftlichen Kontroversen.

Im März 1980, fast ein Jahr vor Übernahme des Präsidentenamtes durch Ronald Reagan, waren diese Kürzungen, die einen so wesentlichen Teil seines Haushalts ausmachen sollten, von der Koalition, die dann das Repräsentantenhaus beherrschen würde, einem »Markttest« unterzogen worden.

Während wir am Entwurf unseres alle Bereiche der Wirtschaft erfassenden neuen Haushalts arbeiteten, machten Gramm und ich eine wichtige Entdeckung. Auch wenn man sich nur den Anschein gibt, ein Fachmann zu sein, wird man bald als solcher angesehen. Ich verstand nicht sehr viel von Haushaltsplanung, aber doch mehr als die meisten. Wir hatten einen neuen Markt und lebten in einer neuen Ära, in der Ära der *Haushaltskürzungen.* Zum ersten Mal seit dem New Deal waren Etatkürzungen und nicht eine neue Aufstockung des Etats das Tagesgespräch.

Man kann nicht deutlich genug sagen, wie neu das alles war. Wir waren am Wendepunkt angelangt. Bisher hatte die Legislative nur Experten hervorgebracht, die wußten, wie man Ausgaben und Einnahmen erhöht. Sie wußten, wie man jeweils nur ein Programm aufstellt. Niemand konnte sagen, wie Einnahmen und Ausgaben verringert werden sollten und wie man das alles gleichzeitig bewerkstelligen könnte.

Doch jetzt war angesichts der drohenden Wirtschaftskrise eine Panik entstanden. Zum ersten Mal in neuerer Zeit debattierte das Plenum des Kongresses über den Haushaltsentwurf. Plötzlich lag das ganze Budget auf dem Operationstisch, und zum ersten Mal wollten die einfachen Abgeordneten einen präzisen Operationsplan sehen.

Als daher unser sorgfältig ausgearbeiteter Entwurf über einen Ausgleich des Haushalts bei den konservativen Republikanern die Runde machte, begannen unsere Telefone ununterbrochen zu läuten, denn wir kannten die Lösung des Problems.

Ein Mann der alten Garde, der damalige Einpeitscher der Minorität im Repräsentantenhaus, Bob Michel, war von unseren Plänen besonders beeindruckt. Als Mitglied des Bewilligungsausschusses hatte er immer wieder versucht, Ausgabenkürzungen durchzusetzen, aber niemand hatte ihm sagen können, wie ein umfassendes Sparprogramm aussehen sollte, weil dafür kein Bedarf bestand.

Eines Tages hörte ich, wie er einem Kollegen, der kalte Füße bekommen hatte, sagte, es sei richtig, den »Zweiparteienplan« zu unterstützen.

Die zweite Phase unseres Projekts, die Aufnahme der Kemp-Roth-Steuersenkungen in den Plan, erwies sich als viel schwieriger. Hier warfen schon die Spannungen und Meinungsverschiedenheiten, welche die Reagan-Koalition 1981 belasteten, ihre Schatten voraus.

Als Carter und die Demokraten ihren Plan für einen ausgeglichenen Haushalt vorlegten, verschärften sich die Spannungen zwischen den republikanischen Befürwortern des ausgeglichenen Haushalts und den Abgeordneten, die sich für Steuersenkungen einsetzten. Es hatte sich nämlich herausgestellt, daß Kemp und Roth nicht die einzigen Republikaner waren, die der Wirtschaft durch Steuersenkungen neue Impulse geben wollten. Der dienstälteste republikanische Abgeordnete im Steuerausschuß, Barber Conabel, hatte ebenfalls einen Plan für Steuersenkungen ausgearbeitet.

Er und die republikanischen Abgeordneten im Ausschuß für Steuern und Finanzen hatten inzwischen eine eigene Koalition gebildet. Diese furchteinflößende Gruppe bestand aus Vertretern der Geschäftswelt und der Industrie, von der Autoindustrie bis zum Grundstücksmarkt und zur Metallindustrie. Diese Interessengruppen standen geschlossen hinter einem Vorschlag für eine drastische Liberalisierung der Abschreibungsmöglichkeiten für die Unternehmen mit der Nummer »10-5-3«. Nach diesem Vorschlag hätten die Unternehmen ihre Gebäude, ihre Maschinen und Fahrzeuge sehr viel rascher abschreiben können als bisher. Das hätte eine wesentliche Senkung der Körperschaftsteuer bedeutet.

Diese Methode gefiel der alten Garde viel besser als unser Plan, der nur eine prozentuale Steuersenkung vorsah. Diese Leute hatten sich schon seit Jahren damit beschäftigt, solche fadenscheinigen Allheilmittel zu erfinden. Sie sollten angeblich zu Investitionen anregen, neue Arbeitsplätze schaffen und das wirtschaftliche Wachstum fördern. Aber in Wirklichkeit stärkten sie nur den Einfluß der Steuerbehörden und beeinträchtigten die wirtschaftliche Effizienz, bewirkten also das genaue Gegenteil dessen, was sie angeblich leisten sollten.

Die Republikaner hatten damit zwei Pläne für Steuersenkungen vorgelegt, den der Interessengruppe unter Conabel und den Vorschlag einer Senkung der Steuersätze, die von den Befürwortern der Angebotsorientierung empfohlen wurde. Die beiden Konzepte widersprachen einander im Grundsatz, und es wäre unmöglich gewesen, einen gangbaren Kompromiß zwischen beiden Methoden zu finden.

Im April 1980 haben die republikanischen Abgeordneten im Repräsentantenhaus einen zeitraubenden und kräftezehrenden Versuch in dieser Richtung unternommen. Solche Versuche gehen bis heute weiter, ohne daß man sich bisher einigen konnte. Aber nach den Beratungen im April 1980 sah sich die alte Garde schließlich doch veranlaßt, sich an ihren neuen »Experten« für Etatkürzungen zu wenden und ihn zu bitten, eine Kompromißlösung zu finden.

So machte ich mich an die Arbeit und versuchte, die Steuersenkungen in Höhe von dreißig Milliarden Dollar mit den erhöhten Verteidigungsausgaben in Einklang zu bringen, die von den Falken gefordert worden waren. Es kam vor allem darauf an, den Etat auszugleichen. Ein Defizit mußte unter allen Umständen vermieden werden. Wenn mir das nicht gelang, dann würden wir unter Umständen unser ganzes angebotsorientiertes Projekt begraben müssen.

Ende März hatten wir das Gramm-Stockman-Programm überarbeitet, um zu erreichen, daß alle republikanischen Abgeordneten ihm zustimmten. Es enthielt jetzt beide von der republikanischen Fraktion vorgeschlagenen Steuersenkungen. Die Ausgabenkürzungen erhöhten wir auf achtunddreißig Milliarden Dollar anstatt der ursprünglich vorgesehenen sechsundzwanzig Milliarden. Dabei kamen wir im ganzen auf einen ausgeglichenen Haushalt mit einem Volumen von fünfhunderteinundneunzig Milliarden Dollar für Ausgaben und Einnahmen.

Damals waren solche Wunder aus zwei Gründen möglich. Erstens wurde der Etat nur für den Zeitraum von einem Jahr aufgestellt. Das Problem massiven fiskalischen Ungleichgewichts auf lange Sicht hatte sich noch nicht ergeben.

Nach Lage der Dinge war diese Methode durchaus vertretbar. Zweistellige Inflationsraten führten zu enormen nominellen Einkommenssteigerungen, und die Steuersätze waren noch nicht indexiert. Deshalb stiegen die über den Zeitraum von einem Jahr hinausgehenden Schätzungen für die nach dem geltenden Steuerrecht zu erwartenden Staatseinnahmen ins ungemessene. Sie wurden sowohl durch die Inflation als auch durch das Aufrücken in höhere Steuerklassen in die Höhe getrieben.

So war es praktisch unmöglich, einen Haushaltsplan zu entwerfen, der für die nächsten Jahre ein Defizit auswies. Der von der Carter-Administration Mitte 1980 aufgestellte Haushaltsplan zeigte das sehr deutlich, denn er rechnete für das fünfte Jahr mit einem Überschuß von einhundert Milliarden Dollar. Sogar die ausgabefreudigen Demokraten sahen sich also gezwungen, schwarze Zahlen zu schreiben!

Das hätte uns mißtrauisch machen sollen. Irgend etwas stimmte nicht. Wenn die galoppierende Inflation, wie wir es verlangten, plötzlich gestoppt würde, was geschah dann mit all diesen so positiv klingenden Vorausberechnungen? Wir haben uns diese Frage nicht beantwortet, aber hier lag die Ursache dafür, daß wir – ohne es zu wissen – auf den Staatsbankrott zutrieben.

Unsere Naivität war gefährlich. Wir konnten zwei große Steuersenkungen anpeilen und trotzdem einen ausgeglichenen Haushalt vorlegen. Wir glaubten, der gewaltige Rückgang bei den Staatseinnahmen habe kaum etwas zu bedeuten.

Die Kosten der dreißigprozentigen Steuersenkung nach dem Plan von Kemp und Roth und des Abschreibungsplans »10-5-3«, nach dem praktisch alle Vermögenswerte berücksichtigt werden durften, waren ungeheuer. Nach vier oder fünf Jahren wären die Einnahmen des Bundes jährlich um mindestens *eine Viertelbillion Dollar* zurückgegangen. Aber wenn man sich mit dem Haushalt für das Jahr 1981 beschäftigt, denkt man nicht so weit voraus. Berechnet man die Zahlen nur für ein Jahr, dann ergeben sich auch nur die Anfangskosten. So gelang es uns tatsächlich, die Verluste an Staatseinnahmen auf lediglich sechzehn Milliarden Dollar zu reduzieren. Das waren nur sechs Prozent der auf die Dauer entstehenden tatsächlichen Kosten!

Nachdem die ganze verwirrende Kleinarbeit mit dem Rechenstift erledigt war, berief der Oppositionsführer John Rhodes eine Sitzung des politischen Ausschusses der republikanischen Fraktion des Repräsentantenhauses ein. Jetzt war es Zeit, sich über eine republikanische Alternative zu dem von Carter vorgelegten Haushalt zu einigen. Dabei kam es zu erregten Auftritten und lautstark ausgetragenen Meinungsverschiedenheiten. Rhodes hatte große Mühe, die Ruhe wieder herzustellen und sich Gehör zu verschaffen. Als ihm das endlich gelungen war, räusperte er sich und sagte in dem für ihn charakteristischen verbindlichen Ton: »Ich weiß nicht, ob sich alles so in diesem Haushalt unterbringen läßt, wie Sie es wünschen. Aber ich werde Dave Stockman aufs Podium bitten, denn er hat, soweit ich es gesehen habe, die annähernd beste Lösung für das Problem gefunden.«

Dann wandte er sich an mich und sagte: »Dave, Sie sind unser Experte. Kommen Sie herauf und sagen Sie uns, wie Sie zu Ihren Ergebnissen gekommen sind.«

Politiker werden ebenso wie junge Enten auf ein bestimmtes Verhalten »konditioniert«, wenn sie zum ersten Mal vor einer wichtigen Entscheidung stehen. Sie lernen, wo sie stehen und auf welcher Seite. Das Budget der Zweiparteien-Koalition, das Gramm und ich Anfang 1980 entworfen hatten, bestätigte diese Erfahrung. Hier wurde unsere Koalition entscheidend für die wirtschaftlichen und finanziellen Probleme »konditioniert«, mit denen es die Reagan-Revolution zunächst zu tun bekam.

Zahlen und Einzelheiten sollten sich im Lauf der Zeit immer wieder verändern. Die meisten Abgeordneten konnten damit nicht Schritt halten. Aber das Wichtigste hatten sie gelernt.

Sie dachten jetzt: »Vielleicht ist es möglich, Steuern zu senken, die

Verteidigungsausgaben zu erhöhen und trotzdem den Haushalt auszugleichen. Gramm und Stockman haben das errechnet.«

Auch ich hatte etwas gelernt: Vielleicht konnte man eine mutlose Herde von Politikern, die sich für konservativ hielten, für eine durchgreifende fiskalpolitische Revolution gewinnen. Vielleicht ließen sich angebotsorientierte notwendige Steuersenkungen und die ersten Schritte meines antidirigistischen Projekts zur dramatischen Kürzung des Bundeshaushalts politisch durchsetzen.

So verringerte sich meine Skepsis bezüglich der Aussichten auf den Erfolg einer großen Wende in der nationalen Wirtschaftspolitik nach den Wahlen von 1980. Die Opposition im Repräsentantenhaus stand jetzt geschlossen hinter den von Kemp und Roth entwickelten Theorien. Nun war es Zeit für den nächsten Schritt.

Er erfolgte zwei Monate später auf dem republikanischen Parteikonvent. Bevor ich an einem heißen Julitag nach Detroit kam, war ich noch niemals auf einem Parteitag gewesen. Deshalb hatte ich auch noch nie die Gelegenheit gehabt, eine solche Versammlung von der Richtigkeit eines neuen Parteiprogramms zu überzeugen. Aber das sollte ich jetzt tun.

Das Reagan-Lager hatte inzwischen seine Tore geöffnet und nach meinem Eindruck jeden Verrückten eingelassen, der anklopfte. Es sah so aus, als sollte unsere kleine Gruppe von Vertretern der Angebotsorientierung von der Übermacht dieser kopflosen Masse niedergewalzt werden. Das machte das Schreckgespenst einer möglichen Wiederwahl Carters um so wahrscheinlicher. Vor uns lag eine schwere Aufgabe.

Auf Parteitagen gelten pseudodemokratische Regeln: Es kommt zu lautstarken Diskussionen über das Parteiprogramm, als werde jetzt alles entschieden. In Wirklichkeit sind die wichtigen Entscheidungen zu achtundneunzig Prozent schon gefallen, bevor die Versammlung beginnt. Auf dem Parteikonvent der Republikanischen Partei von 1980 wurde ein Rekord auf dem Gebiet oligarchischen Einflusses aufgestellt. Der Vorsitzende des Ausschusses für die Wahlplattform war das bewährte Schlachtroß John Tower aus Texas.

Tower war hochintelligent und eine starke Persönlichkeit. Mit seiner gedrungenen Gestalt erinnerte er an Napoleon, und wer ihm zu nahe kam, tat es auf eigene Gefahr. Er war aber nicht nur gebildet und scharfsinnig, sondern auch ungewöhnlich wortgewandt. Er sah die Dinge im großen Zusammenhang, besonders in der Verteidigungs- und Außenpolitik.

Was er auf diesem Parteitag in Detroit vor allem verhindern wollte, war ein langes Tauziehen um den Inhalt des republikanischen Parteiprogramms, und er hatte nicht die Geduld, sich anzuhören, was die Amateure aus dem politischen Hinterland zu sagen hatten, und das waren fast alle hundert Mitglieder des Ausschusses.

Der zweite Ausschußvorsitzende war der junge, gewandte und ehrgeizige Trent Lott aus Mississippi. Er wollte Einpeitscher der Minorität im Repräsentantenhaus werden und wurde es auch, vor allem weil er möglichst viele republikanische Abgeordnete auf dem Parteitag in führende Positionen eingesetzt hatte. Auch ich bekam eines dieser Bonbons, den Vorsitz im Unterausschuß für Energiefragen. Außerdem hatte sich Lott darum bemüht, möglichst viele Vertreter der Angebotsorientierung mit wichtigen Aufgaben zu betrauen. Senator Roth übernahm den Vorsitz in dem entscheidenden wirtschaftspolitischen Unterausschuß, und Kemp leitete den Ausschuß für Verteidigung und Außenpolitik.

Der Programmentwurf, den wir nach Detroit mitbrachten und der angeblich erst während des Parteikonvents ausgearbeitet wurde, war so perfekt wie möglich. Ich war begeistert. Endlich gab die Republikanische Partei ihre unklare »Wir auch«-Politik auf. Unser Dokument war keine lange Liste von demokratischen Ideen, die sich ohne große Kosten verwirklichen ließen; es gab keine sinnlosen Beteuerungen für eine »Zusammenarbeit zwischen Regierung und Industrie«, um dem Markt zu »helfen«, das heißt, seine Gesetze zu mißachten. Es war vielmehr eine glänzende Grundsatzerklärung.

Ich hatte das energiepolitische Programm fast ohne fremde Hilfe geschrieben. Darin manifestierte sich am deutlichsten unsere antidirigistische Haltung. Die an die sowjetischen »Gospläne« erinnernden energiepolitischen Vorstellungen Carters waren in ihrer Absurdität nicht mehr zu übertreffen. Dieser Unsinn machte sich jetzt in der ganzen Washingtoner Bürokratie breit: die Sondersteuer für unerwartete Gewinne, das Programm für synthetische Brennstoffe, die weitgehenden Steuervergünstigungen für die Verwendung von alternativen Energiequellen, die von der Regierung vorgeschriebenen Leistungsnormen für Automobile, Kühlschränke und Kraftwerke, die zahlreichen Pläne für die gelenkte Verteilung von Brennstoffen. Alle diese Maßnahmen hatten bereits Gesetzeskraft erlangt, und man mußte mit weiterem Unheil rechnen.

Viele Republikaner hatten diesem Unsinn zugestimmt, besonders Senatoren aus dem Westen wie Pete Domenici aus New Mexico und Jim McClure aus Idaho, aber jetzt hatten sie einen neuen Marschbefehl bekommen: Nehmt alle diese Verordnungen zurück, *alle ohne Ausnahme.*

Der Entwurf des Parteiprogramms, den wir in John Towers Büro in Washington ausgebrütet hatten, wies nur eine Schwäche auf. Das ganze fünfundsiebzig Seiten umfassende Dokument enthielt einen recht blutarmen Absatz über die gegenwärtig größte Gefahr, die Inflation. Hier hieß es nur, es sei »zuviel Geld im Umlauf, für das man zu wenige Waren kaufen könne«.

Das war richtig, brachte aber keineswegs zum Ausdruck, welche Gefahren sich dahinter verbargen. Eine galoppierende Inflation ist das denkbar größte Übel staatlichen Dirigismus: *Es ist die bewußte Verschwendung der finanziellen Mittel einer Nation bei dem vergeblichen Versuch der Politiker, das Ausbleiben des Wirtschaftswachstums in einem kapitalistischen System zu kompensieren, das durch ihre eigenen verfehlten bürokratischen Unternehmungen verursacht wurde.*

Auf einer Sitzung des »Zentralkomitees« der Vertreter der Angebotsorientierung beschlossen Kemp, Wanniski, Jeff Bell, einige andere und ich, unsere finanzpolitischen Aussagen zu präzisieren. Sie mußten besser begründet und überzeugender formuliert werden.

Bei dieser Gelegenheit kamen wir aber auch auf unsere Meinungsverschiedenheiten hinsichtlich des Goldstandards zu sprechen. Offenbar waren sie nicht sehr tiefgreifend. Was ich damals jedoch noch nicht erkannte, war die Tatsache, daß diese Meinungsverschiedenheiten nur das Vorspiel einer sehr tiefen Spaltung in den Reihen der Anhänger der Angebotsorientierung auf dem Gebiet der Geld- und Kreditpolitik war.

Jeff Bell hatte den Goldstandard zum Hauptthema in seinem Wahlkampf gemacht. Er glaubte, das habe ihm politisch genützt. Auch für Wanniski war das Gold die große Offenbarung. Beide verlangten, daß eine »starke Erklärung« für die sofortige Wiedereinführung des Goldstandards mit in das Wahlprogramm aufgenommen würde.

Ich hatte aus taktischen Gründen gewisse Bedenken. Meine schlimmsten Befürchtungen hinsichtlich der Presseberichte über den Parteitag hatten sich inzwischen bestätigt. Die Journalisten beschäftigten sich ausschließlich damit, daß die Zusatzbestimmung zur Verfassung über die Rechtsgleichheit der Geschlechter nicht in das Wahlprogramm der Republikanischen Partei aufgenommen worden war.

So wurde unser ganzes Wirtschaftsprogramm durch den im Vordergrund stehenden Antifeminismus und andere von gewissen Moralaposteln hochstilisierte Fragen in den Schatten gestellt. In dieser Atmosphäre konnte das Wort »Gold« unter Umständen die öffentliche Aufmerksamkeit erregen, und wenn wir etwas über die Wiederherstellung des Goldstandards sagten, dann mußten wir außerordentlich vorsichtig sein.

Wir alle stimmten darin überein, daß die wahrscheinlichste Ursache für die Inflation die exzessive Geldschöpfung durch die Zentralbank sei. Aber die Frage nach der Notwendigkeit einer Wiederherstellung eines wirklichen Goldstandards ging tiefer. Warum hielten der Federal Reserve Board oder andere Zentralbanken so hartnäckig an Methoden fest, die der Wirtschaft schadeten? Wurde hier bewußt ein Phänomen geschaffen, das keinerlei gesellschaftlichen Nutzen hatte?

Diese Fragen ließen sich auf zweifache Weise beantworten. Einmal konnten die Manager der Zentralbank die Lage falsch beurteilt und einen technischen Fehler begangen haben. Wenn das zutraf, dann ließ sich das Problem damit lösen, daß man den Vorsitzenden des Aufsichtsrats des Federal Reserve Board und seine Kollegen vom Wert des Goldes überzeugte. Sie würden das Wachstum der Geldmenge dadurch steuern, daß sie Gold zu einem gesetzlich festgelegten Preis kauften oder verkauften. Da man dazu keine große Intelligenz brauchte, würden sie dabei keine Fehler machen. Wanniski vertrat diese Auffassung.

Nach meiner Ansicht war der Goldstandard ein Symbol für eine harte Währung und für politische Disziplin. Die Inflation ließ sich auf die finanziellen Exzesse und die Illusionen der Politiker zurückführen, die große Geschenke verteilen wollten. Die Zentralbankmanager waren gegen die Inflation. Sie waren aber durch den Druck der

Politiker dazu gebracht worden, das zerstörerische Gegengift des billigen Geldes zu schaffen.

Wenn wir jetzt lautstark die Wiederherstellung des Goldstandards verlangten, würde es mehr politische Probleme geben, als die ganze Sache wert war. Deshalb empfahl ich, die Zentralbank in einer Erklärung aufzufordern, gegenüber den Politikern fest zu bleiben. Wanniski erklärte sich einverstanden, aber erst nachdem wir auch eine Formulierung aufgenommen hatten, die auf eine nachdrückliche Forderung der Rückkehr zum Goldstandard hinauslief.

Wanniski und ich stritten uns um jedes Wort. Aber schließlich einigten wir uns auf einen Kompromiß und nahmen die folgenden Sätze in das Wahlprogramm auf:

»Bis in die 1970er Jahre war mit der Währungspolitik automatisch und in erster Linie die Absicht verbunden, den Wert des Dollars stabil zu halten. Das Auflockern der engen Verknüpfung des Werts des Dollars mit der realen Güterproduktion in den 1960er und 1970er Jahren *in der Absicht, andere wirtschaftliche Ziele zu verfolgen als die Stabilität des Dollars, hat in unserem Land superinflationäre Kräfte und im Ausland ein währungspolitisches Durcheinander ausgelöst, ohne die gewünschten wirtschaftlichen Vorteile zu bringen.* Eine der dringendsten Aufgaben in der vor uns liegenden Zeit wird die Wiederherstellung eines zuverlässigen Währungsstandards sein, und das bedeutet das Ende der Inflation.«

Wie die meisten Kompromisse hat auch dieser uns schließlich nichts gebracht. Wanniski hat später alle wirtschaftlichen Probleme der Reagan-Ära darauf zurückgeführt, daß wir unser Wahlversprechen, zum Goldstandard zurückzukehren, nicht gehalten hätten. Doch während ich in den folgenden Jahren die Praxis der Regierungsgeschäfte näher kennenlernte, wurden aus den Impulsen, die ich in Detroit gespürt hatte, feste Überzeugungen. Es war die Disziplinlosigkeit der Politiker, und es waren die beabsichtigten und vermeidbaren Fehler der Zentralbank gewesen, welche die Stabilität unserer nationalen Währung bedroht hatten. Das galt für das Jahr 1980 und für alle Zeiten.

Doch zunächst entstand dadurch nur ein kleiner Riß in der Geschlossenheit unserer Haltung. Das Wahlprogramm war die Verkörperung unserer Weltanschauung. Die Angebotsorientierung war das Gesprächsthema Nummer eins, und unser kleiner Kreis war maßgebend an der Gestaltung des bevorstehenden Wahlkampfes zwischen Reagan und Carter beteiligt.

Nur fünf Jahre nachdem ich meine politische Laufbahn begonnen hatte, beteiligte ich mich an der Gestaltung der politischen Linie meiner Partei und durfte sogar selbst das Wort ergreifen, um den wackeren Mitstreitern meinen Beitrag zur Wahlplattform zu erläutern.

Am Ende des Parteikonvents erschien mir auch der Kandidat in einem neuen Licht. Der alte Reagan hatte sich verwandelt. Er hatte sich zur Angebotsorientierung bekehrt. Er war ein weitblickender nationaler politischer Führer. Seine Zeit war gekommen. Das war *unser* Reagan. Obwohl ich nicht zu Emotionen neige, konnte ich mich seiner Ausstrahlung nicht entziehen. Jetzt begriff ich endlich, warum man ihn als den Mann bezeichnete, der es wie kein anderer verstand, sich anderen Menschen mitzuteilen.

Mit einer einzigen bravourösen Redewendung fegte er die ganze konventionelle Weisheit Washingtons vom Tisch. Sein Bekenntnis zum Verzicht auf jeden staatlichen Dirigismus war modern, fortschrittlich und großherzig. Jack Kemp und Jeff Bell hatten den Satz, »niemand wird unberücksichtigt bleiben«, in seine Rede eingefügt. Diese Aussage dokumentierte seine Abkehr von der Rolle des sektiererischen Vorkämpfers der Privilegierten. Sein neues Vokabular enthielt jetzt alle Schlüsselworte der angebotsorientierten Doktrin: gesunde Währung, kapitalistische Prosperität, soziale Mobilität, unternehmerische Dynamik, Privatinitiative. Und er ließ diese Worte laut und deutlich hören.

Die Rede hatte mich ermutigt. Wanniski, der aussah, als sei er mit dem »brennenden Busch« in Berührung gekommen, sagte ich: »Sie haben recht. Die Revolution steht kurz bevor.«

Ein neues Kettenglied war geschmiedet. Wir hatten einen Kandidaten und eine Plattform, und die Republikanische Partei hatte sich für die Angebotsorientierung entschieden. Jedenfalls sah es damals so aus.

Als ich vom Parteikonvent zurückkam, war ich erschöpft. Die Entwicklung machte rasche Fortschritte.

Meine erste Aufgabe sah ich darin, das angebotsorientierte Parteiprogramm in einen Aktionsplan für die praktische Regierungsarbeit umzuarbeiten. Rückblickend muß ich zugeben, daß mich niemand beauftragt hatte, mich im einzelnen dazu zu äußern, wie die Vereinigten Staaten zu regieren seien, aber ich hielt meine Bemühungen auf diesem Gebiet für gerechtfertigt.

Die Republikanische Partei hatte jetzt ein radikales Wirtschaftsprogramm, nur wußten die meisten Politiker nicht, was sie damit beginnen sollten. Was konnte Howard Baker zum Beispiel mit dem Goldstandard anfangen?

Immerhin nahm Reagan bei allen Meinungsumfragen die Spitzenposition ein. Es sah aus, als werde er es im November schaffen.

Jetzt konnte ich die großen ideologischen Gegensätze klar definieren. Das von der Angebotsorientierung propagierte wirtschaftliche Wachstum stand im direkten Gegensatz zum neomalthusianischen Grabgesang von der ständigen Verknappung der Ressourcen. Die kapitalistische Idee von der Schaffung neuen Wohlstands vertrug sich nicht mit den Vorstellungen von einer Umverteilung im Wohlfahrtsstaat. Die Erfordernisse für einen leistungsfähigen Markt widersprachen jedem staatlichen Dirigismus.

Doch obwohl diese Ideen jetzt im Vordergrund standen, mußte ihr empirischer Inhalt noch quantifiziert werden. Zwar wußte ich, daß ich über mehr als die Hälfte der Fakten verfügte, aber ich brauchte sie alle. So brachte ich einen großen Teil der Monate August und September damit zu, neues Material zu beschaffen, um das umfassende angebotsorientierte Wirtschaftsprogramm zu verteidigen.

Hier hätte die Kettenreaktion unterbrochen werden sollen. Bei der schriftlichen Ausarbeitung meiner Ideen entdeckte ich, daß unsere beiden Hauptforderungen, wenn sie beide erfüllt werden sollten, ein sehr viel radikaleres Wirtschaftsprogramm darstellten, als ich zunächst geglaubt hatte. Wenn man den Goldstandard wieder einführte und die Inflation stoppte, dann funktionierten die von Professor Laffer empfohlenen Steuersenkungen nicht wie vorgesehen. Man bewirkte zwar ein reales wirtschaftliches Wachstum, aber keine Zunahme bei den Steuereinnahmen des Bundes. Deshalb ließ sich der Haushalt nur ausgleichen, wenn durchgreifende innenpolitische Ausgabenkürzungen vorgenommen wurden – Maßnahmen,

die ich für wünschenswert hielt, die jedoch von den anderen Befürwortern der Angebotsorientierung als nicht notwendig angesehen
wurden.

Nach der angebotsorientierten Doktrin ist die Inflation ein Geld-
phänomen, verursacht durch von der Zentralbank ergriffene Maßnahmen, und nicht die Folge eines wirtschaftlichen Ungleichgewichts, für das Arbeitgeber, Arbeitnehmer, Investoren oder Speku-
lanten verantwortlich sind. Der keynesianische Revisionismus der
vergangenen zwei Jahrzehnte hatte diese klassische geldtheoretische
Erklärung von den Ursachen der Inflation auf den Kopf gestellt.

Deshalb hatte man die steigenden realen Energiekosten, die protektionistischen Handelsschranken, die von der Regierung verordneten Investitionen zur Reinhaltung von Luft und Wasser, die Maßnahmen zur Stützung der Preise für landwirtschaftliche Erzeugnisse
und vieles andere fälschlicherweise als *äußere* inflationäre Schocks
bezeichnet. Aber in Wirklichkeit waren es Behinderungen für die
Steigerung der Produktion und die Hebung des Lebensstandards. Die
einzig wirksamen Heilmittel waren die Senkung der Steuersätze, die
Kürzung der Subventionen und der Verzicht auf staatliche Eingriffe.

Die Unklarheit über die Ursachen der Inflation war durch den
zentralen keynesianischen Begriff der »monetären Anpassung« entstanden. Ursprünglich sollten damit Haushaltsdefizite als stimulie-
rende Maßnahmen für die Expansion der nationalen Wirtschaft
gerechtfertigt werden. Aber wenn Haushaltsdefizite ehrlich finanziert werden – das heißt durch Kreditaufnahmen auf den Kapitalmärkten –, stimulieren sie die Wirtschaft nicht, sondern schwächen
sie. Die ehrliche Finanzierung der Defizite verlagert die Ersparnisse
der Wirtschaft von produktiven privaten Investitionen auf überflüssige Ausgaben im öffentlichen Sektor.

Es war daher nur die falsche Wirtschaftstheorie von Keynes über
die unehrliche Finanzierung der Defizite, welche die roten Zahlen im
Staatshaushalt stimulierend erscheinen ließ. Wenn man Defizite im
Staatshaushalt damit finanzierte, daß man Geld druckte, also mit
»monetären Anpassungsmaßnahmen«, dann konnte man die Wirtschaft bestenfalls eine Zeitlang beleben. Das schlimme war nur, daß
sich solche Manipulationen mit dem leicht zu beschaffenden Geld auf
die Dauer als unwirksam erwiesen. Man konnte niemanden dadurch
reicher machen, daß man mehr Geld druckte. Das hat immer und

überall zur Inflation, zu Spekulationen und zu billigem Kredit und Überschuldung geführt.

Es war auch diese von Keynes erfundene Methode der »monetären Anpassung« gewesen, welche die in Bretton Woods beschlossene Politik des harten Geldes zunichte gemacht hatte. Indem sie den Politikern einen fadenscheinigen akademischen Vorwand für chronische Haushaltsdefizite gegeben hatten, hatten diese »modernen Wirtschaftsexperten« Nixon dazu gebracht, daß er sich 1971 vom Goldstandard abwandte. Die Folge dieses schwerwiegenden politischen Fehlers hat die Welt 1980 an den Rand einer vom Dollar angeführten Superinflation gebracht.

Jetzt würde das angebotsorientierte Wachstumsprogramm jeden Vorwand beseitigen, Druck auf die Zentralbank auszuüben. Der Federal Reserve Board mußte völlig freie Hand haben, um sich ausschließlich auf die Aufgabe zu konzentrieren, die Inflation zu bekämpfen.

Der entscheidende Schritt auf dem Weg zur Wiederherstellung des harten Geldes war daher die politische Isolierung des Federal Reserve Board. »Der Vorsitzende Volcker – ein energischer Befürworter des Goldstandards – braucht Zeit, um die Integrität des Dollars wiederherzustellen«, schrieb ich, »indem er die Wirtschaft auf eine kargere Diät von neuem Geld und Kredit setzt.«

Bei meiner Berechnung der Zahlen für den Haushaltsentwurf konnte ich nicht mehr von dem ausgeglichenen Etat ausgehen, den wir im Frühjahr aufgestellt hatten. Die optimistischen Schätzungen für die Entwicklung der Wirtschaft hatten sich als falsch erwiesen. Das Budget für das Rechnungsjahr 1981 – und zwar das der Demokraten ebenso wie das unsere – war tief in die roten Zahlen geraten.

Die Demokraten hatten bei ihren Haushaltsprognosen auf lange Sicht angeblich bewiesen, daß das fiskalpolitische Programm der Republikaner zu einem permanenten Defizit führen werde. Das machte meine Aufgabe um so dringlicher.

Anfang August hatte ich einen Entwurf des Finanzplans der Republikaner für die Jahre 1982 bis 1985 erstellt. Die dafür ermittelten Zahlen stützten meine Behauptung, daß die Voraussagen der Demokraten über die zu erwartenden Defizite »wie ein Kartenhaus in sich zusammenfallen« würden.

Das war der erste Versuch, den wir unternommen hatten, die

Auswirkungen der einschneidenden Steuersenkungen und einer wesentlichen Steigerung der Verteidigungsausgaben über einen Zeitraum von mehreren Jahren zu berechnen. Diese Berechnungen ergaben für das Jahr 1985 einen Überschuß von sechzig Milliarden Dollar!

Der neue republikanische »Haushaltsexperte« war zu diesem wunderbaren Ergebnis gekommen, ohne auch nur zu ahnen, worauf er sich eingelassen hatte. Die neuen Schätzungen waren weder logisch noch das Ergebnis sorgfältiger, die wirklichen Fakten berücksichtigender Arbeit.

Der große Irrtum bestand darin, daß ich von den falschen Voraussetzungen ausgegangen war. Um die Auswirkungen des republikanischen Haushaltsplans zu berechnen, hatte ich einfach die wirtschaftlichen Grunddaten des Budgets zugrunde gelegt, welches die Carter-Administration in der Mitte der Sitzungsperiode vorgelegt hatte.

Sie hatte damit gerechnet, daß die zweistellige Inflationsrate noch mehrere Jahre erhalten bleiben werde und daß gleichzeitig das reale Bruttosozialprodukt und die Zahl der Beschäftigten wesentlich zunehmen würden. Mit anderen Worten: *Die Demokraten rechneten mit einer Entwicklung der Wirtschaft, zu der es, wie ich in meinem Aufsatz über den Goldstandard nachgewiesen hatte, gar nicht kommen konnte.*

Die von der Carter-Administration geschätzten Steuereinnahmen gingen davon aus, daß es über längere Zeit zu einem Aufsteigen in höhere Einkommensteuerklassen kommen würde wie bisher noch nie in der Geschichte der Vereinigten Staaten.

Wenn man seine Berechnungen darauf stützte, daß die Inflation weiterging und die Steuereinnahmen als Folge des Aufstiegs in höhere Steuerklassen steigen würden, und dann diese Entwicklung für vier oder fünf Jahre in die Zukunft projizierte, dann konnte es leicht zu finanzpolitischen Wundern kommen. Weitgehende Steuersenkungen mußten dann kein Defizit erzeugen. Eine hohe Inflationsrate ließ das voraussichtliche Steueraufkommen ebenso rasch steigen, wie man die Steuern senkte.

Doch im Augenblick erkannten wir noch nicht diese Schwachstelle bei unseren Haushaltsberechnungen.

Der Plan, die Steuern um dreißig Prozent in einer nicht inflationären, vom Goldstandard bestimmten Wirtschaft zu senken, war etwas ganz anderes. Das hätte zu einem realen Rückgang der Steuereinnahmen um dreißig Prozent geführt. Um den Haushalt auszugleichen, mußte man in diesem Fall gewaltige Ausgabenkürzungen vornehmen.

Im September saß ich immer noch über meinen Berechnungen, als ich auf ironische Weise auf den fundamentalen Irrtum gestoßen wurde, der mir unterlaufen war.

Ich hatte meine Mitarbeiter beauftragt, die demokratische Wahlplattform von 1980 und die Erklärungen Carters im Wahlkampf durchzuarbeiten. Wenn wir die bombastischen Wahlversprechungen der anderen Seite dokumentieren konnten, dann würden wir auch den Vorwurf, unsere Wirtschaftspolitik werde zu einem »katastrophalen Defizit« führen, wieder dem Esel aufladen können, der diesen Vorwurf verdiente.

Die Kosten der demokratischen Wahlversprechen zur Krankenversicherung und Erziehungshilfe wären gewaltig gewesen. Allein für das Jahr 1985 wären dadurch Mehrkosten von mehr als hundert Milliarden Dollar entstanden.

Doch dann geschah etwas völlig Verrücktes. Wenn man das Carter-Budget unter Zugrundelegung der gegenwärtig geltenden Zahlen mit den enormen Kosten dieser neuen Ausgabeninitiativen belastete, vollführte der Taschenrechner ein Zauberkunststück. Er wies für das Jahr 1985 immer noch einen Überschuß aus!

»Das kann doch nicht wahr sein!« rief ich und lief wie ein Derwisch in meinem Büro hin und her.

Ich setzte mich noch einmal an meine Berechnungen. Und jetzt stellte ich fest, daß es als Folge der zweistelligen Inflationsrate zu einer illusionären Steigerung der Steuereinnahmen gekommen war. Als ich nun einen allmählichen Rückgang der Inflation einkalkulierte, hatten die von den Demokraten versprochenen Mehrausgaben ein erhebliches Defizit zur Folge. Aber auch der von den Republikanern aufgestellte Haushaltsplan zeigte nun keinen Überschuß von sechzig Milliarden Dollar mehr.

Ich mußte vielmehr feststellen, daß wir, um den Haushalt auszugleichen, unsere Ausgaben um mehr als hundert Milliarden Dollar im Jahr kürzen mußten.

Diese dramatischen Erkenntnisse hätten mich veranlassen sollen, das ganze Problem noch einmal zu überdenken. Aber das tat ich nicht.

Damals erschien die Notwendigkeit, die Haushaltsausgaben um mehr als hundert Milliarden Dollar zu kürzen, wenn man den Etat ausgleichen wollte, als eine positiv zu bewertende Möglichkeit und nicht als Hindernis. Wenn die Wähler dem Gouverneur Reagan das Mandat für die Verwirklichung seines Wirtschaftsprogramms gaben, dann hatten wir die ängstlichen Politiker der »Zweiten Republik« in die Ecke gedrängt. Sie würden auf die viel zu hohen, verschwenderischen und nicht gerechtfertigten Ausgaben verzichten müssen oder den finanziellen Ruin des Landes riskieren. Eine echte finanzpolitische Revolution, ein Frontalangriff auf den Wohlfahrtsstaat, erschien jetzt plausibler.

In der Wahlnacht hatte ich mein Hauptquartier im Büro eines bankrotten Autohändlers in Buchanan, Michigan, eingerichtet, einer Stadt im Kernland der Republikanischen Partei, dessen Bewohner ihre politische Gesinnung ernster nahmen als alles andere, mit Ausnahme des Basketball. Nachdem die Republikaner vierzig Jahre in der Opposition gewesen waren, sollten die alten Kämpen endlich den Triumph ihrer Philosophie erleben.

Auch ich verknüpfte große Erwartungen mit unserem Sieg, zu große Erwartungen, wie sich später herausstellte. Daß wir Carter geschlagen hatten, war erfreulich, aber die anderen Ergebnisse unseres Wahlsieges sagten noch mehr aus.

Den ganzen Abend verfolgte ich mit Spannung die Ergebnisse der Stimmenauszählung im ganzen Land bei den Wahlen für das Repräsentantenhaus und den Senat. Wir brauchten eine fühlbare Blutauffrischung im konservativen Lager. Andernfalls würde das mächtigste Parlament der Welt unsere wirtschaftspolitische Revolution verhindern, mochte der neue Präsident nun das Mandat dafür haben oder nicht.

Die Nachricht, daß unsere gefährlichsten Gegner, die liberalen Senatoren und Abgeordneten im Mittleren Westen, ihre Sitze im Kongreß verloren hatten, genügte mir als Antwort auf diese entscheidende Frage.

In den Pausen zwischen den Nachrichtensendungen riefen Kemp und ich uns immer wieder freudig erregt an, um uns gegenseitig daran zu erinnern, daß wir sofort an die Arbeit gehen mußten, wenn dieser Erdrutsch nicht alle unsere Hoffnungen unter einem Trümmerhaufen begraben sollte. Doch an diesem Abend überstürzten sich die guten Nachrichten.

Die Republikaner hatten zum ersten Mal seit 1954 die Mehrheit im Senat. Um zwei Uhr morgens verließ ich endlich das Büro der Buick-Vertretung und fuhr nach Scottdale, um mich im Haus meiner Eltern noch vier Stunden ins Bett zu legen. Morgen sollte die Revolution beginnen.

Die Entwicklung, die sich während des vergangenen Jahres angebahnt hatte, sollte nun ihren Höhepunkt erreichen. Nach Washington zurückgekehrt, bemühten sich Kemp und ich darum, mir eine Position im neuen Kabinett zu sichern. Die Chancen waren nicht besonders günstig. Ich war jung und verhältnismäßig unerfahren.

Wir setzten uns mit dem brillanten Leitartikler Bob Novak in Verbindung. Er ließ sich nicht mit den anderen selbstgerechten Reportern vergleichen, die sich objektiv gaben, in Wirklichkeit aber in der Wolle gefärbte Liberale waren.

Novak unternahm nicht einmal den Versuch, objektiv zu sein. Mit allem, was er schrieb, stellte er sich klar auf die Seite der Angebotsorientierung. Ich schätzte seine journalistische Arbeit, denn nach meiner Ansicht verkündete er die Wahrheit und begnügte sich nicht mit bloßen Reportagen. Novak schrieb in einem Leitartikel, es gebe gewisse Kreise, die es begrüßen würden, wenn Stockman das Office of Management and Budget (OMB) übernehmen würde. Damals waren es allerdings erst drei oder vier Persönlichkeiten, aber nach Erscheinen seines Artikels wuchs die Zahl der Befürworter dieser Idee.

Der Wirtschaftsexperte Dick Whalen, mit dem ich gut befreundet war, sprach mit Senator Paul Laxalt, dem engsten Berater Reagans in Washington. Dann ging Whalen mit mir zu Laxalt, der uns in seinem Büro empfing, um sich einen persönlichen Eindruck von mir zu verschaffen.

Auch Kemp tat alles, um mir zu helfen. Nach einigen Überlegungen kamen wir zu dem Schluß, daß es notwendig sei, irgendwie die Aufmerksamkeit der Öffentlichkeit zu erregen. Der einzige Haushaltsentwurf, in dem die Entwicklung des Etats über mehrere Jahre behandelt wurde, war eine von Marty Anderson und Alan Greenspan verfaßte Denkschrift, die als Unterlage für eine Rede Reagans am 9. September in Chicago gedacht war. Die in diesem Papier enthaltenen Zahlen hatten jedoch mit der Wirklichkeit nichts zu tun, denn die Arbeit hatte unter Zeitdruck fertiggestellt werden müssen. Also nützte uns dieses Papier nichts.

Deshalb erklärte ich mich bereit, den Artikel zu schreiben, den wir brauchten. Dabei wollte ich deutlich machen, welche weitreichenden und folgenschweren Veränderungen wir im Haushalt vornehmen wollten. Die Leute sollten wissen, was ihnen bevorstand. Jack Kemp war einverstanden und sagte, er wolle den Aufsatz schon in den nächsten Tagen nach Kalifornien mitnehmen, wo er mit den Wirtschaftsexperten Reagans sprechen werde.

Ich wußte, wenn meine Denkschrift gut war, würden sich meine Chancen verbessern. So arbeitete ich rund um die Uhr, kam erst nach Mitternacht nach Hause und stand jeden Morgen um fünf Uhr auf. Ich wählte die Überschrift: »Über die Gefahr eines wirtschaftlichen Dünkirchen der Republikanischen Partei«. Das klang zugegebenermaßen alarmierend.

Inzwischen hatte ich alle Mitglieder der neuen republikanischen Regierungsmannschaft persönlich kennengelernt. Allmählich wurde mir klar, daß eine schwere Verantwortung auf meinen Schultern lastete. Das klang zwar seltsam, aber es stimmte. Ich war der einzige, der sich ernsthaft mit dem Zahlenwerk beschäftigt hatte, das die Grundlage für die bevorstehende wirtschaftspolitische Revolution bildete. Die Verantwortung dafür übernehmen zu müssen, war eine furchteinflößende Vorstellung.

Aber die Haushaltszahlen ließen mich auch noch aus einem anderen Grund ins Schwitzen geraten. Nicht nur die jetzt geltenden und voraussichtlich kurzfristig maßgebenden wirtschaftlichen Indikatoren hatten sich während des Wahlkampfes verschlechtert, sondern auch der Kongreß hatte nicht einmal die bescheidenen Ausgabenkürzungen vorgenommen, die er im vergangenen Frühjahr beschlossen hatte. Die Reagan-Administration mußte daher einen stark defizitären Etat übernehmen. Fiskalpolitisch sah es aber auch für die fernere Zukunft düster aus.

Wenn sich die Unausgewogenheit des Haushalts noch weiter erhöhte, bestand natürlich die Gefahr, daß der politische Zusammenhalt der neuen konservativen Koalition im Kongreß einer Zerreißprobe ausgesetzt wurde. Man würde zu drakonischen Ausgabenkürzungen greifen müssen, um den Haushalt nur einigermaßen auszugleichen, wenn die Steuersenkungen stufenweise vorgenommen wurden. Wenn es uns nicht gelingen sollte, die Ausgabensenkungen durchzusetzen, würden wir unter Umständen auch auf die Steuersenkungen verzichten müssen. Die Revolution wäre gescheitert, bevor sie begonnen hatte.

Diese Besorgnis, von den Ereignissen und der Wirtschaftslage überholt zu werden, motivierte den alarmierenden Ton meiner Denkschrift. In der eben noch siegreichen konservativen Regierungskoalition begann es bereits zu kriseln. Es war sogar denkbar, daß es bis zum November 1982 zu katastrophalen wirtschaftlichen Rückschlägen kam. Die Ursache dafür wäre ein selbstverschuldeter politischer Zusammenbruch bei den konservativen Kräften Anfang 1981 gewesen.

Man mußte Ende 1980 aber auch noch mit einer anderen Möglichkeit rechnen, daß nämlich die Politik des knappen Geldes, mit der die Inflation bekämpft werden sollte, die Wirtschaft in eine Krise führte, bevor sich die Steuersenkungen und andere angebotsorientierte Maßnahmen auswirken konnten.

Doktrinäre Währungspolitiker und Befürworter des Goldstandards hatten wahrscheinlich schon die ganze Zeit mit einer Rezession gerechnet. Aber wir hielten es für politisch kostspielig und ökonomisch wirkungslos, die Wirtschaft zunächst durch eine rezessive Schleudermaschine zu treiben.

Der Kern der angebotsorientierten Synthese war eine zugleich aufwärts und abwärts führende Dynamik. Die Politik des knappen Geldes würde die Inflationsrate und das nominelle Wachstum des Bruttosozialprodukts nach unten ziehen. Die Steuersenkungen und alle anderen angebotsorientierten Maßnahmen würden die reale Leistung der Wirtschaft dagegen steigern und die Zahl der Beschäftigten in die Höhe treiben. Beide Wirkungen würden sich im gleichen Zeitraum ereignen.

Man konnte sich lange über die theoretische Schlüssigkeit dieser Hypothese streiten. Sie überzeugte einen aber, wenn man begriffen hatte, daß eine Rezession zu einem Haushaltsdefizit katastrophalen Ausmaßes führen mußte.

Doch im November fiel es einem schwer, sich um die Verwirklichung unserer Pläne keine Sorgen zu machen. Das Wachstum der Geldmenge hatte seit dem Hochsommer ein atemberaubendes Ausmaß angenommen und erforderte ein plötzliches kompensatorisches Abbremsen, das mit dem Risiko verbunden war, die Wirtschaft 1981 in einer Rezession versinken zu lassen.

Ich hatte allerdings inzwischen gewisse, wenn auch dilettantische Kenntnisse über die Theorie rationaler Erwartungen und der Mechanismen von Kapitalmärkten erworben. Das erlaubte mir, dem Abgrund der Rezession mit der *fiskalischen Erwartungstheorie* einer rapiden und dramatischen Erholung der Finanzmärkte aus dem Wege zu gehen, die als Folge der Maßnahmen der neuen Administration eintreten würde.

Die Märkte würden bald spüren, daß wir keine fiskalpolitischen Abenteurer waren, die darauf warteten, daß sich der Haushalt mit einem Zaubertrick ausgleichen ließe, wie es unsere Gegner behauptet hatten. Das reale angebotsorientierte Programm Reagans würde einen soliden und durchgreifenden antidirigistischen Plan vorlegen, der einen beispiellosen Abbau staatlicher Subventionen und billiger Kredite beinhaltete.

Die Verläßlichkeit einer solchen Politik würde die Aktienmärkte von neuem beleben und aufblühen lassen. Dann ließen sich auch die Geschäftsbilanzen, die gegenwärtig noch durch kurzfristige Kredite belastet wurden, mit langfristig zur Verfügung gestelltem Kapital refinanzieren. Das würde den Geldmarkt so weit entlasten, daß der Federal Reserve Board das Wachstum der Geldmenge in engen Grenzen halten könnte, ohne damit eine Rezession auszulösen.

Alle diese Sorgen und mutigen Antworten waren in meiner Dünkirchen-Denkschrift enthalten. Eigenartigerweise wurde sie als die theoretische Grundlage für die Reagan-Revolution bekannt. In Wirklichkeit war es eine Abhandlung über die Risiken eines fiskalpolitischen Schiffbruchs.

Erschöpft und übernächtigt übergab ich Jack das Dokument kurz vor seinem Abflug nach Los Angeles, wo er sich mit den Großen der amerikanischen Wirtschaft treffen wollte. Die »Dünkirchen-Denkschrift« war ein mehr als fünfunddreißig Seiten starker Operationsplan für die Wiederbelebung der Wirtschaft. Es war die Zusammenfassung meiner Erkenntnisse.

Offenbar hatte die Arbeit unsere Wirtschaftsfachleute beeindruckt. Wenige Tage später läutete das Telefon. Es war Cap Weinberger, der mich fragte, ob ich am Posten des Energieministers interessiert sei.

Zu meiner eigenen Überraschung sagte ich nein. Meine Absage hatte nichts damit zu tun, daß Reagan im Wahlkampf versprochen hatte, das Energieministerium aufzulösen. Ich interessierte mich für das Office of Management and Budget (OMB). Ich sagte Weinberger, wenn er keinen Wert mehr auf seinen alten Posten legte, würde ich ihn gern übernehmen.

Im November erreichten mich Gerüchte aus Kalifornien, die besagten, daß meine Aussichten nicht schlecht stünden. Was ich noch vor einem Monat nicht zu hoffen gewagt hätte, war nun in den Bereich der Möglichkeiten gerückt.

Anfang Dezember sagte mir Jack Kemp, der sich sehr energisch für mich eingesetzt hatte: »Man hat eine Entscheidung getroffen. Sie werden einen Anruf bekommen.«

Bald darauf rief das Büro, das die Amtsübernahme durch Reagan vorbereitete, bei mir an und fragte, wo ich am Abend des 3. Dezember sein würde.

Mein Freund, der Rechtsanwalt Dick Fairbanks, der als aktiver Politiker den Regierungen von Nixon und Ford angehört hatte und jetzt bei den Vorbereitungen für die Amtsübernahme durch Reagan mitarbeitete, hatte mich an diesem Abend zum Essen eingeladen. Ich sagte ihm, daß ich einen Anruf erwartete.

Fairbanks hatte eine sehr schöne Bibliothek und richtete es so ein, daß ich mein Telefongespräch dort führen konnte. Wir waren gerade beim Cocktail, als das Telefon läutete.

Zwar wußte ich, daß ich angerufen werden würde, aber jetzt bekam ich doch Herzklopfen und einen trockenen Mund.

Ich hatte mir einige kluge Sätze zurechtgelegt, aber während der unendlich lang erscheinenden zwei Minuten, die ich in Dicks Bibliothek darauf wartete, daß die Vermittlung die Verbindung herstellte, hatte ich sie alle vergessen. Als ich den Hörer schließlich aufnahm, zitterte meine Hand. Es war das erste Mal, daß ich mit einem Präsidenten sprach.

Zunächst hörte ich nichts als ein breites »Hallo?«.

Aber wie ich später immer wieder feststellen konnte, hatte Ronald Reagan die Gabe, seinen Gesprächspartnern jede Scheu zu nehmen.

Mit seiner ruhigen, wohlklingenden Stimme sagte er: »Dave, ich habe mir überlegt, wie ich mit Ihnen quitt werden könnte, nachdem Sie mich bei den Proben für die Debatten so in die Mangel genommen haben. Nun habe ich beschlossen, Sie in das OMB zu berufen.«

Ich weiß nicht mehr genau, was ich ihm geantwortet habe, es muß aber etwa das Folgende gewesen sein: »Das ist eine einmalige Gelegenheit für mich, und ich bin bereit, mich voll und ganz für diese Aufgabe einzusetzen.«

Als ich zu den anderen Gästen zurückkam, sagte ich: »Ich habe einen neuen Job.« Alle gaben sich überrascht, und Dick trank mir zu. Jennifer Blei, die ich zwei Jahre später heiraten würde, wußte, daß das Schicksal einer Strohwitwe auf sie wartete, denn ich würde oft vierundzwanzig Stunden am Tag im Weißen Haus arbeiten müssen. Aber auch sie lächelte und beglückwünschte mich. So begann das Abenteuer.

Aber bald begannen auch die ersten Schwierigkeiten. Mitte Dezember des gleichen Jahres gerieten die Finanzmärkte in ein furchtbares Durcheinander. Am 18. Dezember flog ich nach New York, um die großen Brokerfirmen aufzusuchen und die Leute dort zu beruhigen. Dabei begleiteten mich der Initiator der Steuersenkungen, Wanniski, und Dick Whalen, ein eher orthodoxer, die Theorie des knappen Geldes vertretender Republikaner, der sich vor allem darum bemühte, das Defizit abzubauen.

Zuerst ging ich zu Dr. Henry Kaufman von der Firma Salomon Brothers, dem entschiedensten Gegner unserer Theorie von der Angebotsorientierung an der Wall Street. Gelinde gesagt nahm er gegenüber den von uns vertretenen Theorien eine sehr skeptische Haltung ein. So sehr ich es auch versuchte, ich konnte ihn nicht von der Richtigkeit unserer Auffassungen überzeugen. Er sagte jedoch, er sei erleichtert und sogar erstaunt, daß ich einen umfassenden und detaillierten Plan für Ausgabenkürzungen hätte und nicht uneingeschränkt der Behauptung von Laffer zustimmte, daß sich Steuersenkungen selbst finanzieren würden.

»Die Steuersenkung muß *verdient* sein«, sagte ich ihm, »und zwar durch den Schweiß der Politiker.«

Nachdem ich die gleiche Botschaft bei einer Reihe anderer skeptischer Brokerfirmen wiederholt hatte, kam es bei einem Abendessen zwischen Jude Wanniski und Lew Lehrman und mir zu einer erregten

Diskussion. Wanniski und Lehrman erklärten, jetzt, da es nicht mehr um rein theoretische Erwägungen, sondern um die praktische Durchführung ginge, müßten wir erkennen, daß eine blitzkriegartige Kürzung des Haushalts ein schwerer strategischer Fehler wäre.

»Wenn die Administration ihr politisches Kapital mit Haushaltskürzungen verschwendet und damit der Gesellschaft zu große Opfer abverlangt«, behauptete Wanniski, »werden wir die Schlacht um geringfügige Steuersenkungen, die Goldwährung und die durch angebotsorientierte Maßnahmen zu bewirkende Prosperität verlieren. Das Ganze wird mit dem üblichen republikanischen Sparprogramm enden.«

Wanniski und seine Verbündeten hatten nach allem, was die Erfahrung lehrte, unrecht. Die Katastrophe, vor der ich in meiner Denkschrift gewarnt hatte, ließ sich, wie Wanniski meinte, nur durch zwei Dinge vermeiden, durch wirtschaftliches Wachstum und die Rückkehr zum Goldstandard. Nach meiner Auffassung stellte das die Dinge auf den Kopf. Das Problem lag darin, den Wohlfahrtsstaat einzudämmen. Wenn wir dieses Problem nicht energisch anpackten, würde es uns auch nicht gelingen, die Leistungsfähigkeit der Wirtschaft zu steigern und den Goldstandard einzuführen. Als ich an jenem Abend den Century Club verließ, wußte ich, daß der Augenblick der Wahrheit gekommen war, hoffte aber immer noch, daß unsere Meinungsverschiedenheiten eher taktischer als grundsätzlicher Natur waren.

Jetzt mußte das letzte Kettenglied geschmiedet werden. Doch bald erkannte ich, daß es meine Aufgabe sein würde, den Operationsplan für die Reagan-Revolution zu entwerfen. Der Dezember brachte Hinweise darauf, daß die Leute aus Kalifornien und vor allem der wichtigste unter ihnen nicht fähig oder geneigt waren, sich an der durchgreifenden antidirigistischen Revolution zu beteiligen, die unser angebotsorientiertes Wirtschaftsprogramm verlangte.

Ed Meese war offensichtlich die treibende Kraft und veranstaltete vom frühen Morgen bis zum späten Abend ungezählte Konferenzen und »Planungssitzungen«. Sie begannen täglich um sieben Uhr morgens, und die Liste der jeweils zu erledigenden Punkte wurde mit jedem Tage länger. Aber bis Weihnachten war mir klar geworden, daß die Kalifornier hinter dieser ganzen Geschäftigkeit nur die Tatsache verbargen, daß sie keinen strategischen Plan für die Regierungsbildung geschweige denn für die Reagan-Revolution hatten. Man konnte Meese nicht vorwerfen, daß er seine Arbeit nicht ernst nahm und seine Ziele nicht energisch verfolgte. Sein Schreibtisch brach fast unter der Last der unübersehbaren Papierflut zusammen. Jede Nebensächlichkeit mußte berücksichtigt werden, es ließ sich aber nicht erkennen, wo die Prioritäten gesetzt werden sollten.

Dabei boten die entscheidenden wirtschaftlichen Daten mit jedem Tag ein ungünstigeres Bild, und das ließ die Hauptaufgabe der neuen Regierung, die Wiederherstellung einer nicht inflationären Prosperität, zu einer kaum noch zu bewältigenden Herausforderung werden. Und doch war das für wirtschaftliche Fragen zuständige Team immer noch nicht zusammengestellt worden.

Man erkannte deutlich, daß Meese die Geschäfte des Präsidenten führte. Aber die Liliputaner hatten den Riesen bereits am Boden gefesselt, und nun versuchte er verzweifelt, sich aus dieser Verstrikkung zu befreien.

Es gab aber auch noch eine andere beunruhigende Tatsache.

Wir hatten einige informelle Zusammenkünfte mit dem gewählten Präsidenten, der bei solchen Gelegenheiten nur zuhörte, nickte und lächelte. Dann sagte er vielleicht, »vor uns liegt eine große Aufgabe«, beendete diesen Satz aber nie. Er gab keine Anweisungen, stellte keine Fragen und sagte nicht, was nach seiner Auffassung am dringendsten erledigt werden müsse. Das beunruhigte mich. Meine Mentoren und Lehrer wie Morrison, Moynihan, Anderson, Kemp und sogar Großvater Bartz waren hochintelligente Leute gewesen, voll zündender Ideen, Tatendrang und Wißbegier. Und nun erschien mir der größte unter ihnen, der neugewählte Präsident der Vereinigten Staaten, so heiter, gelassen und passiv. Er schien sagen zu wollen, da wir alle wüßten, was zu geschehen habe, sollten wir tun, was wir für richtig hielten. Weil ich nun wirklich wußte, was zu geschehen hatte, faßte ich diesen stillen Vertrauensbeweis als ein Mandat auf. Wenn die anderen es nicht fertigbrachten, seine Regierung zum gemeinsamen Handeln zu bewegen, dann wollte ich es tun.

Am 19. Dezember verfaßte ich eine Denkschrift mit dem Titel »Unser Feind ist die Zeit« und übergab sie Meese und Jim Baker. Darin skizzierte ich einen Aktionsplan für die Reagan-Revolution mit dem Ziel des wirtschaftlichen Aufschwungs, die wenige Wochen nach der Amtseinführung des Präsidenten beginnen sollte. Zu meiner Überraschung stimmten mir beide Männer zu.

Jetzt war ich an der Reihe, aktiv zu werden. Ich arbeitete Tag und Nacht mit einem Eifer wie damals in meiner Jugend, wenn die Heuernte eingebracht werden mußte, bevor der Regen einsetzte. Angesichts der unmittelbar bevorstehenden Revolution mußte ich es tun.

3.
Blitzkrieg

Zwei Monate später, am 18. Februar 1981, verkündete der neue Präsident in einer Ansprache vor beiden Häusern des Kongresses ein durchgreifendes, revolutionäres Wirtschaftsprogramm – sein »Programm für den wirtschaftlichen Wiederaufschwung«. Das war ein prosaischer Name für einen Plan, der in Wirklichkeit eine erstaunliche Abweichung von den gewohnten Rhythmen des amerikanischen Regierungssystems darstellte.

Die meisten großen nationalen politischen Vorhaben werden in den zahlreichen lärmenden Beschlußgremien unserer nach den Ideen Madisons gestalteten Demokratie gestaltet, überprüft, debattiert, verfeinert und praktisch beschlossen. Erst dann werden sie in einer Regierungserklärung endgültig artikuliert und abgesegnet.

Die wichtigen Initiativen des Präsidenten spiegeln meist einen Konsens, der schon vorher zustande gekommen ist. Wenn sie »kühn«, »neu« oder »visionär« sind, dann finden sich solche Qualitäten gewöhnlich nur in den sie begleitenden rhetorischen Phrasen und Trompetenstößen.

Ronald Reagans Plan war etwas anderes. Von ihm wußte man vorher kaum etwas. Er hatte den kürzeren Weg genommen, der von Jude Wanniskis Kettenreaktion des revolutionären Fortschritts bestimmt wurde.

Wanniskis Kettenreaktion hatte, so unglaublich es klingen mag, an jenem Abend des 18. Februar 1981 das fünfte und letzte Kettenglied erreicht. Darin zeigt sich sowohl sein Weitblick als auch sein Glück, denn seine Chancen standen ursprünglich etwa tausend zu eins.

Natürlich machte die Proklamation des Präsidenten die Angebotsorientierung noch nicht zur Grundlage der amerikanischen Wirtschaftspolitik. Aber Ronald Reagan war der »Große Verkünder«, das eindrucksvollste und überzeugendste Staatsoberhaupt seit Roosevelt.

Am Abend des 18. Februar sprach er vor einer Versammlung verzweifelter Politiker, die die blutigen Reste ihrer keynesianischen und dirigistischen Lösungen in den Plenarsaal mitgebracht hatten. Sie wußten, daß sie sich auf einem Irrweg befanden – und jetzt suchten sie nach einem Ausweg. Immer wieder spendeten sie dem Präsidenten Beifall, und das ließ keinen Zweifel daran, daß sie geneigt waren, ihm weitgehende Handlungsfreiheit in seinem Bemühen zu gewähren, ein neues Heilmittel gegen die verfahrene Wirtschaftslage der Nation zu finden. Sie waren bereit, ein Glücksspiel zu wagen, nicht weil sie den Plan verstanden oder akzeptierten, sondern weil sie jedes Vertrauen zu den bisher angewendeten Heilmitteln verloren hatten.

Ronald Reagans radikales Wirtschaftsprogramm hatte daher schon am Abend seiner Verkündigung gute Aussichten, als politische Leitlinie übernommen zu werden. Natürlich würden es die Fachleute in den Gremien der Legislative überprüfen, aber der Plan hatte bereits eine gewisse Eigendynamik entwickelt, und nur wenige stellten sich ihm in den Weg.

Schon bald sollte er die nationale und die Weltwirtschaft mit der Gewalt eines Sturms erfassen, der sich bis zum Ende des Jahrzehnts und vielleicht sogar des Jahrhunderts nicht legen würde. Auch das amerikanische Regierungssystem würde dadurch entscheidend verändert werden. Wenigstens für den Augenblick war die Rede des Präsidenten Ausdruck des erstaunlichen Triumphs der Ideologie einer Minderheit über die politischen Forderungen der Mehrheit.

An diesem Abend ging ich auch wieder an der Stelle auf der zum Sitzungssaal des Repräsentantenhauses führenden Treppe vorbei, wo ich als ungestümer siebzehnjähriger junger Mann gestanden und mir – wie MacArthur – geschworen hatte, zurückzukehren. Und jetzt geschah etwas Seltsames: Wieder bekam ich eine Gänsehaut, aber diesmal waren es nicht jugendliche Illusionen von einer glorreichen Zukunft, sondern eine tiefe innere Befriedigung, die sie auslöste. Vierzig anstrengende Tage lagen hinter mir.

Anstrengend und – wie ich rückblickend zugeben muß – von an Anmaßung grenzender Selbstsicherheit gekennzeichnet. Einen umfassenden Plan für eine durchgreifende Umgestaltung der nationalen Wirtschaft innerhalb von vierzig Tagen ausarbeiten zu wollen ist ein arrogantes und unglaublich leichtsinniges Unternehmen. Damals habe ich es nur für eine anstrengende, aber ungemein aufregende Zerreißprobe gehalten. Aber dennoch lauerten tief in meinem Herzen verborgene Zweifel.

Ich hatte einen geheimen Resonanzboden für noch unausgereifte, verworrene Gedanken: William Greider von der *Washington Post*.

Greider war ein hochgewachsener, hagerer Mann Mitte der Vierzig und sah mit seinem vom Wetter gegerbten Gesicht aus wie ein Reporter, der alle Strapazen seines Berufs am eigenen Leibe erfahren hatte. Er verstand es ausgezeichnet, seine liberalen Anschauungen zu artikulieren und zu begründen.

Gelegentlich rief ich ihn an, um ihn zu bitten, einen meiner Artikel in der *Washington Post* zu veröffentlichen. Ebenso wie ich war er ein Feind aller bloßen Interessen- und Machtpolitik. Nach seiner Ansicht sollte das politische Handeln von Ideen bestimmt sein und nicht von der bloßen politischen Macht. Wir verstanden uns gut, und im Lauf der Zeit war er mein intellektueller Sparringpartner geworden. Vor einiger Zeit war er zum stellvertretenden Chefredakteur für Innenpolitik befördert worden.

Im Dezember 1980 machte er mir einen Vorschlag. Nach seiner Ansicht würde das Experiment mit der Angebotsorientierung eine faszinierende Sache sein, obwohl er nicht glaube, daß das politische System sich schließlich dafür entscheiden werde. Er meinte deshalb, wir sollten uns regelmäßig treffen und uns über die Fortschritte unterhalten, die wir bei unserem Versuch machten. Er werde den Verlauf dieser Entwicklung protokollieren und eines Tages einen ausführlichen Bericht darüber schreiben.

Ich vertraute Greider und achtete ihn. Daß ich seinen Vorschlag annahm, hatte etwas mit meiner eigenen Vergangenheit zu tun. Ich hätte mich niemals mit dem von mir inzwischen als primitiv empfundenen rechten Konservatismus meines Großvaters, Goldwaters – oder Reagans – zufriedengeben können.

Mein intellektueller Ehrgeiz wollte zumindest den Versuch unternehmen, die Zitadelle der etablierten Meinungsmacher zu erstürmen – und diese Meinungsmacher artikulierten sich auf den Seiten der *Washington Post*. Sie waren die modernen Freidenker, die ich bekehren wollte.

Wir einigten uns darauf, daß Greider nichts über den Inhalt unserer Gespräche veröffentlichen würde, bevor die politischen Auseinandersetzungen in dieser Sitzungsperiode des Kongresses vorüber waren und unser Programm Gesetzeskraft erlangt hatte. Über die Einzelheiten konnten wir uns später einigen. Natürlich wußte ich noch nicht, was mir bevorstand.

So war es seltsamerweise ein Mitglied der liberalen Presse, das von mir erfuhr, in welcher Eile ich meine »Große Doktrin« zur Grundlage der nationalen Wirtschaftspolitik machte. Greider riet mir, noch einmal Abstand zu gewinnen und mir die Sache zu überlegen, aber ich sagte ihm, »ich habe so viel zu tun, daß ich kaum noch Zeit zum Schlafen finde. Ich werde später darüber nachdenken.«

Unsere fieberhafte Arbeit im Januar und Anfang Februar 1981 war kein normaler politischer Entscheidungsprozeß. Wir diskutierten nicht über mögliche politische Optionen. Wir fanden keinen Kompromiß, der einen Ausgleich zwischen den Forderungen des politischen Neuerers und dem politisch Durchsetzbaren gebracht hätte. Und doch ist es gerade ein solcher Ausgleich, der unser politisches System im Normalfall funktionsfähig macht.

Die Grundforderungen des finanzpolitischen Programms Reagans – die große Steuersenkung, die Steigerung der Verteidigungsausgaben, eine antiinflationäre Währungspolitik und ein ausgeglichener Haushalt – hatten absolute Priorität. Die hektische Arbeit vor dem 18. Februar galt der Umsetzung unserer Doktrin in die üblichen Details, Zahlen und Formulierungen der Tagespolitik. Doch überall ergaben sich gefährliche Widersprüche, die in ausführlichen Besprechungen eigentlich behoben werden mußten.

Der Hauptgrund, weshalb es nicht zu solchen Beratungen kam, lag darin, daß die Höhe der Ausgabenkürzungen die variable Größe in der wirtschaftspolitischen Gleichung blieb. Ich glaubte, wir müßten in dieser Frage elastisch bleiben und die Entscheidung davon abhängig machen, was für den Haushaltsausgleich schließlich notwendig sein würde.

Aber zu einer endgültigen Entscheidung kam es nicht. Die Entwicklung verlief so hektisch, daß niemand im Weißen Haus wußte, mit welchen Zahlen wir bei den Ausgabenkürzungen wirklich würden rechnen können.

Es gab aber auch noch ein anderes Problem. Keiner der wichtigsten Berater im Weißen Haus – weder Meese noch Deaver oder Baker – kannte die amerikanische Finanzpolitik gut genug, um die Höhe dieses Betrags richtig einzuschätzen, und der Präsident hatte keine Vorstellung davon, welche politischen Folgen diese Maßnahme haben werde.

Trotzdem begann ich Ende Dezember unter Hochdruck an den Ausgabenkürzungen zu arbeiten. Die beiden Chefberater des Präsidenten, der Stabschef des Weißen Hauses, Jim Baker, und der politische Berater Ed Meese hatten mir beide – wenn auch aus verschiedenen Gründen – das Startzeichen gegeben.

Baker war offensichtlich der tüchtigste Mann im inneren Kreis, aber gegenwärtig kümmerte er sich nicht um wirtschaftspolitische Fragen. Seine Ernennung zum Stabschef war für die alte Mannschaft Reagans ein Schock gewesen. Für sie war Baker vorbelastet. Er hatte als Wahlmanager für Gerald Ford und später für George Bush gearbeitet. Und Wirtschaftspolitik war für ihn eine Art Hexerei.

Politisch neigte Baker eher dazu, den Einfluß der Zentralregierung und der Bürokratie zugunsten der Privatwirtschaft und der kommunalen Selbstverwaltung zu beschneiden. Doch im Grunde war Baker weder politisch sehr versiert noch interessierte er sich besonders für diese Probleme. Solange die Richtung stimmte, war er zufrieden.

Ende Dezember wurde es Baker bewußt, daß die Wirtschaftspolitik angesichts des bedrohlichen Anstiegs der Leitzinsen auf 21,5 Prozent und der Gefahr einer bevorstehenden Rezession im Mittelpunkt der Politik des ersten Regierungsjahres Reagans stehen werde.

Er wußte auch, daß kein Angehöriger des inneren Kreises ihm würde sagen können, auf welche Weise man diesen Gefahren begegnen sollte.

Meese hatte sich hinter einem Berg aus Papier und Desorganisation verschanzt. Er verabscheute die Arbeit in Ausschüssen.

Mike Deaver hatte nie ein Interesse für politische Fragen auch nur vorgetäuscht. Außerdem war er vollauf damit beschäftigt, die Amtseinführung des Präsidenten zu organisieren. Als Baker daher sah, daß sein neuer Kollege, der Hinterbänkler aus dem Repräsentantenhaus, einen Plan hatte und nur darauf wartete, ihn in die Tat umzusetzen, war er erleichtert.

Meese gab mir das Mandat, weil er nicht begriffen hatte, was ich tun würde. Seine Einstellung zu Ausschüssen im allgemeinen veranlaßte ihn, meinem Vorschlag zuzustimmen, einen weiteren Ausschuß zu bilden, einen wirtschaftspolitischen Lenkungsausschuß.

Meeses besondere Eigenart ist es, einzelne Aufgabenbereiche streng abzugrenzen. Er glaubte, die allgemein politischen Richtlinien würden im Kabinett und von den Ministerien festgelegt und dem Präsidenten zur Kenntnisnahme und Genehmigung vorgelegt. Die technischen Arbeiten für die Aufstellung des Haushalts gehörten in das Office of Management and Budget (OMB). Dabei übersah er, daß Innenpolitik und Haushalt sich nicht auseinanderdividieren lassen. So billigte er mir viel weiter reichende Befugnisse zu, als er es eigentlich beabsichtigte.

Ich hatte einen viel zu ehrgeizigen Zeitplan für das Ingangsetzen der ersten und gefährlichsten Initiative der neuen Regierung aufgestellt und erklärt, wir müßten »zehn oder fünfzehn Tage nach der Amtseinführung« des Präsidenten damit beginnen.

Ich rechnete damit, daß uns nur sehr kurze Zeit zur Verfügung stehen würde, um so durchgreifende Veränderungen in der amerikanischen Wirtschaftspolitik durchsetzen zu können. Die ungünstige Entwicklung der Wirtschaft und die politischen Kräfte, die am Status quo festhalten wollten, würden sich bald stärker erweisen als die neue Regierung.

Wenn der Plan unmittelbar nach der Amtseinführung des Präsidenten in Angriff genommen werden konnte, dann bestand vielleicht die Möglichkeit, diese Kräfte auszuschalten. Wir würden den Kongreß unter Umständen beim ersten Ansturm überrumpeln und die notwendigen Gesetze schon im späten Frühjahr durchbringen können. Wenn uns das gelang, dann konnten wir die Wirtschaft auf einen neuen, gesünderen Weg katapultieren. Wir würden der politischen Entwicklung vorgreifen, bevor die Politiker zu den bisher üblichen destruktiven Methoden der »Zweiten Republik« zurückfanden.

Weder Meese noch Baker haben wahrscheinlich erkannt, welches Risiko ein solches Vorgehen mit sich brachte, und mit Sicherheit nicht begriffen, weshalb es geschehen mußte.

Trotzdem nahm Meese in dem von mir vorgelegten Aktionsplan nur eine einzige Veränderung vor, er ersetzte das Wort »Koordinierung« in der Bezeichnung des von mir vorgeschlagenen Ausschusses durch das Wort »Steuerung«. Ich hatte ursprünglich von einem wirtschaftspolitischen Koordinierungsausschuß gesprochen. Zweifellos hat er sich vorgestellt, er werde derjenige sein, der diese Entwicklung steuerte. So begann das riskante Unternehmen, innerhalb von vierzig Tagen eine völlig neue finanz- und wirtschaftspolitische Welt zu schaffen.

Meese und Baker nahmen an der ersten Sitzung des Ausschusses nicht teil, wohl aber Don Regan. Das gab mir die erste Gelegenheit, mir einen Eindruck von ihm zu verschaffen.

In der Welt, in der ich lebte, war Regan ein ideologisches Neutrum. Einerseits war er für die Lohn- und Preiskontrolle, andererseits hatte er sich auf dem Aktienmarkt um eine Lockerung der dort geltenden strengen Bestimmungen bemüht. Er sagte mir, er habe alles daran gesetzt, die Verwirklichung des Plans zu beschleunigen, und ermahnte mich, nicht das Tempo zu verlangsamen. Mein blitzkriegsartiges Vorgehen war ihm durchaus recht, weil er selbst keine bessere Lösung wußte.

Am späten Abend des 30. Dezember rief ich Ed Meese in Kalifornien an, erläuterte ihm unseren Plan und bat ihn, uns für die folgende Woche auf dem Terminkalender des neugewählten Präsidenten einen Platz zu reservieren. Er war einverstanden. Alles entwickelte sich sehr rasch.

Da die Wirtschaftsprognosen für die Aufstellung des gesamten Wirtschaftsplans entscheidend wichtig waren, hatten wir sie für die Sitzung am 30. Dezember an erster Stelle auf die Tagesordnung gesetzt. Normalerweise hätten daran sehr viele Fachleute mitarbeiten müssen. Aber schließlich wurde diese Aufgabe den Ideologen und Technikern überlassen. Auch das war ein Fehler, der sich als Folge der zu großen Hektik eingeschlichen hatte.

Der Wirtschaftsexperte, der üblicherweise den Council of Economic Advisors (CEA) leitet, ist gewöhnlich für solche Prognosen verantwortlich. Aber Anfang Januar war noch niemand zum Leiter des CEA ernannt worden.

Auch der Finanzminister spielt bei der Formulierung der Wirtschaftsprognosen meist eine maßgebende Rolle. Doch Don Regan hatte die eigenartige Vorstellung, das sei lediglich eine technische Formalität, und der Direktor des Office of Management and Budget brauche diese Angaben nur, um die richtigen Zahlen in seinen

Haushaltsentwurf einzusetzen. Er sagte: »Ich habe den Eindruck, ich werde einen Monat Zeit haben, mich mit allem vertraut zu machen, während Sie mit Ihren Ausgabenkürzungen so viel zu tun haben, daß Sie nicht wissen, wo Sie sich aufhalten sollen. Die Steuerpolitik ist nicht meine Sache. Ich muß ausführen, was der Präsident entschieden hat, und es der Öffentlichkeit verkaufen...«

Ich war erleichtert zu wissen, daß es mit dem Finanzminister keine langen Diskussionen über den Wert unserer angebotsorientierten Steuerpolitik geben würde. Aber da wir bis zu unserem ausführlichen Vortrag beim Präsidenten nur eine Woche Zeit hatten, standen wir vor einem ernsten Dilemma. Die für die Zwischenprognose verantwortliche Gruppe konnte sich nicht über ein Wirtschaftsszenarium für die nächsten fünf Jahre einigen. Mir war sofort klar, daß wir dazu sehr viel mehr Zeit brauchen würden, als wir für die Ausarbeitung einer Prognose vorgesehen hatten, der alle Beteiligten zustimmen mußten.

Das bedeutete, daß wir eine Zeitlang hinsichtlich des genauen Umfangs der Ausgabenkürzungen, die wir brauchten, um den Haushalt auszugleichen, im dunkeln tappen würden. Wir würden gezwungen sein, uns auf bestimmte Kürzungen im Haushalt festzulegen, während wir es mit sich ständig verändernden Bedingungen zu tun hatten.

Das war schon an sich eine gefährliche Strategie, aber ich war mir noch keineswegs bewußt, welche politischen Folgen sie haben könnte. Nach meiner Theorie der Einsparungen im Haushalt ließen sich die Steuersenkungen unabhängig von allen Wirtschaftsprognosen ausgleichen.

Die Sitzung, die am 7. Januar im Blair House gegenüber dem Weißen Haus stattfand, war die erste Gelegenheit für die neue Regierung, sich ein Bild von der Wirtschaftslage und den Entscheidungen zu machen, die sie in nächster Zeit treffen mußte.

Die Teilnahme des neu gewählten Präsidenten veranlaßte alle höheren Beamten des Weißen Hauses – Bush, Meese, Baker, Anderson und mich –, zum ersten Mal im gleichen Zimmer zusammenzukommen. Mir wurde der Platz neben dem Präsidenten zugewiesen. Seit dem Abend, an dem er mir telefonisch meine neue Position im Office of Management and Budget anbot, hatte ich nur zweimal ganz kurz mit ihm gesprochen.

Ich sollte die Sitzung leiten und schwitzte natürlich vor Nervosität. Als neugewählter Präsident hatte Ronald Reagan jetzt eine starke Ausstrahlung. Zum ersten Mal erlebte ich auch die feierliche Atmosphäre einer offiziellen Veranstaltung im Weißen Haus; Namensschilder, Notizblöcke und gespitzte Bleistifte an jedem Platz, große Wasserkaraffen und diensteifrige Butler, die schweigend den Tisch umkreisten. Hier bekam ich auch zum ersten Mal die Vorstellung davon, wie kurz zwei Stunden an einem Tisch sein können, um den sich die einflußreichsten Männer in der Regierung unseres Landes versammelt haben.

Ich wußte, wie wenig Zeit wir hatten. Der Kalender gewann bereits das Rennen gegen meinen ehrgeizigen Zeitplan. Doch inzwischen hatten wir es auch noch mit einem anderen Zeitplan zu tun; die Amtseinführung des Präsidenten stand kurz bevor. Das bedeutete wahrscheinlich einen weiteren Zeitverlust von einigen Tagen.

Um diesen Zeitverlust auszugleichen versuchte ich, alle wichtigen Punkte in die Tagesordnung für den 7. Januar aufzunehmen. Das Papier enthielt die ungünstigen Daten für die kurzfristig zu erwartende wirtschaftliche Entwicklung und den dramatischen Anstieg des für das laufende Jahr zu erwartenden Defizits. Es wies auch darauf hin, daß umfangreiche Kürzungen bei den Staatsausgaben im innenpolitischen Bereich notwendig seien.

Darüber hinaus erläuterte es eine Strategie, das ganze Programm möglichst rasch durch den Kongreß zu bringen. Auf einer langen Liste wurden alle die Bereiche aufgeführt, auf denen erhebliche Ausgabenkürzungen vorgenommen werden mußten, um die defizitäre Lücke zu schließen. Zu Beginn der Sitzung lag an jedem Platz ein schwarzer Aktenordner, der alle notwendigen Informationen enthielt.

Schon nach einer Stunde mußte ich erkennen, wie schwierig es sein würde, das Weiße Haus Reagans dazu zu bringen, sich auf das komplexe, verwirrende und mit Zahlen gespickte Geschäft der Formulierung einer erfolgreichen Wirtschafts- und Finanzpolitik zu konzentrieren.

Es begann mit den obligatorischen Reden.

Zunächst ergriff der Präsident das Wort und sagte, jetzt sei die Zeit gekommen, mit der Arbeit zu beginnen, die man uns anvertraut habe, und illustrierte das mit einigen Anekdoten. Dann wandte er sich an den neugewählten Vizepräsidenten und fragte ihn: »George, wollen Sie noch etwas sagen, um uns einen besseren Gesamtüberblick zu geben?«

Bush verneinte das entschieden mit der Begründung, der Präsident habe schon alles gesagt. Dann wiederholte er jeden einzelnen Gemeinplatz, den der Präsident geäußert hatte.

Als nächster kam Ed Meese an die Reihe. Zunächst sprach er von den »glänzenden« Fortschritten, die sein Team, das die Übernahme der Regierungsgewalt vorbereiten sollte, bei seiner Arbeit gemacht habe. Am 22. Januar würden wir nach einem hervorragenden Endspurt durchs Ziel gehen.

Dann wandte er sich an Baker und sagte: »Jim, wollen Sie noch etwas hinzufügen?«

Natürlich hatte Baker ebenso wie Don Regan, Marty Anderson und die meisten anderen auch noch etwas zu sagen.

Als er an die Reihe kam, erläuterte Alan Greenspan die voraussichtliche kurzfristige wirtschaftliche Entwicklung in nächster Zukunft. Ich hatte Alan Greenspan in unsere Gruppe aufgenommen. Unter Ford war Greenspan alles andere als ein Vertreter der angebotsorientierten Wirtschaftspolitik gewesen. Aber zwischen ihm und mir war eine gute freundschaftliche Beziehung entstanden, und mir lag viel daran, daß er mir zur Seite stand, wenn die Lage sich zuspitzen sollte.

Als er vor einigen Jahren nach Washington gekommen war, hatte man Greenspan vorgeworfen, als konservativer Intellektueller ein typischer Gegner jedweden Dirigismus zu sein. Ich hatte das Gefühl, daß wir uns geistig sehr nahe standen.

Besonders gefiel es mir, daß Greenspan ebenso wie ich eine besondere Vorliebe für Tatsachen, Zahlen und empirische Daten hatte. Das fehlte den Theoretikern der Angebotsorientierung im Zentralkomitee von Kemp.

Greenspan beschäftigte sich unter anderem mit der Frage, wie der Aufsichtsrat des Federal Reserve Board die von den Banken geforderten Zinssätze festlegte. Mit großer Geduld erklärte er, daß der Markt und nicht der Federal Reserve Board die Höhe der Zinsen bestimme. Das wieder führte zu einer Diskussion über die neue, von Volcker empfohlene Währungspolitik, die sich darauf gründete, die Geldmenge und nicht die Zinsen zu kontrollieren.

Für die meisten Anwesenden war dieser Gedanke etwas völlig Neues. Ich war überrascht. Das bestärkte mich in meiner Auffassung, weniger zu erklären und mehr zu tun.

Inzwischen war fast eine Stunde vergangen, aber endlich waren wir so weit, daß ich vortragen konnte, wie der Haushalt nach meiner Auffassung gestaltet werden müsse.

Um das Problem zu dramatisieren und meine Zuhörer davon zu überzeugen, daß die im Wahlkampf für den Haushalt gemachten Angaben nicht mehr galten, weil wir uns in einem wirtschaftlichen Abschwung befanden, hatte ich eine Tabelle mitgebracht, die zeigte, was mit dem »ausgeglichenen Haushalt« Carters im Rechnungsjahr 1981 geschehen war: Im September wies das Budget für 1981 bereits ein Defizit von zwanzig Milliarden Dollar aus. Im November mußte dieser Betrag auf achtunddreißig Milliarden Dollar erhöht werden. Jetzt im Januar zeigte der Haushalt ein Defizit von achtundfünfzig Milliarden Dollar!

»Verdammt!« rief der Präsident. »Ich wußte, daß sie uns das antun würden. Es beweist nur, daß wir die ganze Zeit recht gehabt haben.«

Es folgte eine Runde leidenschaftlicher, gegen Carter und seinen »betrügerischen« Haushalt gerichteter Vorwürfe.

Ich war enttäuscht. Diese Leute taten so, als wollte ich mit meinem Vortrag nachweisen, daß es die Absicht der vorigen Administration gewesen sei, uns zu sabotieren. Sie glaubten, ich wollte mich politisch profilieren, während ich nur versucht hatte, ihnen verständlich zu machen, welchen großen und schwierigen realen Problemen wir uns stellen mußten. Aber diese Herren wollten nur über »die anderen« reden.

Schließlich gelang es mir mit einiger Anstrengung, sie von dem jetzt völlig irrelevanten Thema des Haushalts 1981 abzubringen. Ich erklärte, daß wir daran nichts mehr ändern könnten und uns jetzt auf das Haushaltsjahr 1982 und die folgenden Jahre konzentrieren müßten.

Erst gegen Ende der mir zugestandenen Redezeit kamen wir zum Kern meines Vortrags: die Ausgabenkürzungen um wenigstens fünfundsiebzig Milliarden Dollar *im Jahr*, die vorgenommen werden mußten, wenn wir den Haushalt bis 1984 ausgleichen wollten. Diese Auffassung gründete sich auf eine Prognose des Büros des Haushaltsausschusses des Kongresses. Eine von Kennern der Angebotsorientierung vorgenommene Prognose hätte noch höhere Summen ergeben.

Ich erklärte, wir brauchten sehr viel durchgreifendere und schmerzhaftere Haushaltskürzungen, als wir es bisher der Öffentlichkeit gesagt hatten. Die Verhinderung von korrupten Praktiken, Verschwendung und Mißbräuchen war nur ein kleiner Teil der Lösung. Wir brauchten tiefe Einschnitte in das soziale Gefüge und die Subventionspraktiken. Ich glaubte, meine Darstellung werde ernüchternd wirken.

Doch meine Zuhörer begriffen nicht, daß wir vor einer viel härteren Auseinandersetzung zwischen fiskalpolitischen Notwendigkeiten und innenpolitischen Ansprüchen standen, als sie bisher angenommen hatten. Mit Ausnahme von Marty Anderson und Alan Greenspan ließ keiner der Anwesenden erkennen, daß er verstanden hatte, wie der Bundeshaushalt aussah und wie er aufgestellt worden war. Ich versuchte meinen Zuhörern auch klarzumachen, daß die Steuersenkungen den tatsächlichen Verlust bei den Staatseinnahmen darstellten. Es gab keine Laffer-Kurve und keinen automatischen Ausgleich für die Steuersenkungen als Folge der stimulierenden Wirkung dieser Maßnahme. Das gehörte bereits zur Grundlage meiner Berechnungen.

Wieder war die Reaktion völlige Verwirrung. Zugegebenermaßen waren das technische Einzelheiten, aber die Regierungsarbeit besteht aus technischen Einzelheiten. Allmählich wurde mir klar, das Grundproblem bestand darin, daß Reagan und Meese im Hinblick auf den Haushalt nur im Rahmen eines einzigen Haushaltsjahres dachten. Als Gouverneur von Kalifornien hatten es weder Reagan noch seine Berater je mit Prognosen zu tun gehabt, die über ein Jahr hinausgingen. Die Verfassung des Staates Kalifornien schrieb vor, den Haushaltsausgleich nur für das Budget jeweils eines Haushaltsjahres vorzulegen.

Jetzt mußten sie begreifen, daß die ganze angebotsorientierte Revolution eine Steuersenkung für mehrere Jahre und Ausgabenkürzungen für den gleichen Zeitraum vorsah. Dazu war es notwendig, von den Summen des laufenden Haushaltsjahres ausgehend einen Blick in die Zukunft auf die für jedes Haushaltsjahr bis 1986 zu erwartenden Summen zu werfen. Aber so weit kamen wir nicht.

Die Sitzung endete pünktlich, und Meese sagte, die nächste Haushaltsberatung werde am folgenden Donnerstag stattfinden. Die letzten Worte des Präsidenten klangen versöhnlich: »Wenn wir uns wirklich in einer solchen Klemme befinden, dann wissen wir auch, weshalb wir hier sind.«

Reagan hatte durchaus das richtige Gefühl, aber über den Detailfragen der Angebotsorientierung schwebte er ebenso wie ein Monarch, der nur noch Repräsentationspflichten hat, über den Fragen der Tagespolitik. Ich war zwar kein fahrender Ritter, aber ich interpretierte seine Worte als Auftrag, das zu tun, was ich für notwendig hielt, den Drachen in Gestalt eines widerspenstigen Regierungsapparats zu bekämpfen.

In mein Büro zurückgekehrt, wurde mir plötzlich klar, daß wir vor der Amtseinführung nur noch viermal mit dem Präsidenten zusammentreffen würden und uns für die Haushaltsberatungen daher nicht mehr als sechs Stunden zur Verfügung standen. Ein Viertel der dafür vorgesehenen Zeit hatten wir bereits verbraucht und dieses wichtige Thema erst ganz oberflächlich gestreift.

Wenn ich den restlichen Teil der Zeit darauf verwendete, meinen Zuhörern die Grundsätze zu erläutern, die für die Aufstellung des Haushaltsplans maßgebend sind, dann würden wir nie dazu kommen, über die einzelnen Posten zu sprechen, bei denen Ausgabenkürzungen vorgenommen werden sollten. Deshalb beschloß ich, die allgemeinen Fragen wie die Erhöhung der Verteidigungsausgaben, die Steuersenkungen und die Wirtschaftsentwicklung auf längere Sicht zunächst beiseite zu lassen. Das bedeutete, daß der Präsident nicht vor dem 10. Februar einen allgemeinen Überblick bekommen würde – drei Tage vor dem Schlußtermin, bis zu dem die Entscheidungen getroffen werden mußten. Bis dahin mußte die für den 18. Februar vorgesehene und schon öffentlich angekündigte Ansprache vor beiden Häusern des Kongresses formuliert sein.

Meine neue Methode, den Präsidenten über die Haushaltsvorlage zu unterrichten, schien sich zu bewähren. Die detaillierte Darstellung der Ausgabenkürzungen führte zu einer viel besseren Zusammenarbeit als eine Erläuterung von Wirtschaftstheorien und fiskalischen Berechnungen.

Auf den vier Sitzungen vor der Amtseinführung konzentrierte ich mich auf die Posten, bei denen die größten Abstriche vorgenommen werden sollten. Hier ergaben sich bis zum Jahr 1984 Einsparungen von mehr als fünfundzwanzig Milliarden Dollar jährlich. Mir kam es darauf an, daß der Präsident und seine Berater sich von Anfang an klar darüber waren, daß die Ausgabenkürzungen alles übersteigen würden, was nach den bisher geltenden Maßstäben möglich war. Dabei mußten wir mit politischen Kontroversen und dem Vorwurf rechnen, daß Millionen von Menschen davon betroffen und darunter »leiden« würden. Die wirtschaftspolitische Revolution Reagans war nicht nur eine »Begrenzung der Zunahme von Staatsausgaben«, wie Meese es formulierte. Vielmehr mußten bei Dutzenden von Programmen drastische Abstriche vorgenommen werden. Das bedeutete eine spürbare Kürzung staatlicher Zuwendungen, an die sich die Menschen gewöhnt hatten und auf die sie einen Rechtsanspruch zu haben glaubten.

Ich war erleichtert, daß der Präsident und seine Berater im allgemeinen nichts gegen meine Vorschläge einzuwenden hatten, obwohl ich darauf hingewiesen hatte, daß es wegen der Kürzungen zu heftigen Auseinandersetzungen im Repräsentantenhaus kommen werde. Reagan verfolgte die Beratungen sehr aufmerksam. Seine Fachkenntnisse sind im allgemeinen recht oberflächlich. Er registriert Anekdoten, hat aber keinen Sinn für abstrakte Konzepte. Deshalb erläuterte ich ihm Programme immer wieder an praktischen Beispielen. Aber diese Simplifizierungen forderten einen Preis, mit dem ich zunächst nicht gerechnet hatte. Sie ließen die bevorstehende politische Auseinandersetzung um die Einschränkung der zu hohen Ausgaben des Wohlfahrtsstaats zu sehr wie ein Patentrezept zur Bekämpfung von Korruption, Verschwendung und Mißbräuchen aussehen, aber das war durchaus nicht alles.

Am Ende unserer letzten Sitzung hatte der gewählte Präsident die von mir vorgeschlagenen zwölf größten Ausgabenkürzungen und auch eine ganze Anzahl anderer mit nur ganz geringen Modifizierungen genehmigt. Noch ermutigender war die Tatsache, daß sich jetzt die ganze Beratergruppe hinter das neue angebotsorientierte Konzept stellte.

Reagan selbst zögerte keinen Augenblick und reagierte sehr bald auf jeden meiner Vorschläge mit den Worten: »Keine Frage. Es muß geschehen.«

Als ich wenige Tage nach unserer letzten Sitzung mit Greider frühstückte, erzählte ich ihm begeistert, die Quadratur des fiskalpolitischen Kreises werde schließlich doch kein so großes Problem sein. Der Präsident scheue sich nicht, die schmerzlichen Kürzungen vorzunehmen.

»Er hat schon einen großen Teil davon abgesegnet«, sagte ich. »Er sagt nur, Okay, machen wir es so.«

Erst viel später sollte mir klar werden, was ich angerichtet hatte und in welches Netz der Selbsttäuschungen ich geraten war. Ich hatte den Eindruck erweckt, alle schwierigen fiskalpolitischen Fragen beantworten zu können, und damit das Vertrauen meiner Zuhörer gewonnen. Aber ich hatte die Komplexitäten und Geheimnisse des Bundeshaushalts noch kaum begriffen.

Das rasende Tempo, mit dem wir den Haushaltsentwurf durchpeitschten, ließ mir keine Zeit, über die Lehren nachzudenken, die mir erteilt wurden. Aber noch verhängnisvoller war die Tatsache, daß ich nicht die Zeit hatte, den anderen mitzuteilen, was ich gelernt hatte.

Hätte es sich, wie das bei solchen Initiativen meist der Fall ist, bei dem Reagan-Plan um geringfügige Änderungen gehandelt, dann hätte es kaum etwas ausgemacht, daß die führenden Männer in der neuen Regierung nichts von Fiskalpolitik verstanden. Die notwendigen Veränderungen wären von den Haushaltsbürokraten beim Office of Management and Budget und den zuständigen Behörden ausgehandelt worden. Aber ein Plan für radikale und abrupte Veränderungen erforderte ein gründliches Fachwissen, und das fehlte vollkommen.

Der Kern der Sache war eine alarmierende Rechnung. Wir übernahmen den Haushalt unserer Vorgänger und erhöhten die Verteidigungsausgaben und senkten die Steuern für mehrere Jahre. Wenn wir diesen Plan für die kommenden Jahre durchsetzten, würden die Veränderungen mehr als sechs Prozent des Bruttosozialprodukts ausmachen. Wieviel von den fünfzehn Prozent des Bruttosozialprodukts, die wir als zivile Staatsausgaben von unseren Vorgängern übernommen hatten, mußte gekürzt werden, damit die Steigerung der Verteidigungsausgaben und die Steuersenkungen das Defizit nicht noch erhöhten?

Die Geschichte kann dem Präsidenten keinen Vorwurf daraus machen, daß er diese entscheidende Frage nicht berücksichtigt hat; ich habe dieses Problem bei unseren wirtschaftspolitischen Beratungen niemals erwähnt.

Angesichts der Vielzahl von Einzelposten, die im Haushalt gekürzt werden mußten, hatte ich ganz einfach nicht die Zeit, darauf einzugehen. Anstatt ihm einen Überblick über den Haushalt aus der Vogelperspektive zu verschaffen, stellte ich ihm das Problem aus der Regenwurmperspektive dar. Wir saßen zusammen und beschäftigten uns nur damit, hier dreihundert und dort hundert Millionen Dollar einzusparen. Mehr bekamen die Teilnehmer an diesen Beratungen nicht zu sehen.

Was ihnen gar nicht bewußt wurde – weil ich es ihnen nicht klarmachte –, war die Tatsache, daß wir uns nur mit einem kleinen Teilbereich des Gesamthaushalts beschäftigten. Die zwölf großen Ausgabenkürzungen, die wir im Januar vornahmen, betrafen nur zwölf Prozent des gesamten Haushaltsvolumens. Die drei riesigen Programme, die etwa die Hälfte aller zivilen Ausgaben ausmachten, hatten wir gar nicht berücksichtigt; das waren die Sozialversicherung, die Renten für die Kriegsveteranen und die Krankenfürsorge. Diese drei Posten beliefen sich jährlich zusammen auf zweihundertfünfzig Milliarden Dollar. Mit den von uns vorgenommenen Kürzungen sparten wir fünfundzwanzig Milliarden Dollar jährlich ein. Der Präsident und die Mitarbeiter des Weißen Hauses sahen beim Budget nur die Spitze des Eisbergs und hatten keine Ahnung, welcher gewaltige Klotz noch unter der Wasserlinie lag.

Die finanz- und wirtschaftspolitische Ahnungslosigkeit der wichtigsten Mitarbeiter des Präsidenten im Weißen Haus war zu groß, als daß sie irgendwelche Zweifel hätten anmelden können. So stürzten wir uns tollkühn in das Abenteuer.

Meine Hoffnung auf einen baldigen Konsens bei der Wirtschaftsprognose erwies sich als trügerisch. Der ganze Monat Januar verging mit leidenschaftlichen Debatten, bei denen die Meinungen aufeinanderprallten. Von den Außenstehenden wurden die Befürworter der angebotsorientierten Wirtschaftspolitik als Sekte angesehen, aber es existierten auch Sekten innerhalb der Sekte.

In dem Team, das die Prognose ausarbeiten sollte, gab es Vertreter von drei verschiedenen Doktrinen: die Monetaristen, die Befürworter der angebotsorientierten Wirtschaftspolitik und die Eklektiker. Beryl Sprinkel, ein angesehener Wirtschaftsexperte, der als Abteilungsleiter im Finanzministerium für Währungsfragen zuständig war, gehörte zu der ersten Gruppe. Paul Craig Roberts und Norm Ture, die ebenfalls dem Finanzministerium angehörten, vertraten angebotsorientierte Ideen, und der neue Vorsitzende des Council of Economic Advisors, Murray Weidenbaum, repräsentierte die dritte Gruppe.

Ich selbst vertrat eine Kombination von Angebotsorientierung und Monetarismus. Dabei wurde ich von meinem neuen ersten Wirtschaftsfachmann, Larry Kodlow, tatkräftig unterstützt. Ich hatte ihn am 18. Dezember während meines Blitzbesuchs in der Wall Street kennengelernt, und er hatte mich trotz der kritischen Artikel, die er während des republikanischen Parteikonvents über die angebotsorientierte Wirtschaft geschrieben hatte, stark beeindruckt.

Kodlow behauptete, Laffer und Kemp wollten die Wirtschaft auf einen Stuhl mit zwei Beinen setzen, aber eine gesunde Währungspolitik und eine gesunde Steuerpolitik seien ohne einen gesunden Haushalt nicht möglich. Ich freute mich, das zu hören. Hier hatte ich einen Bundesgenossen, einen Vertreter der Angebotsorientierung, der ebenso wie ich mit einem dreibeinigen Stuhl arbeitete.

Die anderen konnten sich indessen nur in einem Punkt einigen, daß nämlich die Prognose der Büros des Haushaltsausschusses des Kongresses (CBO), die ich auf der Sitzung im Blair House zur Grundlage meiner Erläuterungen gemacht hatte, ein ideologisches Zerrbild sei. Sie setzte ein reales Wachstum des Bruttosozialprodukts voraus, das viel zu niedrig sei und für Jahre hinaus mit einer hohen Inflationsrate rechne.

Wir versuchten deshalb, die in der Prognose genannten Zahlen so weit zu berichtigen, daß die Vertreter aller drei Doktrinen ihnen zustimmen konnten, aber dieser Versuch war von vornherein zum Scheitern verurteilt.

Das Dilemma lag im Folgenden: Ein reales Wachstum des Bruttosozialprodukts plus Inflation ergibt ein Bruttosozialprodukt zum gegenwärtigen Dollarkurs, ein »monetäres Bruttosozialprodukt«. Die Befürworter der angebotsorientierten Wirtschaftspolitik aus dem Finanzministerium verlangten *die höchstmöglichen Zahlen für das reale Wachstum*. Darin würden sich die Auswirkungen der Steuersenkungen zeigen. Historisch betrachtet hat das reale Wachstum des Bruttosozialprodukts durchschnittlich etwa drei Prozent betragen. Wir mußten deshalb mit fünf bis sechs Prozent rechnen. Welchen

Sinn hätte sonst die ganze Wunderkur, mit der wir jetzt hausieren gingen?

Andererseits wollten die monetaristisch orientierten Mitglieder des Teams – besonders Kodlow und Sprinkel – *möglichst niedrige Zahlen für das monetäre Bruttosozialprodukt*. Das war für sie die Nagelprobe für eine gesunde, antiinflationäre Währungspolitik.[*]

Wenn man die beiden Lager wieder zusammenbrachte, dann ging es in erster Linie um die für die Inflation maßgebenden Zahlen. Wie nicht anders zu erwarten, gehörten keine Befürworter einer inflationären Wirtschaftspolitik zu unserem Team. Das Szenarium unserer langfristigen Wirtschaftsprognose sah deshalb wie folgt aus: Die Befürworter der angebotsorientierten Wirtschaft aus dem Finanzministerium wünschten ein reales Wachstum von etwa fünf Prozent; die Monetaristen wünschten eine Zunahme des monetären Bruttosozialprodukts um etwa sieben Prozent. Deshalb sollte die Inflationsrate bis zum dritten oder vierten Jahr auf zwei Prozent zurückgehen. Das ergab sich aus unseren Berechnungen.

Diese Zahlen über die Wirtschaftsentwicklung entsprachen einigermaßen der angebotsorientierten Synthese. Sie zeichneten ein Bild, das dem Ideal des inflationslosen kapitalistischen Wachstums recht nahe kam. Ende Januar hatten wir eine vorläufige Prognose fertiggestellt, die diesen Vorstellungen entsprach.

Hätten wir uns damit zufriedengegeben, dann hätten uns die für den Haushalt errechneten Zahlen einen unsanften Schock versetzt.

[*] Die katastrophale zweistellige Inflationsrate der Jahre 1979 und 1980 war das Ergebnis eines jährlichen Anwachsens der Geldmenge um sieben bis acht Prozent. Mit unserer antiinflationären Politik mußten wir diese Rate auf weniger als sechs Prozent für das erste Jahr und anschließend auf etwa vier Prozent drücken.

Es gab auch eine Berechnungsgrundlage für die »richtigen« Zahlen beim monetären Bruttosozialprodukt. Das letztere bestand aus der Summe, um welche die Geldmenge zugenommen hatte (Geldschätzung des Federal Reserve Board) und der Geschwindigkeit des Geldumlaufs (wie rasch das Geld ausgegeben und wieder ausgegeben wird). Historisch lag die Zunahme der Geschwindigkeit des Geldumlaufs durchschnittlich bei drei Prozent. Das mußte als gegebene Tatsache hingenommen werden, auch wenn es dabei kurzfristige Schwankungen gab. Eine gesunde Zunahme der Geldmenge würde unter Berücksichtigung dieser Tatsachen im Idealfall ein Wachstum des monetären Bruttosozialprodukts um etwa sieben Prozent bedeuten.

Die gemeinsame Prognose der Befürworter der angebotsorientierten Wirtschaftspolitik und der Monetaristen lief darauf hinaus, daß sich das monetäre Bruttosozialprodukt – verglichen mit der Prognose des CBO, der eine hohe Inflationsrate zugrunde lag – 1985 um *vierhundert Milliarden Dollar* verringern werde.

Das bedeutete für das Jahr 1985 eine Verringerung der Staatseinnahmen um hundert Milliarden Dollar. Insgesamt hätte das durchschnittliche Defizit nach den Steuersenkungen und der vorgesehenen Steigerung der Verteidigungsausgaben pro Jahr mehr als einhundertfünfzig Milliarden Dollar betragen, wenn wir an diesem Konsens festgehalten hätten. Um ausgehend von dieser Basis einen ausgeglichenen Haushalt zu bekommen, hätte man schockierende, drakonische Kürzungen bei den Sozialausgaben vornehmen müssen.

Wir waren also schließlich nach rein theoretischen Überlegungen bei einer von allen Beteiligten getragenen Prognose gelandet, die mit einem hohen Wachstum und einer niedrigen Inflationsrate rechnete. Doch niemand hatte die Wirtschaftsprognose mit den für den Haushalt entwickelten Modellen des Office of Management and Budget verglichen, um festzustellen, welches Defizit sich dann ergeben würde. Das haben wir erst sehr viel später festgestellt. *Hätten die Ideologen an ihrer puristischen Prognose festgehalten, dann hätte die Reagan-Revolution nicht am 18. Februar – und vielleicht niemals – beginnen können.* Das erschreckende Ausmaß der zivilen Ausgabenkürzungen, die notwendig waren, um den Haushalt auszugleichen, hätte die Politiker im Weißen Haus unsanft aus ihrem Schlummer gerissen.

Doch die puristische Prognose löste sich in den ersten acht Februartagen in Luft auf. Aber bevor es dazu kam, sagte ich Greider sehr deutlich, wo wir standen. Beim Frühstück am 31. Januar erklärte ich, daß sich der Haushalt sehr viel leichter würde ausgleichen lassen, wenn wir mit einer hohen Inflationsrate rechneten. Trotzdem hielten wir an der Logik unserer angebotsorientierten Doktrin fest:

»Ich muß im Haushalt nicht so viele reale Abstriche machen. Mit anderen Worten: Wenn ich für die folgenden fünf Jahre mit einer zwölfprozentigen Inflationsrate rechne, dann kann ich den Haushalt trotz der erhöhten Verteidigungsausgaben und der von Kemp-Roth vorgesehenen Senkung der Steuersätze ausgleichen, wenn ich für alle zivilen Programme das Nullwachstum zugrunde lege.«

Aber ideologisch widerspräche das meinen Grundauffassungen. Ideologisch glaubte ich, daß man die Inflation sehr rasch wirksam bekämpfen könne, wenn man das Richtige tut, und das ist notwendig, wenn man etwas für die Gesundung der Wirtschaft tun wolle. Die entscheidende Frage sei, ob man bereit sei, den Umfang des Regierungsapparats wirklich zu verringern, oder ob man ihn stabil erhalten wolle.

Wie ich bei meinen Berechnungen vor ein paar Monaten erkannt hatte, war das die Kernfrage. Mit einer hohen Inflationsrate war das Reaganprogramm wenig mehr als das Fortschreiben des fiskalpolitischen Status quo. Die von Kemp-Roth vorgesehenen Steuersenkungen glichen lediglich das allmähliche Aufrücken in höhere Steuerklassen aus. Wenn man jedoch die Inflation mit Gewalt dämpfte, dann grenzte das Programm an eine fiskalpolitische Revolution. Es blieben die viel zu hohen zivilen Staatsausgaben, die entweder gekürzt oder mit einem Defizit finanziert werden mußten.

Diese fundamentale Tatsache mußte vor allem begriffen werden. Aber als Greider mich fragte, »was sagt der Präsident zu alledem«, wich ich aus.

»Das ist eine rein haushaltstechnische Frage.« Das war es nicht. Aber der Präsident sollte erst sehr viel später mit dieser Frage konfrontiert werden, und begreifen würde er das Problem nie.

Schließlich wurde die Wirtschaftsprognose drastisch verändert – und dabei wurden die für den Haushalt geltenden Zahlen wesentlich verbessert. Das hatten wir einem Mann zu verdanken, der versuchte, »realistisch« zu sein und nicht der Selbsttäuschung zu unterliegen. Und hier betritt Murray Weidenbaum die Bühne.

Er hatte eine bei Leuten seines Schlages sehr seltene Tugend: Er verstand es, sich in kurzen Sätzen verständlich zu machen. Weidenbaum war ein umgänglicher und freundlicher Mann. Aber als er in unseren Kreis aufgenommen wurde und einen ersten Blick auf die von den Befürwortern der angebotsorientierten Wirtschaftspolitik und von den Monetaristen ausgehandelte Prognose warf, brüllte er vor Entsetzen.

»Solange ich hier bin, wird niemand voraussagen, daß die Inflationsrate auf zwei Prozent sinken kann. Damit werden wir uns vor der ganzen Welt lächerlich machen. Entweder berichtigen wir diese völlig verworrene Prognose, oder ich gehe damit zum Präsidenten.«

So begann ein einwöchiger Marsch zum »Realismus«. Ich drängte meine Kollegen, sich der Position Weidenbaums anzuschließen. Ich selbst tat es zunächst zögernd, aber schließlich mit aller Energie. Meine Gründe hatten nicht viel mit unserer Wirtschaftsdoktrin oder den für den Haushalt errechneten Zahlen zu tun, ich sah mich allein durch den Terminplan dazu gezwungen. Ich brauchte einen Konsens, und zwar so rasch wie möglich.

Die erste Februarwoche war angebrochen, und wir hatten noch immer keine Prognose. Dale McComber, der für das Zahlenwerk des Office of Management and Budget verantwortlich war und über eine dreißigjährige Erfahrung bei der Aufstellung des Haushalts für das Weiße Haus verfügte, setzte mich jetzt unter Druck.

Er sagte: »Wenn Sie diese Prognose nicht schon in den nächsten Stunden vorlegen können, dann werden Sie den Präsidenten der Vereinigten Staaten mit einem leeren Stück Papier zum Capitol Hill schicken müssen.«

Wir stürzten uns mit letzter Energie in die Arbeit, und dabei ging es jetzt nicht mehr um irgendwelche intellektuellen oder ideologischen Formulierungen, sondern ausschließlich um die Manipulation von Zahlen. Die Vertreter der Angebotsorientierung verzichteten auf ein zehntel Prozent des realen Wachstums, und die Monetaristen erhöhten das monetäre Bruttosozialprodukt um ein zehntel Prozent. Das gleiche wiederholte sich ein zweites und drittes Mal, und wir näherten uns mit kleinen Schritten unserem Ziel.

In Wirklichkeit war ich ein überzeugter Gegner jeder inflationären Wirtschaftspolitik, aber jetzt dachte ich nicht mehr an irgendwelche Theorien. Ich kämpfte darum, am 18. Februar eine Bauchlandung zu vermeiden.

Aber mit diesen kleinen Korrekturen erhöhte sich die Inflationsrate nicht genug, um Weidenbaum zufriedenzustellen. Deshalb kam er am 7. Februar in mein Büro, und wir schlossen den denkbar faulsten Kompromiß: Wenn er sich bereit fände, die reale Wachstumsrate »einigermaßen hoch« anzusetzen, dann würde ich mich mit der Inflationsrate einverstanden erklären, mit der er als erfahrener wirtschaftswissenschaftlicher Berater glaubte leben zu können. Er war einverstanden und versprach mir, eine Kompromißlösung auszuarbeiten. Wir würden unsere Kollegen auf der nächsten Sitzung vor ein *fait accompli* stellen.

Als unser Team zur Schlußsitzung zusammentrat, legte Weidenbaum seine Lösung vor. In den Reihen der Versammelten hörte man ein unzufriedenes Murmeln, und irgend jemand versuchte, den Professor zu provozieren.

»Nach welchem Modell haben Sie *das* entwickelt, Murray?«

Weidenbaum starrte den Frager einen Augenblick durchdringend an und sagte: »Es ist hier herausgekommen.« Damit schlug er sich mit beiden Händen auf den Bauch und lächelte. »Aus meinem Bauchcomputer.«

Noch nie hat ein Schlag auf den Bauch so verheerende Folgen gehabt. Die neue, von Weidenbaum formulierte Prognose erhöhte das monetäre Bruttosozialprodukt gegenüber der vorher dafür angesetzten Summe um *siebenhundert Milliarden Dollar* über die nächsten fünf Jahre. Fast zweihundert Milliarden Dollar an Scheineinnahmen fielen mit einem Knopfdruck in unseren Haushaltscomputer. Damit war das massive Defizit, das sich aus einer ehrlichen, angebotsorientierten fiskalischen Rechnung ergeben hätte, im wesentlichen abgedeckt. Das Echo dieses Schlags auf den Bauch sollte sehr bald rund um die Welt vernommen werden.

Eigentlich durfte man Weidenbaum gar keinen Vorwurf daraus machen. Er war kein überzeugter Anhänger der angebotsorientierten Wirtschaftspolitik; er hätte gern die realen Wachstumszahlen heruntergedrückt, um genügend Raum für ein »vernünftiges« Inflationsniveau zu lassen. Das Defizit, mit dem wir von vornherein rechnen mußten, wäre dann viel höher und viel realistischer gewesen.

Aber wir alle glaubten, mehr von dieser Materie zu verstehen als der alte Graubart aus St. Louis. Wir waren überzeugt, den wirtschaftspolitischen Stein von Rosette gefunden zu haben.

Das ganze Gebäude fiel schon vierundzwanzig Monate später in sich zusammen. Die Wirtschaftszahlen des Jahres 1982 zeigten das ganz deutlich. Addierte man das von den Vertretern der Angebotsorientierung angenommene reale Wachstum von 5,2 Prozent für dieses Jahr zu Weidenbaums Inflationsrate von 7,7 Prozent, dann entstand ein riesiges monetäres Bruttosozialprodukt – und die fiktive Steigerung der Steuereinnahmen erreichte schwindelnde Höhen. Die Befürworter des Goldstandards und des knappen Geldes sagten für 1982 ein Wachstum des monetären Bruttosozialprodukts um 13,3 Prozent voraus. Dann hätten sie für die Banknotendruckerei des Federal Reserve Board drei Schichten einlegen müssen.

Aber der Federal Reserve Board tat das nicht. Er richtete sich nach unseren Worten und nicht nach unseren Zahlen und drosselte das Wachstum der Geldmenge. Die Wirtschaft reagierte wie üblich auf die währungspolitischen Maßnahmen gegen eine ungezügelte Inflation, Spekulationen und Verschuldung. Sie ging in die Knie und mußte eine Rezession hinnehmen, um das währungspolitische Krebsgeschwür der Inflation loszuwerden.

1982 erhöhte sich das reale Bruttosozialprodukt nicht wie erwartet um 5,2 Prozent. Statt dessen schrumpfte die amerikanische Wirtschaft um 1,5 Prozent. Und die Inflationsrate sank auf 4,4 Prozent. Die gewaltige Zunahme des monetären Bruttosozialprodukts gemessen an seinem Geldwert ereignete sich nicht. Dieser Wertzuwachs betrug anstatt der angenommenen dreizehn nur etwa drei Prozent.

Das monetäre Bruttosozialprodukt fiel um dreihundertachtunddreißig Milliarden Dollar niedriger aus, als es der Bauchcomputer von Weidenbaum angezeigt hatte. Damit lagen auch die Steuereinnahmen um fünfundachtzig Milliarden Dollar niedriger, als wir vorausgesagt hatten. So sah die wirtschaftspolitische Lage 1982 aus, aber die Abweichungen gegenüber unserer Prognose wurden von Jahr zu Jahr größer.

Die folgende Tabelle vermittelt ein anschauliches Bild und beweist, daß unser Stein von Rosette eine Fälschung war.

Reales Wachstum des Bruttosozialprodukts (%)

Viertel- jahr	Prognose der Vertreter der Angebotsorientierung und Monetaristen	letzte Prognose von Weidenbaum	wirkliche Entwicklung
1981/IV	4,0	4,0	−5,3
1982/I	9,4	5,2	−5,5
1982/II	7,8	5,2	0,9
1982/III	6,8	5,2	−1,0
1982/IV	5,4	5,2	−1,3

Die später als »rosarotes Szenarium« bezeichnete Wirtschaftsprognose vom Februar 1981 wurde schließlich von Weidenbaum und einer kleinen Gruppe Ideologen ausgearbeitet. Aber diejenigen, die sich erst später zu meinen angebotsorientierten Wirtschaftstheorien bekannt hatten, der Präsident, der Finanzminister und die Berater des Präsidenten im Weißen Haus, waren im Grunde ahnungslos und nicht ausreichend informiert. Für die Wirtschaftsprognose, welche die Grundlage der angebotsorientierten Revolution bildeten, waren nur die revolutionären Wirtschaftsexperten und ich verantwortlich und niemand sonst.

4.
Der kürzeste Weg
zur Reagan-Revolution

Allzu schnell war der Tag der Amtseinführung des Präsidenten gekommen.

Jetzt sollten wir die Regierung übernehmen . . . Endlich war es soweit. Unmittelbar nach den Wahlen waren wir nur eine unorganisierte Gruppe von Leuten gewesen, die in gemieteten Räumen zusammentrafen.

Senator Mark Hatfield, der für die Ausgestaltung der Feierlichkeiten verantwortlich war, verlangte, daß alle Mitarbeiter, die vor der Westfront des Kapitols hinter dem Präsidenten saßen, im Cut erschienen. Zunächst hielt ich das für eine überflüssige Unbequemlichkeit, aber dann mußte ich doch zugeben, daß Hatfield recht hatte. Es verlieh der Szene den feierlichen äußeren Rahmen, der erkennen ließ, daß wir an einem Neubeginn standen. Es wäre unehrlich, wenn ich nicht zugeben wollte, daß ich Herzklopfen bekam, als ich sah, wie der Präsident über die fast zehntausend hier versammelten Menschen hinweg nach Westen blickte, woher er gekommen war, und sagte: »Lassen Sie uns gemeinsam einen neuen Anfang machen.«

Mein Büro befand sich in dem im französischen Renaissancestil erbauten und irgendwie an eine riesige Hochzeitstorte erinnernden Exekutivgebäude unmittelbar neben dem Weißen Haus. Mit seinen langen, mit weißem und schwarzem Marmor getäfelten Korridoren ist es das prächtigste Bürogebäude der Welt. Wenn man näher hinsieht, erkennt man auf dem Fußboden fossile Schnecken, kleine spiralförmige Lebewesen, die vor Millionen Jahren gelebt haben. Nun ist es ihr Schicksal, von Präsidenten, Vizepräsidenten, Außenministern, Verteidigungsministern, Admirälen, Generälen, Bürokraten und Possenreißern mit Füßen getreten zu werden.

Meine drei Stellvertreter und ich kamen an dem Tag, an dem wir unsere neue Unterkunft bezogen, kaum aus dem Staunen heraus. Mein Büro war so groß wie die Turnhalle der Schule, die ich in meiner Heimatstadt besucht hatte. Man brauchte eine gewisse Zeit, sich an diese Dimensionen zu gewöhnen.

Aber schon am ersten Tag erwartete uns eine unangenehme Überraschung. So geräumig das Büro auch war, es war schmutzig.

Die für die Verwaltung der Regierungsgebäude zuständige Behörde kennt verschiedene Kategorien der Raumpflege. Gehört man zur ersten Kategorie, wird das Büro täglich mit dem Staubsauger gereinigt. In der fünften Kategorie geschieht das nur einmal in der Woche.

Als Chef des Verwaltungsstabes im Weißen Hause Carters hatte Hugh Carter, auch bekannt unter dem Spitznamen »Vetter Billig«, beschlossen, Geld zu sparen und sich selbst in die Kategorie fünf einzustufen. Ich hatte den Eindruck, es sei die Kategorie zwanzig gewesen. Als ich meinen Telefonhörer abhob, glitt er mir fast aus der Hand, so fettig war er.

Einer meiner Stellvertreter schüttelte nur den Kopf. Ein zweiter, der keine Gelegenheit versäumte, eine witzige Bemerkung zu machen, sagte: »Der Hörer ist so fettig, weil sie in den vergangenen vier Monaten nichts anderes getan haben als irgendwelche Leute zu schmieren.«

Als Beamter im Kabinett des Präsidenten war ich berechtigt, meine Mahlzeiten im Speisesaal der Exekutive im Weißen Haus unmittelbar neben dem Konferenzzimmer einzunehmen.

Das klingt sehr gut, denn neben der Berechtigung, jederzeit persönlich mit dem Präsidenten sprechen zu dürfen, war dieses Privileg eines der wichtigsten Statussymbole. Aber nachdem mein Kleinkrieg gegen die Politiker im Kongreß begonnen hatte, war ich so an meinen Schreibtisch gefesselt, daß ich mir das Essen in mein Büro bringen lassen mußte und den Speisesaal nur während der parlamentarischen Sitzungspausen aufsuchen konnte. Da aber die Abgeordneten sehr oft in die Ferien gingen, mußte ich keine allzu großen Opfer bringen.

Ich hatte mich kaum in meinem neuen Büro eingerichtet, als ich auch schon feststellen mußte, daß ich nur sehr mangelhaft auf die Arbeit vorbereitet war, die hier auf mich wartete. Diese Einsicht kam spät, aber das ist in solchen Situationen immer der Fall: Der neue Schiffskapitän, Geograph oder Architekt fühlt sich nur selten seiner Aufgabe nicht gewachsen, bevor es zu spät ist. Was mir bevorstand, hatte nichts mit den eleganten Theorien meiner »Großen Doktrin« zu tun. Jetzt ging es nur noch um Planungen, Verfahrensfragen, Verhandlungen, Entscheidungsprozesse und Führungsaufgaben. Und auf allen diesen Gebieten hatte ich keinerlei Erfahrung.

Der einzige Trost war, daß die sechshundert Berufsbeamten des Office of Management and Budget überzeugte Antibürokraten waren. Sie waren nicht geneigt, Geschenke zu verteilen, statt dessen waren sie bereit, den »Bundes-Weihnachtsmann« daran zu hindern, seinen großen Sack über die Kindlein auszuschütten.

Jetzt mußte ich lernen, daß das Regierungsgeschäft nicht aus der Bewältigung einer einzigen großen Welle besteht, sondern daß man es mit vielen kleinen Wellen zu tun hat, die von verärgerten Liliputanern in Bewegung gesetzt werden. Am Samstagnachmittag, den 24. Januar, erreichte mich die erste dieser Wellen.

Unmittelbar vor seiner Amtseinführung hatte der Präsident grundsätzlich eine Reihe symbolischer »Ersttagsverordnungen« gebilligt, die zeigen sollten, daß wir »den Wettlauf gewonnen« hatten und bereit waren, den Kampf mit dem schwerfälligen Ungetüm des Regierungsapparats aufzunehmen. Zu den angekündigten Maßnahmen gehörten ein allgemeiner Einstellungsstop, eine fünfzehnprozentige Kürzung der für die Behörden zu bewilligenden Reisekosten, eine fünfprozentige Kürzung der Honorare für Fachberater und das Verbot, für die Regierungsbüros neue Möbel, Büromaschinen und anderes Gebrauchsmaterial zu kaufen.

Schon wenige Stunden nachdem der erste Tag vergangen war, wurde ich mit dringenden Anfragen über die Bedeutung dieser Verordnung überschüttet. Galt die Kürzung der Reisekosten auch für FBI-Agenten, die zur Festnahme eines Verbrechers unterwegs waren? Galt das Verbot, neue Ausrüstungsgegenstände zu kaufen, auch für die Geräte zur Überwachung des Blutkreislaufs bei Bypass-Operationen? Durfte jemand, dem am 1. Februar die Anstellung bei einer Bundesbehörde zugesagt worden war und der bereits von Utah nach Washington umgezogen war, nun auch nicht mehr eingestellt werden? Meine Mitarbeiter und ich sprachen ausführlich über alle diese Fälle und beschlossen, möglichst viele Ausnahmen zu machen.

Aber so nervenaufreibend all diese Probleme auch sein mochten, verglichen mit einigen anderen Dingen, die sich auf meinem Schreibtisch ansammelten, waren sie bedeutungslos. Ed Meese hatte gemäß seiner recht naiven Vorstellung von den Funktionen einer Kabinettsregierung für jeden Tag der ersten Woche eine Sitzung des ganzen Kabinetts mit dem Präsidenten anberaumt, um die Prüfung der von mir vorgeschlagenen Ausgabenkürzungen fortzusetzen.

Ich reagierte mit gemischten Gefühlen darauf, denn ich wollte die wichtigen Entscheidungen, die ich schon mit den zuständigen Ministern besprochen hatte, nur ungern noch einmal auf den Verhandlungstisch legen. Aber meine Mitarbeiter waren noch nicht dazu gekommen, eine vollständige Liste der kleineren und unumstrittenen Ausgabenkürzungen anzufertigen. Es gab ungezählte kleinere Posten, wie zum Beispiel das Drucken einer regierungsamtlichen Empfehlung über den Tomatenanbau, die man streichen konnte, ohne fürchten zu müssen, den empörten Aufschrei interessierter Gruppen auszulösen. Wir hatten die ganze Woche damit zu tun, das Programm für die täglichen Kabinettssitzungen mit solchen harmlosen Tagesordnungspunkten zu füllen, aber die Behandlung der großen Abstriche bei den Staatsausgaben und anderer wichtiger Teile der Wirtschaftsprognosen mußten auf einen späteren Zeitpunkt verschoben werden.

Am Freitag zeigte sich das Kabinett verständlicherweise beunruhigt. Schon seit einigen Tagen waren die Minister gezwungen gewesen, unnötig lange am Beratungstisch zu sitzen und sich mit irgendwelchen Ungereimtheiten zu beschäftigen, während ich die Sitzung leitete. Als ich am Freitagmorgen ins Beratungszimmer kam, saßen vier oder fünf Minister in einer Ecke, darunter der Energieminister Jim Edwards und der Handelsminister Mac Baldridge, und beklagten sich über »das anmaßende Verhalten von Stockman«.

Ich grinste verlegen. Wahrscheinlich paßte es ihnen nicht, daß die Tagesordnung, die sie jetzt in Händen hielten, erst in letzter Minute aus der Vervielfältigungsmaschine gekommen war. Wir hatten ganz einfach nicht die Zeit gehabt, den Kabinettsmitgliedern dieses Papier zuzustellen, bevor sie zur Sitzung erschienen waren.

Ich spürte, daß sich eine Revolte zusammenbraute. Deshalb brachte ich die Kartons, in denen diese Papiere lagen, mit Hilfe einiger Mitarbeiter auf den Flur vor dem Ovalen Zimmer und suchte in aller Eile die Posten heraus, die vielleicht eine Kontroverse auslösen konnten, um die entsprechenden Unterlagen fürs erste zur Seite zu legen. Ich hatte im Lauf der Woche schon so oft festgestellt, daß die Kabinettsmitglieder sich falsche Vorstellungen von bestimmten Zusammenhängen machten, daß ich wußte, meine neuen Kollegen standen nicht alle geschlossen hinter der angebotsorientierten Revolution. Einige von ihnen erweckten mit dem, was sie sagten, sogar den Eindruck, daß sie auf der Seite meiner Gegner standen.

Einer der wahrscheinlich nicht zu beanstandenden Tagesordnungspunkte war die Empfehlung, der Präsident möge sofort alle Maßnahmen zur Ölpreiskontrolle und -bewirtschaftung rückgängig machen. Das war eine für die von uns beabsichtigte Wiederherstellung des freien Marktes entscheidende Maßnahme, und deshalb hatte ich mir nicht vorstellen können, daß irgend jemand sich dagegen aussprechen könnte.

Aber ich hatte mich geirrt. Jim Edwards, von Beruf Zahnarzt und ehemaliger Gouverneur von South Carolina, erregte sich darüber, daß wir »zu schnell vorgingen«, und hielt uns einen langen Vortrag darüber, daß die Abschaffung der Preiskontrolle auf dem Ölmarkt eine »komplexe« Angelegenheit sei, daß sie den Verbrauchern nicht »gefallen« werde und daß der Präsident selbst beschuldigt werden könnte, »einen Anstieg der Benzinpreise« veranlaßt zu haben. Außerdem brauche er »Werkzeuge«, um einer eventuellen künftigen Verknappung auf dem Ölmarkt begegnen zu können, und erklärte schließlich, er mache sich Sorgen darum, daß die kleinen Raffinerien nicht mehr an das »billige«, von der Regierung zugeteilte Rohöl herankommen könnten.

Während ich mir diesen Unsinn anhörte, dachte ich. »Zahnarzt, zieh dir selbst den Zahn!« Die Aufhebung der Ölpreiskontrolle hätte schon vor sechs Jahren erfolgen sollen, und nun behauptete dieser Mann, er habe sich mit diesem Thema noch nicht eingehend beschäftigen können. Der Energieminister ging am Kern der Sache vorbei – und hatte die ganze Doktrin des freien Marktes nicht verstanden, auf die sich die Wirtschaftspolitik der neuen Administration stützte.

Auf der gleichen Freitagssitzung beschäftigte sich das Kabinett auch mit einem anderen, »nicht kontroversen« Thema, meinem Vorschlag, daß alle dem Kabinett unterstellten Behörden jede neue

Verfügung zunächst dem Office of Management and Budget vorlegen sollten, um meiner Behörde die Möglichkeit zu geben, eine Kosten-Nutzen-Analyse vorzunehmen. Die Abschaffung unnötiger Verordnungen war eine weitere Säule, auf der unser angebotsorientiertes Programm beruhte.

Empört wollte Transportminister Drew Lewis wissen, »was für eine Bürokratie bauen Sie da im OMB auf?«. Ich war wie vor den Kopf geschlagen. Die sparsame Verwendung von neuen Vorschriften und Anordnungen war bei den konservativen Kritikern des dirigistischen Superstaats zum Glaubensartikel geworden. Nun stellte der Minister die ganze Sache auf den Kopf.

Das waren die Frühwarnsignale. Ich hatte es mit Kabinettskollegen zu tun, denen die theoretischen Grundlagen der Reagan-Revolution völlig fremd waren. Ich mußte erkennen, daß uns, wenn wir unsere Ideen durchsetzen wollten, ein langes Tauziehen bevorstand, für das wir keine Zeit hatten.

Als ich am nächsten Morgen mit Greider frühstückte, sagte ich ihm: »Es wird wie immer zu einer Konfrontation zwischen den Leuten im Präsidialamt und in den Ministerien kommen. Die Minister werden von ihren Mitarbeitern, von den Berufsbeamten, im Sinne der Bürokratie gezähmt und dressiert.«

Meine Besorgnisse vertieften sich aber noch aus einem anderen Grund. Um die Ausgabenkürzungen erfolgreich durchzusetzen, hatten meine Mitarbeiter im OMB und ich vier Kategorien von Haushaltskürzungen geschaffen. Wir bezeichneten sie mit den großen Buchstaben A bis D. Mit »A« wurden die Posten bezeichnet, die Einsparungen in Höhe von einer Milliarde Dollar jährlich oder mehr bringen sollten, während unter »D« die kleinen Posten aufgeführt waren, die jeweils jährliche Einsparungen in Höhe von fünfundzwanzig Millionen Dollar oder weniger erbrachten.

Jeder dieser Listen waren ausführliche Erläuterungen beigefügt, mit denen die einzelnen Kürzungen begründet wurden. Ich wußte, daß dieses dicke Bündel Papier Einsparungen in Höhe von vielen Milliarden Dollar enthielt, die wir dringend brauchten, und ich wußte auch, daß die darin enthaltenen Vorschläge durchaus zu rechtfertigen waren. Mir war aber auch bewußt, daß es ungeheuer schwierig war, sich in der detaillierten und komplexen Materie zurechtzufinden.

Wie sollte ich die Zeit finden, alles zu erklären, jede einzelne

Maßnahme zu begründen und die Zustimmung aller Mitarbeiter im Weißen Haus zu gewinnen? Schon am Ende der ersten Woche gestand ich Greider, daß das Verfahren bereits jetzt außer Kontrolle geraten sei und ich in Papier ersticke:

»Die Amtseinführung hat die ganze Arbeit durcheinandergebracht. Es herrscht das organisierte Chaos. Um neun Uhr vormittags ist das Papier fertig, um zehn Uhr laufe ich hinüber in das Beratungszimmer des Kabinetts, denn so lange dauert es, bis alle Unterlagen vervielfältigt sind.

Auf meinem Schreibtisch im OMB liegt ein Stoß von Optionspapieren, der ohne Übertreibung zwei Fuß hoch ist, und das alles muß ich durcharbeiten, korrigieren, modifizieren, umschreiben und so schnell wie möglich vervielfältigen lassen, aber so sehr ich mich auch darum bemühe, ich kann die Kurve einfach nicht mehr kriegen . . .«

Bis zu dem Termin, den wir uns selbst gesetzt hatten, waren kaum noch drei Wochen Zeit, und deshalb war es dringend erforderlich, das Verfahren abzukürzen. Dafür standen mir zwei Möglichkeiten offen. Ich konnte die Entscheidung über bestimmte Posten im Haushalt auf die Zeit nach dem offiziellen Anlaufen unseres Programms am 18. Februar verschieben und einen für die Haushaltskürzungen zuständigen Sonderausschuß einsetzen, der in der Lage sein würde, den Endspurt mit dem Kabinett und dem Weißen Haus zu gewinnen. Da wir noch nicht genau wußten, wie hoch der Verteidigungsetat in den kommenden Jahren sein würde, wollten wir unsere Schätzung mit einer Fußnote versehen, die besagte, »die genaue Höhe der Verteidigungsausgaben wird später festgelegt«. Ebenso sollte der Haushaltsplan eine grobe Schätzung dessen enthalten, was wir glaubten einsparen zu können, nachdem jedes einzelne der vielen tausend Programme überprüft worden war.

Auf diese Weise sollte der Haushaltsplan übersichtlich genug gestaltet werden, um dem Präsidenten zu erlauben, am 18. Februar seine Ansprache vor beiden Häusern des Kongresses zu halten. Ein beeindruckendes dickes »Weißbuch«, das ungezählte vermeintlich präzise Angaben enthielt, würde dafür sorgen, daß jeder überzeugt war, das neue Wirtschaftsprogramm sei mit äußerster Sorgfalt und Präzision ausgearbeitet worden. In Wirklichkeit hatte ich mit meinen Korrekturen jedoch erreicht, daß es an allen Ecken und Enden noch ungelöste Probleme gab. Der ganze Finanzplan wimmelte von Widersprüchen und versteckten Tretminen.

Der erste Posten, dessen genaue Berechnung ich auf die Zeit nach dem 18. Februar in Aussicht gestellt hatte und für den ich nun die zutreffenden Angaben machen mußte, war der Verteidigungsetat.

Ende Januar waren Weinberger und sein neues Team noch weiter im Rückstand als ich. Die einzigen Unterlagen für einen Verteidigungshaushalt der Reagan-Administration war ein in aller Eile geschnürtes Paket aus Zusätzen zu dem bereits beschlossenen Etat für 1981 und den Empfehlungen der jetzt abgetretenen Carter-Administration für das Jahr 1982.

Dieses Paket, der sogenannte »Gesundungsplan«, war ein Sammelsurium aus kleinen Berichtigungen; Geldmittel für Ersatzteile, Kraftstoff, Gehaltserhöhungen, medizinischen Bedarf und einige andere Neuanschaffungen. Es war aber keineswegs ein vollständiges, zusammenhängendes Programm, aus dem sich errechnen ließ, wie hoch die Verteidigungsausgaben in den Jahren nach 1982 sein würden.

Angesichts der zahlreichen Probleme, die meine ganze Arbeitskraft verlangten, verspürte ich durchaus kein Verlangen, eine gründliche Beratung aller Verteidigungsfragen im Weißen Haus anzuregen. Neben der üblichen Routinearbeit hatte es das Weiße Haus zu dieser Zeit auch noch mit einem anderen dringenden Problem zu tun. Die Obergrenze der nationalen Verschuldung würde mit an Sicherheit grenzender Wahrscheinlichkeit während der bevorstehenden Parlamentsferien überschritten werden, und damit kündigte sich eine Liquiditätskrise an. Deshalb hatten im Weißen Haus *gegenwärtig* die Bemühungen absoluten Vorrang, den Kongreß zu veranlassen, die Obergrenze für die Staatsverschuldung anzuheben.

Mein erster für Fragen der nationalen Sicherheit zuständiger Stellvertreter, Bill Schneider, sagte mir sehr deutlich, wie er die Lage beurteilte.

»Wenn wir versuchen, außer allem anderen auch noch eine gründliche Beratung der Verteidigungsfragen in die Tagesordnung aufzunehmen, werden im Weißen Haus alle Sicherungen durchbrennen. Falls wir ihnen auch noch das Verteidigungsbudget aufhalsen, dann werden sie sich alle demnächst einer Gehirnoperation unterziehen müssen.«

Deshalb setzte sich Schneider mit Weinbergers Abteilungsleiter Frank Carlucci zusammen, um ein paar vorläufige Berechnungen anzustellen, über die Weinberger und ich uns einigen konnten. Erfreulicherweise waren Meese und die anderen maßgebenden Berater im Weißen Haus mehr als einverstanden mit diesem Vorschlag.

Damit war ein weiteres Element der Fiskalpolitik unserer Regierung zur Geisel der Steuersenkungen geworden. Das hatte ich aber noch nicht erkannt. Die Steuersenkungen von Kemp und Roth und die neuen Abschreibungsmöglichkeiten waren radikale und neuartige Eingriffe in die Steuerpolitik. Die Auswirkungen dieser Maßnahmen würden zunächst kaum spürbar sein, sich aber nach drei bis fünf Jahren zu einer massiven Veränderung des Grundniveaus der Staatseinnahmen summieren. Im ersten Jahr würden die Staatseinnahmen um etwa fünfzig Milliarden Dollar oder 1,6 Prozent des Bruttosozialprodukts zurückgehen, aber im fünften Jahr würden es zweihundertzwanzig Milliarden Dollar oder 4,5 Prozent des Bruttosozialprodukts sein.

Wir sahen uns daher gezwungen, etwas außerordentlich Törichtes zu tun. Wir mußten für jeden einzelnen Posten im Haushalt – für die Verteidigung, die Landwirtschaft, die Sozialausgaben – bis zur Mitte des Jahrzehnts eine vorläufige Schätzung vornehmen. Nur auf diese Weise ließ sich rechnerisch zeigen, wie der Haushalt am Ende ausgeglichen werden sollte. Deshalb mußten für die Verteidigungsausgaben, die weitere Hunderte von Milliarden Dollar verschlingen würden, willkürlich festgelegte hohe Summen ohne Debatte und ohne Überprüfung ausgewiesen werden. Das erlaubte uns, auf dem Papier zu beweisen, daß die Steuersenkungen, welche die Staatseinnahmen um Hunderte von Milliarden verringern würden, fiskalpolitisch vertretbar und vernünftig seien.

Doch der Verteidigungsminister war »Cap das Messer« Weinberger. Er würde Möglichkeiten finden, die zu geringe Verteidigungsfähigkeit der Nation für einen niedrigeren Preis als die willkürlich in unseren auf mehrere Jahre hinaus geplanten Haushalt eingesetzten Beträge angemessen zu stärken.

Ich war überzeugt, Cap verfügte immer noch über die gleiche Energie, die er als Chef des OMB gezeigt hatte.

Wenige Tage bevor ich mit ihm zusammentraf, sagte ich Greider, daß wir trotz der Absicht, die Verteidigungsausgaben zu erhöhen, einen sparsamen Mann im Pentagon hätten. Schließlich hatte er sich sogar ohne den geringsten Einwand mit dem von uns verordneten Einstellungsstop einverstanden erklärt.

»Jeder andere Verteidigungsminister hätte, gleichgültig ob er Republikaner oder Demokrat gewesen wäre, entschieden Widerstand geleistet und es wahrscheinlich erreicht, daß für den Bereich des Verteidigungsministeriums eine Ausnahme gemacht werde«, sagte ich. »... Aber Cap sagte, ›nein, keine Einwände‹. Das ist sehr ungewöhnlich.«

Am folgenden Freitag, den 30. Januar abends um neunzehn Uhr dreißig, versammelten sich Weinberger, Carlucci, Schneider und ich im Büro des Verteidigungsministers im Pentagon. Hier wird einem deutlich vor Augen geführt, daß der nukleare Holocaust keine Abstraktion ist. Hinter dem Schreibtisch des Ministers stehen Dutzende von Telefonen, die ihn in Sekundenschnelle mit den Befehlshabern der amerikanischen Streitkräfte auf der ganzen Welt verbinden können. Das ist ein faszinierender Anblick.

Es war eine für das Pentagon ungewöhnliche Sitzung; keine Schautafeln, keine von Computern ausgedruckten Tabellen, keine Diapositive und keine Obersten mit langen hölzernen Zeigestöcken. Die einzigen Hilfsmittel, die uns zur Verfügung standen, waren mein kleiner Taschenrechner und ein leeres Blatt Papier. Es war irgendwie bezeichnend, daß der größte Verteidigungsetat der amerikanischen Geschichte in Friedenszeiten auf einem Taschenrechner für siebzig Dollar, der von einer bedeutenden Vertragsfirma des Verteidigungsministeriums hergestellt worden war, berechnet werden sollte.

Als wir uns an die Arbeit machten, zeigte sich sofort ein erhebliches Hindernis: Zum Kernpunkt des Verteidigungsprogramms der Reagan-Administration sollte das reale Wachstum werden, nicht das Wachstum des Etats, das durch die Inflation ausgehöhlt wurde. Aber wir waren uns noch nicht klar darüber, welche Inflationsraten wir bei unseren Voraussagen zugrunde legen sollten.

Doch damals gab es kein Problem, das nicht über einen Umweg gelöst werden konnte. Wir einigten uns also darauf, den Verteidigungsetat für die Jahre bis 1985 nach dem Kurswert des Dollars im Jahr 1982 zu berechnen. Sollten sich die Wirtschaftler schließlich auf eine Prognose einigen, würden wir den Betrag für jedes Jahr um eine bestimmte, die Inflation berücksichtigende Summe erhöhen, und schon hatten wir unseren Ausweg gefunden!

Dann ging es um die Frage, welchen Umfang das »reale Wachstum« haben sollte, denn darauf kam es Reagan in erster Linie an. Während des Wahlkampfes hatte er in einer programmatischen Erklärung gesagt, der Verteidigungsetat müsse jedes Jahr um fünf Prozent erhöht werden, obwohl die verteidigungspolitischen Falken ihren Kandidaten verpflichtet hatten, sich für ein Wachstum um acht oder neun Prozent auszusprechen.

Mit einer müden Abschiedsgeste gegenüber der neuen Administration war der Verteidigungsetat des scheidenden Präsidenten Carter bis 1986 bereits um reale fünf Prozent aufgestockt worden. Doch Frank Carlucci erklärte jetzt, daß der Carter-Etat nicht ausreichen werde, um die notwendige Modernisierung der Waffen, die Erweiterung der Struktur der Streitkräfte, ihre Kampfbereitschaft und ihre Versorgung zu finanzieren. Wir müßten mit einem realen Wachstum von acht oder neun Prozent rechnen.

Das überraschte mich nicht. Unter dem Einfluß von Jack Kemp war ich zu der Überzeugung gekommen, daß es richtig sei, für die Verteidigungsausgaben hohe Beträge zur Verfügung zu stellen. Das war zum Teil der Eifer eines Neubekehrten, zum Teil aber auch das Ergebnis des Einflusses von George Will. George war ein entschiedener und kompromißloser Befürworter einer starken Verteidigung. Meine Haltung war aber auch dadurch beeinflußt worden, daß ich gesehen hatte, wie die verkohlten Reste amerikanischer Soldaten in der Wüste von den iranischen Mullahs geschändet worden waren.

Ich wußte allerdings, daß Marty Anderson im Office for Policy Development energisch für Einsparungen in allen Bereichen eintrat. Wenn ich mit den höheren Zahlen ins Weiße Haus zurückkehrte, würde er vor Entsetzen an die Decke gehen. Und ich wollte unter allen Umständen zeitraubende Auseinandersetzungen im Weißen Haus vermeiden. Deshalb schlug ich vor, daß wir uns vorläufig auf ein reales Wachstum von nur sieben Prozent einigen sollten. Ein ausgereifter Verteidigungsetat der Reagan-Administration könne später im Frühjahr ausgearbeitet werden, und dann würden wir die richtige Lösung finden.

Weinberger überlegte einen Augenblick.

Dann sagte er: »Angesichts des schmählichen Erbes, das wir übernommen haben, sind sieben Prozent eine recht magere Ration.« Aber schließlich stimmte er mir zu.

Die letzte Frage war, von welchem Jahr wir bei der Berechnung des realen Wachstums um sieben Prozent ausgehen sollten. Doch inzwischen hörte ich nicht mehr so aufmerksam zu und stellte mich hinter den Vorschlag von Carlucci, wir sollten mit dem Niveau des Jahres 1982 beginnen, nachdem das »Gesundungspaket« hinzugefügt worden war. Dann nahm ich meinen Taschenrechner zur Hand und ging an die Arbeit. Carlucci und Schneider notierten die Zahlen, die ich ihnen nannte.

Als wir fertig waren, blickte Weinberger auf seine Uhr, gähnte und stellte fest, daß es noch nicht acht Uhr war.

Dann meinte er: »Ich würde sagen, wir haben heute Abend gute Arbeit geleistet.«

Mein Tag hatte um vier Uhr dreißig begonnen und würde nicht vor Mitternacht zu Ende sein. Eine halbe Stunde erschien mir deshalb wie der Bruchteil einer Sekunde, aber ich mußte ihm rechtgeben. Wir hatten in kurzer Zeit eine Menge erreicht.

Das dachte ich zumindest so lange, bis wir die in inflationsbereinigten Dollarbeträgen errechneten Zahlen in laufende Preise umgerechnet hatten. Als ich das Ergebnis einige Wochen später erfuhr, blieb mir fast das Herz stehen. Wir hatten einen Plan für einen Fünfjahres-Verteidigungsetat in Höhe von *1,46 Billionen Dollar* umgearbeitet!

Als ich sah, welche Beträge der Computer ausdruckte und wie die Zahlen für jedes weitere Jahr anschwollen, konnte ich kaum meinen Augen trauen. Es begann mit einhundertzweiundvierzig Milliarden Dollar für 1980 und stieg auf dreihundertachtundsechzig Milliarden Dollar für das Jahr 1986 – eine Zunahme von einhundertsechzig Prozent gegenüber dem gegenwärtigen Verteidigungsetat innerhalb von nur sechs Jahren.

»Wie ist das möglich?« fragte ich Schneider. Geduldig führte er mich Schritt für Schritt zurück durch die ganze Zahlenreihe, und dabei wurde mir klar, was man anrichten kann, wenn man sich zu sehr beeilt.

Ich hatte einen verhängnisvollen Fehler gemacht und rannte jetzt wutschnaubend in meinem Büro hin und her. Aber der Haushaltsentwurf war am 18. Februar hinausgegangen, und die Rüstungsindustrie wußte sich vor Freude nicht zu lassen.

Mein zweites Hilfsmittel, die Verabschiedung des Haushalts zu beschleunigen, die Einzelgespräche mit den Kabinettsmitgliedern, erwies sich als ebenso wirksam wie die Entscheidung, die endgültige Höhe der Etats in den wichtigsten Bereichen erst zu einem späteren Zeitpunkt festzulegen.

Inzwischen war klar geworden, daß Ed Meese den Präsidenten davor schützen wollte, bei dem Meinungsstreit zwischen den einzelnen Mitgliedern seines Kabinetts Partei ergreifen zu müssen. Er sorgte dafür, daß Reagan in solchen Fällen niemals eine Entscheidung treffen mußte, die auf den Widerstand eines seiner Kabinettsmitglieder stieß. Damit hielt er ihn zwar aus dem Meinungsstreit heraus, aber Präsidenten müssen gelegentlich unbequeme Entscheidungen treffen.

Jedesmal, wenn es zu Unstimmigkeiten kam, machte Meese den Vorschlag, wir sollten die Angelegenheit unter uns austragen. Dann lächelte der Präsident und sagte, »Okay, Sie werden schon eine Lösung finden«.

Ich hatte sehr bald begriffen, worum es ging. Wenn die Reagan-Administration nach dem Prinzip arbeitete, die Lösung schwieriger Probleme untergeordneten Stellen zu überlassen, dann wollte ich das auf meine Art tun. Die immer größer werdende Zahl noch nicht genehmigter Haushaltskürzungen gaben mir einen idealen Vorwand dafür.

Die Beratungen über die noch anstehenden Kürzungen würden mit Sicherheit zu erheblichen Meinungsverschiedenheiten im Kabinett führen. Wenn nun Meese verlangen sollte, daß alle diese Fragen an einem Konferenztisch geklärt wurden, der außerhalb der neutralen Zone lag, mit der er den Präsidenten abzuschirmen versuchte, würde ich nie mit meiner Arbeit fertig werden.

Deshalb nahm ich ihn zur Seite und schlug vor, einen besonderen Ausschuß mit der detaillierten Ausarbeitung des Haushalts zu beauftragen. Dieser Ausschuß sollte die noch anstehenden Kürzungen mit den zuständigen Mitgliedern des Kabinetts überprüfen, *bevor* sie dem Präsidenten und dem ganzen Kabinett vorgelegt wurden. Das würde den ganzen Vorgang nicht nur beschleunigen, sondern auch die

Spannungen innerhalb des Kabinetts abbauen, die sich schon jetzt sehr deutlich zeigten. Meese verlangte den Konsens, und auf diese Weise würde er sich erreichen lassen.

Es würde aber nicht der Konsens sein, den Meese sich vorstellte. Er wollte alle Beteiligten dadurch zufriedenstellen, daß er niemandem zumutete, einen dicken Brocken zu schlucken. Aber wir standen vor einer wirtschaftspolitischen Revolution, und in einer Revolution müssen schwer verdauliche Brocken geschluckt werden.

Meese stimmte meinem Vorschlag zu, und ich konnte mit meinem Haushaltsausschuß an die Arbeit gehen. Er bestand aus dem harten Kern der entschiedenen Befürworter meines Sparprogramms, zu denen auch Marty Anderson, Bill Brock und Murray Weidenbaum gehörten. Auch Don Regan und sein Stellvertreter, Tim McNamar, nahmen an den Beratungen teil, und da sie sich in anderen Bereichen für Ausgabenkürzungen eingesetzt hatten, waren sie bereit, auch bei ihrem eigenen Etat Streichungen vorzunehmen.

Anfang der mit dem 26. Januar beginnenden Woche nahm der Ausschuß seine Tätigkeit auf, und als wir sie acht Tage später beendet hatten, war der Widerstand gegen die Kürzungen im Kabinett gebrochen. Wir hatten uns überall durchsetzen können. Die Einsparungen betrafen eine Vielzahl von Programmen wie etwa die Subventionen für die Herstellung synthetischen Kraftstoffs, den Sport, die Post, den Bau von Kläranlagen, den sozialen Wohnungsbau, das Schulsystem und die sozialen Dienstleistungen.

Mein System funktionierte aus zwei Gründen: Erstens hatten Meese und Penn James alle Hände voll zu tun, um Tausende von offenen Stellen für Mitarbeiter des Weißen Hauses neu zu besetzen, da es überall in Washington leere Schreibtischsessel gab. In den meisten Ministerien waren die wichtigsten Abteilungsleiter noch nicht ernannt. In ihren Außenbüros war ein regelrechtes Vakuum entstanden, und obwohl sich die Natur stets darum bemüht, jedes Vakuum zu füllen, tat mein Haushaltsausschuß dies nicht.

Da die Minister noch nicht über die politischen Mitarbeiter verfügten, die sie nach dem Regierungswechsel aus den Reihen ihrer Parteifreunde hatten berufen wollen, mußten sie zu den Ausschußsitzungen in Zimmer 248 des Exekutivgebäudes die in den Ministerien beschäftigten Berufsbeamten mitbringen. Auf diesen Sitzungen bewährte sich Marty Anderson hervorragend. Von den Leuten, die der Präsident aus Kalifornien mitgebracht hatte, war er der einzige, der wirklich etwas von der amerikanischen Innenpolitik verstand.

Ihm gelang es auch immer wieder, einen Keil zwischen die neu ernannten Minister und die Berufsbeamten in ihren Ministerien zu treiben. Diese Beamten bemühten sich zum Beispiel, mit ihren Unterlagen nachzuweisen, daß bestimmte Kürzungen schädlich seien, versicherten dabei jedoch stets, »natürlich sind wir bereit, alles zu tun, um die Ausgaben so niedrig wie möglich zu halten, aber dieser Vorschlag des OMB geht viel zu weit«.

In solchen Fällen mischte sich Anderson ein und fragte den Beamten, wie lange er schon in seinem Ministerium arbeite.

»Zwölf Jahre«, lautete die Antwort, aber man merkte bereits, daß sich der Betreffende irgendwie verunsichert fühlte.

»Ich verstehe«, fuhr Anderson fort. »Und vorher waren Sie bei einer anderen Behörde? Ja? Sehr gut. Was ich sagen wollte ist, ich habe das gleiche Argument seit der Zeit, als ich bei der Nixon-Administration war, immer wieder gehört. So sehr es mich auch freut festzustellen, daß sich seither nichts geändert hat, muß ich doch sagen, das Argument ist auch heute noch falsch.«

Mit seinem Eingreifen wollte Anderson darauf hinweisen, daß es in Washington zwei Lager gab, »die anderen« und »uns«, und daß jeder, der schon so lange der Bürokratie angehörte, im gegnerischen Lager stand.

Die Beamten sollten mit dieser Taktik nicht gedemütigt werden, aber die Minister, die diese Beamten mitgebracht hatten, sollten erkennen, worum es ging. Wenn sie das begriffen hatten, waren sie nicht mehr ohne weiteres bereit, sich auf die Seite der »anderen« zu stellen.

Der zweite Grund dafür, daß mein System funktionierte, war die Tatsache, daß der Haushaltsausschuß aus hervorragenden Persönlichkeiten bestand.

Marty Anderson und Murray Weidenbaum waren erstklassige Verfechter der angebotsorientierten Wirtschaftspolitik. Sie hatten erkannt, daß die Subventionsfreudigkeit der sogenannten »Großen Gesellschaft« kompletter Unsinn war. Die Bundesbehörden hatten damit in den Zuständigkeitsbereich der Einzelstaaten und Gemeinden eingegriffen und sich deren Verantwortlichkeiten angemaßt.

Auch Bill Brock war ein guter Kenner und scharfer Kritiker des neu aufgeblühten amerikanischen Wohlfahrtsstaates. Er brachte deshalb fundierte Sachkenntnis und wohlbegründete Kritik an der exzessiven Ausgabenpolitik der vorigen Bundesregierung an den Verhandlungstisch. So sahen sich die noch unerfahrenen Minister einer überwältigenden analytischen und intellektuellen Feuerkraft gegenüber und stimmten gewöhnlich schon nach kurzer Debatte unseren Argumenten zu.

Nach acht Sitzungen hatte ich neunzig Prozent der vorgeschlagenen Kürzungen durchgesetzt und war nur in wenigen Fällen gezwungen worden, Kompromisse zu schließen.

Doch dieser verzweifelte und augenscheinlich erfolgreiche Wettlauf gegen die Uhr erzeugte bedauerliche Mißverständnisse. Der Präsident, dem die nervenaufreibende Kleinarbeit erspart geblieben war, hatte nicht die Gelegenheit gehabt, den konkreten Inhalt seines radikalen neuen Programms oder die Gründe für die einzelnen Kürzungen kennenzulernen. Die Ergebnisse der Bemühungen des Haushaltsausschusses wurden ihm in einer mehrstündigen Sitzung vorgelegt, doch obwohl er dabei mit einer ganzen Flut von Papieren überschüttet wurde, konnte jede einzelne Maßnahme nur mit wenigen Sätzen begründet werden. Als er später aufgefordert wurde, die Kürzungen zu rechtfertigen, erinnerte er sich nur daran, daß diese Kürzungen vorgenommen worden waren, konnte aber nicht sagen warum.

Unsere umstrittene und drakonische Verringerung der Studienbeihilfen für Studenten, deren Eltern ein mittleres Einkommen bezogen, wurde zum Beispiel vorgenommen, weil ich die finanzielle Unterstützung dieser Einkommensgruppe ganz allgemein scharf kritisiert hatte. Diese Maßnahmen waren unbedingt erforderlich, wenn man Steuern und Ausgaben senken und die Lasten gerechter verteilen wollte. Weshalb sollte ein Stahlarbeiter Steuern zahlen, um es dem Fabrikdirektor zu ermöglichen, daß er seine Kinder auf eine Privatschule außerhalb seines Heimatstaates schickte?

Wenn der Präsident aus den etwa hundert Einzelbegründungen, die wir ihm vorlegten, überhaupt etwas gelernt hat, dann zweifellos das Falsche. Als er später von Kongreßabgeordneten und Senatoren danach gefragt wurde, hörte ich ihn immer wieder sagen, »die Burschen im Kabinett haben das alles am runden Tisch beraten und sind sich hundertprozentig darin einig, daß diese Kürzungen vorgenommen werden sollten«.

In Wirklichkeit war das nicht geschehen, und sie waren sich auch nicht einig. Wir hatten jedes einzelne Mitglied des Kabinetts lange bearbeiten müssen, bis wir seine Zustimmung erreichten. Dabei waren wir nach dem Grundsatz des »teile und herrsche« verfahren, und zu einer friedlichen Beratung am runden Tisch war es nie gekommen. In meinem Bemühen, die Revolution so rasch wie möglich auf den Weg zu bringen, hatte ich den Präsidenten, ohne es zu wollen, davon überzeugt, daß die Kürzungen im Haushalt einen antiseptischen Prozeß darstellten und daß es nur darauf ankam, unschuldig klingende, halbwahre Begründungen zu formulieren und den dabei entstehenden Wust von Papieren sauber in einen Aktendeckel einzuordnen.

Die Kabinettsmitglieder waren nicht revolutionärer oder antidirigistischer als zuvor. Es war uns nur gelungen, sie zunächst einmal zu beruhigen. Doch im Lauf der Zeit haben die »Burschen«, die den Ausgabenkürzungen angeblich am runden Tisch zugestimmt hatten, diese Beschlüsse zum größten Teil ignoriert.

Aber die angebotsorientierte Wirtschaftspolitik konnte nur gelingen, wenn der Wohlfahrtsstaat nachhaltig beschnitten wurde. Das bedeutete eine Fortsetzung des politischen Grabenkampfs über mehrere Jahre bis in die Mitte des Jahrzehnts. Die Eindämmung der Ausgabenfreudigkeit des Staates mußte gleichzeitig mit einer automatischen Rücknahme von Ansprüchen auf die Einnahmen aus der Wirtschaft erfolgen, wenn die über mehrere Jahre vorzunehmenden Steuersenkungen sich voll auswirkten.

Das Kabinett war nicht geneigt, einen solchen mit Geduld vorgetragenen Angriff gegen die Ausgabenfreudigkeit hinzunehmen. Die ersten großen Ausgabenkürzungen ließen sich zwar ohne größere Schwierigkeiten vornehmen, aber selbst sie erzeugten überall ein gewisses Unbehagen. Die Arbeit meines Haushaltsausschusses war schließlich nur auf dem Papier ein Erfolg, nicht in der realen politischen Welt. Der Präsident hatte zu keiner Zeit auch nur eine blasse Ahnung, warum das so war.

Der auf meine Veranlassung eingesetzte Haushaltsausschuß traf an drei Stellen auf entschiedenen Widerstand. Diese drei Auseinandersetzungen waren sehr lehrreich und zeigten, worum es in Wirklichkeit ging. Die erste Streitfrage betraf den Handelsminister Mac Baldridge und Einsparungen bei der Export-Import-Bank.

Diese Initiative lag mir als glühendem Verfechter eines freien Marktes besonders am Herzen. Exportsubventionen sind eine merkantilistische Illusion. Sie entspringen der unlogischen Vorstellung, eine Nation könne die Zahl der Beschäftigten und das Bruttosozialprodukt damit erhöhen, daß sie die von ihr erzeugten Güter unter dem Gestehungspreis veräußert. Das ist nichts anderes als Philanthropie im internationalen Maßstab. Exportsubventionen verringern das Bruttosozialprodukt und kosten Arbeitsplätze, nicht umgekehrt.

Exportsubventionen sind der klassische Fall der Mentalität der einfachen Buchführung, die den Bundesetat nur unnötig belastet. Ihre Befürworter sagen, gebt Boeing mehr Geld, damit das Unternehmen mehr Flugzeuge bauen, seine Exporte steigern, mehr Arbeitskräfte beschäftigen und höhere Steuern zahlen kann. Aber man könnte Boeing auch Geld geben, um Pyramiden zu bauen, und das Ergebnis wäre das gleiche.

Das Problem ist sehr einfach: Die Subventionen zur Senkung der Zinsbelastung müssen mit Steuergeldern bezahlt werden, die irgend jemand aufbringt, oder durch Kreditaufnahme. Wenn man jedoch irgend jemanden besteuert oder Geld aufnimmt, reduziert man die Kapazität der nationalen Wirtschaft an anderer Stelle. Man kommt um die doppelte Buchführung nicht herum. Trotzdem bringen die Politiker die Wirtschaft immer wieder durcheinander, weil sie glauben, das sei möglich.

Außerdem hat die Export-Import-Bank im Jahr 1981 etwa zwei Drittel ihrer Zinsvergünstigungen an eine Handvoll großer Unternehmen verteilt. Zu ihnen gehörten Boeing Aircraft, General Electric und Westinghouse. Ich hatte schon seit langem jedem Liberalen, der mir zuhören wollte, erklärt, daß sich die angebotsorientierte Revolution von dem korrupten Opportunismus der organisierten Geschäftswelt unterscheiden werde; daß sie sich gegen unberechtigte Ansprüche wie die der Firma Boeing wenden werde und nicht nur gegen die kleinen Leute wie die Empfänger von Lebensmittelgutscheinen. Wenn wir uns entschlossen gegen die wohlbestallten Lobbyisten der Großfirmen wendeten, dann würde das der Beweis dafür sein, daß wir es ernst meinten und nicht bereit waren, die Dinge so weiterlaufen zu lassen, wie sie bisher gelaufen waren.

Aber Mac Baldridge neigte zum Protektionismus, verstand kaum etwas von der angebotsorientierten Wirtschaft und war nicht bereit, sich ihre theoretischen Grundlagen erläutern zu lassen. Für ihn bedeutete mein Vorschlag die »unilaterale Abrüstung« im Kampf um die Exportmärkte. Er behauptete praktisch, wenn die Franzosen töricht genug seien, ihre Flugzeugverkäufe mit großen Summen zu subventionieren, dann dürften wir nicht zögern, das gleiche zu tun.

Schließlich konnte ich trotzdem einen gewissen Erfolg verbuchen. Nach zweieinhalbstündigen erregten Diskussionen schlossen wir einen Kompromiß und kürzten das Kreditvolumen der Export-Import-Bank um vierzig Prozent. Damit wurde der von der Carter-Administration vorgeschlagene Betrag von sieben Milliarden Dollar auf vier Milliarden Dollar reduziert.

Trotzdem sollte Baldridge das Problem der Export-Import-Bank jedes Jahr von neuem zur Sprache bringen, und der Kongreß erhöhte ihren Etat jedes Jahr. Aber ich lernte etwas dabei. Die der Export-Import-Bank gewährten Subventionen waren eine fiskalische Trivialität, symbolisierten jedoch eine nicht zu verantwortende Praxis im Umgang mit den großen Unternehmen.

Mit großer Energie war ich auch darangegangen, den Etat der Abteilung für technische Entwicklung des Energieministeriums entsprechend den Richtlinien des republikanischen Parteiprogramms mit einem Federstrich entscheidend zu kürzen.

Das Energieministerium unter Carter war nach meiner Auffassung besonders verschwenderisch mit staatlichen Geldern umgegangen. Der Haushaltsvoranschlag Carters hatte dem Energieministerium für die Jahre 1982 bis 1986 siebzehn Milliarden Dollar zugeteilt. Wofür? Um so sinnlose Unternehmungen zu subventionieren wie den Bau einer Kohle-Verflüssigungsanlage der Golf Oil Company und zahllose andere Experimente auf dem Gebiet der Energietechnologie, über deren Erfolgsaussichten sich noch nichts sagen ließ.

Gegen die Experimente als solche war nichts einzuwenden. Um sie zu ermöglichen, hatte Adam Smith die Idee der Freien Marktwirtschaft entwickelt. Aber die staatliche Bürokratie besaß weder die Kompetenz noch war sie berechtigt, diese Aufgabe für sich in Anspruch zu nehmen.

Schon beim Anblick dieser Lobbyisten für die Öl-, Erdgas-, Anlagenindustrie und die Versorgungsunternehmen hätte ich die Wände hochgehen können. Das gleiche Gefühl hatte ich, wenn ich es mit den Kongreßausschüssen für Energie zu tun bekam und sah, wie sie die Hände aufhielten.

Und jetzt saß der Zahnarzt und Energieminister Jim Edwards mit uns im Beratungszimmer und hielt die Hand auf. Dabei wiederholte er jeden Gemeinplatz und jeden Unsinn, mit dem das ganze blödsinnige Unternehmen begründet worden war. Er behauptete, die Anlagen zur Herstellung von synthetischem Kraftstoff, die er retten wollte, würden dazu beitragen, den Ölpreis auf dem Weltmarkt zu drücken. Und dabei kam er nicht etwa auf den Gedanken, daß auch der amerikanische Energieminister nicht in der Lage sein würde, die Gesetzmäßigkeiten von Angebot und Nachfrage zu ändern.

So weit also ging die Bereitschaft des Zahnarztes, sich für die Ideologie des Freien Marktes der Reagan-Revolution einzusetzen.

Die Debatte endete schließlich mit einer Märchenstunde, in der der Energieminister und seine Bürokraten erklärten, wie man aus Torfmoos und Müll Dampf erzeugen könne. Nun, das ließ sich auch mit Mais, Zuckerrohr, Sägemehl und jedem brennbaren Material machen.

Ich war erstaunt, so etwas von einem Mitglied des Kabinetts von Ronald Reagan zu hören. Ich versuchte diplomatisch zu sein. Aber noch nach Tagen kochte ich innerlich, als ich Greider diese traurige Geschichte erzählte.

Mit der tatkräftigen Unterstützung von Marty Anderson und Murray Weidenbaum gelang es mir schließlich, den Widerstand Edwards' in den meisten Punkten zu brechen. Der Haushalt vom 18. Februar empfahl den Verzicht auf alle sechs vom Energieministerium vorgeschlagenen Anlagen zur Herstellung synthetischen Kraftstoffs sowie die Kürzung seines Fünfjahresetats für die Entwicklung neuer Energiequellen und für Subventionen um elf Milliarden Dollar. Das waren immerhin zwei Drittel.

Bei meinem dritten und letzten Gefecht um die Ausgabenkürzungen traf ich auf einen wirklich ernstzunehmenden Gegner. Al Haig hat mich regelrecht überfahren.

Der Gramm-Stockman-Haushaltsplan sah drastische Kürzungen bei der ausländischen Wirtschaftshilfe vor, die aufgrund ideologischer Überlegungen gewährt wurde. Gramm und ich glaubten, daß die Institutionen, die für die internationalen Hilfsprogramme und die sogenannte Entwicklungshilfe für die Dritte Welt verantwortlich waren – die Vereinten Nationen, die multilateralen Banken und die amerikanische Behörde für internationale Entwicklung –, von sozialistischem Gedankengut beeinflußt seien. Die für die internationalen Wirtschaftsprogramme verantwortlichen Bürokratien ließen in den Ländern der Dritten Welt ein selbstverschuldetes wirtschaftliches Chaos entstehen und begruben sie unter einem Berg von Auslandsschulden, die sie niemals würden zurückzahlen können.

Auf der Sitzung des Haushaltsausschusses, auf der die Abstriche bei der Auslandshilfe beschlossen werden sollten, wollte ich daher die multilateralen und bilateralen Hilfsprogramme der Vereinigten Staaten um fünfundvierzig Prozent kürzen. Das hätte für die Jahre 1982 bis 1986 eine Ersparnis von dreizehn Milliarden Dollar gebracht. Die von Carter zugesagten 3,2 Milliarden Dollar für die »weichen« Kredite der Weltbank sollten gestrichen werden, ebenso alle künftigen amerikanischen Zusagen für eine Finanzhilfe an die anderen regionalen multilateralen Banken. Zahlungen an Einrichtungen der Vereinten Nationen sollten auf die Dauer eingefroren werden.

Auf die von Carter empfohlenen Steigerungen der amerikanischen Entwicklungshilfe sollten wir ebenfalls verzichten. Und schließlich würde der Etat des Friedenscorps um fünfundzwanzig Prozent gekürzt werden.

Meine Empfehlungen sollten achtundvierzig Stunden vor Beginn der Sitzung unseres Ausschusses den zuständigen Behörden zugestellt werden. Der Außenminister und seine maßgebenden politischen Mitarbeiter wurden zu strenger Geheimhaltung verpflichtet. Doch schon vierundzwanzig Stunden nach Übermittlung unserer Daten am Dienstag, den 27. Januar, begann sich eine weltpolitische Krise abzuzeichnen.

Das Dokument, das unsere Daten enthielt, war von den Xeroxmaschinen des Außenministeriums in einer hohen Auflage vervielfältigt worden. Von dort ist es zweifellos zu den Befürwortern der Auslandshilfe auf dem Capitol Hill und in alle ausländischen Botschaften an der Massachusetts-Avenue gelangt. Bis zum Ende des folgenden Tages hatte die Presse eine Sensationsmeldung daraus gemacht. Ein Artikel auf der Titelseite der Donnerstagsausgabe der *Washington Post* ließ uns ahnen, unter welchem Druck wir geraten würden:

»David A. Stockman hat die am weitesten gehenden Kürzungen

der Auslandshilfe seit ihrer Einführung nach dem Zweiten Weltkrieg vorgeschlagen . . . Stockmans Plan sieht eine drastische Beschneidung auf jedem Gebiet der nichtmilitärischen Entwicklungshilfe vor . . . (Diese) Vorschläge werden mit Sicherheit den leidenschaftlichen Widerstand der Befürworter der Auslandshilfe auslösen . . . «

Das alles geschah nicht ganz ohne Beteiligung des Außenministeriums. Den ganzen Donnerstag wurde ich mit Telefonanrufen vom Capitol Hill überschüttet. Am Abend wurde mir sogar die Kopie eines Briefes des Kongreßabgeordneten Silvio Conte, eines entschiedenen Befürworters der Auslandshilfe und ranghöchsten Republikaners im Bewilligungsausschuß des Repräsentantenhauses, an Außenminister Haig übermittelt. Der Brief war eine langatmige Kritik an meinem Vorschlag. Es fiel mir auf, daß er die gleichen Ausdrücke verwendete wie das Außenministerium in der »vertraulichen Analyse«, die es uns kurz zuvor geschickt hatte. Anschließend erfuhr ich, daß das Außenministerium die amerikanischen Botschafter im Ausland angewiesen hatte, die Regierungen, bei denen sie akkreditiert waren, »zu einer Reaktion zu veranlassen«.

Da sich die Atmosphäre bis zur nächsten Sitzung meines Haushaltsausschusses am Freitagnachmittag stark erhitzt hatte, beschloß ich, Haig vorher in mein Büro zu bitten, um Ruhe zu schaffen. Aber der Mann, der in mein Büro stürmte, war alles andere als ruhig. Es war der General Haig, der mich in militärisch scharfem Ton abkanzelte.

»Diese Indiskretionen haben mich wirklich erschüttert«, sagte er. Ich war sprachlos. Die Behauptung, ich könnte sie veranlaßt haben, war so absurd, daß sie bei mir die erhoffte Wirkung zeigte. Aber ich ging nicht näher darauf ein, weil ich mir nicht vorstellen konnte, daß er selbst daran glaubte.

Nachdem er festgestellt hatte, daß seine Eröffnungssalve die erwartete Wirkung gehabt hatte, bot er mir einen Waffenstillstand an. Er sagte mir, er sei sich zwar der Notwendigkeit bewußt, daß wir bei unseren Ausgaben »Zurückhaltung« wahren müßten, aber er und niemand sonst sei für die Gestaltung der amerikanischen Außenpolitik verantwortlich.

Ich konnte nur staunen, wie er so ohne weiteres die Zurückhaltung bei der Planung des Haushalts von der Politik trennen konnte, da doch beide Bereiche unauflöslich miteinander verbunden sind. Aber sein Hauptargument kam sehr deutlich zum Ausdruck: Er wisse nicht, ob die Auslandshilfe die beabsichtigten Wirkungen habe oder nicht. Er habe sich nicht sehr eingehend mit dieser Frage beschäftigt, und im Grunde sei es ihm auch gleichgültig. Die Regierung müsse jedoch »realistisch« sein. Er wiederholte noch einmal: »Die ganze internationale Völkergemeinschaft erwartet Kontinuität in der amerikanischen Außenpolitik, und solange ich dafür verantwortlich bin, werden wir unsere Verpflichtungen erwartungsgemäß erfüllen.«

Ich versuchte ihn davon zu überzeugen, daß das wirtschaftspolitische Programm der Reagan-Revolution konsequent bis zum Ende verwirklicht werden müsse, aber er hörte mir gar nicht zu.

Nach seiner Meinung war das Ganze nichts anderes als ein bürokratisches Gerangel, wie man es in Washington immer wieder erlebte. Er war der erfahrene Soldat und Politiker, der mit MacArthur in Inchon gelandet war und einen Präsidenten zum Rücktritt überredet hatte, und jetzt wollte ihm ein vierunddreißigjähriger Neuling sagen, was er zu tun und zu lassen habe.

Statt dessen fing er an, aus all den »dringenden« Depeschen zu zitieren, die er von unseren Verbündeten bekommen hatte, und bedauerte, daß es auf dem Capitol Hill einen solchen Aufstand gegeben habe. In versöhnlicherem Ton fügte er hinzu, wir sollten »die Angelegenheit so bald wie möglich hinter uns bringen«. In Wirklichkeit war sein Auftritt ein massiver Einschüchterungsversuch. Ich erklärte mich bereit, meinen Vorschlag zurückzuziehen und einen privaten Gegenvorschlag von ihm, der bescheidenere Einsparungsvorschläge enthielt und mir in der folgenden Woche zugestellt werden sollte, zu berücksichtigen. Wir einigten uns darauf, bis dahin die »politischen« Fragen, die nach seiner Auffassung gelöst werden mußten, im kleinen Kreis zu besprechen.

Aber es war durchaus kein »kleiner Kreis«, der sich im Beratungszimmer versammelte. Normalerweise nahmen zehn bis fünfzehn Personen an diesen Gesprächen teil. Diesmal hatte Haig fünfzig oder vierzig Mitarbeiter aus dem Außenministerium und Beamte aus der Behörde für internationale Entwicklung mitgebracht. Trotzdem protestierte Haig sofort: »In Gegenwart von so vielen Menschen kann ich keine Entscheidungen treffen. Hier haben sich vierzig Leute versammelt, und ich weiß nicht einmal, wer sie sind!«

Es war unglaublich. Es waren *seine* Leute – er hatte sie mitgebracht. Und jetzt erklärte er, man dürfe nicht annehmen, daß er in ihrer Gegenwart Entscheidungen träfe. Wie nicht anders zu erwarten, ging die Sitzung zu Ende, ohne irgendwelche Ergebnisse gebracht zu haben. Am späten Nachmittag rief mich Haig in meinem Büro an. Er war wütend. »Stellen Sie sich vor«, sagte er, »ich war kaum wieder in meinem Büro, als mich die Presse anrief, um zu erfahren, welche Ergebnisse die Sitzung gebracht habe.«

Meine Empörung hatte sich auch am nächsten Morgen noch nicht gelegt, als ich Greider sagte: »Zum Teufel, nicht ich habe die Presse angerufen und ihr das Ergebnis der Sitzung mitgeteilt, er selbst hat es zweimal getan!«

In der folgenden Woche traf ich mich wieder mit Haig. Er mäkelte an jeder Zeile meines Entwurfs für den Etat des Auslandshilfsprogramms herum. Wir einigten uns schließlich auf den bescheideneren Vorschlag, die Auslandshilfe im Verlauf der folgenden vier Jahre um 7,5 Milliarden Dollar zu kürzen. Aber nachdem der Vorschlag am 18. Februar dem Kongreß vorgelegt worden war, kümmerte sich der Außenminister nicht mehr um die darin enthaltenen Zahlen. Sein »Realismus« erforderte jeden zweiten Monat einen Dringlichkeitsantrag für »ergänzende« Finanzhilfen.

Die politischen Beamten im Außenministerium und bei AID begründeten diese Anforderungen damit, daß wir ein »politisch ausgewogenes« Programm für die Militärhilfe und die Wirtschaftshilfe für die Dritte Welt brauchten. Als jedoch die »Stichworte für die Gespräche, mit denen der Präsident die unentschiedenen Republikaner im Kongreß von der Richtigkeit seiner Politik überzeugen wollte«, zusammengestellt wurden, war diese Begründung nicht mehr darin zu finden.

Wenn der Präsident diese Stichworte seines Außenministeriums durchgesehen hatte, sagte er jedesmal: »Nun, ich bin schon immer gegen die traditionellen Fehlinvestitionen bei der Wirtschaftshilfe gewesen, aber unser Programm ist etwas ganz anderes.«

Das war es jedoch nicht. Vielmehr ist als Folge der entschlossenen Haltung Haigs und des Außenministeriums von den über vier Jahre vorgesehenen Ersparnissen in Höhe von 7,5 Milliarden Dollar bei der Auslandshilfe kaum etwas übriggeblieben.

Ich war aber trotzdem so naiv, mich vor Greider zu brüsten, ich hätte mich schließlich doch durchgesetzt und es Haig erlaubt, den

Sieger zu spielen. Daß aber die Einsparungen, die ich nach meinen Besprechungen mit Haig auf dem Papier verzeichnen konnte, gar nichts bedeuteten, sollte ich erst sehr viel später feststellen.

In der ersten Februarwoche war ich überzeugt, daß wir die Ergebnisse unserer Arbeit termingerecht zum 18. Februar vorlegen konnten. Wir hatten beeindruckende Einsparungen durchgesetzt. Unsere Tabellen wiesen jährliche Ausgabenkürzungen in Höhe von sechsundzwanzig Milliarden Dollar für 1982 aus, die bis 1984 auf siebenundvierzig Milliarden Dollar ansteigen würden. Für den Zeitraum von fünf Jahren machte das die Gesamtsumme von zweihundertzwanzig Milliarden Dollar aus. Diese Zahlen lagen weit über dem, was jemals im Kongreß vorgeschlagen oder debattiert worden war. Die Stimmung unter meinen Mitarbeitern war großartig. Es sah aus, als werde die fiskalpolitische Gleichung schließlich doch aufgehen.

Trotz des sporadischen Widerstandes einiger Kabinettsmitglieder und der wütenden Aufschreie des Zahnarztes und des Generals schien das Weiße Haus unerschütterlich hinter mir zu stehen. Der Präsident hatte auch bei den wahltaktisch kritischen Posten wie etwa bei der Kürzung der Ruhestandsgelder nicht vor der Entscheidung zurückgeschreckt. Marty Anderson und Murray Weidenbaum waren meine treuen Verbündeten gewesen. Aber auch der liberale Flügel der Republikanischen Partei hatte mit uns zusammengearbeitet.

Ich verbrachte fast die ganze erste Februarwoche auf dem Capitol Hill, um die republikanischen Senatoren und Kongreßabgeordneten mit den Einzelheiten unseres Sparprogramms bekanntzumachen. Zu meiner Überraschung erhoben die Abgeordneten kaum irgendwelche Einwände. Aber natürlich wurde mir auch mancher freundschaftliche Rat erteilt. Senator Jesse Helms aus North Carolina, der dem äußersten rechten Flügel der Republikanischen Partei angehörte, nahm mich nach einer dieser Besprechungen zur Seite und sagte mir in sehr freundschaftlich-väterlichem Ton:

»Die ganze Nation verläßt sich auf Sie. Nun machen Sie sich an die Arbeit, mein Junge. Aber lassen Sie sich nicht von den Bürokraten des OMB verwirren. Das Tabakprogramm kostet den Steuerzahler keinen roten Heller. Und das wird auch nie der Fall sein, solange ich Vorsitzender des Landwirtschaftsausschusses bin. «

Was mir während dieser Woche im Kongreß besonders angenehm

auffiel, war die Tatsache, daß auch die gemäßigten Senatoren, denen wir zunächst mit einigem Mißtrauen begegnet waren, eine durchaus positive Haltung einnahmen. Sogar zwei der als besonders liberal geltenden Mitglieder des Senats unterstützten uns nach Kräften.

Im Repräsentantenhaus war die Reaktion sogar noch ermutigender. Von den liberalen Demokraten hatte ich selbstverständlich keine Unterstützung erwartet, hatte mich aber bereit erklärt, den führenden demokratischen Abgeordneten einen »Höflichkeitsbesuch« abzustatten.

Ich sah dieser Zusammenkunft mit gewissen Befürchtungen entgegen. Tip O'Neill begrüßte mich und bat mich, in einem großen Lehnstuhl Platz zu nehmen. In seinem Büro standen zwei gleichgroße Lehnstühle; ich saß in dem einen, er in dem anderen, und da er in seinem sehr viel mehr Platz einnahm als ich in meinem, wirkte das Ganze etwas komisch.

Unsere beiden Stühle standen vor einem Halbkreis anderer Sitzgelegenheiten, die von dem Vorsitzenden des Ausschusses für Erziehung und Arbeit, Carl Perkins aus Kentucky, dem Vorsitzenden des Haushaltsausschusses, Jim Jones aus Oklahoma, dem Vorsitzenden des Ausschusses für Finanzen und Steuern, Dan Rostenkowski aus Illinois, dem Vorsitzenden des Verfassungsausschusses, Dick Bolling aus Missouri, dem Vorsitzenden der Mehrheitsfraktion, Jim Wright aus Texas, und einigen anderen eingenommen wurden. Ich starrte also von meinem etwas unsicheren Platz aus den Mitgliedern des »Politbüros« des Wohlfahrtsstaats ins Gesicht.

Sie blickten mich zwar nicht gerade unversöhnlich an, aber auch der selbstsicherste radikale Konservative hätte sich angesichts dieser Versammlung zurückgehalten. Jeder einzelne von ihnen war eine starke Persönlichkeit und ein erfahrener Politiker, aber es war der Sprecher des Repräsentantenhauses, Tip O'Neill, der das Gespräch eröffnete.

»Wir wissen, daß einiges geändert werden muß«, sagte er. Damit entwaffnete er mich bereits. »Es ist ein neuer Tag, und die Zeiten haben sich geändert. Aber«, fuhr er fort (und ich dachte, jetzt geht es los), »einige dieser Ausgabenkürzungen im Sozialbereich, von denen wir in den Zeitungen lasen, haben unsere Besorgnis erregt. Wir hoffen, daß es in der Praxis anders sein wird, als es zunächst aussieht. «

Diese Bedenken waren verständlich. Ich erläuterte ihnen meinen

Standpunkt zunächst am Beispiel der kostenlosen Schulspeisung. Ich sagte, wir nähmen in diesem Bereich den neun Millionen Schülern, deren Eltern nur über ein Einkommen unterhalb der Armutsgrenze verfügten, keinen Pfennig weg, sondern die Kürzungen beträfen nur die Familien, die über mehr als das *Doppelte* des Durchschnittseinkommens verfügten. Der Sprecher des Repräsentantenhauses und andere Mitglieder des »Politbüros« waren überrascht und dankbar. Sie hatten nicht gewußt, daß die Beihilfen sogar für Kinder gezahlt wurden, deren Eltern mehr als achtzehntausend Dollar im Jahr verdienten.

Am Schluß unserer Besprechung sagte O'Neill anerkennend: »Wir sind zwar nicht mit allem einverstanden, aber dieser junge Mann weiß genau, wovon er spricht.«

Am Freitag der gleichen Woche sprach ich auch vor der republikanischen Fraktion des Repräsentantenhauses und stellte fest, daß die neugewählten Abgeordneten dem Wirtschaftsprogramm Reagans begeistert zustimmten.

Als ich jedoch am Ende der ersten Februarwoche in mein Büro zurückkehrte, mußte ich feststellen, daß die Rechner im Office of Management and Budget bei ihren genauen Berechnungen zu besorgniserregenden Zahlen gekommen waren. Am 7. Januar auf der Sitzung im Blair House hatte ich die Finanzierungslücke im Haushalt auf fünfundsiebzig Milliarden Dollar geschätzt. Das bedeutete, daß wir Kürzungen in Höhe von fünfundsiebzig Milliarden Dollar vornehmen mußten, um den Haushalt bis zum Jahr 1984 auszugleichen. Aber jetzt zeigten die Berechnungen des OMB, daß sich das Defizit bis 1984 unter Berücksichtigung der geplanten Steuersenkungen und der Steigerung der Verteidigungsausgaben auf *einhundertdreißig Milliarden Dollar* erhöhen würde. Damit machte das gesamte Defizit für die folgenden fünf Jahre mehr als sechshundert Milliarden Dollar aus.

Damals war ein Defizit in Höhe von einhundertdreißig Milliarden Dollar etwas völlig Unvorstellbares. Niemand im Lager Reagans und kein Befürworter der angebotsorientierten Wirtschaftspolitik hatte jemals damit gerechnet, daß die erforderlichen Einsparungen im Haushalt auch nur die Nähe von einhundertdreißig Milliarden Dollar erreichen könnten. Das war fast das Doppelte von dem, was bei allen vorläufigen Berechnungen herausgekommen war. Plötzlich erschien uns die Arbeit, die wir in unserer Arbeitsgruppe geleistet hatten, gar nicht mehr so beeindruckend. Für das Jahr 1984 hatten wir Haushaltskürzungen in Höhe von siebenundvierzig Milliarden Dollar vorgesehen. Das war nur ein Drittel dessen, was wir brauchten, um den Haushalt auszugleichen. Vor uns lag noch ein weiter Weg, und wir hatten kaum noch Zeit, ans Ziel zu gelangen.

Ich rief Jim Baker an und bat ihn, eine dringende Sitzung für die ranghöchsten Mitarbeiter des Weißen Hauses einzuberufen, auf der die Finanzierungslücke besprochen werden sollte.

Am Samstagmorgen, den 7. Februar, versammelten wir uns im Rooseveltzimmer des Weißen Hauses. Die Historiker der Reagan-Ära werden einmal schreiben, an diesem Morgen hätten wir den Punkt erreicht, von dem an es kein Zurück mehr gab. Eigentlich hätte ich jetzt den Blitzkrieg abblasen müssen. Aber ein Ideologe, der den Gipfelpunkt seiner Macht erreicht hat, läßt sich nicht mehr aufhalten und denkt nicht darüber nach, wie ihn die Geschichte einmal beurteilen wird. Ich hatte Erfolg gehabt und war überzeugt, weitere Erfolge verbuchen zu können. Würde ich jetzt aufgeben, dann wäre die Reagan-Revolution gescheitert. Wenn es Schwierigkeiten gab, dann würde ich sie überwinden und in den zwei Wochen, die uns noch bis zum eigentlichen Start blieben, neue Möglichkeiten finden.

Ich hatte den Zeitpunkt, an dem der Haushalt, wie Reagan es im Wahlkampf versprochen hatte, ausgeglichen werden sollte, bereits von 1983 auf 1984 verschoben. Niemand im Weißen Haus hatte sich darüber gewundert. Meine Mitarbeiter steckten in einem solchen Wust von Papier, daß sie es gar nicht bemerkt hatten. Immer wieder suchte ich nach neuen Möglichkeiten, einen Ausweg zu finden, um mich nicht der Wahrheit stellen zu müssen, daß nur ein Diktator die Haushaltslücke hätte schließen können. Je größer meine Schwierigkeiten wurden, desto bereitwilliger folgte man mir. Ich hätte ein Plakat vor mir hertragen können mit der Aufschrift: *Haltet mich auf, ich bin gefährlich!* Selbst das hätte meine Mitarbeiter nicht abgeschreckt.

Auf der Sitzung legte ich ein ganz neues Paket von Maßnahmen zur Verringerung des Defizits vor. In den vergangenen Tagen hatten meine Mitarbeiter rund um die Uhr daran gearbeitet. Ich nannte es das »zweite Kapitel«, und es enthielt eine ganze Reihe von Punkten aus meiner antidirigistischen Wunschliste. Dazu gehörten Gebühren für die Benutzung von Privatflugzeugen und Yachten, die Streichung von Steuervergünstigungen bei der Ölförderung und bei industriellen Entwicklungsvorhaben und die drastische Streichung von Subventionen in der Milchwirtschaft, beim Schiffsbau, beim Bau von Wasserstraßen und in anderen Industriezweigen. Außerdem sah der Plan für Steuerzahler der höheren Einkommensgruppen die Aufhebung der Steuerabzugsfähigkeit von Hypotheken auf Eigenheime vor. Wir nannten es die »Villensteuer«.

Die im »zweiten Kapitel« vorgesehenen zusätzlichen Einsparungen sollten bis 1984 zusätzlich mehr als zwanzig Milliarden Dollar betragen. Und theoretisch stellte es das ganze Programm auf eine breitere Basis. Durch die Abschaffung der Subventionen für privatwirtschaftliche Interessengruppen und viele Steuerzahler mit mittleren und hohen Einkommen verdeutlichten diese Maßnahmen die Fairneß und Gerechtigkeit, die der Idee der angebotsorientierten Wirtschaft zugrunde lagen.

Was auf diese Weise nicht zu erreichen war, das war die Erhöhung der gesamten Einsparungen auf die erforderliche Summe von einhundertdreißig Milliarden Dollar.

Deshalb mußten wir jetzt mit buchhalterischen Tricks arbeiten. Wenn wir diese Einsparungen nicht rechtzeitig erreichten – und das konnten wir nicht –, dann würden wir einen Schuldschein über »künftige noch näher zu bezeichnende Einsparungen« ausschreiben. Das war ein Wunder wirkender Zaubertrick, mit dem wir die Bilanz auf der Ausgabenseite um dreißig oder vierzig Milliarden Dollar verringern konnten – je nachdem wieviel wir brauchten, um den Haushalt im Jahr 1984 auszugleichen, nachdem alle anderen bereits beschlossenen einzelnen Ausgabenkürzungen berücksichtigt worden waren.

Ich hatte nie geglaubt, daß wir den ganzen Bundeshaushalt über siebenhundertvierzig Milliarden Dollar noch vor dem 18. Februar würden vorlegen können. Deshalb dachte ich daran, dem Kongreß später zwei weitere Pakete mit Ausgabenkürzungen zugehen zu lassen.

Das erste sollte aus den zahlreichen kleinen Posten bestehen, mit deren Streichung wir nach einer gründlichen Überprüfung des von der Carter-Administration für das Jahr 1982 offiziell vorgelegten Haushalts rechneten. Im einzelnen handelte es sich dabei nicht um hohe Dollarbeträge, aber im ganzen würden wir hier doch vielleicht zehn Milliarden Dollar jährlich einsparen können. Dieses zusätzliche Sparpaket sollte schon innerhalb weniger Wochen geschnürt werden und erhielt deshalb die Bezeichnung »März-Berichtigungen«.

Zu dem zweiten Paket von Ausgabenkürzungen gehörten Einzelposten mit hohen Dollarbeträgen, deren Einsparung die fiskalische Revolution der Reagan-Administration politisch erst richtig auf den Weg bringen sollte. Hier handelte es sich um eine durchgreifende Reform der Programme, die entscheidende Vergünstigungen für die Angehörigen des Mittelstandes vorsahen, und zwar auf den Gebieten der Sozialversicherung, der medizinischen Versorgung und der aus dem Bundeshaushalt zu bezahlenden Ruhegehälter.

Meine »Große Doktrin« wandte sich grundsätzlich gegen das Versicherungsprinzip, auf dem diese Programme beruhten. Die Streichungen »unverdienter« Leistungen aus dem Rentenprogramm und die Einführung von Bedürftigkeitsnachweisen in der medizinischen Versorgung würden eine beträchtliche Senkung der Staatsausgaben zur Folge haben.

Theoretisch erwartete ich deshalb, daß wir mit diesen beiden Paketen den aus meinem »magischen Schuldschein« erwachsenden Verpflichtungen würden nachkommen können. Wir standen aber vor einem zweifachen Problem. Erstens komplizierte sich der Haushaltsplan, weil es drei verschiedene Arten von Einsparungen geben sollte. Zweitens sollte der Gesamtrahmen des Haushaltsplanes am 18. Februar der Öffentlichkeit bekanntgegeben werden. Aber gerade der Faktor, durch den der Ausgleich erreicht werden sollte – die durchgreifenden Kürzungen bei den Leistungen für die Steuerzahler mit mittleren Einkommen –, würde, wenigstens vorläufig, im dunkeln bleiben. Dabei konnte nur allzu leicht der Eindruck entstehen, man könne drastische Steuersenkungen vornehmen und die Verteidigungsausgaben beträchtlich erhöhen, ohne die beiden Zitadellen des Wohlfahrtsstaates zu erstürmen – die Rentenversicherung und die medizinische Versorgung.

Auf unserer Sondersitzung am 7. Februar sagte ich deshalb, wir müßten bedenken, daß trotz der Fortschritte, die wir bisher bei unseren Ausgabenkürzungen gemacht hatten, noch eine erhebliche Lücke im Haushalt geschlossen werden müsse. Dazu brauchten wir sowohl das »zweite Kapitel« als auch diese zusätzlichen, aus einzelnen noch zu kürzenden Ausgabenposten bestehenden Pakete.

Mit Recht äußerte Marty Anderson sofort ernste Bedenken und sagte, »wenn sich bei dem Posten ›künftige Einsparungen‹ eine zu hohe Gesamtsumme ergibt, dann werden Sie die ganze Glaubwürdigkeit des Programms vom ersten Tag an unterminieren«. Wir sollten, wenn notwendig, den ganzen Rest dieser Woche darauf verwenden, weitere Einzelposten aufzuspüren, bei denen Abstriche gemacht werden könnten, um sie in unsere Vorlage am 18. Februar einzubeziehen.

Dann kam es zu einer weiteren Komplikation. Obwohl ich mich über diese Frage mit Cap Weinberger bereits geeinigt hatte, verlangte Anderson, wir sollten wenigstens gewisse »symbolische« Einsparungen im Verteidigungssektor vorweisen. Doch es war technisch ganz unmöglich, hier Abstriche zu machen, denn wir hatten den Etat des Verteidigungsministeriums gegenüber dem der Carter-Administration um fast einhundertfünfzig Milliarden Dollar erhöht. Obwohl ich das auf alle mögliche Weise klarzumachen versuchte, konnten Baker, Meese, Brock, Weidenbaum und Regan meine Argumentation nicht begreifen und verlangten ebenso wie Anderson Streichungen im Verteidigungsetat.

Die Verwirrung wurde immer größer, und schließlich konnten wir uns nur darauf einigen, daß wir noch vor einer Vielzahl ungelöster Fragen standen und der globale Haushaltsausgleich in weiter Ferne war. Nach zwei Stunden mußten wir die Beratungen abbrechen, weil augenscheinlich jeder in wenigen Minuten andere Verpflichtungen hatte. Die zahlreichen Probleme und Möglichkeiten, die vor uns auf dem Tisch lagen, hatten uns keine Klarheit darüber verschaffen können, wohin unser Weg uns führen werde.

Am Ende dieses schwarzen Tages führte ich in meinem Büro ein langes Gespräch mit Greider. Ich mußte ihm gestehen, daß die Haushaltslücke immer noch sehr groß war und ich meinen Zuhörern hatte sagen müssen, daß wir unser Ziel so nicht erreichen würden.

Ich sagte ihm aber auch, wir könnten die Lücke mit den neuen, im »zweiten Kapitel« zusammengefaßten Kürzungen wahrscheinlich wenigstens teilweise schließen. Und ich war überzeugt, diese Kürzungen würden sich durchsetzen lassen. Zwar erregten sich schon Presse und Öffentlichkeit über die angebliche Benachteiligung der armen Bevölkerung durch meine Maßnahmen, aber ich hoffte, die Streichung der Sonderabschreibungen für die Ölförderung und für Yacht- und Villenbesitzer würde dazu beitragen, die Stimmung zu besänftigen.

Doch der Vorwurf, das Reagan-Programm richte sich gegen die Armen, empörte mich. Meine »Große Doktrin« hatte das genaue Gegenteil zum Ziel. Sie wandte sich gegen eine von unserem Wirtschaftssystem verursachte Verarmung und die schreiende Ungerechtigkeit, die das morsche Regime der »Zweiten Republik« kennzeichnete. Alle Subventionen waren gleich schädlich, ob sie sich nun in den Steuergesetzen oder im Haushalt verbargen, weil sie Leistungsschwäche und Ungerechtigkeit verursachten.

Ich erblickte daher in der wieder größer werdenden und besorgniserregenden Haushaltslücke nicht eine Bedrohung, sondern eine neue, unerwartete Gelegenheit, in das Wirtschaftsprogramm der Reagan-Administration von Anfang an die Logik meiner »Großen Doktrin« noch tiefer und umfassender einzubauen.

Ich sagte Greider: »Ich habe schon immer dieses ›zweite Kapitel‹ durchsetzen wollen. Bis unsere Zahlen vor etwa zwei Wochen anfingen, nicht mehr die gewünschten Ergebnisse zu bringen, konnte ich mir nicht vorstellen, daß ich die Gelegenheit bekommen sollte, es so bald so aktiv und so erfolgreich in die Tat umzusetzen. Ich wußte, die Haushaltslücke konnte nicht geschlossen werden, wenn man unbedeutende Einsparungen bei den Sozialausgaben machte oder den Etat des Energieministeriums kürzte. Das ließ sich nur mit einer unorthodoxen Strategie der Ausgewogenheit beim Schrumpfungsprozeß machen. Das war Teil meiner Strategie, um in letzter Minute die Zustimmung zu Maßnahmen zu erzwingen, die eine republikanische Regierung andernfalls niemals vorschlagen würde.«

Greider, der die Instinkte der republikanischen Politiker besser kannte als ich, blieb skeptisch. Er zweifelte an der Überlebensfähigkeit des »zweiten Kapitels«. Aber ich war überzeugt, daß ich Verbündete hatte und ein Durchbruch möglich sei.

Plötzlich dachte ich daran, daß ich den innenpolitischen Redakteur der *Washington Post* mit mehr explosiven Informationen versorgte, als jemand in seiner Stellung für sich zu behalten bereit sein könnte. Deshalb erinnerte ich ihn daran, daß wir vereinbart hatten, diese Dinge vertraulich zu behandeln.

»Wenn Sie Ihren Leuten etwas davon sagen, dann wird sich das Weiße Haus vor Telefonanrufen nicht mehr retten können«, sagte ich ihm.

Greider lächelte. »Das wird sowieso geschehen.«

Nach allem, was sich am 7. Februar zugetragen hatte, standen zwei Dinge fest. Erstens hatte man dem Präsidenten der Vereinigten Staaten nicht den geringsten Hinweis darauf gegeben, daß seine wirtschaftspolitische Revolution aus den fiskalischen Nähten platzte. Ich hatte zwar auf einigen Kabinettssitzungen vorläufige Lageberichte abgegeben, aber praktisch war Ronald Reagan seit dem Tage seiner Amtseinführung nicht mehr genau unterrichtet worden. Er kannte nicht den Inhalt der Diskussionen über die Wirtschaftsprognosen, die Verschiebung der Bekanntgabe des Verteidigungsetats, die Defizitlücke von einhundertdreißig Milliarden Dollar, das »zweite Kapitel« oder die Zusagen »künftiger Einsparungen«, die wir in den Haushaltsplan einbauten.

Daß in dem wirtschaftspolitischen Tagebuch des Präsidenten eine Lücke von zwei Wochen entstanden war, stellte eine böse Ironie dar. Der Architekt seiner Wirtschaftspolitik hatte wie ein Rasender ein fiskalisches Kartenhaus für die Neue Ordnung entworfen. Währenddessen hatte der Präsident eifrig versucht, die mit Spannung auf eine Lösung wartenden Republikaner im Kongreß davon zu überzeugen, daß sie einer Erhöhung der Obergrenze der Staatsverschuldung zustimmen sollten, um die Alte Ordnung zahlungsfähig zu erhalten. Sie wehrten sich mit Händen und Füßen dagegen. Aber er sagte ihnen, sobald sein neuer Wirtschaftsplan in Kraft getreten sei, würden sie es nie wieder tun müssen.

Wie ein besorgter Vater seinen Sohn bittet, seine Schwester, die keinen Kavalier gefunden hat, mit auf den Ball zu nehmen, suchte er sie zu beruhigen und erklärte: »Dies ist das letzte Mal, daß ich Sie darum bitte, das zu tun.«

Und er glaubte auch selbst daran. Was er nicht wissen konnte, war die Tatsache, daß die Staatsverschuldung während seiner Amtszeit Ausmaße annehmen würde, wie man sie bei allen seinen Vorgängern noch nie gekannt hatte.

Die zweite Gewißheit war, daß der Begriff des Chaos in der letzten Woche, in welcher der Wirtschaftsplan im Weißen Haus beraten wurde, neu definiert werden mußte – als Zustand der Verwirrung, ohne daß uns die Möglichkeit blieb, neue Wege zu beschreiten.

Symptomatisch dafür war, daß wir bis zum letzten und entscheidenden Tag keine endgültige Wirtschaftsprognose vorlegen und nicht sagen konnten, wie groß die Lücke im Haushalt sein würde. Die zusätzlichen Einsparungen für das Jahr 1984, die notwendig waren, um den Haushalt auszugleichen, konnten dreißig, vierzig oder fünfzig Milliarden Dollar betragen. Wie hoch dieser Betrag wirklich sein würde, mußte sich am Schluß herausstellen.

Man hätte auch noch einige grundsätzliche Fragen stellen können. Wieviel Abgeordnete im Kongreß braucht man, um außer den bereits vorgeschlagenen zahllosen Kürzungen die Einsparung von weiteren vierzig Milliarden Dollar durchzusetzen? Und mit wie vielen Stimmen im Kongreß können wir wirklich rechnen?

Aber die Frage nach der politischen Durchsetzbarkeit wurde nie gestellt. Unser Team hatte keinerlei Erfahrungen im Umgang mit der Legislative. Die meisten von uns hatten keine Vorstellung von den Zahlen, um die es hier ging, und auch ich kümmerte mich nicht darum. Den politischen Widerstand niederzuwalzen war das einzige Ziel der Reagan-Revolution.

Das Zahlenwerk, das wir schließlich zustande gebracht hatten, war allen Beteiligten unverständlich, und auch ich wußte nur in großen Zügen, was es bedeutete.

Trotzdem wurde am Dienstag, den 10. Februar, eine Sitzung des ganzen Kabinetts einberufen, um den Präsidenten und sein Team über den Haushaltsplan zu informieren, der bis zum Freitag fertiggestellt sein mußte.

Die Tabelle zeigte die Summe der Staatseinnahmen nach den Steuersenkungen und die gesamten Staatsausgaben nach Erhöhung der Verteidigungsausgaben, aber vor den Ausgabenkürzungen im zivilen Bereich. Die Differenz zwischen beiden Beträgen war die sich zunächst ergebende Haushaltslücke in Höhe von einhundertneunundzwanzig Milliarden Dollar.

Im übrigen sollte die Tabelle zeigen, wieviel von den einhundertneunundzwanzig Milliarden Dollar wir bereits eingespart hatten und wieviel noch eingespart werden mußte. Doch hier wurde die Sache kompliziert. Die Eile, mit der die Berechnungen vorgenommen worden waren, und Zweckmäßigkeitserwägungen hatten dazu geführt, daß wir die Einsparungen jetzt in vier Kategorien gliederten.*

Wenn man sich diese komplizierte Tabelle genauer ansah, fiel einem etwas Wichtiges auf: Wir standen vier Tage vor dem Schlußtermin, konnten aber erst einundsiebzig Milliarden Dollar an sicheren Einsparungen verbuchen. Das war nur etwas mehr als die Hälfte dessen, was wir brauchten, um den Haushalt auszugleichen. Die anderen drei Kategorien wiesen Beträge aus, über die wir nur unter bestimmten Voraussetzungen oder gar nicht verfügen würden.

Aber niemand machte sich das wirklich klar. Natürlich erläuterte ich die einzelnen Posten und ihre Bedeutung. Ich sagte: »Wir werden den Haushalt ausgleichen können, aber die Summe der noch vorzunehmenden Einsparungen ist fast ebenso groß wie die der bereits vorgenommenen. Und es wird sehr viel schwieriger sein, die noch notwendigen Kürzungen durchzusetzen.«

Niemand widersprach mir. Auch der Präsident nickte. »Wir sind hier, um das Notwendige zu tun«, sagte er. Das war immer wieder sein Standardkommentar und auch in Zukunft seine Zauberformel.

Praktisch überließ es der Präsident dem Architekten seiner Fiskalpolitik, seine wirtschaftspolitische Revolution in die Tat umzusetzen. Er vertraute meinem Plan und zweifelte nicht daran, daß die Rechnung aufgehen werde.

Zwar stieß ich im Kabinett auf keinen Widerspruch, mußte aber etwas viel Schlimmeres feststellen. Es herrschte eine heillose Verwirrung. Einige Kabinettsmitglieder fürchteten, die Regierung werde wegen der vorgeschlagenen Kürzungen im Sozialbereich große Schwierigkeiten bekommen. Ich versuchte sie zu beruhigen und wies auf die im »zweiten Kapitel« zusammengefaßten Kürzungen hin. »Die Binnenschiffahrt, die Milchwirtschaft, die Fluggesellschaften, die großen Ölgesellschaften, alle werden Opfer bringen müssen.«

* Von der mit der Erstellung des Haushaltsplans beauftragten Gruppe beschlossene Einsparungen = einundsiebzig Milliarden Dollar; von der mit der Erstellung des Haushaltsplans beauftragten Arbeitsgruppe in Aussicht genommene Einsparungen = neun Milliarden Dollar; erwartete zusätzliche Einsparungen aus kleinen Programmen und Ausgabeposten (März-Berichtigungen) = fünfzehn Milliarden Dollar; verbleibende, noch zu identifizierende Einsparungen = vierunddreißig Milliarden Dollar.

Dann zählte ich zur Rechtfertigung unserer Maßnahmen einige Programme aus dem Sozialbereich auf, die wir bisher nicht angetastet hatten. Aber, und das war das Entscheidende, wir würden auch in diesen Bereichen Kürzungen vornehmen müssen, wenn unser Plan gelingen sollte. Wir waren bisher einfach noch nicht dazu gekommen.

Meine Unbedachtsamkeit sollte schlimme Folgen haben. Ich war mit meiner Aufzählung noch nicht fertig, als schon jemand ausrief: »Das ist großartig! Wir müssen es sofort der Öffentlichkeit bekanntgeben.«

Der ganze Zweck der Kabinettssitzung war es gewesen, die Minister davon zu unterrichten, daß wir die Staatsausgaben noch um weitere achtundfünfzig Milliarden Dollar kürzen mußten. Doch nun hatten sie den Eindruck gewonnen – zum Teil als Folge meiner Sorglosigkeit –, daß es eine Anzahl »heiliger Kühe« gab, die nicht angetastet werden durften. Pressesekretär Jim Brady und Dave Gergen sollten sofort nach der Sitzung für den folgenden Tag eine entsprechende Presseerklärung ausarbeiten.

Die nächste Ausgabe der *New York Times* zeigte in einem Artikel ganz deutlich, welchen Schaden ich angerichtet hatte:

»Präsident Reagan hat gestern überraschend erklärt, daß sieben wichtige Programme aus dem Sozialbereich von den Haushaltskürzungen ausgenommen werden sollen...«, war der Tenor.

Die für diese sieben Programme vorgesehenen Ausgaben machten insgesamt zweihundertvierzig Milliarden Dollar aus. Das waren mehr als vierzig Prozent des zivilen Etats. Nun hatten wir um diese Bereiche einen Schutzzaun gebaut, und die Leute würden uns die Zeitungsberichte darüber von nun an immer wieder unter die Nase halten.

Am folgenden Tag, es war der Mittwoch, platzte eine weitere Bombe. Bisher war der Präsident bei unseren Beratungen fast vollkommen passiv geblieben. Auf der an diesem Tage abgehaltenen Besprechung behandelten wir die im »zweiten Kapitel« enthaltenen Vorschläge für die Steueränderungen und fingen mit den Sonderabschreibungen für die Ölförderung an. Hier wurde der Präsident plötzlich wach.

»Dahinter steht die Vorstellung, daß die Regierung über das Einkommen ihrer Bürger verfügt und das Recht hat zu sagen, was man behalten darf«, wandte Ronald Reagan ein. »Von solchen Vorstellungen müssen wir uns trennen.«

Nachdem am Dienstag vierzig Prozent des Haushalts von den Streichungen ausgenommen worden waren, wurde am Mittwoch die gesamte Steuergesetzgebung für unantastbar erklärt.

Als ich das nächste Mal mit Greider zusammentraf, erzählte ich ihm von der Reaktion des Präsidenten, sagte ihm aber nicht, daß damit mein ganzer Plan aufs äußerste gefährdet war, weil ich es selbst noch nicht wußte.

»Der Präsident hat sehr klare Vorstellungen. Er wird oft dafür kritisiert, daß er die Details nicht kennt, aber er merkt sofort, wenn etwas nicht in Ordnung ist. Er stürzte sich geradezu auf meine Vorschläge für die Sonderabschreibungen . . .«

Am Freitag, den 13. Februar, versammelten wir uns zu unserer Abschlußsitzung. Unsere Tabelle zeigte, daß wir in eine recht ausweglose Lage geraten waren. Das Defizit für das Rechnungsjahr 1984 würde sich alles in allem genommen um etwa siebzig Milliarden Dollar verringern.

Bei den »künftig vorzuschlagenden Einsparungen« fehlten jetzt fünfzig Milliarden Dollar. Das war ein höherer Betrag als jeder Einzeletat im Haushalt mit Ausnahme der Ausgaben für die Verteidigung, die Rentenversicherung und die Zinsen.

Auch im Verteidigungsetat hatte sich einiges verschoben. Um das Verlangen der Mitarbeiter des Weißen Hauses nach Kürzungen im Verteidigungsetat zu befriedigen, hatte ich eine Fata Morgana aufgebaut. Der am 18. Februar vorgelegte Haushaltsplan sollte jetzt »Einsparungen im Verteidigungssektor« in Höhe von sechs Milliarden Dollar ausweisen, die in der Gesamtsumme von siebzig Milliarden Dollar für Ausgabenkürzungen im Rechnungsjahr 1984 enthalten sein würden. Über einen Zeitraum von fünf Jahren betrugen die Einsparungen im Verteidigungsetat damit achtundzwanzig Milliarden Dollar.

Aber ich mußte auch die Weinberger gemachten Zusagen einhalten. Deshalb erhöhte ich den Grundbetrag des Verteidigungsetats aus der Zeit vor der Amtsübernahme Reagans um achtundzwanzig Milliarden Dollar, addierte die Weinberger zugesagte Erhöhung dieses Grundbetrags hinzu und zog dann die neuen »Einsparungen im Verteidigungsbereich« von der Gesamtsumme ab. Mit dieser Manipulation machte ich Weinberger glücklich, aber die Verwirrung bei den anderen wurde nur immer um so größer. Der Vorgang war symptomatisch.

Nachdem der Plan am Freitag abgezeichnet worden war, veränderten sich die Zahlen das ganze Wochenende über. Aus technischen Gründen mußten die Schätzungen korrigiert werden, so daß die Einsparungsvorschläge nur noch eine Gesamtsumme von vierundsechzig Milliarden Dollar ergaben. Aber zum Glück hatte sich auch die Haushaltslücke für das Rechnungsjahr 1984 verringert. Um den Haushalt auszugleichen, mußten wir in die Rubrik »künftige Einsparungen« immer noch den Betrag von vierundvierzig Milliarden Dollar einsetzen.

Dale McComber, der als Chefbuchhalter die ganze Nacht unermüdlich am Haushaltsplan gearbeitet hatte, erinnerte mich daran, daß Marty Anderson und die ranghöchsten Beamten im Weißen Haus ihre unnachgiebige Haltung nicht geändert hatten. Der für »zukünftige Einsparungen« einzusetzende Betrag werde nicht höher sein können als dreißig Milliarden Dollar. Ein höherer Betrag könnte zu »Glaubwürdigkeitsproblemen« führen.

Daran war vor allem die im »zweiten Kapitel« entstandene Lücke schuld. Deshalb stellte ich in aller Eile ein zweites Paket aus kleineren Einsparungen zusammen, die für 1984 etwa dreizehn Milliarden Dollar bringen sollten. Dieser Zusatz sollte dem Kongreß im März vorgelegt werden. Bis dahin versteckte ich ihn in einer Tabelle im Anhang zu unserem Weißbuch. Dort konnte man ihn nur mit Hilfe eines Vergrößerungsglases entdecken.

Wäre ich nicht ein Ideologe gewesen, der mit seiner »Großen Doktrin« die ganze Struktur des amerikanischen Regierungsapparats verändern wollte, sondern ein ganz normaler Politiker, dann wäre ich an diesem Punkt in Panik geraten und hätte mir gesagt, »das wird nicht funktionieren«. Der Versuch, eine Haushaltslücke von vierundvierzig Milliarden Dollar zu schließen, nachdem wir die Ausgaben schon um vierundsechzig Milliarden Dollar gekürzt hatten, mußte zu einem politischen Grabenkrieg führen. Aber ich hatte meinen eigenen Zeitplan. Nach wochenlanger Arbeit am Haushaltsentwurf, endlosen Gesprächen mit Kongreßabgeordneten und zahlreichen Presseinterviews überschätzte ich mein eigenes Durchsetzungsvermögen.

Ich wußte genau, daß der Fehlbetrag von vierundvierzig Milliarden Dollar eine gewaltige Lücke darstellte. Außerdem mußte ich damit rechnen, daß sich diese Lücke als Folge unserer übereilt vorgenommenen Vorausberechnungen wahrscheinlich noch erweitern würde. Aber ich erblickte darin die einzige Möglichkeit, den Kongreß unter Druck zu setzen und zu veranlassen, den Wohlfahrtsstaat abzubauen. Diese Lücke würde mir den Vorwand bieten, immer wieder darauf zurückzukommen.

Die irregeleiteten und korrupten Politiker der »Zweiten Republik« sollten gezwungen werden, sich nun tatkräftig für das öffentliche Wohl einzusetzen. Das war keine landläufige Arroganz, sondern eine von historischem Weitblick diktierte Haltung.

Drei Tage später enthüllte der Präsident in einer Ansprache vor beiden Häusern des Kongresses seinen Plan für den wirtschaftlichen Aufschwung im Lande.

Er sagte: »Können wir, die wir das Staatsschiff bemannen, bestreiten, daß hier etwas außer Kontrolle geraten ist? Die nationale Schuldenlast nähert sich einer Summe von einer Billion Dollar... Haben sie (die Demokraten) eine Alternative, die uns eine bessere Chance bietet, den Haushalt auszugleichen, die Inflation zu reduzieren und anzuhalten... Meinen Sie, daß wir den gegenwärtigen Kurs beibehalten können, ohne daß uns eines Tages die Rechnung präsentiert wird?«

Das entsprach unseren Überzeugungen. Aber wenn man rückblickend die Fragestellungen des Präsidenten in der gleichen Richtung erweitert, beginnt man daran zu zweifeln, daß das Staatsschiff mit der richtigen Seekarte ausgerüstet war.

Eine wichtige, die Zuverlässigkeit dieser Karte betreffende Frage verbarg sich zwischen den Zeilen der ersten Seite unseres Weißbuchs. Über einen Zeitraum von fünf Jahren kosteten unsere gigantischen Steuersenkungen und die beträchtliche Erhöhung der Verteidigungsausgaben fast neunhundert Milliarden Dollar. Unsere Einsparungen im zivilen Bereich einschließlich der Fata Morgana von vierundvierzig Milliarden Dollar brachten nur etwa die Hälfte.

Wie also konnte man den Haushalt mit neunhundert Milliarden Dollar belasten, von diesen Belastungen vierhundertfünfzig Milliarden streichen und schließlich doch zu einer ausgeglichenen Bilanz kommen? Die Antwort verbarg sich im Bauchcomputer von Murray Weidenbaum. Wir versuchten, den Schleier der wirtschaftlichen Zukunft zu durchdringen. Wir machten das Schicksal des amerikanischen Fiskus von unserer Fähigkeit abhängig, bis ins Jahr 1986 vorauszusagen, wie sich eine Vier-Billionen-Dollar-Wirtschaft entwickeln werde.

5.
Die Gegenrevolution beginnt

Der Präsident hatte seine Rede gehalten, und die Reagan-Revolution hatte begonnen. Anders als andere Vertreter der Angebotsorientierung hatte ich mir keine theoretischen Schlupflöcher offengehalten. Einige meiner Kollegen hatten behauptet, Defizite könnten aus den nationalen Ersparnissen finanziert werden, aber ich hielt das für einen Irrtum. Die sich daraus ergebende Erhöhung der Zinssätze würde das reale wirtschaftliche Wachstum behindern und das Verlangen der Politiker nach billigem Geld anheizen.

Andere angebotsorientierte Wirtschaftler hatten auch versucht, das Problem mit wenig stichhaltigen Argumenten wegzudiskutieren. Sie hatten erklärt, in einer starken Wirtschaft würden sich die Steuersenkungen automatisch bezahlt machen. Aber ich glaubte, das Gegenteil sei richtig. Eine Wirtschaft, die sich dem angebotsorientierten Ideal von einem inflationslosen Wachstum näherte, verschärfte die fiskalische Unausgewogenheit, wenn nicht auch massive Ausgabenkürzungen vorgenommen wurden.

Es gibt auf wirtschaftlichem Gebiet keine Zauberei. Der Erfolg der Reagan-Revolution hing von der Bereitwilligkeit der Politiker ab, sich gegen das von ihnen selbst erzeugte Phänomen zu wenden, nämlich den aufgeblähten Haushalt des amerikanischen Wohlfahrtsstaats. Warum würden sie das tun? Weil sie es mußten! Letztendlich hatte ich die fiskalischen Notwendigkeiten zur Mutter der politischen Erfindungsgabe gemacht.

Aber ich wußte auch, daß sich dieses politische Postulat im Kampf mit der Legislative erst noch als richtig erweisen mußte. Deshalb beunruhigten mich die ersten Angriffe der politischen Auguren. Sie kritisierten den Plan stets mit der Begründung, daß er ein großes

»wirtschaftliches Risiko« darstelle. Praktisch warfen sie uns vor, daß wir uns nur auf die Laffer-Kurve verließen. Sie erklärten, »Ihr habt auf das falsche Pferd gesetzt!«.

Aber am 18. Februar trat der Präsident mit einem Blatt Papier vor den Kongreß, das im wesentlichen Staatseinnahmen in Höhe von siebenhundertsiebzig Milliarden Dollar und Ausgaben in Höhe von achthundertachtzig Milliarden Dollar (ohne Kürzungen) auswies. Daran gab es nichts zu rütteln. Es blieb ihnen keine andere Wahl, als die Ausgaben zu reduzieren.

An einem der folgenden Tage sprach mich Greider auf das Problem des »wirtschaftlichen Risikos« an.

Er sagte: »Überlegen Sie einen Augenblick und denken Sie an die erste Frage: Wird es funktionieren? Sprechen Sie von den Risiken.« Ich erwiderte sinngemäß:

»Das sind *politische Risiken*. Das ist es, was niemand erkennen will... Ich glaube nicht, daß es sich hier um große wirtschaftliche Risiken handelt. Ob sich der Kongreß von der Richtigkeit des Plans überzeugen läßt, ist lediglich eine Herausforderung an die Führungsqualitäten und an die Kreativität.

Politisch ist der Plan gar nicht so radikal. Wir verzichten nur auf den Zuwachs des Staatsanteils am Volkseinkommen, der sich im Lauf der vergangenen zehn bis zwölf Jahre ergeben hat, auf die Spitzensteuersätze und die ungenau entworfenen Programme, die überall in Angriff genommen worden sind.«

Damit war das ganze Problem mit wenigen Worten definiert. Nahm man die von der Reagan-Administration beschlossene Steigerung der Verteidigungsausgaben und rechnete die 1970 beschlossene Belastung durch Zivilausgaben hinzu, dann kostete das etwa achtzehn bis neunzehn Prozent des Bruttosozialprodukts – einen Betrag, der fast dem entsprach, was wir an Staatseinnahmen erwarteten, nachdem die Kemp-Roth-Steuersenkungen und die Neuregelung der Abschreibungen nach 10-5-3 in Kraft getreten waren. Das war die grundlegende fiskalische Arithmetik.

Jetzt ging es darum, ob die Politiker bereit waren, die viel zu hohen Subventionen und Sozialausgaben der »Zweiten Republik« auf das Niveau von 1970 zurückzuführen. Die fiskalische Gleichung der angebotsorientierten Wirtschaftstheorie stimmig zu machen, war deshalb die Bewährungsprobe für diese Theorie gegenüber der

Geschichte. Angesichts der damit verbundenen Risiken mußte das zu recht unverdaulichen neuen Ergebnissen führen.

Während der Revisionsrunde im März mußte ich feststellen, daß die glorreichen Tage vorüber waren, an denen wir unseren Haushaltsentwurf im Weißen Haus beraten hatten. Überall, sowohl im Kabinett als auch auf dem Capitol Hill, stießen wir auf Widerstand. In seiner Gesamtheit bedeutete dieser Widerstand eine Gegenrevolution – eine Vielzahl politischer Signale, die uns sagten, daß die Grundforderungen der Reagan-Revolution, die sich für den freien Markt und gegen den Wohlfahrtsstaat aussprachen, nicht Wurzeln fassen würden.

Bei den »März-Berichtigungen« handelte es sich um kleinere Ausgabenkürzungen, zu denen wir nicht gekommen waren, bevor der Gesamtplan bekanntgegeben wurde. Damit wollte ich im Rechnungsjahr 1984 dreizehn Milliarden Dollar und in den folgenden fünf Jahren insgesamt zweiundsechzig Milliarden Dollar einsparen. Jetzt mußten wir diese Absichten bekanntgeben.

Aber schon bevor wir mit diesen neuen Kürzungen begonnen hatten, sprengte die politische Realität ein großes Loch in das Paket der Ausgabenkürzungen, die wir dem Kongreß bereits vorgelegt hatten – und ich begriff kaum, was geschehen war.

Einer meiner fiskalischen Grundsätze war es, daß die Bundesregierung nicht dafür zuständig war, die Straßen in den Ortschaften, die Landstraßen, die Brücken oder die Massentransportsysteme instand zu halten oder zu bauen. Sie dienten nur der örtlichen Bevölkerung und der lokalen Wirtschaft, und deshalb sollten die örtlichen Steuerzahler dafür aufkommen. Wenn Washington den örtlichen Behörden dieses Geld auf einem silbernen Tablett präsentierte, dann war das eine Aufforderung, es zu verschwenden und immer mehr zu verlangen.

Subventionen für Massenverkehrsmittel waren mir ein besonderer Greuel, denn sie kosteten den Steuerzahler eine Milliarde Dollar im Jahr. Wenn es einen Bereich gab, in dem die Reagan-Revolution mit vollem Recht Einsparungen durchsetzen mußte, dann waren es die lokalen Transportsysteme. Die Bundesregierung hatte lediglich die Aufgabe, das Fernstraßennetz instand zu halten und auszubauen.

Aber Transportminister Drew Lewis wurde ganz blaß, als er

meinen Vorschlag hörte, die Subventionen für den örtlichen Straßenbau und Massenverkehr zu streichen. Doch wenn wir uns gegen die Mißbräuche bei den Zuwendungen für die Armen wandten, dann mußten auch die Gouverneure, Bürgermeister, Vertragsfirmen und Gewerkschaften Opfer bringen. Schließlich gab Lewis nach und schlug vor, statt dessen die Benzinsteuer geringfügig zu erhöhen und den Einzelstaaten einen gewissen Anteil zu überlassen. Doch als dieser Vorschlag durchsickerte und die Presse darüber berichtete, erklärte das Weiße Haus kategorisch, daß niemand in der Reagan-Administration autorisiert sei, über Steuererhöhungen, gleich welcher Art, zu sprechen.

Ich fügte mich dem Beschluß des Weißen Hauses, nahm jedoch an, daß wir auch weiter für die ursprünglich vorgeschlagenen Ausgabenkürzungen kämpfen würden. Aber Lewis hatte mit seiner anfänglichen Reaktion auf meinen Angriff gegen die Subventionierung des Verkehrssystems den Konsens der meisten Politiker zum Ausdruck gebracht. Unter der Führung konservativer Senatoren wandten sich die Republikaner und Demokraten auf dem Capitol Hill erfolgreich gegen unseren Versuch, die Subventionen für den Massenverkehr zu streichen. Hier wie in vielen anderen Bereichen blieb alles beim alten.

Wenn Ausgabenkürzungen vorgenommen wurden, dann standen sie nur auf dem Papier.

Ein gutes Beispiel dafür waren die etwa zwei Milliarden Dollar jährlich, die wir aus dem umfangreichen Etat des Gesundheitsministeriums von Dick Schweiker streichen wollten. Für einen großen Teil dieser Ausgaben waren die örtlichen und nicht die Bundesbehörden verantwortlich.

Das Gesundheitsministerium reagierte auf mein Ansinnen mit einer Denkschrift von einhundertfünfundachtzig Seiten, in der es seine Ablehnung begründete. Schweiker erklärte: »Dollars sind Dollars. Ich muß die Möglichkeit haben, meine Prioritäten selbst zu bestimmen.«

Ich versuchte, mit Schweiker einen Kompromiß auszuhandeln, aber auch das führte nicht zum gewünschten Erfolg. Was ich damals noch nicht erkannte, war die Tatsache, daß die für den 18. Februar berechnete fiskalische Gleichung uns keinen Spielraum ließ, dem Kabinett auch nur die geringsten Zugeständnisse zu machen.

Aber unsere Schwierigkeiten kamen besonders deutlich bei den Auseinandersetzungen mit Außenminister Haig zum Ausdruck. Das Office of Management and Budget hatte eine Möglichkeit gefunden, den Etat des Außenministeriums um den geringen Betrag von zehn Millionen Dollar zu kürzen, und zwar sollten von den zweiundzwanzigtausend bei diesem Ministerium beschäftigten Personen fünfhunderteinundneunzig entlassen werden. Das war eine Verringerung des Personalstandes um nur 2,6 Prozent, aber der General erklärte empört, das sei ein unzumutbares Ansinnen, und er werde den Fall persönlich dem Präsidenten vortragen.

Als die Zeit für seine Stellungnahme gekommen war, erhob sich Haig in martialischer Haltung von seinem Platz am Kabinettstisch und ging zielstrebig auf die am Ende des Zimmers von seinen Mitarbeitern aufgehängten Tabellen zu, nahm den Zeigestock in die Hand, räusperte sich und begann mit seinen Ausführungen über diese an sich triviale Angelegenheit:

»Herr Präsident, wenn Sie dem Vorschlag des OMB zustimmen, wird Ihre ganze Außenpolitik darunter leiden. Ich bin durchaus bereit, die Sparmaßnahmen im Haushalt zu unterstützen, aber ich bin für die Außenpolitik verantwortlich. Ich kann es nicht zulassen, daß mir irgendwelche Buchhalter im OMB da hineinreden. Sie verlangen von Ihnen, Herr Präsident, daß Sie zurückweichen *und Ihren Kopf in einen Bleistiftanspitzer stecken*.«

Die dramatische Wirkung dieser denkwürdigen Äußerungen litt ein wenig unter dem verhaltenen Kichern der übrigen Kabinettsmitglieder.

Diesmal waren sie sofort bereit, mich zu verteidigen, wenn auch nicht aus ganz selbstlosen Gründen. Sie erklärten, Haig könne für sich keinen Sonderstatus in Anspruch nehmen, und jedes Ministerium müsse bereit sein, Opfer zu bringen. Aber davon wollte der General nichts hören. Er behauptete, das Außenministerium ließe sich nicht auf eine Stufe mit den zivilen Behörden stellen, dazu sei seine Aufgabe zu wichtig.

Es kam zu einer erregten Debatte. Indessen nahm der Präsident ein Stück Papier und notierte sich einige Zahlen. Er tat das jedesmal, wenn seine Minister aneinandergerieten.

Nachdem der letzte Schuß abgefeuert war und der Rauch sich so weit verzogen hatte, daß man wieder durch das Fenster in den

Rosengarten hinausblicken konnte, nahm der Präsident den Zettel in die Hand und sagte: »Ich habe hier eine kleine Berechnung angestellt. Könnten Sie sich nicht auf einen Kompromiß einigen und nicht fünfhunderteinundneunzig, sondern zweihundertfünfundneunzig Mitarbeiter entlassen?« Haig behauptete, er könne auch nicht auf zweihundertfünfundneunzig Mitarbeiter verzichten, und schließlich erreichte er es, weiteren einhundertdreißig Mitarbeitern ihre Stellen zu sichern, ohne die eine Fortführung der amerikanischen Außenpolitik angeblich nicht möglich gewesen wäre.

Leider wurde es im weiteren Verlauf der Sitzung immer schwieriger, zu einem Konsens zu kommen. Wenn es nicht möglich war, einen Minister zu einem »Kompromiß« zu bewegen, bei dem er der Entlassung von ein paar hundert überzähligen Beamten hätte zustimmen müssen, dann würde der Etat des Außenministeriums 1986 inflationsbereinigt um fünfzig Prozent größer sein, als er es nach dem »Kompromiß« wäre, dem Haig an jenem Tage widerwillig zugestimmt hatte.

Die Verhandlungen mit dem Justizministerium gestalteten sich noch schwieriger als die mit dem Außenministerium. Ausgehend von der Theorie, daß die Rechtspflege in erster Linie Sache der einzelstaatlichen und örtlichen Behörden ist, hatte ich vorgeschlagen, zweitausend von den vierundfünfzigtausend Angestellten dieses Ministeriums zu entlassen.

Justizminister William French Smith hielt es nicht für vertretbar, seine Behörde mit solchen Einsparungen zu belasten. Er sagte:

»Das Justizministerium ist nicht als Behörde anzusehen, die ihre Aufgaben ausschließlich im inneren Bereich wahrnimmt. Die Justiz ist ein Instrument der Landesverteidigung im Inneren. Unser Etat umfaßt weniger als ein Prozent des Etats des Verteidigungsministeriums, und für jeden Dollar bieten wir dem amerikanischen Volk bedeutend mehr effektive Sicherheit.«

Dann kam er zum Kern seiner Argumentation. Er sagte, die Reagan-Administration würde eher mehr als weniger für die Rechtspflege aufwenden müssen.

»Das amerikanische Volk wird es begrüßen«, fuhr er fort, »wenn wir die Leistungsfähigkeit der Justizbehörden erhöhen.«

Ich machte den Einwand, daß wir es uns nicht leisten könnten, uns in die alte Falle locken zu lassen und bestimmte Vorhaben nur deshalb zu finanzieren, weil wir sie für nützlich hielten oder mit der Zustimmung der Bevölkerung rechnen könnten. Wenn wir die Rechtspflege wirkungsvoller gestalten wollten, dann sollten überzeugte Konservative in das Oberste Bundesgericht berufen werden.

Ich erinnerte meine Zuhörer daran, daß nach der Verfassung die Verfolgung von Straftaten, die Bekämpfung der Rauschgiftkriminalität und andere Arten der Verbrechensbekämpfung im Zuständigkeitsbereich der Einzelstaaten und örtlichen Behörden lagen. Sie stellten etwa fünfundneunzig Prozent der Geldmittel zur Verfügung, die für die Rechtspflege insgesamt ausgegeben wurden. Das war immer so gewesen, und ich hoffte, es werde auch so bleiben.

Wieder versuchte der Präsident zu vermitteln, aber diesmal begann er mit einer grundsätzlichen Feststellung:

»Nein, Bill hat recht. Nach unserer Überzeugung ist die Rechtspflege stets eine legitime Aufgabe der Bundesregierung gewesen.«

Das war natürlich richtig. Aber angesichts des von der Regierung eingeleiteten Sparprogramms mußten wir uns fragen, wieviel wir auf Bundesebene für die Rechtspflege ausgeben wollten. Nachdem der Justizminister erklärt hatte, seine Behörde sei ein »inneres Verteidigungsministerium«, würde ein großer Teil der Rechtspflege auf Bundesebene verlagert werden, auch wenn wir uns das nicht leisten konnten. Der Etat des Justizministeriums würde ständig anwachsen, wenn der Justizminister mit immer neuen Vorhaben beweisen wollte, daß die Administration sich zu einer aggressiven »inneren Verteidigung« verpflichtet fühle. Die dreizehn Sonderdezernate zur Bekämpfung der Rauschgiftkriminalität, die Smith geschaffen hatte, waren ein gutes Beispiel dafür, wie auch die Republikaner in bestimmten Bereichen mit Geld um sich werfen können. Den Drogenhandel auf den Straßen der amerikanischen Städte erfolgreich zu bekämpfen ist eine anerkennenswerte Sache. Doch so viele Kutter die Küstenwache einsetzen mochte und so sehr wir uns darum bemühten, den Drogenschmuggel mit Patrouillenflugzeugen an der Grenze zu bekämpfen, der Stoff wurde trotzdem mit Schiffen, Flugzeugen und sogar Fallschirmspringern ins Land gebracht. Smith schien alle zwei Wochen damit beschäftigt zu sein, ein neues Lagerhaus mit Polizeihunden durchsuchen zu lassen, die darin ballenweise Haschisch fanden. Doch trotzdem hatte sich der Preis, den die

Straßenhändler für die Drogen verlangten, seit mehr als vier Jahren kaum verändert.

Schon nach einem Jahr sollten wir damit beginnen, den Etat für die Rechtspflege fast jedesmal zu erhöhen, wenn Smith meinte, die Demokraten im Kongreß, die einen noch höheren Etat für das Justizministerium verlangten, könnten uns »in eine peinliche Lage bringen«. Die Ausgaben in diesem Bereich überstiegen den ursprünglich dafür vorgesehenen Betrag schließlich um fünfzig Prozent.

Wenn es in dem Haushalt für das Rechnungsjahr 1981, den wir von unseren Vorgängern übernommen hatten, einen Posten gab, der eine dirigistische Ungeheuerlichkeit war, aber von einer republikanischen Administration hätte gestrichen werden können, dann war es der Zuschuß für das Stadtentwicklungsprogramm. Dieses Programm war 1978 von der Carter-Administration ins Leben gerufen worden und verschlang sehr bald die Summe von sechshundertfünfzig Millionen Dollar im Jahr. Während des Wahlkampfs im Jahr 1980 hatten es die Anhänger von Carter lautstark für ihre Wahlpropaganda genutzt. Es war das klassische Beispiel für die Unlogik einer einseitigen Buchführung. Angeblich wurden mit den Subventionen für den Bau von Hotels in den Innenstädten und den Ausbau von Wintersportplätzen Arbeitsplätze »geschaffen« und die Wirtschaft in rückständigen Gebieten belebt. Was dabei übersehen wurde, war die Tatsache, daß man damit auch die Steuern erhöhte, Ersparnisse verschwendete und damit Arbeitsplätze vernichtete. Auf jeder konservativen Hitliste würde dieses Programm obenan stehen.

Das glaubte ich wenigstens. Aber der für den Wohnungsbau und die Stadtentwicklung verantwortliche Minister Sam Pierce begann einen lautstarken Werbefeldzug zur Rettung dieses Blindgängers, und schon bald konnte sich das Weiße Haus vor den Anrufen von republikanischen Bürgermeistern und Geschäftsleuten aus dem Baugewerbe kaum noch retten.

Beunruhigend rasch überzeugten sie Ed Meese davon, daß es sich um ein »republikanisches Programm« handele – obwohl es von der Carter-Administration in die Wege geleitet worden war –, weil die Zuschüsse durch privates Kapital ergänzt werden müßten. Ich sagte Meese und Pierce vergeblich, daß dies ein alter Trick sei, der immer wieder angewendet wurde, wenn es darum ging, solche Unternehmungen mit staatlichen Geldern subventionieren zu lassen.

Meese befahl mir, das Vorhaben wieder in Schwung zu bringen, und sagte mir ganz unverblümt, es werde auch keinen Sinn haben, die Sache dem Präsidenten vorzulegen.

Vier Jahre später sollte die Reagan-Administration dem amerikanischen Steuerzahler stolz erklären können, daß die Früchte seiner harten Arbeit dazu verwendet worden waren, zwölf neue Hilton-Hotels, sechs Hyatts, fünf Marriotts, vier Sheratons, zwei Ramadas, ein Albert Pick und ein Stouffers Hotel zu bauen . . .

Wenn ich wirklich das Wunderkind war, das die Presse aus mir machen wollte, weshalb habe ich dann nicht erkannt, daß eine Regierung, die solche Fehlinvestitionen nicht verhindern konnte, auch die weniger ideologisch anstößigen Programme nicht streichen würde, wie es notwendig gewesen wäre, um den Haushalt auszugleichen?

Im März 1981 hatte ich mich wissentlich zum Komplizen des unbesonnenen Unternehmens gemacht, um den ganzen Bundeshaushalt einen Schutzzaun zu errichten. Aber ich weigerte mich entschieden zu glauben, daß dieser Zaun wirklich halten werde, weil ich annahm, die Welt werde jeden Morgen um fünf Uhr neu geschaffen. So bildete ich mir ein, daß wir aus rein politischen Gründen nur zwei heilige Kühe unangetastet gelassen hatten: das Tabakprogramm und den schnellen Brüter am Clinch River.

Wenn ich daran dachte, drehte es mir den Magen um. Diese beiden Dinge waren die Paradebeispiele für den verschwenderischen und ungerechten Wirtschaftssozialismus der »Zweiten Republik«. Was ich nicht erkannte, war, daß an diesen von uns selbst anerkannten »Ausnahmen« die Regeln des ganzen Spiels abzulesen waren.

Das Tabakprogramm nahm freien amerikanischen Bürgern durch Gesetz das Recht, ohne staatliche Lizenz Tabak anzubauen, ohne eine Lizenz, die pro Morgen bis zu eintausend Dollar wert war. Wenn man das als einen hypothetischen Fall einem Konservativen schilderte, dann würde er ihn als ein ruchloses Komplott des sowjetischen Landwirtschaftsministers verurteilen. Angefangen mit der Zuteilung der Anbauflächen war jeder Aspekt der Tabakindustrie einschließlich der Preise mit einer Gründlichkeit durch Verordnungen geregelt, die den sowjetischen Landwirtschaftsminister in der Tat vor Neid erblassen ließe.

Der widersinnigste Teil dieses Systems lag darin, daß es damit gerechtfertigt wurde, daß es den »kleinen Mann« schützte. Das war eine unverschämte Lüge. Jeder objektive Wirtschaftler, der die Sache untersuchte, war zu dem Schluß gekommen, daß der Gegenwert der Regierungssubventionen schließlich dem Grundbesitzer zugute kam, der die Anbauflächen verpachtete. Die »kleinen Leute« waren die modernen ausgebeuteten Kleinpächter, die für einen Hungerlohn die schwere Feldarbeit leisteten. Über dieses korrupte staatliche Unternehmen konnte man nichts anderes sagen als »gebt es auf«.

Aber aufgrund von Wahlversprechungen an Senator Helms mußte ich schweigen, sobald die Verteidiger dieses Systems öffentlich erklärten, es verursache der Staatskasse keine hohen Kosten. Ich wußte, daß diese Behauptung nicht den Kern der Sache traf, war mir aber nicht klar darüber, wie falsch sie war.

Für Helms war es nur ein kleiner Betrag und das einzige Zugeständnis, das er verlangte. Es zeigte sich aber, daß es für den Haushalt eine wesentliche Bedeutung hatte. Das Tabakprogramm selbst »kostete« nur fünfzig bis hundert Millionen Dollar im Jahr. Es war jedoch ein potentielles Karzinogen, wenn es um die Berufskrankheit der Politiker ging, sich an schädlichen Praktiken ein Beispiel zu nehmen. Andere stramme Republikaner versäumten nie, sich auf dieses System zu berufen, wenn die Programme, die sie unter allen Umständen verwirklichen wollten, »ungerechterweise« beschnitten werden sollten.

Ganz unrecht hatten sie nicht. Was war das für eine Revolution, in der das korrupteste Symbol der alten Ordnung unberührt blieb? Es war so, als hätten wir die Bastille nicht erstürmt und als wehte die königliche Flagge immer noch in der vom Pulverdampf geschwängerten Luft.

Erschöpft, aber nicht klüger geworden, wandte ich mich der nächsten großen Ausnahme zu, dem schnellen Brüter am Clinch River. Im November 1980 hatte Howard Baker einen Brief an Reagan geschrieben und sich dagegen ausgesprochen, daß ich zum Chef des OMB ernannt oder auf einen anderen Kabinettsposten berufen würde, an dem ich die Aufsicht über sein geliebtes Clinch-River-Projekt übernehmen müßte, ein zu Demonstrationszwecken gebautes Kernkraftwerk, gegen das ich mich schon oft ausgesprochen hatte. Als Baker später seine Meinung hinsichtlich meiner Ernennung zum Chef des OMB korrigierte, änderte ich auch meine Haltung gegenüber seinem Lieblingsvorhaben. Er brauchte mich nicht einmal darum zu bitten.

Es gab aber auch noch eine viel größere nukleare Sinnlosigkeit, und das war die Barnwell Wiederaufbereitungsanlage, für die der Zahnarzt im Energieministerium eine besondere Schwäche hatte. Für dieses Unternehmen gab es nicht die geringste wirtschaftliche Rechtfertigung. Wenn Barnwell wirtschaftlich arbeiten sollte, dann mußten zahlreiche schnelle Brüter seine Erzeugnisse kaufen. Aber in den nächsten fünfzig Jahren würden diese schnellen Brüter kaum gebaut werden, denn angesichts der reichlichen Vorkommen von billigem Uran war der Betrieb konventioneller Kernkraftwerke viel billiger.

Doch noch während wir uns Ende Februar mit den im März vorzulegenden Berichtigungen beschäftigten, machte der Zahnarzt Vorschläge für neue hohe Ausgaben im Nuklearbereich. Er behauptete allen Ernstes, Projekte wie Barnwell und andere würden den Etat für das Rechnungsjahr 1982 »nur« mit etwa fünfhundert Millionen Dollar belasten, und verschwieg dabei, daß sich die Ausgaben für jedes dieser Projekte in den folgenden Jahren auf Milliardenbeträge erhöhen würden.

Auf der nächsten Sitzung sollten diese Vorschläge mit dem Präsidenten beraten werden, der erklärte, er wolle »etwas tun«, um die Nuklearindustrie zu unterstützen. Ich ließ nicht locker und sagte, keines der von Edwards unterstützten Vorhaben sei sinnvoll, weil sich alle diese Projekte als unwirtschaftlich erweisen würden. Leider hatten sich Meese und der Präsident davon überzeugen lassen, daß die Kernenergie zu konkurrenzfähigen Preisen gewonnen werden könne, wenn man die Verwaltungskosten senkte und andere staatliche Barrieren beseitigte.

Das entsprach nicht im entferntesten den Tatsachen, aber der Schaden ließ sich nicht wiedergutmachen, und der Zahnarzt erhielt die Zustimmung des Präsidenten zu einer Reihe seiner Projekte. Das Barnwell-Projekt sollte nur deshalb noch einmal überprüft werden, weil Edwards nicht genau erklären konnte, wie die Anlage vom Staat »erworben« werden sollte, ohne daß er sie »kaufte«. Er behauptete, Privatunternehmen würden das Werk kaufen und es dann der Regierung schenken, um sich so die Möglichkeit zu verschaffen, hohe Beträge von der Steuer abzusetzen.

Als Greider mich fragte, weshalb ich in der Frage der Kernenergie und bei den Tabaklizenzen nachgegeben hätte, mußte ich zugeben, daß es aus politischen Gründen geschehen war. »Man kann nicht vollkommen sein. In einer Demokratie ist die Politik eine turbulente Angelegenheit. In diesem System kommt man nicht weiter, wenn man versucht, seinen Grundsätzen in hundert Prozent der Fälle treu zu bleiben. Aber mir ist es in etwa achtundneunzig Prozent der Fälle gelungen, und das überrascht mich.«

Natürlich war ich längst nicht so weit gekommen, wie ich glaubte. Die ganze fiskalpolitische Reagan-Revolution stand bis jetzt nur auf dem Papier. Doch trotz dieser wenigen Rückschläge glaubte ich, unser Haushaltsplan sei ein politisches Meisterstück.

So wie er dem Kongreß am 10. März vorgelegt wurde, enthielt er die erste und die zweite Runde der Ausgabenkürzungen. Im Kleingedruckten waren mehr als dreihundert Programme aufgeführt, deren Kürzung, Modifizierung oder Streichung ich während der letzten fünfzig Tage dem Weißen Haus abgerungen hatte.

Ich glaubte, keinen einzigen Wirtschaftsbereich ausgelassen zu haben, und als Max Friedersdorf, der Cheflobbyist des Weißen Hauses im Kongreß und erfahrene Parlamentsveteran, erfuhr, daß ich auch vorhatte, eines der großen Projekte für den Ausbau von Wasserstraßen zu streichen, bekam er fast einen Herzanfall. Aber es war zu spät, diese Maßnahme zurückzunehmen, denn die Öffentlichkeit war bereits von unseren Absichten unterrichtet.

Wir beschlossen jedoch, den Senator Russell Long und seinen Kollegen aus Louisiana, Bennett Johnston, noch einmal anzuhören, bevor der Haushaltsplan offiziell veröffentlicht wurde.

Beide kamen Anfang März ins Weiße Haus. Ich sah ihrem Auftritt mit einiger Sorge entgegen. Beide waren alte Kämpfer, auch wenn sie sich in ihren Methoden voneinander unterschieden. Long, der Neffe des legendären Gouverneurs von Louisiana, Huey Long, war ein dreiundsechzigjähriger freundlicher alter Herr mit einer auffallend undeutlichen Aussprache. Er war schwer zu verstehen, aber ich habe das Gefühl, daß er absichtlich so undeutlich sprach. Er hatte seine Erfolge der Tatsache zu verdanken, daß er niemals genau sagte, was er meinte. Im Gegensatz dazu war Johnston ein sehr intelligenter

Wirtschaftsjurist, der sich sehr klar auszudrücken verstand – der typische erfolgreiche Politiker aus dem Neuen Süden. Ich wußte nicht, wie gut sich der Präsident gegenüber diesem Paar würde behaupten können, besonders angesichts der schlechten Nachrichten, die er für sie hatte.

Nachdem sie sich gesetzt hatten, sagte Johnston: »Nun, Herr Präsident, wir alle sind für Ihr Programm; für neunundneunzig Prozent dieser Haushaltskürzungen. Und wir wollen bei den Steuersenkungen helfen. Aber wir brauchen dringend Ihre Hilfe beim Red River. Dieses Programm steht an erster Stelle. Es ist unverzichtbar.«

Der Präsident verzog keine Miene. Er sagte: »Wir müssen in diesem Haushalt große Abstriche machen, und sie müssen gleichmäßig über das ganze Land verteilt werden. Das ist kein gutes Projekt, und ich kann auf seine Streichung nicht verzichten.«

Ich war begeistert, aber als ich es Greider erzählte, lächelte er nur wie die Katze, die mit der Maus spielt, und sagte, ich dürfe mir keine falschen Vorstellungen machen. Die Entscheidung werde mit der Vorlage des Steuergesetzes fallen.

»Sie haben recht«, erwiderte ich. »Erst am letzten Tag der Beratungen über das Steuergesetz werden wir es wissen.«

So war es auch. Der Red River fließt weiter, und auch viele andere sinnlose Projekte werden weiter verfolgt. Aber im März glaubte ich, daß Greider sich irrte. Man hatte Ronald Reagan immer wieder unterschätzt, und obwohl ich mir ständig Sorgen um die Lücke im Haushalt machte, war ich davon überzeugt, daß der Präsident schließlich doch alle Hindernisse überwinden werde. Er hatte sich hinter achtundneunzig Prozent meiner Empfehlungen gestellt und stand jetzt, da unsere Kritiker das Feuer eröffneten, zu seinem Wort.

Gegen Ende Februar kamen alle Gouverneure ins Weiße Haus, um über das Wirtschaftsprogramm zu sprechen. Oft scheuten sie sich davor, deutlich ihre Meinung zu äußern, aber eines war klar: Sie widersetzten sich allen Abstrichen, die sie betrafen.

Der Gouverneur von New York, Hugh Carey, gefiel sich besonders in der Rolle des Fürsprechers der Armen. Er sagte:

»Herr Präsident, ich höre Ihre Theorie, aber ich sehe keinen Beweis dafür, daß wir es uns leisten können, den Reichen so große

Geschenke zu machen. Ist es Ihnen klar, wie viele bedürftige Menschen darunter leiden werden? Und Sie werden Defizite haben, von denen kein Demokrat jemals geträumt hat.«

Der Präsident hatte den Gouverneuren eine halbe Stunde geduldig zugehört und kaum etwas gesagt. Doch als sich Carey gesetzt hatte, fiel er über ihn her wie eine Tonne Ziegelsteine. Seine Wangen röteten sich, seine Stimme nahm einen leidenschaftlichen Ton an, und er ballte die Fäuste.

»Ich werde den Vorwurf nicht hinnehmen, daß wir irgend jemanden schädigen«, rief er erregt. »Wir haben Ihre Methode seit Jahrzehnten erprobt, und Millionen haben unter einer galoppierenden Inflation und Arbeitslosigkeit gelitten. Wir haben die defizitäre Ausgabenpolitik nicht erfunden«, fuhr der Präsident fort. »Wir haben nicht die Methode des Steuereintreibens und Ausgebens empfohlen, die zum Ruin der Wirtschaft geführt hat. Das amerikanische Volk verlangt nach einer Wende, und zu behaupten, unsere Steuersenkungen begünstigten nur die Reichen, das ist eine bewußte Verdrehung, und ich werde mir das nicht länger anhören!«

Er war großartig. Niemand mußte ihm an diesem Morgen zu Hilfe kommen. Am liebsten hätte ich ihm applaudiert. Hugh Carey mußte unverrichteter Dinge nach New York zurückfliegen.

Mit der Veröffentlichung der Haushaltsberichtigungen am 10. März hätte der Haushaltsausgleich eigentlich abgeschlossen sein sollen. Aber in der Zeit vom 18. Februar bis zum 10. März verschoben sich die Zahlen im Haushaltsentwurf trotz der in den »März-Berichtigungen« vorgenommenen weiteren Kürzungen erheblich zu unseren Ungunsten.

Die definierten und detaillierten Schätzungen für die Etats in den einzelnen Ministerien werden jeweils von tausenden Bürokraten vorgenommen, die sich auf die buchhalterische Arbeit spezialisiert haben. Nachdem das Weiße Haus ihnen die Wirtschaftsprognose vorgelegt hat, brauchen sie zwei bis drei Wochen dafür.

Die in den Ministerien vorgenommenen Berechnungen zeigten, daß wir mit neun bis zehn Milliarden höheren Ausgaben im Jahr rechnen mußten, als wir es im Weißbuch vom 18. Februar angegeben hatten. Um dieses Defizit auszugleichen, würden wir weitere Ausgabenkürzungen vornehmen müssen.

In einem Haushalt von siebenhundertvierzig Milliarden Dollar (ohne die Ausgabenkürzungen) war eine Zunahme von neun bis zehn Milliarden Dollar nichts Ungewöhnliches, denn es waren schließlich nur 1,4 Prozent, um die wir uns verschätzt hatten. Aber mir wurde dabei klar, wie wenig Spielraum wir uns bei unserem Haushaltsplan gelassen hatten. Jetzt mußte die entscheidende Frage beantwortet werden, um welche Summe wir die Ausgaben im zivilen Bereich kürzen mußten, um den Haushalt bis zum Jahr 1984 unter Berücksichtigung der Steuersenkungen und der Erhöhung des Verteidigungsetats auszugleichen. Es waren einhundertachtzehn Milliarden Dollar. Am 10. März sah die Bilanz daher so aus, daß wir Kürzungen in Höhe von vierundsiebzig Milliarden Dollar vorgeschlagen und künftige Einsparungen in Höhe von vierundvierzig Milliarden Dollar *zugesagt* hatten.

Das Unternehmen konnte also nur gelingen, wenn wir uns eisern an unsere Vorsätze hielten. Als mich daher einige unserer »Verbündeten« auf dem Capitol Hill bestürmten und Zugeständnisse verlangten, beschloß ich, ihnen keinen roten Heller mehr zu geben. Das konnten wir uns jetzt nicht mehr leisten.

Zu denen, die nicht aufhören wollten, mich immer wieder zu belästigen, gehörte Senator Jack Schmitt aus New Mexico. Er war als Astronaut schon auf dem Mond gewesen und hatte dieses Erlebnis offenbar noch nicht ganz verdaut.

Er behauptete, einer der militantesten Anhänger Reagans und Verfechter der Steuersenkungen und Ausgabenkürzungen im ganzen Senat zu sein. Ständig versuchte er zu beweisen, daß niemand ihn in seiner konservativen Glaubenstreue übertreffen könne, aber wenn es um seinen Mondkomplex ging, dann kannte seine Großzügigkeit keine Grenzen.

Schon wenige Stunden nach Veröffentlichung der Berichtigungen des Haushaltsplans am 10. März rief er mich an und verlangte von mir »einen angemessenen Teil Ihrer Zeit, um gewisse falsche Eindrücke auszuräumen, die Sie vom Weltraumprogramm haben«. Wir hatten den von der Carter-Administration aufgestellten Etat der NASA um etwa sechshundert Millionen Dollar oder neun Prozent gekürzt und eine Anzahl weniger vordringlicher wissenschaftlicher Projekte und Programme der angewandten Technologie daraus gestrichen.

Die Errungenschaften der Raumfahrt begeisterten mich ebenso

wie jeden anderen, aber die Behauptung der NASA, die dabei gewonnenen technologischen Erkenntnisse würden das Leben hier auf der Erde um so vieles angenehmer machen, erschien mir unsinnig. Sicher waren im Rahmen des Raumfahrt-Forschungsprogramms wichtige technologische Entdeckungen gemacht worden, aber um die Anwendung der Telemetrie in der Medizin zu verbessern oder auf anderen Gebieten technologische Fortschritte zu machen, mußte man private Erfinder, Unternehmer und Investoren mit niedrigeren Steuern belohnen. Die NASA behauptete mit anderen Worten, wer eine bessere Mausefalle konstruieren wolle, müsse zuerst auf den Jupiter fliegen. Im übrigen war die NASA kaum von den Kürzungen betroffen. Selbst mit diesen Kürzungen würde ihr Etat für 1982 um elf Prozent höher sein als im Rechnungsjahr 1981.

Schmitt war natürlich entsetzt, als er meine Argumente hörte, und nannte sie »übertrieben ideologisch«. Er sagte, die ganze wirtschaftliche Zukunft der Vereinigten Staaten hänge vom raschen technologischen Fortschritt ab, wobei die NASA in vorderster Front stehe. Dieses Problem sei um so dringender angesichts des ehrgeizigen französischen Raumforschungsprogramms und der raschen Fortschritte der Japaner auf technologischem Gebiet. Mir war zwar nicht bekannt, daß die Franzosen oder die Japaner schon auf dem Mond gelandet waren, aber ich ergriff die Gelegenheit ihn daran zu erinnern, das technologischer Fortschritt ein Geschenk des Marktes und nicht der staatlichen Bürokratien sei.

Darauf erwiderte er: »Der technologische Fortschritt ist zu wichtig, als daß man ihn dem freien Markt überlassen könnte.« Das war mit wenigen Worten ausgedrückt die von der »Zweiten Republik« vertretene Grundauffassung. *Jeder* Fortschritt war zu wichtig, als daß man ihn den Kapitalisten überlassen könnte. Nur Washington konnte ihn bewirken. Mit dieser Begründung sollten die Sonnenenergie genutzt, Anlagen für die Herstellung synthetischer Brennstoffe errichtet und in Europa die kostspieligen, Überschallgeschwindigkeit fliegenden Passagierflugzeuge gebaut werden.

Da er sah, daß ich ein unverbesserlicher Ideologe war, beendete Schmitt das Gespräch mit den Worten: »Ich kann mir nicht vorstellen, daß der Präsident oder sonst irgend jemand in der Regierung die gleiche Auffassung vertritt.«

Er sollte recht behalten. Wir erhöhten schließlich den für fünf

Jahre vorausgeplanten Etat für die Erforschung des Weltraumes um viele Milliarden. Für das Rechnungsjahr 1986 betrug der Haushaltsvorschlag der Regierung zur Finanzierung der NASA fünfundsiebzig Prozent mehr, als wir ursprünglich unter Berücksichtigung der steigenden Inflationsrate dafür vorgesehen hatten.

So wurden wir von ungezählten anderen Interessengruppen immer wieder unter Druck gesetzt, aber die unsinnigsten Ausgaben im Bundeshaushalt waren die Subventionen für die Landwirtschaft. Die amerikanischen Landwirte waren nie wieder die gleichen gewesen, nachdem der New Deal den Anbau von Weizen, Mais, Baumwolle und die Erzeugung von Milchprodukten zu einem Geschäft gemacht hatte, das auf organisiertem Diebstahl beruhte.

Der Reagan-Haushalt vom 10. März hatte fast alle Subventionen für die Landwirtschaft gestrichen. Während die Carter-Regierung mehr als dreißig Milliarden Dollar dafür aufgewendet hatte, die Landwirtschaft aufzupäppeln, wollten wir in einem Zeitraum von fünf Jahren weniger als zehn Milliarden Dollar mit vergleichbarer Kaufkraft dafür ausgeben.

Aber schon nach wenigen Wochen geriet unser Programm für einen freien landwirtschaftlichen Markt auf dem Capitol Hill in große Schwierigkeiten, und zwar aus einem eigenartigen Grund. Unsere republikanischen Abgeordneten, die im Kongreß die Interessen der Farmer vertraten, hatten nichts dagegen einzuwenden, daß wir die Subventionen für die Landwirtschaft um zwei Drittel kürzten. Ihnen ging es vielmehr um die »Philosophie des Landwirtschaftsgesetzes«, wie sie es nannten.

Ihre demokratischen Kollegen kamen aus weniger fruchtbaren, weniger ertragreichen und ärmeren landwirtschaftlichen Gebieten als die meisten republikanischen Abgeordneten. Sie verlangten von der Regierung, sie solle die Farmer tatkräftig unterstützen, um ihnen das Überleben zu sichern. Und das sollte mit hohen Subventionen geschehen, aber diese Zeit war jetzt vorüber.

Die republikanischen Abgeordneten aus den ärmeren landwirtschaftlichen Gebieten wollten den Farmern helfen, »auf dem Markt Gewinne zu erzielen«. Das sollte dadurch erreicht werden, daß die Regierung Produktion und Vermarktung kontrollierte. Der Farmer sollte etwas verdienen, aber auf einem Markt nach sowjetischem

Vorbild, auf dem er seinen Weizen ohne staatliche Erlaubnis weder säen noch ernten oder verkaufen durfte.

Die republikanischen Abgeordneten aus den nördlichen Staaten des Mittleren Westens vertraten dagegen die Farmer in den ertragreicheren landwirtschaftlichen Gebieten. Sie waren entschieden gegen jede Kontrolle der Produktion und Vermarktung, denn sie hatten die niedrigsten Produktionskosten und konnten gewöhnlich sogar dann gute Gewinne erzielen, wenn die Preise niedrig waren.

Aber die republikanischen Abgeordneten aus diesen landwirtschaftlichen Gebieten betrachteten die Dinge insgesamt aus einem anderen Gesichtswinkel. Sie verlangten Subventionen für die Exportfinanzierung, um die Nachfrage in Übersee zu steigern. Sie behaupteten, die Exportsubventionen würden sich durch die höheren Einkommen der Farmer selbst finanzieren.

So gab es innerhalb der republikanischen Fraktion einen heftigen Streit um Grundsatzfragen, wobei jeder behauptete, man könne die Überschüsse erzeugenden Farmer nach seiner Methode aufpäppeln, ohne daß es den Staat einen roten Heller kostete. Die einen wollten weniger subventionieren und die landwirtschaftliche Produktion schärfer kontrollieren; die anderen weniger kontrollieren, aber den Export subventionieren. Keine dieser Methoden würde sich bewähren, und eine Kombination aus beiden wäre ein fiskalischer Alptraum. Ich wußte, wir standen vor großen Schwierigkeiten, konnte aber noch nicht abschätzen, wie groß sie sein würden.

Ende März wurde unser Programm für einen freien Markt in der Landwirtschaft auf dem Capitol Hill so schlecht aufgenommen, daß Landwirtschaftsminister Jack Block fast verzweifelte. Er bat uns dringend um »etwas mehr Spielraum«.

Ich erklärte mich einverstanden, ihm bei den Verhandlungen mit der republikanischen Fraktion im Parlament eine begrenzte Flexibilität einzuräumen. Block bekannte sich zu den Grundsätzen des freien Marktes in der Landwirtschaft, und ich glaubte ihm. Aber nachdem wir die Zügel etwas gelockert hatten, wich Block immer weiter zurück.

Schließlich unterzeichneten wir ein für die nächsten fünf Jahre geltendes Landwirtschaftsgesetz, das praktisch alle Forderungen enthielt – Maßnahmen zur Steuerung der Produktion und zur Stützung der Preise, Subventionen und Finanzhilfen für den Export. Damit verpflichteten wir uns, in diesen fünf Jahren nicht zehn, sondern sechzig Milliarden Dollar für die Landwirtschaft auszugeben. Wieder hatten wir das Ziel, das wir uns mit der Reagan-Revolution gesetzt hatten, bei weitem verfehlt.

Die am meisten besorgniserregende Entwicklung wurde am Dienstag, den 3. März, bei einer Beratung im Kabinett deutlich sichtbar, und hier ging es nicht nur um grundsätzliche wirtschaftspolitische Fragen, sondern auch um die Strategie. Für diese Besprechung waren nur dreißig Minuten vorgesehen, es war nicht einmal eine Tagesordnung ausgearbeitet worden. Deshalb nahm ich an, es würden nur allgemeine Fragen besprochen werden.

Drew Lewis meldete sich als erster zu Wort. Was er sagte, verschlug mir den Atem. Jetzt sei es an der Zeit, »unser Wahlversprechen einzulösen« und die japanischen Autoimporte einzuschränken.

Diese absurde Idee widersprach nach meiner Ansicht allem, wofür wir uns eingesetzt hatten. Der freie Handel ist ein unverzichtbarer Teil des freien Unternehmertums, und der freie Markt hört nicht an der Landesgrenze auf. Aber hier stand nun ein Minister auf und redete von Protektionismus in einem Weißen Haus, in dem wir erst vor knapp zwei Monaten die Regierung übernommen hatten.

Nachdem Lewis seinen Vortrag beendet hatte, ging es wie ein Trommelwirbel durch das ganze Kabinett: Mac Baldrige, Bill Brock und Arbeitsminister Raymond Donovan stießen in das gleiche Horn.

Schließlich mischte sich Jim Baker ein und sagte: »Diese Sitzung ist beendet, aber wir haben noch nicht die andere Seite gehört.« In Wirklichkeit hatte Lewis diese Kabinettsberatung manipuliert und wollte gar nicht hören, was die andere Seite zu sagen hatte.

Außerdem wußte Lewis auch, wie die Entscheidungen im Weißen Haus getroffen wurden. Wenn einem die wichtigsten Berater zustimmten, hatte man gewonnen.

Deshalb hatte er für den kommenden Freitag eine Besprechung mit den republikanischen Gouverneuren von acht Staaten anberaumt, in denen Automobile hergestellt wurden. An dieser Sitzung sollte auch der Präsident teilnehmen. Und auch für diese Sitzung war schon alles vorausgeplant. Die Gouverneure sollten Importquoten für japanische Autos verlangen. Der Präsident sollte sich ihre

Argumentation anhören, dann aufstehen und sagen, er habe beschlossen, etwas zur Rettung der amerikanischen Automobilindustrie zu unternehmen.

Doch Jim Bakers Wachsamkeit war es zu verdanken, daß Lewis jetzt auf den heftigen Widerstand des Finanzministers Don Regan stieß, der ein überzeugter Anhänger der freien Marktwirtschaft war. Auch Murray Weidenbaum lehnte die Initiative von Lewis ab.

Auf der Besprechung mit den Gouverneuren gab der Präsident zu erkennen, daß er sich noch nicht entschieden habe, aber was er dann sagte, erschütterte mich als überzeugten Anhänger des freien Unternehmertums. Es bedeutete, daß meine Gegner ihn schon fast auf ihre Seite gezogen hatten.

»Ja, wir glauben an den freien Handel, aber hier geht es um etwas anderes. Hier sind staatliche Eingriffe für die derzeitige Situation verantwortlich.«

In diesem Augenblick hätte ich wissen müssen, daß das Spiel verloren war. Der Präsident war zwar ein überzeugter Gegner aller Handelsbeschränkungen, aber er war auch ein geschickter Politiker, und er konnte seine politische Antenne jederzeit auf die gewünschte Frequenz einstellen. In diesem Fall hatten Lewis und seine Mitstreiter eine Theorie zusammengebraut, nach der die Autoindustrie durch zu viele staatliche Verordnungen zur Reinhaltung der Luft und alle möglichen Sicherheitsvorschriften so schwer behindert worden sei, daß die Regierung diesen Schaden wiedergutmachen müsse. Und da sich der Präsident mit Recht den übertriebenen Anforderungen hinsichtlich des Umweltschutzes und der Sicherheitsvorschriften stets widersetzt hatte, leuchtete ihm dieses Argument ein.

Daß man versuchte, protektionistische Tendenzen dahinter zu verbergen, ärgerte mich maßlos. Übertriebene Sicherheitsvorschriften hatten absolut nichts damit zu tun, daß Detroit nicht konkurrenzfähig war. Auch die importierten japanischen Wagen mußten nach den amerikanischen Gesetzen mit dem gleichen Katalysator, Luftsäcken und so weiter ausgerüstet werden, und deshalb war das ganze Gerede nichts anderes als Augenauswischerei. Doch der Präsident war inzwischen überzeugt, daß die Regierung es Detroit schuldig war, den Import japanischer Wagen zu beschränken.

Ich hielt den Versuch von Lewis, den Import von Automobilen zu behindern, zunächst zwar für ein gefährliches Hindernis auf unserem

Weg zu einem freien Außenhandel, war aber überzeugt, daß es sich beseitigen ließ. Wir hatten Lewis noch nicht gründlich genug auf unseren Katechismus eingeschworen, aber das würde sich nachholen lassen.

Als sich jedoch die Lobby der Automobilindustrie am 11. März im Weißen Haus versammelte, ließen sich die Meinungen nicht unter einen Hut bringen. Lewis hatte bereits bei der Sanierung angeschlagener Automobilfirmen glänzende Erfolge erzielt und glaubte, die ganze Automobilindustrie könne wieder auf die Beine gestellt werden, wenn jeder etwas dazu beitrug, einschließlich der Bundesregierung. Aber so antiseptisch, republikanisch und freiwillig solche Maßnahmen auch klingen mochten, sie führten nur in eine Richtung: zur irreparablen Lähmung der Antriebskräfte, die allein die kapitalistische Prosperität garantieren konnten.

Es war der Versuch, wirtschaftliche Probleme mit politischen Mitteln zu lösen, und das war eine reaktionäre Idee. Industrien wachsen und schrumpfen, und im Verlauf dieses Prozesses wird die Wirtschaft angekurbelt, es entwickeln sich neue Technologien, und der allgemeine Lebensstandard wird gehoben. Es ist das Phänomen, das Joseph Schumpeter »kreative Destruktion« genannt hat. Aber der Politiker ist von Natur aus ein Gegner des Zyklus, in dem die schöpferischen und zerstörerischen Kräfte in der Industrie einander periodisch ablösen. Der Politiker strebt nach einem ruhigen und glatten Verlauf der Dinge und scheut sich vor Veränderungen.

Die Industriepolitik wollte deshalb mit Subventionen und staatlichen Vollmachten zur Steuerung des Handels arbeiten, um Industrien am Leben zu erhalten, die das nicht mehr aus eigener Kraft konnten. Die Industriepolitik setzte an die Stelle der Bewährung auf dem Markt die politische Macht. Sie fand überflüssige Arbeitskräfte und Kapital in unproduktiven Unternehmungen. Die Folge war eine Verarmung der Gesellschaft. Das war die Antithese der Theorie von der angebotsorientierten Wirtschaftspolitik.

Eine Zeitlang glaubte ich, Regan, Weidenbaum und ich würden mit unserem Gegenangriff für den freien Handel Erfolg haben. Dabei hatte ich jedoch übersehen, daß Ed Meese zwar die Grundsätze der Regierung predigte, aber etwas völlig anderes praktizierte. Während das Kabinett hitzig debattierte, suchte Meese sich und den Präsidenten davon zu überzeugen, daß wir, wenn wir unseren Freihandels-

Grundsätzen nicht untreu werden wollten, nur die Japaner überreden müßten, sich selbst »freiwillig« Exportbeschränkungen aufzuerlegen. Dann würden wir, wie Meese meinte, eine reine Weste behalten, und die Japaner müßten selbst die schmutzige Arbeit tun. Hier wurde wieder Wahlkampftaktik mit Regierungsarbeit verwechselt. Bei der Regierungsarbeit kommt es auf die Erfolge und nicht auf die Positionen an.

So wurde bei der Besprechung des für diese Maßnahmen zuständigen Gremiums am 19. März in Gegenwart des Präsidenten der Plan auf den Tisch gelegt. Unser Botschafter in Japan, Mike Mansfield, sollte angewiesen werden, den Japanern in privaten Gesprächen reinen Wein einzuschenken und ihnen deutlich zu sagen, daß im Kongreß die Neigung bestünde ein Gesetz zu erlassen, mit dem bestimmte Quoten für die Einfuhr von Automobilen festgelegt werden sollten. Er dürfe den Japanern sagen, daß sie es selbst in der Hand hätten: Wenn sie die Verabschiedung eines solchen Gesetzes verhindern wollten, müßten sie sich selbst Exportbeschränkungen auferlegen. Andernfalls werde es der amerikanische Kongreß tun.

Ich hatte den Kampf noch nicht aufgegeben. Es hing zu viel davon ab. Ich sagte dem Präsidenten, wenn er gegen ein solches Gesetz sei, müsse er nur deutlich genug signalisieren, daß er sein Veto dagegen einlegen würde. Er müsse dem Kongreß sagen, daß dieses Gesetz gegen alle Grundsätze verstieße, die wir im Hinblick auf einen freien Markt vertreten.

Darüber hinaus wäre es ein schwerer politischer Fehler, einer Industrie und einer Region besondere Vergünstigungen zu gewähren. Damit würde im Kongreß nur die Engstirnigkeit genährt werden, die uns bei unseren Ausgabenkürzungen schon so große Schwierigkeiten bereitet hatte.

Der Präsident erwiderte, er werde sein Veto nicht schon im voraus signalisieren. Damit nahm er mir jeden Mut. Wenn wir zu einem so ungeheuerlichen Gesetzesvorschlag schwiegen, dann wäre das ein nicht mißzuverstehendes Signal für die Japaner. Es bedeutete, daß wir sie auf Gnade oder Ungnade der politischen Lobby der Automobilindustrie ausliefern würden, wenn sie sich nicht selbst »freiwillige« Exportbeschränkungen auferlegten.

So konnte es nicht ausbleiben, daß die Japaner nach »Konsultationen« mit Mansfield und Brock – unmittelbar vor dem Besuch des japanischen Premierministers Nakasone im Mai – ihre Automobilexporte»freiwillig« auf 1,68 Millionen Fahrzeuge beschränkten. Auf diese Weise zeigte sich auch deutlich, welche Grundsätze in der Handelspolitik der Reagan-Administration gelten sollten: Setze dich theoretisch für den freien Handel ein, aber finde bei jeder sich bietenden Gelegenheit einen Vorwand, das Gegenteil zu tun. Im Lauf der Zeit sollten sich zahlreiche Gelegenheiten dafür bieten.

Die Anzeichen dafür, daß die Reagan-Revolution ein Mißerfolg werden würde, mehrten sich. Ich weigerte mich nur noch, sie ernst zu nehmen, und suchte nach logischen Begründungen für die Gegenrevolution.

6.
Taktische Erfolge
und die historische Stunde

Als sich die Revolution auf den Capitol Hill verlagerte, folgte ein Blitzkrieg dem anderen. Aus mir war ein gewissenhafter Buchhalter geworden, der keinen Cent von den vierundsiebzig Milliarden Dollar der für das Jahr 1984 vorgesehenen Einsparungen verlieren wollte, denn weitere Kürzungen in Höhe von vierundvierzig Milliarden Dollar sollten erst zu einem späteren Zeitpunkt vorgenommen werden. Der Kongreß mußte deshalb jeder einzelnen von der Regierung vorgeschlagenen Kürzung zustimmen.

Dafür gab es einen Grund. Politisch waren die bisher vorgeschlagenen Einsparungen am ehesten zu verkraften, und außerdem waren es die am leichtesten zu rechtfertigenden Ausgabenkürzungen. Die dann folgenden vierundvierzig Milliarden Dollar verlangten größere Opfer und würden sich sehr viel schwerer durchsetzen lassen.

Um das zu erreichen, mußten die verfassungsmäßigen Vorrechte der Legislative praktisch außer Kraft gesetzt werden. Die Verwirklichung des Wirtschaftsprogramms der Reagan-Administration verlangte nicht mehr und nicht weniger als die automatische Zustimmung des Kongresses. Aus dem bedeutendsten Entscheidungsgremium der Welt mußte ein ausführendes Organ des Weißen Hauses werden.

Unter normalen Umständen hätte die Verwirklichung einer solchen Forderung auch im republikanischen Senat keine Chance gehabt. Aber der Vorsitzende des Haushaltsausschusses im Senat, Pete Domenici, und ich einigten uns auf ein ganz neues Verfahren, das den Anschein erweckte, der Senat habe sich tatsächlich widerstandslos hinter die Reagan-Revolution gestellt.

Wir waren schon sehr bald zu der gemeinsamen Auffassung

gelangt, daß wir mit den Steuersenkungen in große Schwierigkeiten geraten würden, wenn wir nicht vorher die tiefgreifenden Haushaltskürzungen durchbrachten. Deshalb legten wir dem Kongreß schon im März einen großen Teil der von Reagan genehmigten Ausgabenkürzungen in einem geschlossenen Paket zur Abstimmung vor. Diese Abstimmung über den »Haushaltsausgleich«, wie wir es nannten, wäre ein Mandat, das der ganze Senat seinen Ausschüssen erteilte, *alle* Programme zu beschneiden, die von der Regierung dafür vorgesehen waren. Mit dieser Taktik wollte ich den Capitol Hill im Sturm erobern, bevor sich der Widerstand der Interessengruppen gegen die Ausgabenkürzungen formierte.

Was ich zunächst nicht ganz begriffen hatte, war die Tatsache, daß Domenici die gleiche Methode aus ganz anderen Gründen befürwortete. Auch er wollte die Ausgaben drastisch senken und den Haushalt so bald wie möglich ausgleichen. Er hielt aber das von der Regierung geplante Steuersenkungspaket für viel zu umfangreich und riskant.

Domenici glaubte, wenn das Paket für die Ausgabenkürzungen zuerst vorgelegt würde, werde damit bewiesen, daß wir uns die Steuersenkungen gar nicht leisten könnten. Das war das Gegenteil von dem, was ich beabsichtigte. Er wollte zeigen, daß wir auch bei größten Anstrengungen, unnötige Ausgaben zu streichen, den Haushalt für das Rechnungsjahr 1984 nicht ausgleichen konnten, wenn wir auch noch alle von Reagan vorgesehenen Steuersenkungen vornahmen. Domenici betrachtete also den Ausgleich als Zwischenstation auf dem Wege zu einem Kompromiß hinsichtlich der Steuergesetzgebung, während ich ihn als Voraussetzung für das Gelingen der von uns beabsichtigten Steuersenkungen ansah.

Normalerweise wäre im Senat eine längere Debatte über die allgemeine Wirtschaftslage, die Steuerpolitik, die Verteidigungspolitik, das zu erwartende Defizit oder mögliche Überschüsse geführt worden, das heißt über alles, was die Gestaltung des Bundeshaushalts beeinflußt.

Doch ich wollte solche Debatten vermeiden, weil ich glaubte, es werde uns dann gelingen, unseren Gesamtplan rascher durchzusetzen.

Aber meine Absichten scheiterten schon fast am ersten Tage, weil der Haushaltsausschuß des Senats den Entwurf des Haushaltsplans

Mitte März Zeile für Zeile zu beraten begann. Domenici fürchtete den Vorwurf, er könne versuchen, die Steuersenkungen damit zu »sabotieren«, daß er nicht genügend Einsparungen vorschlug. Deshalb erklärte er, daß er die gesamten von der Regierung beabsichtigten Ausgabenkürzungen wenigstens für das erste Jahr – 1982 – erreichen oder sogar überschreiten werde.

Aber ihm und den zu seinem Ausschuß gehörenden Republikanern fiel es schwer, die von uns vorgesehenen Kürzungen in allen Bereichen, von den Schulen für Behinderte bis zu den Beihilfen für schwangere Mütter und den Abstrichen bei den Subventionen für die Export-Import-Bank zu akzeptieren. Deshalb schlugen sie vor, statt dessen sechs Milliarden Dollar beim Ausgleich der gesteigerten Lebenshaltungskosten bei allen staatlichen Pensionen einschließlich der Rentenversicherung einzusparen. Diese Ersparnisse sollten verwendet werden, um ihre Lieblingsprogramme zu schützen.

Ich hatte jedoch vorgehabt, die Rentenversicherungen zunächst unangetastet zu lassen, denn die sechs Milliarden Dollar, die wir beim Ausgleich der Erhöhung der Lebenshaltungskosten einsparen wollten, würden später dazu herhalten müssen, die vierundvierzig Milliarden Dollar zusammenzubringen, die einzusparen wir uns für einen späteren Zeitpunkt vorgenommen hatten.

Als ich Jim Baker von dieser neuen Entwicklung berichtete, sah er rot. Er hatte die Rentenversicherungen von Anfang an als Ronald Reagans Achillesferse angesehen und war entschlossen, den Präsidenten hier so weit wie möglich aus dem Schußfeld zu nehmen. Aber weder er noch sonst jemand im Weißen Haus hatte eine genaue Vorstellung davon, was die von uns in den Haushaltsplan vom 10. März unter der Überschrift »künftige noch näher zu spezifizierende Einsparungen« eingesetzten vierundvierzig Milliarden Dollar wirklich bedeuteten. Diese Einsparungen konnten tatsächlich nur bei der Rentenversicherung gemacht werden.

Aber im Weißen Haus hatte man die vage Vorstellung, wir könnten die Lücke von vierundvierzig Milliarden Dollar schließen, ohne das System der Rentenversicherungen spürbar anzutasten. Zwar hatten wir über das Problem noch nicht gesprochen, aber diese Vorstellung war völlig falsch. Die sich aus unseren Berechnungen ergebenden Zahlen ließen uns keine andere Alternative, denn die

Ausgaben für die Rentenversicherung machten mehr als ein Drittel dessen aus, was wir im zivilen Bereich aufbringen mußten.

Das ließ sich im Augenblick aber noch nicht klar erkennen, denn zunächst hatten wir ein ganz anderes taktisches Ziel. Wir mußten Howard Baker und Pete Domenici daran hindern, den Etat für die Rentenversicherungen zu beschneiden. Der Präsident sollte schon am folgenden Tag den Senatoren auf dem Capitol Hill klarmachen, daß er *seine* und nicht ihre Kürzungen durchsetzen wolle.

Wir versammelten uns am 17. März um neun Uhr dreißig vormittags im Büro von Howard Baker. Reagan eröffnete die Sitzung mit einem irischen Witz. Dann wandten wir uns den sachlichen Problemen der Tagesordnung zu. Das war zunächst der Vorschlag der Senatoren, die staatlichen Renten zu kürzen, die eine Gesamtsumme von einer Viertelbillion Dollar ausmachten und etwa sechsunddreißig Millionen Amerikaner betrafen.

Die altbewährten Republikaner im Senat waren fast alle davon überzeugt, daß der Haushalt nicht ausgeglichen werden könne, ohne die Ausgleichszahlungen für die erhöhten Lebenshaltungskosten zu kürzen, und sie hatten vollkommen recht, wenn sie behaupteten, dieser Schritt werde sich schließlich doch als notwendig erweisen. Dahinter steckte aber noch etwas anderes: Sie wollten mit diesen Einsparungen ihre energiewirtschaftlichen Projekte, ihr Bodenkonservierungsprogramm, die Straßenbauprojekte und die Erziehungshilfen retten. Das waren die Bereiche, die den Republikanern ebenso wie den Demokraten die Munition für den Wahlkampf lieferten.

Im Grunde hatten sie nicht ganz unrecht, aber eine solche Politik würde unabsehbare Folgen haben. Wenn die Lieblingsprogramme der Senatoren ungeschoren blieben, mußten wir einen Teil der Steuersenkungen zurücknehmen, denn anders ließe sich der Haushalt nicht mehr ausgleichen, und das wollte ich auf keinen Fall zulassen.

Schließlich sagte der Präsident: »Ich habe gesagt, ich würde die Rentenversicherung nicht anrühren. Wir dürfen uns dazu nicht zwingen lassen. Die andere Seite wartet nur darauf, um dann über uns herzufallen. Deshalb wollen wir die Sache hinter uns bringen und die notwendigen Haushaltskürzungen vornehmen.«

Howard Baker reagierte mit den Worten: »Herr Präsident, wir hören Sie klar und deutlich.« Damit war die Sitzung beendet.

In Wirklichkeit hatten wir die Entscheidung nur auf einen späteren

Zeitpunkt verschoben, aber zunächst hatte ich mein Ziel erreicht. Die Rentenversicherung war unangetastet geblieben und wartete auf die Kürzungen, die wir später doch würden vornehmen müssen.

Und die Republikaner im Senat hatten sich verpflichtet, das ganze Paket der Abstriche im Haushalt, die das Weiße Haus vornehmen wollte, zu übernehmen, nachdem die Rentenversicherung nicht angerührt worden war.

Schon nach wenigen Tagen stimmte der Haushaltsausschuß unseren Vorschlägen zu. Unsere Taktik hatte sich erstmals bewährt.

Unter der kühlen und geschickten Führung von Baker und Domenici erwies sich der gesamte Senat als ebenso nachgiebig wie der Haushaltsausschuß. Domenici fürchtete jedoch, daß ein von republikanischer Seite zu erwartender Zusatzantrag unser ganzes Gebäude ins Wanken bringen könnte. Senator John Chaffee aus Rhode Island beantragte eine Milliarde Dollar an Subventionen für die Grundschulen, Überbrückungshilfen für die arme Bevölkerung, für die ärztliche Versorgung, den öffentlichen Verkehr und ähnliches, Programme also, denen solche Beihilfen normalerweise nicht verweigert werden konnten.

Aber sechzehn Demokraten stimmten mit den Republikanern gegen diesen Antrag, und damit war die Schlacht für den Reagan-Haushalt gewonnen. Ein weiterer Zusatzantrag, eine Schutzimpfung für Kinder mit dem geringen Betrag von sechs Millionen Dollar doch noch zu finanzieren, wurde mit großer Mehrheit abgelehnt, was alle erfahrenen Beobachter der Vorgänge im Parlament in Erstaunen versetzte. Die anschließende Billigung des Mandats für die Durchführung des Haushaltsausgleichs mit einer Stimmenmehrheit von achtundachtzig zu zehn weckte große Illusionen. Man hatte den Eindruck, die Senatoren, die dafür gestimmt hatten, hätten ihre politische Position aufgegeben. Es sah aus, als ließe sich die Reagan-Revolution nicht mehr aufhalten.

Doch als der Haushaltsausschuß des Senats im April daranging, sich mit den Einzelheiten unseres Entwurfs zu beschäftigen, kamen alle Zweifel, Vorbehalte und Beanstandungen wieder zum Vorschein, und auch die Öffentlichkeit nahm Kenntnis davon.

Da die Republikaner im Haushaltsausschuß nur über eine geringe Mehrheit von zwölf zu zehn verfügten, konnte der Finanzplan der Administration nur gebilligt werden, wenn sich die Republikaner einstimmig dafür aussprachen. Von den Demokraten konnten wir keine Hilfe erwarten. Es gab aber auch noch ein weiteres Problem. Der Kongreß war es nicht gewohnt, einen Haushaltsplan für mehrere Jahre aufzustellen. Domenici und die anderen Senatoren mußten sich deshalb mehr auf die Fachleute unter ihren Mitarbeitern verlassen als gewöhnlich. Und Domenicis Chefberater und Vertrauter war Steve Bell, ein ausgesprochener Gegner der angebotsorientierten Wirtschaftstheorie. Domenici und Bell waren überzeugt, daß wir mit unserem rosaroten Szenario weit über das Ziel hinausschossen, und wollten die Regierung nun zwingen, bei den Steuersenkungen auf einen Kompromiß einzugehen, sobald Domenici seine Zusagen hinsichtlich des Haushaltsausgleichs erfüllt hatte.

Ich hatte das kommen sehen. In zahllosen Besprechungen mit Domenici hatte ich ihn schließlich dazu gebracht, unsere Prognose zu akzeptieren und nicht die des Haushaltsbüros des Kongresses, der für das Jahr 1984 mit einem Defizit von insgesamt achtzig Milliarden Dollar rechnete, wenn man die vierundvierzig Milliarden Dollar dazurechnete, die wir durch zusätzliche Einsparungen erst noch zusammenbringen wollten. Das wäre das Ende der Reagan-Revolution gewesen.

Nun zeigte es sich, daß der Ausschuß sich weigerte, die vierundvierzig Milliarden Dollar als Einsparungen in den Haushalt einzusetzen. Er verlangte vielmehr, diesen Betrag als Defizit zu buchen.

Pete Domenici erläuterte die Lage wie folgt: »Der Haushaltsausschuß weigert sich, die Katze im Sack zu kaufen.« Die Katze im Sack waren die künftigen Einsparungen in Höhe von vierundvierzig Milliarden Dollar. Der Sack war unsere Zusage, diese Einsparungen »in der Zukunft« zu machen. Wenn wir nicht bereit seien, *sofort* zu sagen, wo diese vierundvierzig Milliarden Dollar herkommen sollten, dann werde er sich weigern, diese »künftigen Einsparungen« in den Haushaltsplan aufzunehmen. Anstatt »die Integrität der Haushaltsplanung zu unterminieren«, sei er eher bereit, das Risiko auf sich zu nehmen, seinem Ausschuß einen Haushaltsplan vorzulegen, der für das Rechnungsjahr 1984 ein Defizit von sechzig Milliarden Dollar auswies.

Ich sagte Domenici, seine Auffassung sei durchaus begründet, wir könnten dieses Problem jedoch nicht sofort lösen. Wir könnten nicht jeden einzelnen Posten nennen, um den die Ausgaben im Verlauf von vier Jahren gekürzt werden müßten. Das System der Rentenversicherungen müsse reformiert werden, der Anstieg der Verteidigungsausgaben müsse eingedämmt werden, und alle umfangreichen Beihilfeprogramme würden wesentliche Abstriche erfahren. Es wäre jedoch ein schwerer Fehler, wenn wir das Wirtschaftsprogramm des Präsidenten in diesem entscheidenden Augenblick an rein buchhalterischen Feinheiten scheitern ließen.

Nach einigem Hin und Her einigten sich Domenici, der Vorsitzende des Finanzausschusses des Senats, Bob Dole, und der Vorsitzende der Mehrheitsfraktion im Senat, Howard Baker, darauf, die strittigen vierundvierzig Milliarden Dollar als künftige Einsparungen und nicht als Defizit zu buchen. Aber der Burgfriede wurde nur vier Tage gewahrt. Domenicis Mitarbeiter waren empört über diese Lösung. Bell fragte Domenici: »Wollen Sie wirklich als der Vorsitzende des Haushaltsausschusses in die Geschichte eingehen, der nicht addieren konnte?« Am 6. April enthielt der Haushaltsentwurf Domenicis sowohl den gesamten für die Steuereinsparungen vorgesehenen Betrag als auch ein beträchtliches Defizit für das Rechnungsjahr 1984 und darüber hinaus. Das waren schlechte Nachrichten, aber ich glaubte, die Sache ließe sich noch korrigieren.

Doch ich hatte Domenici unterschätzt. Seine Taktik hatte genau den gewünschten Effekt. Sobald die Republikaner im Ausschuß die für das Defizit eingesetzten Beträge sahen, gerieten sie in Panik. Zwei Tage später war eine offene Rebellion ausgebrochen.

Am Nachmittag rief mich Domenici an und sagte: »Bitte kommen Sie sofort her. Wir haben hier einige sehr unzufriedene Republikaner, die unserer Lösung nicht zustimmen wollen.«

Ich fuhr noch am gleichen Abend zum Capitol Hill, um zu sehen, wie der Schaden zu beheben sei, mußte aber sehr bald feststellen, daß ich kaum noch etwas tun konnte. Alle republikanischen Mitglieder des Haushaltsausschusses des Senats hatten sich in Domenicis Büro im Dirksen-Gebäude versammelt. Die Diskussion drehte sich im Kreise. Alles redete durcheinander, und jeder versuchte zu erklären, weshalb er mit der Meinung des anderen nicht einverstanden sein könne. An diesem Abend würden wir keine Lösung mehr finden, und deshalb schlug ich vor, wir sollten uns die Sache bis zum Beginn der nächsten Sitzungsperiode überlegen und erst dann die Beratungen über den Haushalt abschließen.

Aber niemand wollte auf mich hören. Die Mitarbeiter Domenicis hatten die Debatte angeheizt und waren nicht bereit, von ihrem Standpunkt abzurücken. Am folgenden Tag zwang Domenici den Ausschuß, über den Reagan-Plan abzustimmen. Er wurde mit zwölf zu acht Stimmen abgelehnt.

Die Presse interpretierte das Abstimmungsergebnis als Beweis dafür, daß der Haushaltsplan Reagans gescheitert war. Jedenfalls zeigte es, daß sich die Republikaner im Kongreß über die Steuersenkung und über die Grundstruktur des Wirtschaftsplans nicht einig werden konnten.

Jetzt hielt ich es für möglich, die Steuersenkungen schrittweise vorzunehmen, um die Gegner des Kemp-Roth-Plans zu besänftigen. Das wäre kein zu hoher Preis dafür, daß wir schließlich doch ein Gesetz durchbringen könnten, das die Steuerlasten auf die Dauer wesentlich verringerte.

Ich wollte aber auf keinen Fall zulassen, daß im Senat eine Kompromißlösung beschlossen wurde, bevor wir die republikanischen Abgeordneten im Repräsentantenhaus auf unsere Seite gebracht hatten. Deshalb bat ich meinen Freund Bob Bartley, den Leitartikler des *Wall Street Journal* um ein Gespräch. Schon am nächsten Tag brachte die angesehene Zeitung auf der Titelseite einen Artikel mit der Überschrift »John Maynard Domenici«. Darin wurde der Vorsitzende des Haushaltsausschusses im Senat beschuldigt, aufgrund seiner längst veralteten keynesianischen Auffassungen die Reagan-Revolution zu Fall bringen zu wollen. Der Artikel tat seine Wirkung. Domenicis Mitarbeiter verfaßten einen ausführlichen Brief an die Redaktion der Zeitung, in dem sie nachzuweisen versuchten, daß der Vorsitzende des Haushaltsausschusses im Senat keineswegs ein keynesianischer Abweichler sei.

Domenici sah sich in die Enge getrieben. Er wurde von allen Seiten angerufen, unter anderem auch vom Präsidenten, der gerade die Schußwunde ausheilte, die ihm ein Attentäter beigebracht hatte, aber auch von Vizepräsident Bush, Howard Baker und Bob Dole. Und von jedem hörte er das gleiche: Arbeiten Sie weiter mit uns zusammen, damit sich die Republikaner nicht schon nach weniger als vier Monaten nach der Amtseinführung des Präsidenten als regierungsunfähig erweisen.

Diese Kombination aus Angriffen und Beschwörungen wirkte.

Domenici trat den taktischen Rückzug an, auch wenn er sich vielleicht nicht hatte überzeugen lassen. Er befahl seinen Mitarbeitern, sich mit mir während der Parlamentsferien über eine Lösung des Problems der vierundvierzig Milliarden Dollar zu einigen, die zu einem späteren Zeitpunkt eingespart werden sollten.

Die Revolte des Haushaltsausschusses des Senats erwies sich als ein Signal des politischen Systems, das zu registrieren ich mich geweigert hatte. Der Ausschuß wünschte geringere Steuersenkungen und verlangte eine Kompromißlösung. Aber wie ich die Dinge sah, war es seine Aufgabe, den übermäßig aufgeblähten Haushalt des Wohlfahrtsstaats drastisch zu beschneiden und sich nicht am üblichen innenpolitischen Tauziehen zu beteiligen.

Immerhin erklärten sich alle Befürworter des ausgeglichenen Haushalts wieder zur Mitarbeit bereit. Alle Zusatzanträge, die unsere Beschlüsse entscheidend verändert hätten, wurden abgelehnt, und am 12. Mai billigte der Senat einen Haushaltsentwurf für das Rechnungsjahr 1982, der mit dem Wirtschaftsprogramm der Regierung fast hundertprozentig übereinstimmte, mit zweiundsiebzig gegen zwanzig Stimmen, Die Politiker hatten sich den Wünschen des Präsidenten gebeugt und der Reagan-Revolution ihr Plazet gegeben.

Ermutigt durch den fast hundertprozentigen Sieg im Senat, war niemand im Weißen Haus bereit, auf einen Kompromiß einzugehen, als sich der Kampf ins Repräsentantenhaus verlagerte. Keiner zweifelte mehr an der Richtigkeit meiner Strategie des »alles oder nichts«. Wenn sich beide Kammern der Legislative zu ausführenden Organen des Weißen Hauses machen ließen, um so besser. Das einzige Problem war nur, daß wir im Repräsentantenhaus keinesfalls mit einer Mehrheit rechnen durften.

Von den einhundertneunzig Republikanern hatten vierzig bis fünfzig ernste Vorbehalte gegen eine Reduzierung des Haushalts um vierundsiebzig Milliarden Dollar. Alle Republikaner hatten Einwände gegen bestimmte Kürzungen, keiner von ihnen konnte sich vorstellen, daß wir in der Lage sein würden, die vierundvierzig Milliarden Dollar im Lauf der folgenden Jahre einzusparen, und niemand interessierte sich dafür, wo das geschehen sollte.

Die dreißig bis vierzig konservativen Demokraten aus den Südstaaten waren alles andere als revolutionäre Anhänger einer angebotsorientierten Wirtschaftspolitik. Ihnen kam es in erster Linie darauf an, den Haushalt auszugleichen. Sie waren aber nicht bereit, auf regionale Sonderprogramme zu verzichten, die erhebliche Kosten verursachen würden.

Für sie war die Kemp-Roth-Steuersenkung ein unnützer Luxus, den man sich vielleicht später würde leisten können. Nachdem die Ausgabenkürzungen auf ein ihnen genehmes Maß zurückgenommen worden waren, könnten die Steuersenkungen so weit verringert werden, daß sich der Haushalt noch ausgleichen ließ, auch wenn das kaum noch etwas brächte.

In der gegenwärtigen Lage fehlten uns im Repräsentantenhaus noch mindestens hundert Stimmen, um jeden Posten, den wir im Haushalt kürzen wollten, durchzubringen. Unter normalen Verhältnissen wäre ein Kompromiß angezeigt gewesen. Aber Revolutionäre schließen keine Kompromisse. Ich war finster entschlossen, die Kemp-Roth-Steuersenkung am Leben zu erhalten und den Haushalt auszugleichen. Wenn nicht alle in den vierundvierzig Milliarden Dollar enthaltenen Kürzungen bewilligt wurden, dann würden wir keines dieser beiden Ziele erreichen können. Den Senat hatten wir bereits gezwungen, die bittere Pille zu schlucken. Jetzt mußte das Repräsentantenhaus das gleiche tun.

Der Vorsitzende des Haushaltsausschusses im Repräsentantenhaus, Jim Jones, bemühte sich verzweifelt um einen Kompromiß. Der untersetzte, kahlköpfige, hochintelligente und redegewandte Jones gehörte dem rechten Flügel der demokratischen Mehrheit an. In der Praxis war er ein Konservativer, der die Haushaltsmittel wesentlich verringern und die vom Bund erhobenen Steuern senken wollte, besonders für Handel und Industrie.

Er hatte mir gesagt, er werde siebzig bis achtzig Prozent der im Reagan-Haushalt vorgesehenen Maßnahmen unterstützen, verlangte jedoch, daß wir auf einige Ausgabenkürzungen verzichteten, die den Beziehern niedriger Einkommen Opfer abverlangten. Außerdem meinte er, das Repräsentantenhaus könne künftig von einer Koalition aus konservativen und gemäßigten Demokraten und Republikanern beherrscht werden. Die Demokraten am linken Flügel wären in einem solchen Fall isoliert und hätten keine Chance, ihre Auffassungen durchzusetzen.

Ich habe zu keinem Zeitpunkt daran gedacht, die Vorschläge von

Jones in Erwägung zu ziehen. Jones war ein ausgesprochener Gegner der Kemp-Roth-Steuersenkungen. Er empfahl, es zunächst bei einer nur für ein Rechnungsjahr geltenden Senkung der Steuern um zehn Prozent im nächsten Haushaltsjahr zu belassen und mit dem Rest so lange zu warten, bis wir »es uns leisten könnten«.

Damit konnte ich mich unter gar keinen Umständen einverstanden erklären. Die Steuersenkung um dreißig Prozent war ein unverzichtbarer Bestandteil der Reagan-Revolution. Jones und seine Gesinnungsgenossen würden niemals bereit sein, einem Parlamentsbeschluß für die restlichen zwanzig Prozent zuzustimmen. Sie würden nur bescheidene Ausgabenkürzungen zulassen und dann den Verzicht auf weitere Steuersenkungen mit fiskalischen Notwendigkeiten begründen.

Es gab aber noch einen weiteren Grund für meinen Widerstand gegen einen Kompromiß mit Jones: Das war mein tiefes Mißtrauen gegenüber den älteren Demokraten, die die ständigen Ausschüsse kontrollierten. Die Vorsitzenden dieser ständigen Ausschüsse waren das Politbüro des Wohlfahrtsstaats. Es gab buchstäblich keinen einzigen Posten in den von ihnen kontrollierten Etats, den sie freiwillig streichen würden. Ihre Möglichkeiten, solche Versuche zu sabotieren oder mit buchhalterischen Tricks zu vereiteln, waren fast unbegrenzt. Meine präzise berechnete fiskalische Gleichung würde sich in nichts auflösen, wenn dem Präsidenten ein Gesetzentwurf vorgelegt würde, der den Vorstellungen von Jones entsprach.

Die Saboteure der fiskalischen Revolution Reagans konnten nur geschlagen werden, wenn wir den demokratischen Ausschußvorsitzenden im Repräsentantenhaus eine entscheidende Niederlage beibrachten. Dazu mußte der Präsident eine Koalition aus Republikanern und konservativen Demokraten zustande bringen und mit ihnen eine erste Machtprobe bei der Haushaltsvorlage bestehen. Dann würden die Mitglieder des Politbüros erkennen, daß sie die zum Ausgleich des Haushalts notwendigen Gesetze nicht ungestraft sabotieren durften.

Am 4. April sagte ich Greider, wie ich die Vorlage des Haushaltsentwurfs zu einer Machtprobe werden lassen wollte: »Meine Gegenstrategie besteht darin, das Plenum des Repräsentantenhauses zu gewinnen, um die demokratischen Ausschußvorsitzenden unter die Kontrolle der Regierung zu bringen, denn sie könnten uns im

weiteren Verlauf der Auseinandersetzungen den Todesstoß versetzen. Um das zu verhindern, müssen wir ihnen klarmachen, daß ihnen
das gleiche Schicksal droht, wenn sie zu weit von unserem Programm
abweichen.«

Meine Unnachgiebigkeit und meine Strategie wollten Jones und
seinen Freunden natürlich nicht gefallen. Sie waren dadurch in eine
äußerst unangenehme Lage geraten. Sie hatten als Führer einer
breiten und unschlagbaren Mitte-Rechts-Koalition aus Abgeordneten beider Parteien begonnen. Doch jetzt waren sie in die Klemme
geraten und standen am äußersten rechten Flügel der Demokratischen Partei vor dem Abgrund. Mit anderen Worten, sie sahen sich
gezwungen, einen Haushaltsentwurf vorzulegen, der die äußerste
Linke ebenso befriedigte wie die äußerste Rechte, und das war
wahrlich kein Vergnügen.

Zwar war Jones höflich genug, mich nicht beim Namen zu nennen,
aber was er einem Zeitungsreporter sagte, zeigte, wie sehr ihn der von
mir beabsichtigte Überrumpelungsversuch beunruhigte: »Die Regierung hat gesagt, an ihrem Haushaltsentwurf ließen sich keine Veränderungen mehr anbringen. Keine Regierung hat jemals solche Forderungen aufgestellt, und kein Kongreß hat solchen Forderungen
jemals zugestimmt. Es ist nicht die Aufgabe des Kongresses, nicht
nachzudenken. Was wir bei einigen Sprechern der Regierung sehen,
ist eine Bunkermentalität, basierend auf einer unglaublichen Über-
heblichkeit.«

Jones hatte recht, wenn er behauptete, ich hätte die Abgeordneten
im Repräsentantenhaus zur Kapitulation aufgefordert.

Nachdem die Fronten abgesteckt worden waren, ging es im Kampf
zwischen Jones und der Regierung in erster Linie darum, die Stimmen der dreißig bis fünfzig konservativen Demokraten aus den
Südstaaten zu gewinnen, welche die Entscheidung bringen würden.
Bei ihrem Bemühen, diese Abgeordneten bei der Stange zu halten,
manövrierten Jones und seine demokratischen Kollegen sehr
geschickt und verringerten das für 1982 vorgesehene Defizit von
fünfundvierzig auf fünfundzwanzig Millionen Dollar. Sie stellten
sogar in Aussicht, den Haushalt im Rechnungsjahr 1983 auszugleichen, ein Jahr früher als wir es vorgesehen hatten. Dazu übernahmen
sie die von der Reagan-Administration vorgesehene Erhöhung des

Verteidigungsetats fast ohne jeden Abstrich. Sie wußten, daß ein niedriges Defizit und hohe Verteidigungsausgaben die noch schwankenden konservativen Demokraten veranlassen würden, für den von Jones vorgelegten Haushaltsentwurf zu stimmen. Den linken Parteiflügel wollten sie damit gewinnen, daß sie auf fast ein Viertel unserer Kürzungen bei den Sozialausgaben verzichteten.

Doch auf seriöse Weise ließ sich ein solcher Haushaltsplan nicht aufstellen. Und nachdem wir uns geweigert hatten, einen Kompromiß zu schließen, und Jones für seinen Vorschlag nicht mit irgendwelchen republikanischen Stimmen rechnen konnte, war es ihm unmöglich, die notwendigen zweihundertachtzehn Stimmen zusammenzubringen.

Aber Jones und seine Mitstreiter waren finster entschlossen sich durchzusetzen. Deshalb griffen sie zu buchhalterischen Tricks, welche die Erstellung der Haushaltsentwürfe seither immer wieder verfälscht haben. So erhöhten sie zum Beispiel die geschätzten Staatseinnahmen, frisierten den Verteidigungsetat und setzten den Betrag von sechs Milliarden Dollar für Ersparnisse ein, die sich nicht belegen ließen.

Das Problem, um das es jedoch eigentlich ging, war die Gesamtstruktur des Finanzierungsplans der Reagan-Administration, den wir für einen Zeitraum von mehreren Jahren entworfen hatten. Hier lag unser schwächster Punkt, und das war auch der Grund dafür, daß die gemäßigten Demokraten die von uns beabsichtigten Steuersenkungen mit so großer Skepsis betrachteten. Sie glaubten, daß diese Steuersenkungen zu einem unerträglichen permanenten Defizit führen würden – und sie hatten recht.

Wir waren jedoch nicht gewillt zuzulassen, daß die Reagan-Revolution an irgendwelchen buchhalterischen Tricks scheiterte. Deshalb nahmen wir in den Haushaltsentwurf der Regierung alle von den Demokraten zur Verschleierung eingebauten Fehleinschätzungen auf.

Vielleicht ist es bedauerlich, daß wir zu solchen Mitteln greifen mußten, aber während eines Gefechts verliert man gelegentlich den Überblick über das Schlachtfeld. So wußten auch wir schließlich nicht, was die von uns errechneten Zahlen wirklich bedeuteten.

Doch nachdem die von uns errechneten Beträge und vorgeschlagenen Methoden schließlich jede Bedeutung verloren hatten, kam es in der Entscheidungsschlacht um die Reagan-Revolution schließlich nur noch darauf an, wessen Ansehen das größere Gewicht hatte, das des Sprechers des Repräsentantenhauses oder das des Präsidenten. Wollten die Abgeordneten dem mutigen neuen Versuch des Präsidenten ihre Stimme geben oder dem Sprecher des Repräsentantenhauses ihr Vertrauen schenken, dessen Steuer- und Ausgabenpolitik schon einmal gescheitert war?

In diesem Zusammenhang hatten die Demokraten die Vitalität Reagans weit unterschätzt, der sich erstaunlich rasch von der bei dem Attentatsversuch erlittenen Verwundung erholte. Als er am 28. April im Kongreß seine siegesgewisse Rede hielt, hatten wir praktisch schon gewonnen. Als das Repräsentantenhaus über die Haushaltsvorlage abstimmte, zeigten die Meinungsumfragen in den Wahlbezirken der konservativen Demokraten so günstige Daten für den Präsidenten wie nie zuvor. So ging es bei der Abstimmung auch nur noch um die Frage: *Bist du für Ronald Reagan oder gegen ihn?*

Mitte April ließ Jones einen Versuchsballon steigen und behauptete in einer Fernsehsendung, die Regierung sei bereit, auf einen Kompromiß einzugehen. Er hätte keinen ungeeigneteren Zeitpunkt dafür wählen können. Man erzählte sich, der Präsident habe sich nach seiner Genesung schon an seinem ersten Arbeitstag an seine Mitarbeiter gewandt und ihnen – noch bevor er sie mit einem freundlichen »Guten Morgen« begrüßte – zugerufen: »Kein Kompromiß!«

Nur zwei Wochen nachdem der siebzigjährige Präsident von einer Pistolenkugel getroffen worden war, sagte er: »Ich bin überzeugt, daß das amerikanische Volk mein Programm entschieden unterstützt und nicht zulassen will, daß es verwässert wird.« Und nach zwei weiteren Wochen waren die bis dahin noch schwankenden Republikaner und konservativen Demokraten von der Richtigkeit dieser Aussage überzeugt.

Zwei Tage vor der Abstimmung im Repräsentantenhaus warf auch dessen Sprecher das Handtuch. Tip O'Neill sagte vor der Presse: »Ich kenne die Stimmung im Kongreß. Die Abgeordneten richten sich nach dem Willen des Volkes, und es ist der Wille des Volkes, der Aufforderung des Präsidenten zu folgen. Ich stehe schon lange im politischen Leben. Ich weiß, wann man kämpfen muß und wann nicht.« Und dann fügte der alte Fuchs verschmitzt hinzu: »*Die Zeit heilt alle Wunden.*« Er wollte damit sagen: »*Wir werden abwarten, und dann wird alles wieder laufen wie gewohnt.*« Ich wußte das damals noch nicht. Der Präsident brauchte sich nach seiner Genesung nur noch auf der Welle der Beliebtheit davontragen zu lassen und konnte des Sieges sicher sein. Am 8. Mai wurde sein Plan für eine wirtschaftspolitische Revolution im Plenum des Repräsentantenhauses mit einer satten Mehrheit von sechzig Stimmen angenommen. Aber über die Fragen, um die es bei der Reagan-Revolution eigentlich ging, war niemals ernsthaft debattiert worden.

In Wirklichkeit hätte der demokratische Haushaltsentwurf angenommen werden müssen. Hinter all seinen übertriebenen Zahlen standen zwei Grundüberzeugungen, die von der überwältigenden Mehrheit der Abgeordneten beider Parteien geteilt wurden. Sie und der demokratische Haushalt erkannten an, daß die hohen Inflationsraten die Steuerzahler lange genug in höhere Steuerklassen hatten aufrücken lassen. Wäre der demokratische Haushaltsentwurf angenommen worden, dann wären die Steuern praktisch preisbereinigt berechnet worden, was das einzig wirksame Gegenmittel gegen die Steuerprogression darstellt. Aber der Entwurf enthielt keine weitgehenden Steuersenkungen, wie sie von Kemp und Roth vorgesehen waren.

Außerdem zeigte der demokratische Haushaltsentwurf, daß der Kongreß niemals den drastischen Ausgabenkürzungen zustimmen werde, von denen der Erfolg der Reagan-Revolution abhing. Obwohl im demokratischen Haushaltsentwurf beträchtliche Ausgabenkürzungen zugesagt wurden, ermächtigte er die Behörden nur zu Einsparungen in Höhe von fünfundzwanzig Milliarden Dollar im Haushaltsjahr 1984. Die realen Einsparungen, zu denen sich die Politiker verpflichten wollten, betrugen daher weniger als ein Viertel dessen, was für den Erfolg der Reagan-Revolution notwendig gewesen wäre, und zwar auch unter den günstigsten damals vorstellbaren wirtschaftlichen Voraussetzungen. Doch da unser Haushaltsentwurf mit der Mehrheit der Stimmen angenommen worden war, hatte ein radikaler fiskalpolitischer Rahmen jetzt die überwältigende Zustimmung der Politiker gefunden. Die weitgehenden Steuersenkungen waren zu mehr als der Hälfte festgeschrieben. Die damit parallel laufende Zusage für massive Ausgabenkürzungen, die ebenfalls die Zustimmung der Politiker gefunden hatte, ohne daß sie begriffen, was das bedeutete, konnte jedoch nicht eingehalten werden; die tatsächlichen Ausgaben überstiegen vielmehr in ungezählten Fällen die in unserem Haushaltsentwurf gezogenen Grenzen.

Am folgenden Samstag, den 16. Mai, sagte ich dem skeptischen Greider in meiner Freude über den Abstimmungssieg, dieser Erfolg sei eine Bestätigung dafür, daß sich in der amerikanischen Politik eine entscheidende Wende vollzogen habe. Wir stünden am Beginn einer neuen Ära. Etwas Unglaubliches sei geschehen. Die Machtposition des Präsidenten sei wiederhergestellt und damit auch die Chance für radikale Veränderungen. »Was jetzt geschieht, ist ein Vorgang, den wir seit 1965 nicht erlebt haben. Der Präsident hat einen Plan vorgelegt, und der Kongreß hat gesagt, ›das ist es, was wir in dieser historischen Stunde tun müssen‹.«

7.
Neue Lektionen:
die Politik des Nehmens

»Politisch sind wir unserem Zeitplan ein wenig voraus, aber finanziell haben wir ihn nicht ganz einhalten können«, sagte ich Greider bei einem gemeinsamen Frühstück Ende April. Politisch hatten wir tatsächlich einen großen Erfolg zu verbuchen. Der Kongreß hatte das Konzept der Reagan-Revolution für das inflationslose kapitalistische Wachstum praktisch ratifiziert, aber die Finanzmärkte hatten diese Entwicklungen aufmerksam verfolgt und mit *Panik* darauf reagiert.

Nach meinem Besuch der Wall Street im Dezember hatte ich Greider gesagt, wir würden die Bewährungsprobe unseres Wirtschaftsprogramms auf den Rentenmärkten erleben. Aber von Januar bis April 1981 war die fünfzehnprozentige Verzinsung für öffentliche Anleihen nicht zurückgegangen.

Die negativen Reaktionen auf den Rentenmärkten und an der Wall Street stellten eine tödliche Bedrohung für das Gelingen meines Vorhabens dar. Nur hier konnte vermieden werden, daß die Wirtschaft in eine Rezession abrutschte und der ausgeglichene Haushalt wieder hoffnungslos in die roten Zahlen geriet.

Greider erinnerte mich an meine Theorie von der Effizienz freier Märkte und sagte, die Märkte hätten sich gegen das Programm Reagans entschieden, auch wenn es mir gelingen sollte, den Kongreß dafür zu gewinnen. Aber ich behauptete, das sei eine vorübergehende Erscheinung, und die Lage könne sich wieder umkehren. Noch glaube man nicht daran, daß wir es ernstlich vorhatten, die Lücke von vierundvierzig Milliarden Dollar zu schließen.

Aber im Inneren spürte ich, daß wir den Plan übereilt zusammengestellt hatten und die Finanzierungslücke von vierundvierzig Milliarden Dollar eine Zeitbombe war.

Ich sagte: »Anderthalb Monate haben wir dieses Problem aufschieben können. Aber jetzt ist der Schleier zerrissen, und die Leute sehen, was dahinter liegt. Wir werden manches umstellen müssen.«

Ich hielt das zunächst nicht für besonders schwierig, doch wie sehr ich unsere Schwierigkeiten unterschätzt hatte, kam in dem zum Ausdruck, was ich Greider am 25. April 1981 sagte:

»Wir müssen nur vier bis fünf Milliarden Dollar vom Verteidigungsetat, acht bis zehn Milliarden Dollar von den einhundertfünfzig Milliarden Steuersenkungen streichen und im ganzen Haushalt eine ganze Reihe von weiteren Einsparungen vornehmen, und dann werden wir das Problem gelöst haben. Es sieht gewaltig aus, aber es gibt eine Menge Posten, bei denen wir Streichungen vornehmen können.«

Kein Problem.

Nichts war für den Erfolg der Reagan-Revolution so entscheidend wie eine Reform der Rentenversicherung. Die Ausgaben in diesem Bereich betrugen jährlich fast zweihundert Milliarden Dollar. Das war ein knappes Drittel der gesamten zivilen Ausgaben. Wir konnten den Haushalt daher unmöglich ausgleichen, ohne auch diesen Bereich in unsere Sparmaßnahmen einzubeziehen.

Am 9. April legte der Vorsitzende des Unterausschusses für die Rentenversicherung im Repräsentantenhaus, J. J. »Jake« Pickle aus Texas, den Entwurf eines Gesetzes zur Reform der Rentenversicherung vor. Er wurde dabei von den Angehörigen seines Ausschusses aus beiden Parteien unterstützt. Mit Inkrafttreten seiner Vorlage würden sich die Ausgaben für die Rentenversicherung jährlich um mehrere Milliarden Dollar verringern.

Diese Initiative schien durchaus vereinbar mit meiner Absicht, die noch bestehende Lücke von vierundvierzig Milliarden Dollar im Haushalt zu schließen, aber die Vorlage von Pickle konnte uns nur einen Bruchteil dessen bringen, was wir in Wirklichkeit brauchten. Deshalb ging ich schon am folgenden Tage daran, einen Plan für weitere Einsparungen zu entwickeln. Jetzt war es Zeit, sich mit der grundlegenden Architektur der Reagan-Revolution zu beschäftigen und nicht nur mit Einzelheiten. Wir mußten einen Frontalangriff gegen die Zitadelle des amerikanischen Wohlfahrtsstaates führen, gegen das gewaltige System der Rentenversicherung. Aber auch hier tappte das Weiße Haus noch im dunkeln.

Die Rentenversicherung wurde während des New Deal als staatlich garantierte Mindestrente nach dem Ausscheiden aus dem Berufsleben geboren. Dahinter stand eine edle Idee, aber im Lauf der Jahrzehnte hatte sich das System zu einem unentwirrbaren Gemisch aus einseitigen Wohltätigkeitszuwendungen und Versicherungsansprüchen entwickelt, das unter dem Feigenblatt des Prinzips der Sozialversicherung versteckt wurde.

Die reine Idee der Rentenversicherung als selbstverdiente Altersversorgung beruhte auf einer klaren Überlegung. Versicherungsstatistiker konnten den annähernden gegenwärtigen Wert der während des ganzen Arbeitslebens gezahlten Beiträge berechnen und feststellen, wie hoch der daraus resultierende Rentenanspruch war. Die einzige Streitfrage war, welchen Zinssatz man diesen Berechnungen zugrunde legen sollte.

Doch im Lauf der Zeit war aus der Rentenversicherung etwas ganz anderes geworden. Man setzte voraus, daß jeder aufgrund seiner Beitragszahlungen einen Rechtsanspruch auf seine Altersversorgung hatte. Die Politiker hatten jedoch diese echten Ansprüche durch zusätzliche Leistungen ergänzt, die dem Berechtigten für seine Angehörigen, als Bezieher eines niedrigen Einkommens oder aus anderen Gründen, die für seine »Bedürftigkeit« sprachen, gewährt wurden, die jedoch nichts damit zu tun hatten, was der Betreffende selbst eingezahlt hatte.

Weitere hohe Kosten entstanden auch durch das sehr nachlässig durchgeführte und Mitte der fünfziger Jahre eingeführte Programm zur Unterstützung Behinderter. Hätte man sich hier strikt an ganz bestimmte Maßstäbe gehalten und wäre nicht allzu großzügig verfahren, dann wäre das durchaus in Ordnung gewesen. Aber 1981 war das nicht der Fall. Die Behinderten erhielten zum Teil bis zu fünfundachtzig Prozent ihres Einkommens aus dem früheren Arbeitsverhältnis. Im Lauf von zwanzig Jahren waren die jährlichen inflationsbereinigten Kosten auf diesem Gebiet von einer bis auf zwanzig Milliarden Dollar gestiegen, und sie erhöhten sich ständig weiter.

In den sechziger Jahren war eine weitere Liberalisierung vorgenommen worden. Gegen einen Abzug von zwanzig Prozent hatten die Arbeitnehmer nun das Recht, drei Jahre vor Erreichung des

Rentenalters, also schon mit zweiundsechzig Jahren, in Rente zu gehen. Fünfundsiebzig Prozent aller Arbeitnehmer machten von diesem Recht Gebrauch. Damit verlor die Wirtschaft produktive Arbeitskräfte, das Verhältnis der noch beschäftigten Arbeitskräfte zu den Rentenempfängern verschlechterte sich, und dadurch wurde die Staatskasse zusätzlich belastet.

Schließlich wurde in den siebziger Jahren mit neuen Bestimmungen für die Anpassung der Altersbezüge an die Lohnsteuerentwicklung ein weiterer großer Fehler gemacht. Wenn man dreißig Jahre gearbeitet hatte und die Produktivität der Wirtschaft der Vereinigten Staaten während dieses Zeitraums jährlich um zwei Prozent gestiegen war, wurden nun für jedes Jahr zwei Prozent über das hinaus, was man tatsächlich an Beiträgen eingezahlt hatte, den Altersbezügen hinzugerechnet. Für die Millionen, denen diese Leistungen gewährt wurden, war das eine sehr angenehme Zugabe, aber wer sollte es bezahlen? Die Rentenempfänger selbst hatten es jedenfalls nicht getan.

Um die hohen Kosten im Rentenbereich zu senken, genügten die in der Gesetzesvorlage von Pickle vorgesehenen Maßnahmen, unter anderem die Neufestsetzung des Rentenalters auf achtundsechzig Jahre bis 1990, keineswegs. Hier waren radikalere Einschnitte erforderlich. Als Ronald Reagan nach Washington kam, hatte er sich verpflichtet, den Wohlfahrtsstaat abzubauen. »Wenn wir es nicht tun, wer sonst und wann?« Eine entscheidende Reform des Systems der Rentenversicherung war die einzig richtige Antwort auf diese Fragen.

Nachdem ich vom Inhalt der Gesetzesvorlage Pickles Kenntnis genommen hatte, beschloß ich, sie zu Fall zu bringen. Ich wollte die Politiker zwingen, bei der Reform der Rentenversicherung harte Entscheidungen zu treffen, und die drohende Zahlungsunfähigkeit der Rentenkasse würde mir dabei zu Hilfe kommen.

Am 10. April wurde eine Sitzung im Roosevelt-Zimmer des Weißen Hauses einberufen, um über die am Tage zuvor vom Kongreß vorgeschlagenen Maßnahmen zur Bereinigung dieser Frage zu beraten. Die Versammelten konnten sich nur darauf einigen, daß wir während der kommenden fünf Jahre fünfundsiebzig bis einhundert Milliarden Dollar brauchten, um die Rentenversicherung zahlungsfähig zu halten.

Es gab zwei Möglichkeiten, diesen Betrag aufzubringen. Die »expansionistische« Methode bestünde in einer Erhöhung der Beiträge. Aber da Ronald Reagan die Wahlen nicht gewonnen hatte, weil er neunzig Millionen Arbeitnehmern versprochen hatte, die Beiträge zur Rentenversicherung zu erhöhen, gab es nur einen Ausweg, das Beitragsaufkommen zu erhöhen: Man mußte die bisher nicht versicherungspflichtigen Beschäftigten im öffentlichen Dienst in die Rentenversicherung eingliedern. Die »kontraktionistische« Lösung wäre es, die fünfundsiebzig bis einhundert Milliarden Dollar in den folgenden fünf Jahren nicht auszugeben, sondern die Leistungen der Rentenversicherung um diesen Betrag zu kürzen.

Der Minister für Gesundheit und Soziales, Dick Schweiker, und ich hätten, was diese Fragen betraf, auf zwei verschiedenen Planeten leben können. Schweiker war während seiner ganzen politischen Laufbahn ein gemäßigter Konsenspolitiker gewesen und stand ideologisch eher etwas links von der Mitte. Als Senator aus Pennsylvania hatte er der Arbeiterbewegung nahegestanden und war 1976 als geschickter politischer Taktierer ein Gegenkandidat Reagans gewesen. Später hatte er sich als Gegner eines Gesetzes zur Kontrolle des Schußwaffenbesitzes und der Abtreibung etwas mehr nach rechts orientiert, aber wenn es um den Wohlfahrtsstaat ging, hatte sich seine Haltung nicht geändert. Wie fast alle quasi-konservativen Politiker akzeptierte er alle Prämissen des Wohlfahrtsstaates und versuchte nur gelegentlich, geringfügig an den durch eine solche Politik verursachten Kosten zu sparen.

Anstatt sich an unserem Angriff gegen die Schwächen des Rentenversicherungssystems zu beteiligen, wollte er den expansionistischen Weg gehen und die bisher noch nicht versicherungspflichtigen Arbeiter und Angestellten des öffentlichen Dienstes in die Rentenversicherung aufnehmen.

Ich wandte mich gegen diesen Vorschlag und sagte: »Unsere Aufgabe ist es, den monströsen Apparat der Rentenversicherung zu verkleinern und nicht weitere Millionen von Arbeitnehmern in ein System hineinzuzwingen, das sich schon jetzt als ungesund erwiesen hat.«

Marty Anderson und einige andere unterstützten mich, aber Schweiker blieb hart. Doch am Schluß der Besprechung mußte Schweiker nachgeben, und das Weiße Haus beauftragte die Fachleute seines Ministeriums, uns mehrere Optionen vorzulegen. Jeder dieser Vorschläge sollte darauf gerichtet sein, in absehbarer Zeit Einsparungen in Höhe von etwa hundert Milliarden Dollar zu ermöglichen.

Im April wurde die Regierung von Senatoren und Abgeordneten immer stärker unter Druck gesetzt, ihren Plan vorzulegen. Der mit der Ausarbeitung eines Reformplans für die Rentenversicherung beauftragte Sonderausschuß wurde am 1. Mai in aller Eile noch einmal zusammengerufen, obwohl wir mit der Vorlage des Haushaltsplans und anderen Dingen reichlich beschäftigt waren. Schweiker und seine Leute legten uns vierzig Optionen vor, die in einer so unverständlichen Beamtensprache abgefaßt waren, daß niemand aus ihnen klug werden konnte. Der einzige Mitarbeiter des Weißen Hauses, der die Texte einigermaßen verstand, war Marty Anderson, und er wollte das System ebenso wie ich so weit schrumpfen lassen, wie es politisch irgend möglich war.

In der folgenden Woche beschäftigte sich unsere Arbeitsgruppe fast täglich mit den einzelnen Optionen. Als Reaktion auf meine leidenschaftlichen und nicht immer höflichen Angriffe überschütteten mich die Beamten des Ministeriums mit mehr als hundert neuen Vorschlägen. Zum Glück hatte ich einige ausgezeichnete Fachleute unter meinen Mitarbeitern, die mich in die Geheimnisse des Beamtenchinesisch einweihten, so daß ich schließlich den Jargon und die Logik des Systems begriff.

Marty Anderson und ich bearbeiteten Schweiker unermüdlich und verlangten von ihm die Zustimmung zu durchgreifenden und nicht nur kosmetischen Reformen. Aber unsere Meinungen gingen bis zum Schluß auseinander.

Als wir unsere Vorschläge schließlich dem Präsidenten vorlegten, lehnte er die von Schweiker befürwortete Ausweitung der Versicherungspflicht entschieden ab, weil es sich dabei für ihn um eine Grundsatzfrage handelte.

Dann trug ich ihm meine Begründung für eine Anhebung des Betrages vor, um den die Rentenbezüge in den Fällen gekürzt werden sollten, in denen ein Arbeitnehmer vorzeitig in Pension ging. Ich erinnerte den Präsidenten daran, daß diese Möglichkeit im ursprünglichen Rentenversicherungsplan des New Deal nicht vorgesehen war. Sie war erst viel später aufgepfropft worden, als man glaubte, über die dafür notwendigen Mittel zu verfügen. Das überzeugte den Präsidenten.

Er sagte: »Ich habe schon seit 1964 vor dem Bankrott der Rentenversicherung gewarnt, und das ist einer der Gründe.«

Nach einer kurzen und verworrenen Debatte erklärte sich Schweiker schließlich bereit, die Rentenbezüge für die Personen, die sich schon im Alter von zweiundsechzig Jahren pensionieren ließen, um fünfundvierzig und nicht wie zunächst vorgesehen um zwanzig Prozent zu kürzen. Eine Frage blieb jedoch ungelöst: Sollte diese Bestimmung sofort oder erst nach ein paar Jahren in Kraft treten? Wir hatten in den letzten Minuten der Sitzung so viel zu tun, daß diese Einzelheit übersehen wurde.

Marty Anderson wußte, daß Ronald Reagan den mißlungenen Versuch der Carter-Regierung von 1977, die Rentenversicherung zu »retten«, mißbilligte. Deshalb erinnerte er den Präsidenten jetzt daran und sagte ihm, er müsse auf diesem Gebiet Besseres leisten.

»Sie haben uns die größten Steuererhöhungen in der Geschichte beschert und behauptet, sie (die Rentenversicherung) werde bis zum Jahr 2030 gesund sein«, erwiderte der Präsident. »Jetzt sind vier Jahre vergangen, und die Rentenversicherung ist schon bankrott. Das bestätigt, was wir schon immer gesagt haben.«

Marty Anderson wußte, daß Jim Baker und vielleicht Meese, sicher aber Mike Deaver sofort nach dieser Sitzung versuchen würden, dem Präsidenten auszureden, sich weiter mit der Rentenversicherung zu beschäftigen. Um dem vorzubeugen, sagte er:

»Das ist richtig. Sie werden der erste Präsident in der Geschichte unseres Landes sein, der sich ehrlich darum bemüht, die Rentenversicherung in Ordnung zu bringen. Bisher hat noch niemand den Mut gehabt, das zu tun.«

Der Präsident zeigte sich begeistert von dem neuen Maßnahmenpaket und stimmte ihm sofort zu. So etwas kam nur ganz selten vor. Er schloß die Sitzung mit den folgenden Worten: »Unsere Leute auf dem Capitol Hill wollen das. Es ist genau das, was wir schon immer tun wollten. Lassen Sie uns jetzt damit beginnen.«

Unter den Anwesenden befand sich noch einer, der begriffen hatte, was unser Plan bedeutete. Es war Dick Darman. Er hatte sich inzwischen zum Chefstrategen des Weißen Hauses für gesetzgeberische Aufgaben entwickelt und war Jim Bakers politische rechte Hand.

Darman hatte gegen die Substanz des Reformpakets nichts einzuwenden. Seine Vorbehalte richteten sich vielmehr gegen die Eile und die Heimlichkeit, mit der wir dieses Paket geschnürt hatten, und er hielt es für falsch, daß sich die mit den Problemen der Rentenversicherung beschäftigte Arbeitsgruppe nur sehr oberflächlich mit der Frage der politischen Durchsetzbarkeit auseinandergesetzt hatte. Er sagte Baker, wir seien weit über die Grenzen politisch vertretbarer Reformmaßnahmen hinausgegangen, und das Paket, das wir dem Präsidenten vorlegen wollten, könne auf dem Capitol Hill ein Inferno auslösen. Mehr brauchte Baker nicht zu wissen.

Er und Darman hatten die Frage der politischen Durchsetzbarkeit in Gegenwart des Präsidenten nicht angeschnitten. Dazu war angesichts der Papierflut und der vielen Optionen, mit denen wir es zu tun hatten, auch gar keine Zeit gewesen. Außerdem wußten sie, daß unsere Empfehlungen den Grundauffassungen des Präsidenten entsprachen.

Deshalb beriefen sie für den Nachmittag des gleichen Tages eine Sitzung der Legislative Strategy Group (LSG) ein, um, wie sie sagten, über die logistischen Aspekte und darüber zu sprechen, wie der vom Präsidenten gebilligte Plan »verkauft« werden solle.

Sobald wir uns versammelt hatten, sagte Baker: »Sehen Sie, wir sind uns alle darin einig, daß unser Wirtschaftsprogramm an erster Stelle auf der Prioritätenliste steht. Deshalb müssen wir uns jetzt um den Zeitplan kümmern.«

Er sagte, das Paket müsse als Vorlage des Gesundheitsministeriums an den Kongreß gehen. Das Gesundheitsministerium habe diese Vorschläge auf Ersuchen des Ausschusses für Steuern und Finanzen zusammengestellt.

»Um genau zu sein«, sagte er, um jeden Zweifel zu zerstreuen, »das ist nicht ein Plan von Ronald Reagan. Es ist eine Vorlage von Dick Schweiker.« Er machte eine Pause und wartete die Wirkung seiner Worte ab. »Hat jeder das verstanden?«

Schweiker richtete sich auf, und seine Wangen röteten sich. Er war lange genug im politischen Geschäft, um zu merken, wann es ihm ans Leder ging.

Nachdem wir einander wochenlang bekämpft hatten, wurden Schweiker und ich in diesem Augenblick zu Bundesgenossen.

»Diese Vorlage ist Teil des Wirtschaftsplans des Präsidenten, denn ohne diese Maßnahmen läßt sich der Plan nicht verwirklichen«, warf ich ein.

Schweiker sagte, er sei bereit, die Verantwortung zu übernehmen, aber »wenn es auch nur *die geringsten* Zweifel gibt, wo der Präsident steht, dann haben diese Vorschläge im Kongreß keine Chance.«

Hier mischte sich Darman ein, um die Wogen zu glätten, und fragte, wie unsere Vorlage auf dem Capitol Hill aufgenommen werden würde. Schweiker und ich mußten zugeben, wir seien so sehr mit dem Zusammenschnüren unseres Pakets beschäftigt gewesen, daß wir über diese Frage noch nicht nachgedacht hätten.

Schweiker setzte sich jetzt sehr energisch für das Paket ein, obwohl es zahlreiche Reformen enthielt, denen er sich zunächst widersetzt hatte. Da er jetzt die persönliche Verantwortung dafür übernehmen mußte, hatte er ein Interesse daran, daß es vom Parlament verabschiedet wurde, und sagte zu Baker und Darman, das sei möglich, weil es keine bessere Lösung gäbe. »Ich habe zwanzig Jahre auf dem Capitol Hill zugebracht und weiß, wann eine Vorlage Aussicht auf Erfolg hat. Wir dürfen uns also nicht in die Defensive drängen lassen. Das ist ein Plan, auf den wir stolz sein können.«

Aber Baker verharrte auf seinem Standpunkt. Der Plan sollte vom Gesundheitsministerium und nicht vom Weißen Haus bekanntgegeben werden. Ich war wütend, konnte aber nichts dagegen unternehmen. Baker war schließlich Chef des Stabes.

Ich sagte: »In Ordnung, lassen Sie ihn bekanntgeben, wo Sie wollen. Es muß aber deutlich werden, daß es ein Plan der Regierung und nicht die Initiative eines Ministeriums ist. Können die Anwesenden dem zustimmen?«

Baker schüttelte mürrisch den Kopf, erklärte sich aber doch einverstanden. Ich hätte wissen müssen, daß solche Gesten nichts bedeuteten, denn Baker war entschlossen, das Weiße Haus nicht mit den Problemen der Rentenversicherung zu belasten.

Schon nach zwei Tagen wußte ich, daß wir uns in großen Schwierigkeiten befanden. Am Vormittag hielt ich einen Vortrag bei dem wöchentlich stattfindenden Frühstück der SOS, das ist eine Art Geheimbund, dem einflußreiche republikanische Abgeordnete des Repräsentantenhauses angehören. Kaum hatte ich den letzten

Satz meiner Einführung beendet, als der Abgeordnete Carrol Campbell aus South Carolina wie ein wütender Kettenhund über mich herfiel.

»Sie haben uns mit diesem Rentenversicherungsplan absolut im dunkeln gehalten«, zischte er wütend. »Mein Telephon läutet unaufhörlich. Tausende meiner sechzigjährigen Textilarbeiter glauben, das sei das Ende der Welt. Was zum Teufel soll ich ihnen sagen?«

Ich war überrascht, solche Töne ausgerechnet von Campbell zu hören. Er war ein ausgesprochen konservatives, klar denkendes und intelligentes Mitglied des Ausschusses für Steuern und Finanzen des Repräsentantenhauses und gehörte zu den Abgeordneten, die Reagan von Anfang an unterstützt hatten. Er war ebenso wie ich ein überzeugter Befürworter durchgreifender Reformen des Rentenversicherungssystems.

Nachdem er sich beruhigt hatte, fügte er hinzu: »Der größte Teil des Pakets ist vernünftig, und ich könnte die Maßnahmen unterstützen. Aber Sie haben eine furchtbare Verwirrung angerichtet, als Sie die Kürzungen beim vorzeitigen Ausscheiden aus dem Berufsleben sofort in Kraft setzen wollten. Das wird die ganze Sache zum Scheitern bringen.«

Ich war wie vor den Kopf geschlagen. Ich wußte nicht, was ich sagen sollte, denn ich hatte nicht begriffen, was geschehen war.

Wenige Stunden später verstand ich es. Auf der Sitzung mit dem Präsidenten am 11. Mai war uns die Zeit knapp geworden, als wir den Zeitpunkt festlegen mußten, an dem der fünfundvierzigprozentige Abzug von den Rentenbezügen in Kraft treten sollte. Die Beamten aus dem Gesundheitsministerium hatten auf dem Formblatt wahrscheinlich den 1. Januar 1982 eingetragen. Wenn also jemand in neun Monaten in Rente gehen wollte und glaubte, nach der Pensionierung sechshundertfünfzig Dollar monatlich zu bekommen, würde er jetzt nur vierhundertfünfzig Dollar erhalten. Das war an sich schon ein schmerzlicher Verlust – aber die Tatsache, daß die Bestimmung ohne Vorwarnung in Kraft treten sollte, hatte verheerende Folgen.

In mein Büro zurückgekehrt, machte ich meinen Mitarbeitern wütende Vorwürfe wegen dieser »Sabotage«. Aber in Wirklichkeit war meine Reaktion unbegründet. Millionen von Arbeitern, die vorzeitig in Pension gehen wollten, erlebten jetzt, daß ihre Berechnungen über den Haufen geworfen wurden. Ich wollte nicht ewig auf das Wirksamwerden der Reformen warten, hatte aber nicht bedacht, welche Auswirkungen das sofortige Inkrafttreten der Bestimmungen haben würde.

Doch schließlich erwies sich das als das geringste Problem. Die größten Schwierigkeiten gab es mit den Mitarbeitern des Weißen Hauses. Der Inhalt des Reformpakets traf sie wie ein Blitz aus heiterem Himmel. Sie verstanden weder Sinn noch Zweck der neuen Verordnungen und waren nicht darauf vorbereitet, mit den ablehnenden politischen Reaktionen fertig zu werden.

Eine am 12. Mai von Schweiker abgehaltene Pressekonferenz löste einen Sturm der Entrüstung aus. Der achtzigjährige Kongreßabgeordnete Claude Pepper, Anführer der liberalen und radikalen Gruppen alter Aktivisten und Vorsitzender des Ausschusses für die Regelung der Altersversorgung im Repräsentantenhaus, kennzeichnete den Plan mit drei Worten: »Grausam und heimtückisch.«

Der Sprecher des Repräsentantenhauses, O'Neill, der seine Niederlage bei der Abstimmung über den Haushaltsentwurf der Regierung noch nicht verschmerzt hatte, rief empört aus, das Paket sei ein »verächtliches und niederträchtiges Machwerk«. Auch die organisierte Arbeiterschaft übte scharfe Kritik. Die Organisation »Save Our Security« (Rettet unsere Renten), in der sich ältere Bürger und Arbeitnehmerorganisationen zusammengeschlossen hatten, erklärte ihre Entschlossenheit, um jeden Penny kämpfen zu wollen, um den die Ausgaben für die Rentenversicherung gekürzt werden sollten.

Die allgemeine Stimmung unter den Demokraten im Repräsentantenhaus kam wahrscheinlich am besten in den Worten von Jim Shannon zum Ausdruck, einem Mitglied des Ausschusses für Steuern und Finanzen und Schützling O'Neills. Er sagte:

»Er (der Präsident) ist zu weit gegangen. Es wird Zeit, daß wir etwas unternehmen.«

Nur mit eisernen Nerven hätte das Weiße Haus das Reformpaket vom 11. Mai noch retten können. In einem so explosiven Bereich wie dem der Rentenversicherung durfte es nicht das geringste Anzeichen für ein Schwanken oder gar einen Rückzug geben. Doch als die Reaktionen auf das Reformpaket immer heftiger wurden, fingen Sprecher des Weißen Hauses an, das Paket intern als »Schweikers große Torheit« zu bezeichnen. Es dauerte kaum fünf Minuten, bis diese Haltung auch auf dem Capitol Hill bekannt wurde. Es gab also

Saboteure – und dies waren nicht nur irgendwelche Bürokraten im Gesundheitsministerium.

Als sich die Demokraten im Plenum des Repräsentantenhauses am 20. Mai zum Gegenangriff formierten, war es zu spät, noch irgendetwas zur Rettung unseres Reformpakets zu unternehmen. Vorher hatte ich dem Präsidenten empfohlen, sich in einer Fernsehansprache hinter unsere Bemühungen zu stellen und zu versuchen, auf diese Weise die Wogen zu glätten. Mit unserem Paket würden wir in den Jahren 1982 bis 1986 fünfzig Milliarden Dollar einsparen können, fast ein Drittel der Haushaltslücke, mit der wir sonst während dieser Zeit hätten rechnen müssen. Deshalb war es unbedingt notwendig, für die Annahme unserer Vorlage zu kämpfen.

Aber es nützte alles nichts. Das Weiße Haus hätte seine Verluste rasch, vollständig und wirksam wettmachen können – ironischerweise auch deshalb, weil die Reform des Rentenversicherungssystems ein Aspekt der Reagan-Revolution war, dessen Bedeutung der Präsident begriff und für den zu kämpfen er instinktiv bereit war. Doch während der entscheidenden zehn Tage zwischen der Pressekonferenz von Schweiker und dem Todesstoß, den der Senat unserem Reformprogramm versetzte, hißten die Männer, die es in seinem Auftrag entworfen hatten, die weiße Fahne und ließen ihn im dunkeln.

Aus den Aufzeichnungen von Ed Harper, die er täglich bei den um acht Uhr vormittags beginnenden Stabsbesprechungen im Weißen Haus machte, ging deutlich hervor, wie man sich darum bemühte, den Präsidenten aus der Schußlinie zu halten. Der dick unterstrichene Schlußsatz in diesen Aufzeichnungen lautete: »*Keine Beteiligung des Präsidenten.*«

Ich hatte den unverzeihlichen Fehler begangen, die Entscheidung durch einen Überraschungsangriff erzwingen zu wollen. Unsere Vorlage wurde im Senat mit sechsundneunzig zu null Stimmen abgelehnt. Das Ergebnis der Abstimmung wandte sich gegen jeden Vorschlag, der »Frührentner übereilt und unfair benachteiligt« oder »ihre Bezüge stärker beschneidet, als es für die Bewahrung eines finanziell gesunden Systems und für die Wohlfahrt aller aus dem Arbeitsprozeß ausgeschiedenen Amerikaner notwendig ist«.

Am folgenden Tag brachte die *Washington Post* auf der Titelseite die folgende Schlagzeile:

Der Senat erteilt dem Präsidenten bei der Rentenversicherung einstimmig eine Abfuhr

Ich betrachtete damals das politische Leben noch als eine Art Wandtafel: Es gab keinen Fehler, den man nicht wieder auslöschen konnte, wenn es sich als notwendig erwies. Erst sehr viel später sollte ich begreifen, was diese Schlagzeile wirklich bedeutete. Von diesem Tage an war die Rentenversicherung, der Kern des amerikanischen Wohlfahrtsstaats, wieder fest in den Händen der Versicherungsstatistiker, die im Lauf von Jahrzehnten in aller Stille die Aufblähung dieses Systems bewirkt hatten. Die Hauptstütze des amerikanischen Wohlfahrtsstaats war mit überwältigender Mehrheit ratifiziert und in der Hitze der politischen Konfrontation bestätigt worden.

Aber das war nicht die letzte schlechte Nachricht, mit der ich mich abfinden mußte. Jetzt verloren sich auch die weitgehenden Ausgabenkürzungen, die im Haushaltsplan vorgesehen waren, im Nebel des Zahlengewirrs und der politischen Erregung um die Vorlage der Schlichtungsgesetze, die sie ermöglichen sollten. Phil Gramm hatte mit Recht gesagt, wenn wir die Schlichtungsgesetze durchbringen wollten, würde »mit scharfer Munition geschossen werden«. Aber selbst diese Metapher erwies sich als Untertreibung. Eine Veränderung der Gesetze, welche die gewaltigen Ausgaben des Wohlfahrtsstaats ermöglichten, erwies sich als sehr viel komplizierter und schwieriger als die Aufstellung eines Plans zur Kürzung des Haushalts.

Das Problem begann mit den in den Etat einzusetzenden Zahlen. Inzwischen war deutlich geworden, welches die Berechnungsgrundlagen der Fiskalpolitik der Reagan-Revolution waren. Der Schwerpunkt lag bei den Schätzungen für die kommenden Jahre und nicht bei dem Haushalt für das Jahr 1982, denn erst in den folgenden Jahren würde sich zeigen, welche Kosten der Haushalt der Reagan-Revolution wirklich verursachte. Außerdem mußte man sich auf das ganze fiskalische Gebäude konzentrieren; die einhundertachtzehn Milliarden Dollar an Einsparungen bei den zivilen Ausgaben sollten die Haushaltslücke bis 1984 schließen.

Aber die Politiker im Kongreß taten intuitiv das Gegenteil. Sie blickten nur auf die Zahlen für das Rechnungsjahr 1982 und nicht auf den ganzen Plan. Sie beachteten nur die letzten Richtzahlen, die ihnen zufällig vorgelegt wurden.

Und da diese Zahlen allen Beschlüssen zugrunde gelegt wurden, konnte die ganze Rechnung nicht mehr stimmen. Die bis zum Jahr 1984 zum Ausgleich der fiskalischen Gleichung einer gelungenen Reagan-Revolution benötigten Kürzungen waren dreieinhalbmal größer als die für 1982 zur Anpassung vorgesehenen fünfunddreißig Milliarden Dollar.

Diese Unstimmigkeit war zum ersten Mal Anfang März deutlich geworden, als der fiskalische Reformplan der Regierung auf dem Capitol Hill landete. Aber da das Plenum bisher noch niemals durchgreifende Abstriche am Haushalt vorgenommen hatte, gab es keine buchhalterischen Verfahrensregeln, die etwas darüber aussagten, welche der zahlreichen Posten in das Ausgleichsmandat übernommen werden sollten, das den Ausschüssen erteilt wurde, und welche nicht. Deshalb griffen die Senats-Assistenten zu einem Mittel, das ich in solchen Fällen auch verwendete: Die Fachleute ersannen einen Ausweg, dessen Sinn niemand außer ihnen selbst verstehen konnte. *

* Dieser Ausweg bestand im Grunde aus zwei Sonderregelungen. Bei den dreihundert geringfügigen Kürzungen handelte es sich zum großen Teil um bedeutungslose Korrekturen wie etwa dort, wo einem Forschungsprogramm zehn Millionen Dollar nicht gewährt wurden, eine Maßnahme, die sich weder politisch noch wirtschaftlich besonders auswirken würde. Deshalb strich der Senat die meisten dieser kleinen Einsparungen aus dem Anpassungsmandat und registrierte sie unter der Bezeichnung »nicht angepaßte Kürzungen«. Die zweite Sonderregelung betraf eine Besonderheit des legislativen Zeitplans. Die meisten Programme werden im Rahmen eines jährlichen Bewilligungsverfahrens für jeweils ein Jahr finanziert, aber andere werden von den ständigen Ausschüssen der Legislative für drei oder fünf Jahre genehmigt. Das letztere Verfahren spart Arbeit und gibt den Ausschüssen die Gelegenheit, jedesmal, wenn die Bewilligungen für mehrere Jahre erteilt werden, ein großes Fest zu feiern.

Aber jetzt hatten wir einen Fünfjahres-Fiskalplan, und im Lauf dieser fünf Jahre würden zahlreiche Programme das Ende der Genehmigungsfrist erreichen und damit technisch zu Ende gehen. Aber natürlich rechnete niemand im Ernst damit, daß uns zum Beispiel die Landwirtschaft 1982 keine Kosten mehr verursachen würde, weil das Subventionsprogramm technisch abgelaufen war. Die Geschichte bewies, daß solche Programme normalerweise

Berücksichtigte man die Auswirkungen der vom Stab des Haushaltsausschusses im Senat aufgestellten Regeln für den Ausgleich und rechnete die vierundvierzig Milliarden Dollar an künftigen zusätzlichen Ausgabenkürzungen hinzu, dann legte sich über die für den gesamten fiskalischen Plan in den fünf folgenden Jahren geltenden Zahlen ein dichter Nebel.

Für das Jahr 1984 betrugen die im Ausgleich des Senatsausschusses nicht berücksichtigten Kürzungen achtzehn Milliarden Dollar, und rechnete man die von mir vorgesehenen Kürzungen in Höhe von vierundvierzig Milliarden Dollar hinzu, dann ergab das eine Summe von zweiundsechzig Milliarden Dollar. Am 15. März lagen deshalb mehr als die Hälfte der Kürzungen, die vorgenommen werden mußten, um die 1984 zu erwartende Lücke von einhundertachtzehn Milliarden Dollar zu schließen, noch nicht auf dem Tisch. Das heißt, dieser Betrag war in dem den Ausschüssen erteilten Mandat für den Ausgleich nicht berücksichtigt. Als die Haushaltskürzungen daher Mitte März im Senat beraten wurden, war aus der fiskalischen

weiterliefen. Daraus ergaben sich jedoch gewisse Schwierigkeiten für den Ausgleich: Wie konnte man einen Ausschuß damit beauftragen, etwa ein Ausgabegesetz für das Rechnungsjahr 1982 zu reformieren, das technisch keine Gültigkeit mehr hatte, weil es nur bis 1981 galt? Aus diesem Grunde wurden weitere dreihundert Posten aus dem Ausgleichsmandat herausgenommen und als »nicht ausgleichsfähig« registriert. Dazu gehörten alle Programme, die wir beschneiden wollten, die jedoch 1982 oder in den darauf folgenden Jahren technisch ausliefen.

Deshalb wurden nur noch dreiundneunzig Kürzungen in dem Ausgleichsgesetz berücksichtigt, und zwar unter der Überschrift »Instruktionen«. Insgesamt betrafen diese Ausgleichsinstruktionen Haushaltskürzungen in Höhe von fünfunddreißig Milliarden Dollar für das Jahr 1982, von sechsundvierzig Milliarden Dollar für 1983 und von sechsundfünfzig Milliarden Dollar für das Jahr 1984. Für drei Jahre waren das insgesamt einhundertsiebenunddreißig Milliarden Dollar.

Aber der Fiskalplan der Reagan-Revolution erforderte Kürzungen von vierundvierzig, zweiundneunzig und einhundertachtzehn Milliarden Dollar für die Jahre 1982, 1983 und 1984. Die Gesamtsumme für diese drei Jahre belief sich auf zweihundertvierundachtzig Milliarden Dollar. Die Differenz ergab sich aus den nicht im Ausgleichsgesetz berücksichtigten Beträgen und den vierundvierzig Milliarden Dollar, die für spätere Kürzungen vorgesehen waren.

Architektur der Reagan-Revolution als Folge des Mangels an Koordination und des übereilten Vorgehens ein komplizierter Schichtkuchen geworden. Jetzt bestand die Gefahr, daß wesentliche Ausgabenkürzungen in der allgemeinen Verwirrung untergingen und wir nach Ablauf von fünf Jahren mit einem sehr viel höheren Defizit rechnen mußten als zunächst angenommen.

Anfang Juni bemühten sich fünfzehn Ausschüsse des Repräsentantenhauses in unfreiwilliger Fronarbeit darum, ihrem Auftrag gerecht zu werden und eine Vielzahl von Ausgabengesetzen angesichts der feindlichen Haltung der Interessengruppen zu ändern, die sie ständig unter Druck setzten. Wollte man die Architektur des fiskalischen Plans der Reagan-Revolution nicht gefährden und an den Ausgabenkürzungen in Höhe von einhundertachtzehn Milliarden Dollar für das Rechnungsjahr 1984 festhalten, dann gab es vier Dinge, die man nicht tun durfte:

Man durfte nicht dem Beispiel folgen, das die republikanischen Senatoren im März gegeben hatten, als sie versuchten, die Ausgaben für die Rentenversicherung und andere Vergünstigungen der Bezieher mittlerer Einkommen anstelle kleinerer Programme zu kürzen. Jeder Dollar, der bei diesen Einkommensübertragungen eingespart werden konnte, wurde gebraucht, um die Haushaltslücke von vierundvierzig Milliarden Dollar zu schließen.

Ebenso durfte man nicht anstelle einer als Ausgleich anerkannten Kürzung eine noch nicht anerkannte Kürzung setzen, weil beide Arten von Einsparungen zum Haushaltsausgleich unbedingt erforderlich waren.

Drittens durfte man nicht mit buchhalterischen Tricks und vorgetäuschten Kürzungen arbeiten.

Schließlich durfte man in dem Ausgleichsgesetz keine *Zusagen* für Ausgabenkürzungen in den nächsten Jahren ansetzen. Es mußten reale, zuverlässige und glaubwürdige Ausgabenkürzungen sein.

Aber die Politiker im Repräsentantenhaus verstießen in unverantwortlichem Leichtsinn gegen jede einzelne dieser Regeln und wollten nicht begreifen, was ihre eigentliche Aufgabe war.

Als die Ausschüsse an die Beratung der für den Ausgleich vorgesehenen Posten gingen, erinnerten sie sich nur an die Höhe des für das Rechnungsjahr 1982 vorgesehenen Ausgleichsbetrages, die Ausgabenkürzungen in Höhe von fünfunddreißig Milliarden Dollar, die den fünfzehn ständigen Ausschüssen vorgelegt worden waren. Sie berücksichtigten jedoch nicht die Tatsache, daß der Haushaltsentwurf von Anfang Mai sehr viel höhere Einsparungen über mehrere Jahre hinaus erforderte. Der fiskalische Plan der Reagan-Revolution vom 10. März war in Vergessenheit geraten. Die vier Regeln, die bestimmten, wann es sich um legitime Kürzungen handelte und wann nicht, galten nicht mehr und wurden mißachtet.

Dieser kollektive Gedächtnisschwund wurde durch den Stab des Haushaltsbüros des Kongresses, der den ganzen Vorgang überwachen sollte, noch wesentlich gefördert. Er hinderte seine politischen Herren im Repräsentantenhaus nicht daran, immer wieder bestimmte Umbuchungen vorzunehmen und fingierte Ausgabenkürzungen als Einsparungen anzurechnen.

Dem Landwirtschaftsausschuß des Repräsentantenhauses waren zum Beispiel sechs Milliarden Einsparungen bei den Lebensmittelgutscheinen im Zeitraum von drei Jahren gutgeschrieben worden, und zwar nur unter Anwendung des buchhalterischen Tricks, daß das Auslaufen dieses Programms nicht berücksichtigt worden war. In Wirklichkeit wäre dabei nicht ein roter Heller gespart worden.

Der Landwirtschaftsausschuß berief sich außerdem auf Einsparungen in Höhe von 2,5 Milliarden Dollar innerhalb von drei Jahren, die angeblich bei der Milchwirtschaft gemacht worden waren. Aber die Einsparungen der Milchwirtschaft gehörten zu den im Haushaltsausgleich nicht zu berücksichtigenden Ausgabenkürzungen. Aus diesem Manöver ergaben sich zwei Probleme. Der fiskalische Gesamtplan erforderte »nicht zu berücksichtigende Kürzungen zum Haushaltsausgleich« in der Milchwirtschaft in Höhe von 4,5 Milliarden Dollar für die nächste Phase des gesetzgeberischen Verfahrens – nach der Wiederinkraftsetzung des auslaufenden Landwirtschaftsgesetzes. Aber der Ausschuß fand einen »Ausweg« und wies nur die Hälfte der Einsparungen in der Milchwirtschaft nach, die eigentlich hätten vorgenommen werden sollen. Dann wurde diese Einsparung dazu verwendet, um andere Subventionsstreichungen zu vermeiden, die auftragsgemäß für den Haushaltsausgleich hätten vorgenommen werden müssen.

Diese Rechenkünste fanden natürlich Beifall in den Ausschußsitzungen. Die Milchwirtschaftslobby jubelte, weil sie sich aus der

Hälfte der vorgesehenen Kürzungen herausgeschwindelt hatte. Das gleiche taten die Leute, die ihre subventionierten Kredite für den Bau von Getreidesilos, zur Deckung von Betriebsausgaben, für Bewässerungsanlagen und die Abwasserbeseitigung, für den Getreideexport, für ländliche Feuerwehren und die Bodenkonservierung retten wollten. Alle diese Subventionen wurden verschont, obwohl die Ausschüsse den Auftrag hatten, sie um 2,5 Milliarden zu kürzen. Durch die Gutschrift der Ersparnisse in der Milchwirtschaft, die sich noch nicht nachweisen ließen, gelang es dem Ausschuß, den Ausgabenkürzungen fast vollständig aus dem Wege zu gehen, zu denen er nach dem Haushaltsausgleichsgesetz verpflichtet war.

Als ich der ältlichen, gouvernantenhaften republikanischen Abgeordneten aus Nebraska, Virginia Smith, sagte, das alles sei nicht koscher, meinte sie:

»Nun, David, kümmern Sie sich um Ihre Zahlen. Wir kümmern uns um die Politik. Unsere guten Farmer aus Nebraska sind alle für den Präsidenten, aber sie brauchen Kredite für ihre Getreidesilos.«

Die ganze vom Landwirtschaftsausschuß ausgearbeitete Gesetzesvorlage war eine riesige Farce. Die Haushaltsvorschläge erforderten Einsparungen in Höhe von vierzehn Milliarden Dollar innerhalb von drei Jahren aus den Programmen in seinem Zuständigkeitsbereich. Er legte jedoch nur Einsparungen von knapp 3,5 Milliarden Dollar vor, die einigermaßen zuverlässig und sinnvoll waren. Aber nach dem Motto »hier ist alles erlaubt« meldeten Stabsassistenten, sie hätten die für den Haushaltsausgleich geforderten Einsparungen sogar noch übertroffen.

Die Ausschüsse mißachteten, einer nach dem anderen, die von mir aufgestellten strengen Regeln. Am lächerlichsten war die Behauptung des Ausschusses für den öffentlichen Dienst, die vorgeschriebenen Ausgabenkürzungen vorgenommen zu haben. Der Ausschuß war angewiesen worden, in einem Zeitraum von drei Jahren fünfzehn Milliarden Dollar dadurch einzusparen, daß die Beamtengehälter während dieses Zeitraums nicht erhöht würden. Das geschah, aber die Ausschußmitglieder erklärten, der Präsident könne die Löhne und Gehälter nicht einfrieren, bevor er nicht für die ganze amerikanische Wirtschaft umfangreiche Lohn- und

Preiskontrollen eingeführt habe. Natürlich wußte jeder, daß die Einführung von Lohn- und Preiskontrollen unter Ronald Reagan ebenso wahrscheinlich war wie die unilaterale Abrüstung.

Was die fünfzehn Ausschüsse schließlich an Vorschlägen für Ausgabenkürzungen zusammenbrachten, war jämmerlich. Sie behaupteten, bis zum Jahr 1984 würden die Einsparungen fünfundfünfzig Milliarden Dollar betragen. Etwa fünfundzwanzig Milliarden Dollar davon waren als tatsächliche Einsparungen anzusehen. Das war weniger als ein Viertel der einhundertachtzehn Milliarden Dollar, die eingespart werden mußten, um den Haushalt bis zum Jahr 1984 auszugleichen.

Ich ließ mich von meinen Mitarbeitern über das Zerstörungswerk, das die Ausschüsse an unserem Haushaltsentwurf anrichteten, ständig auf dem laufenden halten. Nachdem wir erkannt hatten, daß Korrekturen an den Vorlagen, die diese Ausschüsse verfaßten, nicht möglich waren, beschlossen wir, vor dem Plenum des Repräsentantenhauses einen eigenen tausend Seiten umfassenden Gegenentwurf zur Debatte zu stellen. Aber weder das Weiße Haus noch der Kongreß sollten von diesen Vorbereitungen etwas erfahren. Mit dem neuen Papier griffen wir noch radikaler in die Vorrechte des Repräsentantenhauses ein als mit dem ersten Haushaltsentwurf. Wenn sich die Politiker der Reagan-Revolution nicht freiwillig anschließen wollten, dann würden wir sie dazu zwingen.

Das war ein riskantes Unternehmen. Greider warnte mich: »Sie werden damit manche wunde Stelle berühren. Jeder wird sich vorstellen können, daß er sich eines Tages als Vorsitzender eines Unterausschusses fragen wird, ›soll ich mir das wirklich gefallen lassen?‹.«

Mit welcher Katastrophe wir rechnen mußten, wurde mir schon nach wenigen Tagen, am 2. Juni, klar, als der Präsident eine Besprechung mit den führenden republikanischen Kongreßabgeordneten abhielt.

Ich schilderte das, was die Ausschüsse bisher geleistet hatten, in recht düsteren Farben, und mein Vortrag weckte das Interesse meiner Zuhörer. Der Führer der Minderheitsfraktion im Repräsentantenhaus, Bob Michel, meinte, ich sollte in der folgenden Woche zum Capitol Hill kommen und dort begründen, weshalb die Regierung die von den Ausschüssen vorgelegten Ausgleichsentwürfe für unzureichend hielt. Das sollte in Einzelbesprechungen mit den republikanischen Mitgliedern der verschiedenen Ausschüsse geschehen.

Ich mußte diese Aufgabe praktisch allein bewältigen, denn die anderen Mitglieder der Legislative Strategy Group (LSG) waren mit der Arbeit am Steuergesetz voll ausgelastet. Ich hielt sie zwar auf dem laufenden, aber sie hatten keine Zeit, sich näher mit unserem Gegenvorschlag zu beschäftigen, obwohl ich den Eindruck hatte, daß sie sich auf unserer Besprechung am 2. Juni grundsätzlich damit einverstanden erklärt hatten.

Bob Michel befand sich in einer schwierigen Lage. Er wollte nicht den Eindruck erwecken, daß er sich an einem abgekarteten Spiel beteiligte, wenn er den Direktor des Office of Management and Budget aufforderte, den Ausschußmitgliedern zu sagen, sie könnten ihre Sachen zusammenpacken. Er bestand deshalb darauf, daß ich den Gegenentwurf der Regierung nur für den äußersten Notfall in Aussicht stellte. Die endgültige Entscheidung darüber, ob die Regierung diese Vorlage einbringen werde, konnte erst getroffen werden, wenn die Ausschüsse ihre Entwürfe dem Repräsentantenhaus am 12. Juni vorgelegt hatten, und fest stand, nach welchem parlamentarischen Verfahren sie behandelt werden sollten. Michel wollte mir die Gelegenheit geben, den Ausschußmitgliedern mein Angebot zu machen, aber nicht den Eindruck erwecken, daß wir unter allen Umständen eingreifen würden, wenn sie diese mißliche Lage nicht allein beseitigen würden.

Im tiefsten Inneren glaubte Michel, die Ausschüsse würden selbst die notwendigen Korrekturen anbringen. Aber in Wirklichkeit durfte man kaum damit rechnen. Die Republikaner waren keine Unschuldsengel und wußten sehr genau, wie man die Absichten des Gegenspielers in solchen Fällen sabotiert. Zudem befanden sich die Republikaner im Repräsentantenhaus in der Minderheit. Wie sollten sie die von Demokraten beherrschten Ausschüsse dazu bewegen, die Gesetzesvorlagen umzuschreiben?

Das Entscheidende war jedoch, daß die republikanischen Abgeordneten immer noch keine rechte Vorstellung davon hatten, wie weit die von den Ausschüssen entworfenen Gesetzesvorlagen von dem fiskalischen Plan in unserem Haushaltsentwurf abwichen, dessen Verwirklichung sie ermöglichen sollten.

Der Kongreß vertrat die Auffassung, daß er verfassungsmäßig das

Recht hatte, innerhalb des Haushaltsplans Verschiebungen vorzunehmen, solange die Einsparungen den für das Rechnungsjahr 1982 vorgesehenen Betrag von fünfunddreißig Milliarden Dollar brachten. Das war die einzige Summe, an die sich die Abgeordneten erinnerten. Was sie dabei übersahen, war die Tatsache, daß der von uns vorgelegte Haushaltsentwurf und die Reagan-Revolution von ihnen nur eines verlangten: die bedingungslose Kapitulation. Es ließ sich nichts an der Tatsache ändern, daß die Lücke von einhundertachtzehn Milliarden Dollar sich nur schließen ließ, wenn der Kongreß bereit war, sich in jeder Hinsicht und peinlich genau an den Haushaltsentwurf zu halten, den ich im März vorgelegt hatte. Dazu mußte der Kongreß auf seine Vorrechte verzichten und die Rolle des ausführenden Organs der Exekutive übernehmen. Anders konnte der Plan nicht gelingen.

Zunächst traf ich mit meinem Ansinnen, die Rechte des Parlaments zu beschneiden, kaum auf irgendwelchen nennenswerten Widerstand. Tip O'Neill hatte mit der für ihn charakteristischen Sturheit erklärt, die Demokraten würden sich nicht »totstellen«, wenn die Ausgleichsgesetze dazu führen sollten, daß Programme gekürzt wurden, die den Demokraten seit jeher besonders am Herzen lagen. Diese Erklärung O'Neills klang wie ein offenes Eingeständnis, daß die Demokraten nicht die Absicht hätten, selbst den unzureichenden und illusionären Ausgabenkürzungen zuzustimmen, die sie scheinheilig behaupteten, selbst vorgenommen zu haben. O'Neill kündigte praktisch an, daß wenn das Ausgleichsgesetz dem Plenum des Repräsentantenhauses vorgelegt würde, er einen Zusatzantrag nach dem anderen stellen werde.

Wenn Tip O'Neill wirklich diese »Salamitaktik« anwenden wollte, dann waren die Republikaner und die konservativen Demokraten aus dem Süden zumindest bereit, darüber nachzudenken, ob sie für den von mir angekündigten Gegenvorschlag stimmen sollten.

Ein weiterer Grund dafür, daß ich mit meinen Forderungen nicht auf stärkeren Widerstand stieß, war der kalte Zynismus, mit dem einige Ausschüsse ihre »Einsparungen« zusammenbrauten. So ärgerten sich zum Beispiel die Republikaner über die Behauptung des Ausschusses für den öffentlichen Dienst, er habe dadurch einhundert Millionen Dollar jährlich eingespart, daß er die zehntausend kleinsten Postämter in den Vereinigten Staaten geschlossen habe. Das war ein bewußt gegen die Republikaner in den ländlichen Bezirken und gegen die konservativen Demokraten im Süden geführter Schlag, wenngleich jeder wußte, daß diese Maßnahme niemals durchgeführt werden würde.

Eine ähnliche Verärgerung lösten auch Vorschläge für Einsparungen auf anderen Gebieten aus, obwohl jeder wußte, daß diese unpopulären Maßnahmen kaum eine Chance hatten, vom Plenum des Repräsentantenhauses gebilligt zu werden.

Nachdem ich eine Woche mit den republikanischen und konservativen Mitgliedern der Demokraten in den verschiedenen Ausschüssen zugebracht hatte, glaubte ich, dem Kongreß meinen Gegenentwurf vorlegen zu können. Aber mein umfangreicher neuer Vorschlag für die Ausgleichsgesetze löste überall heftige Kritik aus. Am schärfsten protestierte Charlie Stenholm aus Texas.

Er sagte: »Bei allem Respekt vor dem Haushaltsdirektor muß ich sagen, hier werden wir aufgefordert, unsere Stimmzettel zu zerreißen und Roboter des Weißen Hauses zu werden. Nun, ich weiß nicht, wie die anderen Ausschußmitglieder darüber denken, aber ich bin recht stolz auf die vorgelegten Zahlen des Landwirtschaftsausschusses. Hier wird dagegen der Versuch unternommen, uns auf eine bestimmte Philosophie festzulegen.«

Ich war wütend und sagte ihm sehr deutlich meine Meinung. Die Vorlage des Landwirtschaftsausschusses war ein ausgemachter Schwindel – und viele andere Vorlagen waren es auch. Sie enthielt nur zehn Prozent der Kürzungen, die ich verlangt hatte.

»Wenn Sie alle dieser Meinung sind«, erwiderte ich, »dann steuern wir auf eine absolute fiskalische Katastrophe zu. Es geht hier nicht um irgendwelche politischen Taschenspielertricks. Die Vorlage des Landwirtschaftsausschusses ist eine Karikatur. An dem Gesetz für die Lebensmittelgutscheine haben Sie nicht ein einziges Komma geändert. Sie haben die Milchproduzenten mit Segnungen überschüttet, den Etat aufgebläht und besitzen jetzt die Unverfrorenheit zu behaupten, das seien Einsparungen. Wie in aller Welt kann irgend jemand glauben, wir könnten uns Steuersenkungen leisten, wenn jeder sich drückt und niemand bereit ist, echte Ausgabenkürzungen zu schlucken? Wir stehen am Scheideweg, und Sie täten alle besser daran, sich zu entscheiden, welchen Weg wir gehen wollen.«

Darauf hatte Stenholm nichts mehr zu sagen, und auch die anderen waren beeindruckt, besonders Jack Kemp. Bisher hatte er kein großes Interesse für die Ausgabenkürzungen gezeigt. Seine besondere Aufmerksamkeit galt den Steuersenkungen, und da er sie jetzt gefährdet sah, stellte er sich an meine Seite. Das tat unter anderen auch der Einpeitscher der Minderheitsfraktion, Trent Lott. Er sagte:

»Sollen wir so weiterwursteln wie bisher? Ich meine, wir müssen etwas Neues unternehmen, wenn es uns auch noch so schwerfällt.«

Michel schloß die Sitzung mit der Aufforderung, das Office of Management and Budget solle an seinem Gesetzentwurf weiterarbeiten, ihn aber zunächst vertraulich behandeln.

Das war wenigstens ein Anfang, es fehlten uns aber klare Anweisungen. Michel wollte zumindest den Anschein wahren, daß der Kongreß nicht nur als ausführendes Organ des Weißen Hauses handelte, sondern die volle Entscheidungsfreiheit besaß. Vor allem wollte er vermeiden, daß sich die republikanischen Abgeordneten gegen die Reagan-Revolution stellten. Aber unter den gegebenen Umständen war eine solche Konfrontation unvermeidlich. Am Morgen des 11. Juni sprach ich vor der republikanischen Fraktion im Repräsentantenhaus, um die Abgeordneten zur Ablehnung der Vorlagen der Ausschüsse zu veranlassen. An solchen Sitzungen nahmen gewöhnlich die jüngeren, diensteifrigen Abgeordneten teil, das war besonders diesmal der Fall, weil wir uns schon um acht Uhr versammelten. Die alten Kämpen hatten am Abend zuvor an einer Veranstaltung des Capitol Hill Club teilgenommen und waren zu so früher Stunde noch nicht aufgestanden. Die neu gewählten republikanischen Abgeordneten hatten den Spitznamen »Reagan-Roboter«, und sie leisteten dem *coup d'état*, den ich vorhatte, keinen Widerstand.

Die Fronten hatten sich formiert, und jeder wartete gespannt auf den Ausgang der Konfrontation zwischen der Reagan-Koalition und der demokratischen Mehrheit im Plenum des Repräsentantenhauses.

Am Freitagabend, den 12. Juni, hatten die fünfzehn Ausschüsse ihre Vorschläge für die Haushalts-Ausgleichsgesetze eingebracht. Ich hatte meine Mitarbeiter im Office of Management and Budget angewiesen, am Wochenende rund um die Uhr zu arbeiten und die tausend Seiten umfassende Gesetzesvorlage der fünfzehn Ausschüsse zu überprüfen. Anfang der folgenden Woche würden wir nachweisen können, daß die Ausschüsse ihre Anweisungen mutwillig mißachtet hatten.

Am Samstagmorgen kam Phil Gramm in Bluejeans und mit einem sportlichen Flanellhemd bekleidet in mein Büro, um mit mir die letzten Vorbereitungen für das bevorstehende Gefecht zu treffen.

Am Abend war unser Gegenentwurf fertig. Er gründete sich auf den von Gramm und Laffer ausgearbeiteten Fiskalplan, ohne die fingierten Einsparungen und nicht mit den Ministerien abgestimmten Ausgabenkürzungen in den Vorlagen der Ausschüsse zu berücksichtigen. Unser Vorschlag enthielt statt dessen achtundneunzig Prozent der Einsparungen, die in den dreiundneunzig Ausgleichsanweisungen enthalten waren.

Wenn es uns gelang, das Parlament vor die Wahl zu stellen, entweder unserem Vorschlag oder den Vorlagen der Ausschüsse zuzustimmen, dann mußte die Reagan-Revolution den Sieg über die »Zweite Republik« davontragen.

Zwar mußten wir in der Koalition zwischen Republikanern und konservativen Demokraten noch mit gewissen Widerständen rechnen, aber ich war überzeugt, sie würden sich in der Hitze des Gefechts brechen lassen. Der Präsident würde sich in einer Ansprache an die amerikanische Öffentlichkeit wenden, und die Politiker würden wieder gezwungen sein zu zeigen, ob sie für oder gegen ihn waren. Am 13. Juni sagte ich Greider, er werde demnächst Zeuge eines bedeutenden Ereignisses in der Geschichte der Vereinigten Staaten sein.

Greider fragte mich: »Und wie steht es mit dem Präsidenten?«

»Er ist nicht ganz auf dem laufenden, weil jetzt alle Probleme gleichzeitig auf der Tagesordnung stehen. Wir werden ihn nächste Woche über alle Einzelheiten unterrichten.«

In der folgenden Woche schlugen die in die Enge getriebenen und eingeschüchterten Politiker zurück und wiesen die Reagan-Revolution in die Schranken. Die Demokratie brachte der »Großen Doktrin« eine schwere Niederlage bei. Der amerikanische Wohlfahrtsstaat ging fast unversehrt aus dieser Konfrontation hervor, und von nun an beherrschten die Politiker wieder die Szene.

8.
Die Reagan-Koalition
bricht auseinander

Zunächst hatte ich den Eindruck, daß wir nur einen vorübergehenden Rückzug antreten müßten. Erst nach Monaten sollte ich erkennen, daß unser Vorhaben zwischen Montag, den 15. Juni, und Freitag, den 19. Juni 1981, endgültig gescheitert war.

Am Sonntag, den 14. Juni, übergab ich Bill Greider die zehn Seiten umfassende Denkschrift, mit der Phil Gramm und ich die Ablehnung der von den Ausschüssen erarbeiteten Vorlagen begründeten.

Am Montag brachte die *Washington Post* auf der Titelseite die Schlagzeile:

OMB ERHEBT ANKLAGE GEGEN DEMOKRATEN

Die Woche begann ganz normal, aber schon bald spürten wir die ersten Reaktionen.

Der Vorsitzende des Haushaltsausschusses, Jim Jones, bezeichnete meine Kritik als »Science Fiction«. Sein Kollege Leon Panetta behauptete, »der Präsident hat alle Kürzungen bekommen, die er verlangte«. Und die Presse erklärte, die Regierung nörgele grundlos an den Vorlagen der Ausschüsse herum. Doch diese Vorlagen waren ein unübersichtliches Gewirr aus manipulierten Zahlen, gegen das weder das Haushaltsbüro des Kongresses noch der Haushaltsausschuß des Repräsentantenhauses irgendwelche warnenden Einwände erhoben.

Die Politiker weckten auf diese Weise in der Öffentlichkeit völlig falsche Vorstellungen. Sie taten es, weil die Wähler, die sie im vergangenen November in den Kongreß geschickt hatten, es nicht anders wollten.

Die »Große Gesellschaft« gehörte vielleicht der Vergangenheit an, aber ihre Befürworter waren immer noch im politischen Geschäft.

Und ihre großzügigen Geschenke flossen immer noch Millionen von Bürgern zu. Die Medien hatten die Novemberwahlen als einen Wendepunkt in der amerikanischen Innenpolitik bezeichnet, aber in Wirklichkeit hatte sich kaum etwas geändert.

Als Phil Gramm und ich erklärten, der vom Kongreß angesteuerte Haushaltsausgleich werde schließlich zu einer fiskalischen Katastrophe führen, wurden wir heftig angegriffen. Die Abgeordneten warfen uns vor, wir seien zu dogmatisch und würden diktatorische Maßnahmen anwenden. Man tat so, als ginge es um uns persönlich, nicht aber um die Zahlen in unserem Haushaltsentwurf. Und in gewisser Weise hatten unsere Kritiker recht, denn wir versuchten in der Tat der unverantwortlichen Ausgabenpolitik des Wohlfahrtsstaats mit Gewalt ein Ende zu bereiten, und zwar gegen den Widerstand einer großen Mehrheit.

Der Vorsitzende des Verfahrensausschusses, Dick Bolling, meinte, unser Vorgehen sei »der Beginn der Tyrannei«. Tip O'Neill äußerte sich ganz ähnlich: »Ich weiß nicht, was mir weniger gefällt – die Arroganz von David Stockman, mit der er dieses Paket vorgelegt hat, oder die Taktik seiner Verbündeten vom rechten Flügel, die bei diesem Unternehmen Pate stehen . . . Bob (Michel) tut mir leid. Ich habe den Eindruck, man hat ihm dieses Papier nur gegeben und gesagt, ›nehmen Sie das und leiten Sie es weiter‹.«

Daß der Sprecher des Repräsentantenhauses so viel Verständnis für Michel zeigte, gehörte natürlich zu seiner Taktik des »teile und herrsche«. Er wollte damit sagen, daß die Führung der Republikanischen Partei dadurch, daß sie sich auf unsere Seite stellte, ihre Selbständigkeit aufgegeben habe, und versuchte jetzt, die Republikaner an ihre politische Pflicht zu erinnern, gegenüber der Regierung die Interessen ihrer Wünsche zu vertreten.

Am Donnerstagvormittag hatte ich nach zwei Wochen zum ersten Mal wieder die Gelegenheit, dem Präsidenten zu sagen, welchen Gefahren sein ganzes Wirtschaftsprogramm ausgesetzt sei. Am Abend sollte eine Pressekonferenz abgehalten werden. Um den Präsidenten darauf vorzubereiten, übergab ich ihm eine drei Seiten lange Denkschrift, in der ich erklärte, daß die von den Ausschüssen ausgearbeiteten Gesetzesvorlagen »von buchhalterischen Tricks wimmelten« und es nahezu unmöglich machen würden, den Haushalt für das Rechnungsjahr 1984 auszugleichen.

Verärgert sagte er: »Das dürfen wir ihnen auf keinen Fall durchlassen.« Er ging sofort auf meinen Vorschlag ein, die Pressekonferenz mit einer scharfen Kritik an der Arbeit der Parlamentsausschüsse zu eröffnen und zu erklären, er sei bereit, notfalls auch entsprechende Gegenvorschläge vorzulegen.

Es war in letzter Zeit immer häufiger zu scharfen Auseinandersetzungen zwischen dem Präsidenten und Tip O'Neill gekommen, dessen Behauptung, Ronald Reagan sei ein Parteigänger der Reichen und habe kein Verständnis für die Bedürfnisse des einfachen Mannes, den Präsidenten ärgerte. O'Neill war für ihn die Verkörperung dessen, was die Regierung in den vergangenen vierzig Jahren falsch gemacht hatte.

Als Reagan daher am Abend von einem Reporter danach gefragt wurde, was er zu dem Vorwurf von O'Neill zu sagen hätte, er ließe sich von egoistischen und reichen Leuten beraten, fuhr der Präsident auf und beschuldigte den Sprecher des Repräsentantenhauses der »reinsten Demagogie«. Er sagte, er selbst stamme aus der Arbeiterschaft und habe volles Verständnis für ihre Nöte und Sorgen.

Der Ausfall des Präsidenten gegen den Sprecher des Repräsentantenhauses löste wütende Reaktionen aus. Der Führer der Mehrheitsfraktion, Jim Wright, einer der geschicktesten Demagogen auf der politischen Bühne der Vereinigten Staaten, erntete den rauschenden Beifall seiner demokratischen Parteigenossen, als er die Wahrheit sauber auf den Kopf stellte:

»Der Präsident ist für alle diese Kürzungen verantwortlich, und jetzt besitzt er die Kühnheit, uns die Schuld dafür in die Schuhe zu schieben ... Es ist die Gesetzesvorlage des Präsidenten. Wir haben die ganze harte Arbeit geleistet, und nun kritisiert er uns dafür, daß wir getan haben, was er von uns verlangt hat.«

Der folgende Satz war ein besonderes Glanzstück dieser Art von Argumentation:

»Das erinnert einen an einen jungen Menschen, der seine Eltern ermordet hat und dann das Gericht als unglückliche *Waise* um Gnade bittet.«

Wright beeinflußte mit seiner Aggressivität auch die dreiundsechzig konservativen demokratischen Abgeordneten, die sich zunächst für unseren Haushaltsentwurf ausgesprochen hatten. Die meisten von ihnen waren, was die Fiskalpolitik betraf, keine überzeugten

Konservativen, aber sie hatten sich vor allem durch die Beliebtheit des Präsidenten in ihren Wahlbezirken beeindrucken lassen. Doch jetzt, da sie fürchten mußten, daß ihre Wähler einen großen Teil der ungerechtfertigten staatlichen Zuwendungen verlieren würden, waren sie entschlossen, diese Vergünstigungen zu verteidigen. Bei den Politikern und in der Öffentlichkeit war der Eindruck entstanden, das Weiße Haus wolle die in seinem Haushaltsentwurf vorgesehenen Kürzungen aus selbstsüchtigen politischen Motiven unter allen Umständen durchsetzen. Unterstützt von einer oft falsch informierten Presse breitete sich die Revolte auf dem Capitol Hill rasch aus, und auch die gemäßigten bis liberalen Republikaner in den Nordoststaaten beteiligten sich daran.

Für einen Abstimmungssieg im Plenum des Repräsentantenhauses brauchten wir zweihundertachtzehn Stimmen, und in dieser Lage war jede Stimme wertvoll und kam uns daher um so teurer zu stehen. Der Kampf um einen Sparhaushalt war plötzlich zu einer öffentlichen Stimmenauktion geworden. Jedes Zugeständnis, das wir machten, löste sofort die Forderung nach weiteren Zugeständnissen aus. Zu den gefährlichsten Teilnehmern an der Revolte gehörten die republikanischen Assistenten der Kongreßausschüsse. Obwohl Bob Michel sie angewiesen hatte, eng mit dem Office of Management and Budget zusammenzuarbeiten, gingen sie nun ihrer eigenen Wege. Ihre Kürzungsvorschläge waren schließlich ebenso nutzlos wie die von den Demokraten ausgearbeiteten Vorlagen, die sie hätten korrigieren sollen. Die schlimmsten Saboteure waren jedoch die republikanischen Mitglieder des Ausschusses für öffentliche Arbeiten. Sie hatten bereits eine lange Liste völlig fiktiver Einsparungen für Straßenbau, den Ausbau von Wasserstraßen und den Massenverkehr in den vor uns liegenden Jahren zusammengestellt, die angeblich viele Milliarden einbringen sollten. Nun verlangten sie auf einmal die Rettung der Economic Development Administration (EDA), die schon seit einiger Zeit aus guten Gründen aufgelöst werden sollte und jedes Jahr sechshundert Millionen Dollar an staatlichen Zuschüssen verschlang.

Für mich war das ein Testfall. Wenn es uns nicht gelang, dieses völlig sinnlose Programm einzustellen, dann würden wir auch kaum die Möglichkeit haben, größere und einschneidendere Kürzungen vorzunehmen.

Aber das Schlimme war, daß jeder Ausschuß sein Lieblingsprogramm hatte, und wenn uns die Befürworter dieser Projekte bei der Abstimmung nicht unterstützten, dann würden wir die zweihundertachtzehn Stimmen, auf die es ankam, nicht zusammenbringen können. Deshalb wichen wir schrittweise immer weiter zurück und verzichteten auf einen großen Teil kleinerer Einsparungen. Bob Michel brachte die Stimmung der republikanischen Abgeordneten sehr treffend zum Ausdruck, als er der Presse erklärte: »Seien wir ehrlich, wir haben in den vergangenen Wochen einen weiten Weg zurückgelegt, und ich will nicht unbedingt sagen, daß wir alles haben müssen, was wir uns wünschen.«

Das war natürlich eine äußerst gefährliche Haltung, aber ich konnte sie ihm nicht ausreden. Ich konnte nicht einmal das Weiße Haus davon überzeugen, daß sie falsch war.

Am Mittwochabend, den 17. Juni, versammelte sich die Legislative Strategy Group, um den düsteren Bericht von Max Friedersdorf entgegenzunehmen. Er meinte, es bestünde keine Aussicht, die für einen Haushaltsentwurf des Weißen Hauses notwendigen Stimmen zusammenzubringen. Wenn alles gutginge, könnten wir höchstens mit einhundertneunzig Stimmen rechnen.

Jim Baker und Dick Darman machten sich ebenfalls Sorgen, aber aus einem anderen Grund. Darman ging es in erster Linie darum, Ronald Reagan als einen erfolgreichen Präsidenten aufzubauen, und jetzt schienen ihm die Felle wegzuschwimmen. Es ging aber auch um den guten Ruf von Jim Baker. Da Don Regan, der jetzt die Verantwortung für das Steuergesetz übernommen hatte, den Kampf mit der Legislative nicht allein bestehen konnte, war Baker einen großen Teil seiner Zeit damit beschäftigt, ihm den Rücken zu stärken.

Baker sprach auch häufiger mit dem Präsidenten als alle anderen Mitarbeiter im Weißen Haus, und er wußte inzwischen, an welchem Aspekt der Revolution dem Präsidenten am meisten gelegen war. Das war eindeutig die Steuersenkung. Baker nahm deshalb ein hohes Risiko auf sich. Er wollte nicht als der Mann in die Geschichte eingehen, der für das Scheitern der neuen Steuergesetze verantwortlich war.

Was Baker an jenem Abend auch gedacht haben mag, er wollte den Vorlagen der Ausschüsse des Repräsentantenhauses für die Haushaltsausgleichsgesetze zustimmen, um die konservativen Demokraten und die gemäßigten Republikaner zu besänftigen. Er fürchtete, wenn wir unter allen Umständen unseren Gegenvorschlag durchsetzen wollten, könnten wir unsere Steuersenkungen »vergessen«, denn die demokratischen Abgeordneten aus den Südstaaten würden sich ebenso von uns abwenden wie die gemäßigten Republikaner.

Ich sagte ihm, wenn wir die von den Parlamentsausschüssen vorgelegten Entwürfe nicht ablehnten, dann könnten wir ganz andere Dinge »vergessen« – einen ausgeglichenen Haushalt und jede Hoffnung, unseren fiskalischen Plan in Ordnung zu halten.

Ich sagte: »Wenn wir hier nachgeben, dann heben wir die Ausschüsse des Repräsentantenhauses und alle Heuchler in unserer Koalition wieder in den Sattel. Beim geringsten Zurückweichen werden sie uns in die Katastrophe führen. Wir haben keine andere Wahl. Die Zahlen in den Vorlagen der Parlamentsausschüsse sind so schlecht, daß wir daran pleite gehen werden. Lassen Sie den Präsidenten eine Fernsehansprache halten und diese Leute zum Nachgeben zwingen.«

Baker und ich waren in eine Sackgasse geraten. Er wollte nichts unternehmen, und ich wollte alles tun. Wie üblich war es Darman, der einen Ausweg sah.

Er hatte bemerkt, daß mir besonders daran lag, die Zuwendungen zu kürzen, auf welche die Empfänger einen gesetzlichen Anspruch hatten wie etwa die Lebensmittelgutscheine, staatlich garantierte Darlehen für Studenten, Mindestleistungen der Rentenversicherung usw. In diesen Fällen hatten wir nur einmal die Gelegenheit, Korrekturen anzubringen, denn sonst liefen die Zahlungen automatisch weiter.

Die anderen für den Haushaltsausgleich vorgesehenen Kürzungen mußten jedes Jahr von neuem bewilligt werden, wenn der Kongreß über die Gesetzesvorlage für die jeweiligen Programme abstimmte und sie, wenn notwendig, ablehnte. Deshalb wäre es falsch gewesen, diese Kürzungen in das Ausgleichsprogramm aufzunehmen, weil man dann in den nächsten fünf Jahren jedes Jahr von neuem darum hätte kämpfen müssen. Theoretisch war das nur möglich, wenn man glaubte, sich während dieser ganzen Zeit politisch immer wieder durchsetzen zu können.

Darman schlug deshalb vor, wir sollten die Leistungen, auf die ein dauernder Anspruch bestand, jetzt kürzen und uns erst später an die

Reform der jährlich von neuem zu bewilligenden Vergünstigungen machen.

Das wäre eine Lösung gewesen, aber sie gefiel mir nicht recht. Ich hielt das Verfahren für zu riskant, aber leider gab es keine andere Möglichkeit. Ich erkannte, wie allein ich mit meinen Bemühungen stand.

Für den nächsten Vormittag, Donnerstag den 18. Juni, hatte Baker eine Besprechung mit dem Präsidenten angesetzt, um ihn über die jüngste Entwicklung zu unterrichten.

Ich sagte ihm: »Die Ausschüsse haben unsere Haushaltsvorlage sabotiert, und damit ist der Erfolg unseres ganzen Wirtschaftsprogramms in Frage gestellt.«

Doch Baker meinte, wir dürften dem Kongreß mit unseren Kürzungsvorschlägen nicht zu viel zumuten. Er warnte Reagan: »Wir müssen begreifen, daß wir hier ein großes Risiko eingehen. Wenn wir den Kongreß herausfordern und schließlich doch nachgeben müssen, dann wird unser ganzes Unternehmen an Schwung verlieren.«

Dave Gergen unterstützte Baker und sagte, uns fehle die Zeit, die Öffentlichkeit zu mobilisieren, um den Kongreß unter Druck zu setzen.

Aber der Präsident mußte jetzt erkennen, worauf es ankam. Deshalb sagte ich ihm: »Herr Präsident, wenn Sie nicht einmal erreichen können, daß die Dauerzuwendungen gekürzt werden, dann werden sich für die Jahre 1983 und 1984 riesige Defizite ergeben. Wenn Sie den Haushalt ausgleichen wollen, dann nützen die mageren Einsparungen nichts, die von den Ausschüssen vorgesehen worden sind.«

Deutlicher konnte ich es nicht sagen. Der Präsident fragte nach den Zahlen, und ich reichte ihm die Unterlagen. Ich sah, wie sich seine Kaumuskeln bewegten, während er sie las.

Er sagte: »Gut, wenn das so ist, können wir diese Vorschläge nicht akzeptieren.« Ich hatte mich – jedenfalls vorläufig – mit meiner Meinung durchgesetzt. Der Präsident war entschlossen, die Initiative zu ergreifen.

Später versammelten sich die wichtigsten Mitarbeiter des Präsidenten unter seinem Vorsitz zu einem Arbeitsessen im Beratungszimmer des Kabinetts. Wie nicht anders zu erwarten, waren außer mir nur zwei von ihnen dafür, die Vorlagen der Ausschüsse des Repräsentantenhauses rundweg abzulehnen. Das waren Gramm und Latta. Die anderen wollten den Ausschüssen die Möglichkeit geben, das Gesicht zu wahren. Besonders Hance setzte sich für das letztere Verfahren ein.

Hance hatte sich als zunächst unbekannter Abgeordneter aus Texas und Mitglied des Ausschusses für Steuern und Finanzen in jüngster Zeit mit großem Eifer um die Steuersenkungen bemüht. Nun wollte er sein Lieblingsprojekt nicht dadurch gefährden, daß er seine Kollegen in der anderen jetzt zu entscheidenden Frage, bei den Ausgabenkürzungen, herausforderte.

Er sagte dem Präsidenten: »Wenn wir unsere Freunde unter den konservativen Demokraten im Süden durch zu weitgehende Forderungen beunruhigen, werden wir mit unserem Steuergesetz in große Schwierigkeiten geraten. Ich weiß, was der Budgetdirektor uns sagen will, aber die meisten demokratischen Abgeordneten aus den Südstaaten sind der Ansicht, daß ihre Ausschüsse bei den Gesetzesvorlagen zum Ausgleich des Haushalts gute Arbeit geleistet haben. Wir müssen hier sehr vorsichtig sein.«

Die Kaumuskeln des Präsidenten fingen wieder an zu arbeiten. Die Argumente von Hance hatten ihn beeindruckt.

Ich hatte ein ungutes Gefühl. Es war der 18. Juni, und der Präsident hatte nur eine sehr vage Vorstellung davon, wie scharf unsere fiskalische Gleichung kalkuliert war. Ich hatte eine wichtige Tatsache übersehen: Der Präsident würde irgendwann im Lauf der Beratungen gezwungen werden, rasch taktische Entscheidungen zu treffen und Kompromisse zu schließen. Aber wenn er die Zusammenhänge nicht genau verstand, wie sollte er dann zu den richtigen Entscheidungen gelangen?

Auf die Vorhaltungen von Hance eingehend, sagte er: »Nein, wir dürfen das Steuergesetz nicht in Gefahr bringen. Ich habe auf diesem Gebiet schon zu viele Zugeständnisse gemacht.«

Er wandte sich an Michel. »Bob, was empfehlen Sie?«

Michel war die ganze vergangene Woche von den republikanischen Abgeordneten gedrängt worden, die üblichen Zugeständnisse zu machen. Jetzt ärgerte er sich über das nach seiner Ansicht diktatorische Vorgehen des Budgetdirektors und ergriff die Gelegenheit, seinem Ärger Luft zu machen.

»Herr Präsident«, sagte er, »ich bemühe mich nach Kräften, alles nur denkbar Mögliche für Sie zu tun. Aber einige Ihrer Leute hier müssen lernen, daß sie nicht immer nur ihren Willen durchsetzen können. Man kann das Repräsentantenhaus nicht behandeln, als sei es unser Erfüllungsgehilfe. Viele dieser Ausschüsse haben sich das Fell zerrissen, um die notwendigen Ersparnisse zusammenzukriegen.

Sicher sind die Berechnungen nicht in jeder Beziehung hieb- und stichfest, aber das Spiel ist noch nicht zu Ende. Ich glaube, wir sollten feststellen, welche fünf oder zehn Einsparungen wir unbedingt brauchen. Im übrigen sollten wir die Vorschläge der Ausschüsse übernehmen . . .« Während Michel mit dem Präsidenten gesprochen hatte, waren seine Blicke die ganze Zeit auf mich gerichtet.

Von der Standhaftigkeit, die der Präsident noch am Morgen im Ovalen Zimmer gezeigt hatte, war jetzt nichts mehr zu spüren. Gelegentlich verstand er es, Konflikte beizulegen, wenn es um bedeutende Grundsatzfragen ging, aber gegenüber persönlichen Konflikten war er machtlos. Man einigte sich darauf, daß das Weiße Haus mit Michels Hilfe einen neuen Gegenvorschlag ausarbeiten sollte, der sich auf die Reform ganz bestimmter, gesetzlich festgelegter Unterstützungszahlungen konzentrierte. Aber der Gegenvorschlag sollte möglichst viele der von den demokratischen Abgeordneten in den Ausschüssen ausgearbeiteten Vorschläge übernehmen.

Damit war das Arbeitsessen beendet. Der Präsident hatte eine Entscheidung der Politiker auf dem Capitol Hill ratifiziert, die den Erfordernissen der Reagan-Revolution direkt widersprach, hatte aber nicht die leiseste Ahnung davon, welche Folgen dieser Beschluß haben mußte. Wir sollten jetzt Ausgabenkürzungen vornehmen, die völlig unzureichend waren, um den Haushalt bis 1984 auszugleichen, die jedoch jetzt die Chancen dafür verbessern sollten, in der Legislative massive Steuersenkungen durchzusetzen. Mit anderen Worten, wir sollten einen Riesensprung nach rückwärts tun, um einen Riesensprung nach vorn tun zu können. So sinnlos war das ganze Unternehmen.

Michel und ich gingen nach dem Essen in sein Büro auf dem Capitol Hill, um den Vorsitz bei einer der kostspieligsten Besprechungen zu übernehmen, an denen ich mich jemals beteiligt habe. Innerhalb von vier Stunden verlor ich zwanzig Milliarden Dollar an

Einsparungen, die für die folgenden drei Jahre im Haushalt vorgesehen waren, das waren fünf Milliarden Dollar in der Stunde.

Am späten Nachmittag hatten wir fast den gesamten Inhalt der eintausend Seiten umfassenden Vorschläge der Ausschüsse in die neue Vorlage des Weißen Hauses übernommen. Nur noch neun Programme für bestimmte Unterstützungszahlungen waren in die Sparmaßnahmen einbezogen, abgesehen von einigen kosmetischen Korrekturen.

Die Politiker waren für ihre Obstruktion und ihre Zaghaftigkeit belohnt worden. Sie und nicht das Weiße Haus bestimmten von nun an die politische Linie. Ich wurde zu ihrem Buchhalter und mußte mit meinem Taschenrechner die Kostenrechnung zusammenstellen.

Nach den im Repräsentantenhaus angestellten Berechnungen, die auch alle im Grunde fiktiven Kürzungen berücksichtigten, sah der zweite Gegenvorschlag des Weißen Hauses gar nicht schlecht aus. Für 1982 waren Einsparungen in Höhe von achtunddreißig Milliarden Dollar vorgesehen, und 1984 sollten es mehr als fünfzig Milliarden Dollar sein. Legte man aber die realistischen Daten der Reagan-Revolution zugrunde, dann enthielt dieser Vorschlag weniger als ein Drittel der Ausgabenkürzungen, die benötigt wurden, um bis 1984 die vorgesehenen einhundertachtzehn Milliarden Dollar einzusparen.

Die verstaubten Papiere vom Juni 1981 lassen heute deutlich erkennen, daß die Reagan-Revolution damals schon gescheitert war. Aber zu jener Zeit ließ sich das aus den Zahlen noch nicht entnehmen. Wir hofften immer noch, den Haushalt ausgleichen zu können, wenn wir energisch und lange genug daran arbeiteten.

Aber selbst der verwässerte Gegenvorschlag wurde im Repräsentantenhaus nur mit Vorbehalt aufgenommen. Am Freitagmorgen rief der Präsident bei Tip O'Neill an, um unserem Vorschlag den Weg zu ebnen. Die Gesetzesvorlage mußte zunächst vom Verfahrensausschuß des Repräsentantenhauses geprüft werden, der von den führenden Politikern beherrscht wurde.

»Ich möchte Ihnen noch einige Ergänzungen zum Haushalt schikken«, sagte der Präsident dem Sprecher des Repräsentantenhauses. »Die Ausschüsse des Repräsentantenhauses haben gute Arbeit geleistet, sind aber nicht weit genug gegangen, und ich...« Reagans Gesicht umwölkte sich plötzlich.

O'Neill hatte ihn unterbrochen und gesagt, »haben Sie schon einmal etwas von der Gewaltenteilung gehört? Der Kongreß der Vereinigten Staaten ist für die Ausgaben zuständig. Sie haben nicht das Recht, Gesetze zu erlassen.«

Hier waren zwei dickköpfige Iren aneinandergeraten.

Der Präsident unterbrach die verfassungsrechtliche Vorlesung O'Neills und sagte: »Ich kenne die Verfassung.«

»Können Sie mir im einzelnen sagen, was Sie uns schicken werden?« fragte O'Neill. »Ich höre von Ihnen immer nur allgemeine Redensarten. Die Republikaner sollen nicht versuchen, irgend etwas durchzusetzen, was nicht gründlich geprüft worden ist.«

»Hören Sie«, höhnte Reagan, »ich bin selbst Demokrat gewesen und habe Ihrer Partei länger angehört als der republikanischen, und die Demokraten sind dafür bekannt, daß sie es immer wieder auf Kraftproben ankommen lassen.«

O'Neill beruhigte sich. »In Ordnung«, sagte er schließlich, »wir werden uns die Sache ansehen. Sagen Sie Ihren Leuten, sie sollen mit Jones und Bolling sprechen. Ich werde mich dann wieder mit ihnen in Verbindung setzen.«

Das hat O'Neill jedoch nicht mehr getan.

Bei der Vorlage unseres Gegenvorschlags am 19. Juni mußte ich zu meinem Kummer sofort erkennen, daß wir uns genötigt sehen würden, alle Hebel in Bewegung zu setzen, um selbst diese verwässerte Version unseres Haushaltsplans durchzubringen.

Zwei der neun von uns vorgeschlagenen Reformen – das Einfrieren der Beihilfen bei der medizinischen Versorgung und die Abschaffung der Mindestrente – machten ein Drittel der Einsparungen aus, die über das hinausgingen, was in den Vorlagen der Parlamentsausschüsse enthalten war. Hier stand uns ein kritischer Test bevor.

Die Abschaffung der Mindestrente hätte den wirklich armen alten Menschen nichts genommen. Sie wären automatisch aufgrund des Bedürftigkeitsnachweises nach dem geltenden Fürsorgerecht mit genau dem gleichen Betrag entschädigt worden. Die einzigen, die einen Verlust erlitten hätten, wären die unrechtmäßig doppelt Versicherten und andere gewesen, die von vornherein nicht berechtigt waren, die Mindestrente zu beanspruchen. Mit anderen Worten, unser Reformvorschlag war die denkbar einfachste, sauberste und gerechteste Entscheidung.

Das Repräsentantenhaus stimmte dieser Reform zu, als es eine Woche später unseren Gegenvorschlag billigte. Aber schon dreißig Tage später wurden die Politiker von Panik ergriffen. Plötzlich sahen sie sich gezwungen, etwas zu tun, was sie bisher noch nie getan hatten: Sie mußten Schecks einbehalten, die bisher an mehrere Millionen empfangsberechtigter Personen hinausgegangen waren.

Während des ganzen Juli, noch bevor unser Entwurf zur endgültigen Billigung dem Senat vorgelegt worden war, führten die Demokraten einen Angriff gegen eine Reform, der sie selbst schon zugestimmt hatten, und behaupteten, die Republikaner wollten damit das ganze Rentenversicherungssystem aus den Angeln heben.

Ende Juli, das Ausgleichsgesetz stand kurz vor der Verabschiedung, brachte der Führer der Mehrheitsfraktion, Jim Wright, einen Antrag ein, der den Kongreß verpflichten sollte, die Reform der Mindestrenten rückgängig zu machen, sobald das Ausgleichsgesetz in Kraft getreten war. Dem Antrag wurde mit vierhundertfünf gegen dreizehn Stimmen stattgegeben. Nur zehn Republikaner, Phil Gramm und zwei seiner getreuen konservativen Demokraten stimmten dagegen.

Ich glaubte zunächst, es handele sich bei dieser Abstimmung nur um eine symbolische Geste, und meinte, so unglaublich das heute klingen mag, daß die vierhundertfünf revoltierenden Abgeordneten zur Räson gebracht werden könnten, bevor sie weiteren Schaden anrichteten.

Heute sehe ich diesen Vorfall in einem anderen Licht. Es war eine historisch bedeutsame Abstimmung, die uns den Todesstoß versetzte. Sechs Tage darauf wurde auch das von uns vorgeschlagene Programm der Beihilfen für die medizinische Versorgung abgelehnt.

Zu Beginn der letzten, entscheidenden Juniwoche hatte sich im Kongreß die Empörung über den Diktator beim Office of Management and Budget immer noch nicht gelegt. Gillis Long aus Louisiana, ein älterer Südstaatendemokrat und Mitglied des Verfahrensausschusses, wandte sich selbst gegen die schwache Herausforderung unserer neuen Gesetzesvorlage mit einer donnernden Rede. Sie sei ein weiterer Beweis dafür, daß das Weiße Haus versuche, aus dem Repräsentantenhaus eine »zweitrangige Legislative« zu machen.

Selbst unsere Hauptverbündeten wurden unruhig, und die *New York Times* meldete: »Sogar der Führer der republikanischen Fraktion, der Abgeordnete Bob Michel aus Illinois, rebellierte gegen die Forderungen des Budgetdirektors, David A. Stockman, und rief: ›Noch haben wir hier keine Diktatur.‹«

Angesichts dieser Stimmung brauchten wir dringend ein deutliches Signal aus dem Weißen Haus, das zeigte, daß der Präsident hinter unserer Vorlage stand. Ich hatte fest damit gerechnet, daß Ronald Reagan sein besonderes Talent nutzen und sich in einer Fernsehansprache hinter unser Vorhaben stellen werde. Aber sein Fernsehauftritt wurde abgesagt, weil sich eine Fernsehgesellschaft weigerte, sie zu übertragen.

Am Dienstagmorgen, den 23. Juni, nur zwei Tage vor der Abstimmung im Plenum des Repräsentantenhauses, gab der Präsident ein Frühstück für die dreiundsechzig konservativen Demokraten aus den Südstaaten, die vor zwei Monaten für unsere Vorlage gestimmt hatten. Weniger als vierzig von ihnen folgten seiner Einladung, und um den peinlichen Eindruck zu vermeiden, den die leeren Stühle beim Fototermin machen würden, mußten in aller Eile irgendwelche Mitarbeiter im Weißen Haus herbeizitiert werden, um diese Plätze einzunehmen.

Das Frühstück wurde zum Fiasko. Viele der geladenen Gäste gingen unmittelbar nach dem Kaffee hinaus und sagten den dort versammelten Journalisten, nach ihrer Auffassung hätten die Ausschüsse des Repräsentantenhauses gute Arbeit geleistet, und sie, die Abgeordneten, würden sich hinter diese Arbeit stellen.

Die Unzufriedenheit der konservativen Demokraten übertrug sich aber auch auf die gemäßigten Republikaner. Schon sehr bald beschlossen sie, sich gegen das Einfrieren der Beihilfen für die medizinische Versorgung der Bevölkerung zu stellen und erneut Mittel für ein Dutzend anderer kleiner Programme bereitzustellen.

Am Mittwoch, den 24. Juni, sah es so aus, als könnten wir nicht mit der notwendigen Stimmenzahl rechnen. Der Präsident hatte sich mit seinen ranghöchsten Mitarbeitern auf eine Reise durch das Land begeben, um in verschiedenen Städten Reden zu halten. Dieses Unternehmen war zwar schon längere Zeit geplant gewesen, aber jetzt sah es aus wie eine symbolische Räumung des Weißen Hauses, das vom Capitol Hill aus unter Beschuß genommen werden sollte.

Nur ein törichter Verfahrensfehler der demokratischen Fraktionsführung rettete zunächst die für uns aussichtslos erscheinende Lage. Der Verfahrensausschuß im Repräsentantenhaus weigerte sich, über die eintausend Seiten umfassende Vorlage der Ausschüsse und die von uns beigefügten Zusatzvorschläge geschlossen abstimmen zu lassen. Er verlangte, daß dieses Paket in fünf verschiedene Einzelanträge aufgeteilt werden müsse. Damit sahen sich Republikaner und konservative Demokraten gezwungen, sich jeweils laut und deutlich gegen die Lebensmittelgutscheine, die Beihilfen für die medizinische Versorgung und die Mindestrente auszusprechen.

Das gefiel ihnen nicht. Plötzlich sahen sie ihre politischen Gegner in den Reihen der demokratischen Mehrheit, und meine Person stand nicht mehr im Mittelpunkt des politischen Meinungsstreits.

Max Friedersdorf, unser Verbindungsmann im Kongreß und ein geschickter, erfahrener Fachmann auf dem Gebiet der politischen Taktik, die der republikanischen Minderheit im Repräsentantenhaus zum Erfolg verhelfen konnte, erkannte sofort, daß unser zweiter Gegenvorschlag plötzlich wieder eine Chance hatte, angenommen zu werden.

Noch am Wochenende hatten er und Baker geglaubt, dieser Vorschlag werde unter allen Umständen abgelehnt werden. Aber durch den taktischen Fehler der Demokraten war eine ganz neue Lage entstanden. Jetzt würde es bei der Abstimmung nicht nur um unseren Vorschlag, sondern in erster Linie um eine Verfahrensfrage gehen. Die einhundertdreiundneunzig republikanischen Mitglieder des Repräsentantenhauses waren sich fast geschlossen einig darin, das von den Demokraten geforderte Verfahren abzulehnen. Wenn das geschah, dann würden wir wahrscheinlich auch bei der Abstimmung über die Annahme unseres Vorschlags die Mehrheit der Stimmen auf unserer Seite haben.

Friedersdorf rief Baker in Los Angeles an und sagte ihm, er solle den Präsidenten bitten, telephonisch mit den Abgeordneten zu sprechen, die wir hofften, noch für uns gewinnen zu können. Unmittelbar nach seiner Rede hängte sich der Präsident ans Telephon und sprach zweieinhalb Stunden mit den Abgeordneten.

Aber der eigentliche Durchbruch kam, als zwei konservative Demokraten, Billy Tauzin aus Louisiana und Ralph Hall aus Texas, erklärten, sie würden gegen das vom Sprecher des Repräsentantenhauses vorgeschlagene Verfahren stimmen, wenn wir uns bereit fänden, unseren Vorschlag in zwei getrennten Paketen vorzulegen. Das eine sollte alles enthalten, was in den Zuständigkeitsbereich des Handelsausschusses des Repräsentantenhauses gehörte – dessen Mitglieder sie waren –, und in dem zweiten Paket sollten alle übrigen Vorschläge enthalten sein.

Der Vorsitzende des Handelsausschusses war John Dingell aus Michigan, ein ebenso energischer wie rücksichtsloser Mann. Er hätte den Mitgliedern seines Ausschusses, die sich seinem Willen nicht fügten, große Unannehmlichkeiten bereiten können, und das wollten die beiden Abgeordneten unter allen Umständen vermeiden.

Friedersdorf und ich gingen sofort auf das Angebot ein, aber ich wußte, Tauzin und Hall würden einen hohen Preis verlangen.

Am folgenden Morgen, es war Donnerstag, der 25. Juni, wurde bekannt, daß unser zweiter Gegenvorschlag in der Form von zwei Zusatzanträgen vorgelegt werden würde – falls unsere Koalition in der Verfahrensfrage, die im Lauf des gleichen Tages entschieden werden solle, einen Abstimmungssieg davontragen würde. Der den Zuständigkeitsbereich des Handelsausschusses betreffende Antrag erhielt die Bezeichnung Broyhill-Zusatzantrag nach dem dienstältesten republikanischen Ausschußmitglied.

Kaum war diese Entscheidung bekannt geworden, als die gemäßigten Republikaner uns mit Forderungen überhäuften, auf allen möglichen Gebieten im Rahmen des Broyhill-Antrages Zugeständnisse zu machen.

Michel war der Verzweiflung nahe und bat mich telephonisch, sofort in sein Büro zu kommen. Hier hatten sich die Abgeordneten versammelt, und die erregte Debatte dauerte zweieinhalb Stunden, während im Plenum über uns über das von den Demokraten vorgeschlagene Verfahren diskutiert wurde.

Die etwa fünfundvierzig republikanischen Abgeordneten verlangten Abstriche von unserem Kürzungsprogramm auf allen nur denkbaren Gebieten.

Später schilderte ich Greider die Szene: »Sie waren wie Piranhas. Die ganze Parteiführung hatte sich hier versammelt. Deshalb gab es im Plenum niemanden mehr, der unseren Standpunkt hätte verteidigen können. Die Demokraten jubelten. Die Gerüchte überschlugen sich. Immer wieder kam irgend jemand ins Beratungszimmer gestürmt und fragte, ob es richtig sei, daß wir auf diesem oder jenem Gebiet Zugeständnisse gemacht hätten . . .«

Die Abstriche, die wir von unserem Programm machen mußten, wurden so rasch vorgenommen, daß wir kaum Zeit hatten, alles schriftlich niederzulegen. Es war ein fürchterliches Durcheinander. Nach zweieinhalb Stunden waren alle befriedigt. Um zwei demokratische Stimmen einzukaufen, hatten wir so viele Zugeständnisse machen müssen, daß der Preis dafür fast ebenso hoch war wie die Summe der in unserem zweiten Gegenvorschlag vorgesehenen Einsparungen. Die Koalition zwischen Republikanern und konservativen Demokraten war an ihre Grenzen gestoßen. Als ich völlig erschöpft das Beratungszimmer verließ, hätte ich erkennen müssen, daß man von einer so undisziplinierten und aus so verschiedenartigen Elementen zusammengesetzten Koalition nicht die Einsparungen erwarten durfte, die notwendig waren, um den Haushalt bis 1984 auszugleichen. Aber solche politischen Auseinandersetzungen verwirren gelegentlich die Gemüter, und man sieht den Wald vor Bäumen nicht mehr. Aber ich war entschlossener denn je, mich durchzusetzen.

Ich raste zurück in mein Büro, um telephonisch Stimmen für die Entscheidung über das von den Demokraten vorgeschlagene Abstimmungsverfahren zu sammeln. Als ich hereinkam, winkte mich einer meiner Mitarbeiter an den Apparat. Bill Thomas wollte mich sprechen. Thomas war ein konservativer Republikaner aus Kalifornien und einer der geschicktesten Taktiker unserer Partei auf dem Capitol Hill.

»Wir werden es nicht schaffen«, sagte er, »wenn Sie jetzt nicht die Suppenküche aufmachen.«

Im Kongreß bedeutet die »Suppenküche« das Angebot von Zugeständnissen unmittelbar vor einer entscheidenden Abstimmung. Diese Praxis entspricht zwar nicht den Idealvorstellungen Jeffersons oder Madisons von der Demokratie. Hier geht es vielmehr darum, irgendwelche politischen Bonbons zu verteilen.

Bill Thomas hatte auf diesem Gebiet in der Legislative des Staates Kalifornien einige Erfahrungen gesammelt, und jetzt war er der offizielle Koch in der republikanischen Suppenküche des Repräsentantenhauses. Und er verstand sein Geschäft. Wenn irgend jemand ihm etwas über die schwierige Situation der alten Menschen oder den

Hunger in der Welt erzählen wollte, wehrte Thomas ab und sagte, »kommen Sie mir nicht mit diesem Unsinn«. Und natürlich hatte das *nichts* mit der Situation der alten Menschen oder dem Hunger auf unserem Planeten zu tun. Hier ging es um Stimmenfang für die Wiederwahl der Abgeordneten. Die in der »Suppenküche« verteilten Geschenke waren ein unverzichtbarer Bestandteil des politischen Geschäfts.

Thomas zählte ein halbes Dutzend solcher Geschäfte auf, die er mit einigen konservativen Demokraten und schwankenden Republikanern abgeschlossen hatte. »Geben Sie Ihre Zustimmung, und diese Leute werden uns ihre Stimme geben«, sagte er. »Aber überlegen Sie es sich nicht zu lange. Wir haben noch fünfundvierzig Minuten bis zur Abstimmung, und ich muß mich noch mit jedem einzelnen in Verbindung setzen und ihm sagen, daß die Sache in Ordnung geht.«

Was waren das für Geschäfte? Bei dem Gedanken daran drehte sich mir fast der Magen um. Hier sollten die Zuckereinfuhrquoten wieder aufleben, oder dort sollten die Gebühren für die Benutzung staatlicher Baumwoll-Lagerhäuser in Georgia abgeschafft werden.

Erst nachträglich wurde mir klar, daß Bill Thomas mich mit seiner Aktion überrumpelt hatte. Ich hatte eine großartige und unendlich detaillierte, ideologisch begründete Theorie für die radikale Umgestaltung der amerikanischen Fiskalpolitik entwickelt, aber dabei nicht an die rudimentärsten Bestandteile einer Theorie des politischen Kompromisses gedacht. Und in dieser so vielschichtigen Demokratie ließ sich das Erstere ohne das Letztere nicht verwirklichen.

In meiner großartigen Doktrin fehlte das wichtigste Kapitel. Jede sachliche Analyse der Kosten und Konsequenzen des gesetzgeberischen Kompromisses, hätte die fiskalische Gleichung der Reagan-Revolution von einem Tag auf den anderen über den Haufen geworfen. Aber ich hatte versäumt, diese Analyse anzustellen.

Da mir eine stichhaltige Begründung für jede andere Reaktion fehlte, sagte ich Thomas, »tun Sie es«.

Nach einer knappen Stunde wurde das von den Demokraten vorgeschlagene Abstimmungsverfahren mit zweihundertsiebzehn gegen zweihundertzehn Stimmen abgelehnt. Damit war die Annahme unserer Zusatzvorschläge am folgenden Tag sichergestellt. Die Regierung hatte triumphiert und einen knappen, aber entscheidenden Sieg errungen. So hieß es wenigstens. In Wirklichkeit war es nichts dergleichen. Die vielleicht sehr zynische, aber zutreffende Erklärung von John Breaux aus Louisiana brachte sehr deutlich zum Ausdruck, wie trügerisch dieser Sieg in Wirklichkeit war. Er sagte, er sei »gepachtet, aber nicht gekauft« worden.

Er hatte recht, denn alle jene Stimmen, die wir entweder gepachtet, gekauft, eingetauscht oder erbettelt hatten, sollten uns nie wieder gegeben werden. Und wenn wir die fiskalische Katastrophe, die uns mit den gewaltigen Steuersenkungen drohte, dadurch abwenden wollten, daß wir die notwendigen Ausgabenkürzungen vornahmen, dann mußten wir nicht ein Dutzend, sondern zweihundert Stimmen pachten. Das konnte und würde nicht gelingen.

Die ganze Ironie der Ereignisse dieses hektischen fünfundzwanzigsten Juni 1981 lag darin, daß all meine Bemühungen um den Stimmenkauf und all meine Überredungskünste zur Rettung des Broyhill-Zusatzantrags umsonst gewesen waren. Nachdem die Entscheidung über das Abstimmungsverfahren gefallen war, verloren die Führer der aus Republikanern und konservativen Demokraten bestehenden Koalition jede Lust, weiterzukämpfen. Ohne sich vorher mit dem Weißen Haus in Verbindung zu setzen, kamen sie im Plenum zusammen und beschlossen, den Broyhill-Zusatzantrag endgültig fallenzulassen. Das von vornherein schwache Bündnis stand kurz vor dem Auseinanderbrechen. Sie hatten den ganzen Tag die Vorwürfe der Demokraten anhören müssen, die nur eine Parodie auf das waren, was jetzt geschah.

Bruce Vento, ein militanter Liberaler aus Minnesota, hatte sich im Plenum über die Republikaner lustig gemacht: »Wenn Oberbefehlshaber Stockman sagt, springe, dann fragt man nicht warum. Man fragt auch nicht, ob es dem eigenen Wahlbezirk etwas nützen wird. Man fragt nur, wie *hoch* und wie *oft* man springen soll!«

Was schließlich von unserem zweiten Ergänzungsvorschlag übrigblieb, war minimal. Es gab einige echte Reformen bei den Lebensmittelgutscheinen und den Kinderspeisungen; die Mieter in den vom Staat zur Verfügung gestellten Wohnungen mußten künftig dreißig und nicht mehr fünfundzwanzig Prozent der Miete bezahlen, und die pensionierten Militärs und Zivilbeamten erhielten jetzt nur noch einmal jährlich einen Ausgleich für die gestiegenen Lebenshaltungskosten. Die Beihilfen für kinderreiche Familien und die Darlehen für Studenten sollten etwas mehr gekürzt werden als nach dem von den

Ausschüssen vorgelegten Plan, und die von der Sozialversicherung an Studenten gezahlten Beihilfen sollten etwas früher eingestellt werden als bisher.

Die mit diesen Maßnahmen und allen anderen in dem Gesamtpaket enthaltenen Kürzungen erzielten Einsparungen würden im Lauf von drei Jahren sechzehn Milliarden Dollar mehr betragen als die in der Vorlage der Ausschüsse vorgesehenen. Doch um den Haushalt im gleichen Zeitraum auszugleichen, hätten wir Kürzungen in Höhe von zweihundertsechsundfünfzig Milliarden Dollar gebraucht.

Aber zunächst sah die Annahme unserer Vorlage wie ein Sieg aus. Nach unseren Berechnungen hatten wir im Haushalt für das Jahr 1982 Ausgaben in Höhe von achtunddreißig Milliarden Dollar gestrichen. Über einen Zeitraum von drei Jahren würden es einhundertvierzig Milliarden Dollar sein. Erst später sollte sich zeigen, ein wie großer Teil dieser Summen nur aus unsicheren Zusagen und falschen Berechnungen bestand.

Selbst ich überschätzte die Summe der tatsächlichen Kürzungen, obwohl ich von Anfang an mit den Politikern darum gerungen hatte. Aber niemand kannte sich wirklich mit der neuen mehrjährigen Finanzplanung aus, und so entstand der Eindruck, der Fiskus habe die Staatsausgaben tatsächlich wesentlich verringert. Dieser Eindruck spiegelte sich auch in den Presseberichten wider, und eine Zeitlang glaubte sogar ich daran. Irgendwie würden wir die Ausgabenkürzungen in Höhe von einhundertachtzehn Milliarden Dollar, die wir für das Jahr 1984 brauchten, schon zustande bringen.

Während der vergangenen drei Wochen hatte man mich zu den unglaublichsten politischen Geschäften gezwungen, ich konnte mich aber nicht dazu überwinden, das auch öffentlich einzugestehen.

Das klingt vielleicht eigenartig, aber so etwas vertrug sich nicht mit meinen revolutionären Ideen. Ein Revolutionär macht keine Geschäfte – er läßt Köpfe rollen! Irgendwie hatte sich in mir die Vorstellung gebildet, die fiskalische Gleichung könne nicht aufgehen, wenn wir uns auf irgendwelchen Kuhhandel einließen, und deshalb hatten wir das auch nicht getan. Damit erklärt sich vielleicht auch meine erstaunliche Aussage vom nächsten Tage.

Am Freitagvormittag wurde unser zweiter Gegenvorschlag, die

sogenannte Vorlage Gramm-Latta II vom Repräsentantenhaus verabschiedet, und ich nahm an dem jeden Freitag für die Presse veranstalteten Dodfrey-Sperling-Frühstück teil.

Es waren etwa fünfzig Reporter erschienen, die mir das Leben schwer machten. Sie meinten, ich hätte gestern auf dem Capitol Hill nicht Geschichte gemacht, sondern Geschäfte. Das ärgerte mich. Wovon redeten diese Leute? Ich war kein Politiker; ich war nicht *einer von ihnen*. Schließlich riß mir der Geduldsfaden, und ich stellte die lächerliche Behauptung auf, daß keine Geschäfte gemacht worden seien.

Diese Erklärung wurde mit Staunen quittiert. Es waren hartgesottene Journalisten, und meine Worte waren für sie wahrscheinlich ein schmackhafterer Bissen als das ganze Frühstück.

»Glauben sie«, sagte ich und meinte die Politiker, »sie haben sich in ehrenhafte und nur an das Gemeinwohl denkende Bürger verwandelt, die sich bei jeder Abstimmung ausschließlich von sachlichen Erwägungen leiten lassen?«

Nun hatte ich es also gesagt und die friedliche Versammlung aufgeschreckt. Ich hatte erklärt, ich sei ein fünfundneunzigprozentiger Revolutionär. Um die restlichen fünf Prozent zu bekommen, mußte man den Abgeordneten ein paar Köder hinwerfen.

Die Schlagzeile auf der Titelseite der *New York Times* vom 26. Juni 1981 war das Ergebnis dieses Frühstücks und gab genau den Eindruck wieder, den ich damals noch hatte:

REAGANS MITARBEITER SAGEN, EIN AUSGEGLICHENER
HAUSHALT FÜR DAS JAHR 1984 SEI JETZT MÖGLICH

Am 4. Juli besuchten mich meine Eltern in Washington. Zum ersten Mal seit langer Zeit nahm ich mir einen Tag frei. Ich spielte den Fremdenführer und zeigte ihnen alles, was einen Besucher der amerikanischen Hauptstadt interessiert, die Parks und die historischen Monumente. Für mich war es eine Gelegenheit, nach all dem Hin und Her endlich einen klaren Kopf zu bekommen, und am 18. Juli mußte ich Greider das Geständnis machen, daß ich die allgemeine Euphorie nicht teilte. Ich mußte zugeben, daß die Reagan-Revolution und die Wirtschaft unseres Landes in große Schwierigkeiten geraten waren.

Eine andere Episode in diesen Tagen hatte mich zu dieser Erkennt nis gebracht. Wir hatten eine Konferenz anberaumt, auf der die Unterschiede zwischen den Ausgleichsgesetzen des Repräsentantenhauses und des Senats ausgeräumt werden sollten. Da es überaus umfangreiche Gesetzesvorlagen waren, hatte auch die Konferenz ein gewaltiges Programm zu erledigen. Und dahinter steckten große Gefahren.

Es gab jedoch einen Ausweg. Die Konferenz ließ sich vermeiden, wenn eine Kammer auf ihre Vorlage verzichtete und die der anderen übernahm. In diesem Fall glaubte ich, daß die Unterschiede zwischen den Auffassungen des Repräsentantenhauses und des Senats nicht groß genug seien, um eine Konferenz erforderlich zu machen.

Da die Demokraten im Repräsentantenhaus die Mehrheit hatten, würden bei einer solchen Konferenz die Vorsitzenden der Ausschüsse des Repräsentantenhauses, mit denen wir so große Schwierigkeiten gehabt hatten, wieder in den Sattel gehoben werden. Sie würden noch einmal die Gelegenheit erhalten, die Ausgabenkürzungen weiter zu verwässern. Außerdem würden sich bei einer solchen Konferenz einhundertfünfzig Abgeordnete im ganzen Kapitol in kleinen Zimmern versammeln, und wer konnte sagen, wohin das führen würde?

Deshalb überredete ich die Legislative Strategy Group und den Präsidenten, den Senat zu ersuchen, die Version des Repräsentantenhauses zu übernehmen. Dann würde sich die Konferenz erübrigen, und Gramm-Latta II könnte dem Präsidenten zur Unterschrift vorgelegt werden. Der Präsident und die Mitglieder der Gruppe waren einverstanden, und darauf bat ich den Präsidenten, Howard Baker selbst anzurufen und um seine Zustimmung zu bitten.

Am Morgen des 9. Juli um neun Uhr dreißig traf ich in Bakers Büro ein und brachte einen ganzen Packen von Berechnungen mit, die der Computer am Tage zuvor ausgedruckt hatte, um genau zu begründen, weshalb es vernünftig sei, die Version des Repräsentantenhauses zu übernehmen. Domenici war schon da.

Ich habe noch nie zwei so wütende Männer gesehen. Die Tracht Prügel, die ich als Junge von meinem Vater im Holzschuppen bekommen hatte, war nichts verglichen mit dem, was mich hier erwartete.

Domenici war rot im Gesicht, und seine Halsschlagadern traten hervor.

Wutentbrannt zischte er mich an: »Sie sollten mit der Zeit gelernt haben, daß wir in einer Demokratie leben.« Er zeigte auf meine

Computerausdrucke. »Und Sie können diesen Packen Papier gleich wieder in die Abfalltonne des OMB werfen, wo er herkommt. Von nun an machen wir es so, wie *wir* es für richtig halten!«

Natürlich hatte Domenici recht. Er und seine Senatoren hatten harte Arbeit geleistet, um zu diesem Entwurf zu kommen. Sie waren dabei sogar zu sehr viel günstigeren Ergebnissen gelangt als die Ausschüsse des Repräsentantenhauses.

Es gab aber einen noch wichtigeren Punkt. Jeder Vorsitzende eines Senatsausschusses hatte winzige Vergünstigungen und Kompromisse in das Kleingedruckte eingebaut, um den Mitgliedern seines Ausschusses einen Gefallen zu tun. Deshalb konnten Senatsausschüsse nicht kampflos auf dieses feingesponnene gesetzgeberische Werk verzichten. Natürlich bedeutete das eine weitere Verwässerung der Ausgabenkürzungen, aber es war ein zusätzlicher Bestandteil der politischen Gleichung, den ich beim Entwurf des Fiskalplans übersehen hatte.

Und so kam es zu einer erregten und lautstarken Konferenz, die sich nicht in geregelten Bahnen halten ließ. Meine Anwesenheit mit dem von unserem Computer ausgedruckten Zahlenmaterial war natürlich unerwünscht. Das Office of Management and Budget stieß auf eine so entschiedene Ablehnung, daß einige meiner Mitarbeiter, die die Vorgänge protokollieren sollten, sogar fortgeschickt wurden, um anderen interessierten Personen Platz zu machen (das heißt den Lobbyisten).

Da ich trotzdem entschlossen war, keinen einzigen Dollar an Einsparungen zu verlieren, wies ich das Office of Management and Budget an, eine fünfundsiebzig Seiten starke Denkschrift zu verfassen, die mit kühler Präzision zeigte, welche der beiden Vorlagen den ursprünglichen Anweisungen für den Ausgleich des Haushalts am genauesten folgte. Ich schickte diese Denkschrift zum Capitol Hill als Leitlinie für die Beratungen auf dieser Konferenz.

Auch die kleinste Kleinigkeit durfte nicht übersehen werden, denn ich wußte inzwischen, daß wir in eine verzweifelte Lage zu geraten drohten. So wurde in der Denkschrift zum Beispiel festgestellt, daß die Vorlagen des Senats und des Repräsentantenhauses im Falle der lächerlichen fünfundvierzig Millionen Dollar jährlich, die für das National Health Service Corps vorgesehen waren, über die Haushaltsbeschlüsse hinausgegangen waren. »Das ursprünglich von der

Regierung vorgesehene Niveau könnte erreicht werden, wenn man dem Wortlaut der Vorlage des Repräsentantenhauses folgte, aber für die Finanzierung einen Grundbetrag von achtunddreißig Millionen Dollar ansetzte.«

Den Konferenzteilnehmern wollte dieser Vorschlag für die Einsparung von siebzehn Millionen Dollar ebenso wenig gefallen wie Dutzende ähnlicher in diesem Dokument enthaltener Vorschläge. Es kam sogar wieder zu einem Wutausbruch. Fast die ganze Zeit diktierten die Mitarbeiter von Baker und Domenici mehr oder weniger die Berichte der Korrespondentin der *Washington Post* auf dem Capitol Hill, Helen Dewar. So schickten mir meine Mitarbeiter einen Tag nach Eintreffen meiner Denkschrift den von Helen Dewar verfaßten Artikel, um mir zu zeigen, wie die Konferenzteilnehmer darauf reagiert hatten:

». . . Das Weiße Haus, das sich nie scheut, seine Prioritäten bei der Haushaltsplanung deutlich zu machen, hat auf dem Capitol Hill eine fünfundsiebzig Seiten starke Liste der Kompromisse in Umlauf gesetzt, die es der Konferenz von Vertretern des Repräsentantenhauses und des Senats empfiehlt . . . Die Vorlage dieses Dokuments, das fast jeden wichtigen Punkt enthält, über den auf der Konferenz beraten wird, und darüber hinaus noch viele weniger wichtige, ist das letzte Beispiel dafür, mit welchem Eifer der Budgetdirektor David A. Stockman darum bemüht ist, die Haushaltsprioritäten Reagans im Kongreß durchzusetzen . . .«

Republikanische Politiker brachten privat ihre Verstimmung darüber zum Ausdruck, daß das Office of Management and Budget es niemals fertigbrächte, »sich aus der Sache herauszuhalten«, wie einer von ihnen sich ausdrückte.

Ironischerweise wurde sogar Phil Gramm aus der Konferenz ausgeschlossen. Er hatte den Unwillen des Repräsentantenhauses erregt, als er die konservativen Demokraten aus dem Süden für die Ideen der Reagan-Revolution gewann. Deshalb wollten die Demokraten ihm jetzt die Teilnahme an der Konferenz verwehren. Und die Republikaner erklärten, sie könnten seine Teilnahme nicht veranlassen – denn schließlich gehöre er der Demokratischen Partei an. So mußte sich Gramm ins Niemandsland zurückziehen. Das Ironische daran war, daß beide Parteien mit besonderer Freude einen der Architekten jenes Plans von den Schlußberatungen ausschlossen, der das Thema dieser

Konferenz war – das einzige Mitglied des Kongresses, das wirklich wußte, worum es bei diesem Plan ging.

Der Kuhhandel zwischen den Politikern nahm zwei Wochen in Anspruch, und als die Beratungen abgeschlossen waren, hatten sie genau das getan, was ich von ihnen erwartet hatte. Die auf der Konferenz beschlossenen Einsparungen lagen noch unter denen der Vorlagen des Senats und des Repräsentantenhauses.

Endlich fing Stockman an zu begreifen, was hier geschah. Das Regierungsgeschäft war nicht mehr so einfach wie Anfang Februar, als ich den unglücklichen Zahnarzt im Energieministerium aus South Carolina in das Beratungszimmer kommen ließ und zwang, sich unseren Anordnungen zu fügen.

Jetzt war ich an der Reihe. Ich durfte mich an diesem Spiel nicht mehr beteiligen. Sechs Monate lang hatte ich gegen die Regeln der Demokratie verstoßen, und jetzt hatten die Politiker es satt. Sie mochten nicht begreifen, welche Bedeutung die Subventionierung von Milchprodukten hatte, sie wußten aber sehr wohl, wie man mit unbelehrbaren Ideologen und Absolutisten verfahren muß.

So wurde der 26. Juni 1981 zu einem historisch bedeutsamen Tag, wenn auch nicht in dem Sinne, wie wir es gehofft hatten. An diesem Tage erreichte der Kongreß der Vereinigten Staaten die Grenze seiner Fähigkeit – und Bereitschaft –, die Staatsausgaben zu reduzieren.

Die Grenzen des amerikanischen Wohlfahrtsstaates waren neu festgelegt worden, aber man hatte sie nur geringfügig und symbolisch enger gezogen als bisher. Am Umfang des Jahreshaushalts von einer halben Billion Dollar war jetzt kaum noch zu rütteln, denn nachdem er den Angriff des Weißen Hauses überlebt hatte, war er erneut politisch sanktioniert worden.

9.
Neue Lektionen:
die Politik des Gebens

Der Juli 1981 war ein ereignisreicher und von starken Gegensätzen gekennzeichneter Monat – die Reagan-Revolution erlebte während dieser Zeit ihren Kulminationspunkt, um kurz darauf endgültig zu scheitern. In diesem Monat gelang es uns, die von uns geplanten Ausgabenkürzungen in einem Paket zusammenzuschnüren und unser Steuergesetz durchzubringen: aber der Kongreß nahm sich auch beider Programme an. Wäre ich mit der Absicht ins Weiße Haus gekommen, einen Staatsstreich zu unternehmen, dann hätte ich sechs Monate später feststellen können, wer wen praktisch entmachtet hatte.

Was der Kongreß im Juli mit dem Steuergesetz tat, glich in vieler Hinsicht dem, was er vorher mit den von uns beabsichtigten Ausgabenkürzungen getan hatte. Die turbulenten Ereignisse glichen einer Versteigerung, bei der sich zwei Käufer zu überbieten suchen. Und ein solcher Vorgang hat seine eigene Logik. Allerdings war es die Logik eines Alkoholikers: Angesichts dessen, was schon die Kehle hinuntergeflossen war, kam es auf ein Glas mehr oder weniger nicht an.

Meine Kassandrarufe verhallten ungehört. Die Ereignisse überstürzten sich. Und wie die meisten Politiker auf dem Capitol Hill und die Berater des Präsidenten im Weißen Haus hatte ich jetzt auch Scheuklappen.

Vor der Abstimmung über das Steuergesetz im Plenum des Repräsentantenhauses am 29. Juli waren die einzigen Zahlen, die wirklich von Bedeutung waren, die Zahlen der abzugebenden Stimmen. Die Probleme der Steuerpolitik und ihrer fiskalischen Auswirkungen waren längst vergessen. Die entscheidende Kraftprobe wurde zu einem unverhüllten politischen Machtkampf um die Mehrheit im Repräsentantenhaus – und die Basis der Staatseinnahmen war das zufällige Opfer.

Aber eine Tatsache war wichtiger als jede andere: Die Steuersenkung war eines der wenigen Dinge, die Ronald Reagan während seiner Amtszeit als Präsident unbedingt durchsetzen wollte, und für dieses Programm kämpfte er mit dem ganzen politischen Gewicht seiner Persönlichkeit. Er scheute sich nicht, die Politiker einzuschüchtern und in die Enge zu treiben, um seinen Willen durchzusetzen. Es war ein furchterregendes und zugleich tragisches Schauspiel.

Die Demokraten hatten sich von Anfang an nahezu geschlossen dem von Kemp und Roth entwickelten Steuersenkungsplan widersetzt. Erstens waren sie nicht gerade von dem Mann begeistert, der dieses Vorhaben angeregt hatte, und zweitens bedeuteten die Steuersenkungen für sie eine politische und ideologische Bedrohung. Der Widerstand dagegen wurde deshalb zeitweilig zu einer Bewährungsprobe der traditionellen demokratischen Ideologie.

Die Demokraten wußten zunächst ebenso wenig wie jeder andere, welche Summen der amerikanische Staatshaushalt nach drei oder fünf Jahren ausweisen würde. Aber Politiker verstehen die Dinge, ohne sie analysiert zu haben. Sie wußten, daß eine dreißigprozentige Senkung der vom Bund erhobenen Einkommensteuern eine drastische Veränderung im fiskalischen Status quo bedeutete. Mit der ihren Grundauffassungen widersprechenden, der angebotsorientierten Wirtschaftstheorie folgenden Vorstellung, daß sich die Lage des einfachen Mannes nicht nur durch die Großzügigkeit staatlicher Hilfsprogramme verbessern ließ, wollten sie nichts zu tun haben; sie wollten nicht begreifen, daß die in Washington politisch ausgehandelten Einkommensneuverteilungen das Problem waren und nicht die Lösung des Problems. Auch war ihnen der Gedanke fremd, daß der gesellschaftliche Fortschritt das Ergebnis der nicht unbedingt sichtbaren Leistungen der Arbeitnehmer und Arbeitgeber im Gefüge einer kapitalistischen Wirtschaft mit einem Bruttosozialprodukt von drei Billionen Dollar sein könnte.

Viele demokratische Mandatsträger hatten nach den Wahlen von 1978 und 1980 als Folge der Kemp-Rothschen-Gesetzesvorlage

Federn lassen müssen, während ihre republikanischen Herausforderer, denen die in Washington geltenden Spielregeln noch nicht bekannt waren, sich von diesen Ideen überzeugen ließen. Die von Kemp und Roth entwickelten Ideen verschafften den betriebsamen Neulingen die Gelegenheit zum politischen Aufstieg, denn sie konnten ihre bis dahin hoffnungslosen Kandidaturen mit den mächtigen Strömungen der Steuerrevolte verbinden, die Ende der siebziger Jahre die Wählermassen erfaßt hatten.

Die Demokraten hatten sich um Theoretiker wie Laffer und Wanniski oder ehrgeizige Hinterbänkler, wie ich oder Kemp es waren, keine so großen Sorgen gemacht, daß sie nachts nicht mehr hätten schlafen können. Aber die von Howard Jarvis in Kalifornien eingebrachte Gesetzesvorlage 13 (eine durch einen Volksentscheid in diesem Staat erzwungene Senkung der Vermögensteuer) hatte sie das Fürchten gelehrt. Der steuerfeindliche mittelständische Populismus war eine tödliche Bedrohung für den mittelständischen Wohlfahrtsstaat. Zahlreiche republikanische Bewerber um einen Sitz im Repräsentantenhaus hatten dieses neue heiße politische Thema aufgegriffen, und sehr bald sahen sich die demokratischen Mandatsträger – zum ersten Mal seit Jahrzehnten – in die Defensive gedrängt.

Deshalb hatten die Demokraten beschlossen, das Kemp-Rothsche Konzept in Mißkredit zu bringen und die Ablehnung der Vorlage durchzusetzen. Wenn man es zuließ, daß die Ideologie der angebotsorientierten Wirtschaftspolitik tiefe politische Wurzeln faßte, dann konnte das ideologische Fundament der Demokratischen Partei rissig werden.

Auch bei den alteingesessenen republikanischen Politikern in Washington fand Kemp-Roth nicht viel mehr Unterstützung. Zwar sprachen sich die meisten Abgeordneten für den Plan aus, aber das geschah nicht aus politischer Überzeugung, sondern weil die Republikaner glaubten, die Steuersenkungen paßten gut in die Wahlplattform, seien jedoch nicht ein Konzept, auf das sich die Regierungspolitik stützen könne.

Um sich für Kemp-Roth zu begeistern, mußte man ein entschiedener Gegner der ungezählten kleinen Projekte sein, die den geschäftigen politischen Alltag im Kongreß ausmachten. Man mußte davon überzeugt sein, daß man mit dem Versuch, all diese kleinen Probleme auf Bundesebene zu lösen, in Wirklichkeit zu keinen echten Lösungen kam – und man durfte sich nicht scheuen, den zu einem Ungeheuer angewachsenen Bundeshaushalt auszuhungern.

Die meisten republikanischen Politiker in Washington waren ehemalige Rechtsanwälte, Bankiers, Farmer und Geschäftsleute. Sie hatten die Melodie des Liedes von der angebotsorientierten Wirtschaftspolitik gehört und vielleicht im Wahlkampf ein paar Takte davon mitgesummt. Aber sie konnten die Noten nicht lesen und wußten jedenfalls kaum etwas damit anzufangen. Sie waren als ideologische Neutra nach Washington gekommen und kannten nur die nebelhaften Glaubenssätze des kleinstädtischen oder ländlichen Republikanismus, die sie getreulich nachbeteten.

Sehr bald gewöhnten sie sich an die parlamentarischen Gepflogenheiten des Wohlfahrtsstaates. Vielleicht dauerte es ein oder zwei Legislaturperioden, aber nach der Zeit der Eingewöhnung beteiligten sich die meisten eifrig an der »guten Arbeit« der Unterausschüsse, denen sie angehörten, und sorgten dafür, daß die einzelnen Interessengruppen ihre unverdienten Vergünstigungen bekamen. So wurden sie langsam, aber sicher auch zu Steigbügelhaltern des Wohlfahrtsstaates.

Alles, was zwischen ihnen und den Demokraten stand, war ihr inhaltsloses Geschwätz über »Privatinitiative« und »fiskalisches Verantwortungsbewußtsein«. Die Mehrheit der republikanischen Abgeordneten im Kongreß verstand nichts von den radikalen und fremdartig anmutenden Begriffen der Ideologie der angebotsorientierten Wirtschaftspolitik.

Das Bemühen um eine Steuerreform war für diese Republikaner nichts anderes als die Suche nach Schlupflöchern im Einkommensteuerrecht. Sie zogen es vor, den Wohlfahrtsstaat dadurch aufzublähen, daß sie Steuervergünstigungen gewährten, anstatt die einzelnen Wirtschaftszweige mit direkten Subventionen zu unterstützen. Und jeder behauptete, diese Steuervergünstigungen würden Arbeitsplätze schaffen oder das wirtschaftliche Wachstum fördern. Doch das traf nur in den wenigsten Fällen zu, und die gesamte Volkswirtschaft gewann nichts dabei, weil alle diese Maßnahmen nach dem in der »Zweiten Republik« geltenden, irreführenden Verfahren der einfachen Buchführung in die Bilanz eingetragen wurden.

Aber es gab Wahlbezirke, die ihre Abgeordneten dafür belohnten. Hunderte von politischen Aktionskomitees, die sich im Lauf der vergangenen zehn Jahre konstituierten, hatten die Steuerrückvergütungen zu ihrer Sache gemacht.

Deshalb war es Anfang 1981 außerordentlich schwierig, im Kongreß Steuersenkungen durchzusetzen, die den Grundsätzen der angebotsorientierten Wirtschaftspolitik entsprachen. Unmittelbar vor dem Attentat auf den Präsidenten am 30. März hatten alle Fachleute das Scheitern der Kemp-Roth-Vorlage vorausgesagt.

»Ist die große Steuersenkung gestorben?« lautete die Überschrift eines Artikels im Nachrichtenmagazin *News Week*. Die allgemeine Stimmung wurde mit wenigen Worten charakterisiert: »Ronald Reagans Achtundvierzig-Milliarden-Ausgabenkürzungs-Paket geht mit Volldampf durch den Kongreß, aber sein Vorschlag, die Steuern in den nächsten drei Jahren um jeweils zehn Prozent zu senken, scheint sich festgefahren zu haben.«

Bei einer Besprechung mit Don Regan sagte Phil Gramm, der Sprecher der konservativen Südstaaten-Demokraten, sie seien nicht bereit, die dreißigprozentigen Steuersenkungen in voller Höhe zu schlucken. Sie hatten einen eigenen, altbewährten Plan: ein Steuerpaket, das in erster Linie aus Nachlässen bei der Grundsteuer, Steuervergünstigungen für Ersparnisse und einer Senkung der Kapitalgewinnsteuer bestand. Phil Gramm sagte: »Der Haushalt des Präsidenten ist auf dem Weg, aber mit ihren Steuersenkungen ist die Regierung in den Graben geraten.« Und Gramm war einer der wenigen, die die Steuersenkungen im Sinne einer angebotsorientierten Wirtschaftspolitik für richtig hielten. Die Aussichten waren offensichtlich düster.

Der neue Vorsitzende des Ausschusses für Steuern und Finanzen, der Demokrat Danny Rostenkowski aus Illinois, hatte im Kampf gegen die Initiative von Kemp-Roth die Führung übernommen. Don Regan sah sich nun veranlaßt, den Fehdehandschuh aufzunehmen. Auf einer schnell einberufenen Pressekonferenz erklärte er, die Kemp-Roth-Vorlage sei »alles andere als tot«. Damit war für ihn das Thema erledigt.

Der Steuerexperte der Republikanischen Partei, Barber Conable, führte im Weißen Haus ein langes Gespräch mit dem Präsidenten und versuchte ihm klarzumachen, daß die Kemp-Roth-Initiative kaum noch Aussicht auf Erfolg habe. Aber der Präsident erwiderte:

»Ich kann nicht kneifen und den Rückzug antreten. Ich habe das im

Wahlkampf versprochen, und vor uns liegt ein langer Weg. Wir können nicht schon jetzt anfangen zurückzuweichen.«

Conable erklärte sich widerwillig bereit, den Präsidenten auch weiterhin zu unterstützen – wenigstens zunächst. An der Auffahrt zum Weißen Haus sagte er den Journalisten: »Ich werde meine Pflicht tun.«

Am 1. April lag der Initiator der Steuersenkungen im Krankenhaus, um seine Schußwunde auszuheilen, und das allgemeine Interesse für dieses Problem hatte merklich nachgelassen. Zu den wenigen, die immer noch bereit waren, dafür zu kämpfen, gehörten Jack Kemp und ich. Auch Don Regan unterstützte die Initiative, aber hinter seinem Engagement stand nur der Mann im Ovalen Zimmer. Hätte der Präsident das Interesse an diesem Programm verloren, dann hätte es der Finanzminister noch am gleichen Abend zu Grabe getragen.

Am 26. März brachte ich viele Stunden damit zu, vor dem Haushaltsausschuß des Repräsentantenhauses das Kemp-Roth-Programm zu erläutern, und setzte mich dabei leidenschaftlich für seine Verwirklichung ein. Der einzige, der mich dabei unterstützte, war Jack Kemp.

Schließlich fand der intelligente demokratische Abgeordnete Dick Gebhardt aus Missouri ein paar freundliche Worte für mich und versuchte mich zu trösten. Er meinte, ich hätte unseren Steuersenkungsplan zwar tapfer verteidigt, aber niemand werde ihm zustimmen. Es sei daher Zeit, daß das Weiße Haus sein aussichtsloses Bemühen aufgebe und eine erfolgversprechendere Steuervorlage ausarbeite.

Dann dachte er laut nach: »Wenn ich den Kaffeesatz richtig lese, dann wird der Kongreß einer Steuersenkung für ein Jahr zustimmen.«

Aber wir verlangten sie für drei Jahre! Eine nur für ein Jahr durchsetzbare Steuersenkung hätte das Scheitern der Reagan-Revolution bedeutet. Ich lehnte das Ansinnen Gebhardts entschieden ab. »Der Präsident wird gegen eine Steuersenkung für nur ein Jahr sein Veto einlegen. Und wir müßten wieder ganz von vorn anfangen. Ich möchte den Kongreß deshalb dringend ersuchen, das nicht zu tun.«

Diese trotzige Herausforderung kam schon am nächsten Tag in die Schlagzeilen und wurde im Weißen Haus mit Vorbehalten aufgenommen. Baker und Darman glaubten, selbst Teile der Vorschläge von Kemp und Roth würden sich nur durchsetzen lassen, wenn wir mit Rostenkowski einen Kompromiß eingingen, aber auf keinen Fall mit der Drohung, der Präsident werde sein Veto einlegen.

Deshalb gingen sie zum Präsidenten und überzeugten ihn davon, daß ich gegen seinen Grundsatz verstoßen hätte, Vetos nicht im voraus anzukündigen. Das Weiße Haus müsse sich von meiner Aussage distanzieren. Larry Speakes wurde damit beauftragt.

Speakes teilte der Presse mit, der Präsident werde sich erst entscheiden, die Steuergesetze zu unterzeichnen oder sein Veto einzulegen, wenn sie auf seinem Schreibtisch lägen. Der Budgetdirektor habe nur seine »persönliche Meinung« geäußert, meine Empfehlungen hätten aber trotzdem ein »großes Gewicht«.

Die *Washington Post* brachte es noch deutlicher zum Ausdruck:

DAS WEISSE HAUS SCHEUT VOR VETO GEGEN STEUERGESETZE ZURÜCK

Ich war empört. Das war nicht irgendein Gesetz über Beihilfen für die vorschulische Erziehung oder Essen auf Rädern. Es war der Kern der Reagan-Revolution.

Gebhardt hatte davon gesprochen, die Steuern innerhalb eines Haushaltsjahres durchschnittlich um zehn Prozent zu kürzen, wobei die Empfänger niedriger Einkommen stärker begünstigt werden sollten. Dieses Gesetz sollte darüber hinaus durch Steuervergünstigungen für konjunkturschwache Industrien und Familien mit zwei Lohnempfängern sowie durch Anreize zum Sparen ergänzt werden. Das alles hatte überhaupt nichts mit der angebotsorientierten Wirtschaftspolitik zu tun.

Und genau das war es, was die Politiker wollten. Sie wollten die Reagan-Revolution im Keim ersticken, um weiterwursteln zu können wie bisher. Wenn sie uns ernst nehmen sollten, dann mußten wir ihnen rechtzeitig sagen, daß der Präsident nötigenfalls von seinem Vetorecht Gebrauch machen würde. Aber die Lage hatte sich so weit verschlechtert, daß das Weiße Haus nicht mehr die Energie aufbrachte, das zu tun. Es sah aus, als sei die Kemp-Roth-Initiative endgültig gestorben.

Im April erlebten wir zwei Wunder – die überraschend schnelle Genesung des Präsidenten und das Wiederaufleben seines Plans für die Steuersenkungen. Beide Vorgänge hatten sehr viel miteinander zu tun. Schon am ersten Tag nach seiner Entlassung aus der Klinik bat Ronald Reagan, der noch zu geschwächt war, um seine Wohnräume im dritten Stock zu verlassen, Baker, Meese und Deaver zu sich. Der Presse sagten sie später, der Präsident sei »besorgt und erregt, ja verwirrt« gewesen, weil man behauptet habe, seine Regierung habe ihre Bereitschaft signalisiert, bei den Steuersenkungen einem Kompromiß zuzustimmen.

So bewundernswert die Entschlossenheit und Tatkraft des Präsidenten grundsätzlich waren, sie hatten katastrophale Folgen. Das Problem lag darin, daß der Präsident die Steuergesetze nicht sehr genau kannte. Er konnte sich deshalb nicht vorstellen, welche Folgen die vom Kongreß verlangten Steuervergünstigungen haben würden, und verstand nicht die Beziehungen zwischen der Struktur der vom Bund erhobenen Steuern und dem Haushalt. Er hatte nicht begriffen, daß einschneidende Veränderungen in der Steuerstruktur die Zahlen im Bundeshaushalt verändern mußten, und zwar zu dessen Nachteil.

Die Strategie, die Ronald Reagan daher zur Durchsetzung seines Steuersenkungsplans anwandte, war die der rohen politischen Gewalt. Nach seinen Vorstellungen sollten die Steuern mindestens dicht unterhalb der dreißig Prozent-Grenze gekürzt werden, aber die Regelung aller anderen mit dem Steuergesetz im Zusammenhang stehenden Angelegenheiten überließ er seinen Beratern.

Jim Baker, Dick Darman, Don Regan und ich gingen von unterschiedlichen ideologischen und praktischen Voraussetzungen aus. Baker und Darman kam es in erster Linie auf die Handlungsfähigkeit der Regierung an. Sie wollten die angebotsorientierte Wirtschaftspolitik so weit wie möglich durchsetzen, ohne dabei aber die Erfolgschancen des Präsidenten zu gefährden. Als Nicht-Ideologen wären sie durchaus bereit gewesen, sich mit der Hälfte der dreißigprozentigen Steuersenkungen zufriedenzugeben – solange die Verabschiedung eines solchen Steuergesetzes als ein »Sieg« des Präsidenten hingestellt werden konnte. Aber da sie diesen Spielraum nicht hatten, waren sie gezwungen, eine riskantere Taktik anzuwenden.

Regan verfuhr nach dem »Echoprinzip«. Was der Präsident verlangte, versuchte er zu erreichen – ohne Rücksicht auf den Preis. Er hatte bei der Marineinfanterie gedient, und jetzt erstürmte er auch hier feindliche Stellungen. So bewundernswert seine Haltung auch war, eigentlich entsprach sie nicht der normalen Rolle des Finanzministers.

Seit Bestehen der Republik hatten demokratische und republikanische Finanzminister es als ihre besondere Verpflichtung angesehen, die Staatseinnahmen aufmerksam zu überwachen. Das ist nur natürlich, denn es gehört zu den wichtigsten Aufgaben des Finanzministeriums, die massive Verschuldung der öffentlichen Hand zu finanzieren.

Finanzminister sind daher allergisch dagegen, die Politiker im Kongreß auf die Steuergesetze loszulassen. Die doppelte Verpflichtung ihrer Behörde, Steuern einzunehmen und Fehlbeträge durch Kreditaufnahme abzudecken, schärft die Sinne jedes Finanzministers gegenüber den Gefahren, die den Staatseinnahmen drohen, wenn die Politiker versuchen, sich ihrer zu bemächtigen.

Aber Don Regan litt nicht unter dieser Allergie. Seine steuerpolitischen Fachberater sagten ihm zwar immer wieder, daß die »Ornamente«, mit denen der Kongreß die Steuersenkung ausschmücken wollte, steuerpolitisch verheerende Folgen haben würden. Sein für die Steuerpolitik verantwortlicher Staatssekretär, Buck Chapoton, kämpfte umsichtig und energisch für eine gesunde Besteuerung. Deshalb widersetzte er sich den vom Kongreß geforderten Ornamenten bis zum letzten Augenblick.

Aber der Einfluß von Chapoton reichte nicht sehr weit. Regan stellte sich zwar bei Einzelfragen der Steuerpolitik hinter ihn, nicht aber hinter seine Gesamtstrategie. Der Finanzminister weigerte sich, eine klare Grenze festzulegen, über die hinaus die Wünsche der Politiker bei der Vorlage des Steuergesetzes nicht berücksichtigt werden dürften. Das hatte einen ganz einfachen Grund. Er wollte sich von dem jungen Mann im Office of Management and Budget nicht übertreffen lassen. Wenn es mir gelang, fünfundneunzig Prozent der vom Präsidenten geforderten Ausgabenkürzungen durchzusetzen, dann wollte er bei der Kemp-Roth-Vorlage mindestens ebenso viel, wenn nicht mehr erreichen.

Ich ließ mich bei meinen Bemühungen von ideologischen Gesichtspunkten leiten und war deshalb, wenn es um das Addieren der Zahlen ging, nicht besonders zuverlässig. Von den vier Männern, die an der Vorlage arbeiteten, war ich der einzige, der auch bei den Steuersenkungen die Grundideen der angebotsorientierten Wirtschaftspolitik mit großer Leidenschaft zu verwirklichen suchte. Mir ging es bei diesem Programm um mehr als bloße Zahlen. Es war eine weltanschauliche Frage. Wie ich die Dinge sah, war es das Ziel der Vertreter der angebotsorientierten Wirtschaftspolitik, mit kapitalistischen Mitteln Reichtum zu schaffen, während die Politiker sich für eine sozialistische Umverteilung des Reichtums einsetzten. Um diese Kernfrage ging es bei der ganzen Reagan-Revolution.

Und jetzt versuchten die doktrinären Liberalen und die New-Deal-Demokraten auf dem Capitol Hill, uns die angebotsorientierte Steuersenkung streitig zu machen. Sie erklärten sich bereit, die Einkommensteuer unter Umständen sogar um bis zu zwanzig Prozent zu senken – *wenn* sich diese Vergünstigung auf die Bezieher von Einkommen bis höchstens fünfzigtausend Dollar im Jahr beschränkte. Aber das war der springende Punkt: Die vorgeschlagene Obergrenze der Einkommen, für die die Steuersenkung gelten sollte, war der mit einem Federstrich geführte, entscheidende Schlag gegen die hinter unserem Vorschlag stehende Idee der angebotsorientierten Wirtschaftspolitik.

Was die Liberalen nie haben zugeben wollen, ist die Tatsache, daß der Kapitalismus von Kapitalisten gemacht wird. Es ist die Aussicht darauf, reich zu werden und den erworbenen Reichtum behalten zu dürfen, die die Menschen veranlaßt, Erfindungen zu machen, Neuerungen einzuführen und unternehmerisches Risiko einzugehen. Auf diese Weise entsteht auch intellektuelles Kapital, das die Produktivität der Farmen, der Fabriken und der dort beschäftigten Arbeitskräfte steigert und ihren Wohlstand fördert. Die Vorstellung, daß unsere angebotsorientierten Anreize für die Kapitalisten mit den politischen Ornamenten der Umverteiler verwässert werden sollten, war für mich geradezu unerträglich.

Ein Kompromiß mit der Führung der demokratischen Fraktion im Repräsentantenhaus hätte, wie ich die Dinge damals sah, genau zu dieser Entwicklung geführt. Der Sprecher des Repräsentantenhauses war unter gar keinen Umständen für unsere Ideen zu gewinnen; in bezug auf die Steuern war er eine im Bernstein des New Deal eingeschlossene Fliege. Tip O'Neill kämpfte noch immer den guten Kampf gegen die mythischen »Wirtschaftsroyalisten« Franklin Delano Roosevelts.

Der Vorsitzende der Mehrheitsfraktion, Jim Wright, war ein noch gefährlicherer Gegner. Er befand sich auf dem gleichen Irrweg wie O'Neill, war aber noch energischer. Er praktizierte ganz einfach die Politik des Neides und schürte bewußt den Haß des Mittelstandes und der unteren Bevölkerungsschichten gegen die Reichen. Die von Jim Wright vertretenen Grundsätze in der Steuerpolitik waren von 1981 schon so viele Jahre Grundlage der Besteuerung gewesen, daß fast vierzig Prozent des Einkommensteueraufkommens von den fünf Prozent Steuerzahlern aufgebracht wurden, deren Einkommen über fünfzigtausend Dollar jährlich lagen. Für die Demokraten im Kongreß, die alle, und zwar nicht zufällig, mehr als das verdienten, war das Jahreseinkommen von fünfzigtausend Dollar die große Wasserscheide. Wenn man mehr verdiente, dann hatte man keinen Anspruch auf eine faire Behandlung. Man war in gewissem Sinne automatisch suspekt.

Bevor das Tauziehen Anfang Juni ernsthaft begann, machte Wright zum letzten Mal einen Kompromißvorschlag. Aber in Wirklichkeit war es gar kein Kompromiß, denn die Steuersenkung sollte zum größten Teil nur den Steuerzahlern mit niedrigen Einkommen zugute kommen.

Während ich bereit war, alles zu tun, um eine angebotsorientierte Steuersenkung durchzusetzen, hatte ich nicht vergessen, welche Gefahren für die fiskalische Gleichung bestanden. Ich war überzeugt, die Vierundzwanzig-Milliarden-Lücke ließe sich schließen, wenn man die Steuersätze nicht um dreißig, sondern um fünfundzwanzig Prozent senkte und bei der Neufestsetzung der Abschreibungsmöglichkeiten nach der Vorlage 10-5-3 dort, wo wir ursprünglich zu großzügig hatten verfahren wollen, gewisse Abstriche machte. Schließlich war diese Reform auch gar kein Konzept der angebotsorientierten Wirtschaftspolitik. Sie war lediglich der politische Preis gewesen, den wir 1980 hatten zahlen müssen, um die Geschlossenheit der Republikanischen Partei in Fragen der Steuerpolitik zu wahren. Gemeinsam würden diese beiden Berichtigungen unseres Steuerplans vom Februar jedenfalls dazu beitragen, das für die letzten Jahre unseres Haushaltsplans drohende Defizit wesentlich zu verringern.

Nun fingen die Ereignisse an, sich zu überschlagen. Der Wendepunkt war die »Alamo-Rede« Gramms zum Haushaltsbeschluß vor den konservativen demokratischen Abgeordneten aus den Südstaaten. Daß diese am 7. Mai ihre Stimme für die Gramm-Latta-Vorlage abgaben, war eine vernichtende Niederlage der Führer der demokratischen Fraktion im Repräsentantenhaus. Plötzlich sahen wir, daß wir jetzt über die notwendige Stimmenmehrheit verfügten und die besseren Karten in der Hand hatten als die Führung der Demokratischen Partei. Die Legislative Strategy Group (LSG) wurde sofort aktiv, und es dauerte nicht lange, bis wir eine wirksame und subtile Strategie entwickelt hatten.

Keiner von uns glaubte, man könne mit der Führung der demokratischen Fraktion im Repräsentantenhaus ins Geschäft kommen. Aber wir alle waren überzeugt, es bestünde die Möglichkeit, einen Keil zwischen Rostenkowski und die anderen gemäßigten Demokraten auf der einen Seite und O'Neill, Wright und die übrigen unverbesserlich liberalen Vertreter der Umverteilungspolitik auf der anderen zu treiben.

Wenn sich Rostenkowski bereitfinden sollte, einer generellen Senkung der Steuersätze über mehrere Jahre zuzustimmen – auch wenn es sehr viel weniger sein sollte als dreißig Prozent –, dann waren wir alle bereit, dem Präsidenten einen entsprechenden Vorschlag zu empfehlen. Uns kam es in erster Linie darauf an, daß eine solche Steuersenkung den Grundsätzen der angebotsorientierten Wirtschaftspolitik entsprach, und nicht auf die dreißig Prozent.

Wir waren zuversichtlich. Rostenkowski war ideologisch nicht so stark gebunden wie die Führung der Demokratischen Partei. Er war ein vernünftiger, anständiger Mann, der als Vorsitzender des Ausschusses für Steuern und Finanzen solide Arbeit leisten wollte.

Rostenkowski stammte aus Chicago, wo er im Kreis um Bürgermeister Daley seine politische Bildung erworben hatte, und er fühlte sich am wohlsten, wenn er aktiv an der politischen Macht beteiligt war. Ihm lag nichts daran, demagogische Reden zu halten und die Schlagworte der dreißiger Jahre zu wiederholen. Nun wollten wir ihm die Gelegenheit verschaffen, mit dem mächtigsten Mann in den Vereinigten Staaten ein politisches Geschäft zu machen – mit dem Präsidenten.

Dazu mußten wir aber zunächst feststellen, welches Alternativgeschäft sich mit den konservativen Demokraten abschließen ließe. Wenn sich Rostenkowski nicht weit genug in unsere Richtung locken ließ, wollten wir ihm zeigen, daß wir bereit waren, den konservativen Demokraten bei der Steuergesetzgebung einige ihrer Herzenswünsche zu erfüllen. Sollte das noch nicht genügen, dann wollten wir als letztes Mittel versuchen, die Gramm-Latta-Koalition zu veranlassen, sich im Plenum des Repräsentantenhauses hinter ein »Zweiparteien-Steuergesetz« im Sinne der angebotsorientierten Wirtschaftstheorie zu stellen.

Trotz unseres Erfolgs beim Haushaltsausgleich war das im Grunde eine Überrumpelungsstrategie. Rostenkowski hatte das ganze Frühjahr damit zugebracht, vor den wirtschaftlichen Gefahren einer für mehrere Jahre geltenden Steuersenkung zu warnen. Die konservativen Demokraten konnten sich immer noch nicht recht für die Kemp-Roth-Vorlage erwärmen. Und wir wußten noch nicht genau, wie wir eine Gruppe gegen die andere ausspielen sollten. Aber schon wenige Tage nach unserem Sieg in der Frage des Haushaltsausgleichs machten wir die ersten Züge in diesem politischen Schachspiel. Max Friedersdorf und Baker schalteten die Presse ein und begannen das Pokerspiel vor den Augen der Öffentlichkeit.

»An Stelle von Danny Rostenkowski«, sagte Friedersdorf, »würde ich mit dem Präsidenten über sein Steuerprogramm reden und ein möglichst gutes Geschäft aushandeln, bevor ich von der Flutwelle überrollt würde.«

Nun, eine gefährliche Springflut drohte im Augenblick nicht, und wahrscheinlich würde auch der »große Kommunikator« sie nicht auslösen. Ein kleines Gewitter braute sich jedoch in Texas zusammen, und zwar ganz zufällig.

Die Veranlassung gab Kent Hance, ein konservativer Demokrat, und wenn man sich im Mai 1981 seine bisherige politische Laufbahn angesehen hätte, dann wäre niemand auf den Gedanken gekommen, in ihm den Mann zu sehen, der schon bald die Diskussion um die Steuersenkungen neu beleben sollte. Die Theorie von der angebotsorientierten Wirtschaft war nicht die erste, die er durch Zufall kennengelernt und nicht verstanden hatte. Aber er war ehrgeizig. Sein intelligenter Kollege aus Texas, Phil Gramm, hatte es offenbar ohne große Anstrengungen in Washington über Nacht zu etwas gebracht, und Hance beschloß, auf dem Gebiet der Steuersenkungen die gleiche

Rolle zu übernehmen. Aber anders als bei Gramm standen hinter seinen Bemühungen mehr politische Überlegungen als echte Zukunftsvisionen. Dennoch machte er sich mit Energie und Begeisterung an die Aufgabe, seine Freunde vom konservativen Flügel der Demokratischen Partei für seine Ideen zu gewinnen, und Anfang Mai hatte er zehn oder zwanzig von ihnen so weit gebracht, daß sie wenigstens mit dem Gedanken spielten, eine modifizierte Version der Kemp-Roth-Initiative zu unterstützen – falls die Steuersenkungen bis 1982 verschoben und von zehn auf fünf Prozent reduziert würden. Außerdem verlangten seine politischen Freunde, daß auch eine Senkung der Grundsteuern und Steueranreize zum Sparen in das Kompromißpaket aufgenommen würden.

Damit war ein Anfang gemacht. Am 12. Mai traf sich die LSG im Ovalen Zimmer mit dem Präsidenten. Gewöhnlich bemüht man sich vergeblich darum, im Weißen Haus irgend etwas vertraulich zu behandeln, aber diesmal wurde alles unternommen, um die Besprechung geheimzuhalten.

Es war Don Regan, der dem Präsidenten sagte, was die LSG ihm empfehlen wollte. »Lassen Sie mich einen Spaten als Schaufel bezeichnen«, begann Regan. »Kemp-Roth wird sich nicht durchsetzen lassen. Wir glauben, es ist Zeit, im Ernst an die Ausarbeitung eines Kompromisses zu gehen.«

Regan, Baker und andere erläuterten dann unsere Strategie, Rostenkowski gegen die konservativen Demokraten auszuspielen.

»Wir feilschen mit den konservativen Demokraten«, erklärte Darman, »um Rosty unter Druck zu setzen.«

Während Regan und die anderen redeten, beobachtete ich den Gesichtsausdruck des Präsidenten. Er sah sehr unglücklich aus. Offensichtlich hatte er nicht damit gerechnet, daß seine eigenen Berater ihm vorschlagen würden, gerade bei dieser Reform, die ihm so sehr am Herzen lag, auf einen Kompromiß einzugehen. Aber Ronald Reagan war ein Politiker. Deshalb war er bereit nachzugeben, wenn auch nur bis zu einem bestimmten Punkt.

»Wir sollen also einige ihrer Ornamente akzeptieren«, überlegte er. »Nun ja, ich bin schon immer dafür gewesen, die Grundsteuern auf ein vernünftiges Niveau zu senken. Aber bei der Senkung der Steuersätze müssen wir hart bleiben. Auf weniger als fünfundzwanzig Prozent können wir uns nicht einlassen. Und ich möchte nicht, daß Sie mir zumuten, diese Zahl zu unterschreiten. Wenn notwendig, werden wir damit vor die Öffentlichkeit gehen.«

Diese Ermahnung des Präsidenten wurde zur Grundlage der jetzt folgenden Verhandlungen.

Ich war entzückt und so naiv zu glauben, daß uns die »Ornamente« kaum etwas kosten würden, während die um fünf Prozent geringere Senkung der Steuersätze dazu beitragen könnte, die magischen vierundvierzig Milliarden Dollar Haushaltsdefizit zu reduzieren.

Meine Zufriedenheit gründete sich auf die Überzeugung der LSG, daß sich unsere Strategie des »Auswerfens von Ködern nach beiden Seiten« als erfolgreich erweisen werde. Irgendwie waren wir überzeugt, daß Rostenkowski schließlich doch auf die Bedingungen des Präsidenten eingehen würde. Wenn das Geschäft mit dem Vorsitzenden des Ausschusses für Steuern und Finanzen einmal abgeschlossen war, dann war die Annahme der Gesetzesvorlage im Repräsentantenhaus ein Kinderspiel.

Als ich mich am 16. Mai mit Greider traf, war mein Optimismus durch nichts mehr zu übertreffen. Zwar sah es auf dem Kapitalmarkt nicht gerade rosig aus, und nirgends zeigten sich irgendwelche Anzeichen für einen Wirtschaftsaufschwung. Aber unsere geheime Anweisung, beim Steuergesetz auf einen Kompromiß einzugehen, war das Elixier, das die Wall Street brauchte.

Greider hatte schon ein paarmal erlebt, daß meine Voraussagen über eine bevorstehende Wende auf dem Kapitalmarkt nicht eingetroffen waren. Aber ich war überzeugt, daß die von mir eingeleiteten Maßnahmen – hinsichtlich des Verteidigungsetats, der Rentenversicherung und des Kompromisses bei der Steuergesetzgebung – genau zur rechten Zeit getroffen worden seien und die gewünschte Wirkung erzielen würden.

Ich sagte, das Schreckgespenst der Defizite sei die Hauptbedrohung unseres großen Plans für die wirtschaftliche Erneuerung, aber es könne schon jetzt gebannt werden.

»Die Märkte fürchten die Aussicht auf hohe Defizite, weil sie das Defizit als eine Art Leitindikator der Geldpolitik betrachten. Sie wissen, wenn hohe Defizite unvermeidbar sind, wird die Bundesbank nachgeben oder unberechenbar reagieren – und sie wird die heute auf den Märkten herrschende Unberechenbarkeit und Unsicherheit erhöhen.

Ich habe nie geglaubt, daß Steuersenkungen allein die Produktion erhöhen und die Zahl der Beschäftigten steigern könnten. Ich glaube, was die Wirtschaft gegenwärtig drosselt, ist die Verfassung des Kapitalmarkts. Man muß die Zinssätze deutlich senken. Ohne eine Stabilisierung des Kapitalmarktes darf man nicht mit einer angebotsinduzierten Expansion der Wirtschaft rechnen.«

Dann fragte mich Greider, wie der Kompromiß, an den wir dachten, im einzelnen aussehen sollte. Bisher hatten wir alle unsere Gespräche streng vertraulich geführt, und ich hatte ihm seit Monaten alles gesagt, was ich wußte. Aber plötzlich wurde ich hellhörig.

»In diesem Punkt habe ich mich zum Schweigen verpflichtet.«

Greider lächelte. »Aber haben Sie schon einen genauen Plan ausgearbeitet?«

»Auch darüber kann ich nichts sagen.«

Der Grund für meine plötzliche Zurückhaltung hatte etwas mit einer ausgesprochen peinlichen Episode vor wenigen Tagen zu tun. Man hatte mich scheinbar bei der Weitergabe vertraulicher Informationen ertappt. In Wirklichkeit hatte ich es nicht getan, aber es sah so aus, als sei ich für die Indiskretion verantwortlich. Dieser Vorfall wurde jedoch zum entscheidenden und verhängnisvollen Wendepunkt bei der Vorlage des Steuergesetzes, denn nun übernahm Don Regan das ganze Unternehmen in eigener Regie, ohne daß ihm irgend jemand hineinreden durfte.

Der Anlaß war folgender: Am Schluß der Sitzung mit dem Präsidenten, auf der über den Kompromiß beim Steuergesetz beraten worden war, wurde die Notwendigkeit, den Inhalt der Besprechung geheimzuhalten, so groß, daß wir alle praktisch die Hand zum Schwur erhoben und uns zu absolutem Stillschweigen verpflichteten. Wir konnten unsere Taktik des Auswerfens von Ködern in zwei Richtungen nicht anwenden, wenn die Betroffenen erfuhren, was wir vorhatten, oder wenn sie wußten, wie weit wir bereit waren, ihren Forderungen nachzugeben.

Am gleichen Tag hielt ich mit Reportern der *New York Times* eine vorher verabredete Pressekonferenz ab, um sie mit »Hintergrundinformationen« zu versorgen. Zu meinem Entsetzen kannten sie bereits die ganze Geschichte der »Geheimsitzung« im Ovalen Zimmer. Nachdem wir unseren feierlichen Eid geleistet hatten, waren nur wenige Stunden vergangen. Nun forderten sie mich auf, diese Geschichte zu bestätigen.

Ich hätte sie ohne weiteres dementieren können. Aber wenn man mich mit der Wahrheit konfrontiert, dann fällt es mir manchmal schwer, zu lügen und damit dem Ritual zu folgen, das zu diesem Spiel gehört – besonders wenn der Reporter, der mir die Frage stellt, anderthalb Meter vor mir steht und mir in die Augen blickt. So holte ich tief Atem und bestätigte die Geschichte als »Hintergrundinformation«.

Am folgenden Tage zitierte die *New York Times* einen »höheren Beamten im Weißen Haus«, der angedeutet habe, der Präsident habe beschlossen, sich bei der Kemp-Roth-Vorlage weitgehend kompromißbereit zu zeigen. Die eigentliche Informationsquelle war nicht ich, aber gegen Ende des Artikels wurde David A. Stockman mit einer Aussage über eine Angelegenheit zitiert, die mit dem Steuergesetz nichts zu tun hatte. Das Ganze war nichts anderes als ein unglücklicher Zufall.

Don Regan bekam einen seiner charakteristischen irischen Wutanfälle. Seine Mitarbeiter berichteten, er habe den ganzen Vormittag damit zugebracht, diesen »grünen Jungen« zu verfluchen – obwohl er keinen Beweis dafür hatte, daß ich die Informationsquelle war, auf die sich der Artikel in der *New York Times* berief.

Mein Mitarbeiter Larry Kudlow erkundigte sich nach der Stimmung im Finanzministerium, wo man ihm sagte, am besten wäre es, ich riefe Regan an und versuchte, ihn zu besänftigen. Ich tat es, verschaffte ihm damit aber nur die Gelegenheit, über mich herzufallen, auf die er gewartet hatte.

Sobald er den Hörer aufgenommen hatte, sagte ich ihm: »Don, ich wollte nur die Angelegenheit mit dem Artikel in der *New York Times* aufklären. Ich habe mit den Leuten gesprochen, aber . . .«

Ich konnte den Satz nicht beenden und ihm sagen, daß die Journalisten schon unterrichtet waren, als ich mit ihnen sprach. Er brüllte mich an:

»Gott verdammt! Das war das Letzte. Das werde ich nicht durchlassen. Ich gehe sofort zum Präsidenten.«

Er schlug so heftig mit der Faust auf den Tisch, daß ich das Gefühl hatte, er hätte meine Tischplatte getroffen.

»Das war der letzte Kinnhaken, den Sie mir versetzt haben!«

fauchte er. »Jetzt reicht es mir. Wir werden auf der Stelle klären, wer in der Wirtschaftspolitik etwas zu sagen hat.«

Es war unmöglich, den Mann zu beruhigen. Er rief den Präsidenten an und sagte ihm, ich sei verantwortlich für den Artikel in der *New York Times* und dafür, daß die ganze Strategie der Administration unterminiert worden sei.

Nach ein paar Stunden meldete sich meine Sekretärin am Telephon und sagte, »der Präsident ist am Apparat«.

Ich hatte mit Unannehmlichkeiten gerechnet, wenn auch nicht in dieser Form, und hatte mir meine Verteidigung zurechtgelegt. Aber zunächst gab mir der Präsident keine Gelegenheit, ihm die Sache zu erklären.

»Dave, ich habe ein Hühnchen mit Ihnen zu rupfen«, sagte er. »Don hat mir gesagt, Sie hätten die *New York Times* unterrichtet.«

Seine Stimme klang ernst und drohend. Es war das einzige Mal, daß er mir gegenüber diesen Ton anschlug. Und es war ernüchternd. »Das kann ich nicht zulassen«, fuhr er fort. »Wir alle haben uns zum Stillschweigen verpflichtet. Ich werde so etwas nicht noch einmal dulden.«

Mir trat der Schweiß auf die Stirn, und ich sagte, ich hätte die Informationen nicht weitergegeben; die *Times* habe sie schon gehabt. Dann wies ich den Präsidenten darauf hin, daß die mir in dem Artikel zugeschriebenen Zitate nichts mit dem Steuergesetz zu tun hatten. »Herr Präsident«, sagte ich, »ich bin es wirklich nicht gewesen, der nicht dichtgehalten hat.«

Augenscheinlich lag der Artikel vor ihm auf dem Tisch, denn nach einer kurzen Pause sagte er: »Ja, ich sehe, was Sie meinen.«

Ich beruhigte mich, und ich glaubte, auch er hatte sich überzeugen lassen. Wir beide stimmten darin überein, daß man nie zu vorsichtig sein konnte. »Die Presse wird einen immer wieder in die Falle locken«, sagte er.

Der Präsident beendete das Gespräch mit den Worten: »Nun ja, vor uns allen liegt eine große Aufgabe. Ich möchte, daß Sie weiter an den Ausgabenkürzungen arbeiten. Aber eines muß klar sein: Don ist für das Steuergesetz verantwortlich. Das liegt in seinem Zuständigkeitsbereich.«

Inzwischen hatte Regan die wichtigsten Wirtschaftsjournalisten mit Zustimmung des Weißen Hauses ins Finanzministerium bestellt und ihnen gesagt, daß sie nur von ihm erfahren könnten, wie die Regierung über Steuerfragen denke. »Wenn Sie von anderer Stelle irgend etwas hören, dann ist es falsch.«

Anfang Juni 1981 entdeckte ich, daß das Regieren nicht nur eine Sache der reinen Vernunft, der Analyse und der Auseinandersetzung mit Ideologien ist. Es gehörten auch die Rücksichtslosigkeit starker Persönlichkeiten, die Unverfrorenheit aufgeblähter Egos und das Verlangen nach Macht und Einfluß dazu. Allmählich dämmerte es mir, daß wir nicht alle nur blauäugige Idealisten waren.

Ich hatte von Anfang an gewußt, daß Regan eifersüchtig auf mich war, aber ich hatte mich nicht darum bemüht, die Aufmerksamkeit der Öffentlichkeit auf mich zu lenken. Das ergab sich aus der schwierigen Stellung, in der ich mich befand. Ich verfügte über keinen Stab von Public-Relations-Leuten, die sich hätten überlegen müssen, wie sie mich in die Sieben-Uhr-Nachrichten bringen konnten. Meine Mitarbeiter arbeiteten hart an der Lösung ganz konkreter Probleme.

Sogar mein Pressesekretär Ed Dale, ein alter bewährter Journalist, interessierte sich nur für Tatsachen. Er war zu erfahren und zu sehr fasziniert von der politischen Auseinandersetzung, um am »Profil« seines Chefs zu feilen.

Ich hätte mir gewünscht, daß Regan aufhörte mir vorzuwerfen, ich versuche mich in den Vordergrund zu drängen. All diese Geschichten über eine angebliche Rivalität zwischen uns beiden waren völlig überflüssig; aber ich machte die für die Publicity zuständigen Leute aus seinem Ministerium dafür verantwortlich. Indes es ging um bloßen Machthunger.

Daß ich diese Entdeckung erst so spät machte, hatte auch auf die Reagan-Revolution praktische Auswirkungen. Wenn unser Plan gelingen sollte, dann mußten bestimmte Dinge in einer ganz bestimmten Weise geregelt werden. Fehler konnten wir uns nicht leisten. Aber wie sollten wir diesen hohen Ansprüchen gerecht werden, wenn gewisse Leute aus persönlichem Ehrgeiz versuchten, mehr Einfluß und Ansehen zu gewinnen?

Wenn mein Idealismus einer eher nüchternen Betrachtungsweise gewichen war und ich nun deutlicher erkannte, welche Kräfte das politische Leben beeinflußten, dann konnte das nur nützlich sein. Ich sah die Dinge jetzt nicht mehr so, wie ich sie zu sehen wünschte, sondern wie sie wirklich waren. Don Regan hatte mir mehr beigebracht, als ihm bewußt war.

Das galt auch für Dick Darman, nur daß seine Lehrmethoden gemäßigter waren. Ich erkundigte mich jetzt regelmäßig nach den politischen Intrigen auf dem Capitol Hill, die die Steuergesetzgebung beeinflußten. Zunächst hatte ich ihn nicht besonders geschätzt. Er stellte ständig unbequeme Fragen oder war augenscheinlich nur mit taktischen Problemen und Machenschaften der einzelnen Politiker beschäftigt. Erst später erkannte ich, daß er hinter diesen Einzelheiten nie die Substanz unserer Sache aus den Augen verlor.

Für einen Ideologen waren das Nebensächlichkeiten, doch unsere Ideologie war keine geeignete Basis für ein Bündnis. Aber er war fasziniert von meiner Ideologie, denn sie war die Grundlage der offiziellen Politik unserer Regierung, wenigstens auf dem Papier. Und als wir im Juni und Juli immer leidenschaftlicher in das Ringen mit der Legislative hineingezogen wurden, lernte ich seine mit klarem Kopf, scharfsinnig und folgerichtig betriebene politische Strategie bewundern.

In Darmans Büro im Erdgeschoß des Westflügels genoß ich eine wertvolle Ergänzung meiner politischen Erziehung. Zur Amtszeit des Präsidenten Nixon war dies das Büro von Pat Moynihan gewesen, und hier waren alle jene Denkschriften verfaßt worden, die mich in die Geheimnisse der amerikanischen Innenpolitik eingeführt hatten.

»Wissen Sie, daß einer meiner größten Lehrmeister hier hofgehalten hat?« fragte ich Darman eines Nachmittags, als er mir seine Theorie über die Regierungsarbeit und die Wahrnehmung des öffentlichen Interesses erläuterte.

Darman übersah keine Ungereimtheit. »Sie meinen den Burschen, der sagt, der unkontrollierte Umlauf von Silbergeld sei Ausdruck der angebotsorientierten Wirtschaft«, sagte er und lächelte verschmitzt.

Einen Augenblick war ich sprachlos, aber dann erwiderte ich: »Nun, Moynihan hatte es mit einem Problem zu tun. Er ließ sich zum Senator von New York wählen. Aber dort kann er mit seinen vernünftigen wirtschaftspolitischen Anschauungen nichts werden. Wie Sie wissen ist New York *der* Wohlfahrtsstaat schlechthin.«

Nun stellte mir Darman eine unfaire Frage: »Da wir schon dabei sind, Stimmen zu zählen, wie viele andere Staaten gehören in diese Kategorie?«

Darman war eine komplizierte Verkörperung des Realitätsprinzips. Ihm gefiel meine Doktrin von den freien Märkten, der kapitalistischen Dynamik und der Gerechtigkeit in der Wirtschaftspolitik. Als Intellektueller, der sich aufrichtig um das öffentliche Interesse bemühte, war er nicht bereit, die im Kongreß geübte Praxis des Austeilens ungerechtfertigter Vergünstigungen zu entschuldigen.

Er hatte über die großen Zusammenhänge nachgedacht und die historische Bedeutung der Reagan-Revolution begriffen. Sein Büro war das einzige im Weißen Haus, in dem auf einem Tisch ein ganzer Stapel wichtiger Bücher lag, die der Mann, der hier saß, auch gelesen hatte. Er wußte, welche Auffassungen Hayek und Beveridge vertraten, und hatte nichts gegen meine politischen Neigungen einzuwenden, aber er hielt es für besser, sein politisches Ziel behutsam anzusteuern, anstatt es mit einem Sprung erreichen zu wollen und dabei womöglich auf die Nase zu fallen.

Die Gespräche mit ihm waren außerordentlich anregend, und so sehr sie mich manchmal auch verwirrten, ich ging immer wieder zu ihm.

Darman sorgte sich ebenso wie ich darum, was im Finanzministerium ausgebrütet werden würde. Aber mit Hilfe der Beratungen im Rahmen der LSG und der täglichen Gespräche Darmans mit Regan, Baker und den verschiedenen Delegationen im Capitol Hill versuchten wir, den Prozeß so gut wie möglich zu steuern. Bis zu den letzten Juliwochen gelang uns das auch in den meisten Fällen recht gut.

Aus den langen Gesprächen mit Darman über ideologische und politische Fragen lernte ich, daß ich nicht über so viele Lösungen verfügte, wie ich zunächst geglaubt hatte; daß ich ein dogmatisches Gebäude errichtet, aber keine Theorie entwickelt hatte, die man zur Grundlage der Regierungsarbeit hätte machen können.

Nachdem der Präsident die Fünfundzwanzig-Prozent-Marke festgelegt hatte, war an ein Geschäft mit Rostenkowski nicht mehr zu denken. Seine demokratischen Kollegen im Ausschuß für Steuern und Finanzen hätten diese Bedingungen nie geschluckt. Im Kern war das immer noch die Kemp-Roth-Vorlage, und sie wünschten diese Vorlage zum Teufel. Trotzdem ging das Katz-und-Mausspiel zwischen Rostenkowski und den konservativen Südstaaten-Demokraten noch einige Wochen weiter. Aber das Ende zeichnete sich schon ab.

Wir würden uns mit den konservativen Südstaaten-Demokraten einigen und den Kampf um die Steuerpolitik im Plenum des Repräsentantenhauses austragen. Und dann würde das Feilschen beginnen, das dazu beitragen sollte, daß das Land in einem Rekorddefizit versinken würde.

Nur der Präsident hätte dieser Entwicklung Einhalt gebieten können; vielleicht aber auch Don Regan, aber Regan, der an eine solche Lösung nicht zu denken wagte, hat dem Präsidenten niemals geraten, seine Forderungen zu reduzieren. Baker hat ein paarmal versucht, den Präsidenten im persönlichen Gespräch umzustimmen. Aber Baker wußte, wann er auf Granit stieß. Der Präsident war finster entschlossen, fast die gesamten Steuersenkungen im Sinne der angebotsorientierten Wirtschaftspolitik durchzusetzen. Und Baker war überzeugt, daß das eine ureigene Entscheidung des Präsidenten war, gegen die auch der Chef des Stabes nichts ausrichten konnte.

In der ersten Juniwoche warfen uns die ungeduldigen demokratischen Kollegen Rostenkowskis den Fehdehandschuh hin. Ihr letztes Angebot lautete: eine fünfzehnprozentige Steuersenkung für die nächsten zwei Jahre und dazu eine unübersehbare Menge von »Ornamenten«!

Doch der Präsident erklärte: »Das ist nicht genug!«

Die Reaktion der Demokraten im Ausschuß für Steuern und Finanzen war deutlich genug. Sie erklärten dem Weißen Haus den Krieg.

So sah es wenigstens aus. In Wirklichkeit hatten wir ihnen schon im Februar den Krieg erklärt, und sie entschlossen sich erst im Juni, zurückzuschlagen.

Ein Krieg festigt die Kameradschaft. Als er am 3. Juni begann, saßen Baker, Regan, Darman, Friedersdorf, Gergen und ich beim Mittagessen zusammen. Wir wußten, daß die Schlachten, die wir bisher geschlagen hatten, verglichen mit dem, was uns jetzt bevorstand, nur Frühjahrsmanöver gewesen waren.

»Nun«, erklärte Darman mit seinem hämischen, nervösen Lachen, »ich glaube, jetzt wird es Ernst.« Bei ihm wußte man nie, ob er mit einer Katastrophe oder mit einem triumphalen Sieg rechnete. Wir anderen, die wir uns an diesem wichtigen Tag im Weißen Haus versammelt hatten, waren überzeugt, die Würfel seien gefallen und der Augenblick sei gekommen, den »Rubikon zu überschreiten«. Aber Cäsar hatte damals gewußt, wohin sein Entschluß ihn führen werde; wir wußten es nicht. Niemand dachte daran, das Problem noch einmal dem Präsidenten vorzulegen. Unsere Aufgabe war es, die Schlacht zu gewinnen. Taktische Erwägungen standen an diesem ersten Tag im Vordergrund, und sie sollten den Kampf um die Steuergesetzgebung bis zum Ende beherrschen.

Noch am gleichen Nachmittag wurden neun führende Südstaaten-Demokraten zu einer Besprechung mit Baker, Regan und Friedersdorf ins Weiße Haus gebeten. Inzwischen waren die meisten Details des später so bezeichneten »Conable-Hance«-Steuersenkungsgesetzes ausgearbeitet worden. Jetzt kam es nur noch darauf an, das Bündnis zu zementieren. Gramm, Hance, Stenholm, Montgomery und die anderen konservativen Demokraten gaben ihre Zustimmung, und am folgenden Tag, es war der 4. Juni, gab die neue Koalition aus Republikanern und konservativen Demokraten den von zwei Parteien getragenen Entwurf für ein Steuersenkungsgesetz bekannt. Damit war der erste Schuß abgefeuert.

Das Ergebnis begeisterte mich. Mit diesem Gesetz wurden die Verluste bei den Staatseinnahmen bis zum Jahr 1984, wie ich es vorgesehen hatte, um acht bis zehn Milliarden Dollar verringert. Das war kein unwesentlicher Beitrag zur Schließung der Deckungslücke von vierundvierzig Milliarden Dollar.

Darüber hinaus war es gelungen, Auswüchse bei den Abschreibungserleichterungen zu verhindern. Die Abschreibungsmöglichkeiten bei Versorgungs- und Industrieunternehmen wurden z. T. wieder beschnitten; diese und andere steuerpolitisch vernünftige Maßnahmen verringerten die Verluste bei den Staatseinnahmen für die kommenden Jahre um weitere hohe Milliardenbeträge.

Noch wichtiger war es nach meiner Meinung, daß diese Korrekturen bewiesen, daß man die Politiker veranlassen konnte, Disziplin zu wahren. Wir hatten das Steuergesetz in einer Weise modifiziert, die es ermöglichen würde, die fiskalische Gleichung aufgehen zu lassen und die politische Disziplin im Kampf mit den Demokraten im Plenum des Repräsentantenhauses zu stärken.

Ich sagte Greider, der Kompromiß zeige, wie ehrlich wir uns gegen den Widerstand der Interessengruppen um den Ausgleich des Haushalts bemüht hatten.

Aber Greider wollte sich nicht überzeugen lassen. Er fragte nach Charles Walker. Das war der gefürchtete Lobbyist der mit der Körperschaftsteuer belasteten Unternehmen, der sich besonders um großzügige Abschreibungsmöglichkeiten bemüht hatte.

Meine hartnäckige Weigerung, den Einfluß der Interessengruppen, der nach meiner Theorie so schädliche Auswirkungen hatte, in der Praxis zur Kenntnis zu nehmen, zeigte sich nur allzu deutlich in der folgenden Einschätzung der Möglichkeiten von Charlie Walker:

»Ich glaube nicht, daß er einen so großen Einfluß hat. Solange wir die Befürworter einer Abschreibungsreform im Kongreß zufriedenstellen, wird sich der Kompromiß durchsetzen lassen. Conable hat zugestimmt. Er ist der Vater der Vorlage 10-5-3. Er kann damit leben, und Walker kann meckern soviel er will.«

Schon wenige Tage nach diesem vertraulichen Gespräch fuhren Walker, die Handelskammer und die großen Industriekonzerne gegen uns auf wie ein Panzerregiment. Das Gefecht dauerte vier Tage. Dann wurde das Feuer plötzlich eingestellt. Walker erreichte alles, was er wollte. Die Termine, an denen die ursprünglichen Bestimmungen des Gesetzes in Kraft treten sollten, wurden um zwei Jahre verschoben, und damit standen wir wieder ganz am Anfang. Für die Jahre nach 1984 waren die Verluste bei den Staatseinnahmen nicht mehr verringert worden, und damit fehlte uns eine weitere Möglichkeit, den Haushalt auszugleichen.

Doch trotz all dieser Rückschläge war ich nicht so besorgt, wie ich es hätte sein sollen. Das Geschäft mit den konservativen Südstaaten-Demokraten schien nicht allzu kostspielig zu sein und entsprach zum großen Teil einer durchaus vernünftigen Steuerpolitik. Es sah zum Beispiel eine Senkung des Spitzensteuersatzes auf Zinserträge von siebzig auf fünfzig Prozent vor, die sofort in Kraft treten sollte. Das entsprach noch entschiedener unserer angebotsorientierten Wirtschaftspolitik als die Steuersenkung nach der Vorlage von Kemp und Roth.

Die konservativen Demokraten hatten außerdem verlangt, in die Conable-Hance-Vorlage eine wesentliche Senkung der Schenkung- und Grundsteuer aufzunehmen. Auch das war positiv zu bewerten. Die übermäßige Besteuerung des Grundbesitzes und der während eines ganzen Lebens erworbenen Vermögenswerte gehörte zu den schlimmsten von antikapitalistischen Neigungen diktierten Maßnahmen der »Zweiten Republik«.

Daneben hatten die konservativen Demokraten zahlreiche nicht besonders ins Gewicht fallende Zusätze zu der Gesetzesvorlage eingebracht, aber eines ihrer »Ornamente« sollte unabsehbare Folgen haben.

Sie hatten verlangt, die erste Rate der Steuersenkungen nach dem Entwurf von Kemp und Roth wenigstens bis zum Jahr 1982 zu verschieben, und ich hatte mich entschieden dagegen gewehrt. Ich war bereit gewesen, darauf zu verzichten, daß die erste Steuersenkung, wie zunächst geplant, im Juli 1981 vorgenommen wurde. Schließlich war die Überleitung in ein angebotsorientiertes Wirtschaftssystem ein auf lange Sicht angelegtes Unternehmen, mit dem Anreize geschaffen werden sollten, und kein keynesianisches Aufputschmittel, mit dem die Wirtschaft innerhalb eines Vierteljahres in Schwung gebracht werden konnte. Aber ich hielt es für sehr gefährlich, das Inkrafttreten der in drei Schritten vorzunehmenden Steuersenkungen zu weit in die fernere Zukunft zu verschieben. Damit würde den Politikern und der Inflation die Gelegenheit gegeben, diese Maßnahmen zu beeinflussen und ihre Wirksamkeit abzuschwächen.

In dieser Frage konnte ich mich auch mit meinem Freund Phil Gramm nicht einigen. Er war dafür, die Steuersenkungen erst zu einem späteren Zeitpunkt in Kraft treten zu lassen. Gramm glaubte, damit ließen sich die Politiker unter Druck setzen und veranlassen, die Ausgaben während der folgenden fünf Jahre zu kürzen, während das Risiko einer vorübergehenden Zunahme des Defizits vermieden würde.

In dieser Situation hielt ich es für richtig, meine Auffassung öffentlich bekanntzumachen, und lancierte einen Presseartikel, in dem es unter anderem hieß:

»... Als Budgetdirektor interessiert sich Stockman natürlich für jede Maßnahme, mit der das Defizit abgebaut wird. Aber als Vertreter einer angebotsorientierten Wirtschaftspolitik und republikanischer Politiker sieht er in dem Vorschlag von Hance und Gramm gewisse Gefahren.«

Der Artikel tat seine Wirkung. Hance erklärte sich bereit, die erste Steuersenkung am 1. Oktober 1981 vorzunehmen. Natürlich forderte er einen Preis dafür, der jedoch nicht zu hoch erschien. Er wollte für die kleinen Ölkonzessionäre einen Steuerfreibetrag in Höhe von zweitausendfünfhundert Dollar jährlich bei der Besteuerung unerwarteter Gewinne durchsetzen. Das hätte die Steuereinnahmen um nur siebenhundert Millionen Dollar jährlich verringert. Die von Carter eingeführte Besteuerung der unerwarteten Gewinne kostete die Industrie bereits fast zwanzig Milliarden Dollar im Jahr, und das war etwa das Dreißigfache der von Hance geforderten geringen Vergünstigung.

Ich war – auch aus ideologischen Gründen – durchaus geneigt, diesem Vorschlag zuzustimmen. Die für unerwartete Gewinne erhobene Sondersteuer hielt ich ohnedies für eine Gemeinheit. Deshalb war es durchaus zu vertreten, einen kleinen Teil dieser nicht zu rechtfertigenden Staatseinnahmen abzuzweigen, um die Kemp-Roth-Vorlage auf den Weg zu bringen. Ich habe mich damals sogar darüber gewundert, daß Hance bereit war, für einen so geringen Preis ein so entscheidendes Zugeständnis zu machen.

Ich brauchte aber nicht lange, um zu erkennen, daß Hance mit diesem Geschäft das politische Klima vergiftet hatte. In meinen zahlreichen Gesprächen, die ich in der folgenden Woche mit gemäßigten republikanischen Abgeordneten führte, war das Hauptthema immer wieder das Entgegenkommen, das wir den kleinen Ölkonzessionären gezeigt hatten.

Sie hatten sich den Blick nicht durch ideologische Vorstellungen trüben lassen. Sie betrachteten die kleine Gefälligkeit von Hance als Ausdruck einer himmelschreienden, engstirnigen Günstlingswirtschaft. Und der Vorfall ließ alle gegen die Ölindustrie gerichteten Emotionen wieder aufleben, denn Carter hatte viel dazu beigetragen, die Stimmung im Lande gegen die Ölgesellschaften aufzuheizen. Wie eine Menschenmenge, die entschlossen ist, einen vermeintlich Schuldigen zu lynchen, waren sie nicht mehr in der Lage, klar zu denken. Wenn Hance für seine Ölleute das bekam, was er wollte, dann durften auch sie jetzt alle ihre Forderungen stellen. Der von Hance erwirkte Steuerfreibetrag von zweitausendfünfhundert Dollar hatte dazu geführt, daß von allen nur denkbaren Seiten Forderungen erhoben wurden, bei denen es um einen Gesamtbetrag von fast einer Billion Dollar ging.

Mitte Juni betrachtete ich die Lage noch ganz nüchtern. Ich sagte Greider: »Wir wollten uns nicht auf eine Diskussion über die Steuergesetze einlassen, bei der es um die besonderen Ansprüche bestimmter Interessengruppen ging. Aber dann stimmten wir einem Kompromiß zu. Jetzt fürchte ich, wenn wir das noch häufiger tun, wird die ganze Steuerlobby in Washington den Eindruck gewinnen, wir würden mit jeder einzelnen dieser Gruppen gesondert verhandeln. Dann werden wir schließlich so rasch zurückweichen müssen, daß wir am Ende selbst nicht mehr sagen können, weshalb wir plötzlich die Rolle des Weihnachtsmanns übernommen haben.«

Rückblickend muß ich sagen, daß die Conable-Hance-Steuersenkungsvorlage von Anfang an sowohl symbolisch als auch praktisch ein Fehlgriff gewesen ist. Beide hatten die Ansprüche der hinter ihnen stehenden Abgeordneten befriedigt und wollten sie jetzt nicht enttäuschen.

Während der folgenden dreißig Tage überschlugen sich die Ereignisse. Fast täglich erhielt ich neue Beweise dafür, welche Schwächen unser Plan für die Reagan-Revolution hatte. Mit anderen Worten, er sah keine politischen Manövrierspielräume vor. Es gab im Kongreß nicht die Spur einer hinter Ronald Reagan stehenden ideologischen Koalition zur Unterstützung dieser Revolution. Die Republikaner und die konservativen Demokraten waren nichts anderes als eine schwache, in einzelne Fraktionen aufgespaltene, instabile politische Gruppe, deren einzelne Mitglieder unter dem Druck der engstirnigsten, aber mit großer Leidenschaft vertretenen Interessen standen.

Für die Abstimmung im Plenum war die rechnerische Mehrheit aus Republikanern und konservativen Demokraten aus dem Süden praktisch bedeutungslos. Bei den Abstimmungen über jede einzelne Gesetzesvorlage mußten wir die Ja-Stimmen immer von neuem mühsam zusammenkratzen. Das heißt, die letzten entscheidenden zehn oder zwanzig Prozent der Stimmen, die wir für die Mehrheit brauchten, mußten gekauft werden.

Die damit verbundenen Kosten hatten zur Folge, daß die fiskalische Gleichung nicht mehr aufgehen konnte. Die Ausgabenkürzungen schrumpften immer mehr zusammen, und das Paket der Steuersenkungen schwoll an. Mit Gewalt eine Schlacht zu gewinnen, bedeutete in Wirklichkeit den Krieg zu verlieren.

Mitte Juni mußte ich erkennen, daß diese Entwicklung nicht mehr aufzuhalten war. Die politischen Zwänge führten dazu, daß Einnahmen- und Ausgabenseite des Haushalts immer weiter auseinanderklafften. Aber dennoch weigerte ich mich, mir die katastrophalen Folgen dieser Entwicklung bewußt zu machen, und erkannte nicht, daß die Wirtschaftsprognose vom Februar ein völlig falsches Bild vermittelte.

Das Problem lag darin, daß die Entwicklungstendenzen der im Haushaltsplan für die folgenden Jahre einzusetzenden Zahlen völlig falsch berechnet worden waren. Unter den tatsächlich herrschenden wirtschaftlichen Voraussetzungen fiel das Bruttosozialprodukt immer geringer aus, weil die Inflationsrate und das reale Wachstum niedriger waren als vorausgesagt. Die Kluft zwischen prognostiziertem und tatsächlichem Bruttosozialprodukt vergrößerte sich von Jahr zu Jahr. Das bedeutete, daß sich das Defizit im Lauf der Jahre erhöhen mußte.

Die Kemp-Roth-Vorlage wollte schnelle Wirkungen. Aber da die Politiker das nach kurzer Frist entstehende Defizit fürchteten, richteten sie die Vorschläge für die von ihnen gewünschten »Ornamente« so ein, daß diese Zugeständnisse erst allmählich gewährt werden sollten, und verschoben damit die Verluste bei den Staatseinnahmen in eine nebelhafte Zukunft, in die Zeit nach zwei oder drei Wahlperioden. Das war das Patentrezept des »Kaufe jetzt und bezahle später«.

Sogar die spärlichen »Ornamente« der Conable-Hance-Vorlage zeigten dieses Muster. Sie kosteten vier Milliarden Dollar für das Jahr 1982, aber fünfundzwanzig Milliarden Dollar für 1986. Während also für den Haushalt in der Zeit nach 1984 immer ungünstigere Daten zu erwarten waren, belastete die von den Politikern im Kongreß veranlaßte Verschiebung der Einbußen bei den Staatseinnahmen auf einen späteren Zeitpunkt die Situation noch zusätzlich. Aber ich hatte die Gefahr, die die Fernwirkung der »Ornamente« mit sich brachte, nicht erkannt.

Nachdem Walker und die Handelskammer bei der Neufestsetzung der Abschreibungssätze ihren Willen durchgesetzt hatten, gab ich auch jede Hoffnung auf, daß sich die kurzfristigen Probleme mit dem Steuergesetz lösen ließen. Über die magische Haushaltslücke in Höhe von vierundvierzig Milliarden Dollar, die bis 1984 eingespart werden sollten, würden wir später nachdenken müssen.

Das war ein noch größerer Irrtum als die Annahme, wir brauchten uns keine Sorgen darum zu machen, daß wir den Haushalt im Rahmen des neuen Steuergesetzes für die folgenden Jahre zunehmend stärker belasteten. Angesichts der Tatsache, daß unsere Versuche, die Ausgaben für die Rentenversicherung entscheidend zu kürzen, gescheitert waren, daß die im Februar beschlossenen hohen Verteidigungsausgaben offiziell festgeschrieben waren, daß die in den Ausgleichsgesetzen beschlossenen Einsparungen täglich schrumpften und von der Einnahmenseite keine Hilfe zu erwarten war, hätte ich wissen müssen, daß der ausgeglichene Haushalt im Jahr 1984 schon jetzt eine Fata Morgana war. Ich hätte verlangen sollen, daß sowohl die kurzfristigen als auch die langfristigen Kosten des Steuerpakets reduziert wurden. Ich glaubte jedoch immer noch, daß wir im Herbst und in den folgenden Jahren in der Lage sein würden, die fiskalische Gleichung mit Hilfe neuer Initiativen wiederherzustellen.

Im August würden wir uns vor allem darum bemühen, den Schaden zu begrenzen. Wenn die Verluste bei den Staatseinnahmen nach Inkrafttreten des Steuergesetzes 1984 nicht größer waren als ursprünglich vorgesehen, hätten wir nichts verloren. Die Deckungslücke im Haushalt betrug dann immer noch einhundertachtzehn Milliarden Dollar. Aber wir würden Möglichkeiten finden, die geplanten Kürzungen durchzusetzen, und auch noch ein wenig von den magischen vierundvierzig Milliarden Dollar einsparen.

Als Greider mich Mitte Juni danach fragte, wie sich die von den Politikern geforderten Zugeständnisse auf meine fiskalische Gleichung auswirken würden, antwortete ich: »Meine Ziele sind rein pragmatischer Natur. Um das Jahr 1985 mache ich mir eigentlich keine Sorgen. Wenn wir bis 1984 dem Ausgleich des Haushalts näherkommen können, dann wird sich das automatisch auf das Jahr 1985 und die folgenden Jahre übertragen lassen.«

Die nächste Runde fand im Senat statt. Der Finanzausschuß war nicht geneigt, die Steuersenkungen im Sinne der angebotsorientierten Wirtschaftspolitik zu unterstützen. Alle demokratischen Senatoren widersetzten sich der Kemp-Roth-Vorlage, und die Republikaner waren skeptisch. Zu diesen Skeptikern gehörten auch die sechs republikanischen Senatoren, die dem elfköpfigen Unterausschuß angehörten, der für die Beratung des Steuergesetzes zuständig war.

Während des ganzen Frühjahrs hatte der Ausschußvorsitzende Bob Dole einen Drahtseilakt vollführen müssen und gehofft, irgend jemand werde ihm helfen, von dem gefährlich schwankenden Seil der Kemp-Roth-Vorlage herunterzukommen. Da es im Senat keine Möglichkeit gibt, die Vorlage von Zusatzanträgen im Plenum zu verhindern, konnte Dole im Senat kein Steuergesetz einbringen, ohne dabei von allen Seiten angegriffen zu werden – es sei denn der Finanzausschuß stand geschlossen hinter ihm.

Aber Dole verfügte nicht einmal über die notwendigen elf Stimmen im Ausschuß, um die Kemp-Roth-Vorlage einzubringen. In dem Steuerpaket war ganz einfach kein Platz, um all die Wünsche, Bedürfnisse oder Forderungen seiner Kollegen zu berücksichtigen, weil Kemp-Roth und die Abschreibungsreform allein schon die Verluste bei den Staatseinnahmen bewirken würden, die gerade noch zu verantworten waren.

Dole blieb pessimistisch, bis Anfang Juni die Vereinbarung mit den konservativen Demokraten im Repräsentantenhaus getroffen wurde. Damit war auch der Widerstand im Senat gebrochen. Das »saubere Gesetz«, das die Regierung die ganze Zeit gefordert hatte, war plötzlich bedeutungslos geworden. Die »Ornamente« im Steuergesetz waren jetzt eine Selbstverständlichkeit, und deshalb konnte man mit einem positiven Abstimmungsergebnis rechnen.

Als es Dole schließlich gelungen war, den Finanzausschuß am 27. Juni mit neunzehn zu einer Stimme zur Vorlage des Gesetzes zu bewegen, neigten sich die Zweige des Weihnachtsbaums unter der Last der Gaben und Geschenke bis zur Erde. Aber die Bescherung war noch nicht zu Ende.

Dole wollte das vom Senat geschnürte Paket nicht größer werden lassen als das der Regierung. Ronald Reagan sollte seine fünfundzwanzigprozentige Einkommensteuersenkung bekommen, *und* die Mitglieder des Finanzausschusses sollten so weit befriedigt werden, daß sie der Vorlage zustimmten. Ich bewunderte Doles Geschick, mußte aber leider am Ende feststellen, daß ich ihn überschätzt hatte. Mitte Juli hatte der Senat die Gesetzesvorlage immer noch nicht gebilligt, als der Kampf um neue Vergünstigungen im Repräsentantenhaus begann. Doles Abstimmungssieg im Ausschuß war vergeblich gewesen. Der Senat reagierte sofort mit weiteren Zugeständnissen, die die Staatskasse viele Milliarden Dollar kosten würden. Aber auch die Wünsche der Mitglieder des Finanzausschusses waren noch nicht endgültig befriedigt. Deshalb räumte Dole einzelnen von ihnen das Recht ein, im Plenum des Senats weitere Zusatzanträge zu stellen, behielt sich jedoch vor, gegebenenfalls Einspruch gegen solche Anträge zu erheben.

Nachdem die Disziplin im Plenum des Senats vollkommen zusammengebrochen war, türmten sich Einnahmeverluste für die nächsten Haushaltsjahre in unabsehbarer Milliardenhöhe auf.

Ironischerweise war es unser Pyrrhussieg im Repräsentantenhaus bei der Abstimmung über das zweite Gramm-Latta-Ausgleichsgesetz, der zu der letzten und kostspieligsten Runde im Kampf um die Durchsetzung des Steuergesetzes führte. Wir hatten mit diesem Ausgleichsgesetz zwar nicht viel gewonnen, aber damit wütende Verärgerung bei der demokratischen Parteiführung und auch bei den meisten einfachen Abgeordneten ausgelöst.

Unser Sieg über die Demokraten im Repräsentantenhaus bei der Vorlage des Haushaltsbeschlusses Anfang Mai hatte sie nicht zu sehr beunruhigt. Ein Haushaltsbeschluß ist lediglich eine Absichtserklärung. Aber die Vorlage des zweiten Ausgleichsgesetzes hatte sie aufgeschreckt. Hier ging es um die Verabschiedung eines Gesetzes und um konkrete Geldbeträge, über die sie plötzlich nicht mehr verfügen durften. Wir hatten uns gegenüber den Ausschüssen durchgesetzt und die Demokraten praktisch politisch entmachtet.

Etwa eine Woche nach Annahme der zweiten Gramm-Latta-Vorlage schlossen sie sich zusammen, um ihren bedrohten Einfluß im Parlament wiederzugewinnen. Am Vorabend der Abstimmung über das Steuergesetz berief Tip O'Neill eine Fraktionssitzung ein, um die Demokraten auf die bevorstehende Arbeit im Parlament vorzubereiten.

Er sagte: »Wenn wir diesmal gewinnen, werden wir auch weiterhin den Ton angeben. Aber wenn wir verlieren, dann bedeutet das ebensoviel wie eine Kapitulation des Repräsentantenhauses vor dem Weißen Haus.«

Uns hätte es das Leben wesentlich erleichtert, aber hier lag auch die tragische Ironie all meiner Bemühungen. Bei dem verzweifelten Versuch, das von den Demokraten beherrschte Repräsentantenhaus zur Reduzierung der Ausgaben zu bewegen, hatte ich erstens keinen Erfolg gehabt, hatte zweitens die Politiker verärgert und drittens in ihnen das irrationale Gefühl geweckt, sie seien in einen Machtkampf mit der Exekutive verwickelt, bei dem es um ihre politische Existenz ging. Deshalb gaben die Demokraten jetzt alle Grundsätze und vorgefaßten Meinungen auf, die sie bisher im Hinblick auf das Bundessteuerrecht vertreten hatten. Nach der Sitzungspause am 4. Juli legten sie das ganze System, das bisher die Staatseinnahmen garantiert hatte, auf den Auktionstisch, um so die entscheidende Kraftprobe vorzubereiten.

»Mir gefällt dieses Pokerspiel des sich gegenseitigen Überbietens schon lange nicht mehr«, meinte Jim Wright, korrigierte sich aber sofort und meinte: »Offen gesagt, wir werden alles in das Gesetz aufnehmen, was uns Stimmen einbringt.« Das taten sie dann auch. Die ungezählten Steuernachlässe, die die Demokraten in ihren Entwurf aufnahmen, verschafften ihnen bei der Schlußabstimmung im Plenum des Repräsentantenhauses einen wesentlichen Vorteil, denn ihre Vorlage würde in der Endabrechnung nicht mehr kosten als der ursprüngliche Plan der Regierung oder die Gesetzesvorlage der republikanischen Senatoren! Das Steuergesetz der Demokraten im Repräsentantenhaus enthielt Dinge, die die Koalition aus Republikanern und konservativen Demokraten sprengen sollten.

Im Weißen Haus betrachtete man diese Entwicklung mit großer Sorge. Unser Problem waren vor allem die Republikaner im Ausschuß für Steuern und Finanzen gewesen. Sie hatten für eine Reihe der neuen Steuergeschenke der Demokraten gestimmt, weil es zum Teil zunächst republikanische Vorschläge gewesen waren und sie nun ihre Stiefkinder nicht im Stich lassen wollten.

Aber jetzt waren auch noch andere Gesichtspunkte im Spiel, vor allem die Eifersucht und das Mißtrauen zwischen den Republikanern im Repräsentantenhaus und denen im Senat. Diese Animositäten bestanden schon seit langer Zeit. Daß sie eigentlich ganz unbegründet waren, spielte keine Rolle.

In der Woche nach dem 20. Juli war die Beratung des Steuergesetzes im Plenum des Senats völlig außer Kontrolle geraten. Jeden Tag ging ein republikanischer Senator mit einem neuen Zugeständnis in der Tasche nach Hause.

Bei einer Besprechung im Weißen Haus kennzeichnete der Einpeitscher der Minderheitsfraktion im Repräsentantenhaus, Trent Lott, die Stimmung wie folgt: »Jeder bekommt hier seinen Anteil, und nun wird es Zeit, daß auch unsere Ansprüche befriedigt werden.«

Damit war an die politische Gleichung ein Sprengsatz gelegt. Es fragte sich nur noch, ob das Weiße Haus und die Führung der Koalition zwischen Republikanern und konservativen Demokraten Feuer an die Zündschnur legen wollten.

Getan haben wir es. Die Entscheidung fiel am Donnerstag, den 23. Juli im Beratungszimmer des Kabinetts. Ich habe es versucht, aber es ist mir nicht gelungen, im Verhalten der Hauptakteure einen Funken von Rationalität zu entdecken. Die handelnden Personen waren der Präsident, Don Regan, Baker, Michel, Lott, Conable, Hance, einige republikanische Mitglieder des Ausschusses für Steuern und Finanzen und eine Gruppe konservativer Demokraten aus den Südstaaten. Auch mein Name gehört auf diese Liste, wenngleich ich nicht behaupten kann, mit den wirklich maßgebenden Persönlichkeiten am gleichen Tisch gesessen zu haben. Ich sah mich vielmehr irgendwie an die Wand gedrückt. Aber von diesem Platz aus hat man immerhin einen gewissen Überblick. Allerdings ist es schwierig, bestimmten Persönlichkeiten die Schuld dafür zuzuschreiben, was während jener vier oder fünf Stunden am 23. Juli geschah.

Die Sitzung war der Kulminationspunkt eines Prozesses, der vor vierzig Jahren begonnen hatte, als Ronald Reagan als Schauspieler gelernt hatte, daß es wirtschaftlich sinnlos sei, mehr als vier Filme im Jahr zu machen. Dann hatte er am Vorabend seines Sieges bei den Vorwahlen von 1980 in New Hampshire etwas über die sogenannte Laffer-Kurve erfahren. Ein knappes Jahr später war die Theorie der angebotsorientierten Wirtschaftspolitik zum Kern seiner Wirtschaftsrevolution geworden. Wenige Monate darauf hatte er sich bereit erklärt, diese Kurve geringfügig zu verändern und den gegebenen Verhältnissen anzupassen. Und weil das alles innerhalb einer Demokratie geschah, hatten wir uns schließlich an den Verhandlungstisch gesetzt. Aber der Präsident war nicht gewillt, auf seine Revolution zu verzichten.

Er hatte einen Finanzminister verdient, der seinen Anweisungen folgte, und Donald Regan erfüllte diese Bedingung.

Man muß anerkennen, daß Regan mannhaft dafür gekämpft hat, die vom Kongreß geforderten »Ornamente« in Grenzen zu halten. Die von ihm vertretenen steuerpolitischen Grundsätze waren allerdings nicht klarer als seine Vorstellungen vom Katechismus der angebotsorientierten Wirtschaftspolitik, und das war seine Schwäche.

Aber er hatte sich energisch gegen die grotesken Exzesse der Politiker gewehrt. Er kannte ihre Methoden, denn er bekam sie besonders in seinem Amtsbereich zu spüren. Seit Jahren hatten sie die Kapitalmärkte manipuliert und versucht, ihre protektionistischen Vorstellungen durchzusetzen, und dabei war ein Gewirr aus Irrationalität, Leistungsschwäche und Ungerechtigkeit entstanden, das im wesentlichen auch heute noch besteht.

Don Regan hat daraus nur eine Lehre gezogen, und zwar die durchaus richtige: Der Kapitalismus braucht ein ebenes Spielfeld. Er hat dieses Prinzip auf die Steuerpolitik übertragen und hatte auch darin recht. Aber Regan wurde bei jedem Schritt auf diesem ebenen Spielfeld überfahren. Die Politik findet nicht auf einem ebenen Spielfeld statt. Sie reißt systematisch das natürliche wirtschaftliche Terrain auf und mißbraucht die fiskalischen und rechtlichen Vollmachten des Staates, um Privilegien, Subventionen, Protektion und Vorteile zu gewähren, die es auf den vom Wettbewerb beherrschenden Märkten nicht gibt. Deshalb lassen sich die Steuergesetze nicht mit dem rationalen Kalkül des Wirtschaftlers erfassen.

Regan hatte während des ganzen Sommers den politischen Notwendigkeiten weichen müssen. Sein Versuch, die Vorlage 10-5-3 von ihren Auswüchsen zu befreien, dauerte vier Tage. Seine Bemühungen scheiterten immer wieder an der Unvernunft der Politiker.

Der Präsident hatte auch Anspruch auf einen Budgetdirektor, der die Bedeutung der Zahlen kannte, mit denen er umging, und das war am 23. Juli nicht der Fall. Diese Zahlen geben Auskunft darüber, welche Beträge der Riesenstaatshaushalt einnimmt und ausgibt. Irgend jemand muß mit kühlem Kopf die Bilanz ziehen; irgend jemand muß standhaft die Grundlinie verteidigen, wenn die Politiker anfangen, die roten Zahlen zu schreiben, und ihnen energisch Einhalt gebieten. Ich hatte es versucht und war damit gescheitert. Jetzt saß ich buchstäblich mit dem Rücken zur Wand und versäumte es, laut und deutlich halt zu rufen. In aller Ruhe beobachtete ich passiv, wie die Politiker, der Präsident und der Finanzminister ins Verderben stolperten.

Ich kannte sowohl die Einnahmen- als auch die Ausgabenseite der Bilanz und wußte, daß auf beiden Seiten die gleiche Zahl hätte stehen müssen, und zwar nach einer angemessenen Zeit. Doch jetzt mußte ich erkennen, daß an diesem Nachmittag an diese Art der Bilanzierung nicht zu denken war, und ich hätte schon lange, bevor er zu Ende ging, zetermordio schreien müssen.

Doch obwohl mir alle Unterlagen zur Verfügung standen, sagte ich nichts über die problematischen Zahlen, weil ich auf den Fiskalplan der Reagan-Revolution und die Doktrin nicht verzichten konnte, die er verkörperte. Am 23. Juli drehte sich alles nur um eine Zahl. Wir durften es auf keinen Fall zulassen, daß die zweite Conable-Hance-Vorlage für das Jahr 1984 mehr kostete als das, was wir im Februar als Preis für unsere Steuersenkung genannt hatten: einhundertfünfzig Milliarden Dollar.

Wie es sich gehörte, saßen sich Barber Conable und Jack Kemp bei diesen Beratungen am Tisch gegenüber. Sie waren die Antipoden des politischen Spektrums der Republikanischen Partei. Der eine gehörte dem orthodoxen, der andere dem radikalen Flügel an. Jack Kemp war von Natur nicht gerade schweigsam, aber diesmal führte Conable das Wort. Kemp hatte sich mit seinen politischen Argumenten hinsichtlich der Steuersenkungen im Sinne der angebotsorientierten Wirtschaftspolitik durchgesetzt. Er hatte zwar nur eine Stimme, aber es war die einzige, die auf dieser Sitzung zählte. Der Präsident saß vor der Mitte des Tisches und erinnerte die Versammlung durch seine Anwesenheit daran, daß er sich auf die fünfundzwanzigprozentige Steuersenkung festgelegt hatte.

Conable hatte sich damit abgefunden, auch wenn er diese Entscheidung nicht unbedingt für klug hielt. Doch seine Absicht an diesem Tage war, die Wünsche seiner Schützlinge zu erfüllen, die auf dem Capitol Hill hinter ihm standen. Er wollte dem Präsidenten erklären, wie die Schlacht gewonnen werden könne und was das kosten werde. Dabei kam es zu Meinungsverschiedenheiten in einigen Punkten.

Conable verlangte, daß in die zweite Conable-Hance-Vorlage die Indexierung der Steuern aufgenommen werden sollte. Sowohl Don Regan als auch ich widersprachen ihm, aber Conable und seine republikanischen Kollegen blieben hart. Schließlich lösten wir das Problem damit, daß wir die Indexierung bis ins Jahr 1985 verschoben.

Conable wollte auch die kleinen Geschäftsleute berücksichtigen. Die National Federation of Independent Business und andere die Interessen der kleinen Unternehmer vertretende Lobbies, die in der

Koalition stark vertreten waren, verlangten ihre Anteile, und das bedeutete weitere Steuergeschenke in Höhe von etwa sechs Milliarden Dollar.

So ging es weiter, und kein Geschenk, mit dem sich Stimmen gewinnen ließen, war zu groß oder zu klein. Die zweite Conable-Hance-Vorlage wurde darüber hinaus durch alle die Forderungen ergänzt, welche die Demokraten im Hinblick auf die Schenkung- und Grundsteuer erhoben hatten, und dazu durch eine ganze Reihe neuer »Ornamente«. Alle diese Bestimmungen sollten in einem Zeitraum von sechs Jahren allmählich in Kraft treten.

Auf diese Weise entstand eine neue Kurve. Die Vergünstigungen bei den Grundsteuern würden für das Jahr 1982 nur einhundertvierzehn Millionen Dollar kosten, aber bis zum Jahr 1990 würden diese Kosten auf elf Milliarden Dollar jährlich ansteigen. Das war das Hundertfache – in der Tat eine steil ansteigende Kurve. Die Zweige des Weihnachtsbaums drohten unter der Last der Gaben zu knicken, aber keiner der Anwesenden schien das zu begreifen. Wie sollten sie es auch verstehen? Sie waren alle in einer überschäumenden Spendierlaune.

Das alles mußte verheerende Folgen haben. Der Ausschuß für Steuern und Finanzen würde sich gezwungen sehen, in den kommenden Jahren die Steuern ständig zu erhöhen, und das würde kein Vergnügen sein.

Am Schluß der Sitzung schüttelten Darman und ich die Köpfe. Wir beide wollten die Abstimmung gewinnen, wenn auch aus verschiedenen Gründen, aber wir hatten nicht damit gerechnet, daß es zu diesen Exzessen kommen würde.

Am Nachmittag versammelten sich die konservativen Demokraten im Ovalen Zimmer, und dabei gab es nur ein einziges Thema für sie – das Öl. Als das Feilschen zu Ende war, hatten die von Hance vertretenen Konzessionäre Steuervergünstigungen von insgesamt dreizehn Milliarden Dollar gewonnen.

Bis dahin hatte ich mir um das Öl keine besonderen Sorgen gemacht, obwohl mich die Verluste bei den Steuereinnahmen ärgerten. Aber die Conable-Hance-Vorlage II enthielt jetzt mit dieser Sonderabschreibung eine Bestimmung, die ich aus grundsätzlichen Erwägungen ablehnen mußte. Es war eine ungerechtfertigte und verschwenderische Steuersubvention, ein Symbol des korrupten politischen Systems, dessen Beseitigung das Ziel der Reagan-Revolution war. Und jetzt hatten wir uns damit abfinden müssen, um die Revolution zu gewinnen.

Am späten Nachmittag standen Darman und ich allein auf dem Parkplatz westlich des Exekutivgebäudes und versuchten, uns über die Folgen der Ereignisse dieses Nachmittags klarzuwerden.

»Ich mache mir Sorgen«, sagte Darman. »Vielleicht sollten wir hier doch noch etwas unternehmen.«

Der Kampf um das Steuergesetz war immer noch nicht gewonnen. Wenn wir die Koalition zwischen Republikanern und konservativen Demokraten fester zusammenschweißen wollten, dann würden wir im Lauf dieser Woche noch eine Reihe anderer Zugeständnisse machen müssen. Bisher hatten wir uns noch nicht dafür entscheiden können, und jetzt schlug Darman vor, durch unsere Weigerung unser eigenes Programm zu sabotieren.

Es wäre nicht schwer gewesen, das ganze Vorhaben noch in letzter Stunde scheitern zu lassen. Dazu hätten wir nur die Subventionierung eines Bauvorhabens hier und eines Bahnübergangs dort ablehnen müssen.

Wir setzten unser Gespräch auf dem Parkplatz fort, und Darman sagte: »Ich weiß nicht, was schlimmer wäre; jetzt die Abstimmung zu gewinnen und den Haushalt später in Ordnung zu bringen oder eine Abstimmungsniederlage hinzunehmen und sofort gegen das politische Chaos anzugehen.«

Mir wollte keine dieser beiden Alternativen gefallen, und ich hoffte, Darman werde eine dritte gangbare Lösung finden.

Darman machte ein ernstes Gesicht. »Wir werden zuerst die Abstimmung gewinnen und alles andere später in Ordnung bringen.«

Angesichts der Folgen, die sich aus der Annahme dieses Gesetzes ergeben konnten, hätten wir versucht sein können, eine Niederlage hinzunehmen. Aber die bewußte Sabotage des Lieblingsprojekts unseres Präsidenten kam nicht in Frage. Deshalb beschlossen wir, nach Möglichkeit die notwendigen Stimmen zusammenzubringen.

Auch Darman sah in einer Niederlage keinen taktischen Vorteil. Nach seiner Theorie mußte Ronald Reagan »regieren«. Die demokratische Gesetzesvorlage war ebensowenig zu verantworten wie unsere, und ein Sieg der demokratischen Führung würde unsere Gegner für künftige Auseinandersetzungen stärken, bei denen es unter Umständen nicht mehr nur darum ging, sich für das geringere Übel zu entscheiden.

Am folgenden Montagabend, den 27. Juli, hielt der Präsident eine Fernsehansprache. Sie war ein propagandistisches Meisterstück.

Die Medienexperten im Weißen Haus hatten das Ganze auf eine einzige Frage reduziert: »unsere Gesetzesvorlage« gegen »ihre Gesetzesvorlage«. Nach den Worten des Präsidenten verlief die Kurve bei unserem Steuergesetz nach unten und blieb unten. Bei »ihrem« Gesetz ging sie zuerst nach unten und stieg dann wieder an.

Wenn es ein Gesetz gäbe, nach dem der Präsident bei seinen Ansprachen gezwungen wäre, die volle Wahrheit zu sagen, dann wäre jetzt eine Panik entstanden. »Unser Gesetz«, die Conable-Hance-Vorlage II, reduzierte die Staatseinnahmen im Verlauf von zehn Jahren um *zwei Billionen Dollar*.

Aber Reagan erwähnte mit keinem Wort, was alle diese großzügigen Steuergeschenke wirklich bedeuteten. Die Millionen Rentner, Studenten, Farmer, Staatspensionäre und andere Nutznießer der bundesstaatlichen Ausgabenfreudigkeit hörten nichts davon, daß ihre Bezüge eines Tages empfindlich gekürzt werden müßten, um den Haushalt einigermaßen auszugleichen. Die Rede des Präsidenten war ein Meisterstück einfacher Buchführung und erweckte den Eindruck, daß ein neues Zeitalter der großzügigen Verteilung staatlicher Beihilfen angebrochen sei, wie es sich die Politiker im Kongreß in ihren kühnsten Träumen nicht erhofft hatten.

Der Präsident schloß seine Ansprache mit der Aufforderung, ihn bei dieser gewaltigen Hilfsaktion zu unterstützen: »Ich fordere Sie noch einmal dringend auf, schreiben Sie an Ihre Senatoren und Kongreßabgeordneten – damit werden Sie viel erreichen... Lassen Sie uns jetzt nicht aufhören.«

Die Rede tat ihre Wirkung, die Büros der Abgeordneten im Kongreß wurden mit einer wahren Flut von Zuschriften überschüttet. In den letzten beiden Tagen vor der Abstimmung wandte sich das Blatt zu unseren Gunsten.

Und doch ging die Stimmenauktion bis zuletzt weiter. Die Abgeordneten aus Georgia ließen Ken Duberstein wissen, daß sie für einen bestimmten Preis »zu haben« seien. Ich hatte das kommen sehen und mich schon vor diesem Augenblick gefürchtet. Wir sollten unsere Versuche aufgeben, das Subventionsprogramm für die Erdnußfarmer zu streichen.

Ich hätte mich dagegen wehren können wahrscheinlich sogar mit Erfolg. Es ging hier um ganz ansehnliche Beträge und um ein wichtiges Prinzip: unsere Landwirtschaftspolitik des Freien Marktes.

Die Erdnußfarmer bildeten praktisch ein von der Regierung subventioniertes Erzeugerkartell. Die Situation war ganz ähnlich wie bei den Tabakpflanzern, und es war die reinste Korruption staatlicher Macht.

Aber Darman und ich hatten beschlossen, die Abstimmung zu gewinnen, und deshalb stimmte ich dem Vorschlag zu.

Der »Erdnußfaktor« hatte sofortige und entscheidende Auswirkungen auf die Stimmenverhältnisse. Nachdem die Erdnußfarmer aus Georgia in unser Lager hinübergewechselt waren, hielten es auch einige andere aus den Städten stammende Demokraten aus Georgia für richtig, das gleiche zu tun.

Acht der zehn Demokraten aus Georgia gaben ihre Stimme für die Conable-Hance-Vorlage II ab. Damit scheiterte der verzweifelte Versuch der demokratischen Führung im Repräsentantenhaus, die konservativen Demokraten aus den Südstaaten in das Lager der Opposition zurückzuführen.

Später sollte ich die politische Gleichung des amerikanischen Wohlfahrtsstaates besser verstehen und erkennen, weshalb das Erdnußgeschäft und andere ähnliche Vereinbarungen, die wenige Tage vor der entscheidenden Abstimmung getroffen wurden, das Schicksal der Reagan-Revolution symbolisch besiegelten. Sie garantierten dafür, daß nur eine halbe Revolution daraus wurde – und eine fiskalische Katastrophe.

Während der letzten beiden Tage gab es noch andere Anzeichen dafür, daß der gesamte Regierungsapparat durcheinandergeraten war. Einen Tag vor der Abstimmung erklärte der demokratische Abgeordnete Norm Dicks aus Washington, er werde seine Stimme für Conable-Hance II abgeben. Dicks war der Inbegriff eines Demokraten, und sein Entschluß hatte verhängnisvolle Folgen für die Demokratische Partei. Er war bisher ein treuer Anhänger des demokratischen Senators Henry Jackson gewesen, der sich stets entschieden für eine starke Verteidigung und einen robusten Wohlfahrtsstaat eingesetzt hatte.

Die hinter Jackson stehenden Demokraten *mußten* die Vorlage Conable-Hance II aus ideologischen Gründen ablehnen, denn sie beinhaltete das genaue Gegenteil dessen, woran sie glaubten. Dieses Steuergesetz würde die Staatseinnahmen auf siebzehn Prozent des Bruttosozialprodukts drücken. Aber der von Jackson gewünschte Verteidigungsetat kostete zusammen mit den nach seinen Vorstellungen notwendigen Ausgaben für den Wohlfahrtsstaat zweiundzwanzig bis dreiundzwanzig Prozent des Bruttosozialprodukts. Die fiskalische Gleichung konnte so nicht aufgehen.

Norm Dicks war einer der intelligentesten jungen demokratischen Abgeordneten im Repräsentantenhaus und wußte, wie notwendig es war, den Haushalt auszugleichen. Im Bereich seiner politischen und ideologischen Vorstellungen war aber kein Platz für die drakonischen Ausgabenkürzungen, die dieses Steuergesetz notwendig machte.

Deshalb war seine Entscheidung vollkommen unverständlich. Wer die Vorgänge in der letzten Woche beobachtete, konnte keine logischen Zusammenhänge mehr erkennen. Und wenn es später notwendig werden würde, die radikalen Ausgabenkürzungen vorzunehmen, die das neue Steuergesetz erforderlich machte, würden die zweihundertsechsunddreißig Kongreßabgeordneten, die ihre Stimmen für unsere Steuervorlage abgegeben hatten, nicht dafür zu gewinnen sein. Die Koalition, die wir mit ihnen eingegangen waren, war auf Sand gebaut.

Bücher wie dieses enthalten stets eine Reihe von Schuldzuweisungen, vermeiden es aber auch, einzelne Persönlichkeiten oder Gruppen für gewisse Fehlentwicklungen verantwortlich zu machen, doch jede objektive Geschichte der Reagan-Ära wird zeigen, daß es das Weiße Haus gewesen ist, das im Sommer 1981 die Auktion um die Steuervergünstigungen in Gang gesetzt hat.

Nachdem wir uns geweigert hatten, im Hinblick auf die Steuersenkungen im Sinne der angebotsorientierten Wirtschaftspolitik auf Kompromisse einzugehen, waren die Würfel gefallen. Um uns durchzusetzen, mußten wir anschließend die Mehrheit im Plenum des Repräsentantenhauses für unsere Sache gewinnen. Aber eine Niederlage der demokratischen Mehrheit konnte für sie nur eine Demütigung bedeuten.

Deshalb wurde für die Demokraten der Streit um die Steuergesetze zur Nagelprobe. Wenn es ihnen als der Mehrheitspartei nicht gelang, sich im Plenum des Repräsentantenhauses zu behaupten, wären sie der Reagan-Koalition auf Gedeih und Verderb ausgeliefert gewesen. Wenigstens glaubten sie das.

Im Rückblick läßt sich deutlich erkennen, daß die Demokraten grundlos in Panik gerieten. Die Koalition zwischen Republikanern und konservativen Demokraten zerbrach bereits an der entscheidenden Frage der Ausgabenkürzungen. Und die Wirtschaft glitt in eine Rezession ab. Angesichts dieser beiden Entwicklungen hätte die Demokratische Partei ihre beherrschende Stellung im Repräsentantenhaus ohnedies sehr bald zurückgewonnen.

Aber die Demokraten begannen ihren Kampf um die politische Macht zu früh. Hätten sie einen Monat gewartet, dann hätten sie sich große Mühen und dem Lande große fiskalische Schwierigkeiten erspart. Aber sie taten es nicht, und deshalb hatte das ganze Land über ein Jahrzehnt schwer zu leiden.

Daß das fiskalische Gleichgewicht und die wirtschaftliche Stabilität im Juli 1981 verlorengingen, war daher die Folge des Konflikts zwischen der Reagan-Revolution und der politischen Realität.

Die Steuersenkungen nach dem Entwurf von Kemp und Roth allein hätten nie die Chance gehabt, verwirklicht zu werden. Nur in Verbindung mit der Gesetzesvorlage 10-5-3 zur Liberalisierung der Abschreibungsmöglichkeiten für die Unternehmen und dem im Juni und Juli von den Politikern im Kongreß nachgeschobenen Füllhorn von Steuervergünstigungen war es möglich, die Legislative zur Annahme des Gesetzes zu bewegen.

Als Folge der vom Kongreß geforderten »Ornamente« nahm der Umfang der Steuersenkungen über das Jahr 1984 hinaus ständig zu. Es war wie ein fiskalischer Vulkan, der sich am fernen Horizont abzeichnete und stetig an Höhe gewann.

Für die Abschreibungserleichterungen und die vom Kongreß geforderten »Ornamente« mußte auf fast eine Billion Dollar an Steuereinnahmen verzichtet werden, um eine Senkung der Steuersätze im Sinne einer angebotsorientierten Wirtschaftspolitik zu erreichen, die fast den gleichen Betrag ausmachte.

1985 sagte mein alter Lehrer Pat Moynihan, wir hätten mit unserer Steuersenkung bewußt dieses gigantische Defizit erzeugt. In Wirklichkeit hätten nicht sechs von den sechshundert im Frühjahr und Sommer 1981 an diesem fiskalpolitischen Spiel Beteiligten dieses Ergebnis gutgeheißen. Aber das gefährliche Experiment einiger weniger Vertreter der angebotsorientierten Wirtschaftspolitik, denen der Präsident sein Ohr geliehen hatte, setzte so starke Kräfte frei, daß sie es geschehen lassen mußten.

Kosten des Steuersenkungsgesetzes von 1981
(in Milliarden Dollar)

Jahr	Kemp-Roth*	Abschrei-bungs gesetz (10-5-3)	Steuer-»Ornamente« der Politiker	Gesamt-kosten	Prozent des Bruttosozial-produkts
1982	$ 25	$ 10	$ 6	$ 41	1,3%
1983	58	18	17	93	2,9%
1984	87	26	24	137	3,8%
1985	100	36	33	169	4,4%
1986	113	50	48	211	5,0%
1987	127	61	63	251	5,5%
1988	142	65	76	283	5,8%
1989	158	66	92	316	6,0%
1990	173	70	109	352	6,2%
Gesamt	$ 983	$ 402	$ 468	$ 1853	–

* Modifiziert durch die Bestimmung, daß die Steuersenkungen in den folgenden Jahren mit jeweils 5, 10 und 10 Prozent vorgenommen werden sollten.

Anmerkung: Berechnet nach dem für das Jahr 1985 geltenden Einkommens-niveau. Nach den Schätzungen im Juli 1981 ergaben sich geringfügig höhere Kosten, weil man mit einer höheren Inflationsrate rechnete. So schätzte man den Verlust bei den Steuereinanhmen im Jahr 1984 zum Beispiel im Juni 1981 auf 149,5 Milliarden Dollar.

10.

Der Morgen danach:
die letzte Lektion

Der Präsident war bestürzt, als ich ihm demonstrierte, daß unser Wirtschaftsprogramm zu einem hohen Defizit führen werde. Er stammelte verwirrt:

»Dave, wenn es zutrifft, was Sie sagen . . . dann hat Tip O'Neill die ganze Zeit recht gehabt.«

»Aber nein, Herr Präsident! Das will ich damit nicht sagen – keineswegs!«

Es war der 3. August. Die Schlachten waren geschlagen, und wir hatten uns zu einem Arbeitsessen im Beratungszimmer des Kabinetts versammelt.

Wenn der Präsident an solchen Sitzungen teilnahm, war der Tisch jedesmal voll besetzt. Seine Gegenwart garantierte dafür, daß sich niemand von der Teilnahme drückte. Baker, Deaver und Meese konnten es sich nicht leisten, einander bei solchen Gelegenheiten nicht scharf im Auge zu behalten.

Diesmal waren auch die maßgebenden Mitglieder des für die Wirtschaftspolitik verantwortlichen Teams erschienen – Regan, Weidenbaum, Marty Anderson und ich. Auch die wichtigsten Mitarbeiter im Weißen Haus nahmen an der Sitzung teil, darunter Dick Darman, Craig Fuller, Dave Gergen, Larry Speakes und einige andere.

Das Essen war seit Wochen die erste Gelegenheit, das ganze Team an einem Tisch zu versammeln, um festzustellen, was wir bisher erreicht hatten. Seit Anfang Juni war das Weiße Haus nicht zur Ruhe gekommen, und niemand hatte Zeit gehabt, die Ereignisse der vergangenen Monate ungestört zu überdenken.

Wir hatten gleichzeitig Gesetze über eine massive Senkung der Steuern und Staatsausgaben durch den Kongreß gebracht. Jeden Tag war das Weiße Haus in neue Krisen verwickelt worden. Fast täglich war die Legislative Strategy Group (LSG) zu taktischen Beratungen zusammengetreten, und Abgeordnete und Senatoren hatten sich im Beratungszimmer des Kabinetts und im Ovalen Zimmer die Klinke in die Hand gegeben. Zeitweilig hatten sich im Westflügel des Weißen Hauses mehr Republikaner versammelt als in der Bar des Capitol Hill Club.

Am 3. August hatte sich diese Betriebsamkeit endlich gelegt, und es war ruhiger geworden. Die Artikel in den Sonntagszeitungen berichteten anerkennend, Reagan und seine Mitarbeiter hätten trotz großer Schwierigkeiten in nur fünf Monaten die durchgreifendste und radikalste Wende in der amerikanischen Wirtschaftspolitik seit dem New Deal durch den Kongreß gebracht.

Die Kommentare der Journalisten und Experten, die zunächst außerordentlich skeptisch gewesen waren, äußerten nun Anerkennung und sogar Bewunderung für unsere Erfolge. Die Wirtschaftspolitik des Landes läge jetzt in den Händen eines tüchtigen und entschlossenen Teams im Weißen Haus, das klare Ziele verfolgte und wisse, wie diese Ziele zu erreichen seien.

Unser Arbeitsessen hätte eine Siegesfeier sein sollen. Aber wenn ich daran dachte, wie sich die Zahlen im Haushalt in den nächsten Jahren weiterentwickeln würden, war ich zutiefst besorgt. Hätten der Präsident und sein Kabinett auf meine Warnungen und besonders auf das gehört, was ich am 13. Juli gesagt hatte, dann würden auch sie der Zukunft mit Furcht und Zittern entgegensehen.

Meine Warnungen über die sich für den Haushalt ergebenden Zahlen waren am 13. Juli ungehört verhallt. Zugleich hatte ich in einer Tabelle all das zusammengestellt, was wir mit den Steuer- und Ausgleichsgesetzen erreichen würden. So waren die schlechten Nachrichten von den guten verschleiert worden.

Heute hatte ich nun alle Unterlagen mitgebracht, aus denen die Anwesenden entnehmen konnten, mit einer wie ungünstigen Entwicklung der Zahlen im Haushalt wir rechnen mußten. Nach dem Dessert verteilte ich dicke schwarze Aktenordner, in die jeweils zweiundvierzig Seiten eingeheftet waren. Alle stöhnten – eine neue Papierflut von Stockman!

Diesmal hatte ich gegen meine sonstige Gewohnheit ein paar einführende Worte vorbereitet. Ich sagte: »Noch ist der Siegesrausch nicht ganz verflogen, aber ich werde in meinem Vortrag nichts beschönigen. Mit dem Haushalt stehen wir vor einer Bruchlandung. Wir müssen mit einem so hohen Defizit rechnen, daß das ganze Wirtschaftsprogramm des Präsidenten daran scheitern könnte.«

Plötzlich wurde es still, und alle horchten auf. Sogar Mike Deaver legte seinen Löffel wieder auf den Teller und wandte sich mir zu.

»Es wird sogar verteufelt schwierig sein, den Haushalt bis zum Jahr 1986 auszugleichen«, fuhr ich fort. »Die Beträge bei allen wichtigen Posten im Haushalt werden sich in die falsche Richtung verändern.«

»Deshalb möchte ich Sie bitten, mir für dreißig Minuten Ihre Aufmerksamkeit zu schenken. Ich muß Sie Schritt für Schritt mit meiner Analyse bekanntmachen, damit sie jeder versteht. Dann werden wir uns die einzelnen Optionen genau ansehen. Wir sind an einen Punkt gelangt, an dem wir strategische Entscheidungen, fundamentale Entscheidungen treffen müssen.«

Ich hatte viele Stunden darauf verwandt, eine möglichst klare und verständliche Diagnose der wirtschaftlichen Lage zu erstellen. Auf der ersten Seite meiner Ausarbeitung erläuterte ich das Grundproblem:

Für die nächsten vier Jahre sind die Aussichten düster.

Wir werden jährlich mit einem Haushaltsdefizit von mindestens sechzig Milliarden Dollar rechnen müssen.

Mit einem so niedrigen Defizit kann man jedoch nur im günstigsten Fall rechnen, und zwar wenn alle im Februar und März vorgesehenen Sparmaßnahmen ohne Einschränkungen durchgeführt würden. Wahrscheinlicher sei es jedoch, daß sich das Defizit auf etwa einhundert Milliarden Dollar im Jahr erhöhen würde. Wenn sich die Regierung nicht entschließen könne, entscheidende Korrekturen vorzunehmen, würden wir nicht mehr in der Lage sein, das Haushaltsdefizit in vertretbaren Grenzen zu halten.

Dann erinnerte ich meine Zuhörer an die Ereignisse der vergangenen sechs Monate: Es war nichts geschehen, um die noch vorhandene Lücke von vierundvierzig Milliarden Dollar mit den für die Zukunft in Aussicht genommenen Einsparungen zu schließen; durch die von den Politikern erzwungenen Steuernachlässe waren hohe zusätzliche Kosten entstanden; bei den Schätzungen über die Haushaltszahlen hatten sich verhängnisvolle Fehler eingeschlichen, und zahlreiche in Aussicht genommene Ausgabenkürzungen stießen auf dem Capitol Hill auf erbitterten Widerstand.

Unser ganzer Haushaltsplan beruhte auf der Einschätzung der wirtschaftlichen Entwicklung für die nächsten fünf Jahre, die wir im Februar vorgenommen hatten. Aber Jerry Jordan, eines der drei Mitglieder des Council of Economic Advisors, und Larry Kudlow hatten mich im Frühjahr und Sommer immer wieder darauf hingewiesen, daß unsere Geldpolitik in keiner Weise mit unserer Wirtschaftsprognose übereinstimmte und hier entscheidende Korrekturen vorgenommen werden müßten. Die zunächst für den Haushalt eingesetzten Zahlen seien irreführend. Meine schriftliche Analyse erläuterte das Problem in aller Deutlichkeit:

Die meisten Wirtschaftsexperten glauben, daß die in der Mitte der Sitzungsperiode vorgenommene Schätzung des Bruttosozialprodukts mit den Voraussagen der Bundesbank nicht übereinstimmt ... Hier müssen sofort Korrekturen vorgenommen werden. Aber die Folge werden ... niedrigere Beträge bei den voraussichtlichen Steuereinnahmen sein.

Für die Vorlage meiner Analyse am 3. August hatte ich auch weiterhin mit einem starken realen Wachstum des Bruttosozialprodukts von fünf Prozent gerechnet. Doch der Inhalt der Seite zwanzig meiner Denkschrift hätte meinen Zuhörern die Augen öffnen müssen. Hier zeigte es sich, daß das Defizit auch unter günstigen Voraussetzungen 1983 auf einundachtzig Milliarden Dollar und 1986 auf einhundertzwölf Milliarden Dollar ansteigen würde.

Als ich so weit gekommen war, warf ich einen Blick auf den Präsidenten. Er sah nicht mehr gut aus – aber mit seinem Gesundheitszustand hatte das nichts zu tun. Das war auch so gewesen, als er mir sagte, ich sei offensichtlich der gleichen Auffassung wie Tip O'Neill. Ed Meese kam ihm sofort zu Hilfe, wie er es immer tat, wenn er sah, daß sein Chef in Schwierigkeiten geraten war.

»Aber wie steht es denn mit den zusätzlichen Einnahmen, die uns das Steuergesetz bringen soll?« fragte er. »Sie haben diese Beträge bei Ihren furchteinflößenden Zahlen gar nicht berücksichtigt.« Seine Stimme klang leicht verärgert.

Meese meinte natürlich die Laffer-Kurve. Die Männer, die der Präsident aus Kalifornien mitbrachte, hatten Laffers Prognose als etwas Unumstößliches hingenommen. Sie schienen damit zu rechnen, daß das Inkrafttreten unserer Steuergesetze zusätzliche Einnahmen wie Manna vom Himmel regnen lassen würde.

Seit Januar hatte ich immer wieder darauf hingewiesen, daß es keine automatische Laffer-Kurve gebe, und gesagt: »Ein Ansteigen des realen Bruttosozialprodukts und eine Zunahme der Beschäftigung werden die zu erwartenden Steuereinnahmen um keinen Pfennig erhöhen. Vergessen Sie nicht, wir bemühen uns gleichzeitig darum, der Inflation Einhalt zu gebieten. Das wird die Wachstumsrate des nominalen Bruttosozialprodukts *und* die Staatseinnahmen verringern. Der Haushalt wird von den antiinflationären Maßnahmen und den Steuersenkungen ausschließlich auf der *Ausgabenseite* profitieren. Wir werden für die gegen die Arbeitslosigkeit gerichteten Maßnahmen und für die gesetzlich vorgeschriebenen Beihilfen weniger ausgeben müssen. Aber die Steuereinnahmen werden sich nicht erhöhen. Was Sie hier sehen, ist alles. Mehr steht uns nicht zur Verfügung.«

Aber ich spürte sofort, daß man mich nicht verstanden hatte. Anderson, Darman und Weidenbaum hatten es schon vorher gewußt und nickten zustimmend. Die anderen waren verwirrt, gelangweilt oder verärgert.

Nun wandte ich mich möglichen Lösungen unseres Problems zu.

»Alles, was uns der wirtschaftliche Aufschwung bringen wird, ist in meinen Zahlen schon enthalten«, wiederholte ich. »Aus den roten Zahlen können wir nur herauskommen, wenn wir die Ausgaben noch weiter kürzen oder die Steuern erhöhen. Das ist die strategische Entscheidung, vor der wir stehen.«

Wir hatten auch die Möglichkeit, auf den Ausgleich des Haushalts im Jahr 1984 zu verzichten und zu hoffen, daß wir es bis zum Jahr 1986 schafften. Aber Weidenbaum sprach sich ebenso wie einige andere entschieden dagegen aus.

»Nein«, sagte der Präsident, »wir können nicht darauf verzichten, den Haushalt auszugleichen. Schließlich sind wir nur in diese schwierige Lage geraten, weil wir durch eine falsche Ausgabenpolitik ein Defizit erzeugt haben.«

Die nächste Möglichkeit bestand in einer Verlangsamung des Ausbaus der Verteidigungskräfte. Als Folge der Fehlberechnungen im Februar hatten wir jetzt eine reale Wachstumsrate für Verteidigungsausgaben in Höhe von 9,5 Prozent. Wenn wir die Mehrausgaben für die folgenden fünf Jahre auf sieben Prozent drückten, dann würden sich die Ausgaben 1984 um sechzehn Milliarden Dollar verringert haben. Und die Einsparungen würden sich bis 1986 verdoppeln.

Hier wartete der Präsident die Reaktionen der anderen gar nicht ab. In dieser Frage blieb er hart und sagte: »Niemand in der Welt darf den Eindruck gewinnen, daß wir beim Ausbau unserer Verteidigungskräfte auch nur um einen Zoll zurückweichen.«

Dann fuhr er fort: »Als ich im Wahlkampf gefragt wurde, was ich tun würde, wenn ich zwischen Verteidigungsausgaben und einem Defizit wählen müßte, habe ich immer gesagt, die nationale Verteidigung habe Vorrang, und die Leute haben diese Erklärung mit Beifall aufgenommen.« Seine Haltung war zwar verständlich, er widersprach damit jedoch dem, was er vorher über die Defizite gesagt hatte.

Ich wiederholte noch einmal, daß strategische Entscheidungen getroffen werden müßten, und wandte mich der nächsten Option zu. Wir könnten die Staatseinnahmen um fünfzehn bis zwanzig Milliarden Dollar jährlich erhöhen, wenn wir für importiertes Erdöl, Alkohol und Tabak höhere Zölle verlangten und auf bestimmte Artikel neue Verbrauchssteuern erhöben.

Bevor noch jemand zu diesem Vorschlag Stellung nehmen konnte, fügte ich rasch hinzu: »Diese Option widerspricht *in keiner Weise* der Einkommensteuersenkung im Sinne einer angebotsorientierten Wirtschaftspolitik. Es gibt Möglichkeiten, die Staatseinnahmen zu erhöhen, ohne der Wirtschaft zu schaden.«

Don Regan fuhr auf.

»Ich kann dieses Gerede von den Steuererhöhungen nicht mehr hören«, krächzte er. »Wir haben uns doch die ganze Zeit mit nichts anderem beschäftigt, als die Steuern zu senken. Jetzt ist es unsere Aufgabe, die Ausgaben zu kürzen.«

Niemand widersprach ihm. Es blieb uns also nichts anderes übrig, als weitere einschneidende Ausgabenkürzungen vorzunehmen. Ich hatte eine Liste mit drakonischen Maßnahmen zusammengestellt. Zehn Millionen Empfänger von Lebensmittelgutscheinen am oberen Ende der Lohnskala sollten ihre Vergünstigungen verlieren. Die Zahlungen der Rentenversicherung für zwei Millionen alte Menschen sollten um fünfundzwanzig Prozent gekürzt werden, um die

Beihilfen für die Blinden und Körperbehinderten weiterzahlen zu können und die Rentenprogramme trotzdem insgesamt um zehn Prozent zu kürzen. Die Subventionen für die Landwirtschaft, die Zuschüsse für den öffentlichen Nahverkehr, die Steuererleichterungen für die kleinen Unternehmen, die Kredite der Export-Import-Bank und Dutzende anderer Programme sollten gestrichen werden.

Ich war die ganze Zeit über schon für diese Maßnahmen gewesen, war aber das verschwommene, abstrakte Gerade im Weißen Haus über die Ausgabenkürzungen längst leid.

Am sinnlosesten waren die Diskussionen über meinen Vorschlag, acht Prozent der im öffentlichen Dienst des Bundes Beschäftigten zu entlassen. Das war ein großer Fehler gewesen, denn nun fingen alle wieder an davon zu sprechen, welche unnötigen Unkosten durch eine angeblich aufgeblähte Bürokratie entstanden. Doch leider ließ sich ein Haushaltsdefizit von sechzig bis einhundert Milliarden Dollar nicht wesentlich senken, wenn ein paar tausend bei den Bundesbehörden Beschäftigte entlassen würden, deren Gehälter jährlich nur drei Milliarden Dollar ausmachten. Um hier etwas zu bewirken, mußten Einsparungen bei den größeren Programmen vorgenommen werden, die ich in meiner Liste aufgeführt hatte.

Aber die im Beratungszimmer des Kabinetts Versammelten hatten keine Zeit mehr, sich mit dieser Frage zu beschäftigen. Meese griff sofort das Thema der Personaleinsparungen auf und erzählte, wie vorteilhaft sich ähnliche Maßnahmen in der kalifornischen Hauptstadt Sacramento ausgewirkt hätten. Alle nickten zustimmend.

Ich hatte während der vergangenen sechs Monate immer wieder versucht, Meese klarzumachen, daß der Bundeshaushalt etwas ganz anderes war. Hier wurden die größten Beträge im Sozialbereich und für Subventionen ausgegeben. Die Gehälter der im öffentlichen Dienst Beschäftigten waren zwar auch eine gewisse Belastung, fielen aber im Rahmen des gesamten Haushalts nicht allzusehr ins Gewicht. Aber Meese wollte das nicht begreifen.

Auch der Präsident zeigte kein Verständnis. Er erklärte: »Die Bundesregierung ist, wenn es um die Bezahlung ihrer Angestellten geht, viel zu großzügig. Wir sollten alle Behörden auffordern, hier die Bremse anzuziehen.«

Ehe wir es uns versahen, war die für diese Besprechung angesetzte Zeit verstrichen, ohne daß wesentliche Entscheidungen getroffen worden waren. Aber wenigstens hatte ich meinen Zuhörern sagen können, ein wie dringendes Problem das Defizit war, mit dem wir nach den vorhandenen Unterlagen rechnen mußten. Ich hatte sie eigentlich in Angst und Schrecken versetzen wollen, es war mir aber nur gelungen, sie ein wenig zu beunruhigen.

Nach dieser Besprechung glaubte ich, man habe im Weißen Haus begriffen, wie ernst das Problem des Defizits sei, und beginne zu erkennen, daß wir mit den einschneidenden Steuersenkungen erst die *Hälfte* des Programms der Reagan-Revolution verwirklicht hätten. Die Aufgabe, die Ausgaben des Bundes drastisch zu kürzen, um die Verringerung der Staatseinnahmen auszugleichen, war noch kaum in Angriff genommen worden.

Aber ich hatte an der entscheidenden Stelle keinen Fortschritt gemacht – beim Präsidenten. Meine Reaktion auf seinen Einwurf, Tip O'Neill habe doch recht gehabt, zeigte, wo der Kern des Problems lag; bei mir selbst.

Ich konnte ein ganzes Dutzend Gründe dafür aufzählen, daß sich die Zahlen im Haushalt zu unseren Ungunsten verschoben. Was ich jedoch noch nicht erkannte, war die Tatsache, daß der ganze Plan grundsätzlich nicht durchführbar war. Ich hatte vor einzelnen Problemen gewarnt, aber trotzdem die Grundstruktur unseres Haushaltsplans immer wieder verteidigt. Hier lag ein Widerspruch, und deshalb konnte ich nicht damit rechnen, daß der Präsident positiv darauf reagierte.

Auf der einen Seite der fiskalischen Gleichung sah der Präsident die lange Liste der Ausgabenkürzungen und auf der anderen Seite die Steuersenkungen. Er glaubte, die Steuersenkungen würden sich irgendwie von selbst ausgleichen lassen. Die Leute würden mehr als nur vier Filme im Jahr machen, andere würden mehr produzieren, und durch die Produktionssteigerung in der amerikanischen Wirtschaft würden die Steuereinnahmen steigen und so den Ausgleich des Haushalts ermöglichen.

Natürlich hielt auch er die Ausgabenkürzungen für wichtig. Wir sollten auch weiter auf Einsparungen dringen, wo es möglich war, und Bürokraten entlassen, die keine nützliche Arbeit leisteten. Aber die entschlossene Bekämpfung des Wohlfahrtsstaats entsprach nicht seinen Vorstellungen von der Reagan-Revolution. Das war *meine* Idee.

Der Präsident hatte eine halbe Revolution im Sinn. Ich hatte einen Haushaltsplan für eine ganze Revolution aufgestellt. Mein Vortrag am 3. August hatte das nicht überzeugend genug zum Ausdruck gebracht.

Jim Baker berief für den folgenden Tag, den 4. August, eine Sitzung der Legislative Strategy Group (LSG) ein, auf der »die nächsten Schritte bei der Aufstellung des Haushalts« beraten werden sollten. Ich nutzte die Gelegenheit, ein Strategiepapier vorzulegen, das eine kühne Idee für das weitere Verfahren enthielt.

Wir konnten es uns nicht leisten, mit der Vorlage des neuen Haushalts bis zum Januar 1982 zu warten. Wenn der Kongreß nach dem 1. Mai seine Sitzungspause beendete, würde die Öffentlichkeit von meiner alarmierenden Prognose hinsichtlich des zu erwartenden hohen Defizits bereits Kenntnis genommen haben. Im August überprüfte das Haushaltsbüro des Kongresses routinemäßig alle dem Haushaltsentwurf zugrundeliegenden Zahlen, und diese Überprüfung würde wahrscheinlich zu den gleichen Ergebnissen kommen wie ich.

Auf der Sitzung der LSG sagte ich, wenn die Regierung den Eindruck erweckte, über keinen *Sofortplan* zu verfügen, um der neuen besorgniserregenden Situation zu begegnen, würde das katastrophale Folgen haben. Unsere an sich schon schwache Basis im Kongreß könnte angeschlagen werden, was aber noch schlimmer wäre, die Finanzmärkte dürften jedes Vertrauen zu unserer Wirtschaftspolitik verlieren.

Ich schlug deshalb vor, den Haushaltsplan für das Rechnungsjahr 1983 nicht im Januar, sondern schon im Rahmen einer »Septemberoffensive« vorzulegen. Darin mußten alle Programme im innenpolitischen Bereich noch einmal drastisch reduziert werden. Darüber hinaus mußten wir jedoch noch drei weitere Dinge tun: Wir mußten eine neue Offensive zur Reform der Rentenversicherung beginnen, einen »Reagan-Populismus« entwerfen, um der zu erwartenden Demagogie zu begegnen, die durch die neuen Ausgabenkürzungen entfacht werden würde, und Abstriche bei den Verteidigungsausgaben vornehmen. Das letztere würde am schwierigsten sein. Der

Präsident hörte nur ungern etwas über Einsparungen im Verteidigungsetat, aber wir mußten es versuchen. Die Haushaltszahlen und *die innenpolitische Lage* machten es dringend erforderlich.

Diesmal hörte man mir aufmerksam zu. Meese, Baker und Regan hielten den Vorschlag für vernünftig. Augenscheinlich hatten meine Ausführungen bei der Lagebesprechung im Beratungszimmer des Kabinetts doch einen nachhaltigen Eindruck hinterlassen.

Um die Sache zu beschleunigen, erklärten sich Meese und Baker einverstanden, noch gegen Ende des Monats Arbeitssitzungen mit dem Präsidenten an der Westküste anzuberaumen. Ich war begeistert und glaubte, endlich habe man begriffen, daß wir die Sache nicht auf die lange Bank schieben durften.

Heute verstehe ich meinen damaligen Optimismus nicht mehr. Ich hatte nur wieder an die gleiche Tür klopfen wollen, die man mir schon einmal vor der Nase zugeschlagen hatte. Das waren die Rentenversicherung, der Verteidigungetat, die Steuervergünstigungen und die neuen zivilen Ausgabenkürzungen. Was hatte mich also veranlaßt zu glauben, die Septemberoffensive werde Erfolg haben? Nur meine eigene Starrköpfigkeit.

Nichts sollte mich von meinem Vorhaben abbringen, auch nicht die fünfhundertsechsunddreißig gewählten Politiker, die sich weder für meine Revolution noch für meine Theorie interessierten.

Während der folgenden zwei Monate mußte ich feststellen, daß alle Türen verschlossen waren. Die meisten von ihnen waren es von Anfang an gewesen.

Aber in diesem Augenblick war ich bereit, für meinen Haushaltsentwurf einen neuen Blitzkrieg zu führen, und die Kürzung des Verteidigungsetats war der erste Programmpunkt. Die für Verteidigungsfragen zuständigen Beamten im Office of Management and Budget waren begeistert von dieser Idee. Sie waren erschüttert gewesen und hatten es kaum glauben wollen, als wir dem Verteidigungsministerium im Februar mehr als 1,46 Billionen Dollar zuteilten.

Die Entwicklung steuerte schon seit Monaten auf diese Kraftprobe zu. Nachdem ich festgestellt hatte, welchen verhängnisvollen Rechenfehler ich an jenem Freitagabend Ende Januar im Büro von Cap Weinberger im Pentagon gemacht hatte, war ich natürlich überzeugt gewesen, das Weiße Haus werde bei nächster Gelegenheit die notwendigen Abstriche vornehmen. Es war klar, daß wir uns die im Haushaltsplan eingesetzten, viel zu hohen Verteidigungsausgaben ganz einfach nicht leisten konnten. Aber in der Hitze des Gefechts um all die anderen Probleme im Frühjahr und Sommer war das Gegenteil geschehen.

Weinberger hatte unsere zunächst unverbindlichen Vorausberechnungen als unabänderlich angesehen. Das war, um das mindeste zu sagen, eine flagrante Fehlinterpretation, denn wir waren uns an jenem Freitag alle klar darüber gewesen, daß unsere Berechnungen noch nicht als endgültig angesehen werden durften.

Trotzdem war der ganze Riesenbetrag von 1,46 Billionen Dollar dem Pentagon zur Verfügung gestellt worden. Ende April hatte die Militärbürokratie einen Etat aufgestellt, dem diese Summe zugrunde lag. Das Pentagon hatte bereits jeden einzelnen Dollar aufgeteilt – für Panzer, Schiffe und Tausende von Tonnen olivgrüner Tarnfarbe.

Weinberger hatte einen Verteidigungsplan aufgestellt, zu dem es keine Alternative gab. Darin lag eine unglaubliche Ironie. Der Verteidigungsminister der geizigsten und antibürokratischsten Regierung in diesem Jahrhundert hatte einen 1,46-Billionen-Dollar-Haushalt vorgelegt und die Detailarbeit der größten Bürokratie der Welt übertragen. Aus Cap dem Messer war Cap die Schaufel geworden.

Während dieser ganzen hektischen Zeit schlüpfte das Problem der Verteidigungsausgaben immer wieder durch die Maschen, auch als es immer notwendiger wurde, das Vierundvierzig-Milliarden-Dollar-Loch in unserem Haushalt zu stopfen. Und das geschah, obwohl ich die LSG bei jeder Gelegenheit vor den katastrophalen Folgen einer solchen Politik gewarnt hatte.

Mitte Mai war Meese schließlich doch so besorgt, daß er im Roosevelt-Zimmer des Weißen Hauses ein privates Mittagessen veranstaltete. Hier erläuterte ich das Problem noch einmal: Der Haushalt würde sich nicht ausgleichen lassen, wenn wir die im Februar berechneten Zahlen nicht korrigierten. Das müsse auch dem Präsidenten zur Kenntnis gebracht werden. Der vom Pentagon aufgestellte 1,46-Billionen-Dollar-Haushalt werde nach wenigen Wochen vorliegen und innerhalb des ganzen Regierungsapparates bekannt werden. Ihn dann noch zu ändern, würde außerordentlich schwierig und für die Beteiligten auch peinlich sein.

Meese erklärte sich bereit, eine Besprechung mit dem Präsidenten und Weinberger zu arrangieren. Ich hätte mir eine inoffizielle Zusammenkunft gewünscht, bei der wir in aller Ruhe darüber sprechen konnten, wie wir uns aus dieser unangenehmen Lage befreien konnten, in die wir geraten waren, ohne damit gerechnet zu haben. Doch Meese hatte nicht begriffen, an welche Art von Gespräch ich gedacht hatte, und als Weinberger ihm sagte, er werde die Gelegenheit benutzen, um seine »verteidigungspolitischen Leitlinien für die Jahre 1983 bis 1987« offiziell darzustellen, erklärte er sich damit einverstanden. So verwandte Weinberger diese »inoffizielle« Besprechung, die ursprünglich nur dazu gedacht war, die Lage zu klären, dazu, den Präsidenten zur endgültigen Annahme der im Februar erarbeiteten, viel zu hohen Zahlen zu bewegen.

»Jetzt ist das Pferd aus dem Stall, Ed«, beklagte ich mich.

Meese versuchte mich zu beruhigen und sagte, wir könnten die Angelegenheit später sicher noch in Ordnung bringen.

Aber wenn wir eine vom Präsidenten bereits getroffene Entscheidung noch revidieren wollten, dann mußte es jetzt geschehen. Zum Glück hatte das Office of Management and Budget den Plan des Pentagon für die Verwendung dieser gewaltigen Summe im Hochsommer gründlich analysiert und zahlreiche Vorschläge ausgearbeitet, um Weinbergers Einkaufsliste auf ein vernünftiges Maß zusammenzustreichen. Damit wäre der Verteidigungsetat auf den Betrag reduziert worden, den ich in meinem Vortrag zum Haushaltsentwurf am 3. August vorgeschlagen hatte.

Die Einsparungen würden im Lauf von fünf Jahren wesentlich zur Reduzierung des Defizits beitragen. Hätte man unseren Vorschlag befolgt, dann wäre die Verteidigungsfähigkeit der Vereinigten Staaten kaum beeinträchtigt worden. Die Einsparungen waren verglichen mit den ursprünglichen, in Weinbergers Büro falsch berechneten riesigen Beträgen für den Verteidigungshaushalt minimal.

Anstelle des Gesamtbetrages von 1,46 Billionen Dollar, der über einen Zeitraum von fünf Jahren für die Verteidigung ausgegeben werden sollte, sah unser Vorschlag 1,33 Billionen Dollar vor. Mit anderen Worten, Weinberger konnte zweiundneunzig Prozent dessen, was er veranschlagt hatte, behalten. Das sah mehr als vernünftig aus.

Wir hatten dafür gesorgt, daß in dem vom Office of Management and Budget erarbeiteten Plan, der sogenannten Alternative für ein geringeres Wachstum (Slower Growth Alternative – SGA), die höchsten Prioritäten der Regierung im Verteidigungssektor berücksichtigt wurden. So hatten wir zum Beispiel für keines der wichtigsten strategischen Modernisierungsprogramme Kürzungen vorgesehen.

Das betraf auch die Bombenflugzeuge vom Typ B-1, die MX-Rakete, das Trident-Unterseeboot, eine neue seegestützte strategische Fernlenkwaffe und die Marschflugkörper.

Auch die meisten Pläne des Pentagon zur Modernisierung konventioneller Waffensysteme blieben von den Einsparungen unberührt.

Bei der Flotte sah es ganz ähnlich aus. Der von der Carter-Administration erstellte Haushaltsplan sah für neue Überwasserfahrzeuge, U-Boote, Flugzeugträger und andere Schiffe für die nächsten fünf Jahre fünfundfünfzig Milliarden Dollar vor. Der Plan des Office of Management and Budget erhöhte diesen Betrag auf einundachtzig Milliarden Dollar für den Bau von einhundertzweiundzwanzig Schiffen. Damit wurden drei Viertel der von der Flotte gestellten Anforderungen – fünfundneunzig Milliarden Dollar für einhundertfünfundvierzig Schiffe – erfüllt.

Auch für die Personal- und Verwaltungskosten sah der Plan des Office of Management and Budget ein jährliches reales Wachstum um elf Prozent gegenüber den von der Carter-Administration bewilligten drei Prozent vor.

Unsere Verteidigungskapazität konnte daher mit den vorgesehenen 1,33 Billionen Dollar wesentlich gestärkt werden. Die von uns am Rande des Etats vorgesehenen Einsparungen würden den Ausbau der Verteidigungsstreitkräfte nicht schwächen. Im großen und ganzen war unsere Alternative des langsameren Wachstums (SGA) verglichen mit dem Plan der Regierung für einen massiven militärischen Aufbau das Konzept eines für den Ausgleich des Haushalts verantwortlichen Haushaltsexperten, der sich durchaus der Notwendigkeit bewußt war, die militärische Kapazität zu stärken. Nach den von uns vorgesehenen Einsparungen würde der Verteidigungetat 1986 unter Berücksichtigung der Inflationsrate immer noch um zweiundfünfzig Prozent umfangreicher sein als 1980. Der Etat des Pentagon wäre sogar um fast zwanzig Prozent größer als auf dem Höhepunkt des Koreakrieges oder des Vietnamkrieges. Angesichts des erschreckend hohen Defizits, das uns jetzt drohte, begriff ich nicht, wieso mein Vorschlag nicht als vernünftig akzeptiert werden sollte.

Am 18. August flogen Ed Harper, Bill Schneider und ich nach Kalifornien, um uns noch am gleichen Tage mit dem Präsidenten zu treffen. Wir wollten mit ihm die Haushaltsplanung für unsere Septemberoffensive beraten – und das Hauptthema war der Verteidigungsetat.

Das Treffen war als entscheidende Kraftprobe zwischen mir und der »anderen Seite« angekündigt worden. Weinberger konnte dabei mit der Unterstützung des Außenministeriums, der CIA, des nationalen Sicherheitsrats und der Joint Chiefs of Staff rechnen und hatte damit mächtige und einflußreiche Verbündete. Doch um unseren Sparwillen zum Ausdruck zu bringen, benutzten beide Teams das gleiche Flugzeug für diese Reise.

Als Anschauungsmaterial hatte ich etwa drei Dutzend auf Pappe aufgezogene Tabellen anfertigen lassen, mit denen ich meinen Zuhörern das komplizierte Problem verständlich machen wollte. Innenminister Jim Watt hatte mich besonders darauf hingewiesen, wie notwendig es sei, meinen Standpunkt mit einfachen Mitteln deutlich zu machen. Er hatte gesagt:

»Ein großes und kompliziertes Problem läßt sich nur lösen, wenn man mit dem absoluten Mangel an Sachkenntnis derjenigen rechnet, die für die Entscheidungen zuständig sind.«

Es fiel mir zwar schwer es zuzugeben, aber keiner von denen, die sich vielleicht auf meine Seite stellen würden – und das waren Meese, Baker, Deaver und Regan –, verstand etwas von den Problemen, um die es bei den Beratungen des Verteidigungsetats ging. Im übrigen war auch Weinberger kein großer Sachkenner; in diesem Fall mußte er die Rolle eines geschickten Verkäufers übernehmen. Aber er hatte tüchtige Verbündete: Al Haig, Frank Carlucci und den stellvertretenden Direktor der CIA, Admiral Bobby Inman.

Ich wußte von Anfang an, daß es mir nicht gelingen würde, den Präsidenten sofort von der Richtigkeit meines Standpunkts zu überzeugen. Er hatte immer wieder erklärt: »Die Verteidigung ist nicht Sache des Haushalts. Man gibt so viel aus, wie man ausgeben muß.«

Das ist vielleicht richtig. Die Schwierigkeit lag nur darin, daß es kein aus weisen Männern zusammengesetztes Tribunal gab, das sagen konnte, was wirklich notwendig sei. Das Verteidigungsministerium war vielmehr aus ganz subjektiven Gründen, und ohne eine genaue Analyse vorgenommen zu haben, zu der Überzeugung gekommen, daß es jährlich eine Viertelbillion Dollar brauchte. Hier galt die Theorie, man müsse oben anfangen und zunächst über die allgemeinen nationalen, sicherheitspolitischen Ziele sprechen wie etwa über die Abwehr eines mit Kernwaffen geführten Angriffs. Im weiteren Verlauf der Überlegungen müsse man von der Spitze der Pyramide nach unten gehen und bedenken, welche Kapazitäten für die Erfüllung einzelner strategischer Aufgaben erforderlich seien. Dann müsse über die Struktur der Streitkräfte, die Waffen und die dafür benötigten Mittel gesprochen werden. Schließlich müsse ein Zeitplan für die Verwirklichung aller Vorhaben aufgestellt werden. An der Basis der Pyramide arbeiteten ungezählte Bürokraten, die zusammenrechneten, wieviele Werkzeugtaschen, Schraubenzieher und Papierbecher gebraucht würden, um einen russischen Erstschlag abzuwehren.

So wurde der Verteidigungsetat zumindest der Theorie nach aufgestellt. In Wirklichkeit begann man jedoch an der Basis der Pyramide. Die Bürokraten sagten, was sie brauchten, und ihre Vorgesetzten entschieden, was wirklich notwendig war. Dann kamen die Obersten und die Generäle mit ihren Wünschen, und die ganze kilometerlange Wunschliste landete schließlich auf dem Schreibtisch des Verteidigungsministers. Die Anforderungen des Verteidigungsministeriums bestanden daher aus den auf dieser Wunschliste enthaltenen Posten, mit denen zunächst die Bedürfnisse der militärischen Dienststellen der untersten Ebene befriedigt werden sollten, die aber dann den von oben gegebenen politischen Leitlinien entsprechen mußten. Mit anderen Worten, das Verfahren, das zu diesen Beschlüssen führte, war alles andere als wissenschaftlich.

Der Vorschlag, den ich auf dieser Sitzung machen wollte, war denkbar einfach: Was das Pentagon »brauchte«, konnten wir uns nicht leisten. Nach meiner Analyse durfte man die Verteidigungsausgaben nicht aus dem Haushalt ausklammern. Die Aufstellung des Verteidigungsetats war vielmehr eine außerordentlich schwierige und komplexe Aufgabe im Rahmen einer nach wissenschaftlichen Methoden durchgeführten Haushaltsplanung.

Aber da ich wußte, daß ich mit dieser Argumentation den Präsidenten nicht überzeugen konnte, hatte ich mir eine andere Taktik zurechtgelegt. Ich wollte meinen Fall so vortragen, daß die leitenden Mitarbeiter im Weißen Haus das Gegengewicht gegen das Verteidigungsministerium bildeten, und daß das Verteidigungsministerium sich mit seinem Gewicht selbst widerlegte.

Mein Eröffnungsvorschlag sollte sein, das Defizit für das Rechnungsjahr 1984 um wenigstens fünfundsiebzig Milliarden Dollar zu senken. Dieser Vorschlag würde, wie ich annahm, die Zustimmung aller finden.

Mit dem zweiten Vorschlag wollte ich erklären, daß diese fünfundsiebzig Milliarden Dollar nicht ausschließlich bei den zivilen Ausgaben eingespart werden könnten. Theoretisch ließe sich so etwas vielleicht rechtfertigen, man werde ein solches Verfahren aber niemals im Kongreß durchsetzen können.

Damit würde ich die führenden Mitarbeiter des Weißen Hauses veranlassen, an eine spürbare Kürzung des Verteidigungsetats zu denken. Die Deckungslücke im Haushalt konnte nur geschlossen werden, wenn sowohl im Verteidigungshaushalt als auch bei den zivilen Ausgaben Abstriche gemacht wurden.

Mein dritter Vorschlag lautete, daß meine Alternative des langsameren Wachstums genau der vorher vereinbarten siebenprozentigen Zuwachsrate für das reale Wachstum der Verteidigungsausgaben entsprach.

Wenn wir nun tatsächlich siebzehn Milliarden Dollar bei den Verteidigungsausgaben für das Jahr 1984 einsparten, dann konnten wir auf einige der am schwersten im Kongreß durchzusetzenden zivilen Ausgabenkürzungen verzichten.

Nun würden Weinberger, Haig und die anderen sich zwar entschieden gegen die Abstriche im Verteidigungsetat wehren. Aber gerade darauf hatte ich mich vorbereitet.

Zunächst würde Weinberger erklären, daß Abstriche bei den Verteidigungsausgaben von den Sowjets als ein falsches Signal verstanden werden könnten. Ich hatte zwei Tabellen vorbereitet, mit denen ich dieses Argument zu widerlegen hoffte. Auf der einen war das Programm der strategischen Waffen dargestellt. Es ging also um einen Bereich, der angesichts der sowjetischen Bedrohung die allergrößte Bedeutung hatte. In einer Spalte waren die vom Verteidigungsministerium für strategische Waffen (die MX-Rakete, das Bombenflugzeug B-1, das Trident-Unterseeboot usw.) vorgesehenen Ausgaben eingetragen, und eine analoge Spalte enthielt die gleichen Angaben für meine Alternative des langsameren Wachstums. Die Zahlen in beiden Spalten waren genau die gleichen. Der einzige Unterschied lag in den Farben, in denen die Eintragungen vorgenommen worden waren. Das bedeutete, hier gab es keine Abstriche.

Die andere Tabelle zeigte Spalten, in denen die für den amerikanischen Verteidigungsetat geltenden Zahlen zur Zeit der sowjetischen Invasion in Afghanistan eingetragen waren. Daneben standen die nach meiner Alternative geltenden Angaben für den amerikanischen Verteidigungsetat in den kommenden Jahren. Letztere lagen um einhundertsechzig Prozent höher.

Doch irgend jemand würde auch dann noch sagen: »Aber die Sowjets haben fünfundvierzigtausend Panzer und wir nur zehntausend. Wir dürfen das Programm für die Modernisierung der konventionellen Waffen nicht beschneiden.« Darauf sollte Ed Harper die Tabelle für den M-1-Panzer an die Staffelei hängen. Die zeigte, daß das Verteidigungsministerium fünftausendzweihundertsiebzig Panzer in Dienst stellen wollte. Mein Alternativplan wies die gleiche Zahl von M-1-Panzern aus.

Ähnlich stand es mit den Personalausgaben. Auch hier erfüllte mein Vorschlag die Forderungen Weinbergers. Wenn einem 1,33 Billionen Dollar zur Verfügung standen, konnte man hohe Ansprüche befriedigen.

Ich rechnete fest damit, daß meine Gegner sich am Ende der Besprechung geschlagen geben würden. Der Präsident würde sich überzeugen lassen und die Annahme meines Kompromißvorschlags anordnen.

Als ich im Fahrstuhl in das oberste Stockwerk des Century Plaza Hotels hinauffuhr, konnte ich den Beginn der Besprechung kaum erwarten. Ich mußte lächeln, als ich daran dachte, was Jim Watt mir geraten hatte. Ich würde es in der Tat mit einem Mangel an Sachkenntnis auf höchster Ebene zu tun haben.

Doch schon nach wenigen Minuten war ich mit meinem Plan gescheitert.

Ich hatte eben meinen ersten Vorschlag gemacht und erklärt, daß wir 1984 wenigstens fünfundsiebzig Milliarden Dollar einsparen müßten. »Und damit werden wir nur eine zwanzigprozentige Chance bekommen, den Haushalt auszugleichen«, sagte ich. »Das Defizit kann ohne weiteres sehr viel höher sein.«

Ich spürte, wie meine Zuhörer unruhig wurden. Dann hörte ich es schnauben. »Warten Sie einen Augenblick«, sagte Don Regan. »Wir im Finanzministerium akzeptieren eine Prognose für ein so hohes Defizit nicht.« Ich war überrascht, denn das hatte er bisher noch nie gesagt.

Nun wandte sich Regan an den Präsidenten.

»Herr Präsident, ich möchte Sie daran erinnern, daß Ihr Programm noch nicht angelaufen ist. Das wird am 1. Oktober geschehen. Dann wird das Defizit, wie wir glauben, sehr viel niedriger sein.«

Daß ich mit einem so starken Ansteigen des Defizits rechnete, hatte nichts mit dem Zeitpunkt des Inkrafttretens der Steuersenkungen zu tun, an das der Finanzminister vor allem zu denken schien. Ich nahm noch immer an, daß das reale Wachstum des Bruttosozialprodukts genauso, wie wir es vorausgesagt hatten, beginnend im vierten Quartal des Jahres 1981 fünf Prozent betragen werde. Für diese Annahme gab es zwar keinen vernünftigen Grund, aber ich stellte sie nicht in Frage.

Hier hatte ich kräftig danebengegriffen, und Regan nutzte das sofort aus. Damit stellte er aber auch den ganzen Erfolg meiner Bemühungen in Frage. Wenn man nicht gezwungen war, fünfundsiebzig Milliarden Dollar einzusparen, dann brauchte man sich weder um den Verteidigungsetat noch um irgend etwas anderes Sorgen zu machen.

Nun kam ich zu meinem zweiten Vorschlag und sagte, wir könnten die fünfundsiebzig Milliarden Dollar nicht allein bei den zivilen Ausgaben einsparen, und auch hier stieß ich auf unerwartete Schwierigkeiten.

Ich erklärte, wenn wir die Einsparungen allein im zivilen Bereich machen wollten, dann müßten wir die Ausgaben für die medizinische Betreuung der Bevölkerung um sechs Milliarden Dollar jährlich kürzen.

Anschließend beschloß ich, dieses Thema nie wieder zu berühren, denn es veranlaßte den Präsidenten jedesmal zu einer langatmigen Begründung, weshalb das Sechzig-Milliarden-Dollar-Programm aufgrund einer völlig falschen Entscheidung zustande gekommen sei. Und er tat es auch diesmal.

»Früher hatten die Ärzte eine Liste bedürftiger Personen«, sagte der Präsident. »Sie wußten, wer es sich nicht leisten konnte, die regulären Arztrechnungen zu bezahlen, und verlangten von solchen Patienten deshalb nur so viel, wie sie bezahlen konnten.«

Nachdem sich die Bundesregierung mit dem Problem der ärztlichen Versorgung belastet habe, hätte das aufgehört.

»Wir haben schon damals davor gewarnt«, fuhr er fort. »Und wir haben eine andere Gesetzesvorlage unterstützt, die nur den wirklich Bedürftigen geholfen hätte.«

Ich war mit der Haltung des Präsidenten natürlich durchaus einverstanden. Aber das änderte nichts an der Tatsache, daß die Beihilfen für die medizinische Versorgung der Bevölkerung den Staatshaushalt sehr bald fünfundsiebzig Milliarden Dollar jährlich kosten würden. Jetzt lag das Problem darin, mit den politischen Kräften fertig zu werden, die sich gegen jede Kürzung solcher Beihilfen wehrten. Einige andere Beispiele aus dem Sozialbereich zeigten ebenso deutlich, daß es unmöglich war, die Einsparungen allein bei den zivilen Ausgaben vorzunehmen – und wieder kam es zu langen Erörterungen über Grundsatzfragen.

Jetzt war ich gewarnt und wandte mich deshalb sehr vorsichtig dem Verteidigungsetat zu. Es war mir weder gelungen, meine Zuhörer davon zu überzeugen, daß wir mit einem Defizit von fünfundsiebzig Milliarden Dollar rechnen mußten, noch stimmten sie mir darin zu, daß wir die Kürzungen aus politischen Gründen nicht allein bei den zivilen Programmen vornehmen konnten. Die Diskussion hatte schon so lange gedauert, daß die Versammlung allmählich ungeduldig darauf wartete, was ich zum Hauptthema zu sagen hätte.

Meine Tabelle über den Verteidigungsetat zeigte in sechs Kolonnen deutlich, welchen Fehler wir an jenem Januarabend in Weinbergers Büro gemacht hatten.

Während ich das erläuterte, bemerkte ich, daß Cap Weinberger in den schriftlichen Unterlagen herumblätterte, die ich vor der Sitzung hatte verteilen lassen. Schon bald flüsterte er hörbar mit dem neben ihm sitzenden Präsidenten.

»Möchten Sie eine Frage stellen, Cap?« sagte ich, denn ich hielt es für besser, sofort die Ursache für seine Unruhe zu ergründen.

»Das sind nicht die Zahlen des Verteidigungsministeriums«, sagte er. »Ich habe diese Zahlen noch nie gesehen. Wir dürfen hier nicht von falschen Zahlen ausgehen.«

Vielleicht hatte er recht, und deshalb erklärte ich, daß es hier um die *realen Wachstumsraten* ginge und ich deshalb die vom Verteidigungsministerium eingesetzten Beträge in »konstante Dollars des Jahres 1984« umgerechnet hätte. Nach der Kaufkraft unter Berücksichtigung der Inflationsrate entsprachen meine Zahlen genau den für den Etat des Verteidigungsministeriums angenommenen Werten.

Trotzdem behauptete Weinberger, es seien die falschen Zahlen und ich hätte den Präsidenten damit getäuscht. In meiner Verzweiflung wandte ich mich an Frank Carlucci und bat ihn zu bestätigen, daß meine Zahlen korrekt waren.

Damit geriet Carlucci natürlich in die Klemme. Er wollte dem Verteidigungsminister nicht in Gegenwart des Präsidenten widersprechen, obwohl er gewußt haben muß, daß an diesen Zahlen nichts auszusetzen war. Er sagte: »Nun, genau kann ich es nicht sagen. Im Verteidigungsministerium legen wir immer den konstanten Dollarwert des Jahres 1982 zugrunde.«

Dieses Ausweichen war verständlich, aber es verschleierte das Problem noch mehr. Die meisten Anwesenden konnten mit dem Begriff des konstanten Dollars ohnedies nichts anfangen.

Nun kam ich zum Hauptpunkt, daß nämlich 1,33 Billionen Dollar ausreichten, um die Verteidigungskapazität ganz wesentlich zu stärken. Ich sagte, der Plan des Office of Management and Budget sähe zwar Einsparungen vor, verlange jedoch keine einschneidenden Abstriche. Der Bundeshaushalt berücksichtige trotz allem die Vorhaben des Verteidigungsministeriums, die von der Regierung als unverzichtbar angesehen würden. Der Anteil des Verteidigungsministeriums an den gesamten Staatsausgaben würde von weniger als fünfundzwanzig Prozent auf mehr als ein Drittel ansteigen.

Plötzlich mischte sich der Präsident ein: »Das ist gerade der Punkt, den wir verdeutlichen müssen«, sagte er. »Die Leute vergessen immer wieder, daß im Haushalt von John Kennedy fünfundvierzig Prozent für Verteidigung ausgegeben wurden. So weit sind wir noch lange nicht.«

Damit begann eine lange Diskussion, in deren Verlauf immer wieder behauptet wurde, die Verteidigungsausgaben hätten mit dem

Defizit nichts zu tun. Ihr Anteil sei im Verhältnis sehr viel niedriger als zuvor.

Was über den Verteidigungsetat zur Amtszeit des Präsidenten Kennedy gesagt worden war, entsprach den Tatsachen, aber damals existierten die staatlichen Beihilfen für die medizinische Versorgung und die »Große Gesellschaft« noch gar nicht. Deshalb waren diese Argumente nicht ganz stichhaltig.

Im Verlauf der weiteren Diskussion kamen wir immer weiter vom Hauptthema ab. Dann läutete die Glocke, und die Sitzung war vorüber. Es gab weder Sieger noch Besiegte. Es war Zeit, zum Mittagessen zu gehen und sich den Pressefotografen zu stellen.

»Wir werden diese Diskussion zu einem möglichst frühen Zeitpunkt fortsetzen«, sagte Meese.

Ich mußte an die erste Arbeitssitzung vor acht Monaten im Blair House denken. Dabei hatte ich das Gefühl, daß inzwischen viel Zeit verstrichen sei. Aber geändert hatte sich nichts. Doch ich ließ nicht locker. Die nächste Besprechung über den Etat des Verteidigungsministeriums fand eine Woche später im Biltmore Hotel bei Santa Barbara statt. Diesmal nahm der Präsident nicht daran teil. Meese übernahm den Vorsitz wie an jenem Abend, als zwei unserer Marine-Jagdflugzeuge über dem Golf von Sidra von libyschen Flugzeugen angegriffen wurden.

Auch Weinberger flog von Washington nach Kalifornien und erklärte auf der Sitzung, er werde um keinen Zoll zurückweichen. Er brauche jeden Dollar. Wir hätten dem Steuerzahler Tausende von Dollars an Flugbenzin sparen können.

Doch unmittelbar nach der Sitzung nahm mich Meese beiseite. »Geben Sie nicht auf«, sagte er. »Der Präsident möchte, daß wir ihm in dieser Sache einen Kompromißvorschlag ausarbeiten. Ich werde mit Weinberger in aller Ruhe darüber sprechen und ihn zum Nachgeben bewegen.«

Das ermutigte mich. Unser politischer Erfolg hing allein davon ab, daß es uns gelang, den Verteidigungsetat zu kürzen. Wenn das nicht geschah, würden wir mit der Septemberoffensive auf dem Capitol Hill keinen Schritt vorankommen.

Ich machte mich also guten Mutes an die Arbeit, obwohl ich wußte, daß sich Weinberger nur zu geringfügigen Korrekturen bereitfinden würde. Aber der Präsident hätte dann wenigstens auch ein paar

Vorschläge in der Handschrift des Verteidigungsministeriums, und damit wäre ein Anfang gemacht.

Bevor Meese am ersten Montag im September mit Weinberger gesprochen hatte, sagte Jim Baker einigen Reportern, in den nächsten drei Jahren würde der Verteidigungsetat um zwanzig bis neunundzwanzig Milliarden Dollar gekürzt werden. Das kam den dreißig Milliarden Dollar, die das Office of Management and Budget von 1982 bis 1984 einsparen wollte, schon recht nahe. Und wenn die ersten Kürzungen sofort vorgenommen wurden, dann konnte man für die folgenden Jahre mit sehr viel größeren Einsparungen rechnen.

Die Erklärung von Baker löste in der Presse die verschiedensten Spekulationen aus. Da Weinberger seit Monaten immer wieder öffentlich erklärt hatte, daß an dem ursprünglichen Verteidigungsetat der Reagan-Administration nicht zu rütteln sei, entstand nun der Eindruck, das Office of Management and Budget und das Weiße Haus hätten ihn zum Nachgeben gezwungen. Er und seine Mitarbeiter faßten das als persönliche Beleidigung auf und verwahrten sich dagegen, daß der Presse zugespielte Informationen die nationale Sicherheitspolitik beeinflussen könnten.

Jetzt bildeten sie eine geschlossene Front, und die Haushaltsexperten des Pentagon legten einige Optionen für unbedeutende Proforma-Kürzungen vor, wie Meese sie verlangt hatte, aber Weinberger hatte nicht die Absicht, sie wirklich vorzunehmen. Damit waren alle Voraussetzungen für eine neue Kraftprobe erfüllt, die unmittelbar nach dem Labor Day am ersten Montag im September stattfinden sollte.

Das vorletzte Duell zwischen Weinberger und mir fand wenige Tage später, am 9. September, statt. Ich hatte den Eindruck, der Präsident habe die ständigen Diskussionen um dieses Thema satt, und es langweile ihn sogar. Die Mitarbeiter des Weißen Hauses hatten Weinberger und mir jeweils fünfzehn Minuten für die Erläuterung unserer Standpunkte zugebilligt.

Weinberger ergriff als erster das Wort – und er hatte sich sorgfältig vorbereitet. Die einzige Frage, um die es hier ging, war, um welchen Betrag die Verteidigungsausgaben erhöht werden sollten. Die Vorstellung, wir würden den Verteidigungsetat kürzen, war geradezu lächerlich. Sowohl der Plan des Office of Management and Budget als auch der des Verteidigungsministeriums sahen eine stärkere Erhöhung der Verteidigungsausgaben vor, als wir sie im Korea- oder Vietnamkrieg erlebt hatten.

Es mußte entschieden werden, ob der massive Ausbau der Streitkräfte im Lauf von fünf Jahren 1,33 oder 1,46 Billionen Dollar kosten sollte. Im einzelnen ging es darum, ob wir dreizehn oder fünfzehn von Flugzeugträgern geführte Kampfgruppen aufstellen wollten, ob die Munitionsvorräte für den Ernstfall fünfundfünfzig oder fünfundsiebzig Tage reichen müßten, ob die Gesamtstärke der Streitkräfte 2,136 oder 2,286 Millionen Mann betragen müsse, ob es notwendig sei, neunhundertachtundvierzig oder eintausendeinhundertzweiundneunzig Jagdflugzeuge in Dienst zu stellen, ob fünfzehn weitere mit Kernkraft angetriebene Angriffs-Unterseeboote oder siebzehn gebaut werden mußten und ob die Flotte einhundertachtundneunzig oder zweihundertachtundzwanzig leichte Kampfflugzeuge brauchte.

Aber Weinberger beschäftigte sich mit keiner dieser Fragen. Sein einziges Anliegen war es, darzustellen, wie weit uns die Sowjets überlegen waren. Dahinter stand die nicht sehr subtile Beschuldigung, jeder, der seinen Etat auch nur geringfügig kürzen wolle, habe die Absicht, unsere Unterlegenheit gegenüber den Russen zu zementieren.

Ich war empört. Wenn er an meinem Patriotismus zweifelte, dann konnte ich ihn nicht daran hindern, aber bei den Waffensystemen auf seinen Tabellen handelte es sich ausschließlich um solche, bei denen mein Vorschlag nicht die geringsten Veränderungen vorsah. Auf einem besonderen Schaubild zeigte er, daß ein sowjetischer Rüstungsbetrieb, der Panzer herstellte, ein größeres Areal einnahm als der ganze Stadtkern von Washington D. C. Das Arsenal des Marxismus-Leninismus war größer als das Herz der Hauptstadt der freien Welt! Eindrucksvoll – nur wollte ich ihm mit meinem Vorschlag keinen einzigen Panzer wegnehmen.

Eine Tabelle zeigte die beiden neuen sowjetischen strategischen Bombenflugzeuge, die schon in Dienst gestellte Backfire und einen neuen riesigen Bomber, der sich noch im Entwicklungsstadium befand. Auf unserer Seite der Tabelle war nur der veraltete amerikanische B-52-Bomber aufgeführt.

»Sir, unsere Flugzeuge sind älter als ihre Piloten«, sagte Weinberger dem Präsidenten. Reagan nickte.

Er verlor aber kein Wort darüber, daß das Office of Management and Budget die volle Finanzierung des B-1-Bomberprogramms vorsah und daß außerdem die gesamten Kosten für die Entwicklung des geheimen neuen Bombenflugzeugs vom Typ Stealth übernommen werden sollten.

Eine andere Tabelle verglich die Divisionen der Warschauer-Pakt-Staaten mit den Streitkräften der Vereinigten Staaten und der NATO. Hier zeigte sich, daß die Gegenseite über sehr viel mehr Divisionen verfügte als wir. Doch was sollte damit bewiesen werden? Der Plan des Office of Management and Budget stellte ebenso wie der des Pentagon die Mittel für die Finanzierung von sechzehn aktiven Divisionen des Heeres zur Verfügung. Die Struktur der Streitkräfte und die Anzahl der Divisionen waren nicht Gegenstand irgendwelcher Meinungsverschiedenheiten.

Der ganze Vortrag von Weinberger war ein geschickt angelegtes Vernebelungsmanöver. Er brachte noch eine ganze Reihe ähnlicher Beispiele, bis irgend jemand sagte, daß er die ihm zugebilligte Zeit längst überschritten hatte.

Weinberger setzte sich, wandte sich an den Präsidenten und sagte: »Ich wollte meinen Standpunkt nur ausführlich begründen, Sir.«

Jetzt war ich an der Reihe. Um es nicht wieder zu Mißverständnissen kommen zu lassen, hatte ich auf meinen Tabellen überall die konstanten Dollarbeträge für das Jahr 1982 eingesetzt. Diese Mehrarbeit kostete den Steuerzahler einige tausend Dollar, aber sie konnte sich lohnen, denn mit Hilfe dieser neuen Tabellen ließen sich unter Umständen hundert Milliarden Dollar einsparen.

Ich hatte außerdem eine besondere Tabelle entworfen für den Fall, daß der Präsident seinen Einwand wiederholte, die Kennedy-Administration habe einen größeren Teil des gesamten Haushalts für die Verteidigung aufgewandt als wir. Diese Tabelle zeigte, daß der Verteidigungsetat der Reagan-Administration nach dem Plan des Office of Management and Budget auf zweihundertzweiundsechzig Milliarden Dollar ansteigen werde. Legte man konstante Dollars zugrunde, dann hatte die Kennedy-Administration 1963 nur einhunderteinundachtzig Milliarden Dollar für die Verteidigung ausgegeben.

Der Verteidigungsetat des Präsidenten würde also um fast fünfzig Prozent umfangreicher sein als der Kennedys. Der Anteil am gesamten Bundeshaushalt war zwar prozentual geringer, aber das lag am Ausbau des Wohlfahrtsstaates und nicht daran, daß wir die Verteidigung vernachlässigt hatten.

Wieder versuchte ich, meinen Zuhörern begreiflich zu machen, wie falsch es gewesen sei, im Februar mit einem realen Wachstum von sieben Prozent zu rechnen. Das im Februar geschnürte »Gesundungspaket« hatte dazu geführt, daß der noch nicht bewilligte Verteidigungsetat für 1982 auf zweihundertzweiundzwanzig Milliarden Dollar angestiegen war. In nur zwei Jahren hätten wir damit den Verteidigungsetat um fast achtzig Milliarden Dollar oder siebenundfünfzig Prozent erhöht. Und jetzt verlangte das Pentagon ein weiteres jährliches reales Wachstum um sieben Prozent, das von dieser Summe ausging.

In Wirklichkeit war der von Ronald Reagan zugesagte massive Ausbau der Streitkräfte bereits gesichert. Wir mußten uns nur noch darüber einig werden, welche Zuwachsraten für die kommenden Jahre zu verantworten waren.

Das war so einleuchtend, daß ich an der Unfähigkeit Weinbergers und des Präsidenten verzweifelte, dies zu erkennen. Doch als ich weitersprach, stellte ich fest, daß der Präsident mir gar nicht zuhörte. Er hatte den Bleistift in der Hand und stellte offenbar eigene Berechnungen an. Deshalb beeilte ich mich, zum Schluß meiner Ausführungen zu kommen, und wartete gespannt auf das abschließende Urteil.

Kaum hatte ich mich gesetzt, als sich Al Haig zu Wort meldete: »Ich bin entsetzt von diesen Methoden. Wer glaubt hier denn, Verteidigungsminister zu sein?«

Dann warf er mir einen bösen Blick zu und fuhr fort: »Nun, ich glaube, wir müssen Cap geben, was er braucht. Wir können uns diese theoretischen Belehrungen über die Verteidigungsausgaben nicht länger anhören. Herr Präsident, Sie müssen eine Entscheidung fällen und dem ein Ende machen.«

Das war typisch für Haig. Er tat, was er am besten konnte: er versuchte mich einzuschüchtern. Aber er, Weinberger und die anderen für die nationale Sicherheit Verantwortlichen schienen nicht zu wissen, daß der Staatssäckel leer war.

Sie hätten es wissen müssen, denn dieser Umstand hatte entscheidende Auswirkungen auf die Verteidigung, die Auslandshilfe und die nationale Sicherheit. Das Außenministerium und das Verteidigungsministerium durften sich nicht den Luxus leisten zu behaupten, für sie träfen solche Überlegungen nicht zu. Sie mußten sich ebenso wie alle anderen den fiskalischen Notwendigkeiten beugen.

Die Sitzung ging zu Ende, ohne daß eine Einigung erzielt werden konnte. Deshalb schlug der Präsident vor, wir sollten noch einmal zusammenkommen, um eine Lösung zu finden, die beide Seiten befriedigte. Aber das war so unwahrscheinlich wie ein Friede im Nahen Osten. Die Spannungen zwischen Weinberger und mir hatten sich so verschärft, daß wir kaum noch miteinander sprachen.

Schließlich erklärten sich Meese und Baker einverstanden, sich mit dem Präsidenten zusammenzusetzen und ihm bei der Durchsicht der Unterlagen zu helfen, um zu einer Entscheidung zu kommen.

Das führte jedoch nur zu einer furchtbaren Verwirrung. Es gab zwei verschiedene Möglichkeiten, die Beträge für den Verteidigungsetat zu berechnen. Einmal ging es um die »genehmigten« und zum zweiten um die tatsächlich »gezahlten« Summen. Mir kam es auf die tatsächlich geleisteten Zahlungen an, während Weinberger sich auf die genehmigten Beträge konzentrierte. Das Pentagon geht, wenn es seine Aufträge für Flugzeuge, Schiffe, Panzer usw. erteilt, von den dafür genehmigten Beträgen aus. Die Auslieferung dieser Aufträge erfolgt jedoch unter Umständen erst nach Jahren. Erst dann gehen die Rechnungen ein und müssen bezahlt werden. Deshalb sind die genehmigten Beträge stets sehr viel höher als die tatsächlichen Ausgaben. In diesem Fall hatte das Verteidigungsministerium für das Jahr 1984 die Genehmigung von Ausgaben in Höhe von zweihundertachtundachtzig Milliarden Dollar verlangt, während die tatsächlichen Ausgaben nur bei zweihundertzweiundfünfzig Milliarden Dollar lagen. Es bestand also zwischen diesen beiden Beträgen ein großer Unterschied.

Da der Präsident, Meese und Baker die Bedeutung dieses Unterschiedes nicht begriffen hatten, halbierten sie die Differenz zwischen dem vom Office of Management and Budget und dem vom Verteidigungsministerium vorgelegten Etat, gingen dabei aber nicht von den tatsächlichen Ausgaben, sondern von den zu genehmigenden Beträgen aus. Dabei ergaben sich für die Zeit von 1982 bis 1984 Einsparungen in Höhe von sechsundzwanzig Milliarden Dollar. Das erschien Baker durchaus befriedigend. Er hatte den Reportern gesagt, wir würden die Verteidigungsausgaben in den folgenden drei Jahren um zwanzig bis dreißig Milliarden kürzen, und diese Zahl lag genau dazwischen.

Der Präsident rief Weinberger an, der natürlich begeistert war. Danach würde der Etat für das Jahr 1984 um nur drei Milliarden Dollar niedriger sein als die Summe, womit er behauptet hatte, gerade noch leben zu können.

Kurz darauf rief Baker bei mir an: »Der Präsident hat sich für Sie entschieden; von Ihren dreißig Milliarden Dollar sollen Sie sechsundzwanzig haben.« Dann las er mir die Zahlen vor, zu denen der Präsident bei seinem salomonischen Urteil im Ovalen Zimmer gekommen war.

»Oh nein!« stöhnte ich. »Sie haben den genehmigten Etat zugrunde gelegt. Mit unseren dreißig Milliarden Dollar waren die tatsächlichen Ausgaben gemeint.«

Ich erklärte ihm, daß mit dieser Kürzung innerhalb von drei Jahren nur fünfzehn Milliarden Dollar eingespart werden konnten. Außerdem war man von einem höheren Grundbetrag als von dem ursprünglich im Februar festgelegten ausgegangen. Deshalb verringerten sich die Einsparungen de facto noch mehr, und es blieben nur noch elf Milliarden Dollar übrig, die sich über einen Zeitraum von drei Jahren verteilten.

»Jim«, sagte ich, »wir brauchen allein für das Jahr 1984 Kürzungen in Höhe von fünfundsiebzig Milliarden Dollar. Ich hatte damit gerechnet, fünfzehn Milliarden Dollar davon aus dem Verteidigungsetat zu bekommen. Aber die vom Präsidenten genehmigten Einsparungen für die folgenden drei Jahre geben uns für 1984 nur vier Milliarden Dollar aus dem Verteidigungsetat. Damit können wir unser Ziel nicht erreichen.«

Baker erkannte sofort, daß wir in eine äußerst schwierige Lage geraten waren. Der Präsident hatte eine Entscheidung getroffen und würde jetzt sehr ungehalten sein, wenn er erfuhr, daß auch damit keine endgültige Lösung gefunden worden war. Jetzt sollte Mike Deaver ihm beibringen, daß die Angelegenheit noch einmal behandelt werden mußte. Irgendwie gelang es ihm. Der Präsident erklärte sich einverstanden, Weinberger und mich am nächsten Vormittag um zehn Uhr zu empfangen, um eine *definitive* Lösung zu finden. Inzwischen hatte er begriffen, daß es hier um die tatsächlichen Verteidigungsausgaben ging.

Die Besprechung am Vormittag des 11. September 1981 war historisch bedeutungsvoll. Baker, Meese und Deaver waren nicht erschienen, sie fürchteten offenbar die schlechte Laune des Präsidenten. Weinberger und ich fanden uns zur vereinbarten Zeit ein, und der Präsident forderte uns auf, neben ihm an seinem Schreibtisch Platz zu nehmen. Vor ihm lag die eben eingetroffene Post. Er erzählte uns, was verschiedene amerikanische Bürger ihm geschrieben hatten und wie er diese Briefe beantworten wollte. Er las uns einige Passagen aus diesen Briefen vor, und ich hatte den Eindruck, daß er nicht sehr glücklich darüber war, sich wieder mit den Zahlen im Etat des Verteidigungsministeriums beschäftigen zu müssen.

Schließlich sagte er: »Wir müssen die Sache endlich zu einem Abschluß bringen... Die andere Seite könnte sich sonst falsche Vorstellungen machen.«

Weinberger lachte (ein schlechtes Zeichen) und sagte, das sei auch seine Meinung. »Sir, wir könnten die Angelegenheit in zwei Minuten in Ordnung bringen. Dazu müssen wir nur begreifen, wie vernünftig der erste Entwurf für den Verteidigungsetat war. Das Verteidigungsministerium würde nur zu gern daran festhalten.«

Ich erwiderte, wir hätten uns durch die verschiedenen Zahlen verwirren lassen. Ich hätte vorgeschlagen, den Etat innerhalb von drei Jahren um dreißig Milliarden Dollar zu kürzen, und der Verteidigungsminister habe gesagt, er werde nötigenfalls Abstriche in Höhe von acht Milliarden Dollar akzeptieren können. Die Differenz stelle das Problem dar, das jetzt gelöst werden müsse.

Baker hatte mir gesagt, er glaube, der Präsident werde sich mit einer Kürzung um zwanzig Milliarden Dollar einverstanden erklären. Deshalb schlug ich zunächst eine Kürzung um fünfundzwanzig Milliarden Dollar vor, da ich glaubte, wir würden uns dann schließlich auf zwanzig Milliarden einigen können.

Das war ein großer Fehler. Weinberger blieb hart und erklärte, auch die acht Milliarden Dollar seien schon zu viel. Das Verteidigungsministerium werde dann auf gewisse Dinge verzichten müssen. Er sagte aber nicht, welche »Dinge« das seien.

Er redete nur immer wieder davon, in einen wie beklagenswerten Zustand die Streitkräfte durch die von Jimmy Carter ergriffenen Maßnahmen geraten seien. Auf meine Argumentation ging er überhaupt nicht ein und tat so, als sei ich gar nicht da. Alle meine

Versuche, das Gespräch auf das eigentliche Beratungsthema zu bringen. scheiterten. Nach einer Stunde vergeblichen Tauziehens wurde der Präsident ungeduldig. Wir waren in eine Sackgasse geraten, weil Weinberger sich weigerte, auch nur einen Zoll breit von seinen Forderungen abzurücken. Augenscheinlich wagte es der Präsident nicht, seinem Verteidigungsminister zu widersprechen. Deshalb entschloß ich mich, den Rückzug anzutreten – vor allem um den Präsidenten aus dieser peinlichen Lage zu befreien.

Ich sagte, ich würde mich mit Einsparungen in Höhe von dreiundzwanzig Milliarden Dollar zufriedengeben, aber auch das beeindruckte Weinberger nicht.

Nach einer kurzen Pause sagte ich: »Herr Präsident, wir dürfen Sie nicht länger aufhalten. Sie haben noch anderes zu tun. Im übrigen werden wir in jedem Fall über starke Verteidigungskräfte verfügen. Cap schlägt vor, den Etat um ein Prozent zu kürzen, und ich verlange eine zweiprozentige Kürzung. Der Mittelwert zwischen acht und dreiundzwanzig Milliarden Dollar liegt bei fünfzehn Milliarden. Dabei wäre Cap noch im Vorteil. Vielleicht können wir uns auf diesen Kompromiß einigen.«

Der Präsident schien erleichtert zu sein. Er wandte sich an Weinberger. »Nun, was sagen Sie dazu, Cap? Können Sie mit fünfzehn Milliarden weniger leben?«

»Sir, Sie sind der Oberbefehlshaber«, erwiderte Weinberger. »Wir werden mit jedem Betrag, den Sie uns zur Verfügung stellen, unser möglichstes tun.«

»Aber als Ihr Verteidigungsminister«, fuhr er fort, »würde ich meiner Aufgabe nicht gerecht, wenn ich Sie nicht vor den Folgen warnte. Wir würden auf bestimmte, sehr wichtige Vorhaben verzichten müssen. Auf lebenswichtige Dinge. Ich würde nur sehr ungern über elf Milliarden Dollar hinausgehen.«

Nun wandte sich der Präsident an mich. »Würde das helfen?« fragte er.

Ich fühlte mich wie ein Bettler. Einsparungen in Höhe von elf Milliarden in einem Zeitraum von drei Jahren – das klang wie ein schlechter Witz. Das waren nur fünf Milliarden für das Jahr 1984, und wir mußten das Defizit um fünfundsiebzig Milliarden Dollar senken.

Ich erklärte das und sagte: »Wir brauchen unbedingt mehr.«

Der Präsident nahm seinen Bleistift in die Hand und fing an zu substrahieren. »Wie wäre es mit zwei, fünf und sechs Milliarden in drei Jahren? Das bedeutete eine Einsparung von dreizehn Milliarden Dollar.«

»Wenn das Ihre Entscheidung ist, Sir«, sagte Weinberger mit besorgter Miene, »dann werden wir irgendwie die Möglichkeit finden, zurechtzukommen.«

Zurechtkommen? Ich konnte nur noch nicken. Dieser groteske Betrag war zu gering, um ein weiteres Wort darüber zu verlieren. Der Präsident lächelte und sagte, er sei froh, daß das Problem endlich gelöst sei. Bevor ich die Tür hinter mir schloß, sah ich mich noch einmal um. Der Präsident beschäftigte sich schon wieder mit den vor ihm liegenden Zuschriften.

Als ich über den langen Flur im Westflügel zum Büro von Baker ging, fühlte ich mich wie jemand, der eben erfahren hat, daß sein reicher Onkel ihn enterbt hat. Die Entscheidung des Präsidenten hatte der von mir geplanten Septemberoffensive den Todesstoß versetzt.

Die von mir verlangten Kürzungen im Verteidigungsetat waren nicht ideologisch begründet. Mein Ziel war es immer gewesen, die Maßnahmen des innenpolitischen Wohlfahrtsstaats so weit abzubauen, daß sich die verbleibenden Programme mit den Mitteln finanzieren ließen, die uns nach den Steuersenkungen noch zur Verfügung standen.

Die Einsparungen im Verteidigungsetat sollten die übrigen notwendigen Kürzungen politisch ermöglichen. Es war durchaus möglich und sogar vertretbar, für eine ausreichende Verteidigung der freien Welt 1,46 Billionen Dollar auszugeben. Der Plan des Verteidigungsministeriums würde uns 7,5 Prozent des Bruttosozialprodukts kosten. Das war nicht zuviel. Wir hatten in den fünfziger und sechziger Jahren, als die Sowjets sehr viel schwächer waren, wesentlich mehr, nämlich acht bis zehn Prozent, für die Verteidigung ausgegeben.

Die von mir verlangten Kürzungen waren plausibel und vertretbar. Aber sie sollten aus pragmatischen und nicht aus prinzipiellen Gründen vorgenommen werden. Der Präsident und Weinberger hatten beschlossen, am Grundsätzlichen festzuhalten.

Mit ihrer Unnachgiebigkeit hatten sie mir seltsamerweise begreiflich gemacht, warum ich im Ovalen Zimmer um die Einsparungen im Verteidigungsetat gerungen hatte. Ich war in Panik geraten, weil die Politiker uns mit den Steuersenkungs- und Ausgabenkürzungsgesetzen in die Nähe des Bankrotts getrieben hatten. Jetzt mußte ich das fehlende Geld überall aufzutreiben suchen, wo ich es finden konnte. Die große Vision verblaßte, und ich sah mich mit den konkreten Erfordernissen der realen Welt konfrontiert.

Natürlich ärgerte ich mich auch über Weinberger, und nicht nur weil er so eigensinnig auf seinen Forderungen bestanden hatte. Er hatte sich geweigert, mit mir ein vernünftiges, sachliches Gespräch zu führen.

Jim Baker hatte keine so ambivalenten Gefühle wie ich. Als ich in sein Büro kam, rief er empört: »Weinberger, dieser Hundesohn! Er sieht sich nicht mehr als Teil dieser Administration. Bevor das zu Ende ist, wird er den Präsidenten mit sich in den Abgrund reißen.«

Und so unglaublich es klingen mag, das geschah dann auch. Nach der Interpretation von Weinberger und Carlucci mußten die dreizehn Milliarden Dollar innerhalb von drei Jahren von dem höheren Gesamtbetrag des vom Verteidigungsministerium entworfenen Etats abgezogen werden. Das bedeutete, daß der offizielle Etat des Präsidenten nur um acht Milliarden Dollar gekürzt wurde ... Also um ein Prozent.

Jetzt mußte das Weiße Haus die seit Wochen erwartete Presseerklärung herausgeben, und zwar nach der Interpretation des Verteidigungsministeriums. Deshalb lautete sie: »Angesichts des drohenden Defizits im Bundeshaushalt hat der Präsident erklärt, er beabsichtige den Verteidigungsetat für 1984 von 248,6 auf 245,7 Milliarden Dollar drastisch zu senken. Wir können nur hoffen, daß die Sowjetunion keine Vorteile daraus ziehen wird ...«

Nachdem ich mich der Interpretation des Verteidigungsministeriums gebeugt hatte, rief ich Baker an.

Seine Stimme klang erschöpft.

»Der Boß ist schon nach Camp David geflogen«, sagte er. »Sie werden also eine neue Denkschrift verfassen müssen.«

Nach einer Pause korrigierte er sich: »Wenn Sie nicht einen acht Zentner schweren Gorilla kennen, der ihm die Denkschrift vorlegen kann, dann sparen Sie sich die Mühe.«

Schließlich übernahmen es Baker und Darman, dem Präsidenten

meinen Kommentar vorzulegen. Sie kamen mit einer von Ronald Reagan unterzeichneten Direktive nach Washington zurück. Dagegen konnte Weinberger nichts mehr unternehmen.

Nun sollte doch der in der Mitte der Sitzungsperiode des Kongresses vom Präsidenten vorgelegte Verteidigungsetat um die dreizehn Milliarden Dollar gekürzt werden, und ich stand vor der Aufgabe, weitere neunundsechzig Milliarden Dollar im Bundeshaushalt für das Jahr 1984 einzusparen.

Die ganze Episode bedeutete einen kritischen Wendepunkt. Es ging nicht mehr darum, was getan werden sollte, sondern was getan werden *konnte*. Und diese Frage wird von Politikern und nicht von Ideologen gestellt.

Die Entscheidung über den Verteidigungsetat zog den Sicherungsstift aus einer Handgranate, die zwei Wochen später detonieren sollte, als der Präsident sich in einer Fernsehansprache der Nation stellte. Bisher war es Ronald Reagan immer wieder gelungen, die Öffentlichkeit für sich zu gewinnen. Doch diesmal war es anders – kein Trompetenstoß, sondern das klägliche Eingeständnis der Tatsache, daß sich seine Revolution auf dem Rückzug befand. In den vergangenen Monaten war immer wieder davon gesprochen worden, daß die Würfel gefallen seien und der Rubikon überschritten werden müsse. Aber Mitte September 1981 waren wir völlig durchnäßt am anderen Ufer angekommen und standen vor einer hohen Felswand. Alle unsere Theorien und hochfliegenden Pläne waren gescheitert.

Zum letzten Mal traf ich mich mit meinem alten Sparringspartner und ideologischen Gegner Bill Greider. Der Feldzug war beendet und damit auch unsere Gesprächsrunde. Als ich am 12. September zu unserem letzten gemeinsamen Frühstück in die Halle des Hay-Adams Hotels kam, hatte ich das Gefühl, daß mir diese Zusammenkünfte fehlen würden.

Noch bevor der Orangensaft serviert wurde, konnte ich sehen, daß mich Bill nicht so einfach mit ein paar freundlichen Worten und einem kameradschaftlichen Schulterklopfen gehen lassen würde.

»Nun«, sagte er, »Ihre Erwartungen haben sich nicht erfüllt.«

Er meinte, die Jury habe das Urteil gesprochen. Die Theorie der angebotsorientierten Wirtschaftspolitik sei durch den Zusammenbruch der Finanzmärkte, die steigenden Zinsen und die nun folgende Rezession widerlegt worden.

Aber ich wollte mich nicht geschlagen geben.

»Dem kann ich unter gar keinen Umständen zustimmen«, erwiderte ich. »Vieles hat sich noch gar nicht auswirken können.«

»Ich könnte Ihnen alte Tonbänder vorspielen«, erwiderte er lächelnd, »auf denen Sie sagen, wenn Sie Ihr Programm im Kongreß durchgesetzt hätten, würden die Finanzmärkte erkennen, daß Sie es ernst meinten.«

»Nun ja, da habe ich mich geirrt.«

Dann wiederholte ich meine alte Melodie. Seine empirische Beurteilung der Wirtschaftslage sei sicher zutreffend. Die Tatsachen könne ich nicht bestreiten. Aber mit seiner Interpretation der *Bedeutung* dieses Zustandes habe er nicht recht.

Die ungünstige Entwicklung auf den Finanzmärkten sei auf das Versagen der Politiker zurückzuführen und nicht darauf, daß die hinter der Reagan-Revolution stehende Wirtschaftstheorie falsch sei. Der Markt habe bewiesen, daß sich die Steuersenkungen nicht durch entsprechende Ausgabenkürzungen ausgleichen ließen. Dafür seien aber nicht wir, sondern der Kongreß verantwortlich.

»Auch gewisse Presseberichte zeigen deutlich, daß das politische System keine weiteren Ausgabenkürzungen mehr hinnehmen will.«

Greider wollte wissen, ob ich mich zugunsten einer orthodoxen Politik des ausgeglichenen Haushalts vom Evangelium der angebotsorientierten Wirtschaftspolitik abgewandt hätte. Aber nein, das Gegenteil sei richtig. Die angebotsorientierte Wirtschaftspolitik verlange das fiskalische Gleichgewicht.

Mehr als alles andere hatte mich das Verhalten der Politiker nach der Sitzungspause im August von der Richtigkeit dieser These überzeugt. Sie waren wegen der hohen Zinssätze in Panik geraten und suchten nun die Schuld auf der falschen Seite.

Eine Deflation läßt sich niemals schmerzlos verkraften. Aber die schmerzlichen Begleiterscheinungen des wirtschaftlichen Aufschwungs verschärften sich durch die zaghafte Haltung führender Politiker auf dem Capitol Hill. Nach der Sitzungspause wandten sie sich noch energischer gegen alle Ausgabenkürzungen – gegen die gleichen Kürzungen, die sie selbst hatten vornehmen wollen, um die durch die Steuersenkungen entstandenen Verluste bei den Staatseinnahmen wettzumachen.

Das alles hatte auf dem Kapitalmarkt die Befürchtung geweckt, es könne zu einem hohen, permanenten strukturellen Defizit kommen.

Angesichts der Konsequenzen ihrer eigenen fiskalischen Disziplinlosigkeit verlangten die Politiker jetzt nach dem leichten Geld. Das bewies, daß das inflationslose »harte« Geld und Defizite im Haushalt grundsätzlich unvereinbar waren. Die Defizite waren die Schalter, welche die Maschinerie der ungehemmten Geldschöpfung in Gang setzten und die Inflation anheizten.

»Geringe Defizite kann man hinnehmen, aber nicht hohe«, sagte ich Greider.

Hier gab es nur ein Heilmittel. Entweder wir führten die Revolution bis zum Ende durch, und das erforderte weitgehende weitere Ausgabenkürzungen – oder unser ganzer Plan mußte scheitern.

Greider war skeptisch. »Wenn Sie die Liste Ihrer zusätzlichen Kürzungen vorlegen, wird der Kongreß Ihr Vorhaben von neuem abwürgen.«

Ich sagte:

»Die Politiker haben eine Entscheidung getroffen, ohne die Folgen zu bedenken. Wenn man beschließt, der Wirtschaft nur eine Steuerlast von achtzehn Prozent des Bruttosozialprodukts aufzuerlegen, um die Privatunternehmen zu stärken, dann muß der Einfluß der Bürokratie wesentlich reduziert werden, und die Voraussetzungen für das Eingreifen der Bürokraten dürfen nicht mehr gelten.«

Ich machte mir keine Illusionen darüber, daß der Versuch, die bestehenden Zahlungsverpflichtungen so weitgehend zu reduzieren, auf dem Capitol Hill die Detonation einer Bombe auslösen würde. Aber ich war seit jeher überzeugt gewesen, daß es notwendig sein würde, um unser Vorhaben zu verwirklichen. Die Kapitalmärkte verlangten jetzt, daß wir uns den Tatsachen stellten.

»Das wird als nächstes geschehen. Und das Abwerfen weiterer Ballasts wird die traumatischste politische Erfahrung dieses Systems sein, die es seit Vietnam gemacht hat.«

»An der Wall Street ist man der Auffassung, daß Sie keine weiteren Ausgabenkürzungen vornehmen können«, sagte Greider. »Wie wollen Sie das widerlegen?«

»Sehr bald wird jeder begreifen, was das strukturelle Defizit bedeutet«, erwiderte ich, »und dann wird es eine Debatte über mögliche Alternativen geben. Ich würde mich für eine Schrumpfung des innenpolitischen Regierungsapparats entscheiden. Die zweite Alternative würde darin bestehen, neue Steuerquellen zu erschließen, und die dritte wäre es, den Verteidigungsetat etwa auf das Niveau der siebziger Jahre zurückzuführen. Das sind die drei Möglichkeiten für die vollständige oder zumindest teilweise Lösung des Problems.

Vielleicht werden wir auf allen drei Feldern etwas tun können, aber es bestehen günstige Voraussetzungen dafür, die politische Debatte so zu steuern, daß die erste Option den Vorrang hat, während die zweite und die dritte Alternative in den Hintergrund treten.«

In einer anderen Frage habe ich mich damals ganz wesentlich geirrt. Ich hatte die ganze Zeit geglaubt, meine Differenzen mit den anderen Vertretern der angebotsorientierten Wirtschaftspolitik seien eine Angelegenheit der Gewichtung und der Nuancierung, nicht aber grundsätzlicher dogmatischer Meinungsverschiedenheiten. Nun sollte ich feststellen, daß gerade das Gegenteil zutraf. Als wir uns den konkreten politischen und wirtschaftlichen Tatsachen stellen mußten, zeigte es sich, daß meine Mitstreiter nur halbherzige Revolutionäre waren.

Der allmähliche Übergang zur angebotsorientierten Wirtschaftsform war für sie zum Fetisch geworden, und es ging ihnen dabei allein um die Steuersenkungen und den Irrglauben, daß die Rückkehr zum Goldstandard die Zauberformel sei, mit der sich die gewaltigen fiskalischen und finanziellen Schwierigkeiten, in die wir geraten waren, automatisch beseitigen lassen würden. Das war der reinste Revisionismus und bewies, daß George Bush von Anfang an recht gehabt hatte. Was diese Leute empfahlen, war wirtschaftliche Gesundbeterei.

Ich war zum Trotzki der angebotsorientierten Wirtschaftspolitik geworden, und einige der alten Genossen – Paul Craig Roberts und Jude Wanniski – übernahmen die Rolle der Rowdies in dieser Gruppe, wie Lenin solche Abweichler genannt hatte. Zu meinem Glück genießen in Amerika sogar Revolutionäre die Vorzüge einer auf Recht, Gesetz und Gewaltlosigkeit gegründeten politischen Ordnung. Deshalb bekämpften mich meine Gegner in den eigenen Reihen mit Argumenten und nicht mit roher Gewalt.

In meinem letzten Gespräch mit Greider schilderte ich die tiefe Kluft, die zwischen meinen Auffassungen und denen meiner bisherigen Kampfgenossen bestand. Heute muß ich erkennen, daß ich diese Kluft lange Zeit intellektuell verdrängt hatte. Jetzt mußte es nur noch zu ein paar peinlichen persönlichen Konfrontationen kommen, um mich zu veranlassen, diese Gegensätze offen zuzugeben – und darauf brauchte ich nicht mehr lange zu warten.

»Wir haben es mit zwei entscheidenden Vorgängen zu tun«, sagte ich Greider. »Auf der einen Seite deflationieren wir die Wirtschaft. Andererseits steigern wir die Produktion. Und leider muß beides gleichzeitig erfolgen. Die fiskalische Säule dieses politischen Gebäudes wird darüber entscheiden, ob sich beides miteinander vereinbaren läßt. Mit anderen Worten, wenn wir das permanente Defizit nicht beseitigen können, wird die Geldpolitik wahrscheinlich zum Scheitern der angebotsorientierten Wirtschaftspolitik führen.«

Und das sollte im Verlauf der kommenden fünfzehn Monate geschehen. Aber die anderen Vertreter der angebotsorientierten Wirtschaftspolitik bestritten diese offensichtliche, wenn auch bittere Tatsache mit aller Leidenschaft. Sie steckten den Kopf in den Sand und taten so, als existiere das Defizit nicht oder als käme es nicht darauf an. Schließlich entwickelten sie anstelle der von den Politikern zum Scheitern gebrachten eine neue, ihrer Phantasie entsprungene Wirtschaftstheorie. Diese Theorie widersprach allen historischen Erfahrungen und wirtschaftlichen Gesetzmäßigkeiten. Sie nahm für sich in Anspruch, alle als Folgen politischer Fehler entstandenen Schäden, Exzesse und Unausgewogenheiten in der amerikanischen Wirtschaft sofort und schmerzlos heilen zu können.

Während ich also behauptete, unsere Differenzen seien rein »atmosphärischer« Natur, schilderte ich in Wirklichkeit tiefgreifende ideologische Gegensätze. Und Bill Greider begriff das sofort.

Er wollte wissen, wie ich meine optimistische Prognose für die folgenden neun Monate begründete.

»Sie ist nicht optimistisch«, sagte ich.

Die Inflation war die Folge politischer Exzesse und politischer Disziplinlosigkeit. Man konnte die Inflation nicht bekämpfen, ohne diese Mängel auszuräumen. Unsere Wirtschaftsrevolution war im Grunde eine politische Revolution.

Nun fürchtete ich, daß meine Mitstreiter versuchten, den politischen Schwierigkeiten dadurch auszuweichen, daß sie die Wirtschaft mit Hilfe von Zaubermitteln kurierten. Am Schluß meines letzten Gesprächs mit Greider faßte ich in einem kurzen Satz zusammen, wohin die Entwicklung in naher Zukunft führen würde.

»Sie haben also geglaubt, die Politik mit Hilfe der Steuersenkungen ausschalten zu können, aber um zu den Ergebnissen zu kommen, die Sie anstreben, wird der Einfluß der politischen Kräfte stärker werden müssen als je zuvor.«

Die vom Präsidenten gebilligten »Kürzungen« im Verteidigungsetat wurden nicht anders aufgenommen, als wir es erwartet hatten.

»Lächerlich!« meinte die gemäßigte republikanische Abgeordnete Claudine Schneider aus Rhode Island und sagte damit nur, was andere dachten.

Der Vorsitzende des Haushaltsausschusses, Pete Domenici, war inzwischen ebenso beunruhigt wie ich. Wir mußten etwas unternehmen, und zwar ohne Rücksicht darauf, wer uns in diese Lage gebracht hatte.

Bei einer Besprechung mit dem Präsidenten im September erklärte er nüchtern: »Wir können der Realität nicht ausweichen. Mit einem ausgeglichenen Haushalt können wir schon lange nicht mehr rechnen. Jetzt geht es nur noch um den wirtschaftlichen Aufschwung und die Zukunft der Republikanischen Partei.« Ich blickte zum Präsidenten hinüber, um festzustellen, wie er darauf reagierte, aber er verzog keine Miene.

Dann nannte Domenici noch einmal die Zahlen, auf die sich das ganze Vorhaben stützte: Sechzig Prozent der Staatsausgaben wurden für die Rentenversicherung, den Schuldendienst und die Verteidigung aufgewendet.

Er fuhr fort: »Soweit wir die Kürzungen nicht im Verteidigungsetat vornehmen können, müssen wir es bei den Sozialausgaben tun.« Nun, im Verteidigungsetat hatten wir es *nicht* getan. Der Einpeitscher der Minderheitsfraktion, Trent Lott, widersprach empört. »Ich hoffe, der ehrenwerte Vorsitzende des Haushaltsausschusses und seine Kollegen meinen damit nicht die Rentenversicherung. Bei uns werden sie damit keine Unterstützung finden. Aber es gibt noch viele andere Möglichkeiten für Einsparungen im zivilen Bereich.«

Die andere Seite reagierte sofort. Sil Conte sagte: »Herr Präsident . . . Mit dem Geld, das sich in diesem Bereich noch einsparen läßt, können Sie keine Tasse Kaffee bezahlen.« Mit einem Seitenblick auf mich fuhr er fort: »Dieser junge Krieger hat keine Ahnung, was wir täglich im Repräsentantenhaus erleben. Er hat es nur mit Zahlen zu tun.«

Bob Dole, der die Gesetze zur Kürzung der Beihilfen für die Empfänger niedriger Einkommen mit großem Geschick durch den Senat gebracht hatte und der sowohl dem Finanz- als auch dem Landwirtschaftsausschuß angehörte, die für weitere einschneidende Reformen in der Landwirtschaft und im Sozialbereich verantwortlich waren, sagte nach einer Verlegenheitspause: »Vielleicht gibt es noch ein paar Möglichkeiten, aber die größeren Reserven sind erschöpft. Irgend jemand muß neue Geldquellen finden, aber nicht bei den Fürsorgeempfängern.«

Damit hatte er dem Präsidenten das Stichwort gegeben, denn wenn von der öffentlichen Wohlfahrt die Rede war, brachte Ronald Reagan jedesmal das bekannte Beispiel aus Kalifornien, wo Tausenden von Wohlfahrtsempfängern die Beihilfen gestrichen worden waren.

Aber das beeindruckte niemanden mehr. Der Vorsitzende der Minderheitsfraktion, Bob Michel, hatte am Tage zuvor mit zahlreichen republikanischen Abgeordneten gesprochen, die alle weiteren Kürzungen im zivilen Bereich entschieden ablehnten. Ihre Wähler hatten sich organisiert und verlangten erregt nach dem, was ihnen nach ihrer Meinung zustand. Die Entscheidung des Präsidenten, den Verteidigungsetat nur geringfügig zu kürzen, hatte nichts geholfen. Jetzt war es zu einer offenen Rebellion gekommen – und zwar unter den republikanischen Abgeordneten im Repräsentantenhaus.

Nachdem sich Michel die Diskussion eine ganze Weile schweigend angehört hatte, brannten auch bei ihm die Sicherungen durch, und er ging zur Attacke über:

»Wir müssen uns den Realitäten stellen. Wenn es an mir läge, könnten wir alle diese Kürzungen im Sozialbereich und wo Sie wollen vornehmen! Aber es liegt *nicht* an mir. Ich bin der Führer der parlamentarischen Minderheitsfraktion und kein Diktator. Und für ein großes Paket von Kürzungen können wir nicht die notwendigen Stimmen zusammenbringen.« Dann wandte er sich an den neben ihm sitzenden Präsidenten: »Herr Präsident, ich weiß, daß Sie das Geld für die Verteidigung brauchen. Ich weiß auch, was Cap Weinberger Ihnen sagt, aber wir müssen hier mehr lockermachen als lächerliche zwei Milliarden Dollar. Sonst wird das Repräsentantenhaus keinen anderen Kürzungen zustimmen.«

Nun griff der Vorsitzende des Streitkräfteausschusses im Senat, John Tower, in die Debatte ein.

»Dieses ganze Gerede über Kürzungen im Verteidigungsetat ist töricht und gefährlich. Es nützt niemandem außer dem Kreml. Wir dürfen bei unserer Verteidigungsbereitschaft, bei den Ersatzteilen und den Munitionsvorräten keine Abstriche machen. Wenn Sie den Verteidigungsetat noch weiter beschneiden wollen, dann wird das zu Lasten der Struktur der Streitkräfte gehen. Dann werden wir eine Brigade aus dem Bereich der NATO abziehen und einige Schiffe einmotten müssen. Das wäre ein großer Fehler; es wäre sogar tollkühn. Aber wenn Sie weiter in dieser Weise über Kürzungen im Verteidigungsetat reden, werden Sie uns zwingen, das zu tun.«

Jake Garn aus Utah vertrat eine ganz andere Auffassung.

Er sagte: »John Tower hat recht. Auch ich halte dieses ganze Gerede über die Kürzungen im Verteidigungsetat für überflüssig. Aber ich muß Pete Domenici zustimmen. Wer glaubt, wir könnten mit diesen Defiziten leben, träumt. Lassen Sie uns deshalb nicht mehr nach Ausflüchten suchen, weshalb wir diese elenden zivilen Programme schützen sollen. Wir müssen endlich damit anfangen, sie zusammenzustreichen. Das ist die einzige Lösung, und wir alle wissen es.«

Damit hatten wir den Höhepunkt der Septemberoffensive erreicht. Es war nur allzu deutlich geworden, daß die Regierungspartei im Hinblick auf das ganze fiskalische Dilemma, vor dem wir standen, zutiefst gespalten war.

Der Rückzug begann am folgenden Morgen. Als ich die Zeitung in die Hand nahm, erwartete ich, etwas von der Rebellion der republikanischen Abgeordneten wegen der Kürzungen im Sozialbereich darin zu lesen, aber zu meiner Überraschung berichtete die *New York Times*:

»Aus dem Weißen Haus verlautet, daß dem Kongreß zur Zeit keine weiteren Kürzungen bei der Rentenversicherung zugemutet werden sollen.«

Ich konnte es kaum fassen. Das mußte von Baker oder Dave

Gergen kommen, die immer wieder dafür sorgten, daß der Verfasser des Artikels, Steve Weisman, gut unterrichtet wurde.

Auf der für diesen Tag angesetzten Sitzung der Legislative Strategy Group (LSG) sollte die Septemberoffensive beraten werden, und die erste Zeile in meinem Notizblock lautete: »Alle Maßnahmen zur Angleichung der Lebenskosten auf den 1. Oktober 1982 verschieben.« Ich wollte nach Möglichkeit erreichen, daß wir uns in allen Punkten einigten. Das gelang nicht. Nachdem wir uns im Ovalen Zimmer versammelt hatten, ergriff Baker das Wort:

»Herr Präsident«, sagte er, »wenn Sie sich darauf einlassen, werden Sie in einen großen Dunghaufen geraten. Es wird stinken... Die Demokraten warten nur darauf, daß Sie etwas unternehmen.«

Ich mußte zugeben, daß es politisch riskant war, sich noch einmal mit der Rentenversicherung zu beschäftigen, aber trotzdem betete ich meine Zahlen herunter.

»Wir haben beschlossen, den Verteidigungsetat praktisch unangetastet zu lassen. Ich verstehe das. Aber wir dürfen die zweite Tür nicht auch noch zuschlagen, gleichgültig welche politischen Risiken wir damit eingehen.

Wenn wir uns auch noch weigern, den Rentenbereich einzubeziehen, dann haben wir uns den Zugang zu einer halben Billion Dollar versperrt. Wenn wir im Rentenbereich keine Kürzungen vornehmen dürfen, dann werden wir nichts, aber auch gar nichts erreichen!«

Der Präsident überlegte einen Augenblick. Dann sagte er: »Nein, wir reden hier nicht über Kürzungen bei der Rentenversicherung. Wir verschieben die Rentenerhöhung nur um drei Monate. Wenn wir ihnen das erklären, werden die Leute Verständnis haben.«

Baker und Friedersdorf empfahlen dringend, bevor wir »spezifische« Maßnahmen im Sozialbereich beschlössen, sollten wir uns über die Stimmung auf dem Capitol Hill klarwerden. Der Präsident hatte nichts dagegen einzuwenden.

Die Mitglieder der LSG schwärmten aus und stellten fest, daß die Senatoren und Abgeordneten, und zwar auch die Republikaner, unsere Septemberoffensive nicht unterstützten und zum Teil sogar entschieden ablehnten.

Wie üblich war die Parteiführung bereit, im Bereich der Rentenversicherung etwas zu tun, aber nur unter einer Bedingung: »Wir sind bereit mitzuziehen, wenn wir dabei nicht ins Schußfeld der republikanischen Abgeordneten im Repräsentantenhaus geraten.« Dafür hatten wir Verständnis.

Aber in allen anderen Fragen gab es erhebliche Meinungsverschiedenheiten. Am deutlichsten äußerte sich der Vorsitzende des Bewilligungsausschusses im Senat, Mark Hatfield aus Oregon.

Er sagte: »Das Weiße Haus muß erkennen, daß dieser Haushalt ein Schemel mit drei Beinen ist. Das sind der Verteidigungsetat, die Steuereinnahmen und die zivilen Ausgaben. Wir können das Defizit nicht loswerden, wenn wir nur das eine Bein belasten. Auch die beiden anderen müssen einen Teil des Gewichts tragen.«

Aber der Einpeitscher der Senats-Mehrheit, Ted Stevens aus Alaska, widersprach sofort.

»Sie sind auf dem falschen Weg, Mark«, sagte er. »Und das Weiße Haus ist es auch. Wollen Sie etwas gegen diese Zinssätze unternehmen? Dann lassen Sie diesen Gauner Volcker herkommen und sagen Sie ihm, er müsse Vernunft annehmen. Er hat uns die Schlinge um den Hals gelegt.« Dann fuhr er fort: »Aber um Himmels willen, lassen Sie die Finger von dem verdammten Haushalt! Geraten Sie doch wegen des Defizits nicht in Panik. Geben Sie den Steuersenkungen eine Chance. Wenn irgend etwas unternommen werden muß, dann können wir im März nächsten Jahres darüber sprechen.«

Was Stevens so sehr erregte, war ein Element unserer Septemberoffensive, dem der Präsident zugestimmt hatte: eine zwölfprozentige Kürzung aller Beträge, die für die Haushaltsansätze im zivilen Bereich vorgesehen waren. Das würde allein für das Jahr 1982 Einsparungen von acht Milliarden Dollar bedeuten, die sich in den folgenden Jahren noch erhöhen würden.

Aber auch die gemäßigten republikanischen Abgeordneten im Repräsentantenhaus lehnten diese zwölfprozentige Kürzung entschieden ab. Sie drohten, gegen die ganze Haushaltsvorlage zu stimmen, wenn die Kürzungen im Verteidigungsetat nicht *vervierfacht* würden.

Außerdem waren die gemäßigten Republikaner darüber verärgert, daß die Regierung den konservativen Demokraten im Süden zu weit entgegenkam. Aber das war nur allzu verständlich, denn dort saßen die Vertragsfirmen des Verteidigungsministeriums.

Die gemäßigten Republikaner rebellierten nicht, weil der Verteidigungsetat zu umfangreich war, sondern weil diese Dollarbeträge am falschen Ort ausgegeben wurden.

Auf einer Pressekonferenz erklärte der Abgeordnete Larry De-Nardis aus Connecticut trocken:»Die Republikaner aus dem Norden sind auch Menschen.«

Die republikanischen Abgeordneten hatten während der Parlamentsferien schlechte Erfahrungen gemacht. Sie witterten wirtschaftliche Schwierigkeiten und rechneten mit einer Wirtschaftskrise. Die Wähler leisteten organisierten Widerstand gegen die Sparmaßnahmen, und jetzt verlangten die Abgeordneten echte Ferien – eine Pause in der Reagan-Revolution. Die Periode der Haushaltskürzungen im Frühjahr und Sommer war für sie nur eine vorübergehende Marotte des Präsidenten gewesen. Sie waren nicht bereit, sich auf die Dauer für die Sparpolitik der Regierung einspannen zu lassen, gleichgültig wie die Zahlen im Haushalt aussahen.

Es war mein alter Mitstreiter Jack Kemp, der jetzt am entschiedensten für die Forderung der Republikaner im Repräsentantenhaus eintrat, zunächst nichts zu unternehmen. Er war von Anfang an nicht besonders begeistert von den Ausgabenkürzungen gewesen und ging jetzt seinen eigenen Weg.

Ich saß auf meinem Stammplatz auf der großen blauen Couch in Michels Büro und arbeitete gerade an einer kurzen Denkschrift über die Optionen für die Septemberoffensive, die im Weißen Haus noch beraten wurden. Um mich her drängten sich republikanische Abgeordnete und Mitarbeiter des Weißen Hauses.

»Mit allem Respekt vor unserem intelligenten und fleißigen Freund«, begann Kemp, »glaube ich doch, daß dieses ganze Unternehmen ein großer Fehler ist.« Ich blickte auf.

»Was ist aus der Partei des Wachstums und der großen Möglichkeiten geworden?« fuhr er fort. »Beim ersten Anzeichen dafür, daß es Schwierigkeiten geben könnte, hat man uns gezwungen, unser Heil in rücksichtslosen Ausgabenkürzungen zu suchen, und deshalb sind wir jahrzehntelang in der Minderheit geblieben.

Ich will das Defizit keineswegs rechtfertigen, wir dürfen uns dadurch aber auch nicht in Panik treiben lassen. Im übrigen steht hinter den hohen Zinssätzen und der schwachen Wirtschaft die

Geldpolitik. Ich weiß, es wird einige von Ihnen beunruhigen, aber wir müssen uns jetzt mit einem ganz bestimmten Begriff beschäftigen, und das ist das Gold.«

»Die Geldpolitik ist jetzt das entscheidende«, fuhr er fort. »Die Fiskalpolitik ist zweitrangig. Wir müssen uns an den Deutschen und an Erhard, an den Franzosen und Jacques Rueff ein Beispiel nehmen. Die Anhänger der Theorien von Friedman sind Vertreter einer nachfrageorientierten Wirtschaftspolitik. Ihr Heilmittel gegen die Inflation ist die Rezession. Sie hat bei Hoover nicht geholfen und auch nicht bei Eisenhower, bei Nixon oder bei Ford. Sie wird auch bei Ronald Reagan nicht helfen...« Kemp war mit seiner Rede noch lange nicht fertig, aber seine Zuhörer rutschten auf ihren Stühlen hin und her, als hätten sie Hämorrhoiden. Schließlich unterbrach ihn Michel.

»Okay, Jack«, sagte er ungeduldig, »Sie haben gesagt, was Sie sagen wollten. Hier sind noch einige andere, die ihre Meinung äußern wollen.«

Daß sich Kemp für den Goldstandard einsetzte, wunderte mich nicht. Aber es enttäuschte mich, daß er sich so entschieden gegen die Septemberoffensive wandte. Trotz gelegentlicher ideologischer und taktischer Meinungsverschiedenheiten waren wir gute Freunde gewesen. Aber was er jetzt tat, war schon fast Verrat – und er hatte mich nicht einmal vorgewarnt.

Aber vielleicht wäre es besser gewesen, wenn Kemp weitergesprochen hätte. Was die anderen zu sagen hatten, war konkreter – und entmutigender.

Trent Lott drückte das so aus: »Die Rentenversicherung ist ein Reinfall. Da ist nichts zu machen. Punkt! Ende der Diskussion! Kein Schlußgebet!«

Andere sagten das gleiche. Die Demokraten waren bereit loszuschlagen. Wann würde das Weiße Haus es lernen, sich mit den politischen Tatsachen abzufinden?

Das reichte mir. Empört rief ich: »Und wo, zum Teufel, wollen Sie die Einsparungen machen? Wir können den Verteidigungsetat nicht weiter kürzen. Die gemäßigten Republikaner decken mich mit Hilfsprogrammen für die Bezieher niedriger Einkommen ein. Man bereitet eine Gesetzesvorlage zur Unterstützung der Landwirtschaft vor, die den ganzen Haushalt sprengen kann. Der Bewilligungsausschuß regt sich schon jetzt darüber auf, daß zu viele Hilfsprogramme aufgelegt werden.«

Wozu soll das alles führen? Zu einem außer Kontrolle geratenden Defizit und einer unvermeidlichen Wirtschaftskrise. Aber niemand will das.

Wir sollen den Tatsachen ins Auge sehen. Die wichtigste Tatsache ist, daß wir weitgehende Steuersenkungen beschlossen haben und nun die Möglichkeit schaffen müssen, dabei zu bleiben. Natürlich sind die politischen Hindernisse groß, aber niemand hat gesagt, daß wir das alles umsonst haben könnten.

In dem nach meinen Ausführungen entstandenen Durcheinander hatte es Bob Michel nicht leicht, sich Gehör zu verschaffen. Die Sitzung dauerte schon zwei Stunden, und die Stimmung war aufs äußerste gereizt.

»Wir werden nicht einfach dasitzen und dieses Defizit ignorieren«, sagte er. »Es sind schon genug Argumente gegen das Defizit vorgebracht worden. Jetzt ist es Zeit, etwas zu unternehmen oder den Mund zu halten.« Dann wandte er sich an mich:

»Aber das Weiße Haus hat kein Monopol für die richtigen Lösungen. Wir müssen uns zusammensetzen und einen gangbaren Weg finden. Ich weiß, dem Präsidenten wird er nicht gefallen. Aber er kann nicht jedesmal seinen Willen durchsetzen.«

Der republikanische Abgeordnete Dick Cheney aus Wyoming, der auch bei den anderen Republikanern hohes Ansehen genoß, meldete sich jetzt zu Wort und sagte:

»Die Leute wissen, daß Opfer gebracht werden müssen. Aber sie brauchen mehr Zeit, um zu sehen, wie sich die Dinge weiterentwickeln werden. Wir können nicht immer wieder zum Brunnen gehen und Wasser schöpfen, bis alles verbraucht ist. Zu diesem Zeitpunkt werden wir uns noch nicht über wirklich durchgreifende Maßnahmen einigen können. Deshalb halte ich es für richtig, eine Zeitlang zu warten. Lassen Sie uns sehen, wie sich die Lage im Januar entwickelt haben wird. Das Defizit ist nicht das schlimmste, was uns passieren kann.«

Dick Cheney war einer der sachkundigsten Befürworter der Reagan-Revolution gewesen, und was er jetzt sagte, wirkte auf mich wie eine kalte Dusche. Ich hatte immer viel auf seinen Rat gegeben, und er war für mich der Prüfstein gewesen, wenn ich mich vergewissern wollte, was durchsetzbar war und was nicht. Jetzt hatte er plötzlich mit aller Deutlichkeit gesagt, wohin wir geraten waren. Wir waren am Ende unseres Lateins.

Was Cheney gesagt hatte, ging mir den ganzen Abend nicht mehr aus dem Kopf. Ich mußte mir klar darüber werden, was es im einzelnen bedeutete. Ohne eine erfolgreiche Septemberoffensive mußte mein ganzer Plan scheitern. Die Finanzmärkte würden sich nicht erholen, und die Zinssätze sich nicht senken lassen.

Die antiinflationäre Politik der Bundesbank mußte sich nachteilig auf die ganze Wirtschaft auswirken, die sehr rasch in eine Rezession abgleiten würde. Die Haushaltszahlen und das Defizit würden in ungemessene Höhen steigen. Der im Februar aufgestellte fiskalische Plan wäre dann nur noch ein Stück Papier. Jetzt war die letzte Gelegenheit, ihn zu retten – aber das sollte nicht gelingen.

Ich hatte geglaubt, alle ungelösten Probleme würden sich noch lösen lassen und die Zeit könne alle Wunden heilen. Nun hatte mich Dick Cheney erkennen lassen, daß die Voraussetzung für das Gelingen meiner »Großen Doktrin« die permanente Revolution war. Noch standen uns alle Möglichkeiten offen. Jede Entscheidung konnte rückgängig gemacht werden, und jeder Rückschlag ließ sich wieder korrigieren. Historische Erfahrungen galten nichts, und vor uns lag die Zukunft mit unbegrenzten Möglichkeiten. Keine Niederlage war endgültig; es gab nur vorübergehende Enttäuschungen, und jeder mißlungene Versuch ließ sich wiederholen.

Das endgültige Scheitern der Septemberoffensive widerlegte diese Theorie, und als ich nach Mitternacht noch in meinem Büro saß, ohne von der Geschäftigkeit der Tagesarbeit abgelenkt zu werden, begriff ich endlich, daß der Krieg vorüber war. Wir mußten jetzt einen geordneten Rückzug organisieren, der nicht in eine regellose Flucht ausarten durfte. Ich mußte mich von dem politisch Möglichen und nicht vom ideologisch Richtigen leiten lassen.

Der Todesstoß kam wenige Tage später, als Pete Domenici mich von den neuesten Entwicklungen unterrichtete.

»Sie können die Rentenversicherung und alle Bemühungen um weitere Kürzungen vergessen«, sagte er. »Ihre rückgratlosen republikanischen Freunde im Repräsentantenhaus haben den Brunnen vergiftet. Hier wird sich niemand mehr darüber aufregen, wenn diese Leute eine Kehrtwendung machen und Ihnen in den Rücken fallen.«

Am Freitag, den 18. September, kam Darman zu mir ins Büro, um mir zu helfen, den Rückzug zu organisieren. Wir durften die Septemberoffensive nicht sang- und klanglos einstellen; sie war schließlich eine in der Öffentlichkeit deutlich sichtbar gewordene Initiative der Regierung. Wir hatten wegen des ständig ansteigenden Defizits Alarm geschlagen. Das Kabinett hatte am Tage zuvor den Marschbefehl erhalten, und für die nächste Woche war eine Rede des Präsidenten angekündigt worden.

Aber mit den bisher ausgehandelten Ausgabenkürzungen ließ sich das Defizit nicht endgültig abbauen. Wir hatten uns festgefahren.

Darman erinnerte mich an unser Gespräch auf dem Parkplatz am Westflügel nach den Beratungen über die Steuersenkungen im Juli.

»Ich glaube, jetzt ist es soweit«, sagte er.

Ich nickte. »Hier sind die Zahlen.«

Meine Berechnungen lagen auf dem Tisch. Die zweite und dritte Rate der fünfundzwanzigprozentigen Steuersenkung würden um mindestens ein Jahr verschoben werden müssen. Das mußte den Anstieg des Defizits verlangsamen, und wir würden Zeit gewinnen, um einen neuen Plan für die Herstellung der fiskalischen Stabilität zu entwerfen. Die Aufstellung, die ich Darman vorlegte, zeigte, daß das Defizit im Rechnungsjahr 1984 durch die Verschiebung der Steuersenkung um einundzwanzig Milliarden Dollar gesenkt werden konnte.

»Wie können wir das erreichen?« fragte ich.

Darman sagte, wir sollten zuerst zu Baker gehen. Er kenne die Lage und würde bereit sein, uns dabei zu helfen, die Steuersenkung auf einen späteren Zeitpunkt zu verschieben, denn das sei die einzig mögliche Lösung.

Dann wollten wir zu dritt Meese bearbeiten. Man wußte zwar nie genau, wie er in solchen Fällen reagieren würde, aber er war kein so energischer Verfechter der Steuersenkungen, wie man allgemein annahm. Schließlich wollten wir zu viert versuchen, Don Regan auf unsere Seite zu bringen, um Ende der nächsten Woche mit dem Präsidenten zu sprechen. Es kam vor allem auf rasches Handeln und absolute Vertraulichkeit an.

Am frühen Sonntagmorgen rief mich Baker an und sagte: »Ich habe mit Darman gesprochen. Können Sie heute noch in mein Büro kommen? Dort wollen wir versuchen, Meese umzustimmen.«

Wie nicht anders zu erwarten, hielt Ed Meese nicht viel von einer Verschiebung der Steuersenkung. Aber schließlich war er bereit, uns anzuhören. Wir legten ihm die Zahlen vor und erläuterten ihm die noch verbliebenen Optionen. Meese war zwar intelligent genug, solche Zusammenhänge zu begreifen, aber er hatte offenbar ein schlechtes Gedächtnis. Es fiel ihm schwer, an dem Ergebnis einer Schlußfolgerung festzuhalten. Aber diesmal stimmte er uns zu. Wenn wir das Defizit abbauen wollten, dann mußten wir die Steuersenkung verschieben.

»Wir müssen dem Präsidenten diese Option vorlegen«, sagte er schließlich. »Wir haben keine andere Wahl.« Darman, Baker und ich waren erleichtert.

Vor dem entscheidenden Vortrag beim Präsidenten traf sich die Legislative Strategy Group am nächsten Vormittag, um auch Don Regan für unseren Plan zu gewinnen.

Baker eröffnete das Gespräch: »Dave hat ein Orientierungspapier entworfen. Es bringt uns auf den neuesten Stand der Dinge hinsichtlich der Septemberoffensive und nennt die noch verbliebenen Optionen. Wir müssen es gründlich beraten, bevor wir zum Präsidenten gehen.«

Ich erläuterte zunächst die wichtigsten Punkte, aber schon nach wenigen Minuten bemerkte ich, wie Don Regan darin herumblätterte. Plötzlich richtete er sich auf, wurde rot im Gesicht und biß die Zähne so kräftig aufeinander, daß ihm die Halsadern anschwollen.

Er war bis zur Seite acht gekommen, wo es hieß: »Verschiebung des Inkrafttretens der zweiten und dritten Rate der Steuersenkung.« Ich wußte, jetzt würde er gleich explodieren.

Ich hörte auf zu sprechen. Die Blicke der Anwesenden richteten sich auf Regan. Dann kam es mit der Plötzlichkeit eines Sommergewitters. »Ich bin der Finanzminister!« brüllte er. »Sie können mit dieser Verschiebung keinen Narren aus mir machen!« Baker wollte etwas sagen, aber der Finanzminister war noch lange nicht am Ende.

»Ich werde den Kampf mit jedem einzelnen von Ihnen aufnehmen und mich bis zum letzten Blutstropfen dagegen wehren!« Damit schob er die Denkschrift über den Tisch und sah mich wütend an.

»Das ist das letzte Mal, daß irgend jemand versucht, hinter meinem Rücken Steuerpolitik zu machen.«

Er stand auf und erklärte: »Jetzt müssen Köpfe rollen, und zwar sofort.« Es sah aus, als wolle er die Versammlung sprengen und gleich ins Ovale Zimmer zum Präsidenten gehen.

Jetzt war auch Baker aufgestanden, stellte sich ihm in den Weg und sah ihn an.

»Beruhigen Sie sich, alter Freund«, sagte er und klopfte Regan besänftigend auf den Rücken. Regan hörte auf zu schreien und blieb stehen.

»Was glauben Sie wohl, weshalb wir diese verdammte Besprechung einberufen haben?« fuhr Baker fort. »Wenn Sie bisher noch nicht an Bord waren, dann wird es Zeit, darüber zu sprechen.« Das schien ihn zu besänftigen, und er setzte sich wieder.

Die Diskussion ging in erregtem Ton weiter und endete mit dem Beschluß, meinen Entwurf in den Papierkorb zu werfen. Regan werde über andere Lösungsmöglichkeiten »nachdenken«. Wir würden ein »unverbindliches« Gespräch mit dem Präsidenten über die Möglichkeit einer Verschiebung der Steuersenkungen führen, ihn aber nicht zu einer Entscheidung drängen. Im übrigen war für den gleichen Tag eine Besprechung der führenden Republikaner im Kongreß mit dem Präsidenten über die Septemberoffensive vereinbart worden. Wenn wir ihre Meinung gehört hatten, wollten wir uns noch einmal mit meinem Vorschlag beschäftigen.

Aber der Präsident gab uns sofort sehr deutlich zu verstehen, daß er einen Aufschub bei den Steuersenkungen nicht für diskutabel hielt.

»Was würden die Leute denken?« sagte er, als ich diese Möglichkeit bei unserer Besprechung im Ovalen Zimmer erwähnte. »Über einen solchen Gedanken sollten wir gar nicht erst reden. Wenn unsere Kritiker davon Wind bekämen, würden sie jubeln.«

»Herr Präsident, wir beim Finanzministerium sind hundertprozentig Ihrer Meinung«, erklärte Regan und warf mir einen mißbilligenden Blick zu. »Folgen Sie Ihrem Instinkt – das hohe Defizit ist ohnedies nur eine Prognose.«

Meese blies in dasselbe Horn. »Einverstanden. Wir dürfen nicht in die gleiche Lage geraten wie Carter und ständig unsere Meinung ändern.«

Es fiel mir schwer, ihm nicht zu widersprechen. Meese hätte es besser wissen sollen. Baker sah zu mir herüber und deutete verstohlen mit dem Daumen nach unten. Ich wußte, was das bedeutete. Wieder war uns eine Tür vor der Nase zugeschlagen worden.

Die Aussprache mit den führenden republikanischen Kongreßabgeordneten brachte weitere schlechte Nachrichten. Bob Michel gab den Ton an. Er sagte es zwar nicht ganz so deutlich, aber jetzt konnte niemand mehr daran zweifeln, daß unsere Koalition auseinandergebrochen war. Wir verfügten nicht mehr über die Mehrheit von zweihundertachtzehn Stimmen. Unsere Revolution war auf halbem Wege im Schlamm steckengeblieben.

»Herr Präsident«, begann er, »als wir uns seinerzeit zum ersten Mal im Ovalen Zimmer versammelt hatten, sprachen wir darüber, wie ich Ihnen als Führer der republikanischen Fraktion im Repräsentantenhaus am besten dienen könnte. Ich sagte Ihnen, Sie könnten damit rechnen, daß ich Ihnen, wenn irgendwelche Schwierigkeiten entstehen sollten, offen und ehrlich meine Meinung sagen würde.«

Michel hob die Stimme. »Nun, unsere Möglichkeiten sind jetzt erschöpft.« Und während er das sagte, schlug er die Hände mit einem lauten Knall zusammen.

»Sie sind der Boß«, fuhr er fort. »Meine Aufgabe ist es, Ihnen so gut wie möglich zu dienen. Ich muß dabei aber auch glaubwürdig bleiben und mich im Rahmen des Möglichen halten.«

Dann erklärte er, daß die Koalition im Repräsentantenhaus auseinanderbräche und er für keine Vorlage eine Stimmenmehrheit zusammenbringen könne. Eine weitere Kürzung der Rentenversicherung und des Inflationsausgleichs käme nicht in Frage. Die gemäßigten Republikaner verlangten die Einhaltung der mit ihnen über die Ausgleichsgesetze geschlossenen Kompromisse. Und weitere Kürzungen im zivilen Bereich ließen sich nicht mehr durchsetzen. Die einzigen Möglichkeiten gebe es nur noch im Verteidigungsetat.

»Die von Ihnen vorgeschlagene Kürzung um zwei Milliarden Dollar kann nichts bewirken«, sagte er dem Präsidenten.

Der Präsident verteidigte diesen Beschluß. Er sagte: »Wir haben uns hier am runden Tisch darüber geeinigt und können keine weiteren Abstriche mehr vornehmen. Nicht wir bestimmen die Höhe des Verteidigungsetats, sondern der Gegner. Wir haben keine andere Wahl und müssen die Beträge zur Verfügung stellen, die wir brauchen.«

Die Regierungspartei hatte sich festgefahren, und die Diskussion drehte sich im Kreis. So sah es am 21. September aus.

Nach der Sitzung überlegten Darman und ich, was wir noch tun könnten. Wir hatten keine Optionen mehr anzubieten. Schließlich sagte Darman: »Der Präsident verdient zumindest eine klare, unverwässerte Darstellung unserer strategischen Alternativen.«

Wir einigten uns darauf, ein Papier zu entwerfen, das die fiskalische Lage unverfälscht darstellte. Morgen wollten wir dem Präsidenten sagen, welche strategischen Alternativen es noch gab – ob er es hören wollte oder nicht.

Bis dahin wollte ich die Zeitbombe von Don Regan entschärfen. Ich rief ihn an und stellte fest, daß er sich beruhigt hatte.

Ich sagte: »Sie haben gehört, was Michel gesagt hat. Ich glaube, der Präsident hat es verdient, daß wir ihm in aller Ruhe sagen, welche Optionen es noch gibt. Es sind noch drei, und der Aufschub der Steuersenkungen gehört nur zu einer von ihnen. Wenn Sie es für richtig halten, dann werfen Sie meinen Vorschlag in den Papierkorb.«

Regan sagte, daß er das tun werde, stimmte mir aber darin zu, daß wir noch drei Optionen hätten.

Am nächsten Morgen rief mich Domenici an. Er sagte, er hätte die ganze Nacht nicht schlafen können. Die Ergebnislosigkeit der gestrigen Sitzung hatte ihn zutiefst enttäuscht.

»Hat der Präsident denn nicht begriffen, was geschieht?« fragte er.

»Ich weiß es nicht«, erwiderte ich. »Heute werden wir ihm die Unterlagen noch einmal vorlegen. Ich habe die ganze Nacht daran gearbeitet. Ich werde Ihnen dann Bescheid sagen.«

Das Papier, das ich dem Präsidenten im Ovalen Zimmer vorlegte, zeigte, daß wir für die Jahre 1982 bis 1984 mit kumulativen Defiziten von insgesamt einer Viertelbillion Dollar rechnen mußten. Die Voraussetzung war, daß es innerhalb der nächsten drei Jahre zu keiner Wirtschaftsrezession kam und der Zinssatz von Schatzanweisungen des Finanzministeriums innerhalb von vierundzwanzig Monaten von fünfzehn auf sieben Prozent gesenkt wurde.

Dann sahen wir uns die Grundstruktur des Bundeshaushalts an. Die Verteidigungsausgaben, der Schuldendienst, die Rentenversicherung und die Auslandshilfsprogramme kosteten zusammen fünfhundertsieben Milliarden Dollar. An diesen Beträgen war nicht mehr zu rütteln. Damit verblieben etwa zweihundert Milliarden Dollar für laufende Ausgaben außerhalb des Sozialbereichs und einhundertfünfzig Milliarden Dollar für einmalige Programme im zivilen Bereich, bei denen die notwendigen Einsparungen vorgenommen werden mußten.

Bei den beiden letzteren Posten handelte es sich um hohe Beträge, aber das Gebiet, das sie abdeckten, steckte voller politischer Tretminen. Spürbare Einsparungen waren möglich und ließen sich rechtfertigen, aber politisch waren sie ebenso schwer durchzusetzen wie die Kürzungen im Bereich der Rentenversicherung.

Sechsundvierzig Milliarden Dollar standen den Beziehern niedriger Einkommen für Sonderbeihilfen zur Verfügung. Dazu hieß es in unserem Papier: »Einsparungen in Höhe von sechs Milliarden Dollar wären hier realistisch, aber diesen Betrag um zehn Milliarden Dollar zu kürzen, wäre eine drakonische Maßnahme.«

Weitere Vorhaben im Bereich der Erziehung und des öffentlichen Dienstes konnten um vierzig bis hundert Prozent gestrichen werden, ebenso auch die Subventionen für Energiesparprogramme. Die Ausgaben im Bereich des öffentlichen Nahverkehrs, des Ausbaus der Wasserstraßen, der Wirtschaftsentwicklung und der Beihilfen für kleinere Unternehmen ließen sich ebenfalls verringern. Hier konnten zwanzig Milliarden Dollar oder sogar noch mehr eingespart werden, aber »der politische Preis wäre außerordentlich hoch«. Außerdem durften wir kaum mit der Zustimmung der Legislative rechnen.

Angesichts dieser sehr unerfreulichen Tatsachen legte ich drei allgemeine fiskalstrategische Lösungsvorschläge vor. Der erste trug die Überschrift »Die Regierungsarbeit hat den Vorrang – die Revolution folgt später«. Es handelte sich dabei um ein großes politisches Geschäft mit dem Kongreß.

Die Regierung würde dabei vorschlagen, die Steuersenkungen auf einen späteren Zeitpunkt zu verschieben, und die Entscheidung über die Rentenversicherung einem aus Mitgliedern beider Parteien bestehenden Ausschuß überlassen. Als Gegenleistung würde die Regierung »angemessene« Einsparungen im Sozialbereich und bei einmaligen Programmen verlangen. Das ganze Paket würde das Defizit bis zum Jahr 1984 um fast fünfzig Milliarden Dollar senken.

Die zweite Option trug die Überschrift »Strategie des harten Durchgreifens bei den Ausgabenkürzungen«. Es war also eigentlich die Strategie des Überbordwerfens von nutzlosem Ballast. Ich hatte schon vor zehn Tagen mit Greider darüber gesprochen. Wir hätten damit fast fünfzig Milliarden Dollar einsparen können, und zwar auf dem Wege der Konfrontation und nicht dem der gütlichen Einigung. Aber es bestand nicht die geringste Chance für einen Erfolg.

Die letzte Option war die des »Durchwurschtelns«. Sie verlangte bescheidene Einsparungen im zivilen Bereich und keine Veränderungen bei der Rentenversicherung, im Verteidigungsbereich oder bei den Steuersenkungen. Natürlich würde uns diese Methode im Lauf der Jahre tief in die roten Zahlen bringen. Wir würden es riskieren, jede Kontrolle über das Defizit, die Wirtschaft und die Legislative zu verlieren. Und dort würden wir, wie ich nun erklärte, enden, wenn wir unsere Pflicht vernachlässigten und nichts unternahmen. Am Schluß meiner Denkschrift hatte ich geschrieben, es wäre unverantwortlich und gefährlich, das zu tun.

Der Präsident blätterte den Schriftsatz noch einmal durch und nahm dann seine Lesebrille ab. Er blickte auf und sagte, vielleicht habe er sich nicht klar genug ausgedrückt.

»Was die Steuern betrifft, nein...«, sagte er. Wenn er einen unwiderruflichen Beschluß zum Ausdruck bringen wollte, fing er immer mitten im Satz an.

»Eine Verschiebung wäre der totale Rückzug.« Er sagte das mit großem Nachdruck. »Wir würden zugeben, daß wir uns geirrt haben. Ich möchte nichts mehr davon hören.«

Ich rutschte auf meinem Stuhl hin und her und sagte vorsichtig: »Herr Präsident, ich habe niemals auch nur davon geträumt, Ihnen das empfehlen zu müssen. Aber das ist der letzte Strohhalm. Die anderen beiden Optionen haben keine Aussicht auf Erfolg. Nur so können wir die Steuersenkungen retten, auch wenn es länger dauern sollte. Wir werden Zeit gewinnen, um dieses Defizit unter Kontrolle zu halten, bevor es explodiert.«

Aber nicht das Defizit explodierte, sondern der Präsident.

»Zum Teufel, Dave, wir sind hier, um der defizitären Ausgabenpolitik Einhalt zu gebieten, aber nicht um die Leute mit höheren Steuern zu belasten«, sagte er scharf.

»Ich glaube, wir müssen noch einmal den Rechenstift in die Hand nehmen«, versuchte Baker zu vermitteln. »Wir werden morgen mit neuen Vorschlägen zurückkommen.«

Eigentlich war es dafür schon zu spät. Die Fernsehansprache war für Donnerstagabend angesetzt. Wir hatten also nur noch achtundvierzig Stunden Zeit. Im Weißen Haus waren sechs verschiedene Versionen der Fernsehrede im Umlauf. Aber niemand wußte, was der Präsident am Donnerstagabend sagen und wie seine Rede aufgenommen werden würde. Die beiden Worte, die an diesem Nachmittag im Westflügel am häufigsten zu hören waren, lauteten »Durcheinander« und »Chaos«.

Schon am nächsten Morgen zitierten die Zeitungen einen ungenannten Gewährsmann aus dem Weißen Haus, der gesagt haben sollte, »hier werden die Bälle so rasch gewechselt, daß man die Spieler ohne Anschreibeblatt nicht mehr unterscheiden kann«. Der Informant war wahrscheinlich Gergen. Er war der Verzweiflung nahe, denn er war für die Texte der Reden des Präsidenten verantwortlich.

Am Spätnachmittag war die Stimmung auf den Tiefpunkt gesunken. Darman, Baker, Regan und ich trafen uns in Bakers Büro. Regan hatte in einer Anhörung vor dem Haushaltsausschuß des Repräsentantenhauses am Vormittag seine Aussage gemacht und war glücklich, daß er unsere Brücken hinter sich verbrannt hatte. Triumphierend präsentierte er uns die Asche in der Form eines Presseberichts unter der Schlagzeile
REGAN VERHINDERT JEDE VERSCHIEBUNG DER
STEUERSENKUNGEN.
Aber er hatte noch mehr mitgebracht. Niemand darf behaupten, daß Don Regan kein großherziger Sieger sei. Er teilte uns mit, er sei bereit, dem Präsidenten eine kleine Liste von Möglichkeiten vorzulegen, wie man im Steuergesetz noch ein paar kleine Lücken füllen könne. Er meinte, die Nachlässe bei der Energiesteuer könnten abgeschafft werden, die Körperschaftsteuer ließe sich rascher einziehen als bisher »und ähnliches«. Mit diesen Maßnahmen könne das Defizit im Lauf von drei Jahren um zweiundzwanzig Milliarden Dollar gesenkt werden.

Das war nicht viel, aber wir befanden uns in einer verzweifelten Lage. Vielleicht ließ sich das Defizit auf diese Weise tatsächlich geringfügig senken. Ich wurde beauftragt, bis zum nächsten Morgen die notwendigen Berechnungen anzustellen.

Noch am gleichen Nachmittag unternahmen Darman und ich

wieder einen Spaziergang um den Parkplatz am Westflügel. Sehr bald kamen wir auf eine neue Idee. Darman nannte sie Ping-Pong.

Die Septemberoffensive hatte bis jetzt noch keine konkreten Resultate gebracht, aber vielleicht gelang es uns, unter dem Vorzeichen einer Offensive ein Spiel mit dem Kongreß zu beginnen, bei dem wir uns gegenseitig die Bälle zuwarfen.

Wir hatten jetzt wenigstens einige, wenn auch noch so kümmerliche Zahlen, die sich in vier Kategorien einordnen ließen, innerhalb derer das Defizit reduziert werden konnte. Das waren die Verteidigung, die Steuern (die von Regan gemachten Zugeständnisse), die nicht die Rentenversicherung betreffenden Reformen im Sozialbereich und die Kürzungen im zivilen Bereich. Was wir hier vorzuweisen hatten, wollten wir durch weitere, in der Zukunft vorzunehmende Einsparungen ergänzen, die wir als Teil des Haushalts für das Rechnungsjahr 1983 im Januar vorschlagen wollten.

Das Ganze konnte dann so aufgeputzt werden, daß es aussah, als könnten wir im Lauf von drei Jahren einhundert Milliarden Dollar oder mehr zusammenbringen. Dieser Betrag würde zusammen mit den vier Kategorien den »Rahmen« für einen entscheidenden Angriff gegen das Defizit bilden. Wenn wir dem Kongreß diesen Vorschlag gemacht hatten, würden wir sehen, welche legislativen Möglichkeiten sich ergaben. Die führenden Senatoren – Domenici, Dole, Baker und Paul Laxalt – würden sich gezwungen sehen, den nächsten Schritt zu tun. Sie würden ihrerseits dem Weißen Haus einen sinnvolleren und eher durchsetzbaren Plan vorlegen. Wir würden darauf reagieren, und der Ball würde so lange hin und her gehen, bis eine Lösung gefunden werden konnte.

Als ich in mein Büro zurückkam, rief mich Jack Kemp an.

»Sagen Sie mir, daß es nicht wahr ist! Sie haben *keinen* Aufschub für die Steuersenkungen empfohlen!«

Er ließ mich gar nicht erst zu Wort kommen, sondern überschüttete mich mit Vorwürfen. Wahrscheinlich lag mein Arbeitspapier schon auf seinem Schreibtisch.

»Hooverismus ... Demokratische Engstirnigkeit ... Statisches Denken! Es ist fürchterlich ...«

Als er sich beruhigt hatte, fragte er: »Aber Sie kommen doch heute abend zum Essen?«

Ich bestätigte das und bat ihn, sich nicht aufzuregen. Der Präsident habe jeden Aufschub der Steuersenkungen kategorisch abgelehnt. Auch das wußte Kemp bereits.

In seinem Haus hatte sich das ganze »Zentralkomitee« zu einer außerplanmäßigen Sitzung versammelt. Alle waren gekommen; Art Laffer, Jude Wanniski, Paul Craig Roberts, Norm Ture und Irving Kristol. Der Ehrengast war der israelische Finanzminister, der sich für die angebotsorientierte Wirtschaftspolitik interessierte. Ausgerechnet jetzt!

Die anderen Mitglieder des »Zentralkomitees« nahmen mein Abweichlertum nicht mit der gleichen Gelassenheit hin wie Jack. Meine Verlobte Jennifer hatte das Vergnügen, neben Jude Wanniski zu sitzen. Er quälte sie den ganzen Abend mit Fragen und Vorwürfen wegen meines Sinneswandels. Weshalb war ich zum Gegner übergelaufen? Mit wem hätte ich gesprochen? Man könne mich telefonisch nicht mehr erreichen. Weshalb beantwortete ich seine Anrufe nicht mehr? Er bat Jennifer um ihre Adresse und Telefonnummer und bat sie, mich zu verständigen, wenn er wichtige Mitteilungen für mich hätte.

Am nächsten Morgen überprüfte ich in meinem Büro die Aufzeichnungen über die angenommenen Telefongespräche. Wanniski hatte mich in den letzten vier Monaten nicht ein einziges Mal angerufen. Das letzte, was ich von ihm gehört hatte, war ein Zitat in der *New York Times* vom gleichen Tag.

Er hatte angeblich erklärt: »Das Defizit ist kein Problem. 1945 hatten wir ein Defizit von zweiundzwanzig Prozent des Bruttosozialprodukts. Heute sind es nur 1,9 Prozent.« Hatte er erwartet, daß ich ihn wegen einer so wichtigen Information anrief?

Nach dem Essen stellten mich Roberts und Ture zur Rede. Sie waren wütend.

»Wann werden Sie endlich zur Besinnung kommen?« fuhr Roberts mich an. »Sie fallen dem Präsidenten in den Rücken. Entweder ziehen Sie mit uns am gleichen Strang oder treten zurück.«

Er wurde immer lauter: »Mit Ihrem ständigen Gerede vom Defizit versuchen Sie eine Panikstimmung zu erzeugen. Praktisch sind Sie schon ins feindliche Lager übergelaufen.«

Ich habe ein einigermaßen dickes Fell und kann manches vertragen, aber das war etwas zuviel. Wie waren denn die Steuersenkungen zustande gekommen. Paul Craig Roberts hatte nichts damit zu tun gehabt. Während der vergangenen neun Monate hatte Regan ihm nur ein einziges Mal erlaubt, sich im Weißen Haus sehen zu lassen. Er hatte niemals an einer Arbeitssitzung mit dem Präsidenten oder den führenden Politikern im Kongreß teilgenommen. Und im Finanzministerium hatte er sich nur damit beschäftigt, andere Leute ideologisch zu überwachen. Er hatte die Rolle des Kommissars gespielt, vertrauliche Informationen an die Presse weitergegeben und Gerüchte verbreitet.

Es gibt Gelegenheiten, bei denen man Nachsicht walten lassen muß, aber gelegentlich muß man den Leuten auch sagen, sie sollten sich zum Teufel scheren. Diesmal war es soweit.

»Craig«, sagte ich, »scheren Sie sich zum Teufel!« Ich fühlte mich erleichtert.

Am nächsten Tag, es war der 23. September, begann unser neues Paket für die Septemberoffensive allmählich Gestalt anzunehmen. Das war auch notwendig. Der Präsident sollte es nach vierundzwanzig Stunden in seiner Fernsehansprache der Öffentlichkeit vorstellen und sie zum Kampf gegen das Defizit aufrufen. Bei der letzten Besprechung zur Vorbereitung der Fernsehansprache des Präsidenten wurden weitere Kürzungsvorschläge gegen meinen erbitterten Widerstand über Bord geworfen. Im Schlußprotokoll hieß es, die Septemberoffensive habe zum Ziel, »das Defizit für das Rechnungsjahr 1982 so niedrig wie möglich zu halten und die Deckungslücke für die kommenden Jahre zu schließen«.

Wenn das ein wegweisender Beschluß sein sollte, dann führte dieser Weg in eine sehr ungewisse Zukunft. Der Plan, den der Präsident am Donnerstag erläutern wollte, sah eine Reduzierung des Defizits im Jahr 1982 um sechzehn Milliarden Dollar und weitere Reduzierungen um einhundertfünfzehn Milliarden Dollar im Lauf der folgenden drei Jahre vor. Das klang gut, aber für vierundachtzig Milliarden Dollar dieser Einsparungen gab es nur ungewisse Zusagen.

Das also war aus meiner »kühnen« und »entscheidenden« Herbstoffensive geworden. Die einzige konkrete Maßnahme war die Kürzung des Verteidigungsetats um dreizehn Milliarden Dollar. Daneben bestand die Absicht, die Ausgaben im zivilen Bereich generell um zwölf Prozent zu kürzen, aber mit der Verwirklichung dieses Plans durfte niemand rechnen.

Um acht Uhr abends sprach der Präsident zur Nation. Er erklärte, wir brauchten jetzt »eine zweite Runde von Einsparungen im Haushalt, um auf dem Wege zum Ausgleich des Bundesetats zu bleiben«.

In seiner Rede zitierte der Präsident den ehemaligen Boxweltmeister im Schwergewicht Joe Louis, der von einem seiner Gegner gesagt hatte, »er kann laufen, aber er kann sich nicht verstecken«.

»So geht es uns mit den davonlaufenden Staatsausgaben. Wir können versuchen davor wegzulaufen, aber wir können uns nicht verstecken. Wir müssen uns dem Problem stellen.«

Das waren starke Worte, aber sie waren eine Karikatur der Wahrheit – und sie bezeichneten einen entscheidenden Wendepunkt. Am 24. September 1981 versteckte sich die Reagan-Administration vor der massiven fiskalischen Unordnung, die sie selbst vor wenigen Monaten geschaffen hatte – und kam nicht wieder aus ihrem Versteck heraus.

Ich war so verzweifelt und enttäuscht über das, was wir angerichtet hatten, daß auch ich mich eine Zeitlang versteckte. Ich brachte es nicht einmal fertig, im Weißen Haus zu bleiben und mir die Rede des Präsidenten anzuhören.

Die Moynihans hatten mich an diesem Abend zum Essen eingeladen, und es berührte mich doch recht eigenartig, als meine Gastgeber den Fernsehapparat einschalteten und ich den Präsidenten an seinem Schreibtisch im Ovalen Zimmer sitzen sah, bereit, die nächste Phase der Reagan-Revolution einzuleiten.

Dann ging ich zu Liz Moynihan in die Küche. Sie hatte den Holzlöffel in der Hand und rührte in der Spaghettisoße – wie sie es vor elf Jahren getan hatte, als ich zum ersten Mal nach Washington gekommen war. Wie damals ging sie auch jetzt ans Telefon und sagte: »Vielleicht hat Pat eine Idee. Ich werde ihm sagen, daß Sie hier sind und er sich beeilen soll.«

Jetzt war Pat Moynihan nicht mehr im Weißen Haus – ich hatte ihn dort abgelöst. Er gehörte zu den Politikern im Senat, aber ich brauchte immer noch seine Hilfe.

Beim Abendessen sagte ich ihm: »Sie, die Politiker auf dem Capitol Hill, müssen jetzt retten, was zu retten ist. Wir sind mit den

Steuersenkungen zu weit gegangen, und ich kann meine Kollegen nicht dazu bewegen, etwas davon zurückzunehmen.«

Er schalt mich ein wenig und sprach davon, wie gefährlich es sei, wenn junge Männer glauben, sie könnten der Weltgeschichte eine neue Richtung geben.

»Wir stehen vor einer fiskalischen Katastrophe. Sie wissen das«, erklärte mein alter Rabbi. »Aber ich weiß nicht, ob sich daran noch etwas ändern läßt.«

Wir gingen ins Wohnzimmer hinüber. Er schürte das Feuer im Kamin an und stellte eine Flasche Brandy auf den Tisch. Wir führten ein langes Gespräch. Es erinnerte mich an längst vergangene Zeiten, aber jetzt war alles anders. Ich war für die Katastrophe, die über der Nation hereinbrach, ebenso verantwortlich wie jeder andere, und auch der Brandy, die Nostalgie, das vernünftige Gespräch und die Gesellschaft eines alten Freundes konnten nichts daran ändern, daß mir diese harte Tatsache immer deutlicher bewußt wurde.

11.

Die Tage vor
der Atlantic-Monthly-Affäre

Im Oktober 1981 hatte die politische Wirklichkeit die Reagan-Revolution schon fast überholt. Jetzt sollte auch die wirtschaftliche Realität in schmerzhafter Weise spürbar werden, und zwar in der Form einer Rezession und der klaren Erkenntnis, daß unser »rosarotes Szenario« seine Gültigkeit verloren hatte. Aber der wirkliche Umfang des Defizits hätte nicht so lange verborgen bleiben dürfen. Wir waren nicht die Opfer eines plötzlichen und unerwarteten wirtschaftlichen Erdbebens. Wir waren vielmehr von Anfang an einer Selbsttäuschung erlegen und haben es dann versäumt, uns eingehend mit den Zukunftsaussichten zu beschäftigen, als die Erörterung dieser Frage am dringendsten erforderlich war.

Im Juni wäre es an der Zeit gewesen, den auf den neuesten Stand gebrachten Haushaltsplan des Präsidenten zu veröffentlichen. Schon damals konnte von dem »rosaroten Szenario« keine Rede mehr sein. Das zeigte bereits die sehr ungünstige Lage auf den Finanzmärkten. Die beiden sachkundigsten und ehrlichsten Wirtschaftswissenschaftler in der Regierung, Larry Kudlow und Jerry Jordan vom Council of Economic Advisors, hatten den Präsidenten und das Kabinett aufgefordert, die notwendigen Folgerungen aus den für den Haushalt errechneten Zahlen zu ziehen.

Aber wir hatten das genaue Gegenteil getan. Die verhängnisvolle Entscheidung, die nach unserer Kenntnis zutreffenden Haushaltszahlen zu verschleiern, wurde am Nachmittag des 5. Juni im Büro von Jim Baker getroffen. Ich befand mich damals auf einer Vortragsreise in Canton, Ohio, um für die Reagan-Revolution zu werben. Was Kudlow später über den Verlauf dieser Sitzung berichtete, beweist, daß man die sprichwörtlichen Nebelwerfer eingesetzt hatte.

Daß ich nicht an der Sitzung teilgenommen hatte, entschuldigt mich nicht. Am folgenden Tag las ich Kudlows Bericht, ärgerte mich darüber und legte ihn in meine Schreibtischschublade. Ich hätte durchaus die Möglichkeit gehabt, etwas zu unternehmen. Damals im Juni hörte man mir im Weißen Haus noch zu, wenn ich etwas zu sagen hatte, und selbst der Präsident interessierte sich dafür. Aber ich war zu sehr damit beschäftigt, das Ausgleichsgesetz zu formulieren und nachzuweisen, daß die Politiker unrecht hatten, um mir die Zeit zu nehmen, die viel gewichtigeren Fehleinschätzungen bei der Wirtschaftsprognose zu korrigieren, auf die wir unsere gesamte radikale Umstellung der amerikanischen Wirtschaftspolitik gründeten.

»Wie erwartet waren die politischen Rücksichten stärker als die Wirtschaftsanalysen«, hatte Kudlow geschrieben. »Baker, Meese, Gergen, Regan ... sie alle behaupteten, *jede wesentliche Veränderung in der Wirtschaftsprognose werde das Steuergesetz in Gefahr bringen.*«

Am gleichen Tage durfte Paul Craig Roberts an einer ernsthaften Beratung im Weißen Haus teilnehmen; soweit ich mich erinnere, war es das einzige Mal, daß er diesen Vorzug genoß. Leider war sein Beitrag töricht und zugleich folgenschwer. Er verwirrte die anderen so sehr, daß sie das Problem der Wirtschaftsprognose unter den Teppich kehrten, ohne ein besonders schlechtes Gewissen dabei zu haben.

Die sich für eine Wirtschaftsprognose ergebenden Probleme zeichneten sich sehr deutlich ab. Anfang Juni war es durchaus ungewiß, wie die Entwicklung auf zwei wichtigen Gebieten eingeschätzt werden sollte. Die Zinsen für kurzfristige Kredite und die Dividenden für langfristige Industrieobligationen waren höher als im Januar. Aber auf den Finanzmärkten durfte man kaum mit einer wesentlichen Veränderung der Lage rechnen. Ohne ein im Herbst beginnendes reales Wachstum um vier bis fünf Prozent mußte der Haushalt jedoch tief in die roten Zahlen geraten.

Unmittelbar vor der Sitzung am 5. Juni hatten Kudlow und Jordan eine Denkschrift verfaßt, in der Sie darauf hinwiesen, daß unsere Prognosen für das zu erwartende nominale Bruttosozialprodukt angesichts unserer Geldpolitik weit übertrieben waren. Das gleiche galt auch für die im Februar erstellten Vorausberechnungen der Steuereinnahmen: »Der zu hohe Ansatz der Steuereinnahmen wird die Regierung in den Jahren 1982 bis 1984 in eine politisch sehr peinliche Lage bringen.«

Der Versuch von Kudlow und Jordan, die Wirtschaftsprognose zu berichtigen, löste jedoch bei Paul Craig Roberts und den anderen Vertretern der angebotsorientierten Wirtschaftspolitik im Finanzministerium die gegenteilige Reaktion aus. Sie veranlaßten Don Regan, alle Unstimmigkeiten und Fehler zu verteidigen, die sich von Anfang an bei diesem Unternehmen eingeschlichen hatten. Das geschah um die gleiche Zeit, als Don Regan für sich den Vorrang als wirtschaftspolitischer Sprecher der Regierung in Anspruch nahm.

Wenige Tage vor der Sitzung am 5. Juni hatte er Weidenbaum, Anderson und mir eine Denkschrift zustellen lassen, in der der Standpunkt des Finanzministeriums in dieser Frage erläutert wurde.

»Es ist die Auffassung des Finanzministeriums«, hieß es dort, »daß es gegenwärtig nicht angezeigt ist, wesentliche Veränderungen ... bei den Wirtschaftsprognosen zum Wirtschaftsprogramm des Präsidenten vorzunehmen.«

Das von Roberts verfaßte Papier zeigte, daß das Finanzministerium die Wirtschaftsprognose zwar berichtigen wollte, aber *nach oben*. Im Februar hatten wir ein kumulatives Wachstum des realen Bruttosozialprodukts in den Jahren 1980 bis 1982 von 6,7 Prozent vorausgesagt. Nun drohte die Rezession es auf Null zu drücken. Trotzdem empfahlen Regan und Roberts für die am 5. Juni fällige Prognose ein Wachstum von neun Prozent für den Zeitraum von zwei Jahren anzusetzen.

In Wirklichkeit hatten sie die Absicht gehabt, diesen Prozentsatz sogar noch zu erhöhen, verzichteten dann aber doch darauf, weil sie meinten, »wesentliche Korrekturen am Szenario könnten von den Gegnern der Regierung als *politisch motiviert* interpretiert werden, um auf diese Weise das wirtschaftspolitische Paket des Präsidenten durch den Kongreß zu bringen«. Mit anderen Worten, das Eingeständnis, daß wir uns bei unserer Wirtschaftsprognose geirrt hatten, würde uns politische Vorteile verschaffen. Das hatte aber nur einen Sinn, wenn man glaubte, die Aussichten seien noch günstiger, als wir angenommen hatten. Doch im Juni 1981 glaubte fast niemand daran, denn es gab nichts, worauf man eine solche Annahme stützen konnte.

Den an diesem Nachmittag verbreiteten Nebel hätte auch der

riesigste Ventilator nicht zerstreuen können. In dem Bericht von Kudlow wurde auch die Tatsache erwähnt, daß Meese gegen Ende der Sitzung gesagt hatte, »einer seiner Freunde verträte die interessante Theorie, daß hohe Defizite im Staatshaushalt die vorhandenen Ersparnisse aufzehrten und daß damit die Zinsen in die Höhe getrieben würden«.

Diese Theorie, die etwa so neu war wie die Evolutionstheorie, schilderte die Realität, über die sich die Finanzmärkte von Tokio bis London täglich beklagten. Es gab auf der ganzen Welt vielleicht fünf menschliche Wesen, die der Auffassung des Freundes von Meese nicht zustimmten. Leider saßen zwei von ihnen – der Finanzminister und sein erster Assistent – im Büro von Jim Baker.

»Die Erhöhung der Zinssätze war ein rein geldpolitisches Problem«, erklärte Roberts, »und hatte nichts mit Defiziten oder eine Kreditaufnahme durch die Regierung zu tun.«

Kudlow versuchte, den Anwesenden das Grundproblem verständlich zu machen. Die Folge der Unstimmigkeiten in der Wirtschaftsprognose war, daß wir die Höhe des Defizits für die kommenden Jahre ganz wesentlich unterschätzten. Wollten wir den Kongreß und die Öffentlichkeit wirklich bewußt täuschen?

Als Kudlow diese Frage stellte, bestritten Gergen, Meese, Roberts und Regan eine solche Absicht mit allem Nachdruck. Jeder leugnete entschieden, das zu tun, was er gerade tat.

Wieder war die Wahrheit verschleiert worden, und diesmal hatte das Weiße Haus es bewußt getan, weil es die Schlacht um die Steuergesetze gewinnen wollte.

Der Bericht Kudlows schloß mit den etwas wehmütig klingenden Sätzen: »Don Regan sagte nicht viel und betonte nur den politischen Aspekt. Im ganzen gesehen waren es besonders lange fünfundsiebzig Minuten.«

Und ein besonders verhängnisvoller Fehler. Jetzt, nach fünf Monaten, waren alle in der Folgezeit begangenen Fehler ratifiziert. Regan bewachte die Steuersenkungen wie ein Kettenhund. Weinberger schützte seine »Obergrenze« im Verteidigungsetat mit Panzern. Jim Baker hatte die Lösung des Problems der Rentenversicherung einem aus Mitgliedern beider Parteien bestehenden Untersuchungsausschuß übertragen, der die Anweisung hatte, ein Jahr darüber nachzudenken. Das »Kardinalskollegium« hatte den größten Teil der zwölfprozentigen Ausgabenkürzungen im innenpolitischen Bereich über Bord geworfen und bereitete sich darauf vor, auch den Rest zu beerdigen. Die republikanischen Abgeordneten im Repräsentantenhaus saßen auf ihren Händen und waren nicht einmal bereit, eine Deckungslücke von drei Milliarden Dollar bei den Steuereinnahmen zu schließen.

Wir hatten uns an die Wand drücken lassen, und das Ergebnis war ein Defizit von einhundertfünfzig Milliarden Dollar und keine Einsparungen.

Unmittelbar nach der Rede des Präsidenten zur Septemberoffensive sorgte die politische und wirtschaftliche Wirklichkeit dafür, daß die Reagan-Revolution endgültig zusammenbrach. Der Kongreß und das Weiße Haus gerieten in die Sackgasse. David Broder schrieb: »Mit seiner gestern abend gehaltenen Rede kam Präsident Reagan aus der Stratosphäre der euphorischen ersten Runde der Haushaltskürzungen im vergangenen Frühjahr auf die Erde zurück, um einen Grabenkrieg zu führen, den die meisten seiner Vorgänger hatten führen müssen, wenn sie es wagten, sich gegen die seit jeher im Kongreß geltenden Regeln und den Druck der Interessengruppen zu wenden.«

Die republikanischen Politiker im Kongreß zeigten eine fast fröhliche Unverschämtheit. Sie hatten einen ungewöhnlich beliebten Präsidenten gezwungen, auf einschneidende Kürzungen im Haushalt zu verzichten, die ihnen unbequem waren. Und jetzt zeigten sie keine Neigung, selbst die zaghaften Maßnahmen zu unterstützen, die der Präsident tatsächlich vorgeschlagen hatte.

»Im Gegensatz zum Sommer vorigen Jahres«, erklärte Mark Hatfield vom Bewilligungsausschuß des Senats, »gibt es heute niemanden im Kongreß, der bereit wäre, Vorschläge der Exekutive einfach abzusegnen.«

Es waren nicht nur die liberalen und gemäßigten Republikaner, die die Revolution zu Grabe trugen. Sogar der sich als Erzkonservativer gebärdende Newt Gingrich aus Georgia stellte die erstaunliche Behauptung auf, Ronald Reagan unterscheide sich nicht wesentlich von Jimmy Carter.

Jack Kemp legte seinen goldenen Fallschirm an und sprang ab; er löste sich aus unserem Team und sprach nur noch von den Vorzügen des Goldstandards. Zunächst war ich wütend. Heute sehe ich, daß er ganz unter dem Einfluß von Wanniski und Laffer stand.

Sie waren jetzt beide in eine ganz andere Richtung gegangen und erzählten jedem, der es hören wollte, daß die fiskalischen und politischen Probleme der Nation über Nacht gelöst werden könnten, wenn wir den Goldstandard einführten. Ich fürchte, der Eifer, mit dem sie diesen Unsinn verbreiteten, hatte mehr mit ihrem Bemühen zu tun, ihr eigenes Ansehen zu schützen, als mit irgend etwas anderem. Auf jeden Fall war es unmöglich, sie vom Gegenteil zu überzeugen. Aber bei Kemp lagen die Dinge vielleicht anders. Ich betrachtete ihn immer noch als meinen Freund, und es tat mir weh zu sehen, daß er so leicht einer so durchsichtigen Sophisterei erlegen war.

Ich selbst glaubte auch noch immer an den Wert des Goldstandards, aber seine Wiedereinführung war keine Zauberformel zur Lösung unserer Probleme und mit Sicherheit kein Ersatz für politische Disziplin und fiskalische Solvenz. Die Finanzmärkte würden sich von der Absicht der Regierung, den Goldstandard einzuführen, nicht stärker beeindrucken lassen als von ihrem Willen und ihrer Fähigkeit, den Haushalt auszugleichen. Auf diese Weise ließen sich harte und politisch schmerzhafte Entscheidungen nicht vermeiden.

»Sie sind zu lange im Office of Management and Budget gewesen und haben sich zu sehr von den dort herrschenden Vorstellungen beeinflussen lassen«, sagte Kemp lächelnd. »Fühlen Sie sich dort wirklich so wohl?«

Um die Wahrheit zu sagen, eigentlich fühlte ich mich nirgends mehr wohl. Die geistige Unbeweglichkeit meines Freundes schmerzte mich, aber es war unmöglich, ihn zur Korrektur seiner Haltung zu bewegen. Es tat mir auch leid, weil unsere Freundschaft darunter litt. Unsere Wege hatten sich getrennt, und außer einer nach außenhin freundlichen Beziehung würde von dieser Freundschaft wahrscheinlich nichts übrigbleiben.

Eines muß ich jedoch zugeben: Jack Kemp hatte zumindest eine alternative Theorie, auch wenn diese in die Irre führte. Die meisten republikanischen Abgeordneten machten sich nicht einmal die Mühe, ihre Konterrevolution zu rechtfertigen. Sie begnügten sich damit, uns zu sabotieren, ohne zu erkennen, wie sinnlos das war. Sie alle hatten sich zunächst für die einschneidenden Steuersenkungen ausgesprochen. Jetzt erlaubten sie sich den Luxus, dem Kampf um die

Ausgabenkürzungen tatenlos zuzusehen. Das erinnerte mich an die Kongreßabgeordneten, die als Beobachter zur Schlacht von Bull Run gekommen waren und zu ihrem Entsetzen feststellten, daß scharf geschossen wurde.

Der Senator Larry DeNardis aus Connecticut sagte über die Haltung der gemäßigten Republikaner: »Wir werden recht gut zusammenhalten, aber diesmal wird es die Bob-Michel-Show und nicht die Show von Ronald Reagan oder Dave Stockman sein.« In Wirklichkeit war der Zusammenhalt in der Republikanischen Partei jetzt längst verlorengegangen.

Am 1. Oktober sagte ich den Mitgliedern des Haushaltsausschusses des Repräsentantenhauses, sie seien dazu verurteilt, sich für den Rest ihrer politischen Laufbahn mit Ausgabenkürzungen herumzuschlagen.

Vor dem Kongreß erklärte ich: »Zwanzig Jahre Geschichte lassen sich nicht in zwanzig Monaten korrigieren. Wir müssen uns immer und immer wieder darum bemühen, den Fiskus zu sanieren.«

Der Ausschußvorsitzende Jim Jones fragte, wann der Kongreß endlich die Einzelheiten des Programms für den im Herbst vorzulegenden Haushaltsentwurf der Administration erfahren würde, da wir uns doch so große Sorgen um das Defizit machten. Der Präsident habe versprochen, bei einer Reform der innenpolitischen Programme Einsparungen in Höhe von achtundzwanzig Milliarden Dollar vorzunehmen, aber dem Kongreß läge bisher kein einziger Vorschlag vor. Ich stellte ihm bis zum 20. Oktober einen detaillierten Haushaltsplan in Aussicht.

Aber das Herbstlaub war längst gefallen, als der Vorschlag den Kongreß erreichte. Und er glich auch nicht im entferntesten dem, was wir versprochen hatten. Die Haltung in der Regierung spiegelte jetzt deutlich die der Abgeordneten und Senatoren auf dem Capitol Hill wider.

Die Begeisterung für einschneidende Ausgabenkürzungen war längst verflogen. Um uns über neue Ausgabenkürzungen einigen zu können, mußte eine aus Angehörigen der verschiedensten Behörden bestehende Arbeitsgruppe zusammengestellt werden. Zu ihnen gehörten Dutzende von Ministerialbeamten, die nicht gerade begeistert an die Aufgabe gingen, den Wohlfahrtsstaat zu demontieren. Sie brauchten einen ganzen Monat, um Ausgabenkürzungen in Höhe von kümmerlichen zwölf Milliarden Dollar zu empfehlen, und zwar von insgesamt zweihundert Milliarden Dollar, in denen die Ausgaben für die Rentenversicherung nicht einmal enthalten waren.

Auch Darmans Ping-Pong-Spiel brachte uns nicht viel. Das Haushaltsprogramm des Präsidenten für den Herbst hätte den Rahmen für Einsparungen in Höhe von sechzehn Milliarden Dollar im Jahr 1982 und von einhundertfünfzehn Milliarden Dollar über einen Zeitraum von drei Jahren abgeben sollen. Die führenden republikanischen Senatoren hätten dem Weißen Haus dann einen Gegenvorschlag gemacht, der zwar die gleichen Gesamtbeträge auswies, aber in einer anderen Zusammensetzung.

Ein großer Teil der Einsparungen würde im Vorschlag des Senats durch Korrekturen bei den Steuereinnahmen und Abstrichen im Verteidigungsetat vorzunehmen sein. Dann würden sich Howard Baker und sein Team im Beratungszimmer des Kabinetts mit dem Präsidenten zusammensetzen. Der Präsident würde dem Plan des Senats widerwillig zustimmen, weil alle anderen an dieser Sitzung Beteiligten es auch taten – die Senatoren ebenso wie die Angehörigen seines Stabes.

Howard Baker setzte das Verfahren damit in Gang, daß er eine Arbeitsgruppe zusammenstellte, die aus den Vorsitzenden seiner wichtigsten fiskalpolitischen Arbeitsgruppe bestand. Sie arbeiteten mehrere Wochen an dem Gegenvorschlag. Auf einer Sitzung am 16. Oktober im Büro von Howard Baker sagten einige Vorsitzende der Senatsausschüsse Baker, Darman und mir, sie seien bereit, Ping-Pong zu spielen, aber da das neue Rechnungsjahr schon vor sechzehn Tagen begonnen habe, müsse die Regierung den Versuch aufgeben, 1982 noch sechzehn Milliarden Dollar einzusparen. Sie würden sich statt dessen darauf konzentrieren, die notwendigen Kürzungen für das Jahr 1983 und die dann folgenden Jahre durchzusetzen.

Ich protestierte laut, als ich das hörte. Ich erklärte, 1982 sei das erste volle Rechnungsjahr der Reagan-Administration. Wenn wir schon 1982 das Handtuch würfen und das Defizit über die veranschlagte Summe von zweiundvierzig Milliarden Dollar anstieg, würden die Befürchtungen der Wall Street hinsichtlich nicht zu kontrollierender Defizite bestätigt. Mit anderen Worten, wir hätten unsere Glaubwürdigkeit schon nach der ersten Runde verspielt.

Auf der Sitzung zeigte es sich jedoch sehr deutlich, weshalb das

»Kardinalskollegium« verlangte, daß wir auf die Kürzungen für das Jahr 1982 verzichteten. Die Hälfte der 1982 einzusparenden sechzehn Milliarden Dollar kam aus den zwölfprozentigen Einsparungen im zivilen Bereich. Für diesen Bereich war zwar nur ein knappes Siebentel des Haushalts vorgesehen, aber Kürzungen bei diesen Programmen stießen politisch auf den größten Widerstand.

Mark Hatfield behauptete, nicht acht Milliarden Dollar, sondern nur eine Milliarde Dollar könnten von den mehr als hundertfünfzig Milliarden Dollar für zivile Ausgaben gestrichen werden. Aber eine Reduzierung des Vorschlags der Regierung auf einen so lächerlichen Betrag war nicht das, was ich mir unter diesem Ping-Pong-Spiel vorgestellt hatte.

Den Bewilligungsausschüssen kam es offensichtlich darauf an, Zeit zu gewinnen. Wenn sie sich den neuen Ausgabenkürzungen lange genug widersetzten, würden auch die weiteren vereinbarten Maßnahmen nicht mehr zum Tragen kommen. Wir würden bis Februar oder März 1982 warten müssen, und dann wäre schon das halbe Rechnungsjahr vorüber, und die zwölfprozentigen Kürzungen im zivilen Bereich ließen sich nicht mehr durchführen.

Da ich wußte, womit wir rechnen mußten, entschloß ich mich zu einer Gegenmaßnahme. Unter Berufung auf den sogenannten Aufschubmechanismus hatte ich zwölf Prozent der Beträge, die wir im zivilen Bereich kürzen wollten, bis zum 20. November sperren lassen. Darüber hinaus erklärten wir, diese Beträge so lange zurückzuhalten, bis die Kürzungen tatsächlich bewilligt seien.

Wie nicht anders zu erwarten, hatte Hatfield einen Wutanfall bekommen, als er von unserer Maßnahme erfuhr. »Das Weiße Haus droht, die Verfassung außer Kraft zu setzen«, entrüstete er sich.

In Wirklichkeit war das Einfrieren dieser Beträge keine neue Kürzung. Wir hatten nur vorübergehend eine Maßnahme ergriffen, die der Präsident am 24. September vorgeschlagen hatte, und das war eine vollkommen legale Methode zu verhindern, daß die zwölfprozentige Ausgabenkürzung aus Termingründen unmöglich gemacht wurde.

Trotzdem machte man uns den Vorwurf, wir träten die Rechte der Legislative mit Füßen. Das »Recht«, über das diese Leute so gern sprachen, war in Wirklichkeit das Recht, nach Belieben Geld zu verschwenden.

Am heftigsten reagierten die gemäßigten Republikaner im Kongreß. Bill Green erklärte: »Wir sind nicht bereit, weitere Kürzungen im Sozialbereich zu unterstützen, bevor wir nicht sehen, daß im Verteidigungsetat, beim Wasserstraßenbau, bei den Subventionen für die Tabakpflanzer und auf anderen Gebieten ähnliche Maßnahmen getroffen werden.«

In der Woche nach dem 19. Oktober war aus dem Ping-Pong-Ball eine Bleikugel geworden. Sie rollte vom Tisch und landete mit einem dumpfen Knall auf dem Boden.

Auf einer von Howard Baker dringend erbetenen Sitzung der Legislative Strategy Group im Weißen Haus erklärte dieser am Sonntagvormittag, die von uns vorgesehenen zwölfprozentigen Kürzungen im innenpolitischen Bereich ließen sich nicht durchsetzen. Die Regierung müsse sich mit der Hälfte zufriedengeben, und der Präsident müsse seine Drohung zurücknehmen, er werde im Fall einer Weigerung der Senatoren sein Veto einlegen.

Ich protestierte energisch: »Damit geben Sie Hatfield und dem Bewilligungsausschuß des Senats freie Hand. Wenn wir diese Beträge freigeben und auf das Vetorecht verzichten, werden wir von den zwölfprozentigen Ausgabenkürzungen keinen Cent bekommen. Und das ist die einzige Möglichkeit, die uns bleibt, das Defizit zu verringern. Ich glaube, der Präsident sollte es auf eine Kraftprobe mit dem Bewilligungsausschuß des Senats ankommen lassen.«

Noch bevor ich den letzten Satz beendet hatte, drehte sich Howard Baker in seinem Stuhl um und warf mir einen wütenden Blick zu.

»Wagen Sie es nie wieder, mich darüber belehren zu wollen, wie ich meine Führungsaufgaben im Senat der Vereinigten Staaten zu erledigen habe. Ich kenne meine Pflichten sehr genau. Aber versuchen Sie nicht, sich mir in den Weg zu stellen, wenn ich mir ein Urteil darüber gebildet habe, was getan werden kann und was nicht!«

Jim Baker versuchte die Stimmung aufzulockern und erzählte einen anzüglichen Witz. Ich senkte den Kopf, zündete mir eine Zigarette an und versuchte zu rauchen. Meine Hand zitterte.

Die Empörung des Führers der Mehrheitsfraktion im Senat hatte mein Selbstvertrauen erschüttert. Seine Worte trafen mich ebenso schmerzhaft wie der Lederriemen meines Vaters. Ich mußte endlich erwachsen werden und aufhören, die Rolle des harten, unerbittlichen Revolutionärs zu spielen.

Diese Zurechtweisung war für mich besonders schwer zu ertragen, weil ich Howard Baker als einen unserer bedeutendsten Politiker verehrte. Bei meinem letzten Gespräch mit Greider hatte ich gesagt, seit Jahrzehnten habe es keinen so großartigen Mann in der amerikanischen Legislative gegeben. Bis zu jenem Sonntagmorgen hatte ich geglaubt, Howard Baker nähme mich ernst und hielte mich für jemanden, mit dem man rechnen müsse. Jetzt erkannte ich, daß ich mich getäuscht hatte. Er hatte mir deutlich gezeigt, wo die Grenze lag, die mir durch die politischen Notwendigkeiten gezogen wurde.

Die Legislative Strategy Group fügte sich schließlich den Forderungen von Howard Baker. Er wollte versuchen, das »Kardinalskollegium« von der Notwendigkeit zu überzeugen, daß wenigstens ein Teil der von ihm vorgesehenen acht Milliarden Dollar im zivilen Bereich gekürzt wurden. (Schließlich waren es nur zwei Milliarden Dollar, und um das zu erreichen, mußten wir sogar gegen einen weiteren Beschluß unser Veto einlegen.) Das Weiße Haus sollte sich indessen darum bemühen, die Konfrontation abzubauen und auf das Einfrieren von zwölf Prozent der bewilligten Beträge verzichten.

Die Septemberoffensive war damit endgültig gescheitert, und wir hatten keine Möglichkeit mehr, mit Hilfe der republikanischen Politiker, die uns dabei unterstützt hatten, eine Initiative in Gang zu bringen und etwas gegen die Folgen dieser Entwicklung zu unternehmen.

Am 18. Oktober bestieg der Präsident einen Hubschrauber, der ihn nach Yorktown, Virginia, bringen sollte. Er wollte dort an den Feierlichkeiten zum zweihundertsten Jahrestag der Schlacht bei Yorktown teilnehmen und hatte dazu auch den französischen Präsidenten François Mitterrand eingeladen. Während er an den auf dem Rasen südlich des Weißen Hauses versammelten Reportern vorüberging, ließ er eine riesige wirtschaftspolitische Katze aus dem Sack. Er bestätigte, was in Wirtschaftskreisen schon seit Wochen vermutet wurde: Die Vereinigten Staaten standen vor einer Wirtschaftsrezession.

»Ich glaube, es wird zu einer geringen und, wie ich hoffe, kurzen Rezession kommen«, sagte er. »Ja, ich glaube, darin sind wir uns alle einig.«

Diese kurze Bemerkung führte dazu, daß die fiskalpolitische Situation im Weißen Haus schon nach wenigen Tagen völlig anders beurteilt wurde. Der Schleier, hinter dem sich die Zukunft verbarg, hatte sich geteilt.

Das Ziel der fehlgeschlagenen Septemberoffensive war es gewesen, das Defizit bis 1984 um fünfundsiebzig Milliarden Dollar zu verringern. Jetzt erhöhten sich die Schätzungen um das Doppelte dieses Betrages. Das Defizit würde voraussichtlich um einhundertfünfzig Milliarden höher sein als ursprünglich angenommen.

Anfang November unterrichtete ich den Präsidenten und seinen Stab von dieser radikalen Veränderung der Haushaltsprognose. Wir mußten für die Zeit von 1982 bis 1984 mit einem Defizit von fast vierhundert Milliarden Dollar rechnen.

Alle unsere Berechnungen galten nicht mehr. Das Wirtschaftswachstum würde stagnieren, und wir konnten nicht mehr damit rechnen, daß das reale Wachstum ab Winter 1981/82 um fünf Prozent zunehmen würde. Die Deflation würde zu einem Rückgang der Produktivität und einem zeitweiligen Ansteigen der Arbeitslosigkeit führen. Einen Ausweg zur Wiederherstellung einer gesunden Wirtschafts- und Finanzlage hatten wir noch nicht gefunden.

Das für 1982 bis 1984 zunächst geschätzte Anwachsen des Bruttosozialprodukts mußten wir um die gewaltige Summe von einer halben Billion Dollar nach unten korrigieren. Deshalb würden auch die Steuereinnahmen in diesem Zeitraum nicht wie in der Haushaltsprognose vom Februar vorgesehen um fast einhundertfünfzig Milliarden Dollar steigen.

Außerdem mußten wir erkennen, daß es uns nicht gelingen würde, die Zinssätze zu senken. Die Zinssätze würden hoch bleiben, wenn weiterhin eine Zunahme des Defizits um zweistellige Milliardenbeträge zu erwarten war.

Wir befanden uns in einem furchtbaren Dilemma. Angesichts dieses gewaltigen Problems fehlten uns die politischen Möglichkeiten, die Ausgaben im zivilen Bereich zu kürzen, und der Präsident war nicht bereit, auf die Steuersenkungen zu verzichten und weitere Einsparungen im Verteidigungsetat zuzulassen.

Nach der Erklärung des Präsidenten, daß wir am Anfang einer Rezession stünden, beruhigte sich die Atmosphäre auf dem Capitol Hill. Die Politiker erkannten, daß die gewaltigen Defizite zu großen Schwierigkeiten führen mußten, und zwar auch für sie. Deshalb verzichteten sie jetzt darauf, das Weiße Haus mit Steinen zu bewerfen, sondern stellten dem Präsidenten die ernstgemeinte Frage, was er jetzt unternehmen wolle.

»Wir wissen nicht, *was* die Regierung in dieser Lage vorhat«, beklagte sich der Abgeordnete Del Latta, der sich zunächst aktiv daran beteiligt hatte, die Reagan-Revolution durch die Legislative zu bringen. Das war eine sehr bezeichnende Äußerung, denn Latta hatte das Weiße Haus bei diesem Vorhaben eifriger unterstützt als alle anderen Republikaner im Kongreß.

Der Vorsitzende des Haushaltsausschusses im Repräsentantenhaus, Jim Jones, sagte: »Ich habe nicht die Absicht, einen Alternativvorschlag des Ausschusses vorzulegen. Es war im Grunde ein Programm des Präsidenten.«

»Alle weiteren Initiativen zur Verringerung des Defizits müssen vom Präsidenten ausgehen«, meinte der Sprecher des Repräsentantenhauses, O'Neill.

Pete Domenici stieß in das gleiche Horn: »Wir brauchen eine klare Aussage dazu, was aus diesem Haushalt werden soll und was das Weiße Haus wirklich von uns erwartet.«

Der republikanische Abgeordnete aus Ohio, Ralph Regula, umriß das Problem mit wenigen Worten: »Die Leute warten auf ein klares Signal des Präsidenten, was er unternehmen will. Darin liegt das Problem.«

Ronald Reagan stand vor einer schweren Bewährungsprobe. Als Präsident der Vereinigten Staaten hatte er die Pflicht, klare und folgenschwere Entscheidungen zu treffen. Nach einem langen und kräftezehrenden politischen Ringen hatte er im Juli einen Triumph feiern können, aber schon nach drei Monaten mußte er zugeben, daß dieser Triumph eine Illusion gewesen war.

Und das Schlimme war, daß man ihm nicht die Schuld dafür geben konnte. Er hatte sich von übereifrigen und letzten Endes inkompetenten Beratern in die falsche Richtung führen lassen. Der erste Haushaltsentwurf, den ich ihm vorgelegt hatte, enthielt verhängnisvolle Fehler. Und manchmal ist es schwerer, für fremde Fehler die Verantwortung zu übernehmen als für eigene.

Die Situation hatte sich in tragischer Weise in das Gegenteil dessen verkehrt, was er den Politikern in seiner Rede zur Septemberoffensive gesagt hatte: Der Präsident konnte fortlaufen, aber er konnte sich nicht verstecken. Wer sollte ihm helfen? Nicht die Demokraten, die schadenfroh und rachedurstig waren; nicht die Republikaner, die jetzt in verschiedenen Lagern standen und so aufgeregt und verwirrt waren, daß sie keinen Ausweg fanden. Der Rückzug war seine einzige Alternative. Die wirtschaftliche Realität und die demokratischen Spielregeln hatten diese Lage geschaffen. Der amerikanische Wohlfahrtsstaat war an seine Grenzen gestoßen, und die Politiker hatten deutlich gesagt, was sie unter allen Umständen verteidigen wollten. Die Gesetze einer gesunden Finanz- und Wirtschaftspolitik schlossen Gratiszuwendungen aus – die halbe Revolution, die in den gewaltigen Steuersenkungen zum Ausdruck kam, ließ sich auf die Dauer nicht fortsetzen.

Der Präsident hatte keine andere Wahl; er mußte die Steuersenkungen zurücknehmen oder doch auf wesentliche Steuervergünstigungen verzichten. Damit ließe sich ein wichtiger Beitrag zur Wiederherstellung der Stabilität der stärksten kapitalistischen Wirtschaft in der Welt leisten. Es wäre ein großartiger Beweis für die staatsmännischen Qualitäten des Präsidenten gewesen, den Irrtum einzugestehen, aber am Schluß zeigte es sich, daß Ronald Reagan mit dieser Bewährungsprobe überfordert war. Im November 1981 handelte er nicht wie eine große Führerpersönlichkeit, sondern wie ein Politiker, und dabei bewies er, warum Leidenschaften und Unvollkommenheit, nicht aber Vernunft und theoretische Erkenntnisse die Welt beherrschen. Seine Unnachgiebigkeit sollte dazu führen, daß die amerikanische Wirtschaft noch sehr lange unter den Fehlern seiner Berater leiden mußte.

In der ersten Novemberwoche beriet sich der Präsident täglich mit seinem wirtschaftspolitischen Team. Diesmal wurde er genau über alle Tatsachen unterrichtet und hörte alle Argumente. Nichts wurde mehr in umfangreichen und unverständlichen Arbeitsberichten verborgen. Es gab keine unbestimmten Zusagen über mögliche künftige Einsparungen, sondern nur noch ungeschminkte Zahlen. Jetzt ging es nicht mehr darum, den Haushalt auszugleichen, sondern um die Vermeidung eines katastrophalen Defizits von einigen hundert Milliarden Dollar.

Trotz der fast beleidigenden Klarheit, mit der wir ihm die Wirtschaftslage darstellten, gab es einen Faktor, der dieses Bild verschleierte, das war Don Regan. Der Finanzminister versuchte, die dringend erforderlichen wirtschaftspolitischen Beratungen in einen Machtkampf umzufunktionieren. Er war entschlossen, seine Machtposition unter allen Umständen zu wahren – auch wenn das bedeutete, daß er völlig unsinnige Empfehlungen machte. Mit beidem hatte er Erfolg.

Zur Vorbereitung unserer Beratungen mit dem Präsidenten entwarfen Marty Anderson, Murray Weidenbaum, Don Regan und ich eine revidierte Wirtschaftsprognose. Wir alle übernahmen die Verantwortung für diesen Entwurf, auch Regan.

Darin wurde das von uns in Aussicht gestellte Bruttosozialprodukt mit unserer Geldpolitik in Einklang gebracht. Allein die Steuerschätzungen für das Jahr 1984 wurden um fünfundsechzig Milliarden Dollar reduziert. Außerdem berücksichtigten wir die Rezession im Jahr 1982 und die höheren Zinssätze.

Was angesichts dieser neuen Prognose aus den Haushaltsmodellen des Office of Management and Budget wurde, war furchterregend. Für 1982 wies das Defizit zunächst siebenundneunzig Milliarden Dollar aus – mehr als das Doppelte der zweiundvierzig Milliarden Dollar, mit denen wir es zunächst zu tun gehabt hatten. Das Defizit für 1984, das Jahr, in dem Haushalt ursprünglich ausgeglichen werden sollte, wuchs auf einhundertsechsundvierzig Milliarden Dollar an. In den folgenden Jahren erhöhte sich dieser Betrag ständig, bis er für 1986, das letzte Jahr unseres fiskalischen Fünfjahresplans, auf einhundertsiebzig Milliarden Dollar anstieg.

Die neue, gemeinsam errechnete Wirtschaftsprognose gelangte damit zu einem Haushalt, in dem die roten Zahlen in einem Zeitraum von fünf Jahren kumulativ auf mehr als siebenhundert Milliarden Dollar anstiegen. Das war eine Höhe der Staatsverschuldung, die zu erreichen Amerika zweihundert Jahre gebraucht hatte. Es war atemberaubend. Kein Regierungsbeamter hatte je so etwas erlebt.

Aber die Verfechter des angebotsorientierten Wirtschaftssystems im Finanzministerium ließen sich dadurch nicht beeindrucken. Sie behaupteten immer noch, daß das Office of Management and Budget die Gefahren des hohen Defizits übertreibe, obwohl der Minister selbst der Prognose zugestimmt hatte. Es gelang ihnen sogar, Regan zu überzeugen, daß die Prognose zu »pessimistisch« sei und nicht die Auswirkungen der Steuersenkung berücksichtige. Deshalb schickten sie den Finanzminister mit einer revidierten »optimistischen« Prognose ins Weiße Haus. Aber selbst mit dieser sogenannten optimistischen Prognose des Finanzministeriums wies der Haushalt für 1984 ein Defizit von einhundertelf Milliarden Dollar aus.

Wir hätten also alle am gleichen Strang ziehen müssen. Noch vor elf Monaten hatten wir darauf vertraut, den Haushalt bis zum Jahr 1984 ausgleichen zu können. Immer wieder hatten wir behauptet, daß unsere Zahlen stimmten und wir unser Ziel trotz der Warnrufe der Skeptiker erreichen würden.

Jetzt wies sogar die optimistischste Prognose ein Defizit von mehr als hundert Milliarden Dollar aus, und zwar nicht nur für das Rechnungsjahr 1984, sondern auch für alle weiteren Jahre, soweit man überhaupt wagte, in die Zukunft zu blicken. Unter den günstigsten Voraussetzungen mußten wir mit einer Entwicklung rechnen, die sich radikal von allem unterschied, was wir versprochen hatten. Auch nach den Berechnungen des Finanzministeriums waren wir weit von dem Kurs abgewichen, den wir hatten verfolgen wollen.

Am 2. November versammelten sich das Wirtschaftsteam und die Legislative Strategy Group, um dem Präsidenten die schlechten Nachrichten zu unterbreiten. Dick Darman und Marty Anderson hatten dafür eine neue Regel aufgestellt. Jedes Problem, das wichtig genug war erwähnt zu werden, sollte so einfach und klar erläutert werden, daß der Text dieser Erläuterung auf eine Seite paßte.

Auf der ersten Seite wurden drei Prognosen vorgestellt; die revidierte, gemeinsam erarbeitete Prognose, die »optimistische« Prognose des Finanzministeriums und eine währungspolitisch orientierte Prognose. Auf der gleichen Seite waren die Defizite ausgewiesen, mit denen wir nach jeder dieser Prognosen rechnen mußten. Für das Jahr 1984 bewegten sie sich zwischen einhundertelf und einhundertfünfundachtzig Milliarden Dollar – während der ursprüngliche Plan einen ausgeglichenen Haushalt vorgesehen hatte.

Aber der Präsident hielt nichts von Haushaltsprognosen über mehrere Jahre hinaus und sah sich die Zahlen gar nicht an. Er hörte nur die Worte, und die tröstlichsten Worte kamen von seinem Finanzminister.

»Herr Präsident«, ließ sich Regan vernehmen, »Ihr Programm ist erst seit dreiunddreißig Tagen in Kraft. Lassen Sie es uns jetzt noch nicht abschreiben. Es gibt keinen Grund für diese düstere Stimmung.

Wir im Finanzministerium halten diese Zahlen für zu pessimistisch. Demnach würden Ihre Steuersenkungen keine Wirkung haben.«

Ich wollte etwas dazu sagen, aber der Finanzminister war noch nicht am Ende.

»Darf ich Ihnen das an einem ganz einfachen Beispiel erklären«, fuhr er fort. »Es ist so, als wollten die Getreidespekulanten einen Monat nach der Aussaat sagen, es werde eine schlechte Ernte geben. Woher sollten sie das wissen? Es kann alles mögliche geschehen. Lassen Sie uns unserer Aussaat eine Wachstumschance geben.«

Dieser plumpe Vergleich war ebenso schlau wie falsch. Don Regan hatte uns damit übertölpelt, daß er mit dem Präsidenten in der Sprache redete, die der Präsident verstand, im volkstümlichen Ton von *Reader's Digest.* In Wirklichkeit hatte das vor dem Präsidenten auf dem Tisch liegende Papier nichts mit meteorologischen Unsicherheiten und einige Zentimeter hohen Getreidepflänzchen zu tun. Um bei diesem Beispiel zu bleiben, hatte die Prognose des Finanzministeriums mit den günstigsten wirtschaftlichen Witterungsverhältnissen über mehrere Jahre hinaus gerechnet, doch trotzdem zeigten seine Zahlen Rekordausfälle bei der Ernte – Defizite von einer halben Billion Dollar in fünf Jahren.

Nach einer dieser Besprechungen Anfang November erklärte Regan der Presse, was sich im Weißen Haus abspielte:

»Das Problem ist, daß jetzt die Neinsager an der Reihe sind.«

Auf der nächsten Sitzung beschäftigten wir uns mit der Frage, was der Zweck unserer Zusammenkunft sei, wie es der Präsident ausdrückte. Mit welchen Ausgabenkürzungen im innenpolitischen Bereich dürften wir bei realistischer Einschätzung der Lage noch rechnen?

Natürlich wollte ich den Kampf gegen alle die sinnlosen Projekte des amerikanischen Wohlfahrtsstaats fortsetzen. Aber mir war inzwischen klar geworden, daß wir Abstriche machen mußten. Wir konnten den Politikern nur einen Bruchteil der Ausgabenkürzungen abringen, die wir zunächst von ihnen verlangt hatten.

Deshalb entwarf ich eine Art Analyse, die dem Präsidenten schon im Februar hätte vorliegen sollen. Sie zeigte ihm die *politische* Durchsetzbarkeit zusätzlicher Ausgabenkürzungen im zivilen Bereich.

Was ich sagen wollte, war sofort deutlich zu erkennen. Wir konnten die Defizite nicht nur mit Ausgabenkürzungen im innenpolitischen Bereich abbauen. Das würde auch nicht im entferntesten genügen.

»Das ist die Schlußfolgerung meiner eigenen Leute«, sagte ich dem Präsidenten. »Das Kabinett hat es am runden Tisch beschlossen – Dick Schweiker, Ray Donovan, Ted Bell, Jack Block und Sam Pierce.«

In den drei zivilen Bereichen, die für die Ausgabenkürzungen vorgesehen waren, wurden mehr als eine halbe Billion Dollar ausgegeben. Das war der ganze Haushalt mit Ausnahme des Verteidigungsetats und des Schuldendienstes. Doch wie man die Abstriche auch verteilte, politisch ließen sich kaum fünfunddreißig Milliarden Dollar einsparen, obwohl es sich bei den Defiziten um Summen von hundert bis hundertfünfundachtzig Milliarden Dollar handelte.

Es gab nur noch eine einzige Möglichkeit, gewisse Einsparungen zu machen. Wir konnten die Löhne und Gehälter im öffentlichen Dienst einfrieren und weiter versuchen, überzähliges Personal innerhalb der Bürokratie zu entlassen. Damit ließen sich aber höchstens fünf Milliarden Dollar aufbringen.

Ich wußte jetzt, daß wir eigentlich auf Abwege gerieten, wenn wir uns mit solchen Kleinigkeiten beschäftigten. Aber ich mußte auch diese Chance nutzen, denn sonst würde sich Meese beschweren und behaupten, ich hätte dem Präsidenten nicht alle Optionen vorgelegt. Und der Präsident würde wieder anfangen, von seinen Erfahrungen in Kalifornien zu sprechen, die Diskussion würde in Nebensächlichkeiten abgleiten, und es wäre nichts damit erreicht. Widerwillig nahm ich daher die Einsparungen in der Bürokratie in meinen Vorschlag auf, verband ihn jedoch mit einer deutlichen Warnung.

»Herr Präsident, wir müssen uns auch um die überhöhten Löhne und Gehälter kümmern«, sagte ich. »Aber das wird harte Arbeit bedeuten. Auch das Kabinett spielt hier nicht mit. In den Haushaltsvorlagen der Ministerien werden nur fünfzehntausend von den fünfundsiebzigtausend Entlassungen berücksichtigt, die wir im September verlangt hatten. Mit den Vorschlägen des Kabinetts werden wir weniger als eine halbe Milliarde Dollar einsparen.«

Der Präsident nickte. »Genau das wird geschehen, wenn unsere Leute mit ihren Bemühungen Erfolg haben«, antwortete er.

Er hatte gar nicht verstanden, daß ich ihm eben noch erklärt hatte, wie wenig das Kabinett bereit sei, Personal abzubauen.

»In Kalifornien haben wir das gleiche erlebt«, fuhr er fort. »Jede Behörde beschäftigte mehr Leute als sie brauchte.«

Jetzt war er nicht mehr aufzuhalten. Man konnte sich nur noch zurücklehnen und ihm zuhören.

»In einem Fall war es die Dienststelle, in der die Kraftfahrzeuge registriert wurden«, erinnerte sich der Präsident. »Hier wurden die Formulare in ungezählten Aktenschränken aufbewahrt. Das Schlimme war nur, daß die Formulare doppelt so groß waren wie die Fächer, in die sie eingeordnet werden mußten. Deshalb waren einige Angestellte den ganzen Tag damit beschäftigt, diese Formulare zusammenzufalten. Einer unserer Leute stellte fest, daß das nicht notwendig sei. Wir bestellten neue Aktenschränke, die groß genug waren, um die ungefalteten Formulare aufzunehmen. Damit sparten wir Tausende von Arbeitsstunden. So etwas läßt sich nur mit einem guten Management erreichen.«

In den folgenden vier Jahren habe ich diese Geschichte immer wieder anhören müssen. Das war die Brille, durch die der Präsident den Bundeshaushalt sah. Immer wieder habe ich versucht, ihm das abzugewöhnen, aber es ist mir nicht gelungen. Nicht die Aktenschränke waren zu klein, sondern die Zahl der für Beihilfen und Subventionen ausgeschriebenen Schecks war zu hoch. Dieses Problem ließ sich nicht mit größeren Aktenschränken lösen. Dazu brauchte man zweihundertachtzehn Stimmen im Repräsentantenhaus und einundfünfzig Stimmen im Senat für ein Gesetz, das diese automatischen Vergünstigungen abschaffte. Aber diese Stimmen waren nicht zu haben. Das Defizit war eine Funktion der Politik und nicht eine Folge des nicht funktionierenden Managements.

Schließlich kamen wir zum Kern der Sache, zu der Frage, wie sich die Steuereinnahmen erhöhen ließen. Einerseits standen wir vor einem Defizit von einhundertfünfzig Milliarden Dollar. Andererseits konnten wir nur unter den günstigsten Voraussetzungen damit rechnen, daß die Legislative Ausgabenkürzungen von vierzig Milliarden Dollar im zivilen Bereich zustimmen würde. Damit blieb eine Deckungslücke von neunzig Milliarden Dollar offen, und das führte zu der unausweichlichen Schlußfolgerung, daß wir eine wesentliche Steuererhöhung vornehmen mußten.

Ich schlug vor, die Steuern bis 1984 um vierzig bis fünfzig Milliarden jährlich anzuheben. Wenn wir die Einkommensteuern in dem vorgesehenen Ausmaß senken wollten, dann mußten wir die Verbrauchsteuern für Alkohol, Tabak, Benzin und importiertes Erdöl erhöhen. Das wäre erstens wirtschaftlich vertretbar und widerspräche zweitens nicht der angebotsorientierten Wirtschaftspolitik, nach der eine Senkung der Einkommensteuer den Anreiz für eine erhöhte Produktion, vermehrtes Sparen, Investitionen und unternehmerische Initiativen bot.

Während wir im Weißen Haus über die Steuerfrage debattierten, versuchte Senator Pete Domenici tapfer, das »Ping-Pong-Spiel« neu zu beleben, das Darman und ich im September entworfen hatten. Dazu legte er den Vorschlag für eine durchaus gangbare gesetzgeberische Methode vor.

Im Rahmen des normalen Verfahrens für die Vorlage eines Haushalts muß der Kongreß einem »zweiten Haushaltsbeschluß« zustimmen, der das bestätigt oder korrigiert, was im ersten Haushaltsbeschluß im Frühjahr angenommen worden ist. Aber wenn die Gefahr besteht, daß die für die Ausgaben und für das Defizit vorgesehenen Beträge nicht eingehalten werden, besteht die Möglichkeit, im Rahmen eines zweiten Ausgleichsgesetzes entweder weitere Ausgabenkürzungen vorzunehmen oder die Steuern zu erhöhen. Damit soll erreicht werden, daß der Haushalt in seiner Bilanz die gleichen Eckdaten ausweist wie zunächst geplant.

Da wir mit Sicherheit wußten, daß wir die zunächst festgelegten Eckdaten um gewaltige Beträge über- oder unterschreiten würden, hatte Domenici einen neuen Haushaltsplan entworfen. Darin wurden die zivilen Ausgaben um vierzig Milliarden Dollar gekürzt, die Steuern um vierzig Milliarden Dollar erhöht und sechzehn Milliarden Dollar aus dem Verteidigungsetat gestrichen. Addierte man die Zinsersparnisse zu der bestehenden Staatsverschuldung hinzu, dann bedeutete das ganze Paket eine Reduzierung des Defizits um hundert Milliarden Dollar im Haushaltsjahr 1984.

Domenicis Plan löste zwei Drittel des Problems, denn er berücksichtigte die drei Bereiche, die nach Hatfield die Basis des Haushalts ausmachten, die Steuereinnahmen, die Einsparungen im zivilen Bereich und die Kürzungen im Verteidigungsetat. Dabei ließ sich über Details noch streiten wie etwa über die Abstriche bei der

Verteidigung. Aber der Plan gab uns die Möglichkeit, uns erneut um einen Konsens mit der Legislative zu bemühen. Angesichts der zur Zeit herrschenden anarchischen Zustände auf dem Capitol Hill war dies wahrscheinlich die einzige Möglichkeit, zusätzliche Kürzungen im zivilen Bereich durchzusetzen. Es war Domenici bereits gelungen, Senatoren und Abgeordnete beider Parteien für sein Vorhaben zu gewinnen.

Aber die Zeit war knapp. Domenicis Plan war die letzte Möglichkeit. Wenn wir ihn jetzt ablehnten, würde es bis zum Frühjahr oder Sommer 1982 keinen anderen Entwurf geben, doch dann würden wir knietief in der Rezession stecken – und in den Vorbereitungen für die Kongreßwahlen. Die Demokraten im Repräsentantenhaus würden auf Rache sinnen. Unter solchen Voraussetzungen konnten wir nicht damit rechnen, mit dem Defizit fertigzuwerden.

Auch durften wir nicht bis zur Zeit nach den Wahlen von 1982 warten, denn dann hätten wir uns erst im Frühjahr 1983 mit der Frage des Defizits beschäftigen können. Die Haushalte für 1982 und 1983 wären schon festgeschrieben, und wir hätten kaum noch die Möglichkeit, am Haushalt für 1984 Wesentliches zu ändern. Deshalb mußten wir jetzt aggressiv vorgehen – oder warten, bis das Defizit auf Hunderte von Milliarden Dollar angewachsen war.

Pete Domenici hatte uns tatsächlich einen Ausweg aus diesem Dilemma eröffnet. Aber Don Regan und seine Kohorte waren sofort zur Stelle, um uns daran zu hindern, diese Chance zu nutzen. Schon in der ersten Novemberwoche 1981 weigerte er sich, den ersten Schritt in die Richtung zu tun, die Domenici uns gewiesen hatte. Damit wurde es uns unmöglich gemacht, das Defizit für 1984 um hundert Milliarden Dollar zu senken und die jährlichen Steuereinnahmen auf die Dauer um vierzig bis fünfzig Milliarden zu erhöhen, um auf diese Weise das gewaltige Defizit erfolgreich zu bekämpfen.

Der neue Schlachtruf Don Regans war: »In einer Rezession darf man nicht die Steuern erhöhen. «

Alle drei Prognosen sagten voraus, die Rezession werde Ende 1982 überwunden sein. Das Finanzministerium sagte ein Wachstum von 5,1 Prozent für 1983 und 5,4 Prozent für 1984 voraus. Zu dieser Zeit würde sich die von Domenici vorgeschlagene Erhöhung der Steuereinnahmen um vierzig Milliarden Dollar ausgewirkt haben – *nachdem* die Wirtschaft angefangen hatte, sich wieder zu erholen. Wenn wir dafür sorgen wollten, daß der Aufschwung sich fortsetzte, mußten wir das auf Hunderte von Milliarden angestiegene Defizit loswerden.

Domenicis Plan sollte nach Überwindung der Rezession in Kraft
treten. Die erste Rate der für das Jahr 1982 vorgesehenen Zunahme
der Steuereinnahmen um fünf Milliarden Dollar war strenggenommen ein Symbol, das die Legislative veranlassen sollte, Domenicis
Plan zuzustimmen.

Aber Regan war entschlossen, sich mit seinen Vorstellungen
durchzusetzen, und erklärte auf einer Pressekonferenz, daß die
Regierung darauf verzichten werde, die Steuern 1982 um drei Milliarden Dollar zu erhöhen.

Auch hier erklärte er: »Während einer Wirtschaftsrezession dürfen die Steuern nicht erhöht werden.«

Schließlich ergab die Debatte, daß die Steuereinnahmen für 1982
auf sechshundertdreißig Milliarden Dollar geschätzt wurden. Das
Bruttosozialprodukt sollte dreitausendzweihundertzweiundvierzig
Milliarden Dollar betragen. Und jetzt brüstete sich Regan in Siegerpose mit den kümmerlichen drei Milliarden Steuerersparnissen, die
wir vor nur vierzig Tagen durchgesetzt hatten.

Unter normalen Umständen wäre das lächerlich gewesen, aber die
Umstände waren alles andere als normal. Alle Prognosen hatten bisher wenigstens drei Zahlenkolonnen enthalten – für 1982, 1983 und
1984. Aber den Präsidenten interessierte nur das Jahr 1982. Deshalb
ging es ausschließlich um die Frage, was 1982 mit den Steuern geschehen sollte. Der Domenici-Plan war damit vom Tisch.

Auf der letzten Sitzung mit dem Präsidenten am 5. November wußte
ich, daß die Revolution gescheitert war. Wir hatten die Geldschöpfung verringert und die Inflation stark reduziert, und wir hatten beim
Abbau des staatlichen Dirigismus gewisse Fortschritte gemacht. Zum
ersten Mal in der neueren amerikanischen Geschichte hatten wir die
ausgabefreudigen Wählergruppen in die Verteidigung gedrängt. Das
waren beachtliche Leistungen. Die Regierung war jetzt neun Monate
im Amt, und wir mußten versuchen, soviel wie möglich von der
Reagan-Revolution zu retten.

Deshalb versuchte ich, den Präsidenten mit allen mir zur Verfügung stehenden Argumenten von der dringenden Notwendigkeit drastischer Steuererhöhungen zu überzeugen. Ich sagte ihm, trotz der Einsparungen in Höhe von vierzig Milliarden Dollar bliebe uns nach der Überwindung der Rezession ein Defizit von mehr als hundert Milliarden Dollar.

»Herr Präsident, damit können wir nicht leben. Es verstößt gegen alle Regeln einer gesunden Fiskalpolitik. Was werden die Politiker auf dem Capitol Hill tun, wenn wir vor diesem Defizit kapitulieren? Sie werden jubeln. Wenn der Präsident sich mit einem solchen Defizit einverstanden erklärt, dann werden sie die Staatsverschuldung bis ins Ungemessene in die Höhe treiben.

Aber wir müssen an die Zukunft denken. Künftige Generationen werden die Zinsen zahlen müssen, und früher oder später werden die hohen Defizite zu einer neuen, nicht mehr aufzuhaltenden Inflation führen. Das ist immer so gewesen. Deshalb müssen wir in den sauren Apfel beißen und die Steuern erhöhen. Vielleicht werden wir damit die Zustimmung der Legislative zu weiteren Ausgabenkürzungen erreichen.«

Aber Don Regan widersprach mir sofort. Er wollte nicht über die Zukunft reden. Er hatte sich an der Rezession festgebissen.

»Man darf den Verbrauchern nicht das Geld aus den Taschen nehmen«, erklärte er. »Das wird nur dazu führen, daß die Nachfrage zurückgeht, die Arbeitslosigkeit zunimmt und die Rezession fortschreitet.

Wir im Finanzministerium sehen die Dinge aus der Perspektive des Monetarismus. Wir sollten das Defizit mit Ausgabenkürzungen bekämpfen – aber ein ausgeglichener Haushalt steht erst an dritter Stelle auf unserer Prioritätsliste. Zuerst müssen wir die Inflation bekämpfen und die Zinssätze senken. Und das ist Aufgabe der Bundesbank.«

Und dann kam der entscheidende Satz:

»Herr Präsident, Sie müssen Ihr Versprechen halten. Wir dürfen nicht versuchen, den Haushalt auf dem Rücken der Steuerzahler auszugleichen.«

Der Präsident stimmte ihm zu: »Don hat recht. Ich habe das schon immer gesagt. Ein ausgeglichener Haushalt, ja. Darum müssen wir uns bemühen. Ob es uns jetzt gelingt oder später – wir steuern auf den Punkt zu, an dem sich alles trifft.«

Der Krieg war vorüber. Regan hatte den Präsidenten davon überzeugt, er hielte sein dem amerikanischen Volk gegebenes Versprechen damit, daß er den Haushalt *nicht* ausglich.

Die *New York Times* bestätigte am folgenden Tag die Aussage des Präsidenten: »Reagan verzichtet darauf, den Haushalt bis 1984 auszugleichen.«

Am Freitag, den 6. November, wurden die führenden Republikaner ins Weiße Haus gebeten, der Präsident wollte alle Zweifel zerstreuen und deutlich machen, daß er unter keinen Umständen bereit sei, die Steuern zu erhöhen.

Die republikanischen Abgeordneten waren natürlich begeistert. Sie beglückwünschten den Präsidenten dazu, daß er sich nicht hatte umstimmen lassen. Oh ja, sagten sie, Ausgabenkürzungen seien die »einzige« Lösung. Das Traurige war nur, daß der Präsident als einziger nicht begriff, daß sie sich über ihn lustig machten.

Das Gespräch mit den führenden republikanischen Senatoren nahm einen ganz anderen Verlauf. Howard Baker, Domenici, Dole, Laxalt, Hatfield und Jake Garn waren durchaus bereit, eine befriedigende Lösung für den Haushalt auszuarbeiten, eine Mischung aus Einsparungen im Verteidigungsbereich, Ausgabenkürzungen und Steuererhöhungen. Sie taten es nicht gern, wußten aber auch, daß eine klare Lösung in dieser Atmosphäre keine Mehrheit finden würde. Pete Domenici sprach für die Senatoren. Er hielt das letzte ernsthafte Plädoyer für eine wirksame Lösung des Problems, bevor es zu spät war und die Entwicklung sich nicht mehr beeinflussen ließ:

»Herr Präsident, ich möchte nicht derjenige sein, der Ihnen die schlechten Nachrichten bringt. Bitte, verstehen Sie, daß ich ebenso wie wir alle hinter Ihnen stehe. Sie haben unser Land aufgerüttelt. Wir hätten nicht mehr lange so weitermachen können. Aber ich muß mit Ihnen über die Zahlen sprechen.« Er reichte dem Präsidenten ein Blatt Papier.

»Dieser Haushalt ist ein Monstrum«, fuhr er fort. »Er enthält Dinge, von denen wir noch nie etwas gehört haben. Aber früher oder später muß man über die Eckdaten sprechen und Entscheidungen treffen, die sich auf die Zukunft der Vereinigten Staaten auswirken werden.«

Dann zeigte Domenici auf die Schlußzeile, wo die Defizite eingetragen waren. Sie wiesen für jedes Jahr mehr als hundert Milliarden Dollar aus.

Domenici sagte: »Das sind die Zahlen nach der optimistischen Prognose des Finanzministeriums. Nun sehen Sie sich die Kolonnen für den Verteidigungsetat, für die Rentenversicherung und die Zinsen an. Hier beginnt es mit sechzig Prozent des gesamten Umfangs dieses Haushalts und steigt für die kommenden Jahre bis auf fast siebzig Prozent. In diesen Bereichen werden Sie nicht viel einsparen können, Herr Präsident, und Sie wissen weshalb.

Aber auch von dem kümmerlichen Rest können Sie keine hundert Milliarden Dollar einsparen – aus den verbleibenden dreißig Prozent. Dieses Geld ist dafür vorgesehen, kleine Kinder zu ernähren, Straßen zu bauen, Krebsforschung zu betreiben, die Nationalparks zu pflegen und das FBI zu bezahlen. Wir werden Ihnen helfen, in diesen Bereichen Einsparungen zu machen, wir können diese Vorhaben aber nicht ausbluten. Wir brauchen ganz einfach höhere Steuereinnahmen, um all diese Dinge zu bezahlen.«

Was Domenici in diesen fünf Minuten gesagt hatte, war die bisher klarste Darstellung des Problems. Aber der Präsident wollte das nicht begreifen, sondern ärgerte sich nur darüber.

»Verdammt, Pete«, rief er aus, »das kann ich nicht akzeptieren. Wir hören das nun schon seit vierzig Jahren. Ich verstehe durchaus, daß Sie sich wegen des Defizits Sorgen machen. Aber es hat einmal einen Wirtschaftsfachmann gegeben, und vielleicht haben Sie von ihm gehört, der gesagt hat, wenn die Regierung der Wirtschaft (dem Bruttosozialprodukt) mehr als fünfundzwanzig Prozent entzieht, dann beginnen die Schwierigkeiten. Darüber sind wir schon längst hinaus. Und deshalb sind wir in diese wirtschaftlichen Schwierigkeiten geraten. Steuern und neue Ausgaben sind nicht geeignet, das Problem zu lösen.«

Die Worte des Präsidenten wurden schweigend zur Kenntnis genommen. Sehr bald würde das amerikanische Volk feststellen können, ob Ronald Reagan recht hatte.

Am Wochenende empfahl Don Regan ganz offen, ich solle zurücktreten. Die *New York Times* meldete: »Ein Beamter im Finanzministerium sagt, Mr. Regan und andere Gegner einer Steuererhöhung seien unzufrieden mit Mr. Stockman, und es sei an der Zeit, daß der Budgetdirektor die Sinnlosigkeit seiner Bemühungen erkennt und an den Rücktritt denkt.«

Das war einigermaßen gehässig, aber ich mußte die Ruhe bewahren. Ich war bereit, die Schuld auf mich zu nehmen und die Konsequenzen zu tragen.

Donnerstag, der 10. November, war mein fünfunddreißigster Geburtstag. Jennifer wollte am Abend mit mir ausgehen, und ich war entschlossen, mit der Frau, die ich liebte und die ich in letzter Zeit wirklich vernachlässigt hatte, Champagner zu trinken, einen Toast auf eine bessere Zukunft auszubringen und für ein paar Stunden alle Sorgen zu vergessen.

Aber am Nachmittag läutete mein Telefon. Es war Dick Darman. »Haben Sie schon das Neueste gehört?« Er klang besorgt. »Nein«, sagte ich.

Lesley Stahl von CBS werde im Fernsehen berichten, daß William Greider, der innenpolitische Redakteur der *Washington Post*, in der nächsten Ausgabe von *The Atlantic Monthly* einen Ausspruch von mir zitieren werde, nach dem die Steuersenkungen ein Trojanisches Pferd gewesen seien, mit dem großzügige Geschenke an die Reichen getarnt werden sollten.

Ich ließ mich in meinen Stuhl zurückfallen, nahm die Brille ab und rieb mir die Stirn – die Gesten eines geschlagenen Mannes.

Innerhalb weniger Stunden hatten die beim Weißen Haus akkreditierten Journalisten aus Greiders Artikel, der sich darum bemühte, den Fehlschlag eines radikalen Versuchs, die amerikanische Wirtschafts- und Fiskalpolitik auf eine neue Basis zu stellen, ehrlich zu analysieren, eine Geschichte über einen Budgetdirektor gemacht, der von Anfang an nicht an das Gelingen seiner eigenen Revolution geglaubt hatte.

Das war eine Verdrehung der Tatsachen – und sie hatte verheerende Folgen. Nun war ich der Judas, der den Präsidenten bewußt getäuscht und jetzt die Maske fallengelassen hatte, um den Verrat um so deutlicher werden zu lassen.

Ich war bereit gewesen, zurückzutreten und meine Sünden zu bekennen, aber ein so verabscheuungswürdiges Verbrechen hatte ich nicht begangen, und ich wollte mich auf keinen Fall als ein Mann fortjagen lassen, der den Idealen, für die er gekämpft hatte, untreu geworden war.

In den Tagen, die diesem Versuch der Journalisten, mich öffentlich zu lynchen, folgten, beschloß ich, die falschen Anschuldigungen zu widerlegen und alles zu tun, um die verhängnisvollen Folgen der gewaltigen fiskalischen Fehleinschätzung abzuwenden, für die ich mich mitverantwortlich fühlte. Das war der Hauptgrund dafür, daß ich noch im Amt blieb. Ich wollte nicht als der Vater eines Haushaltsdefizits von mehr als hundert Milliarden Dollar in die Geschichte eingehen.

Ich hätte meine Loyalitätspflicht gegenüber dem Präsidenten verletzt, wenn ich angesichts der bevorstehenden Katastrophe geschwiegen hätte. Daß er noch nicht begriffen hatte, was geschah, war bedauerlich, aber kein Grund, ihn im Stich zu lassen. Deshalb schloß ich mich den Politikern an. Es gab keine Revolution mehr, die ich hätte verraten können, sondern nur noch Trümmer, die man möglicherweise wieder zusammenfügen konnte.

Vielleicht würde der Präsident eines Tages begreifen, was geschehen war. Aber ich habe vergeblich darauf warten müssen.

Etwa zwei Monate später kam es wieder zu einem heftigen internen Ringen um den Haushalt des Präsidenten für das Rechnungsjahr 1983. Baker, Darman und ich konnten ihn fast davon überzeugen, daß er einer wesentlichen Steuererhöhung zustimmen müsse. Aber in letzter Minute gelang es seinen Beratern, ihn umzustimmen.

Im Frühjahr 1982 nahm die Rezession immer bedenklichere Formen an, und das in unseren Prognosen errechnete Defizit erhöhte sich ständig. Schließlich gelang es Baker, die Zustimmung des Präsidenten zu Verhandlungen der Legislative Strategy Group mit den führenden Politikern beider Parteien im Kongreß über einen Plan zur Reduzierung des Defizits zu erreichen, der auch Abstriche im Verteidigungsetat und Steuererhöhungen vorsah.

Die Verhandlungen zogen sich über Wochen hin, und ich bekam dabei vor allem die heftige Kritik der Demokraten zu spüren, die mir meine am Anfang gezeigte anmaßende Haltung noch nicht verziehen hatten. Sie waren aber doch bereit, auf einen Kompromiß einzugehen, wenn der Präsident auf einen Teil seiner fünfundzwanzigprozentigen Steuersenkungen verzichtete.

Bei der Schlußsitzung gelang es uns, den Präsidenten und den Sprecher des Repräsentantenhauses zu einem Kompromiß hinsichtlich der Ausgabenkürzungen, einer Modifizierung des Verteidigungsetats und der Steuererhöhungen zu bewegen. Aber sehr bald gerieten die beiden Männer in ein Streitgespräch über den New Deal, und die Funken flogen.

Schließlich sagte der Präsident: »Tip, ich habe ein Gefühl, als sollte ich den Weihnachtsmann spielen. Aber gut, als Gegenleistung für diese Ausgabenkürzungen bin ich bereit, die Steuersenkungen zunächst zu verschieben.«

Hier erlebte ich, wie das Regierungsgeschäft in einer Demokratie abgewickelt wird. Irgend jemand muß die Führung übernehmen und die Verantwortung tragen. Aber der Präsident weigerte sich wieder, das zu tun, und beugte sich den Auffassungen seiner politischen Berater.

»Herr Präsident, werden Sie die Rentenversicherung auf den Verhandlungstisch legen oder nicht?« fragte ihn Tip O'Neill.

»Sie werden mich nicht schon wieder in die Falle locken«, parierte der Präsident sofort. Das Gipfeltreffen ging ohne konkretes Ereignis zu Ende, und es begann ein fiskalisches Tauziehen, das noch Jahre dauern sollte.

Der Präsident hatte versucht zu verstehen, warum dieser und Dutzende weiterer Versuche, des monströsen Defizits Herr zu werden, fehlgeschlagen waren, aber es ist ihm nie gelungen. Sein entschiedener Widerstand gegen eine spürbare Steuererhöhung veranlaßte ihn, im Kampf gegen den amerikanischen Wohlfahrtsstaat und die überhöhten Ausgaben für Programme wie die Rentenversicherung die Führung zu übernehmen und nicht nur etwas gegen die Ausgabenpolitik im allgemeinen zu tun. Dabei ist er aber immer wieder den wirklichen Kernfragen ausgewichen.

Als ich im August 1985 schließlich zurücktrat, würdigte der Präsident meine Bemühungen um die Ausgabenkürzungen im Haushalt und las seine Ansprache von ein paar kleinen Karteikarten ab, auf denen er den Text notiert hatte. Ich empfand das als durchaus angemessen. Er hatte die politischen Konsequenzen der Revolution, die ich ihm am Vorabend seiner Wahl vorgeschlagen hatte, akzeptiert, aber ihre Bedeutung nicht begriffen. Und jetzt hatte er keine Vorstellung vom Ausmaß der fiskalischen Katastrophe, die ich ihm hinterließ.

12.

Der Präsident und das Pony

Es war Januar 1983. In den Diensträumen im dritten Stock des Weißen Hauses waren Jim Baker und ich zum Vortrag beim Präsidenten angetreten. »Und Sie sagen, daß diese Notsteuer wirklich sein muß?« Der Präsident klang niedergeschmettert. »Ja«, erwiderte ich, »ich sehe nicht, wie man sie vermeiden könnte.« – »Verdammt, verdammt. Das darf doch nicht wahr sein. Ich hätte nie gedacht, daß es so weit kommen würde.« Langsam zog er seinen Füllfederhalter heraus und kritzelte »RR« auf die Vorlage, die ich ihm gebracht hatte. Er hatte damit dem Haushaltsentwurf für 1984 zugestimmt, der eine Steuererhöhung von fünfzig Milliarden Dollar pro Jahr vorsah, zusätzlich zu der großen Steuererhöhung, der er erst ein paar Monate zuvor zugestimmt hatte. Ich hatte ihn noch nie so maßlos niedergeschlagen gesehen.

Für gewöhnlich war Ronald Reagan ein unverbesserlicher Optimist. Eine seiner Lieblingsgeschichten war die über die beiden Jungen, die ihre Weihnachtsgeschenke bekamen. Der erste Junge war ein Pessimist, der zweite ein Optimist. Der Pessimist bekommt ein Zimmer voller Spielzeug. Er ist unglücklich, weil er überzeugt ist, daß die ganze Sache einen Haken hat. Der Optimist bekommt ein Zimmer voller Pferdemist. Er ist glücklich. Er wühlt stundenlang in dem Zimmer herum. Angesichts all dieses Pferdemists war er nicht von der Idee abzubringen, daß da irgendwo ein Pony sein *mußte*.

Ich hatte auch gerade einige Tonnen Pferdemist in dem Beratungszimmer abgeladen, und es schien, daß Ronald Reagan es schließlich aufgegeben hatte, nach dem Pony zu suchen. Bei Gott, er hatte sich wirklich angestrengt. Aber jetzt begriff sogar er, daß beträchtliche Steuererhöhungen erforderlich waren, um die leeren Kassen des

376

Finanzministeriums wieder zu füllen. Während der vergangenen zwei Monate hatte ich ihm immer wieder durch neue Zahlen belegt, daß das ohnehin Angst einflößende Defizit bis 1986 auf zweihundertsiebenundsiebzig Milliarden Dollar klettern würde, wenn wir nicht die Notsteuer einführen würden. So wie die Dinge jetzt lagen, würden wir innerhalb der nächsten fünf Jahre mit *1,4 Billionen Dollar* in den roten Zahlen stehen.

Bis jetzt hatte er sich standhaft weiteren Steuererhöhungen widersetzt, wie auch immer die Zahlen waren. Für ihn war die Steuererhöhung von hundert Milliarden Dollar über drei Jahre, die Bob Dole und das »Kardinalskollegium« im letzten Sommer durchgeboxt hatten, die absolute Obergrenze gewesen. Er hatte das nur mit großem Widerwillen hingenommen, als Gegenleistung für zusätzliche Ausgabenkürzungen des Kongresses. Dafür hatte er sich allen Ernstes eingeredet, daß das gar keine richtige Steuererhöhung war.

»Dieses Gesetz treibt nur Steuern ein, die uns ohnehin zustehen«, erklärte er einer Gruppe von republikanischen Abgeordneten, »wer ehrlich seine Steuern bezahlt, ist von der Erhöhung gar nicht betroffen.«

Das stimmte nur dann, wenn man die Käufer von Zigaretten und die Besitzer von Telefonen als Steuerhinterzieher betrachtete. Sie und Millionen anderer Bürger waren betroffen und mußten mehr Steuern bezahlen. Um ihn zur Zustimmung für Bob Doles Steuererhöhungsgesetz zu bewegen, hatten wir es so präsentiert, als ob es sich um einen Haftbefehl handelte, der um Mitternacht ausgestellt worden war, um einen Schlag gegen Amerikas kriminelle Unterwelt führen zu können.

Aber damit nicht genug. Im Verlauf des Jahres 1982 sank die Wirtschaft immer tiefer in die Rezession, und die Inflationsrate stieg weiter an; das »rosarote Szenario« sah immer weniger rosig aus. Das strukturelle Haushaltsdefizit betrug nicht mehr einhundertfünfzig Milliarden Dollar, wie wir noch im November 1981 geglaubt hatten, sondern fast das Doppelte. Ende 1982 war die Haushaltssituation eine einzige schwindelerregende Katastrophe.

Um den Präsidenten davon zu überzeugen, daß es wirklich so schlimm war, wie ich ihm sagte, hatte ich mir ein Haushalts-Quiz mit mehreren Antwortmöglichkeiten ausgedacht. Da die reguläre

Haushaltsberichterstattung nicht wirkte, war das vielleicht ein gangbarer Weg.

Das Quiz teilte den Gesamthaushalt in etwa fünfzig Ausgabenblöcke auf und ließ den Präsidenten bei jedem drei Kürzungsalternativen: ein wenig, beträchtlich, einschneidend. Jeder Alternative war eine Beschreibung der Auswirkungen der Kürzung (wie viele Leute z. B. auf die Straße gesetzt würden) und der politischen Durchsetzungsmöglichkeiten (z. B. »bereits mit siebenundzwanzig zu zwei Stimmen im Ausschuß abgelehnt«) beigefügt.

Im November 1982 nahm der Präsident an diesem Quiz teil. Während mehrerer langer Sitzungen im Kabinettssaal waren wir alle fünfzig Posten durchgegangen. Das gab ihm die Möglichkeit, den ganzen Neunhundert-Milliarden-Dollar-Haushalt Block für Block kennenzulernen. Das erlaubte es ihm aber auch, zur Sache zu kommen und sich bei der Dreckarbeit des Kürzens selbst die Hände schmutzig, ja vielleicht blutig zu machen. Wenn der Präsident das mitmachen würde, würde er verstehen, daß der Haushalt nicht eine Angelegenheit von Bürokraten und Aktenablagen war, sondern ein politisch explosives, verzweigtes und komplexes Netzwerk von Subventionen, Vergünstigungen und Rechtsansprüchen. So würde er z. B. begreifen, daß eine Kürzung der Rentenanpassung an die Lebenshaltungskosten um vierzehn Milliarden Dollar zur Folge hätte, daß sechsunddreißig Millionen Rentenempfängern und mehreren Millionen pensionierten militärischen und zivilen Beamten eintausendzweihundertdreiundsechzig Dollar im Jahr in der Haushaltskasse fehlen würden.

Dem Präsidenten machte das Quiz viel Spaß. Tag für Tag saß er mit seinem Füllfederhalter da und hörte zu, wie seine engsten Berater und die Wirtschaftsexperten über die politischen Optionen und ihre Folgewirkungen diskutierten. Dann verkündete er seine Entscheidung und machte in dem entsprechenden Feld ein Kreuz.

Nur selten entschied er sich für schmerzhafte Einschnitte, meistens für geringfügige Kürzungen. »Ja«, sagte er dann, »so weit können wir nicht gehen.« Oder: »Nein, die gemäßigte Option ist besser, sonst kommt wieder ein Paukenschlag von der Opposition.«

Die letzte Sitzung war am Freitagnachmittag. Der Präsident war hocherfreut, diese schwere Prüfung überstanden zu haben. Als wir ihm am Anfang der nächsten Woche aber seine Examensnote mitteilten, war er nicht mehr so zufrieden. Er war durch die Prüfung gefallen. Nach allen seinen Kürzungen betrug das Defizit für die nächsten fünf Jahre immer noch schwindelerregende achthundert Milliarden Dollar.

Auf dem Weg zu der Sitzung, auf der dem Präsidenten seine Note mitgeteilt werden sollte, dachte ich, »endlich ist der Augenblick der Wahrheit gekommen«. Aber ich hatte mich zu früh gefreut. Ich hatte immer noch nicht begriffen, wie grimmig entschlossen Ronald Reagan war, sein Pony zu finden.

In dem ihm ausgestellten Zeugnis wurden alle positiven Aspekte der von ihm vorgenommenen Kürzungen hervorgehoben, aber natürlich auch die negativen. So zum Beispiel die Tatsache, daß die verbleibenden Defizite die Konsequenz hätten, daß der Staat während der nächsten vier Jahre *über die Hälfte* der gesamten Nettoersparnisse für seine Kreditaufnahme beanspruchen würde. Oder die Tatsache, daß mit dem Haushalt des Präsidenten die gesamte Staatsverschuldung 1988 die Höhe von *zwei Billionen Dollar* erreichen würde.

Als die Diskussion sich den Steuern zuwandte, schlug er mit der Faust auf den Tisch. »Ich will nichts mehr von Steuern hören«, sagte er bestimmt, »das Problem sind die *Defizite*.«

Es ist schwierig, den Präsidenten höflich zu korrigieren, wenn er sich so offensichtlich selbst widersprach. Die achthundert Milliarden Dollar an Defiziten waren das Resultat von Ausgaben, die er selbst nicht kürzen wollte.

Aber nun kamen zwei neue Ideen auf. »Es wird Zeit, den Leuten etwas zu sagen und ihnen klarzumachen, daß wir die Defizite nicht verursacht haben. Wie groß würden sie erst unter der Politik der Regierung geworden sein, die wir abgelöst haben?

Und wir sollten den Leuten auch klarmachen, wie gering die Defizite sein würden, wenn der Kongreß allen Kürzungen zugestimmt hätte, die wir verlangt hatten.«

Ich warnte davor, daß beide Vorschläge die riesigen Defizitzahlen nicht zum Verschwinden bringen würden, und außerdem würden sie weniger entschuldigen, als der Präsident glaubte.

Aber jetzt fing Meese an, die kalifornischen Gebetsmühlen zu drehen. »Das ist genau der Punkt«, tönte er, »wir haben den ganzen Schlamassel *geerbt*. Es ist zwar alles schlimm genug, aber wir müssen herausstellen, wie viel schlimmer die Lage unter Carters verantwortungsloser Mißwirtschaft sein würde.« Sogleich wurde eine Sonntagsansprache im Radio ausgearbeitet, nach dem Motto: wenn »wir« unsere Prüfung nicht bestanden haben, wären »sie« noch viel schlimmer durchs Examen gerasselt. Mir wurde aufgetragen, die Zahlen zusammenzustellen, die das alles beweisen sollten.

Doch solche Zahlen konnte man mit keiner bekannten Berechnungsmethode herbeizaubern. Die verfügbaren Zahlen würden keine der aufgestellten Behauptungen beweisen können. Ein paar Tage später schickte ich dem Präsidenten ein Memorandum, in dem ich schrieb, »ich würde Ihnen empfehlen, in Ihrer Sonntagsansprache diese Behauptungen nicht aufzustellen«.

In meinem Memorandum wies ich darauf hin, daß 1986 das Defizit immer noch einhundertfünfzig Milliarden Dollar betragen würde, selbst wenn der Kongreß *allen* ursprünglichen Kürzungsvorschlägen der Regierung zugestimmt hätte. Zusammen mit den magischen vierundvierzig Milliarden Dollar würde sich das Defizit sogar auf zweihundertfünfzig Milliarden Dollar belaufen.

Und was den Schlamassel angeht, den wir von Jimmy Carter geerbt haben: Unter seiner Politik dürfte das Defizit 1986 nur achtzig Milliarden Dollar ausmachen! »Ein schwaches Argument, um unsere Behauptung zu stützen«, merkte ich an.

So gelang es mir, die Radioansprache zu verhindern. Danach war es wieder an der Zeit, das Problem erneut anzugehen. Was konnte man tun? Eines Tages saßen Dick Darman und ich in dessen Büro und dachten verzweifelt nach. Plötzlich sprang er auf und holte einen Schreibblock von seinem Schreibtisch.

»Das hätte Ihnen eigentlich genausogut einfallen können. Wenn wir zusammensitzen und die Defizit-Projektionen durchgehen, bekommt unser Mann glasige Augen. Er schaltet völlig ab, weil er sich einfach nicht klarmacht, daß sein Pony schon in die Zahlen eingebaut ist.«

Darman meinte damit, daß der Präsident jeweils nur in einem Zeitraum von einem Jahr dachte. Er sah das Defizit des laufenden Haushaltsjahres und tat es ab, weil er es der Rezession zuschrieb. Er glaubte einfach nicht an die Zahl von über zweihundertfünfzig Milliarden Dollar in den kommenden Jahren, weil er dachte, daß der bevorstehende Wirtschaftsaufschwung 1987 oder 1988 die Defizite drastisch reduzieren würde. Und daran änderte auch die Tatsache nichts, daß diese Projektionen bereits von der Annahme ausgingen, 1983 werde ein rasanter Wirtschaftsaufschwung beginnen, der bis zum Ende des Jahrzehnts anhalten würde. Das alles stand auch in den Unterlagen des Präsidenten. »Die ökonomischen Annahmen sind alle offen ausgewiesen«, protestierte ich.

»Aber sie stehen auf einer *anderen Seite* als die Haushaltszahlen«, erwiderte Darman. »Er bringt sie nicht in Zusammenhang.« Darman zeichnete hektisch auf seinem Block herum. Als er fertig war, sah ich, worauf er hinauswollte, und war geknickt, weil es mir nicht selbst eingefallen war.

In der Mitte seiner Zeichnung waren dicke rote Balken, die die Jahr um Jahr steigenden Defizite darstellten. Daneben befanden sich schwarze Balken, die die von Jahr zu Jahr sinkende Arbeitslosenrate darstellten. Der Präsident würde nun sein Pony (Wirtschaftsaufschwung und Optimismus) *und* die Defizite auf demselben Blatt sehen können. Es würde unmöglich sein, davor die Augen zu verschließen. Im Office of Management and Budget ließ ich nach Darmans Zeichnung eine wunderschöne Grafik anfertigen. »Auf ein und demselben Blatt lassen wir das Pony in die eine Richtung und die Defizite in die andere Richtung galoppieren«, sagte ich zu Darman, als ich ihm die Grafik zeigte, »das muß es nun wirklich bringen!«

Nach menschlichem Ermessen hätte es funktionieren müssen. Auf demselben Blatt konnte man sehen, wie sich die Wirtschaft immer mehr erholte und das dreistellige Milliardendefizit immer größer wurde.*

Ich nahm die Grafik zur nächsten Sitzung im Kabinettssaal mit. Der Präsident starrte auf die erste Seite und blätterte sie um. Aber die nächste Seite enthielt dieselbe Botschaft: Der Ausgaben-Balken lag

---

* Die Defizit-Balken stiegen von zweihundert Milliarden Dollar im laufenden Jahr auf zweihundertneunzehn Milliarden Dollar, zweihunderteinundvierzig Milliarden Dollar und so weiter; gleich rechts daneben war das symbolische Pony, die US-Wirtschaft in ungebrochenem Aufschwung. Die Arbeitslosen-Balken fielen von 10,1 Prozent auf 8,2 Prozent, auf 7,5 Prozent und schließlich auf 6,0 Prozent im letzten Haushaltsjahr. So würde man nach einem fünfjährigen Wirtschaftsaufschwung (mit durchschnittlich vier Prozent realem Wachstum jährlich) und nach Erreichung der Vollbeschäftigung ein jährliches Defizit von einer Viertel Billion haben, wenn nicht die Ausgaben gekürzt würden, wo immer das möglich war, und die Steuern erhöht würden.

bei 24,5 Prozent des Bruttosozialprodukts und der Einnahmen-Balken beim derzeitigen Steueraufkommen bei 18,9 Prozent des Bruttosozialprodukts. Er blätterte wieder um, und wieder dieselbe Botschaft. Der Defizit-Balken für 1986 beanspruchte zweiundsiebzig Prozent der privaten Nettoersparnisse und »behinderte so die Investitionen und das Wirtschaftswachstum«. Ein paar Seiten wieder dasselbe Bild. Der Balken für das Rentenversicherungsprogramm betrug zweihundertzwölf Milliarden Dollar. Aber es bestand praktisch keine Hoffnung auf Kürzungsmöglichkeiten, da dieser Mammutposten politisch für sakrosankt erklärt worden war.

Nachdem er alle Seiten durchgegangen war, saß der Präsident am Kabinettstisch und starrte auf das Papier. Er sah erschüttert aus. Niemand im Raum schien den Mut zu haben, wieder das Thema Steuererhöhungen anzuschneiden, und ich war es leid, wieder einmal der einzige zu sein, der etwas sagte. Ich war mir ganz sicher gewesen, daß Darmans Grafiken den Präsidenten endlich dazu bewegen würden zu sagen, »ja, wir brauchen höhere Einnahmen«. Aber jetzt herrschte unbeholfenes Schweigen.

Meese kam schließlich mit der üblichen Lösung. »Nach dem Erntedankfest werden wir uns alle wieder ans Reißbrett stellen müssen, und dann werden wir im Dezember weitersehen, wenn die Mitglieder des Kabinetts ihre neuen Vorschläge für Ausgabenkürzungen vorlegen.«

Zurück ans Reißbrett! Wir alle – der Präsident inbegriffen – waren gerade eine ganze Woche ans Reißbrett gefesselt gewesen und standen immer noch mit achthundert Milliarden Dollar in den roten Zahlen.

Neue Kürzungsvorschläge aus dem Kabinett! Seit dem Tag der Amtseinführung hatte das Kabinett freiwillig nicht eine einzige Kürzung vorgenommen.

Aber so war es nun einmal: Der Präsident hoffte weiter, Meese verzögerte alles weiterhin, die Zeit verging – und die Probleme wuchsen weiter an.

Im Dezember fand im Kabinett wieder ein sogenanntes Haushalts-Blutbad über Ausgabenkürzungen statt, nur war das Blut inzwischen so dünn geworden, daß man rote Farbe hinzutun mußte, um es zu sehen. Alle leicht durchzusetzenden Kürzungen waren bereits gemacht worden, und die großen Ausgabenposten, wie die Rentenversicherung und der Verteidigungsetat standen nicht zur Disposition. Aber angesichts eines Defizits von zweihundertfünfzig Milliarden Dollar blieb nichts anderes übrig, als das sinnlose Kürzungsritual im Kabinett noch einmal aufzuführen, obwohl dabei nichts zu holen war.

Ich hatte auch keinerlei Interesse mehr, im Kabinett unter den Augen des Präsidenten dramatische Entscheidungsschlachten zu schlagen. Denn Kürzungsvorschläge, die den Namen verdienten, hatten auf dem Capitol Hill nicht den Hauch einer Chance, angenommen zu werden. Ein Kabinettsmitglied zwingen zu wollen, solche Kürzungsvorschläge auf dem Capitol Hill zu vertreten und zu verteidigen, grenzte an Sadismus.

Außerdem wollte sich der Präsident auch nicht mehr mit den vielen Einzelentscheidungen befassen. Er legte alle Einsprüche gegen Kürzungen jetzt seinen Beratern vor. Baker, Meese, Darman und Fuller saßen dann zusammen und überlegten, welches Kabinettsmitglied einen kleinen Sieg brauchte und welche der umstrittenen Kürzungen sie mir zur weiteren Behandlung überlassen konnten.

Der Nachfolger der Budget Working Group wurde Budget Review Board (BRB), dem Baker, Meese und ich angehörten. Wir hatten uns nur noch mit Kleinigkeiten herumzuschlagen, z. B. einem Einspruch der Export-Import-Bank, die fünf Milliarden Dollar *zusätzlich* für Exportsubventionen für Handelskriege verlangte und sich weigerte, zehn Arbeitsplätze einzusparen. Das Gesundheitsministerium forderte in einem fünfundvierzigseitigen Papier die Zurücknahme »vernichtender« Kürzungen durch das Office of Management and Budget; alles in allem ging es um zwanzig bis dreißig Millionen Dollar. Nach dieser lächerlichen Veranstaltung zog ich während der Weihnachtsferien Bilanz.

Nach einem Monat Kürzungsverhandlungen konnten wir die grandiose Summe von fünfundzwanzig Milliarden Dollar an Einsparungen präsentieren. Und nun waren wir gerade dabei, für 1984 einen Haushaltsvorschlag vorzulegen, der über einen Zeitraum von fünf Jahren ein Defizit von 1,1 Billionen Dollar enthielt.

Dann traten unsere guten alten Freunde, Konfusion und Unverständnis, wieder auf die Bühne. Während der Ferien hatte der Präsident mit George Shultz Golf gespielt, der inzwischen General Haig als Außenminister abgelöst hat. Ich weiß nicht genau, wann während ihres Spiels Shultz dem Präsidenten gegenüber den Begriff einer Einheitssteuer erwähnte.

Eine Einheitssteuer würde unser gesamtes Steuersystem auf den Kopf stellen, die Steuersätze drastisch heruntersetzen und alle Abzugsmöglichkeiten, Freibeträge, Schlupflöcher und Steueroasen beseitigen. So wie Shultz die Steuer darstellte, hörte sich das wie eine wiederauferstandene Laffer-Kurve an. Der frühere Professor für Wirtschaftswissenschaften an der Universität von Chicago erzählte dem Präsidenten, daß ein niedriger Steuersatz, der alle Einkommen gleich behandelte, die Verschwendung und die Ineffizienz beseitigen würde, die durch Lücken und Schlupflöcher in der Steuergesetzgebung hervorgerufen wurden. Das wiederum würde das Wachstum der Wirtschaft beschleunigen und die Steuereinnahmen steigern.

Am achtzehnten Loch war der Präsident davon überzeugt, daß das ein Weg war, das Defizit zu reduzieren, ohne die Steuern zu erhöhen. Er erzählte Meese und Regan von Shultz's Ideen, und bald sprach jedermann im Weißen Haus von der Einheitssteuer.

Als wirtschaftspolitisches Instrument stellte die Einheitssteuer eine fast perfekte Maßnahme dar. Aber es gab ein dominierendes Problem mit dem Phantasieprodukt von Shultz: Es würde nicht dazu beitragen, das Defizit zu reduzieren. Die Wirtschaftsprognosen enthielten schon all die Steigerungen des nominalen Bruttosozialprodukts, zu denen die Bundesbank bis zum Ende des Jahrzehnts beitragen konnte, ohne die Inflation anzuheizen. Das bedeutete, daß selbst wenn die Einheitssteuer ein wundersames Wachstum des realen Bruttosozialprodukts hervorrufen sollte, nicht ein Heller an zusätzlichen Steuereinnahmen herauskommen würde. Und außerdem würde sie wahrscheinlich nicht die vier Prozent reales Wachstum übertreffen, die wir bereits bei unseren Prognosen angenommen hatten.

Aber für den Präsidenten bedeutete dieser Vorschlag, daß sein geliebtes Pony doch noch irgendwo unter all dem Pferdemist zum Vorschein kommen würde.

»Nein«, sagte er, »die Einheitssteuer ist etwas, um das wir uns kümmern sollten. Es würde keine *neue* Steuer sein, und es würde eine *niedrigere* Steuer sein.«

Wie immer fingen dieselben Köpfe an zu nicken, und ich sah voraus, was geschehen würde: noch einmal zurück an die Reißbretter.

Es handelte sich nur noch um wenige Tage, bevor der neue Haushaltsentwurf in Druck gehen mußte, und irgendwie erwartete man, daß diese flauschige Einheitssteuer die roten Zahlen in Höhe von 1,1 Billionen Dollar wegsaugen würde.

Martin Feldstein, der Ökonom aus Harvard, hatte inzwischen Murray Weidenbaum als Vorsitzenden des Council of Economic Advisors abgelöst. Als er mich nach der Sitzung aufsuchte, sah er betroffen aus. Der arme Marty war mit dieser Art zu »denken« noch nicht vertraut.

»Sie glauben diesen ganzen Humbug doch nicht wirklich, oder?« fragte er, in der Hoffnung, ich würde ihm versichern, daß er keinen Job in einem Irrenhaus angenommen hatte. Ich sagte ihm, daß sie tatsächlich daran glauben würden. Und weiter sagte ich, daß einem, wenn man wirklich verzweifelt ist, nur noch eines übrigbleibt: »Es ist zu spät, logisch zu denken. Die Zeit des Wunschdenkens ist gekommen.«

Nach einigem Nachdenken heckten Darman und ich einen ganz hinterhältigen Plan aus. Tatsache war, daß es sicher bis 1990 dauern würde, die radikale Einheitssteuer, die sich Shultz ausgedacht hatte, bis ins einzelne zu planen, durchs Parlament zu bringen und schließlich auch im einzelnen durchzuführen. Es würde also eine lange Übergangsphase geben. Aber warum sollte man so lange auf den unterstellten Einnahmen-Segen warten. Darmans und meine Berechnungen zeigten, daß dieser Segen »sicherlich« ein Prozent des Bruttosozialprodukts oder fünfzig Milliarden Dollar pro Jahr ausmachen würde. Wenn die Einheitssteuer eines Tages so viel einbringen würde, warum sollte man dann nicht gleich jetzt eine herkömmliche Art von Steuer erheben, um sofort an die zusätzlichen Steuereinnahmen heranzukommen. Man könnte es zum Beispiel eine »Statthalter«-Steuer nennen. Wenn die Einheitssteuer irgendwann einmal in Kraft treten sollte, würde sie anstelle des »Statthalters« die fünfzig Milliarden Dollar im Jahr einbringen.

Anfang Januar legten wir unseren Plan den Wirtschaftsexperten und den persönlichen Beratern des Präsidenten vor.

Reagan sträubte sich noch immer gegen die Vorstellung, »während der Rezession die Steuern zu erhöhen«. Andererseits hatte er inzwischen das Vertrauen in seine angebotsorientierten Berater verloren. Noch vor einem Jahr hatten sie ihn überzeugt, an die Öffentlichkeit zu gehen und vorauszusagen, daß die Wirtschaft noch vor dem Frühjahr »wieder auf Touren kommen würde«. Aber noch vor der Baumblüte war die Produktion um weitere fünf Prozent geschrumpft.

So stimmte er also jetzt der »Statthalter«-Steuer zu, aber nur, wenn sie nicht vor 1986 in Kraft treten würde – wenn wir also die Rezession bereits überwunden haben würden.

Noch zwei Jahre zu warten, würde das Defizit um weitere vierhundert Milliarden Dollar anwachsen lassen. Aber es mußte etwas geschehen, und so gingen wir auf Reagans unsinnige Idee ein, bis 1986 zu warten. Meistens wurde die neue Steuer zutreffend »das Ding« genannt. Oder aber eine »Einheitssteuer«, eine »reformierte Steuer«, eine »vereinfachte Steuer«, die »zweite Rate von Kemp-Roth«, eine »Abschlagzahlung auf die zukünftige Steuerreform«, eine »vorübergehende Steuer« oder eine »Notsteuer«. Ich habe all die verschiedenen Bezeichnungen vergessen. Der Name war mir auch wirklich gleichgültig; mir ging es nur darum, fünfzig Milliarden Dollar zusätzliche Einnahmen im Haushalt zu haben.

Dann fingen Darman und Baker an, sich Sorgen zu machen, daß die »Einheitssteuer« politisch gefährliche Auswirkungen haben könnte. Sie hatten recht. Wir würden nämlich die Abzugsfähigkeit von Hypothekenzinsen abschaffen und die Sozialhilfe für Blinde besteuern müssen. So verschwand Shultz's Idee einer Einheitssteuer in der Versenkung, und eine Studiengruppe im Finanzministerium wurde beauftragt, Möglichkeiten der »Ausweitung, Vereinfachung und Reform« der Einkommensteuer zu untersuchen.

Mein Fünfzig-Milliarden-Dollar-»Ding« wurde offiziell in »Notsteuer« umbenannt und im Haushalt als »magische Zahl« eingesetzt – die, wie alle vorangegangenen magischen Zahlen, das Defizit, zumindest auf dem Papier, verringern sollte.

Doch nun wurde die Absurdität auf die Spitze getrieben. Jack Kemp und seine Ideologen der Angebotsorientierung begannen eine lautstarke Öffentlichkeitskampagne und beschuldigten das Office of Management and Budget, die Zahlen über das Haushaltsdefizit frisiert zu haben, um den Präsidenten zu einer Steuererhöhung zu zwingen. Die zweihundertfünfzig Milliarden Dollar waren aus einem geheimnisvollen schwarzen Kasten im Safe meines Büros hervorgezaubert worden. Wäre das Ganze nicht so grotesk gewesen, hätte ich mich sicherlich aufgeregt. Aber inzwischen hatte ich mich mit diesem Unsinn abgefunden. Logik spielte keine Rolle mehr.

Diese Zeitungsenten machten den Präsidenten und Meese trotzdem nervös, und so wurde das »Ding« weiter verwässert.

Es wurde beschlossen, daß wir die Steuern während der nächsten drei Jahre nur erhöhen würden, wenn (a) der Kongreß allen Ausgabenkürzungen zustimmen würde, wenn (b) die Wirtschaft sich nicht mehr in einer Rezession befände und wenn (c) die Wirtschaft nicht so schnell wüchse, daß das Defizit unter 2,5 Prozent des Bruttosozialprodukts sinken würde. Die Erfüllung dieser drei Voraussetzungen war so wahrscheinlich wie eine Invasion der Marsmenschen.

Als Jim Baker und ich in seinem Dienstzimmer saßen, erklärte ich ihm, daß die Bedingungen, die der Steuererhöhung im Wege standen, niemals eintreten würden. Als der Präsident schließlich widerwillig seine Initialen unter den Haushaltsentwurf setzte, war ich sicher, daß er die Suche nach seinem Pony nun doch aufgegeben hatte.

Als der Haushaltsentwurf des Präsidenten für 1984 am 31. Januar 1983 veröffentlicht wurde, glaubte ich wirklich, daß wir endlich Erfolg haben würden. Das Weiße Haus machte unmißverständlich klar, daß es alles Mögliche tun würde, um das Defizit zu bekämpfen. Für 1986 hatten wir eine Reduzierung des Defizits um fünfundneunzig Milliarden Dollar geplant, fünfzig Milliarden Dollar aus dem Aufkommen der Notsteuer, fünfunddreißig Milliarden Dollar Kürzungen bei den zivilen Ausgaben und zehn Milliarden Dollar Einsparungen im Verteidigungsetat.

Aber wieder einmal hatte ich mich geirrt. Es bedurfte nur der umwerfenden Stümperhaftigkeit des Reagan-Fan-Trios Ed Meese, Cap Weinberger und Bill Clark, und schon waren wir wieder damit beschäftigt, in dem Misthaufen doch noch das Pony zu suchen.

Vor allem hatte ich nicht mit dem Starrsinn von Cap Weinberger gerechnet, obwohl ich es hätte voraussehen müssen.

Vor Monaten hatten Weinberger und ich uns für 1986 auf einen Verteidigungshaushalt in Höhe von dreihundertsiebenundsechzig Milliarden Dollar geeinigt. Diese Berechnung ging aber von einer jährlichen Inflationsrate von sieben bis acht Prozent aus. Tatsächlich betrug die Inflationsrate jetzt weniger als vier Prozent. Auf der abschließenden Kabinettssitzung über den Haushaltsentwurf trug ich deshalb einen verständlichen und bescheidenen Kürzungsvorschlag vor. Ich bat Cap jetzt nur, den Differenzbetrag wieder zurückzugeben. Das »reale« Wachstum der Verteidigungsausgaben würde dadurch offensichtlich nicht beeinträchtigt werden.

Als er dieses Ansinnen zur Kenntnis genommen hatte, wandte sich Weinberger an den Präsidenten und begann mit einer Rede, deren Inhalt ich bereits kannte.

»Herr Präsident«, sagte er, »Sie sind der Oberbefehlshaber, wir werden mit jeder Summe zurechtkommen, die Sie uns vorgeben. Aber Sie sollten sich dessen bewußt sein, daß jedwede Kürzungen ernste Risiken mit sich bringen.«

Ich wollte einfach nicht glauben, was ich da hörte. Wie konnte ein überflüssig gewordener Inflationsausgleich dazu beitragen, russische Panzer zu stoppen? Aber der Präsident verstand den Unterschied zwischen konstanten und laufenden Preisen nicht. Weinberger und ich veranstalteten das übliche Hin- und Hergerangel, und am Ende war es mir gelungen, wenigstens elf Milliarden Dollar zurückzubekommen. Damit betrugen die Verteidigungsausgaben für 1986 »nur noch« dreihundertsechsundfünfzig Milliarden Dollar.

Das brachte auf dem Capitol Hill die Decke zum Einstürzen. Bei der dramatisch gesunkenen Inflationsrate brauchte das Pentagon nur noch dreihundertvierzig Milliarden Dollar, um dieselben Rüstungsgüter zu kaufen, die bei den von uns früher angenommenen Preissteigerungen dreihundertsiebenundsechzig Milliarden Dollar gekostet hätten. Angesichts eines beispiellosen Defizits hatten wir es tatsächlich fertiggebracht, die Verteidigungsausgaben in konstanten Preisen zu erhöhen.

Im März waren Pete Domenici und der Haushaltsausschuß des Senats wieder bereit, uns die Bälle zuzuspielen. Informell hatten sie für 1986 einem Ausgabenkürzungs-Paket in Höhe von hundert Milliarden Dollar zugestimmt, das in etwa dem Haushaltsentwurf des Präsidenten entsprach. Diesmal waren wir auch nicht mit dem Argument angreifbar, in der Rezession die Steuern zu erhöhen. Domenicis Steuererhöhungsplan trat erst 1986 in Kraft; und er brachte etwa sechzig Milliarden Dollar Mehreinnahmen, das war nicht sehr viel mehr als die Notsteuer des Präsidenten.

Aber eine Sache wollte der Haushaltsausschuß des Senats nicht ruhig hinnehmen: Da wir den Verteidigungshaushalt noch nicht einmal um den gesamten ursprünglichen Inflationsausgleich gekürzt hatten, sah der Haushaltsentwurf der Regierung jetzt zwei Jahre hintereinander eine Steigerung der realen Verteidigungsausgaben um elf Prozent vor.

Der Haushaltsausschuß hatte dem Pentagon 1981 und 1982 einen realen Zuwachs von zwölf Prozent genehmigt, und 1983 noch einmal acht Prozent. Für 1984 bis 1986 hatte Domenicis Ausschuß fünf Prozent als Obergrenze festgelegt. Das war völlig in Ordnung. Nach einem Ausgleich für die Preissteigerungen würde das Pentagon immer noch fünfundneunzig Prozent seines ursprünglichen Haushaltsansatzes für 1986 bekommen. Das konnte kaum ein »Ausplündern des Verteidigungsetats« genannt werden.

Doch nun trat der vom Präsidenten gerade ernannte neue Direktor des Nationalen Sicherheitsrats William »Judge« Clark auf die Bühne. Clark war in vieler Hinsicht ein sympathischer Mann. Er war zurückhaltend und ruhig. Aufgrund seiner langjährigen Loyalität gegenüber Ronald Reagan befand er sich jetzt plötzlich in einer Position, für die er als einzige Qualifikation den Wunsch mitbrachte, seinem Vaterland so gut zu dienen, wie er konnte.

Eine seiner vielen Schwachstellen war seine Unfähigkeit, einen Preisdeflator von einem unvollständig aufgefüllten Heißluftballon zu unterscheiden. Aber das hinderte ihn nicht daran, gegen Senator Domenici, wer immer der auch sein mochte, und seine Pläne, die Sicherheit der freien Welt zu untergraben, Front zu machen.

Er begann, den Präsidenten gegen Weinbergers »überflüssig gewordenen« Inflationsausgleich aufzuhetzen. Und ohne diejenigen zu informieren, für die der Haushalt keine vorübergehende Angelegenheit war, brachte Clark den Präsidenten dazu, Domenici anzurufen und darauf zu bestehen, daß dieser den Haushaltsplan für einige Wochen auf Eis legen sollte. Dann wurde eine im ganzen Land ausgestrahlte Fernsehansprache angesetzt – so daß der Präsident sein Anliegen einer starken Verteidigung dem amerikanischen Volk direkt vortragen konnte. »Der Chef wird alles in Ordnung bringen«, erzählte Clark jedem im Weißen Haus, »Ostern werden diese republikanischen Senatoren wieder mitziehen.« Er deutete auch an, daß in der Ansprache eine »kleine Überraschung« enthalten sein würde, die allen diesen Kürzern von Verteidigungsausgaben auf dem Capitol Hill vor Bewunderung die Sprache verschlagen und sie in Entzücken versetzen würde.

Am Abend des 23. März hielt der Präsident seine mit Spannung erwartete große Rede über die Verteidigungspolitik. Der große Kampf, der sich auf dem Capitol Hill zusammenbraute, ging ausschließlich um den Inflationsausgleich und um die Wachstumsrate der Ausgaben für die konventionelle Rüstung während der nächsten paar Jahre. Auf die konventionelle Rüstung entfielen fünfundachtzig Prozent des Rüstungshaushalts, und außer bei den MX-Raketen, wo noch nicht einmal wir wußten, wie man sie aufstellen sollte, hatte der Kongreß nicht einen Cent vom Programm der strategischen Nuklearwaffen gestrichen.

Aber die Ansprache des Präsidenten war nicht angesetzt worden, um in erster Linie diese Fragen zu diskutieren. Die »kleine Überraschung«, von der Clark erzählt hatte, kam in den letzten Minuten, als der Präsident die Strategische Verteidigungsinitiative (SDI) aus der Taufe hob, das im Weltraum stationierte Raketenabwehrsystem, das unter dem Kürzel »Krieg der Sterne« bekannt geworden ist.

Was immer seine Vorzüge sein mögen, der »Krieg der Sterne« hatte mit den unmittelbar anstehenden politischen Auseinandersetzungen absolut nichts zu tun. Wir waren gerade dabei, den Verteidigungshaushalt für 1984 bis 1988 auf dem Capitol Hill vorzulegen, und nun hatte der Präsident in spektakulärer Weise die Debatte über den Kopf des Kongresses hinweg in den Weltraum verlegt.

Domenici war fuchsteufelswild. Der gesamte Haushaltsausschuß des Senats war empört. Er hatte dem Weißen Haus einen Gefallen getan, damit der Präsident genug Zeit hatte, die Nation für größere Verteidigungsanstrengungen zu gewinnen, die Domenici nach Kräften unterstützen wollte, wenn irgend jemand in seinem Ausschuß die notwendigen Stimmen auftreiben konnte. Statt dessen hatte Clarks »kleine Überraschung« sofort eine so heftige Debatte über die Nuklearstrategie ausgelöst, daß der zwanzigjährige Konsens über die Politik der nuklearen Abschreckung zerbrach.

Nach Ostern gab es bei den Republikanern im Haushaltsausschuß des Senats keine Stimme mehr für den Verteidigungshaushalt der Regierung als vor Ostern. Howard Baker sah einen mittelschweren Zusammenstoß zwischen Haushaltsausschuß und Weißem Haus heraufziehen, und man begann für den »Howard Baker Kompromiß« zu werben.

Oberflächlich betrachtet sah der Kompromiß ganz plausibel aus;

aber tatsächlich führte er an den Rand des Wahnsinns. Er sah für 1984 ein reales Wachstum der Verteidigungsausgaben um 7,5 Prozent vor, und in den Jahren danach eine etwas geringere Wachstumsrate. Das lag annähernd in der Mitte zwischen den von uns geforderten elf Prozent und den fünf Prozent des Haushaltsausschusses im Senat und war fast eine natürliche Kompromißlinie.

Durch bloßen Zufall hätte die »reduzierte Kürzung«, die in Bakers Kompromißvorschlag vorgesehen war, dem Pentagon bis auf eine Milliarde den Betrag zurückgegeben, auf den sich das Weiße Haus und der Kongreß im letzten Sommer geeinigt hatten. Dieses Übereinkommen war Bestandteil von Bob Doles Steuererhöhungs-Paket, in dessen Rahmen der Präsident zugesagt hatte, für jeden Dollar Mehreinnahmen die Ausgaben um drei Dollar zu kürzen.

Genau diese versprochenen Ausgabenkürzungen haben fast fünfzig Milliarden Dollar aus dem Verteidigungsetat für die nächsten drei Jahre enthalten. Nachdem wir dem zugestimmt hatten, überredete Weinberger den Präsidenten, das doch nicht zuzulassen. So entstand der Eindruck, daß Howard Baker jetzt den Vorschlag machte, *dieselben* Verteidigungsausgaben zu kürzen, die schon im letzten Sommer gekürzt worden waren.

Pete Domenici konnte sich nicht mit einer bereits vollzogenen Kürzung anfreunden, und Weinberger wollte keine Kürzung hinnehmen, vor der er sich erfolgreich gedrückt hatte, als sie ihm das erstemal ins Haus stand; also herrschte eine Pattsituation.

Howard Baker bemühte sich verzweifelt, Senatoren zu finden, die ihm seine »Scheinkürzung« abnahmen. Und inzwischen gab das Weiße Haus die Parole aus, daß man mit dem Kongreß keine Haushaltsgeschäfte machen könne, weil er nicht Wort halten würde.

Dazu war es gekommen, weil ein irregeleiteter Schreiberling namens Jack Kemp Don Regan und Ed Meese einige Zahlen vorgelegt hatte, die zeigten, daß der Kongreß nicht die drei Dollar Ausgabenkürzungen als Gegenleistung für jeden Dollar Steuererhöhung erbracht hatte. Der Präsident glaubte es und war überzeugt, daß man ihn übers Ohr gehauen hatte.

Als ich mitbekam, was vor sich ging, mischte ich mich ein und sagte: halt.

Von den Ausgabenkürzungen, die uns der Kongreß angeblich schuldig war, entfielen Einsparungen von hundert Milliarden Dollar auf den Schuldendienst, auf den der Kongreß gar keinen Einfluß hatte; vierzig Milliarden Dollar sollten durch Einsparungen bei den Verwaltungskosten zusammenkommen, für die zu sorgen wir Zusagen gemacht, die wir aber nicht eingehalten hatten; weitere dreißig Milliarden waren tatsächlich durch eine Reform der Kostenerstattung bei der Krankenversicherung erbracht worden. Und fast der gesamte Rest waren die fünfzig Milliarden Kürzungen im Verteidigungshaushalt, die Howard Baker nun noch einmal kürzen wollte – und die zu akzeptieren sich Weinberger wieder weigerte.

So saßen wir Mitte April 1983 in der Tinte und schwärzten den Kongreß völlig grundlos an. Schließlich sprach Howard Baker unter vier Augen mit dem Präsidenten und warnte ihn ganz unverhohlen, daß sein 7,5-Prozent-Kompromiß, verglichen mit dem, was ein wildgewordener Senat anrichten konnte, sich in ein paar Monaten ganz gut ausnehmen würde. Widerwillig teilte der Präsident Jim Baker und Clark mit, daß er den Baker-Kompromiß hinnehmen würde, wenn Weinberger ihm zustimmte.

Am selben Morgen bekam ich von Domenici die Nachricht, daß sein Ausschuß die Geduld verloren habe. Er würde seinen Plan, das jährliche Defizit um hundert Milliarden Dollar zu senken, zusammen mit einer jährlichen Steigerungsrate der Verteidigungsausgaben um fünf Prozent, noch am selben Tag verabschieden, wenn der Präsident sich bis dahin nicht öffentlich hinter den Howard-Baker-Kompromiß gestellt haben würde. Ich alarmierte sofort Jim Baker und Judge Clark, daß wir Weinberger dazu bringen müßten, den Kompromiß umgehend abzusegnen.

Gegen Mittag ging ich in Clarks Büro. Jetzt, wo der Präsident für den Kompromiß zugänglich war, hatte Clark nicht mehr das Gefühl, daß der Senat eine Bedrohung für die Sicherheit der freien Welt darstellte. Jetzt mußten wir nur noch Weinberger ausfindig machen. Das Büro des Direktors des Nationalen Sicherheitsrats hat fast so viele, besonders gesicherte Telefonleitungen wie das des Verteidigungsministers, so hätte es nicht sonderlich schwer sein können, Weinberger anzurufen. Clark versuchte es auf verschiedenen Leitungen, aber er konnte den Verteidigungsminister nicht erreichen. Schließlich hinterließ er im Pentagon eine »dringende« Nachricht und verlangte einen »sofortigen« Rückruf.

Die Zeit verging . . . zwei Uhr, drei Uhr, vier Uhr nachmittags . . .

und immer noch kein Rückruf des Verteidigungsministers an den Direktor des Nationalen Sicherheitsrats. Unglaublich, dachte ich. Was wäre, wenn es sich um einen atomaren Überraschungsangriff handeln würde?

Voller Verzweiflung ging ich in Darmans Büro hinunter und ließ mein Telefon auch dorthin durchstellen. Bald kam ein Telefonanruf, aber nicht von Weinberger. Es war eine Fluch-Kanonade Domenicis, der uns mit Unflätigkeiten eindeckte und ankündigte, daß sein Ausschuß seinen Plan nach Ablauf einer Stunde verabschieden würde.

Und wieder gingen verzweifelte Botschaften von Clarks Büro an das des Verteidigungsministers, aber unglaublicherweise konnte man ihn immer noch nicht finden. Seine Nicht-Erreichbarkeit war in der Tat so unglaubwürdig, daß es schwerfiel, dahinter keine Absicht zu vermuten.

Schließlich stöberte man Weinberger auf – aber nicht mit Hilfe des vielfach gesicherten Kommunikationssystems des Verteidigungsministeriums. Nein, ein Angestellter des Weißen Hauses hatte ihn entdeckt, wie er friedlich im Vorraum des Ovalen Zimmers saß und auf einen Fototermin mit einer Gruppe von Offiziersanwärtern wartete. Clark wurde herbeigeholt, um mit Weinberger zu sprechen, der sich dann bereit fand, ins Ovale Zimmer zu gehen und dem Präsidenten zu sagen, daß er mit dem Howard-Baker-Kompromiß einverstanden war. Aber es war zu spät. Als der Präsident schließlich Domenici erreichte, hatte dessen Haushaltsausschuß bereits gehandelt, die fünf Prozent im Verteidigungshaushalt verabschiedet und sich vertagt.

In den darauffolgenden Tagen und Wochen gab das Weiße Haus eine neue Parole aus, die gegen das »doppelte Spiel« von Domenici wetterte. Man hatte sich wieder einmal die Bälle zugespielt; die Notsteuer war gestorben; der Nation war für die absehbare Zukunft ein jährliches Defizit in Höhe von zweihundert Milliarden Dollar sicher. Weinbergers unbeantworteter Telefonanruf war wohl einer der kostspieligsten der Geschichte.

Auf einer der nächsten Kabinettssitzungen über die Haushaltsplanung setzte ich mich noch einmal dafür ein, dem Plenum des Senats einen Haushaltsentwurf-Kompromiß vorzulegen. Ohne die Notsteuer und Reformen bei den Renten und Beihilfen würde sich die Haushaltsentwicklung verselbständigen. »So weit das Auge blicken kann, wird sich das jährliche Defizit auf zweihundert Milliarden Dollar belaufen«, warnte ich.

Wenigstens hatte ich irgend etwas richtig vorausgesagt. Aber was bringt es schon, recht zu haben. Auf jeden Fall wurde meine Warnung durch eine neue Losung der Dreierbande (Weinberger, Clark, Meese) beiseite geschoben. Es würde keine Verhandlungen und Haushaltskompromisse mit dem Kongreß mehr geben. Nein, es war (wieder) an der Zeit, sich die Auswüchse bei den Zivilausgaben vorzunehmen. Wir sollten eine unnachgiebige »Veto-Strategie« einschlagen und alle Bewilligungen des Kongresses kappen, die über den Haushaltsentwurf des Präsidenten hinausgingen.

»Herr Präsident, machen Sie von Ihrem Veto Gebrauch«, drängte Weinberger. »Die Haushaltsentschließung des Senats ist nur ein Versuch, Sie zu weiteren Steuererhöhungen zu zwingen. Sie sind hier nicht angetreten, um die Steuern zu erhöhen. Sie sollten ihnen das nicht ungestraft durchgehen lassen.«

Ich hatte im Verlauf von zwei Jahren im Kabinettssaal eine Menge gehört, darunter auch einige offensichtliche Lügen. Aber als ich das hörte, mußte ich mir doch mit der Hand den Mund zuhalten, um nicht eine Ungehörigkeit zu begehen. Es hätte sich nicht geschickt, im Beisein des Präsidenten der Vereinigten Staaten »Scheiße« zu schreien.

Aber das war es wirklich. Der Haushaltsentwurf des Präsidenten enthielt fast zweihundert Milliarden Dollar Steuererhöhungen im Verlauf der nächsten drei Jahre, was es einzig und allein möglich machte, das Defizit, das das Kabinett zustande gebracht hatte, unter einer Billion Dollar zu halten. Und nun kam Weinberger daher und erzählte dem Präsidenten, er sollte es nicht zulassen, daß »sie« die Steuererhöhungen in Kraft setzten, die wir gefordert hatten.

Diese Unverfrorenheit war überwältigend. Weinberger hatte die Verteidigungsausgaben hartnäckig von einhundertdreiunddreißig Milliarden Dollar im Jahre 1980 auf dreihundertsiebenundsiebzig Milliarden Dollar im Jahre 1988 hochgedrückt – eine Erhöhung des Haushalts um eine viertel Billion Dollar innerhalb von acht Jahren. Und nun wollte er die Leute steinigen, die versuchten die Steuern zu erhöhen, um seinen Etat bezahlen zu können. Niemals, weder vorher noch danach, habe ich im Kabinettssaal eine solch empörende und unverantwortliche Äußerung gehört.

»Ich kann es gar nicht erwarten, meinen Füllfederhalter zu zükken«, sagte der Präsident und grinste begeistert. So begann die Ära der harten Veto-Strategie.

Während der nächsten acht Monate blieb der Füllfederhalter des Präsidenten in der Tasche. Er legte gegen kein einziges Bewilligungsgesetz sein Veto ein. Und alle zusammen brachten gegenüber dem Haushaltsentwurf Mehrausgaben von zehn Milliarden Dollar. Er benutzte seinen Füllfederhalter – um sie zu unterschreiben.

Einer der größten Brocken war das Bewilligungsgesetz für Arbeit, Bildung und Gesundheitswesen, und um es zu schützen, ließen die Kongreßabgeordneten das Weiße Haus diskret, aber mit Nachdruck wissen, daß sich im Falle eines Vetos das Bewilligungsgesetz für den Verteidigungshaushalt in noch größeren Schwierigkeiten befinden würde als ohnehin.

Ich feilschte, bis ich es auf 4,4 Milliarden Mehrausgaben heruntergehandelt hatte, eine Überschreitung des Haushaltsentwurfs um siebzehn Prozent. Dann beschloß die Legislative Strategy Group, daß der Präsident das Gesetz unterzeichnen sollte, da unsere Chancen, ein Veto durchzubringen, nur gering waren.

»Gut«, sagte ich, »aber er soll es bei Nacht und Nebel unterschreiben, damit niemand den Eindruck bekommt, daß wir über dieses Haushalts-Monster glücklich sind.«

Aber die Public-relations-Spezialisten hatten da ganz andere Vorstellungen. Hier handelte es sich um ein großes Programm der Sozialgesetzgebung, und wir hatten eine Menge Wind um das Problem der sozialen Gerechtigkeit veranstaltet. Und außerdem standen in zwölf Monaten Wahlen an.

So wurden an die Subventions-Spezialisten Einladungen verschickt, damit sie an der Unterzeichnungszeremonie im Ovalen Zimmer teilnehmen konnten. Anwesend waren dann die Mitglieder des Unterausschusses für Arbeit, Bildung und Gesundheitswesen, unter ihnen Senator Lowell Weicker aus Connecticut, einer der spendierfreudigsten Politiker, der trotzdem Wert darauf legte, sich als Republikaner zu bezeichnen. Auch ich war eingeladen, aber ich wollte mir das nicht zumuten.

Man erzählte mir, daß das Ganze wirklich bühnenreif gewesen war. Nach seiner Unterschrift überreichte der Präsident all den Leuten einen Füllfederhalter, die er jahrelang an den Pranger gestellt hatte, weil sie uns »nicht alle die Kürzungen bewilligten, die wir gefordert hatten«. Ich war gespannt, was der Präsident jetzt in seinen Reden sagen würde. Wie sich herausstellte, im großen und ganzen dasselbe wie vorher. Aber in diesem Augenblick spielte es wirklich keine Rolle, was der Präsident sagte.

Während der Zeit der harten Veto-Strategie ereigneten sich noch andere Wunder. Das Bewilligungsgesetz für das Innenministerium lag fünfundzwanzig Prozent über dem Haushaltsvorschlag. Ich empfahl dem Präsidenten, sein Veto einzulegen. Im Ovalen Zimmer machte sich der Vorsitzende des zuständigen Senatsausschusses, Jim McClare aus Idaho, für die Annahme des Gesetzes stark. »Diese Dinge sind für unsere Freunde im Westen sehr wichtig«, bedrängte er den Präsidenten. In meiner Erwiderung wies ich darauf hin, daß ein Bewilligungsgesetz mit fünfundzwanzig Prozent Mehrausgaben ein Sprengsatz für den gesamten Haushalt darstellte. »Wenn Sie ein Lehrstück für *deficit spending* suchen, dann ist es dieses Bewilligungsgesetz.«

Ich lehnte mich zurück und wartete auf die Unterstützung von Meese und den anderen Befürwortern der Veto-Strategie. Aber es herrschte absolutes Schweigen.

Schließlich sagte der Präsident: »Da bin ich derselben Meinung; das sind nicht die Dinge, gegen die wir ein Veto einlegen wollten.«

Beim Verlassen des Ovalen Zimmers sagte McClare etwas, das mir klar machte, daß ich mir meine Worte hätte sparen können.

»Sie schicken einen hervorragenden Mann ins Innenministerium«, sagte er zum Präsidenten, »wir freuen uns darauf, mit ihm zusammenzuarbeiten.«

Natürlich war Judge Clark, der neue Innenminister, ein zuverlässiger Vasall des Präsidenten. Der Präsident wollte seine Statthalterschaft nicht durch ein Veto gegen den Haushalt seines Ministeriums einläuten. Das war ein stilgerechter Abgesang auf die Veto-Strategie, da Clark einer ihrer treuesten Befürworter gewesen war.

Das Defizit für 1983 hatte nun bereits zweihundertacht Milliarden Dollar erreicht. Die Argumente für beträchtliche Steuererhöhungen waren überwältigend, unangreifbar, unausweichlich und einleuchtend. Die Steuern nicht zu erhöhen, wenn alle anderen Auswege verbaut waren, lief auf vorsätzliche Ignoranz und Verantwortungslosigkeit von grotesken Ausmaßen hinaus. In der gesamten Geschichte der Fiskalpolitik der Nation im zwanzigsten Jahrhundert gab es nichts Vergleichbares.

Es wurde nichts unternommen, es wurde *noch* nichts unternommen. Warum? Weil der Präsident nach den finsteren Januartagen von 1983 seine Suche nach dem Pony wiederaufnahm. Nachdem der Wirtschaftsaufschwung im Frühjahr 1983 eingesetzt hatte, konnte nichts seinen unerschütterlichen Glauben ins Wanken bringen, daß die massiven Haushaltsdefizite von allein verschwinden würden. Ronald Reagan ist ein unheilbarer Optimist.

Als das reale Bruttosozialprodukt in den letzten drei Quartalen von 1983 um mehr als sieben Prozent anstieg, witterte er Morgenluft. Die Steuersenkung zeigte ihre Wirkung – die Laffer-Kurve setzte sich durch. Die Haushaltsdefizite schwanden dahin. Ein neues Zeitalter der Wirtschaftsgeschichte hatte angefangen.

Anfang 1984 machten Marty Feldstein und ich einen letzten Anlauf, um die Notsteuer im nächsten Haushalt für 1984 wiederzubeleben.

Diesmal sagte der Präsident nicht »verdammt, verdammt«. Statt dessen überfiel er uns mit einem zwanzigminütigen Vortrag über Wirtschaftsgeschichte und -theorie.

»Es hat nicht eine einzige Steuer*erhöhung* in der Geschichte gegeben, die die Einnahmen erhöht hätte. Und jede Steuer*senkung* von den zwanziger Jahren über Kennedys Amtszeit bis heute hat Mehreinnahmen erbracht.

Wir haben immer darauf hingewiesen, daß das eigentliche Problem das *deficit spending* ist«, fuhr er fort, »aber ›sie‹ vertraten die Theorie, daß wir uns nicht darüber aufregen sollten, weil wir alles uns selbst zuzuschreiben hätten. Doch dieses Defizit ist nicht unser Fehler. Es war bereits da, bevor wir an die Regierung kamen. Nun warten sie nur darauf, daß wir zugeben, daß wir uns geirrt haben, und sie wieder mit dem Besteuern und Ausgeben anfangen können.

Und die Leute übersehen auch noch etwas anderes«, fuhr der Präsident fort, »der Gedanke, daß der Haushalt jedes Jahr ausgeglichen sein muß, stimmt nämlich nicht. Als Eisenhower abtrat, war sein Haushalt kleiner als bei seinem Amtsantritt. Die Ausgaben sanken also tatsächlich.

Was danach geschah, haben die Leute alles vergessen. Die Ausgaben stiegen um vierhundert Prozent, aber das Defizit wuchs um siebzehnhundert Prozent an. Das wird niemals erwähnt.

Aber wir haben niemals daran geglaubt«, fuhr er fort, »wir haben immer gesagt, daß es mit dem *deficit spending* so nicht weitergehen kann. Ich hoffe noch immer auf den Tag, an dem wir einen Haushaltsüberschuß haben werden, wenn wir anfangen werden, die Staatsschulden zurückzuzahlen. Davon haben wir immer geträumt, nicht nur das Defizit zu reduzieren, sondern es zu eliminieren.

Es gab Zeiten, als der Staat dem Volk nur zehn Prozent wegnahm. Aber es wurde immer mehr und mehr. Und damit fing der ganze Ärger an. Und ich erinnere mich, daß schon damals einige Wirtschaftswissenschaftler davor warnten.

Einige unserer Leute haben das dann in Kalifornien durchschaut. Der Staat trat automatisch einen Teil seiner Einnahmen an die Kommunen ab. Und da es nicht ihr eigenes Geld war, gaben sie es für Dinge aus, von denen sie niemals geträumt hatten.

Das hat also niemals funktioniert. Carter hat es versucht, aber brauchte die größte Steuererhöhung aller Zeiten, um die Rentenversicherung zu sanieren, und alles war bankrott, als wir hier auftraten.

Nein«, sagte der Präsident, »wir müssen das Vertrauen in unser Volk behalten. Wo immer ich auch hinkomme, sagt man mir: nicht aufgeben! weitermachen! Sind wir nicht deswegen hier angetreten?«

Was kann man noch tun, wenn ein Präsident alle unübersehbaren und einschlägigen Tatsachen ignoriert und sich im Kreise herum bewegt. Ich konnte es kaum ertragen, diesen guten und anständigen Mann sich in eine solch ausweglose Lage hineinmanövrieren zu sehen.

Am nächsten Tag teilte ich Jim Baker mit, daß ich von meinem Posten zurücktreten würde. Ich konnte nicht mehr ein geplantes Haushaltsdefizit von einer viertel Billion Dollar vertreten; ich konnte nicht mehr die Losung »keine Steuererhöhungen!« vertreten; ich konnte nicht mehr eine Politik der fiskalischen Ignoranz vertreten.

»Ich kann nicht länger einen Narren aus mir machen, Jim«, sagte ich ihm, »dieser Haushalt ist jenseits der Grenzen des Erlaubten.«

Baker antwortete mir eiskalt. »Wenn Sie das machen, ist das der Dolchstoß für den Präsidenten. Die Demokraten werden 1984 im Wahlkampf ein Freudenfest damit veranstalten.

Ich will Sie an etwas erinnern, mein guter Freund. Er hat Ihnen die Stange gehalten. Nun sind Sie an der Reihe. Sie haben genauso viele Fehler gemacht wie wir anderen auch. Also können Sie sich Ihren komischen Stolz an den Hut stecken und wieder mit uns zurück in den Schützengraben kommen.«

Das tat ich denn auch, weil ich wußte, daß Jim recht hatte. So schlich ich denn im Januar 1984 zurück in mein Büro. Und es war schon eine Ironie des Schicksals, daß sich innerhalb von vier Jahren meine »Große Doktrin« zur Weltveränderung in eine pflichtbewußte Loyalität gegenüber einem Nonsens-Projekt verkehrt hatte. Das war die schlimmste Lehre.

Epilog:
der Triumph der Politik

»Jetzt geht's erst richtig los.« Das Weiße Haus machte diesen Satz zu seinem offiziellen Wahlkampf-Slogan für das Jahr 1984. Da wußte ich, daß meine eigenen Tage gezählt waren und sich sogar meine halbherzige Loyalität, die ich während des langen Kampfes um eine Wende in der Steuerpolitik des Präsidenten aufrechterhalten hatte, nicht mehr rechtfertigen ließ. Nun blieb mir nichts anderes mehr übrig, als Subversion zu betreiben und zusammen mit führenden Politikern im Kongreß Pläne zu schmieden, wie man eine drastische Steuererhöhung erzwingen könnte. Aber auch das mißlang. Und so blieb mir nichts übrig als zurückzutreten in dem Bewußtsein, daß meine anfänglichen ideologischen Exzesse ein fiskalisches und politisches Chaos heraufbeschworen hatten, das wahrscheinlich gar nicht mehr in den Griff zu bekommen war.

Die Politik hatte triumphiert: zuerst, indem sie Ausgabenkürzungen verhinderte, und dann, indem sie Steuererhöhungen unmöglich machte. Da konnte man nur dem Beispiel des ehemaligen Gouverneurs Hugh Carey folgen und sich wie ein geprügelter Hund aus dem Staub machen.

Heute verstehe ich, warum die Politik der amerikanischen Demokratie aus meiner antiwohlfahrtsstaatlichen Theorie einen Scherbenhaufen machte. Was immer ihre Vorzüge gewesen sein mochten, sie beruhte auf der irrigen Annahme, daß der Wille des Volkes in drastischem Widerspruch zum Handeln der Politiker stand.

Aber die politische Geschichte der letzten fünf Jahre hat diese Annahme weitgehend für ungültig erklärt. Bei jedem einzelnen Posten des Fünfhundert-Milliarden-Dollar-Haushalts des Wohlfahrtsstaats fand quasi eine vehemente Volksabstimmung statt. Da ich diesen

Kampf Tag für Tag in den Schützengräben der Gesetzgebung und der Bürokratie miterlebt hatte, konnte ich so gut wie jeder andere den Spruch des Volkes hautnah miterleben. Großzügige Renten, verschwenderische Milchsubventionen, nutzlose Landwirtschaftssubventionen und der ganze Rest der Bundessubventionen verdanken ihr Überleben nicht allein charakterschwachen Politikern und der ruchlosen Habgier spezieller Interessengruppen.

Trotz ihrer verschwommenen Rhetorik und ihren verdrehten Rationalisierungen setzen Kongreßabgeordnete und Senatoren letztlich das durch, was ihre Wähler verlangen. So handelt es sich bei der Vorstellung, Washington sei die große Entscheidungszentrale am Potomac, die sich von den wahren Wünschen der Wähler völlig unabhängig gemacht hat, mehr um einen Mythos als um die Realität. Ähnliches gilt für die damit verbundene Vorstellung, die wortgewaltig in den Leitartikeln des *Wall Street Journal* ausgebreitet wird. Danach bringt es Washington irgendwie fertig, die Wünsche der großen ungewaschenen Masse der Bürger zu erahnen, die natürlich genau das Gegenteil von dem wollen, was im Interesse der Wirtschaft liegt.

Aber diejenigen, die die Existenz einer Wählerschaft mit antidirigistischen Neigungen behaupten, wollen in Wirklichkeit nur, daß sich die nationale Politik an ihrer eigenen, ganz partikularen Doktrin des Gemeinwohls orientiert. Die Wähler selbst sind jedoch an solchen Doktrinen nicht interessiert; wenn sie überhaupt an etwas interessiert sind, dann daran, von der Regierung Hilfe zu bekommen, um Nachteile, die ihnen entstanden sind, wieder auszugleichen. Deshalb kommen in der Ausgabenpolitik Washingtons die sehr unterschiedlichen und oft engstirnigen Forderungen zum Ausdruck, die von den verschiedenen politisch aktiven Teilen der Wählerschaft stammen, die über das ganze Land verstreut sind. Was die Politiker in ihren Sitzungszimmern zustande bringen, mag nicht sehr weise sein, ist aber die einzig reale und greifbare Definition dessen, was die Wähler wollen.

Gegenüber dem Weißen Haus kann ich nicht so tolerant sein. 1984 war es endgültig zum Land der Träume geworden. Es hatte die amerikanische Wirtschaft zur Geisel einer rücksichtslosen und instabilen Fiskalpolitik gemacht, die auf einer Politik hoher Staatsausgaben und der Doktrin niedriger Steuern beruhte. Aber anstatt die

Tatsache zur Kenntnis zu nehmen, daß das daraus sich ergebende massive Anwachsen der Staatsverschuldung zu ernsten wirtschaftlichen Problemen führen mußte, verkündete das Weiße Haus einen großartigen wirtschaftlichen Erfolg. Es rühmte sich, daß seine Politik wie niemals zuvor funktionierte, wo es doch in Wirklichkeit fiskalische Fehlentwicklungen verursacht hatte, die sich vorher niemand hätte vorstellen können.

Die unverfrorenen Phrasendrescher des Weißen Hauses hatten George Orwells *new speak* gerade rechtzeitig ihre Reverenz erwiesen. 1984 schlidderten wir geradewegs in ein noch nicht dagewesenes Wirtschaftsdebakel. Aber sie besaßen die Frechheit, das goldene Zeitalter der Prosperität zu verkünden. Der tatsächliche wirtschaftliche Erfolg hatte so gut wie nichts mit unserer ursprünglichen angebotsorientierten Doktrin zu tun. Statt dessen hatten Paul Volcker und der Konjunkturzyklus die Inflationsrate gedrückt und die Wirtschaft wieder angekurbelt. Diese günstige Wende der Ereignisse war aber nichts Neues, Revolutionäres, und sie war auch nicht von Dauer. Den Konjunkturzyklus von Wirtschaftsaufschwung und -abschwung gab es seit Jahrzehnten, und am Wahltag hatte der Aufschwung seinen Höhepunkt erreicht. Das war alles.

Natürlich verdient der Anerkennung, der einen Anspruch darauf hat. Sicherlich wird Paul Volcker als der bedeutendste Vorsitzende des Federal Reserve Board in die Geschichte eingehen, und zwar wegen der meisterhaften und mutigen Art, in der er die amerikanische und die Weltwirtschaft von der Geißel der galoppierenden Inflation befreite. Wie sich herausstellte, war für diesen Erfolg das traditionelle, schmerzvolle und kostspielige Heilmittel einer schweren Rezession erforderlich, aber es bedurfte all der Fähigkeiten, die Volcker mitbrachte – ein starker Wille, eine scharfsinnige Intelligenz und eine überwältigende persönliche Glaubwürdigkeit –, um die Kur erfolgreich zu beenden.

Es steht außer Zweifel, daß Volckers Sieg ohne Ronald Reagans unerschütterliche Unterstützung während der schwarzen Tage und Monate im Jahre 1982 nicht möglich gewesen wäre. Der Präsident steht unter den Politikern in Washington fast allein da mit seiner instinktiven Überzeugung, daß es sich bei der Inflation um ein zutiefst zerstörerisches Phänomen handelt. Er ist oft von dem Kauderwelsch seiner Berater irregeführt worden. Aber als es darauf ankam, gab der Präsident Volcker die politische Handlungsfreiheit zu tun, was getan werden mußte. Das war eine echte Leistung.

Unglücklicherweise dachten die Öffentlichkeitsexperten des Weißen Hauses nicht an Volckers hart erkämpften Sieg, als sie verkündeten, »Amerika ist wieder wer«. Sie brüsteten sich mit etwas viel Großartigerem: daß der Konjunkturzyklus besiegt worden sei und die Nation in ein Zeitalter ungekannten Wirtschaftswachstums und der Reichtumsvermehrung eingetreten sei. Nach dieser Lesart waren durch die Politik des Weißen Hauses neue Möglichkeiten des wirtschaftlichen Erfolgs und des sozialen Fortschritts auf lange Sicht gesichert. Es klang alles zu schön, um wahr zu sein. Und so war es auch.

»Jetzt geht's erst richtig los«, sollte eine unbeabsichtigte, ironische Bedeutung erhalten. Sie verwies auf einen fürchterlichen Tag der Abrechnung, an dem offenbar würde, wie arrogant, oberflächlich und vorsätzlich ignorant die Phrasendrescher des Weißen Hauses wirklich waren.

Ende 1985 dauerte der Wirtschaftsaufschwung bereits drei Jahre, und die Zahlen ließen kein Wunder erkennen. Das Wachstum des realen Bruttosozialprodukts betrug durchschnittlich 4,1 Prozent – was im historischen Vergleich einen ganz unspektakulären, normalen Konjunkturaufschwung darstellte, besonders wenn man die außergewöhnliche Tiefe der Rezession von 1981/82 in Betracht zog. Die glänzenden Zahlen für das Bruttosozialprodukt und die Beschäftigung aus der Vorwahlzeit bestätigten auch die Binsenwahrheit, daß die Konjunktur sich unweigerlich erholen muß, wenn sie den Tiefpunkt hinter sich hat.

Aber die Selbstherrlichkeit des Weißen Hauses bezieht sich auf die Zukunft, und die hängt von der grundlegenden Leistungsfähigkeit der Wirtschaft und der Solidität der Politik ab. Doch wie können langfristig das Wirtschaftswachstum hoch und die Inflationsrate niedrig bleiben, wenn die Politik der Regierung de facto darauf abzielt, zwei Drittel der gesamten privaten Nettoersparnisse für die Deckung des Defizits im Bundeshaushalt zu verwenden?

Die grundlegende Realität von 1984 war nicht der Anbruch eines neuen Zeitalters, sondern eine fiskalische Disziplinlosigkeit in einem Ausmaß, das man nie zuvor in Friedenszeiten gekannt hatte. Weder in der Wirtschaftsgeschichte noch in der Wirtschaftstheorie finden sich Anhaltspunkte dafür zu glauben, daß von solch einem unsicheren Fundament eine langanhaltende Ära der Prosperität ihren Ausgang nehmen kann.

Tatsächlich wurde die amerikanische Wirtschaft schon unter der Oberfläche durch Washingtons Politik der Verteilung und Gratisgaben unter Druck gesetzt und geschwächt. Dank der halbherzigen Revolution vom Juli 1981 hat unsere Staatsverschuldung überflüssigerweise bereits um mehr als eine Billion Dollar zugenommen – eine Last, die uns für immer plagen wird. Die Ersparnisse der Nation sind dafür vergeudet worden, eine Steuersenkung zu bezahlen, die wir uns nicht leisten konnten. Als Folge waren wir gezwungen, enorme Beträge an ausländischem Kapital zu leihen, um den Fehlbetrag zwischen Sozialprodukt und den Ausgaben der Nation zu decken. Deshalb wird die amerikanische Wirtschaft im kommenden Jahrzehnt sicher langsamer wachsen, als es ihr Produktionspotential erlauben würde. Indem wir zum erstenmal seit dem Ersten Weltkrieg wieder zum Schuldnerland geworden sind, opfern wir unseren zukünftigen Lebensstandard, um für die Schulden aufkommen zu können, die wir jetzt machen.

Die Notwendigkeit, Hunderte von Milliarden Dollar als Kredite aufzunehmen, hat auch die gesamte Struktur und arbeitsteilige Verflechtung der amerikanischen Wirtschaft verzerrt. Der hohe Wechselkurs des Dollars, der notwendig war, um ausländisches Kapital anzuziehen, hat in der Landwirtschaft, im Bergbau und in der verarbeitenden Industrie schwere Schäden angerichtet. Arbeitsplätze, Kapital und Produktionskapazitäten sind für immer verlorengegangen.

All das war 1984 ebenso unübersehbar wie die Konsequenzen, die sich daraus für die Zukunft ergeben würden. Wir hatten eine ansehnliche Prosperität – aber sie beruhte auf billigem Geld und geborgter Zeit. Um die Wirtschaft trotz der massiven Defizite und der beispiellosen Höhe der realen Zinssätze aus der Rezession herauszuholen, mußte der Federal Reserve Board die Geldhähne aufdrehen wie nie zuvor. Dies wiederum hat einen wahren Verschuldungsrausch bei den amerikanischen Konsumenten und Wirtschaftsunternehmen ausgelöst, der sich auch heute noch steigert. Die Größenordnung ist atemberaubend. Wenn man die massive Verschuldung des Staatssektors mitrechnet, wird die Nation bald mit zehn Billionen Dollar verschuldet sein – dreimal soviel wie vor einem Dutzend Jahren.

Eines ist gewiß. An irgendeinem Punkt werden die Investoren weltweit ihr Vertrauen in billige Dollars und eine kreditfinanzierte Prosperität verlieren, und dann kommt die Stunde der Wahrheit. Kurzfristig sind wir unabdingbar darauf angewiesen, daß jährlich hundert Milliarden Dollar Auslandskapital ins Land fließt, um unser Doppel-Defizit zu finanzieren – im Außenhandel und im Staatshaushalt. Sollte der Wechselkurs des Dollars sinken, hätte der Federal Reserve Board keine andere Wahl, als die Geldversorgung plötzlich und dramatisch zu verknappen, um die Zinssätze hochzutreiben und so die ausländischen Ersparnisse anzuziehen, die wir für die Finanzierung unserer üppigen laufenden Ausgaben benötigen.

Eine solche Maßnahme würde eine schwere Rezession verursachen, aber diesmal wären weder Paul Volcker noch Ronald Reagan in der Lage, hart zu bleiben. Die Bühne der amerikanischen Politik wäre von dem Wehklagen der Schuldner erfüllt, die Unterstützung in Form einer umfassenden Reflation verlangen würden. Da unsere Bilanzen ohnehin die höchsten Verschuldungsraten in Friedenszeiten aufweisen, gibt es keinen Spielraum, eine Unterbrechung des Liquiditätsstroms zu überstehen; nicht auf Bundesebene, wo wir gemessen am Bruttosozialprodukt dreimal so viele Kredite aufnehmen wie im vergleichbaren Entwicklungsstadium jedes vorangegangenen Konjunkturzyklus; und auch nicht bei den Unternehmen und privaten Haushalten, wo die Zinslast als Anteil am Einkommen alle Rekorde in den Schatten stellt.

Die Zeit arbeitet also unaufhaltsam auf einen weiteren Anfall von exzessiver Inflation hin. Wenn wir so weitermachen wie bisher, werden wir am Ende des Jahrzehnts eine schlimmere Hyperinflation erleben als zu dessen Anfang. Die größer gewordene Anfälligkeit und Instabilität der Weltwirtschaft zusammen mit der noch frischen Erinnerung an die Kapitalanlagen, die man in den siebziger Jahren als Verluste abschreiben konnte, werden den bevorstehenden inflationären Zyklus noch heftiger und zerstörerischer werden lassen.

Einer der Gründe, warum ich mich 1985 an einer Verschwörung beteiligte, um die Steuern zu erhöhen, war, daß ich dazu beitragen wollte, einen wirtschaftspolitischen Kurs zu korrigieren, der langfristig in einem Desaster enden mußte.

Aber es gab noch einen anderen zwingenden Grund. Als ursprünglicher Architekt des großen fiskalpolitischen Irrtums, der jetzt so viel Schaden anzurichten drohte, war ich entsetzt über die falschen Versprechungen im Wahlkampf von 1984. Ronald Reagan war von seinen Beratern und seinen eigenen Illusionen dazu gebracht worden, sich eines der unverantwortlichsten Wahlprogramme aller Zeiten zu eigen zu machen. Er hatte im Grunde versprochen, die Gesetze der Arithmetik zu ändern. Nicht ein einziges nennenswertes Programm sollte gekürzt werden; die Steuern sollten nicht erhöht werden. Doch das Defizit wurde als unerträglich bezeichnet, und man gelobte, es zu beseitigen.

Das war der harte Kern des Irrealen. Der Präsident und seine Vasallen versprachen, das Mammut-Defizit durch Ausgabenkürzungen zu beseitigen, obwohl sie selbst fünfundneunzig Prozent der Ausgaben, die man hätte kürzen können, befürwortet und gebilligt hatten.

Das Weiße Haus selbst hatte schon viel früher vor den politischen Notwendigkeiten des Wohlfahrtsstaates kapituliert. 1985 setzten nur noch die Redenschreiber im Weißen Haus den einsamen Krieg der Worte fort, in dem die Rhetorik des Präsidenten gegen die geisterhafte Abstraktion »Big Government« geschleudert wurde.

Der Anspruch des Weißen Hauses, es mit den Haushaltskürzungen ernst zu nehmen, war in Wirklichkeit eine institutionalisierte Fata Morgana geworden. Ich hatte versucht, diplomatisch und taktvoll die Tatsachen zu vermitteln, die diese Fata Morgana beim Namen nannten. Die einzige Reaktion war eine Flüsterkampagne, die von Ed Meese angeführt wurde: Stockman ist zu pessimistisch, er war zu lange auf dem Capitol Hill; er ist einer von *ihnen!*

Vielleicht war das so. Aber man war überhaupt nicht mehr in der Lage, mit den Ausgaben im Bundeshaushalt vernünftig umzugehen. Das Weiße Haus hatte praktisch bei allen großen Ausgabenposten das Handtuch geworfen, deren Streichung nennenswert zur Verringerung des Defizits hätte beitragen können.

Der Haushalt für Zivilausgaben ist riesig groß; doch fast neunzig Prozent davon entfallen auf eine Handvoll von großen Programmen: Rentenversicherung und sonstige Sozialversicherung; Krankenversorgung; Sozialfürsorge; Kriegsveteranen; Landwirtschaft; öffentliches Verkehrswesen.

1984 hatte das Weiße Haus ausdrücklich die Entscheidung getroffen, keinen dieser großen Bestandteile des wohlfahrtsstaatlichen Haushalts in irgendeiner erwähnenswerten Weise anzutasten. Jim Baker hatte recht behalten, als er auf die politischen Konsequenzen verwies, die sich ergeben würden, wenn man sich an der Mindestrente und dem Ausgleich für die Steigerung der Lebenshaltungskosten von sechsunddreißig Millionen Rentenempfängern vergreifen würde. Und ich durfte nur versuchen, im Kongreß eine bescheidene Korrektur der Ansprüche in der Krankenversorgung durchzusetzen. Im Haushaltsentwurf für das Wahljahr 1984 wies der Präsident alle Vorschläge für eine höhere Eigenbeteiligung an den Kosten der Krankenversorgung zurück und machte dann seinen ganzen Einfluß gegen jedwede Kürzungen der Rentenversicherung geltend.

Diese beiden Programme zusammen machten die Hälfte im Haushalt des Wohlfahrtsstaats aus. 1985 bestand die einzige noch verbliebene Option darin, ein paar Prozent der zweihundertsiebzig Milliarden Dollar auf die Ärzte und Krankenhäuser abzuwälzen, die die medizinischen Leistungen erbrachten, die den alten Leuten jetzt garantiert worden waren. An diesem Beispiel wird deutlich, daß es sinnlos geworden war, ein Zweihundert-Milliarden-Dollar-Defizit durch Ausgabenkürzungen stopfen zu wollen.

Den siebenundzwanzig Milliarden für die Kriegsveteranen wurde auf merkwürdige Weise Immunität zuteil. Das Weiße Haus ernannte Harry Walters zum Direktor des Veterans Administration, der einen großen Teil seiner Zeit damit verbrachte, auf Versammlungen der American Legion den Haushaltsdirektor des Präsidenten an den Pranger zu stellen. Jeder kleine Kürzungsversuch, den ich in dem Haushaltsentwurf hineinzuschmuggeln versuchte, wurde sofort für unwirksam erklärt, weil Mr. Walters ungestraft behaupten konnte, er spreche im Namen des Präsidenten. Niemand im Weißen Haus widersprach ihm.

Nach der ersten Kürzungsrunde bei den fünfundsiebzig Milliarden Dollar für Sozialfürsorge, Lebensmittelgutscheine und ähnliche Hilfsprogramme hißte das Weiße Haus auch hier die weiße Fahne. Der Präsident versprach den Gouverneuren, Medicaid – das größte Programm – nicht ernsthaft einzuschränken, und berief eine Expertengruppe, die empfahl, einige der Reformen bei den Ernährungsprogrammen wieder rückgängig zu machen. Während wir auf dem Capitol Hill noch um kleine technische Korrekturen feilschten, war die Botschaft des Weißen Hauses unmißverständlich: Die Sozialfürsorge war unantastbar.

Diese Position entsprach zum größten Teil der die öffentliche Meinung beherrschenden Auffassung und war in diesem Sinne vertretbar. Aber dies war ein weiterer unleugbarer Beweis dafür, daß die Anti-Ausgaben-Rhetorik des Präsidenten eine bloße Illusion war.

Mitte der achtziger Jahre übertraf Reagans Haushalt für das öffentliche Verkehrswesen in konstanten Preisen Jimmy Carters Rekordjahr um fünfzehn Prozent, Johnsons Rekord um etwa vierzig Prozent, und Kennedys um etwa fünfzig Prozent. Big Government? Das war ein Gegner, den die Redenschreiber bekämpften, solange sie keine Namen nannten. Das Problem mit all diesen örtlichen Straßen und Buslinien war, daß andere Politiker genauso starke Argumente dafür hatten, andere lokale Projekte zu fördern – Schulräume, öffentliche Bibliotheken, Kindertagesstätten, Suchtkliniken und Gefängnisse. In allen diesen Fällen stiegen die Ausgaben unvermindert weiter an.

Da das Weiße Haus nicht über klar definierte Kriterien für akzeptable Ausgaben verfügte, konnte es dann sogar dahin kommen, daß Exxon, Union Oil und einigen Erdgasgesellschaften mehrere Milliarden Dollar für die Produktion synthetischer Kraftstoffe zugeschanzt wurden. Als Ed Meese die Information beisteuerte, daß diese Konzerne bereits ein Prozent ihres Eigenkapitals in solche Projekte investierten, hatte der Präsident sogleich eine Antwort parat.

»Wir können anständigen Unternehmen nicht zumuten, Verluste zu erleiden«, sagte er. Alle diese Projekte erwiesen sich als die reinsten Luftschlösser; aber die Botschaft war klar: Wenn man schon Exxon keinerlei Risiken zumuten konnte, welche andere Wirtschaftssubvention hätte dann abgeschafft werden können? Wenn es eine Schwachstelle des Wohlfahrtsstaats gab, wo die Reagan-Administration das Banner des freien Unternehmertums und sparsamer Haushaltsführung hätte hochhalten können, dann war es die sozialistische Organisation der amerikanischen Landwirtschaft. Aber 1984 hatten wir uns auch hier schon den politischen Tatsachen des Lebens angepaßt. Als ich darüber nachdachte, wie man dem riesigen Haushaltsdefizit nach den Wahlen am besten zu Leibe rücken konnte, hatte ich zwei Episoden im Weißen Haus, die mit der Landwirtschaft zu tun hatten, noch in lebhafter Erinnerung. Sie brachten den unwiderlegbaren Beweis dafür, daß das Weiße Haus noch nicht einmal mit den sagenhaften Auswüchsen bei den Landwirtschaftssubventionen fertig werden konnte, und sie waren gleichsam das Fundament der gesamten Subventionswirtschaft. *

Die erste Episode hatte sich im Sommer 1982 ereignet. Es ging um landwirtschaftliche Marktordnungen, einem durch und durch sozialistischen Relikt aus dem New Deal, das den kalifornischen Orangen- und Zitronenpflanzern vorschrieb, wie viele dieser kleinen Früchte jede Woche auf den Markt gebracht werden konnten.

Die alteingesessenen Pflanzer lieben diese Art von Zitronen-Sozialismus, weil er die Preise hoch hält, das Angebot verknappt und neue Konkurrenten vom Markt fernhält.

Schon damals hatte ich gelernt, daß es keinen Sinn hatte, sich für die »Effizienz des Marktes«, »die Wohlfahrt der Konsumenten« oder das angebliche Recht der freien Amerikaner stark zu machen, so viele Früchte, Nüsse oder andere Leckereien zu produzieren und zu verkaufen wie sie wollten.

Also hatte ich ein paar Fotos aufgetrieben, die den real existierenden Zitronen-Sozialismus belegten. Sie zeigten riesige Haufen – höher als das Weiße Haus – von kalifornischen Orangen, die auf den Feldern verfaulten. Die Ursache dieser ganzen vorsätzlichen Abfallproduktion war, daß der Orangenkommissar des Landwirtschaftsministeriums die wöchentlichen Vermarktungsquoten gesenkt hatte, weil er fürchtete, daß eine Rekordernte die Preise drücken und den Konsumenten günstige Angebote bei Orangen bescheren könnte.

Da wir auch gerade über ein Programm der kostenlosen Lebensmittelverteilung an Nichtseßhafte gesprochen hatten, wirkten die Fotos geradezu grotesk, und alle am Kabinettstisch fingen an zu lachen. Aber nun wurden unsere kalifornischen Politiker aktiv.

Dick Lyng, ein alter kalifornischer Reagan-Fan und Unterstaatssekretär im Landwirtschaftministerium, sagte, ich würde flunkern. »Das Landwirtschaftsministerium hat damit überhaupt nichts zu

---

* Der Nachweis dafür wurde im Dezember 1985 erbracht, als der Präsident das kostspieligste Agrar-Bewilligungsgesetz aller Zeiten unterzeichnete. Es wird über drei Jahre verteilt zwischen fünfzig und fünfundsiebzig Milliarden Dollar kosten und damit noch die Rekordmarke des Bewilligungsgesetzes von 1981 übertreffen.

tun. Die Pflanzer wählen eigene Ausschüsse, um den Markt zu stabilisieren.

Sie erinnern sich, Herr Präsident«, fügte er hinzu, »daß viele unserer Freunde da unten von diesen Marktordnungen abhängen.« Ja, und? Einige unserer Freunde waren Mitglieder des Navelorangenpflanzer-Sowjets. Das war kein zwingendes Argument.

Dann besann sich Meese auf Adam Smith und ergriff das Wort. »Wir müssen die Möglichkeit einer langfristigen Reform untersuchen«, sagte er, »aber denken Sie daran, daß es hier um Unternehmer geht. Es wäre falsch, wenn die Regierung plötzlich Unruhe in ihren Markt bringen würde.«

Unruhe war also neu definiert worden. Die Pflanzer manipulieren jede Woche den Markt und verstoßen damit gegen die Kartellgesetze. Und wenn das Landwirtschaftsministerium nicht mehr seine Kompetenzen dafür nutzen würde, um sie vor Strafverfolgung zu schützen, dann wäre »Unruhe« die Folge. Aber was soll's. Meeses Stellvertreter, Jim Jenkins, der die Anlaufstelle des Weißen Hauses für Interessengruppen war, hatte eine noch bessere Idee.

»Ohne Marktordnungen würde es niemals die Millionen-Investitionen für Kühl- und Lagerhäuser geben, die für die Versorgung rund ums Jahr erforderlich sind. Bei zu viel Wettbewerb wäre das zu riskant.«

Ich wies auf die Orangen aus Florida hin, die von einem freien Markt kamen und auch das ganze Jahr über verkauft werden, ohne daß ein Florida-Orangenpflanzer-Sowjet das Angebot kontrollierte. Er sagte, dieser Hinweis wäre nicht stichhaltig, weil ich Orangen mit Orangen verwechselte. So stand es also um die freie Unternehmerwirtschaft in Kalifornien.

Ein paar Einzelstaaten mit milchwirtschaftlichen Interessen waren für die zweite Episode verantwortlich. Ende 1983 rief mich Ed Meese in sein Büro und teilte mir eine niederschmetternde Neuigkeit mit.

»Ich dachte, es würde Sie interessieren«, sagte er knapp, »der Präsident hat gerade das Bewilligungsgesetz für die Milchwirtschaft unterschrieben.«

»Ed, ich bin so schockiert, daß ich gar nicht weiß, was ich sagen soll«, murmelte ich, »außer daß Sie das Ganze auch noch als schlechten Scherz darstellen.«

Es war in der Tat schockierend. Der Präsident hatte eben ein

Bewilligungsgesetz unterschrieben, das jedem Milchbauern eintausenddreihundert Dollar zahlte, *wenn er seine Kühe nicht molk*. Das Gesetz enthielt auch eine versteckte Konsumentensteuer, deren Aufkommen dafür verwendet werden sollte, den Bauern Prämien für das Abschlachten ihrer Milchkühe zu zahlen, und das entsprach etwa *fünf Dollar je Pfund Hamburger-Hackfleisch*.

Fünfzehn Monate hatte ich diesen Zwei-Milliarden-Dollar-Raub bekämpft. Jedermann im Weißen Haus war für ein Veto. Auch Ed Meese war dafür. So hatte ich auf dem ganzen Capitol Hill verbreiten lassen, daß das Gesetz ein Todeskandidat sei.

Nun stand ich als Narr da, und die Gründe dafür zeigten endgültig, warum die Anti-Ausgaben-Rhetorik des Weißen Hauses von Reagan nicht ernst genommen werden konnte. Die Reagan-Anhänger waren letztlich auch nur ganz gewöhnliche Politiker des Wohlfahrtsstaates.

Die drei Übeltäter im vorliegenden Fall waren Ed Meese, Dick Lyng und Jesse Helmes. Die Namen sprechen für sich.

Für Meese waren die politischen Konsequenzen der Prinzipien der Reagan-Revolution – freie Marktwirtschaft und niedrige Staatsausgaben – zu beunruhigend, als daß er sie hätte ertragen können.

Dick Lyng glaubte zwar an die freie Marktwirtschaft, aber er hatte in Sacramento auch die politische Praxis der Landwirtschaftssubventionen kennengelernt. Obwohl Jack Block, ein bescheidener und wohlmeinender Schweinezüchter aus Illinois, formell der Minister war, bestand doch niemals Zweifel daran, daß Lyng die politischen Fäden in der Hand hielt und den Haushalt des Landwirtschaftministeriums kontrollierte.

Und Jesse Helmes, das hieß Tabak; er konnte überhaupt nicht wiedergewählt werden, wenn er aus Washington nicht milde sozialistische Gaben mit nach Hause brachte.

Aber die Politik der milden Gaben kommt nicht Stück für Stück daher. Die verschiedenen Gaben sind immer auf die aberwitzigste Weise miteinander verknüpft. Das sollte an dem Fiasko des Milchwirtschaftsgesetzes auf exemplarische Weise deutlich werden.

Ich hatte mir das Milchwirtschaftsgesetz herausgesucht, weil ich ursprünglich gedacht hatte, es sei eine Ausnahme von der Regel. Anstatt den Schutz eines landwirtschaftlichen Rahmengesetzes zu genießen, in dem die Weizen-, Mais-, Baumwoll-, Zucker-, Erdnuß-, Reis- und Wollinteressen Arm in Arm vereint sind, würde das

Milchwirtschaftsgesetz von 1983 einsam und allein ins Weiße Haus kommen.

Aber eine Stunde vor zwölf geriet Jesse Helmes wegen seines Tabaks in Verzweiflung. Ein früheres Reformgesetz über die Zuteilung der Anbauflächen hatte verfügt, daß Besitzer, die ihre Parzellen nicht selbst bewirtschafteten, ihre staatlichen Anbaukonzessionen bis Ende 1983 verkaufen mußten. Es stellte sich heraus, daß davon auch Kirchen, der Christliche Verein junger Männer und Pfadfindergruppen betroffen waren. Ich konnte nie herausfinden, warum alle diese vorgeblich gottesfürchtigen Erwachsenen und Jugendlichen Tabakanbau-Konzessionen besaßen. Aber ich erfuhr sehr schnell, daß Jesse Helmes entschlossen war, die gesetzlich vorgegebene Frist zu verlängern.

Also machte er, was jeder Politiker macht, wenn er etwas ganz dringend braucht. Um die Tabakkonzessionen der Pfadfinder zu retten, hängte er eine winzig kleine Ergänzung an das Milchwirtschaftsgesetz dran. Dann krempelte er die Ärmel hoch und rollte das ganze Ding in Richtung Weißes Haus.

Als das Milchwirtschaftsgesetz, verziert mit dem Tabakzusatz, dann auf dem Schreibtisch des Präsidenten ankam, hatte es informell einen neuen Namen: »Das Gesetz zur 1984er Wiederwahl von Jesse Helmes«. Das veränderte den ganzen Charakter des Gesetzes, und bei der antisozialistischen Neuen Rechten ertönte ein merkwürdiger Sprechchor: *Dieses Gesetz ist für Jesse, dieses und kein anderes.*

Jetzt erscheint plötzlich Meese auf der Bühne. Helmes und die Neue Rechte zogen an seiner politischen Leine und im Nu war er im Ovalen Zimmer und lenkte den Füllfederhalter des Präsidenten zur Unterschriftenzeile.

Im selben Augenblick war noch etwas anderes geschehen. Der sauberste, einfachste und am meisten zu rechtfertigende Versuch, die Ausgaben zu kürzen, der während der gesamten Amtszeit Reagans unternommen wurde, war im Straßengraben gelandet. Wenn das nicht durchgesetzt werden konnte, dann ging nichts, aber auch gar nichts mehr bei den Bundesausgaben.

Eigentlich ist es überflüssig zu sagen, aber als die Nachricht, der Präsident habe das Gesetz nach monatelangen Vetodrohungen des Budgetdirektors unterzeichnet, das Capitol erreichte, löste sie große Heiterkeit und schallendes Gelächter aus. Die Politiker hatten nun keinen Zweifel mehr daran, was eigentlich seit Juni 1981 klar war. Alles, was die Reagan-Administration mit den Bundesausgaben machte, war Schwindel.

Als ich mich Ende 1984 darauf vorbereitete, eine letzte Attacke gegen das Defizit-Monster zu reiten, befand ich mich bald in einem ausweglosen Dilemma. Angesichts der fiskalischen Tatsachen glaubte ich irgendwie, daß das Weiße Haus bereit sein würde, sich aus seinem militanten Wahlkampfversprechen herauszuwinden, die Steuern nicht zu erhöhen. Da jeder für den Wohlfahrtsstaat war und niemand dagegen, blieb nur noch eines übrig, nämlich dafür zu bezahlen. Aber ich hatte wieder einmal unrecht. Ed Meese machte das auf der ersten Kabinettssitzung nach der Wahl unmißverständlich klar.

»Für die zweite Amtszeit haben wir drei große Ziele«, sagte er, »aber das erste und wichtigste ist, unser Versprechen zu halten, die Steuern nicht zu erhöhen.«

So lautete unser Ziel jetzt: »*Zahlt keinen Pfennig für die Schulden von Big Government, lastet ›ihnen‹ die ganzen roten Zahlen an.*« Auch nach vier Jahren Amtszeit leuchtete den Reagan-Fans nicht im geringsten ein, daß Regieren mit unangenehmen Entscheidungen verbunden ist.

Aber ich gab nicht auf. Die nächste und letzte Verhandlungsrunde *mußte* einfach eine Steuererhöhung bringen, es war überlebenswichtig.

Der erste Schritt war einfach und bestand darin, einen Fünfzig-Milliarden-Dollar-Richtwert für die Kürzung des Defizits im Haushaltsentwurf des Präsidenten für 1986 aufzustellen – unter den gegebenen Umständen war das die absolute Untergrenze.

Als nächstes schaute ich mich nach Ausgabenkürzungen um, die weder das politische Klima vergiften noch unverrückbare Festlegungen des Präsidenten verletzen würden. Damit schied der größte Teil des Haushalts aus – Rentenversicherung, Sozialfürsorge, Versorgung der Kriegsveteranen –, aber es gab noch ein Eckchen, in dem noch etwas zu holen war.

Dutzende kleinerer Wirtschaftssubventionen konnten im Prinzip unter Beschuß genommen werden, obwohl wenig Hoffnung bestand, damit auf dem Capitol Hill durchzukommen. Ich suchte mir also Amtrak aus, die Economic Development Administration, die Export-

Import-Bank, bundeseigene Energieversorgungsunternehmen, die Behörde für die mittelständische Wirtschaft, Stipendien für Studenten, Subventionen für den öffentlichen Nahverkehr und vieles andere mehr. Diese Ersparnisse machten zusammen gerade etwa fünfunddreißig Milliarden Dollar aus, aber mit etwas Abspecken bei den Verteidigungsausgaben, Einsparungen beim Schuldendienst und dem üblichen Anteil von Schall und Rauch konnte die Ausgabenkürzung für 1986 so hochgejubelt werden, daß sie dem Richtwert von fünfzig Milliarden Dollar entsprach.

Aber das ging natürlich nicht kampflos ab, denn die betroffenen Kabinettsmitglieder kämpften auch gegen diese kleineren Kürzungen bis zum letzten Blutstropfen. Der nächste Schritt war, die republikanische Führung im Senat für meinen Plan zu gewinnen. Das »Kardinalskollegium« war gewillt, das unangenehme Geschäft einer Steuererhöhung hinter sich zu bringen. Dole, Domenici, Hatfield, Laxalt, Packwood, Simpson, Danforth, Heinz, Chafee, Boschwitz, Gorton, sogar Armstrong und McClare waren bereit. Jeder von ihnen wußte nur zu gut, daß man das Defizit nur mit Hilfe zusätzlicher Steuereinnahmen nennenswert reduzieren konnte.

Aber die verantwortlichen Führer des Senats befanden sich nun in der Klemme. Wenn sie sich offen für höhere Steuern einsetzten, gerieten sie bald auf Kollisionskurs mit dem Weißen Haus, was wieder zu einer Pattsituation führen würde.

Schließlich heckten wir einen größeren Coup aus. Wir wollten versuchen, im Senat das größtmögliche Ausgabenkürzungs-Paket zusammenzuschustern. Alle die, die wußten, daß wir auch die Steuern erhöhen mußten, verpflichteten sich, eine Weile ihren Mund zu halten. Das Ausgabenkürzungs-Paket des Senats würde das große Reinemachen des Wohlfahrtsstaats sein. Es würde alles enthalten, was zu kürzen oder zu streichen wir einundfünfzig Senatoren überzeugen konnten.

Dann würden wir das Paket dem Repräsentantenhaus zuspielen. Da die demokratische Mehrheit nicht eine einzige Ausgabe kürzen wollte, würden sie uns ein Haushaltpaket mit Steuererhöhungen zurückspielen. Die Politiker aus beiden Häusern des Kongresses würden dann einen Kompromiß schließen und dem Weißen Haus ein bescheidenes Paket zur Reduzierung des Defizits zukommen lassen, das sowohl Steuererhöhungen als auch Ausgabenkürzungen enthalten würde. Dann sollte sich herausstellen, ob Clint Eastwood oder ein Funke von Vernunft über die wirtschaftliche und fiskalische Zukunft des Landes entschieden.

Dole und Domenici arbeiteten während des ganzen Frühjahrs an diesem strategischen Plan. Tag für Tag saßen wir in Doles Büro, und diesmal war es das einzig Wahre. Wir nahmen uns jedes Programm einzeln vor, wir verhandelten mit jeder Gruppierung der Republikanischen Partei einzeln, bis wir durch den ganzen Eine-Billion-Dollar-Haushalt durch waren. Nie zuvor ist der fiskalpolitische Entscheidungsprozeß so ernsthaft, vollständig und umfassend durchgespielt worden wie in Bob Doles Büro im Frühjahr 1985. Selten zuvor haben zwei politische Führer so viel Geduld, Entschlossenheit und Kompetenz gezeigt wie Bob Dole und Pete Domenici.

Im Mai war es an der Zeit, im Senat die Abstimmungsprozedur über das Paket in Gang zu setzen, das das Defizit im Jahre 1986 um fünfundfünfzig Milliarden Dollar reduzieren sollte und um weiter steigende Beträge in den Jahren danach. Einer nach dem anderen kamen nun die republikanischen Politiker und stellten ultimativ klar, was *nicht* gekürzt werden *konnte*, wenn wir ihre Stimme haben wollten. Und wir benötigten so gut wie jede Stimme unter den dreiundfünfzig Republikanern, denn kein Demokrat würde dieses lausige Spiel mitspielen, den Präsidenten öffentlich umgehen zu müssen.

Als es an dem langen Tag der abschließenden republikanischen Haushaltsberatungen in Doles Büro auf Mitternacht zuging und die Politiker den Haushalt noch ein letztes Mal durchgingen, erkannte ich endgültig, welch angsteinflößendes Stehvermögen die »Zweite Republik« hatte. Das sattsam bekannte Spiel der Stimmenversteigerung nahm nun auch in der republikanischen Senatsfraktion seinen Lauf. So mußten viele Kürzungen teilweise oder ganz wieder zurückgezogen, gestrichene Programme wieder in den Haushalt aufgenommen werden.

Kurz vor der Endabstimmung rechnete ich den ganzen Haushalt noch einmal durch. Wir hatten etwa vierundfünfzig Milliarden Dollar aus dem Haushaltsplan für 1986 gestrichen. Sie setzten sich aus vierundzwanzig Milliarden Dollar aus dem Verteidigungsetat und etwa zehn Milliarden Dollar beim Schuldendienst zusammen. So konnten wir schließlich nach all den Verhandlungen in Bob Doles

Büro, und nachdem wir den Halbe-Billion-Dollar-Haushalt des Wohlfahrtsstaats durchgegangen waren, zwanzig Milliarden Dollar vorweisen, die die republikanischen Senatoren bereit waren zu kürzen.

Sechsundneunzig Prozent blieben, vier Prozent wurden gestrichen. Das war in Bob Doles Kürzungskabinett herausgekommen, nach dem gründlichsten, scharfsinnigsten und detailliertesten Versuch, der jemals von der Gesamtheit der republikanischen Politiker des Landes gemeinsam unternommen worden war, um zu entscheiden, was sie von Big Government haben wollten und auf was sie zu verzichten bereit waren.

Nichtsdestotrotz waren die republikanischen Senatoren Helden, als sie in dieser Nacht den Dole-Domenici-Haushalt verabschiedeten. Sie hatten den Ausgleich für die Steigerung der Lebenshaltungskosten bei vierzig Millionen Rentenempfängern und Wählern eingefroren. Und sie hatten gekürzt, eingespart und zusammengestrichen, wo immer ihre politischen Rücksichtnahmen das erlaubten. Es war das Äußerste und Beste, was getan werden konnte.

Aber es war alles für die Katz. Sehr schnell schalteten sich die restlichen republikanischen Politiker ein und schlugen den Dole-Haushalt in Stücke. Jack Kemp führte zusammen mit Claude Pepper den Angriff an, um den Inflationsausgleich für die alten Leute zu retten. Niemand im Repräsentantenhaus würde gegen die Rentenversicherung stimmen. Dole und Domenici schlugen eine Ölsteuer vor, um das Loch zu stopfen, das durch die Rettung des Inflationsausgleichs entstanden war. Der Präsident sagte, »nur über meine Leiche«. Er würde weiter auf sein Pony warten.

Es blieb keine rationale Handlungsmöglichkeit mehr übrig, um mit der Irrationalität fertig zu werden, die sich in der Politik der Nation ausgebreitet hatte.

Ich sammelte meine Bücher und Unterlagen zusammen und wußte endgültig, daß das, was ich vor vier Jahren angefangen hatte, ein böses Ende gefunden hatte.

Ich erinnerte mich daran, was mein Vater vor siebenundzwanzig Jahren über das Durcheinander auf den Tomatenfeldern gesagt hatte. »*Hier draußen zählt, was du machst, nicht was du vorhast.*« Ich hatte nur dazu beigetragen, ein noch größeres Durcheinander anzurichten.

»*Eines Tages wirst du das auch lernen*«, hatte er gesagt. Vielleicht hatte ich das jetzt wirklich getan.

Einige Leute werden versucht sein, in das Scheitern der Reagan-Revolution mehr hineinzuinterpretieren als gerechtfertigt ist. Dieses Scheitern ist Ausdruck des Triumphs der Politik über eine ganz spezifische wirtschaftspolitische Doktrin, und sonst nichts. Es bedeutet nicht, daß die amerikanische Demokratie irreparablen Schaden genommen hätte: Interessengruppen verfügen über große Macht, ihr Einfluß ist jedoch tief in dem Rückhalt verwurzelt, den sie bei breiten lokalen oder regionalen Bevölkerungsgruppen finden. Aber das muß nicht automatisch und unvermeidlich zu permanenten und massiven Haushaltsdefiziten oder ins wirtschaftliche Verderben führen.

Tiefreichende pessimistische Implikationen hat dieses Scheitern nur für eine kleine und politisch unbedeutende Gruppe von antidirigistischen Konservativen, die in Nischen des politischen, akademischen und Wirtschaftslebens und im Journalismus überleben. Für uns gibt es keine Zweideutigkeiten. Die Reagan-Revolution lief auf eine empirische Überprüfung einer Doktrin hinaus, soweit so etwas in einer heterogenen Demokratie wie der unsrigen überhaupt möglich und wahrscheinlich ist. Und die antidirigistische Position wurde durch die vereinten Kräfte der Politiker gründlich widerlegt – von Republikanern sowohl als auch von Demokraten, von Mitgliedern der Exekutive ebenso wie von Mitgliedern der Legislative.

Dieser Urteilsspruch hat jedoch Implikationen, die weit über die Widerlegung der antidirigistischen Doktrin hinausgehen. Der Triumph des Prinzips des Wohlfahrtsstaats bedeutet, daß Wirtschaftspolitik im Kern ein Kompromiß zwischen kapitalistischer Prosperität und sozialer Sicherheit ist. Wir als Nation haben uns für weniger vom ersten entschieden, um mehr vom zweiten zu haben.

Rentenversicherung, Handelsprotektionismus, Sozialfürsorge, Landwirtschaftssubventionen und landwirtschaftliche Preisstützungsmaßnahmen haben eines gemeinsam: Sie versuchen das Schicksal relativ unproduktiver Industrien, Regionen und Bürger erträglicher zu machen, indem sie den Wohlstand und das Einkommen aller anderen besteuern.

Die Begründungen für diese ganze Umverteilungspolitik stammen aus der modernen Tradition der Sozialdemokratie. In Amerika haben wir die Prinzipien dieser politischen Ideologie selten explizit anerkannt, aber faktisch haben wir es doch getan. Und bis zu einem gewissen Grade funktionier es auch. Würde man allein die privaten Geldeinkommen zugrunde legen, so würden fünfundfünfzig Millionen Amerikaner unterhalb der Armutsgrenze landen. Aber nachdem alle Geld- und Sachleistungen des Wohlfahrtsstaats verteilt und die Steuern eingetrieben sind, sinkt statistisch gesehen die Zahl der Armen um fast zwei Drittel. Obwohl er mit Ineffizienz und Ungerechtigkeit durchsetzt ist, erfüllt der amerikanische Wohlfahrtsstaat doch wenigstens einige seiner Versprechen.

Der Preis, den er dafür bezahlen muß, ist eine weniger dynamische und produktive kapitalistische Wirtschaft. Das hohe Wirtschaftswachstum und der unablässige wirtschaftliche Wandel, die sich die angebotsorientierte Doktrin vorstellt, sind unmöglich, wenn die Regierung die wirtschaftlichen Belohnungen wegsteuert, die Mobilität von Kapital und Arbeit verhindert und ein dichtes Netz der sozialen Sicherheit finanzieren muß.

Die Sozialdemokratie ermuntert die Wähler auch dazu, sich in unzähligen kleinen Interessengruppen zu organisieren, um den Resultaten des Marktes entgegenzuarbeiten oder diese aufzuheben. Daß diese Interessengruppen sich meist durchsetzen, kann nicht überraschen. Das wohlfahrtsstaatliche Prinzip des modernen amerikanischen politischen Systems akzeptiert sowohl ihre Rolle als auch ihre Ansprüche.

So gesehen erfüllt unser politisches System die von ihm beabsichtigten Funktionen ganz gut. Sein Bemühen, die Funktionsnotwendigkeiten des Kapitalismus und das sozialdemokratische Streben nach Stabilität und Sicherheit auszubalancieren und auszutarieren, hat ein erstaunliches Resultat hervorgebracht. Welchen Vergleichsmaßstab man auch zugrunde legt, die amerikanischen Politiker haben ein günstigeres Gleichgewicht zwischen beiden Anforderungen hergestellt als in jeder anderen fortgeschrittenen Industriegesellschaft.

Die kommunalen, einzelstaatlichen und Bundesausgaben belaufen sich in den Vereinigten Staaten auf etwas mehr als dreiunddreißig Prozent des Bruttosozialprodukts. Davon entfallen zehn Prozent auf den Staatsschuldendienst und die nationale Sicherheit. Nach diesem kruden Maßstab kostet der amerikanische Wohlfahrtsstaat zwischen zweiundzwanzig und dreiundzwanzig Prozent des Bruttosozialprodukts. Im Vergleich dazu geben die Japaner, obwohl sie sehr genügsam sind, immer noch fast dreißig Prozent ihres Bruttosozialprodukts für zivile Ausgaben aus. Die Wiege der Sozialdemokratie – Großbritannien – gibt ungeachtet der mutigen Anstrengungen von Premierministerin Thatcher immer noch fast vierzig Prozent seines Bruttosozialprodukts für seinen Wohlfahrtsstaat aus.

Die Deutschen geben fast genausoviel aus wie Großbritannien, und die dahingewelkten Sozialisten in Frankreich haben sogar noch mehr ausgegeben. Schweden ist eine Klasse für sich und gibt mehr als die Hälfte seines Bruttosozialprodukts für seinen ausufernden und kräftezehrenden Wohlfahrtsstaat aus, das heißt mehr als das Doppelte wie wir.

So können wir es uns leisten, das Waffenlager der freien Welt zu sein und zugleich unseren bescheidenen Wohlfahrtsstaat zu haben. Das einzige, was wir uns nicht leisten können, ist, weiterhin so zu tun, als müßten wir das nicht alles aus dem laufenden Steueraufkommen bezahlen.

Diese Beobachtung bringt uns an den wahren Scheideweg der Zukunft. Daß unser Haushalt sich jetzt in einem so drastischen Ungleichgewicht befindet, ist in der Struktur unseres politischen Systems nicht notwendig angelegt. Vielmehr ist es die Konsequenz eines Unglücksfalls in der Regierungspolitik, der sich 1981 ereignete. Daß er fortdauert, ist der unhaltbaren Anti-Steuerpolitik des Weißen Hauses zuzuschreiben. Nach fünf Jahren Starrsinn des Präsidenten haben sich alle normalen Mechanismen der Wirtschaftspolitik in einem Geflecht von Irrationalität verfangen. Aber dieser Zustand kann in dem Moment geändert werden, wo sich das Weiße Haus entschließt, sich den Tatsachen des Lebens zu stellen.

Inzwischen nimmt die Gefahr für die Wirtschaft zu, und die fiskalische Irrationalität im Gefolge der Reagan-Revolution erreicht neue Höhepunkte. Das Gramm-Rudman-Gesetz zur Reduzierung des Defizits ist der beste Beweis für meine Behauptung. Es dürfte einem wirklich schwerfallen, sich eine schädlichere und untauglichere Stümperhaftigkeit auszudenken als dieses angebliche Instrument zur automatischen Haushaltskürzung.

Gramm-Rudman wird das gigantische und gefährliche Haushaltsdefizit der Nation niemals um einen nennenswerten Betrag reduzieren. Nach ein oder zwei Jahren würde das mechanische Vorgehen linearer Ausgabenkürzungen bei den fünfzig Prozent des Haushalts, die davon nicht ausgenommen oder geschützt sind, verheerende Folgen haben. Die Kürzung der Verteidigungsausgaben wäre so drakonisch, daß es auf eine einseitige Abrüstung hinausliefe; ein großer Teil der Finanzbeamten würde entlassen, so daß wir überhaupt keine Steuern mehr einnehmen würden; die Anträge auf Zulassung neuer lebensrettender Medikamente würden sich unbearbeitet bei der Food and Drug Administration auftürmen; und unsere Flughäfen würden zu Parkplätzen für Autos und Flugzeuge werden, weil bei der Federal Aviation Administration (Luftfahrzeugbundesamt) so große Personalknappheit herrschen würde, daß sie noch nicht einmal einen Teil des normalen Verkehrs abwickeln könnte.

Dieses ganze Chaos und noch viel, viel mehr ist in der Arithmetik von Gramm-Rudman enthalten, und aus diesem Grunde wird das Gesetz schließlich außer Kraft gesetzt oder drastisch verändert werden. Hoffentlich erspart uns die Supreme Court viel Ärger und erklärt es für verfassungswidrig.

Uns aus dem fiskalischen Wahn, der jetzt auf der Nation lastet, mit Hilfe alternativer gesetzgeberischer Lösungen zu befreien, wird unsere Regierungsinstitutionen und politischen Führer auf die Probe stellen wie selten zuvor. Eine Verrücktheit hat die nächste gezeugt, und eine fünfjährige Geschichte von Aktion und Reaktion hat zu einer hoffnungslosen Verstrickung geführt. Aber die Politiker beider Parteien haben immer noch einen überzeugenden und zwingenden Grund, sich von den zerstörerischen Nachwirkungen der Reagan-Revolution zu befreien. Es war nicht ihre Idee, einen radikalen Wandel der nationalen Wirtschaftspolitik herbeizuführen, und eine ökonomische Utopie entsprach nicht ihrer Vorstellung des Machbaren, als 1981 die Politik der Vergangenheit zusammenbrach. Die republikanischen und demokratischen Politiker können dem amerikanischen Volk gemeinsam sagen, daß ein paar Ideologen einen riesigen Fehler begangen haben und daß die Regierung, die die Bevölkerung wünscht, in Zukunft größere Opfer in Form höherer Steuern erfordern wird.

Die Politiker können dem amerikanischen Volk sagen, daß ein gefährliches Experiment versucht worden ist und eine alte Weisheit einmal mehr bewiesen wurde. Die Wirtschaftspolitik der größten Demokratie der Welt hat sich als ein todernstes Geschäft erwiesen. In ihrer Planung und Durchführung ist kein Raum für Schreiberlinge,

Träumer, Ideologen und leidenschaftliche junge Männer, die darauf versessen sind, die Welt entsprechend ihren eigenen großartigen Plänen neu zu erschaffen. Die Wahrheit, die es sich in Erinnerung zu rufen gilt, ist, daß die Geschichte in einer Demokratie nicht dazu da ist, neu geschrieben und in andere Bahnen geleitet zu werden. Sie entwickelt sich einfach Tag für Tag und findet ihren Weg in die Zukunft entlang der Bahn, die durch ihre abgenutzte und immer greifbare Vergangenheit vorbestimmt ist.

Da die Nichtanerkennung der Staatsschulden durch die Inflation sich bald als die unausweichliche Konsequenz des wirtschaftspolitischen Kurses erweisen wird, in dem wir jetzt befangen sind, bleibt eine winzige Hoffnung, daß wir umkehren werden, bevor es zu spät ist. Allen seinen Illusionen zum Trotz ist Ronald Reagan noch immer unser Präsident, und ganz instinktiv versteht und verabscheut er die Übel der Inflation. Wenn er schließlich vor die Wahl gestellt ist, die Steuern zu erhöhen oder unsere Währung völlig verkommen zu lassen, dann glaube ich, daß er irgendwie doch das Richtige tun wird, um seine Präsidentschaft und die Wirtschaft der Nation zu retten. Noch ist es nicht zu spät für den eindrucksvollsten Politiker der Nation, sich den anderen Politikern anzuschließen und gemeinsam das Notwendige zu tun: die Ausgaben dort etwas zu kürzen, wo der demokratische Konsens das zuläßt, und eine Reihe neuer Steuern zu erheben, um die Art von Regierung bezahlen zu können, für die sich die Nation nun einmal entschieden hat.

Das wird nicht die ewig währende, ökonomisch perfekte Lösung sein. Am Ende werden die Steuern zu hoch und die Staatsausgaben zu groß sein. Aber die Katastrophe wird vermieden worden sein, und das ist jetzt das wichtigste.

Diese Vorschläge werden nicht zur Perfektion einer glänzenden Stadt auf dem Berge führen. Aber was erreichbar ist – die Rückkehr zu einem Hauch von fiskalischer Zahlungsfähigkeit und wirtschaftlicher Stabilität –, ist bei weitem dem gefährlichen Kurs vorzuziehen, auf dem wir uns jetzt befinden.

In gewisser Weise wird die große Steuererhöhung, die wir brauchen, den Triumph der Politik bestätigen. In einer Demokratie müssen die Politiker das letzte Wort haben, sobald einmal klar ist, daß der von ihnen eingeschlagene Kurs mit den Wünschen der Wähler übereinstimmt. Der Fehlschlag der Reagan-Revolution hat bewiesen, daß die amerikanischen Wähler eine gemäßigte Sozialdemokratie haben wollen, die sie vor den rauheren Seiten des Kapitalismus schützen soll. Davon, daß dies im Ovalen Zimmer erkannt wird, hängt es ab, ob wir einer erträglichen wirtschaftlichen Zukunft entgegengehen oder einer Zukunft voller unerhörter Gefahren.

Nachwort

Dieses Buch handelt von der Politik, und so haben viele Leute mehr oder weniger zu seinem Zustandekommen beigetragen. Aber da die Schlußfolgerungen des Buches nicht zweideutig sind, gibt es sicher viele Personen, die gerne auf die Ehre, erwähnt zu werden, verzichten würden.

Aber einige sind in die Geschichte genau so tief verwickelt wie ich. Meine Kollegen im Office of Management and Budget und davor auf dem Capitol Hill – David Gerson, Don Moran und Fred Khedouri – erlebten fast jeden Moment der Ereignisse mit und machten unschätzbare Vorschläge für die Verbesserung der Darstellung. Ed Dale und Mike Horowitz schlossen sich mir an, als die Reagan-Revolution begann, und bestanden darauf, daß ein früheres Manuskript dem tatsächlichen Gang der Ereignisse nicht gerecht wurde. Das mag auch für die vorliegende Version gelten, aber ich bin ihnen dankbar für ihre kritischen Anmerkungen.

Dick Darman war einer der Hauptakteure in der Geschichte, deren Chronik hier geschrieben wird. Ich lernte viel von ihm, sowohl im Verlauf der tatsächlichen Ereignisse als auch bei dem Versuch, diese Ereignisse auf den vorstehenden Seiten nachzuzeichnen.

Viele meiner ehemaligen Kollegen in Washington haben zwar das Manuskript nicht gelesen, aber nichtsdestoweniger seinen Inhalt entscheidend mitbestimmt. An erster Stelle muß ich Bob Dole und Pete Domenici nennen.

Ich bin nicht glücklich darüber, daß die Ideologie der angebotsorientierten Wirtschaftspolitik, mit der ich antrat, im politischen Leben der Nation keinen festen Platz gefunden hat. Aber zu wissen, daß eine konventionellere wirtschaftspolitische Position von zwei solchen Staatsmännern so gekonnt vertreten wird, ist tröstlich genug.

Ein Buch über den Staatshaushalt und seine Zahlenwerke zu schreiben, stellt auch die literarischen Fähigkeiten eines geübten Schreibers auf eine harte Bewährungsprobe. Chris Buckley, der eine Menge über das Weiße Haus wußte und noch mehr vom Schreiben versteht, gab mir unschätzbare Ratschläge. Wenn die vorstehenden Seiten einigermaßen lesbar sind, so ist das zu einem nicht unerheblichen Teil seiner Anleitung, seinem Rotstift und der Überarbeitung einiger Passagen zu verdanken, die ursprünglich völlig unverständlich waren.

Meine Lektoren bei Harper & Row – Harriet Rubin und Ed Burtingame – verdienen mehr als bloße Dankbarkeit. Ihnen gebührt darüber hinaus besonderes Lob für ihre Geduld. An normalen Standards gemessen wurde dieses Buch ziemlich schnell geschrieben – eine Tatsache, die dem Originalmanuskript nur zu gut anzusehen war. Vieles fiel verdientermaßen Kürzungen zum Opfer, aber erst, wenn sie meinen langatmigen Ausführungen zugehört hatten, an deren Ende ich einsehen mußte, daß sie recht hatten. Vom Hochmut des Amateurs gegenüber Lektoren bin ich jetzt wenigstens teilweise geheilt, denn durch ihre Anstrengungen ist das Buch erheblich besser geworden.

Es wäre nachlässig von mir, nicht zu erwähnen, daß Senator Daniel Patrick Moynihan so freundlich war, das gesamte Manuskript zu lesen. Er stimmte vielen meiner ursprünglichen Lösungen nicht zu, aber meine Schlußfolgerungen fand er nicht ganz so abwegig. Seine Weisheit habe ich schon lange Zeit in Anspruch genommen, und auch die endgültige Fassung des Manuskripts ist ein Beweis dafür.

Bill Greider hatte eine Menge mit diesem Buch zu tun, unter anderem in Form eines kritischen und hilfreichen Kommentars zum ersten Entwurf. Er war auch so freundlich und ließ mich ausführlich von den Niederschriften unserer Unterhaltungen im Jahre 1981 zitieren, die dann soviel Aufsehen erregten, aber seitdem in seinem Keller verschwunden sind. Vieles, was ich in ihnen fand, mochte ich überhaupt nicht, aber sie waren eine Quelle, die ich auch nicht ansatzweise in Frage zu stellen versuchte.

Während all der Ereignisse hatte meine Frau Jennifer viel mehr zu erleiden, als ich ihr zumuten konnte. Sie mußte sich jede Episode anhören, wenn sie sich ereignete, und dann ihre Wiedergabe von Fassung zu Fassung. Ihr fielen genauso viele Unstimmigkeiten auf wie jedem anderen, der an dem Projekt beteiligt war, aber sie war von so vielen Anfällen von schlechter Laune und Frustration betroffen wie alle anderen zusammen. Während all jener Jahre und während der Monate hektischen Schreibens war sie unerschütterlich in ihrer Unterstützung. Und letztlich war das wichtiger als alles andere.

Anhang

Das Haushalts-Desaster in Zahlen

Rückblickend kann man sagen, daß an Reagans Revolution einzig und allein ihre Zielsetzung, das Ererbte zu verbessern, harmlos gewesen ist. Die schuldenbeladene Wirtschaft von heute (1986) ist keineswegs lebensfähiger als die inflationsgeschüttelte Wirtschaft von 1980. Auch der aufgeblähte Haushalt des amerikanischen Wohlfahrtsstaates von 1980 war allerdings wirklich kein Glanzstück. Mit ihm mußte man sich ganz entschieden auseinandersetzen.

Die erfolglosen Bemühungen der Reagan-Revolution, das angetretene Erbe zu korrigieren, kann man nicht leichthin als zwar gut gemeinten, aber leider fehlgeschlagenen Versuch charakterisieren. Für ein solch leichtfertiges Urteil sind die haushaltspolitischen Trümmer und die ökonomischen Gefahren, die zurückbleiben, zu gravierend. Demokratische Wahrhaftigkeit und ökonomische Realität verlangen nach einem strengeren Urteil. Die gesamte Konzeption war in der Tat falsch angelegt. Die grundlegenden Annahmen und die fiskalpolitische Architektur haben überhaupt erst jene Dummheiten heraufbeschworen, die unsere ökonomische Steuerungsfähigkeit heute blokkieren.

Die Reagan-Revolution war radikal, unbesonnen und arrogant. Mit ihren beiden zentralen Annahmen setzte sie sich über den etablierten Konsens von Politikern und Ökonomen hinweg. Eine Handvoll Ideologen, so glaubte man fälschlicherweise, würde besser als alle Politiker wissen, was die Amerikaner von ihrer Regierung erwarteten. Darüber hinaus wurde ebenso fälschlich angenommen, daß die angeschlagene, ihrer Anpassungsfähigkeit beraubte und inflationäre US-Wirtschaft, die man von der Carter-Administration geerbt hatte, von heute auf morgen geheilt werden könnte, obwohl doch die Geschichte und der Großteil der professionellen Ökonomen genau das Gegenteil lehrten.

Anfang November 1981, zur Zeit der Beratungen im Weißen Haus, war unübersehbar, daß die ursprünglichen politischen und ökonomischen

Annahmen der Reagan-Revolution meilenweit an der Realität vorbeigegangen waren. Der Schleier über der Zukunft hatte sich schon gelüftet, und wir sahen die Realität von ihrer anderen Seite. Damals schon hätten wir sehen müssen, daß der gesamte Plan falsch war.

In den Folgejahren bestätigte sich zunehmend, was wir bereits spätestens bis zum elften Monat gelernt hatten. Die Endabrechnung für den ursprünglichen Haushaltsplan der Reagan-Revolution (s. Tabelle 1) zeigt, in welche Richtung wir uns bewegten, als wir im November 1981 über Optimismus versus Pessimismus diskutierten.

Wir gingen auf keine heile neue Welt zu, wie ich noch im Februar gedacht hatte. Wir gingen auf keine Entwicklung zu, die es gerechtfertigt hätte, von einer vom Präsidenten halb in die Tat umgesetzten Revolution zu sprechen, worauf Don Regan und die Vertreter der Angebotsorientierung in alberner Selbstzufriedenheit im November bestanden. Wir waren auf eine Haushaltskatastrophe programmiert.

Aus den im Februar 1981 veröffentlichten Haushaltszahlen konnte man ablesen, daß sowohl die Steuern reduziert als auch der Verteidigungshaushalt aufgestockt werden könnten und dennoch der Haushalt 1984 ausgeglichen sein würde. Im Jahre 1986 würde sich dann ein Haushaltsüberschuß von 28 Milliarden Dollar ergeben. All das hing jedoch davon ab, daß sich das rosarote Szenario tatsächlich verwirklichen würde.

Tabelle 1 zeigt in Zeile 2 die Entwicklung des Haushaltsdefizits infolge der Steuersenkungen, der Erhöhung der Verteidigungsausgaben und der Haushaltskürzungen nebst den 44 Milliarden Dollar zukünftig geplanter Kürzungen *(magic asterisk)*, die der Präsident dem Kongreß am 18. Februar 1981 vorgeschlagen hat. Es wurde also angenommen, daß sich alles wie ursprünglich geplant abspielte; insbesondere daß sich der Kongreß für fünf Jahre in einen bloßen Akklamationsapparat verwandeln würde, wie das von mir (stillschweigend) damals als notwendig vorausgesetzt wurde.

Der einzige Unterschied zwischen den beiden ersten Zeilen der Tabelle ist, daß das rosarote Szenario niemals eingetreten ist. Die zweite Zeile zeigt die Wirtschaftsentwicklung, die in den fünf Jahren tatsächlich eintrat. Am Ende der Zeile stehen eine um fast *eine Billion Dollar* höhere Staatsverschuldung und ein permanentes strukturelles Haushaltsdefizit von jährlich über *225 Milliarden Dollar* oder 5 Prozent des Bruttosozialprodukts, auf die Reagans Revolution vom ersten Tag an zusteuerte.

Tabelle 1

Das Billionen-Dollar-Loch im ursprünglichen Haushalt von Reagan
(Haushaltsdefizit oder -überschuß in Milliarden Dollar)

	1982	1983	1984	1985	1986	Summe
Der Haushalt Reagans vom Februar 1981 und daraus folgende Haushaltsdefizite im Falle						
(1) des rosaroten Szenarios	− 45	− 23	0	+ 6	+ 28	− 34
(2) der tatsächlichen Wirtschaftsentwicklung	−113	−197	−183	−223	−226	− 942
Die im November 1981 erwarteten Haushaltsdefizite						
(3) der Reagan-Plan ohne zukünftig geplante Kürzungen und mit Kosten für die Durchsetzung der Steuergesetzgebung	−100	−232	−244	−296	−320	−1,193

Anfang November war also anhand der politischen und wirtschaftlichen Realität abzusehen, daß die Reagan-Revolution baden gehen würde. Noch war es jedoch nicht zu spät, den Kurs zu ändern. Damals lief der Plan erst einen Monat, und es lagen nicht wie heute sechzig Monate und unzählige irreversible Entscheidungen hinter uns.

In Zeile drei stehen die Endergebnisse, die uns während der hitzigen Debatte in jener Novemberwoche vorlagen. Trotzdem wurde entschieden, den Kurs beizubehalten. Im November waren uns aber zwei Entwicklungen bekannt, die im Februar nicht abzusehen waren. Dadurch wurde die Novemberentscheidung, unverändert weiterzumachen, noch verantwortungsloser als der ursprüngliche Fahrplan.

Im November war uns bekannt, daß die zukünftig geplanten Haushaltskürzungen *(magic asterisk)* von jährlich 44 Milliarden Dollar nicht zustande kommen würden. Sie erfolgten nicht, weil vom Präsidenten der ursprüngliche Verteidigungshaushalt nochmals bestätigt wurde und Jim Baker die Rentenversicherung in einen Zweiparteien-Ausschuß gegeben hatte. Damit gerieten die einzigen Bereiche, aus denen vom Umfang her Kürzungen von 44 Milliarden Dollar hätten stammen können, außer Reichweite.

Uns waren ebenso die Kosten des politischen Tauziehens um die Steuergesetze bekannt. Diese zusätzlichen Kosten fielen zwar alle in die Folgejahre, doch jeder hatte schwarz auf weiß vor sich, auf welche Summe sie sich insgesamt belaufen würden. Ganz sicher traf das für den Finanzminister zu. Mithin war folgende Alternative unausweichlich: Entweder war die Politik zu ändern, oder ein Sturz beim Steueraufkommen war uns gewiß.

Zeile drei gibt die Entwicklung des Haushaltsdefizits für den ursprünglichen Haushaltsplan von Reagan wieder; dem Defizit wurden die Kosten aus dem Tauziehen um die Steuergesetze und die Extrakürzungen *(magic asterisk)* hinzugezählt. Das zeigt, wohin uns die Haushaltspolitik, die im November befolgt und bekräftigt wurde, geführt hätte. Am Ende (1986) steht ein jährliches *Defizit von 320 Milliarden Dollar.* Rote Zahlen, die, gemessen am Bruttosozialprodukt, denen von Mexico und Brasilien vergleichbar sind.

Im November konnten wir diese Ergebnisse zwar noch nicht genau voraussehen, dennoch wußten wir mehr als genug. Damals stand in unseren Unterlagen eine Zahl von 150-200 Milliarden Dollar für das Haushaltsdefizit von 1986. Bedurften wir, die nur elf Monate zuvor im Brustton der Überzeugung einen Haushaltsüberschuß für 1986 von 28 Milliarden Dollar verkündet hatten, noch weiterer Informationen?

Da saßen wir also im Weißen Haus vor einem haushaltspolitischen Debakel, das auf ein Riesendefizit von über 300 Milliarden Dollar Mitte des Jahrzehnts hinauslief. Da marschierten Donald T. Regan, Paul Craig Roberts, Jack Kemp, Jude Wanniski, Art Laffer und Irving Kristol herein und verkündeten: *Wir liegen immer noch nicht falsch. Bleibt bei der Stange. Das wird vorübergehen.*

Glücklicherweise spielte die Ironie des Schicksals für uns: Die Politiker, die das Haushaltsdebakel der Reagan-Revolution befürchtet und davor gewarnt hatten, zwangen die Regierung, die Steuern viermal zwischen 1982 und 1984 zu erhöhen und die geplanten Steigerungen der Verteidigungsausgaben drastisch zu beschneiden.

Die vier Steuergesetze erhöhten das Steueraufkommen 1986 allein um jährlich 80 Milliarden Dollar und ließen die Steuerquote auf 19 Prozent (Steuern zum Bruttosozialprodukt) steigen. Die Kürzungen im Verteidigungshaushalt beliefen sich 1986 auf mehr als 60 Milliarden Dollar. Durch diese Maßnahmen reduzierte sich das Haushaltsdefizit auf 200 Milliarden Dollar. Dort schwelt es nun vor sich hin und mit ihm die Gefahr, daß eines Tages die finanzielle Stabilität der amerikanischen Wirtschaft zerrüttet wird.

Tabelle 2 zeigt, wieso die Vertreter der Angebotsorientierung den Beinamen Narrenhaufen verdienen. Sie bekämpften und brandmarkten jede einzelne der Steuererhöhungen, die nach 1981 Gesetz wurde. Bedenken wir deshalb nochmals, welche Behauptungen sie unausgesprochen mit ihrem ganzen Anti-Steuern-Gerede verteidigen wollten.

Das Dynamit liegt in Zeile sechs. Dort können wir sehen, daß ohne die späteren Steuererhöhungen die Steuersenkung von 1981 dieses Jahr (1986) nur zu Steuereinnahmen in Höhe von 16,9 Prozent des Bruttosozialprodukts geführt hätte. Die in den Haushalt eingebauten Ausgaben (in Tabelle 2 nicht wiedergegeben) belaufen sich dagegen auf 24 Prozent des Bruttosozialprodukts. Welche spinnerte Theorie lehrt, daß die Bundesregierung Jahr um Jahr neue Staatsanleihen in Höhe von 7 Prozent des Bruttosozialprodukts auflegen kann, ohne die Wirtschaft zu ruinieren?

Die Antwort lautet: Es ist die Theorie, die von Jack Kemp und seiner angebotsorientierten Brigade von November 1981 bis heute jeden Monat aufs neue verfochten wurde.

Tabelle 2

Der Einfluß des rosaroten Szenarios und des Tauziehens um die
Steuergesetze auf die Steuereinnahmen

Das Ziel der Steuerpolitik im Falle des rosaroten Szenarios und des Haushalts vom Februar 1981	Steuerquote 1986
(1) Vor Reagan existierende Steuergesetzgebung	24,1 %
(2) Kemp-Roth/10-5-3 Steuerpläne	− 4,5 %
(3) Geplante Steuerquote	19,6 %
Die Steuerpolitik im Falle der tatsächlichen Wirtschaftsentwicklung und des Steuergesetzes von 1981	
(4) Vor Reagan existierende Steuergesetzgebung	22,0 %
(5) Steuergesetze von 1981	− 5,1 %
(6) Tatsächliche Steuerquote	16,9 %

Sie beharrten weiter darauf, daß Wachstum und Goldstandard diese erschreckenden und unbestreitbaren Fakten über die Haushaltslage überspielen würden. Die Tabelle beweist jedoch, daß das purer Unsinn war. Der Goldstandard hätte die Haushaltszahlen nur verschlechtert und mehr reales Wachstum nur geringfügig geholfen.

Nach unseren Berechnungen (Zeile 1 Tabelle 2) hätten im rosaroten Szenario Inflation und schleichende Progression den Anteil der Bundessteuern am BSP auf über 24 Prozent 1986 erhöht, wenn man die vor Reagans Machtantritt geltende Steuergesetzgebung zugrunde legt. Die ursprünglichen Kemp-Roth- und 10-5-3-Steuerpläne, die im Februar 1981 vorgelegt worden waren, hätten die übernommene Besteuerungsgrundlage verkleinert und das Steueraufkommen des Bundes um 4,5 Prozent des Bruttosozialprodukts (Zeile 2) auf knapp unterhalb 20 Prozent des BSP gedrückt (Zeile 3).

Damals wäre das keine unrealistische Zielsetzung gewesen, wenn die Politiker willens gewesen wären, die wohlfahrtsstaatlichen Ausgaben substantiell zu verringern. Diese Zielsetzung war aber auch zugleich falsch, weil das rosarote Szenario nicht mit unserer antiinflationären Geldpolitik zu vereinbaren war.

Zeile 4 liegen die Steuergesetze, wie sie von Reagan übernommen worden sind, und die niedrige Inflationsrate sowie das niedrige nominale Bruttosozialprodukt zugrunde, wie sie sich im Laufe der fünf Jahre tatsächlich ergaben. Aufgrund einer weit geringeren schleichenden Progression hätte die geltende Steuergesetzgebung lediglich ein Steueraufkommen von 22 Prozent des Bruttosozialprodukts erbracht. Zwei Prozent vom Bruttosozialprodukt (vgl. Zeile 1 und 4) erscheinen zunächst nicht besonders viel. Erinnern wir uns jedoch daran, daß in einer Vier-Billionen-Dollar-Wirtschaft diese zwei Prozent immerhin absolut 80 Milliarden Dollar bedeuten.

Der Kampf um die Steuersenkungsgesetze erhöhte deren Kosten 1981 auf 5,1 Prozent des Bruttosozialprodukts (s. Zeile 5). Kurzum, wir fingen mit einer beträchtlich kleineren Besteuerungsgrundlage als von uns vorausgesagt an und kürzten die Steuern in entschieden höherem Umfang als zuerst beabsichtigt. Beide Irrtümer wirkten in die gleiche falsche Richtung. Das nationale Steueraufkommen fiel in der Folge buchstäblich in den Keller. Statt bei einem Steuersystem zu landen, das eine Steuerquote von rund 20 Prozent erbringt, leiteten wir mit dem 1981er Steuerschnitt eine Steuerpolitik ein, die weniger als 17 Prozent erbracht hätte. Dieser Irrtum im Haushaltsplan von 1981 hätte uns also warnen müssen. Tabelle 3 hebt den Beitrag hervor, den das rosarote Szenario zu diesem Fehler beisteuerte. Am Ende (1986) wäre das nominale Bruttosozialprodukt in Wirklichkeit um *660 Milliarden Dollar* geringer gewesen als Murray Weidenbaum aus seinem Computer schüttelte. Das nominale Bruttosozialprodukt lag nach fünf Jahren so viel niedriger, weil sowohl das reale Bruttosozialprodukt als auch die Inflation viel langsamer als vorausberechnet anwuchsen. Da die Steuerquote nur durch reales Wachstum oder Inflation (bevor die Steuern indexiert wurden) nach oben gedrückt wird, hatten wir zu Beginn unserer Revolution praktisch keinen Spielraum für Steuerkürzungen.

Die Ergebnisse für das nominale Bruttosozialprodukt belegen, weshalb die angebotsorientierten Ökonomen, mich eingeschlossen, sich vom ersten Tag an geirrt haben. Auf dem Parteitag der Republikaner im Juli 1980 forderten wir eine inflationsfreie Goldstandard-Wirtschaft – die Jack Kemp, ähnlich wie die berühmte Laffer-Kurve, auf einer Serviette skizzierte.

Tabelle 3

Rosarotes Szenario und nominales Bruttosozialprodukt:
Der 2 Billionen Dollar Irrtum
(Nominales BSP in Milliarden Dollar)

Jahr	Rosarotes Szenario	Tatsächliche Wirtschaftsentwicklung	Irrtum
1982	3 192	3 054	138
1983	3 598	3 229	369
1984	4 000	3 581	419
1985	4 398	3 839	559
1986	4 812	4 152	660
Summe 1982-86*	20 000	17 855	2145

* Das aktuelle Bruttosozialprodukt basiert auf Schätzungen, die die Zahlen von Mitte 1985 zugrunde legen.

In der vollkommenen Welt des Goldstandards kann das nominale Bruttosozialprodukt jedoch im besten Fall jährlich nur um 5 Prozent wachsen. Dieses Wachstum setzt sich aus 5 Prozent realem Wachstum und 0 Prozent Inflation zusammen. Selbst in der Wirtschaft des Volcker-Standard mit niedrigen 4 Prozent Inflation wuchs jedoch das nominale BSP um einiges schneller als 5 Prozent. Durchschnittlich betrug die Wachstumsrate des nominalen Bruttosozialprodukts zwischen 1982 und 1986 rund 8 Prozent.

Das bedeutet, daß unter dem Goldstandard das nominale Bruttosozialprodukt dramatisch geringer ausgefallen wäre, als (Tabelle 3) es sich tatsächlich entwickelte, und eine schleichende Progression wäre in keinem nennenswerten Umfang aufgetreten. Mit der Konsequenz, daß die Steuerquote, die sich nach dem großen Steuerschnitt von 1981 ergeben hätte, sogar noch geringer als die tatsächlichen 16,9 Prozent gewesen wäre.

Hinter dem ganzen Palaver über mehr Wachstum und Goldstandard zur Lösung der Haushaltsprobleme verbarg sich nichts anderes als diese Tatsache. Keines von beiden hätte die Ergebnisse für das nominale Bruttosozialprodukt erhöhen können. Keines wäre in der Lage gewesen, das Steueraufkommen aus dem Keller von 16-17 Prozent des Bruttosozialprodukts zu holen.

Dennoch fuhren die Vertreter der angebotsorientierten Wirtschaftspolitik mit ihrer Behauptung fort, daß man den haushaltspolitischen Fakten entrinnen könne. Diese Illusion machte sie gefährlicher denn je. Laffers berühmte Kurve der Wirkungen von Steuerkürzungen, die er erstmalig auf einer Serviette skizziert hatte, war in Mißkredit geraten. Um sie zu retten, wurde vorgeschlagen, die zweite Serviette mit dem Goldstandardargument gegen die Inflation zu zerreißen. Die Angebotsökonomen wollten ihre Frühstücksökonomie, in der es alles umsonst gibt, durch leichtes Geld und Inflation retten. Sie forderten von Volcker, mit noch höherer und inflationärer Geschwindigkeit Geld in die Wirtschaft zu pumpen, als er es ohnehin aufgrund unserer hohen Haushaltsdefizite tun mußte.

Die neue inflationistische Politik der Angebotsökonomen hätte das Steueraufkommen vielleicht vorübergehend aus dem Keller holen können – bevor die Wirtschaft dann gänzlich untergegangen wäre. Das Schicksal will, daß diese Aussagen nunmehr für die Politik von Jack Kemp und seine Getreuen gelten.

Die ursprüngliche Idee der Angebotsorientierung, die Kemp noch in seinen Seminaren vertreten hatte, verhieß uns eine inflationsfreie kapitalistische Prosperität. In der wirtschaftspolitischen Praxis haben die Kemp-Leute diese Idee auf eine inhaltsleere Botschaft und eine geistlose, politische Sucht nach Steuersenkungen, die jegliche haushaltspolitischen Konsequenzen außer acht ließen, verkürzt.

Die Angebotsökonomen sind nicht die ersten Revolutionäre, die ihre ursprüngliche Idee derart pervertiert und verdreht haben, daß sie nicht mehr wiederzuerkennen ist. Wie alle anderen vor ihnen machen sie lieber auf einem Weg weiter, der in die Katastrophe führt, als daß sie ihre Fehler eingestehen.

Für die Endabrechnung schauen wir in eine weitere Tabelle. Der Kampf der Republikaner gegen den amerikanischen Wohlfahrtsstaat ist vorbei. Die Ausgaben für den Wohlfahrtsstaat belaufen sich 1986 nach wie vor auf eine halbe Billion Dollar, obwohl der Wohlfahrtsstaat über fünf Jahre hinweg ständig ideologisch attackiert worden ist. Das liegt daran, daß die große Masse der Politiker der »Grand Old Party« wohlfahrtsstaatliche Ausgaben in gleicher Weise für ihre Wähler benötigt wie die Widersacher aus der Demokratischen Partei.

In Tabelle 4 werden die Kosten des Wohlfahrtsstaates, wie er von uns übernommen wurde, mit den tatsächlichen Ausgaben von 1986 verglichen. Ein kleiner Fortschritt konnte erzielt werden. Die Kürzung eines Wohlfahrtsbudgets von einer halben Billion Dollar, die bereits 1980 erreicht wurde, um 9 Prozent oder 52 Milliarden Dollar ist aber keine Revolution, ganz gleich welchen Inhalt man diesem Wort auch beimißt.

In der Tat kann nach fünf Jahren einer Regierung, die in der Geschichte am stärksten gegen Ausgaben eingestellt war, eher die gegenteilige Schlußfolgerung gezogen werden. Während dieser Periode wurde fast jede wohlfahrtsstaatliche Prämisse, die sich in diesem Haushalt von einer halben Billion niedergeschlagen hat, in Frage gestellt und attackiert – im Regelfall von mir.

Tabelle 4

Der Einfluß der Reagan-Revolution auf den amerikanischen Wohlfahrtsstaat
(Ausgaben in Milliarden Dollar)

Haushaltsposten	1986 Politik vor Amtsantritt von Reagan*	1986 Tatsächliche Entwicklung	Ausgabenkürzungen	
			absolut	%
(1) Rentenversicherung, Medicare, Arbeitslosen- und andere Sozialversicherungen	308	288	−20	− 7
(2) Landwirtschaft und Kriegsteilnehmer	64	63	− 1	− 2
(3) Soziales Netz für Bedürftige	82	74	− 8	−10
(4) Great Society: Unterstützungen und Dienstleistungen	45	33	−12	−25
(5) Öffentliches Verkehrswesen, öffentliche Arbeitsbeschaffung, ökonomische Subventionen	69	58	−11	−16
(6) Summe	568	516	−52	− 9

* Die Politik vor dem Amtsantritt von Reagan wurde in ihrer Wirkung unter den ökonomischen Annahmen von 1985 abgeschätzt.

Dieser Jahr für Jahr aufs neue vorgetragene Angriff lief auf einen fortwährenden demokratischen Volksentscheid hinaus, was im Haushalt verbleiben und was herausgeschnitten werden sollte. Nur wenige Posten wurden herausgenommen, so zum Beispiel die jährlich 5 Milliarden Dollar für das nutzlose Projekt der öffentlichen Arbeitsbeschaffung. Ansonsten verblieb beinahe alles im Haushalt, was er bereits enthalten hatte, als wir Ende Januar 1981 unsere Arbeiten im Kürzungsraum aufnahmen.

Natürlich ist eine Vielzahl von Programmen zurechtgestutzt und gekürzt worden, woraus sich die Masse der Einsparungen ergab. Da aber keine der wesentlichen Grundlagen des Wohlfahrtsstaates abgeändert werden konnte, waren wir auch 1986 gezwungen, 560 Milliarden Dollar auszugeben, und konnten lediglich 50 Milliarden Dollar einsparen. Der riesige Haushaltsposten Rentenversicherung ist unverändert; die UDAG baut nach wie vor ihre Hotels, die Viehzüchter erhalten immer noch billige Weiden vom Bundesstaat. Von Kopf bis Fuß wälzt der Wohlfahrtsstaat sich wie bisher weiter.

Darin liegt eine weitere Ironie der Reagan-Revolution. In der politischen Feuertaufe und unter dem Druck massiver Haushaltsdefizite sahen die Politiker der Republikanischen Partei sich immer wieder gezwungen, deren Programme und gesellschaftspolitische Annahmen zu überprüfen.

Letztlich lag die Entscheidung bei ihnen. Sie wurden vom amerikanischen Volk gewählt, die schwierige Wahl zu treffen. Im Laufe der Zeit bekamen sie einiges von den Interessengruppen und ihren örtlichen Wählern zu hören.

Schließlich entschieden sie sich, den amerikanischen Wohlfahrtsstaat, so wie er sich bis 1981 entwickelt hatte, fortzuführen. Sie wollten das Rad der Geschichte nicht mehr zurückdrehen.

Rentenversicherung, Medicare und andere Sozialversicherungsprogramme belaufen sich auf 56 Prozent der Ausgaben, die nach den Attacken der Reagan-Revolution übrig geblieben sind. Das sind die großen Dollarbrocken im Haushalt, die sich offenbar nicht bewegen lassen. Die republikanischen Politiker im Kongreß werden eben nicht jene 36 Millionen Wähler, welche Schecks von der Sozialversicherung beziehen, gegen sich aufbringen.

Es gibt nur zwei Wege, um die Kosten der Rentenversicherung zu reduzieren. Der einfachste Weg ist, den Ausgleich der Lebenshaltungskosten (COLA = *Cost of Living Allowances*) unter die Inflationsrate zu drücken, so daß die realen Kosten und die Kaufkraft der Unterstützungszahlungen weggefressen werden. Das haben wir einmal, 1983 im Rahmen des Zweiparteien-Rettungsplanes für das System der Rentenversicherung getan. Die Kaufkraft der Schecks wurde für jedermann insgesamt um 2 Prozent beschnitten. Bis heute ist das alles, was die Politiker der Demokratischen Partei hinzunehmen bereit waren, und die Masse der Republikaner verspürt keinerlei Neigung, den Kampf wieder aufzunehmen.

Der andere Weg ist die Streichung oder Modifizierung der Ansprüche und Zahlungen.

Der Hauptsatz meiner »Großen Doktrin« sah einen größeren Schnitt dieser Art vor. Tatsache bleibt aber, daß weder die Politiker noch das Volk eine solche Aktion auch nur eine Minute hinnehmen würden. Eine Reihe kleinerer Ansprüche wurde am Ende zwar doch gekürzt: die Unterstützung für Studenten wurde abgeschafft, die Mindestunterstützung wird auslaufen, die Unterstützung im Todesfall wurde gekürzt, die Unterstützungen für Behinderte wurden leicht gestrafft.

Das war schon alles. Alle anderen unverdienten Leistungen aus dem System der Rentenversicherung und ihr zentraler Mechanismus, der ein reales Wachstum der Unterstützungsleistungen durch eine Indexbindung an die Löhne bewirkt, blieben erhalten. Irgendwann wird das höhere Rentenalter von achtundsechzig Jahren kommen, das 1983 durch den Zweiparteien-Rettungsplan festgesetzt wurde. Doch wird das nicht vor dem Jahre 2030 sein, wenn wir überhaupt so weit vorausdenken wollen.

Dasselbe trifft auf Medicare zu – dieses System war bereits beinahe auf das politisch noch Vertretbare zusammengestrichen worden. Wir haben Milliarden gespart, indem wir die Rückerstattungen an Krankenhäuser und Ärzte niedrig hielten. Im Gesundheitssektor kommt man aber schnell an eine Grenze, wenn man die Qualität und Verfügbarkeit der medizinischen Versorgung nicht gefährden will. Sicherlich könnten wir mehr Wettbewerb auf dem Gesundheitsmarkt schaffen und den alten Leuten Geld statt Medicare geben, so daß sie ihre medizinischen Dienstleistungen bei dem günstigsten Anbieter kaufen könnten. Mit der Zeit könnte auf diese Art eine Menge Geld gespart werden, denn der Wettbewerb würde Anreize für sparsameres Wirtschaften im Gesundheitswesen liefern.

Doch eine solche Lösung wird es ebenfalls nicht geben. Die Lobbies der Ärzteschaft, der Krankenhäuser und der alten Leute würden sich verbünden, um sie binnen einer Sekunde aus der Welt zu schaffen.

Damit bleibt als einziger Ausweg für die weitere, ernsthafte Kürzung der 75 Milliarden Dollar für Medicare nur die Beschneidung der Ansprüche. Viele alte Leute können einen größeren Anteil der Behandlungskosten tragen, und jene, die das nicht können, würden automatisch durch Medicaid unterstützt. Wir haben in den fünf Jahren jedoch praktisch keinen Fortschritt bei der Beschneidung des Grundanspruchs an Medicare gemacht.

Die Versicherungsprämie für Arztkosten wurde von 20 auf 25 Prozent der Kosten angehoben; das ist eine Belastung von ein paar zusätzlichen Dollars für jeden Leistungsempfänger von Medicare. Doch die Politiker der Republikanischen Partei zogen im Verbund mit den Demokraten steigenden Belastungen der Leistungsempfänger eine Grenze, die wahrscheinlich in nächster Zukunft kaum heraufgesetzt werden wird.

Alles in allem werden uns die großen Sozialversicherungsprogramme im jetzigen Umfang erhalten bleiben. Sie sind das Vermächtnis des sozialdemokratischen Impulses des »New Deal«. Niemand wird konsequenterweise auf seine wahre Bedürftigkeit geprüft, d. h. daß David Rockefeller ebenso in den Genuß ihrer Wohltaten kommt wie eine arme Witwe. Diese Vorstellung widerspricht jeglicher Rationalität, sie ist aber tief und unerreichbar in unserem System demokratischer Politik verwurzelt.

Diese Grundtatsache demokratischer Politik zerrüttete vom ersten Tag an die haushaltspolitische Gleichung der Reagan-Revolution. Die haushaltspolitischen Implikationen des Erhalts des gigantischen Sozialversicherungssystems auf dem Status quo wurden jedoch weder von den Ideologen der

Angebotsorientierung noch vom Architekten der Reagan-Revolution noch selbst bis heute (1986) vom Präsidenten und der Masse der Republikanischen Partei verstanden.

Dank des Mythos, der die Sozialversicherung umgibt, haben wir Beiträge festgesetzt, die ausreichen, den Großteil der Rentenversicherung, von Medicare, der Arbeitslosenversicherung und der kleineren Sozialversicherungsprogramme zu finanzieren. Diese Programme werden 1986 rund 7 Prozent des Bruttosozialprodukts kosten, und die ihnen entsprechenden Beiträge werden 7 Prozent des Bruttosozialprodukts in Anspruch nehmen, wohl oder übel, die Sozialversicherung ist daher der einzige Teil des Haushalts, der ausgeglichen ist.

Was bedeutet das im Hinblick auf den übrigen Haushalt? Im Jahre 1986 werden die Verteidigung, der Schuldendienst und alle übrigen Haushaltsposten außer der Sozialversicherung rund 17 Prozent des Bruttosozialprodukts kosten. Derzeit nehmen wir Steuern in Höhe von 19 Prozent des Bruttosozialprodukts ein. Läßt man jedoch die 7 Prozent beiseite, die aus den der Finanzierung der Sozialversicherung dienenden Beiträgen stammen, bleiben lediglich 12 Prozent übrig. Über mehr verfügen wir nicht, um Ausgaben in Höhe von 17 Prozent zu decken. Für jeden Dollar, den wir 1986 nicht für Zwecke der Sozialversicherung ausgeben, werden wir 70 Cents an Steuern erheben und uns für 30 Cents weiter verschulden.

In der Geschichte finden wir nicht einen einzigen Fall, wo eine Regierung sich über einen längeren Zeitraum für jeden Dollar ihrer Ausgaben 30 Cents geliehen und dadurch keine ökonomischen Umwälzungen verursacht hat. Gleichwohl wird genau diese Politik derzeit in der größten Volkswirtschaft der Freien Welt betrieben.

Noch schlimmer sah es bei der zweiten Kategorie von wohlfahrtsstaatlichen Programmen aus: Subventionen für die Landwirtschaft und Programme für Kriegsveteranen. Wir werden für sie 1986 nur 1 Milliarde Dollar oder 2 Prozent weniger ausgeben, als das der Fall unter der von Carter hinterlassenen Politik gewesen wäre.

Die Gründe hierfür liegen (offen) auf der Hand. Von März 1981 an machte die Grand Old Party – Boll Weevil Koalition* klar, daß die gesamten 60 Milliarden Dollar für sie eine *heilige Kuh* waren. Es störte sie nicht, daß die 10 Milliarden Dollar, die jährlich in das Krankenhaussystem für Veteranen fließen, für ein riesiges und nutzloses Projekt voller Ineffizienz und Verschwendung aufgewendet werden. Es spielte keine Rolle, daß wir 20 Milliarden Dollar an Weizen-, Mais-, Reis-, Baumwoll- und Milchbauern auszah-

---

* Anmerkung der Redaktion: Eine Koalition aus republikanischen und demokratischen Abgeordneten, die Agrarinteressen und die der Veteranen vertrat.

len, bloß um mehrere hunderttausend landwirtschaftliche Betriebe am Leben zu erhalten, die wir nicht benötigen und die kurz vor dem Bankrott stehen. Die Botschaft der konservativen Politiker lautete: Die Ausgaben werden beibehalten. Das taten wir auch.

Der Vordenker der neokonservativen Bewegung sitzt nunmehr in der Klemme. Irving Kristol war 1980, noch bevor nur eines dieser haushaltspolitischen Desaster eingetreten war, Gastredner auf dem Parteitag der Republikaner.

Schon damals machte er mich ausgesprochen nervös, als er dort saß und »politischen Realismus« verbreitete. »Seien Sie nicht dumm!« erzählte er den Republikanern. »Ihre Wähler sind die Alten, die Bauern und die Veteranen. Vergraulen Sie sie nicht, kürzen Sie bloß nicht ihre Programme.«

Der Rat wurde offensichtlich befolgt. Es gab da nur ein Problem mit dem, was dieser Vordenker an jenem Tag gesagt hatte. *Zwei Drittel* der Kosten des Wohlfahrtsstaates entfallen auf diese drei Wählergruppen. Wie es gelingen sollte, den riesigen Steuerschnitt durchzuführen, den er ebenfalls an jenem Tag guthieß, und trotzdem zwei Drittel des Wohlfahrtsstaates von Kürzungen auszunehmen, erklärte er uns nicht.

Kristol war schon immer ein »Trendsetter« gewesen; an diesem Tag übertraf er sogar sich selbst. Er stand vor der konservativen Partei unserer Nation und erfand die sagenhafteste Haushaltstheorie, die jemals vorgeschlagen worden war.

Damals glaubte ich, daß all das nicht zu wörtlich zu nehmen sei, daß das so eine Art Warnung von ihm war, damit wir nicht von vornherein politischen Schiffbruch erlitten. Kristol hat seine Botschaft jedoch fünf Jahre lang nicht geändert: *Ausgabenkürzungen sind schlechte Politik. Steuererhöhungen sind schlechte Politik. Keine Angst, Haushaltsdefizite in Höhe von 200 Milliarden Dollar sind nicht schlimm, denn sie werden von selbst wieder verschwinden.*

Das reicht aus, um einen wahren Neo-Konservativen zur Rückgabe seines Parteibuchs zu bewegen. Kristols Wunderlehre, daß man alles auf einmal und umsonst haben könne, ist die schlimmste Sorte intellektueller Sophisterei, die es gibt. Den Politikern ist angeboren, alles zu nehmen, was sie umsonst kriegen können. Es ist unverzeihlich, daß einer der führenden konservativen Vordenker unserer Nation eine solche zerstörerische Politik rational verbrämt und die konservative Partei gedrängt hat, sie politisch zu vertreten.

Alle paar Monate erscheint jetzt fahrplanmäßig immer wieder ein Leitartikel von Kristol im *Wall Street Journal* mit seinem ermüdenden: Es geht schon alles in Ordnung, Hans Volcker muß nur etwas mehr Geld drucken, und alles wird sich vom Guten zum Vollkommenen wenden.

Es spielt keine Rolle, daß seit Mitte 1982 die Geldmenge bereits mit einer Rekordmarke von 10 Prozent gewachsen ist. Eine neue Inflationswelle ist damit bereits vorprogrammiert, die nur durch einen hohen Dollar-Wechselkurs, der der Wirtschaft hart zusetzt, weiterhin unterdrückt werden kann.

Im Grunde hatte also Moynihan die ganze Zeit recht gehabt. Kristol hat die Angebotsorientierung mit der freien Inflationswirtschaft verschmolzen. In dieser Hinsicht wird er voraussichtlich einen Platz neben William Jennings Bryan, Wright Patman und anderen großen »Finanzexperten« vergangener Tage einnehmen.

Bei den anderen Kategorien der wohlfahrtsstaatlichen Ausgaben scheinen wir unsere Sache etwas besser gemacht zu haben. Die 10 Prozent Einsparung bei den Ausgaben für das soziale Netz müssen jedoch weitestgehend einem einmaligen politischen Durchbruch zugeschrieben werden. Mit dem Harmonisierungsgesetz *(Reconciliation Bill)* von 1981 haben wir die Armen, die Arbeit haben, von Lebensmittelgutscheinen und Wohlfahrtsprogrammen ausgenommen. Diese solide und gerechtfertigte Reform ist jedoch niemals von den liberalen Politikern akzeptiert worden.

Jedes Jahr schneiden sie ein weiteres Stückchen davon wieder ab, indem sie jedweder Bedürftigengruppe, die Druck auf die Gesetzgebung ausüben kann, die Unterstützungsleistungen teilweise wieder neu gewähren. Solche Mittelbereitstellungen wurden dem Gesetzentwurf zur Reduzierung des Haushaltsdefizits von 1984 und dem Gesetzentwurf für die Landwirtschaftshilfe *(Farm Bill)* von 1985 hinzugefügt. Mit der Zeit wird vieles von dem, was der Schnitt im sozialen Netz von 1981 erbracht hat, rückgängig gemacht werden.

Zwischenzeitlich zeichnet sich deutlich ab, daß die Republikaner im Kongreß kein Wachbataillon mehr stellen, das sich gegen die Ausdehnung des sozialen Netzes wehrt. Solche Programme kosten 75 Milliarden Dollar jährlich und sind Bestandteil der permanenten Haushaltskosten für den Wohlfahrtsstaat.

Das ist eine Tragödie. Die bestehenden Wohlfahrtsprogramme zerstören die Familie. Eine Kultur der Armut, Abhängigkeit und sozialen Verantwortungslosigkeit wird von ihnen subventioniert.

Niemand verfügt jedoch über eine Idee, wie man gegen den systematischen Schaden, den diese Programme anrichten, vorgehen könnte, denn jede gangbare Alternative würde anfänglich mehr als 75 Milliarden Dollar und nicht weniger kosten. Also leiden auch die wirklich Armen, sie sind zusätzlich Opfer unserer bankrotten Haushaltspolitik.

Eine theoretisch konsistente, konservative Haushaltspolitik müßte die Kosten für Great-Society-Programme, für die heute immer noch 33 Milliarden Dollar im Haushalt vorgesehen sind, auf Null reduzieren. Jeder Pfennig dieser Mittel geht ausschließlich in Maßnahmen für Bildung, Gesundheit,

Wohlfahrt und Beschäftigung auf lokaler Ebene auf. Falls der Föderalismus überhaupt einen Sinn haben sollte, dann gehören diese Bemühungen ordnungshalber in den Verantwortungsbereich der Einzelstaaten und der Gemeinden.

Natürlich beeindruckt der 25-Prozent-Schnitt in den Posten »Great Society« auf den ersten Blick. Zwei Drittel der Kürzungen von 12 Milliarden Dollar sind aber darauf zurückzuführen, daß deren Auswüchse, die öffentlichen Arbeitsbeschaffungsprogramme und andere qualifizierende Beschäftigungsmaßnahmen, gestrichen wurden. Auch geringe Erfolge sollten zwar nicht vorschnell abgetan werden, das Herausschneiden von 8 Milliarden aus einem Haushalt von jetzt einer halben Billion ist aber keine Revolution.

Die restlichen 33 Milliarden Dollar, die für Gesundheit, Bildung und soziale Dienste aufgebracht werden, sind fester Bestandteil des politischen Konsenses. Darin offenbart sich in überzeugender Weise, warum die Reagan-Revolution gescheitert ist.

Im letzten kompletten Haushalt Carters von 1980 schraubten sich die bundesstaatlichen Bildungsausgaben auf das Rekordniveau von 17 Milliarden Dollar (in konstanten Preisen), während im letzten Jahr (1964) vor der »Great Society« hierfür nur 3 Milliarden Dollar ausgegeben wurden. Ronald Reagan wird 1986 mit 17 Milliarden Dollar genausoviel für Bildung aufwenden wie Carter.

Die Höhe des Bildungshaushalts hat sich also nicht verändert, damit sind alle Grundsätze der »Great Society« politisch bekräftigt worden. Wir stecken nach wie vor eine Menge Geld in Gemeindeschulen, für Behinderte, für Benachteiligte, für Begabte und für jedermann, der irgendwo dazwischen liegt. Nach wie vor ist der Zapfhahn für sechs oder sieben Millionen Kollegstudenten, die meist aus der Mittelschicht kommen, weit geöffnet. Die Regelung ist derart großzügig, daß eine Familie mit einem 100 000-Dollar-Jahreseinkommen mit ein paar tausend Dollar subventioniert wird, damit sie ihre Kinder nach Harvard schicken kann.

Dieses Ergebnis kommt zustande, weil die beiden Parteien sich wechselseitig Gefälligkeiten erweisen. Die Demokraten bestehen auf Hilfen für Zehntausende von Grundschulklassen der Nation, und ihnen wird von den Republikanern geholfen. Die Republikaner bestehen darauf, Subventionen für Mittelschicht-Studenten auszustreuen, wobei ihnen wiederum die Demokraten assistieren. Zusammen kostet beides 17 Milliarden Dollar, und das wird sich nicht um einen Pfennig ändern.

Im letzten Posten in Tabelle 4 schlägt sich das gute alte Gerangel um Subventionen nieder. Seit 1981 hat der Posten 16 Prozent verloren. Das ist aber schon alles.

Ob die Programme groß oder unbedeutend waren, die im Februar 1981 tot oder halbtot den Kürzungsraum verließen, sie blieben doch alle am Leben, um später wieder von sich reden machen zu können.

Tabelle 5 gibt einige Beispiele für solche wundersamen Heilungen und Wiederauferstehungen, die sich auf dem Capitol Hill ereigneten. Wie bereits dargestellt, waren es in allen Fällen Republikaner, die Erste Hilfe leisteten.

Unter dem Strich ergibt sich: Die Steuersenkung von 1981 hat das Steueraufkommen 1986 um 210 Milliarden Dollar reduziert. Der Wohlfahrtsstaat konnte seither jedoch lediglich um rund 50 Milliarden Dollar abgespeckt werden. Das Steueraufkommen, das durch die Reagan-Administration preisgegeben wurde, überstieg *mehr als viermal* den Betrag, der bei den Ausgaben eingespart wurde. Eine verantwortungsvolle Haushaltspolitik war auf dieser Grundlage nicht möglich.

Tabelle 5

Subventionshaushalt: Beabsichtigte Kürzungen versus tatsächliche Mittelbereitstellung (Ausgabenhöhe 1986 in Millionen Dollar)

Programme	Beabsichtigte Kürzung	Mittel-bereitstellung 1986
(1) Subventionen für nicht-nukleare Energien	800	2 000
(2) UDAG	0	550
(3) Economic Development Administration	0	230
(4) Appalachen Programm	0	200
(5) Amtrak	300	900
(6) Postsubventionen	500	1 000
(7) Small Business Administration	250	1 300
(8) Wasserprojekte	3 700	4 300
(9) Fernstraßenbau	8 500	14 000
(10) öffentliche Verkehrsmittel	2 800	4 100
(11) Subventionen für Flughäfen	500	800
(12) Summe	17 350	29 380

* Enthält auch Aufwendungen, die außerhalb des Haushalts erfolgen.

Wie kam es, daß die konservative, Anti-Ausgaben-Partei schließlich doch das Wohlfahrtsbudget im Umfang von einer halben Billion Dollar absegnete?

Die Republikaner haben ein kleines schmutziges Geheimnis, lautet die Antwort: Die konservative Opposition hatte den amerikanischen Wohlfahrtsstaat in den drei Jahrzehnten vor 1980 Stein für Stein mit aufgebaut.

Die Reagan-Revolution mußte scheitern, weil die Republikaner an ihrer eigenen Schöpfung festhielten. Sie konnten und wollten im November 1981 und danach den »Uns auch etwas«-Dirigismus nicht aufgeben, der ihnen all die Jahre lang in der politischen Wildnis Wegweiser gewesen war.

Natürlich, das Aktionsprogramm der Republikaner von 1980 klang antidirigistisch, so wie es im Büro von John Tower entworfen wurde. Diese Ideen haben das Büro jedoch niemals verlassen. Damals habe ich das nicht richtig eingeschätzt. Heute beklage ich es. Für diese Ideen gab es keine politische Heimat bei den Republikanern. Deswegen hätte man sie auch nicht mit Macht in das Wahlkampfprogramm hineinzwängen sollen. Die Haushaltspolitik der Reagan-Revolution hätte niemals um sie herum konstruiert werden dürfen.

In den Tagen, wo der Carter-Administration die Felle davonschwammen, gab es nicht einen republikanischen Redner, sei er von der alten Garde oder der Angebotsorientierung gewesen, der nicht mit Vergnügen auf dem »außer Kontrolle geratenen Bundeshaushalt« herumdrosch. Nur ganz wenige Republikaner prangerten das »Big Government« nicht an.

Der außer Kontrolle geratene Haushalt Carters lief 1980 jedoch nur aus zwei Gründen auf und davon: Der eine war das massive Wachstum des Sozialversicherungssystems im Verlauf der vergangenen dreißig Jahre, der andere die Explosion der Programme im Rahmen der »Great Society« und des sozialen Netzes während der vorangegangenen fünfzehn Jahre. Die Republikanische Partei hatte bei der Verwirklichung beider tatkräftig mitgewirkt.

Seit den Tagen von John F. Kennedys »New Frontier« ist kein anderer Haushaltsposten real oder als Anteil am Bruttosozialprodukt gewachsen: weder die Verteidigung noch die Raumfahrt, die Landwirtschaft, der Autobahnbau, die Nationalparks, die Veteranenprogramme oder die Rechtspflege. In der Tat sind all diese Kosten 1980 weit niedriger als sie 1960 waren.

Ganz das Gegenteil gilt für die Rentenversicherung und die anderen Sozialversicherungsprogramme. Sie kosteten 1954 rund 25 Milliarden Dollar (in Preisen von 1986) oder 1,5 Prozent des Bruttosozialprodukts. 1980 kosteten sie hingegen 230 *Milliarden Dollar* oder 6,5 Prozent des Bruttosozialprodukts. In aller Kürze erzählen uns diese Zahlen die Geschichte des modernen Wohlfahrtsstaates; hier liegen die dicken Dollar-Brocken, die *Big Government* 1980 so groß aussehen ließen. Rechnet man die Inflation heraus, dann haben sich die Kosten dieser Programme *verneunfacht* und anteilig am Bruttosozialprodukt *vervierfacht*.

Zwei weitere Zahlen erzählen den Rest der Geschichte. Zwischen 1956 und 1977 verabschiedete der Kongreß dreizehn größere Gesetze, die die Sozialversicherungsprogramme entweder ausweiteten oder liberalisierten. Darunter finden wir das Programm für Versehrte von 1956, Medicare von 1965, große Zuwächse der Unterstützungszahlungen in den frühen siebziger Jahren und die automatische Indexierung der Renten von 1972. Mehr als zwei Jahrzehnte lang haben im Durchschnitt *80 Prozent* der Republikaner im Repräsentantenhaus und *90 Prozent* der Republikaner im Senat für diese Ausweitungen gestimmt.

Von Anfang bis Ende waren die Republikaner also am Konsens bezüglich der Sozialversicherung beteiligt. Daher überrascht es nicht, daß sie sich während der Reagan-Revolution nicht geändert haben. Die Sozialversicherung war aber die ausschlaggebende Ursache dafür gewesen, daß Jimmy Carters Haushalt größer als der von Eisenhower (gemessen am Bruttosozialprodukt) war.

Da die Republikaner dieses gigantische System selbst mitgeschaffen hatten, gab es für sie 1980 an sich keinerlei Berechtigung, von kleinerem Staatsanteil und niedrigeren Steuern zu reden.

Der andere Teil des Haushalts, der vor 1980 hochgeschnellt war, umfaßt die Armutsprogramme, die aus Sozialleistungen für Bedürftige und Great-Society-Dienstleistungsprogrammen bestehen. Inflationsbereinigt haben sie 1962 rund 15 Milliarden Dollar im Vergleich zu 112 Milliarden Dollar 1980 gekostet. In Tabelle 6 erkennt man, daß der größte Teil des Wachstums während der Nixon-Ford-Ära aufgetreten ist.

Die bundesweite Vereinheitlichung von SSI und die massive Ausdehnung der Subventionen für Mietwohnungen der niedrigen Einkommensgruppen wurden unter republikanischen Regierungen vorgenommen. Lebensmittelkarten und andere Ernährungsprogramme wurden ebenfalls gehörig liberalisiert, wodurch ihre Kosten von 1,5 Milliarden Dollar (1969) auf 14 Milliarden Dollar (1977) anstiegen. Der Haushalt für Bildung, Sozial- und Gesundheitsdienste und Berufliche Qualifikation wuchs ebenfalls während der Nixon-Ford-Ära gewaltig an, so daß im Vergleich dazu der letzte Haushalt unter Johnson real mehr als zweimal übertroffen wurde.

Die beiden republikanischen Regierungen der siebziger Jahre fanden ohne Frage bereitwillige Hilfe im – von den Demokraten beherrschten – Kongreß bei der Auslösung dieser gewaltigen Welle des Haushaltswachstums. Tatsache ist und bleibt aber, daß die Gesetze für die neuen und erweiterten Programme von Nixon und Ford unterzeichnet wurden. Beinahe alle wesentlichen Armutsprogramme der Nixon-Ford-Ära sind mit großer Mehrheit der Republikaner auf dem Capitol Hill angenommen worden.

Tabelle 6

Das Wachstum der Armutsprogramme
(in Milliarden Dollar, in konstanten Preisen von 1986)

	Kosten
Vor der Great Society (1968)	$ 15
Wachstum unter	
Kennedy–Johnson	+ 27%
Nixon–Ford	+ 54%
Carter	+ 16%
Reagan	− 5%
Mittelbereitstellung 1986	$ 107

Das ist auch der Hauptgrund dafür, daß die Reagan-Revolution so wenig gegen die Armutsprogramme ausrichtete. Die Vorsitzenden der Senatsausschüsse und hochstehenden Republikaner im Repräsentantenhaus der achtziger Jahre haben fast alle schon in der Nixon-Ford-Ära in den gleichen Sitzungssälen gehockt. Bob Dole saß neben George McGovern, als die Ernährungsprogramme geschaffen wurden; Bob Stafford und Bill Goodling waren dabei, als die Bildungsprogramme ausgeweitet wurden; Dick Schweiker war ein Meister bei der Förderung medizinischer und psychiatrischer Programme; und die dienstältesten Republikaner aus dem Bewilligungsausschuß, wie Hatfield und Conte, waren von Anfang bis Ende mit von der Partie.

Auch die Armutsprogramme waren also vor 1980 Bestandteil des Zweiparteien-Konsenses über die Ausdehnung des Wohlfahrtsstaates gewesen. Abgesehen von einigen bescheidenen Reformen und Korrekturen, die 1981 durchgeboxt wurden, hat der Zweiparteien-Konsens gehalten und uns weiterhin ein *Big-Government*-Armutsprogramm in einer Höhe beschert, die schon vor Beginn der Reagan-Revolution erreicht worden war.

Die letzte Tabelle bringt diese Überlegungen in ihrer Wirkung auf die Höhe des Haushalts zum Ausdruck. Das *Big Government* wurde 1980 durch die Sozialversicherung und die Armutsprogramme groß gemacht. Aus ihnen erklärt sich der gesamte Anstieg des Anteils der Staatsausgaben am Bruttosozialprodukt von Kennedy bis Carter. Dasselbe trifft heute nach der Reagan-Revolution auch zu.

Die Republikaner waren aktiver Part in diesem Konsens über die Expansion von Sozialversicherungs- und Armutsprogrammen. Beide Hauptkomponenten des Wohlfahrtsstaates werden auch *1986 genauso wie 1980 immer noch 9,5 Prozent des Bruttosozialproduktes* beanspruchen, weil die Republikaner den Konsens über ihren Schutz und Erhalt mitgetragen haben.

Wie steht es mit dem Rest des Haushalts – mit den 14,5 Prozent, die geringer als unter Kennedy ausfallen? Beinahe 10,5 Prozent davon entfallen auf Verteidigung, Schuldendienst und Programme für internationale Angelegenheiten. In der Zahl spiegeln sich die Kürzungen wider, die der Kongreß für diese Aktivitäten im Haushalt 86 bereits vorgenommen hat. Damit wurde die unterste Grenze dessen erreicht, was für den Erhalt der nationalen Sicherheit unabdingbar ist.

Daraus folgt, daß nur 4 Prozent des Bruttosozialprodukts für alle anderen Aktivitäten übrig bleiben. In diese kleine Hülle müssen die Republikaner ihre nutzlosen Projekte für Bauern und Veteranen, die Mittel für den Autobahnbau, die UDAG-Zuschüsse, die Rechtspflege, Bundespensionen, Wasser-, Energieprojekte und das Washington Monument stopfen. Das paßt höchstens dann alles da hinein, wenn sich eines Tages alle zusammenreißen und sich größte Zurückhaltung auferlegen.

Das sind also die Gründe, weshalb wir *24 Prozent* des Bruttosozialprodukts ausgeben, während wir nur *19 Prozent* des Bruttosozialprodukts in Form von Steuern einnehmen. Aus denselben Gründen hätten das Weiße Haus und die Republikaner den amerikanischen Wählern 1984 nicht erzählen dürfen, daß in Zukunft keine Steuererhöhungen notwendig sind. Das war schlicht falsch.

Tabelle 7

Die haushaltspolitischen Konsequenzen der Unterstützung des Konsenses über Sozialversicherung und Armutsprogramme seitens der Republikanischen Partei (in Prozent des Bruttosozialprodukts).

Haushaltsposten	1962	1980	1986
Sozialversicherung und Armutsprogramme	4,1	9,6	9,5
Verteidigung und alle restlichen Posten	15,4	13,3	14,5
Summe Bundeshaushalt	19,5	22,9	24,0

Inhalt